20 世纪儒学研究大系

主编：傅永聚　韩钟文

儒道比较研究

本卷主编　李景明　唐明贵

中　华　书　局

中国文化的基本精神（代序）

在现今时代，做一个中国人，最重要的是具有爱国意识。爱国意识有一定的思想基础。必须感到祖国的可爱，才能具有爱国意识。而要感到祖国的可爱，又必须对于中国文化的优秀传统有正确的理解。中国文化，从传说中的羲、农、黄帝以来，延续发展了四五千年，在15世纪以前一直居于世界文化的前列。15世纪，中国的四大发明传入欧洲，促进了西方近代文明的发展，于是西方文化突飞猛进，中国落后了。19世纪40年代之后，中国受到资本主义列强的侵略凌辱，中国各阶层的志士仁人，奋起抗争，努力寻求救国的道路，经过一百多年的艰苦斗争，终于取得了胜利，于1949年建立了新中国，"中国人民站起来了！"中国文化虽然一度落后，但又能奋发图强，大步前进。这不是偶然的，必有其内在的思想基础。中国文化长期延续发展，虽曾经走过曲折的道路，但仍能自我更新，继续前进。这种发展更新的思想基础，就是中国文化的基本精神。

何谓精神？精神即是思维运动发展的精微的内在动力。中国文化中的基本精神，在中国历史上确实起到了推动社会发展的作用，成为历史发展的内在思想源泉。当然，社会发展的基本原因在于生产力的发展，但是思想意识在一定条件下也有一定的积极作用。文化的基本精神必须具有两个特点：一是具有广泛的影响，为大多数人民所接受领会,对于广大人民起了熏陶作用;二是具有激励进步、促进发展的积极作用。必须具有这两方面的表现,才可以称为文化的基本精神。

我认为,中国几千年来文化传统的基本精神的主要内涵有四项基本观念,即(1)天人合一;(2)以人为本;(3)刚健有为;(4)以和为贵。

一　天人合一

天人合一即肯定人与自然的统一,亦即认为人与自然界不是敌对的,而具有不可割裂的关系。所谓合一指对立的统一,即两方面相互依存的关系。天人合一思想在春秋时即已有之。《左传·昭公二十五年》记载郑大夫子大叔述子产之言说:"夫礼,天之经也,地之义也,民之行也。天地之经,而民实则之。"又记子大叔之言说:"礼,上下之纪,天地之经纬也,民之所以生也,是以先王尚之。"这是认为礼是天经地义,即自然界的必然准则,"天经"与"民行"是统一的。应注意,这里天是对地而言,天地相连并称,显然是指自然之天。子产将天经地义与民则统一起来,但也重视天与人的区别,他曾断言:"天道远,人道迩,非所及也,何以知之?"(《左传·昭公十八年》)当时占星术利用所谓天道传播迷信,讲天象与人事祸福的联系,子产是予以否定的。孟子将天道与人性联系起来,他说:"尽其心者,知其性也。知其性,则知天矣。"(《孟子·尽心上》)孟子认为人性是天赋的,所以知性便能知天。但孟子没有做出明确的论证。《周易大传》提出"裁成辅相"之说,《象传》云:"天地交,泰。后以裁成天地之道,辅相天地之宜,以左右民。"《系辞》云:"范围天地之化而不过,曲成万物而不遗。"《文言》提出"与天地合德"的思想:"夫'大人'者,与天地合其德,与日月合其明,与四时合其

序,与鬼神合其吉凶。先天而天弗违,后天而奉天时。"这里所谓先
天指为天之前导,后天即从天而动。与天地合德即与自然界相互
适应,相互调谐。

汉代董仲舒讲天人合一,宣扬"天副人数",陷于牵强附会。宋
代张载明确提出"天人合一"的四字成语,在所著《西铭》中以形象语
言宣示天人合一的原则。《西铭》云:"乾称父,坤称母,予兹藐焉,乃
混然中处。故天地之塞,吾其体;天地之帅,吾其性。民吾同胞,物
吾与也。"所谓天地之塞指气,所谓天地之帅指气之本性,就是说:
"天地犹如父母,人与万物都是天地所生,人与万物都是气构成的,
气的本性也就是人与万物的本性,人民都是我的兄弟,万物都是我
的朋友。这充分肯定了人与自然界的统一。但张载也承认天与人
的区别,他在《易说》中讲:"鼓万物而不与圣人同忧者,此直谓天也,
天则无心……圣人所以有忧者,圣人之仁也。不可以忧言者天也。"
天是没有思虑的,圣人则不能无忧,这是天人之别。所谓天人合一
是指人与自然界既有区别,而又有统一的关系,人是自然界所产生
的,是自然界的一部分,人可以认识自然并加以改变调整,但不应破
坏自然。这"天人合一"的观念与西方所谓"克服自然"、"战胜自然"
有很大区别。在历史上,中西不同的观点各有短长,西方近代的科
学技术取得了改造自然的辉煌成绩,但也破坏了自然界的生态平
衡。时至今日,重新认识人与自然的统一,确实是必要的了。

二　以人为本

以人为本是相对于宗教家以神为本而言的,可以称为人本思
想。孔子虽然承认天命,却又怀疑鬼神。他说:"务民之义,敬鬼神
而远之,可谓知矣。"(《论语·雍也》)认为人生最重要的是提高道德
觉悟,而不必求助于鬼神。孔子更认为应重视生的问题,而不必考

虑死后的问题。《论语》记载："季路问事鬼神,子曰:'未能事人,焉能事鬼?'曰:'敢问死!'曰:'未知生,焉知死?'"(《先进》)孔子更不赞成祈祷,《论语》载:"子疾病,子路请祷。子曰:'有诸?'子路对曰:有之,诔曰:'祷尔于上下神祇。'子曰:'丘之祷久矣。'"(《述而》)孔子对于鬼神采取存疑的态度,既不否定,亦不肯定,但认为应该努力解决现实生活中的问题,而不必向鬼神祈祷。孔子这种思想观点可以说是非常深刻的。

这种以人为本的思想,后汉思想家仲长统讲得最为鲜明。仲长统说:"所贵乎用天之道者,则指星辰以授民事,顺四时而兴功业,其大略也,吉凶之祥,又何取焉? ……所取于天道者,谓四时之宜也;所壹于人事者,谓治乱之实也。……从此言之,人事为本,天道为末,不其然与?"(《全后汉文》卷八十九)这里提出"人事为本",可以说是儒家"人本"思想最明确的表述。所谓以人为本,不是说人是宇宙之本,而是说人是社会生活之本。

佛教东来,宣传灵魂不灭、三世轮回的观念,一般群众颇受其影响,但是儒家学者起而予以反驳。南北朝时何承天著《达性论》,宣扬人本观念。何承天说:"人非天地不生,天地非人不灵……安得与夫飞沈蠕蠕,并为众生哉? ……至于生必有死,形毙神散,犹春荣秋落,四时代换,奚有于更受形哉!"这完全否定了灵魂不灭、三世轮回的迷信。范缜著《神灭论》,提出形为质而神为用的学说,更彻底批驳了神不灭论。

宋明理学中,不论是气本论,或理本论,或心本论,都不承认灵魂不灭,不承认鬼神存在,而都高度肯定精神生活的价值。气本论以天地之间"气"的统一性来论证道德的根据,理本论断言道德原于宇宙本原之"理",心本论则认为道德伦理出于"本心"的要求。这些道德起源论未必正确,但是都摆脱了宗教信仰。受儒家影响的中国知识分子,宗教意识都比较淡薄,在中国文化中,有一个以道德教育代替宗教的传统。虽然道德也是有时代性的,但是这一道德传统仍有其积极的意义。

三　刚健自强

先秦儒家曾提出"刚健"、"自强"的人生准则。孔子重视"刚"的品德,他说:"刚毅木讷近仁。"(《论语·子路》)刚毅即是具有坚定性。孔子弟子曾子说:"可以托六尺之孤,可以寄百里之命,临大节而不可夺也。君子人与? 君子人也。"(《论语·泰伯》)临大节而不可夺,即是刚毅的表现。《周易大传》提出"刚健"、"自强不息"的生活准则。《大有·象传》云:"大有,柔得尊位大中,而上下应之,曰大有。其德刚健而文明,应乎天而时行,是以元亨。"《乾·文言传》云:"大哉乾乎! 刚健中正,纯粹精也。"《乾·象传》云:"天行健,君子以自强不息。"乾指天而言,天行即日月星辰的运行。日月星辰运行不已,从不间断,称之曰健,亦曰刚健。人应效法天之运行不已,而自强不息。自强即是努力向上、积极进取。《系辞下传》又论健云:"夫乾,天下之至健也,德行恒易以知险。"这是说,天下之至健在于能知险而克服之以达到恒易(险指艰险,易指平易)。所谓自强,含有克服艰险而不断前进之意。儒家重视"不息",《中庸》云:"故至诚无息。不息则久,久则征;征则悠远,悠远则博厚,博厚则高明。……《诗》云:'维天之命,於穆不已。'盖曰天之所以为天也。'於乎不显,文王之德之纯!'盖曰文王之所以为文也,纯亦不已。"儒家强调不懈的努力,这是有积极意义的。

在古代哲学中,与刚健自强有密切联系的是关于独立意志、独立人格和为坚持原则可以牺牲个人生命的思想。孔子肯定人人都有独立的意志,他说:"三军可夺帅也,匹夫不可夺志也。"(《论语·子罕》)又赞扬伯夷叔齐"不降其志,不辱其身"(《论语·微子》),即赞扬坚持独立的人格。孔子更认为，为了实行仁德可以牺牲个人的生命，他说："志士仁人，无求生以害仁，有杀身以成仁。"(《论语·卫灵公》)孟子进而提出："生亦我所欲也，义亦我所欲也，二者不可得兼，舍生而取义者也。生亦我所欲，所欲有甚于生者，故不为苟得也；死亦我所恶，所恶有甚于死者，故患有所不辟也。"(《孟子·告子上》)这里所谓"所欲有甚于生者"即义，其中包括人格的尊严。他举例说："一箪食、一豆羹，得之则生，弗得则死。呼尔而与之，行道之人弗受；蹴尔而与之，乞人不屑也。"不受嗟来之食，即为了保持人格的尊严。坚持自己的人格尊严，这是则健自强的最基本的要求。

先秦时代，儒道两家曾有关于刚柔的论争。与儒家重刚相反，老子"贵柔"。老子提出"柔弱胜刚强"(《老子》三十六章)，认为"天下之至柔，驰骋天下之至坚"(《老子》四十三章)。他以水为喻来证明柔能胜强："天下柔弱莫过于水，而攻坚强，莫之能先，其无以易之。故弱胜强，柔胜刚，天下莫能知，莫能行。"(《老子》七十八章)老子贵柔，意在以柔克刚，柔只是一种手段，胜刚才是目的，贵柔乃是求胜之道。孔子重刚，老子贵柔，其实是相反相成的。

在中国古代哲学中，儒家宣扬"刚健自强"，道家则崇尚"以柔克刚"，这构成中国文化思想的两个方面。儒家学说的影响还是大于道家的，在文化思想中长期占有主导的地位。刚健自强的思想可以说是中国文化思想的主旋律。《周易大传》"天行健，君子以自强不息"的名言，在历史上，对于知识分子和广大人民，确实起了激励鼓舞的积极作用。

四　以和为贵

中国古代以"和"为最高的价值。孔子弟子有若说："礼之用，

和为贵。先王之道斯为美,小大由之。"(《论语·学而》)孔子亦说:
"君子和而不同,小人同而不和。"(《论语·子路》)区别了"和"与
"同"。按:和同之辨始见于西周末年周太史史伯的言论中。《国
语》记述史伯之言说:"夫和实生物,同则不继。以他平他谓之和,
故能丰长而物归之。若以同裨同,尽乃弃矣。"(《郑语》)这里解释
和的意义最为明确。不同的事物相互为"他","以他平他"即聚集
不同的事物而达到平衡,这叫做"和",这样才能产生新事物。如果
以相同的事物相加,这是"同",是不能产生新事物的。春秋时齐晏
子也强调"和"与"同"的区别,他以君臣关系为例说:"君所谓可而
有否焉,臣献其否,以成其可。君所谓否而有可焉,臣献其可,以去
其否。"这称为"和"。如果"君所谓可",臣亦曰可;"君所谓否",臣
亦曰否,那就是"同",而不是"和"了。晏子说:"若以水济水,谁能
食之?若琴瑟之专一,谁能听之?同之不可也如是。"(《左传·昭公
二十年》)这是说,必须能容纳不同的意见,兼容不同的观点,才能
使原来的思想"成其可"、"去其否",达到正确的结论。孔子所谓
"和而不同"也就是能保留自己的意见而不人云亦云。"和"的观
念,肯定多样性的统一,主张容纳不同的意见,对于文化的发展确
有积极的促进作用。

老子亦讲"和",《老子》四十二章:"万物负阴而抱阳,冲气以为
和。"又五十五章:"知和曰常,知常曰明。"这都肯定了"和"的重要。
但是老子冲淡了"和"与"同"的区别,既重视"和",也肯定"同"。五
十六章:"塞其兑,闭其门,挫其锐,解其忿,和其光,同其尘,是谓玄
同。"这"和光同尘"之教把西周以来的和同之辨消除了。

墨子反对儒家,不承认和同之辨,而提出"尚同"之说。墨家有
许多进步思想,但是尚同之说却是比和同之辨后退一步了。

儒家仍然宣扬和的观念,《周易大传》提出"大和"观念,《乾·象
传》说:"乾道变化,各正性命,保合大和,乃利贞。"这里所谓大和指

自然界万物并存共育的景况。儒家认为,包含人类在内的自然界基本上是和谐的。《中庸》云:"万物并育而不相害,道并行而不相悖。"这正是儒家所构想的"大和"景象。

孟子提出"人和",他说:"天时不如地利,地利不如人和。三里之城,七里之郭,环而攻之而不胜。夫环而攻之,必有得天时者矣;然而不胜者,是天时不如地利也。城非不高也,池非不深也,兵革非不坚利也,米粟非不多也,委而去之,是地利不如人和也。故曰:域民不以封疆之界,固国不以山溪之险,威天下不以兵革之利。得道者多助,失道者寡助。寡助之至,亲戚畔之;多助之至,天下顺之。"(《孟子·公孙丑下》)这里所谓人和是指人民的团结,人民的团结是胜利的决定性条件。"得道多助,失道寡助",这是今天仍然必须承认的真理。

儒家以和为贵的思想在历史上曾经起了促进民族团结、加强民族凝聚力,促进民族融合、加强民族文化同化力的积极作用。在历史上,得民心者得天下,失民心者失天下,已成为长期起作用的客观规律。在历史上,汉族本是由许多民族融合而成的;在近代,汉族又和五十几个少数民族融合而成中华民族。中华民族内部密切团结而成为一个统一的整体。中华民族是多元的统一体,中国文化也是多元的统一体。多元的统一,正是中国古代哲学家所谓"和"的体现。所谓"和",不是不承认矛盾对立,而是认为应该解决矛盾而达到更高的统一。

以上所谓"天人合一"、"以人为本"、"刚健自强"、"以和为贵",都是用的旧有名词。如果采用新的术语,"天人合一"应云"人与自然的统一",或者如恩格斯所说"人与自然的一致"(《自然辩证法》,人民出版社1971年版第159页)、"自然界与精神的统一"(同上第200页)。"以人为本",应云人本主义无神论。"刚健自强",应云发扬主体能动性。"以和为贵",即肯定多样性的统一。这些都是中国古代哲学中的精湛思想,亦即中国文化基本精神之所在。

以上,我们肯定"天人合一"、"以人为本"、"刚健自强"、"以和为贵"等思想观念在历史上曾经起了促进文化发展的积极作用。但是,历史的实际情况是非常复杂的,许多思想观念的含义也不是单纯的。正确的观念与荒谬的观念、进步的现象与反动的落后的现象,往往纠缠在一起。所谓天人合一,在历史上不同的思想家用来表示不同的含义。例如董仲舒所谓天人合一主要是指"人副天数"、"天人感应",那完全是穿凿附会之谈。程颐强调"天道人道只是一道",认为仁义礼智即是天道的基本内容,也是主观的偏见。在董仲舒以前,有一种天象人事相应的神学思想。认为天上星辰与人间官职是相互应合的,所以《史记》的天文卷称为"天官书",但这不是后来哲学家所谓的"天人合一"。如果将上古时代天象与人事相应的神学思想称为天人合一,那就把问题搞乱了。这是应该分别清楚的。儒家肯定"人事为本",表现了无神论的倾向,但是这并不意味着宗教迷信在中国社会并无较大的影响。事实上,中国旧社会中,多数人民是信仰佛教、道教以及原始的多神教的。但是这种情况也不降低儒家人本思想的价值。"以和为贵"是儒家所宣扬的,但是阶级斗争、集团之间的斗争、个人与个人的斗争也往往是很激烈的。我们肯定"和"和观念的价值,并不是宣扬调和论。

中国文化具有优秀传统。同时也具有陈陋传统。简单说来,中国文化的缺陷主要表现于四点:(1)等级观念;(2)浑沦思维;(3)近效取向;(4)家族本位。从殷周以来,区分上下贵贱的等级,是传统文化的一个最严重的痼疾,辛亥革命推翻了君主专制,但等级观念至今仍有待于彻底消除。中国哲学长于辩证思维,却不善于分析思维。事实上,科学的发展是离不开分析思维的。如何在发扬辩证思维的同时学会西方实验科学的分析方法,是一个严肃的课题。中国学术向来注重人伦日用,注重切近的效益,没有"为真理而求真理"的态度,表现为一种实用主义倾向,这也是中国没有产生自己近代实验科学的原因之一。中国近代以前的社会可以说是以家族为本位。西方近代社会可以说是"自我中心、个人本位",而中国近代以前则不重视个人的权益,这是一个严重的缺陷。五四运动以来,传统的家族本位已经打破了。在社会主义时代,应该是社会本位、兼顾个人权益。

我们现在的历史任务是创建社会主义的新文化,正确认识中国传统文化的长短得失,是完全必要的。

傅永聚、韩钟文同志主编的《20世纪儒学研究大系》,循百年思想学术发展的脉络,以现代学术分类的原则,择选有学术价值、文献价值的代表文章,以"大系"的形式编纂而成,共有21卷,每卷附有专题研究的"导言"一篇。这部《20世纪儒学研究大系》是由曲阜师范大学、孔子研究院、山东大学、复旦大学等单位的中青年学者合力编纂而成,说明了儒学研究事业后继有人。《大系》被列入国家社会科学基金规划项目,又由中华书局出版,这是在弘扬和培育中华民族精神方面做出了一件非常有意义的事情,我感到十分欣慰。编者征求我的意见,于是略陈关于中国文化的基本精神和儒家文化传统的一些感想,以之为序。

张岱年

前　言

傅永聚　韩钟文

　　儒学犹如一条源远流长的大河,导源于洙泗,经过二千五百多年生生不息的奔腾,从曲阜、邹城一带流向中原,形成波澜壮阔的江河,涉及整个中国,辐射东亚,流向全球,泽惠万方。儒学曾经是中华文化的主流,东亚文明的精神内核。但是进入20世纪后的儒学,遭遇到空前严峻的挑战,也面临着再生与复兴的历史机遇。一百多年来,儒学几经曲折,备受挫折,又有贞下起元、一阳来复之象,至20、21世纪之交成为参与“文明对话”的重要角色。

　　牟宗三先生说:“察业识莫若佛,观事变莫若道,而知性尽性,开价值之源,树价值之主体,莫若儒。”(《生命的学问》)儒、道、释及西方的哲学、耶教等都指示人的生命意义的方向,但就中国人特别是中国古代知识分子而言,儒学是安身立命之道。孔子、儒家追求的“内圣外王之道”,一直是中国人的人格修养与经世事业的价值理想。“士不可以不弘毅,任重而道远。仁以为己任,不亦重乎?死而后已,不亦远乎?”(《论语·泰伯》)从孔子、曾子、子思、孟子至康有为、梁启超、梁漱溟、熊十力、牟宗三,中国的儒学代表人物就是怀抱志仁弘道的精神去实践自己的生命价值,开拓教化天下的事业与创建文化中国的理想的。中华文化历尽艰难,几经跌宕,却如黄河、长江一样流淌不息,且代有高潮,蔚成奇观,与孔子及其所创建的儒家学派所做的贡献是分不开的。

儒学一直对中华文化各个层面产生着巨大而又深远的影响。儒学统摄宗教、哲学、伦理、政治、教育、艺术等人文社会科学的学术品格及关怀现世人生的精神,使它成为一套全面安排人间秩序的思想体系,从一个人的生存方式,到家、国、天下的构成,都在儒学关怀与实践的范围之内。经过二千多年的传播、积淀,儒学一直影响着中华民族的民族性格、心理结构的形成。然而,进入 20 世纪,又出现类似唐宋之际"儒门淡泊,收拾不住"的危机,陷入困境之中。唐君毅以"花果飘零"、余英时以"游魂"形容儒学危机之严峻,张灏则称这是现代中国之"意义危机"、"思想危机"。

从 19 世纪中后期开始,中国社会、文化进入从传统农业社会向现代工业社会、从传统文化向现代文化转型的时代。1905 年废除科举制度,1911 年辛亥革命推翻了帝制,"五四"新文化运动的兴起,西方各种思潮、主义潮水般地涌入,风起云涌的政治革命、文化革命、社会转型、文化转型,导致了传统士阶层的解体与分化,新型知识分子的诞生与在文化思想领域倡导"新思潮"、"新学说",激进的反传统思潮的勃兴,现代化进程的启动和在动荡不安中急遽推进,使 20 世纪中国处于"三千年未有之大变局"的境遇之中,儒学的危机也由此而生。

一个世纪以来,儒学的命运与中国现代化的历史进程相消长,也与学术界、思想界及政治界对儒学与现代化的关系、儒学与西方文化的关系、儒学与全球的"文明对话"的关系所形成的认识有关。从 19 世纪末至 21 世纪初,一百多年来,中国的学术界、思想界与政治界围绕着孔子、儒家及儒学的命运、前景问题展开了广泛的、持久的争鸣,而这类争鸣又直接或间接地同传统文化与现代化、中学与西学、新学与旧学、科学主义与人文主义、全球化与中国化、文明冲突与文明对话、西方智慧与东方智慧等等论题交织在一起,使有关儒学的思想争鸣远远超出中国儒学史的范围,而成为 20 世纪中国思想史、学术史的有机组成部分。

百年儒学的历史大致沿着两个方向演进:一、儒学精神的新开展,使儒学于危机中、困境中得以延续、再生或创造性转化;二、儒家学术思想的研究,包括批判性研究、诠释性研究、创造性研究在内。由于 20 世纪中国是以"革命"为主潮的世纪,学术研究与政治革命的关系特别密切,故批判性研究常常烙上激进的政治革命的烙印,超出学术研究的范围,并形成批判儒学、否定儒学的思潮,酿成批判论者、诠释论者与复兴论者的百年大论争,并一直延续到 21 世纪。

回顾百年儒学精神新开展与儒学研究的历程,有一奇特现象值得重视。活跃于 20 世纪中国思想界、学术界、政治界、教育界的精英或代表人物,都不同程度地介入或参与了有关孔子、儒家思想的争鸣。如:早期马克思主义者陈独秀、李大钊、瞿秋白、李达、郭沫若、范文澜、侯外庐等,三民主义者蔡元培、陶希圣、戴季陶等,自由主义的代表人物严复、胡适、殷海光、林毓生等,无政府主义者吴稚晖、朱谦之等,现代新儒学的代表人物梁漱溟、熊十力、唐君毅、牟宗三、徐复观等,学衡派的代表人物梅光迪、吴宓、陈寅恪、汤用彤等,东方文化派的杜亚泉、钱智修等,新士林学派的罗光等,以及张申府、张岱年等,都参与了有关儒学的争鸣,并在争鸣中形成思想的分野,蔚成中国近代思想文化史上最壮观的一幕。

20 世纪中国思想史的复杂性、丰富性远远超出了唐宋之际和明清之际,其思想争鸣具有现代性或现代精神的特色。美国学者列文森在《儒教中国及其现代命运》中以"博物馆化"象征儒学生命的终结,有些中国学者也说儒学已到"寿终正寝的时节"。但从百年儒学的精神开展与儒学研究的种种迹象看,儒学的生命仍然如

古老的大树一样延续着。儒学曾经创造性地回应了印度佛教文化
的挑战,儒学也正在忧患之中奋然挺立,回应西方文化的挑战。这
是儒学传统现代创造性转换的契机。人们在展望"儒学第三期"或
"儒学第四期"的来临。百年儒学的经历虽曲折艰难,时兴时衰,但
仍是薪火相传,慧命接续,间有高潮,巨星璀璨,跨出本土,落根东
亚,走向世界,成为一种国际性的思潮,在全球性的"文明对话"中
扮演着重要角色,为人类重建文明秩序提供了可资汲取的智慧。
儒学并没有"博物馆化",儒学的新生命正在开始。因此,对百年儒
学作系统的全面的反思与总结,是一项具有历史意义与现实意义
的学术课题。

　　纵观百年儒学的历程,大致经历了五个阶段,在这五个阶段
中,儒学的命运、所遭遇的景况不尽相同,分述如下:

　　19 世纪末至 1911 年辛亥革命为第一阶段　洋务运动、戊戌
变法导致儒家经世思想的重新崛起,晚清今文经学的复兴,特别是
康有为《新学伪经考》、《孔子改制考》的出版,托古改制,以复古为
解放,既开导儒学的新方向,又开启"西潮"的闸门,如思想"飓风",
如"火山火喷"。章太炎标举古文经学的旗帜,与以康有为为代表
的今文经学派展开经学论争,而这场思想学术争鸣又与政治上的
革命与改良、反清与保皇、君主立宪与民主共和等论争交错在一
起,显得格外严峻与深沉。诸子学的复兴,西学输入高潮的到来,
政治革命的风暴席卷神州,社会解体与重建进程加速发展,传统士
阶层的分化与新型知识分子的诞生,预示后经学时代的降临。思
想、学术界先觉之士以"诸子学"、"西学"为参照系,批判儒学或
重新诠释儒学,传统儒学向现代儒学转型已初见端倪。

　　以辛亥革命至 1928 年南京政府成立为第二阶段　康有为、陈
焕章等仿效董仲舒的"崇儒更化"运动创建孔教会,"五四"新文化
运动兴起,吴虞、胡适等提倡"打孔家店",《新青年》派陈独秀、胡适

与文化保守主义者梁启超、梁漱溟、杜亚泉等,学衡派梅光迪、吴宓等展开思想文化争鸣,以张君劢、梁启超等为代表的人文主义与以丁文江、胡适、王星拱等为代表的科学主义的论辩,马克思主义者李大钊、瞿秋白等也积极参与思想争鸣,各大思潮的冲突与互动,不论是批判儒学,还是重释儒学及复兴儒学,都有一个共同的特点,就是将儒学的研究纳入现代思想学术的领域之中,使思想争鸣具有了现代性,从而导致儒学向现代思想学术转型。20世纪中国人文社会科学的学科建制、研究方法深受"西学"的影响,有关孔子、儒学的论争已不同于经学时代,且与国际上各种思潮的论争息息相通。以现代西方哲学、科学、政治等学科的范畴、概念、方法去解读、分析、批判或重新诠释儒学,成为一时的学术风气,并出现了"援西学入儒学"的现象。有些思想家、哲学家试图摄纳西学、诸子学及佛学中有价值的东西重建儒学,如梁启超的《儒家哲学》及《欧游心影录》,梁漱溟的《东西文化及其哲学》,冯友兰的《人生哲学》,已透露出现代新儒学即将崛起的消息。

1928年至1949年中华人民共和国建立为第三阶段　30年代后,中国思想界、学术界出现"后五四建设性心态"。吸取西学的思想、方法,以反哺儒学传统,创造性地重建传统儒学,如张君劢、冯友兰、贺麟等;或者回归儒学传统,谋求儒学的重建,如熊十力、钱穆、马一浮等;即使是"五四"时期反传统的学者,在胡适提倡"研究问题,输入学理,整理国故,再造文明"之后,也将儒学作为"国故"的重要组成部分,作为学术史、思想史、文化史的思想资料加以系统的研究。胡适的《说儒》就是一篇以科学方法研究孔子、儒学的示范之作。"后五四建设性心态"的形成,对中国现代学术的建构起了积极的作用。一大批专家、学者参照西方人文社会科学学科建制的原则与方法,分哲学、宗教学、政治学、经济学、伦理学、社会学、法学、史学、美学、文学艺术、教育学、心理学等等,对儒学进行

20世纪儒学研究大系

系统的研究,还对不同学科的发展史作深入的探讨。如中国哲学史、中国教育思想史、中国政治思想史、中国学术史、中国伦理学史、中国文化史、中国通史等等,儒学研究也纳入分门别类的学科及学科发展史的研究之中。钱穆在《现代中国学术论衡》中说:"民国以来,中国学术界分门别类,务为专家,与中国传统通人通儒之学大相违异。"将数千年经学、儒学作为学术思想的资源或资料,分门别类地纳入学科专题研究之中,虽然使儒家"内圣外王之道"的"道"变为"学术",由"专门之学"代替"通儒之学",但恰恰是这种转变,才促使了儒学由传统形态向现代形态转型。这一阶段是中国社会动荡不安的年代,令人惊异的是,在动荡的岁月中出现了一个学术繁荣期,学术研究的深度与广度并不亚于乾嘉时代,儒学研究也是如此。"专门之学"代替"通儒之学"乃大势所趋,是现代学术的进步。

　　抗日战争的爆发、救亡运动的高涨,把民族文化复兴运动推向高潮,为儒学精神的新开展或创造性重建提供了历史机缘。儒学在民族文化复兴的大潮中获得再生并走向现代。1937年沈有鼎在《中国哲学今后的开展》,1941年贺麟在《儒家思想之开展》,1948年牟宗三在《鹅湖书院缘起》中,都强调中国进入一个"民族复兴的时代"。民族复兴应该由民族文化复兴为先导,儒家文化是中华文化的主流,儒家文化的命运与民族文化的命运血脉相连、息息相关。他们认为,如果中华民族不能以儒家思想或民族精神为主体去儒化或汉化西洋文化,则中国将失掉文化上的自主权,而陷于文化上的殖民地。他们期望"儒学第三期"的出现,上接宋明儒学的血脉,对儒学作创造性的诠释,或者会通儒学与西学,使古典儒学向现代思想学术形态转换。以熊十力、贺麟、牟宗三等为代表的新心学,以冯友兰、金岳霖等为代表的新理学,是儒学获得现代性并走向成熟的重要标志。此外,王新命、何炳松等十教授发表

《中国本位的文化建设宣言》(1935 年 1 月 10 日)，新启蒙运动倡导者张申府、张岱年等提出"打倒孔家店，救出孔夫子"的口号及综合创造论，都体现了"后五四建设性心态"，都有利于儒学的学术研究之开展。

1949 年至 1976 年"文革"结束为第四阶段　余英时在《现代儒学论》序言中指出：20 世纪中国以 1949 年为分水岭，在前半个世纪与后半个世纪，中国的文化传统特别是儒家命运截然不同。1949 年以前，无论是反对或同情儒家的知识分子大部分曾是儒家文化的参与者，他们的生活经验中渗透了儒家价值。即使是激进的反传统者，他们并没有权力可以禁止不同的或相反的观点，故批判儒学或复兴儒学之争可以并存甚至互相影响。1949 年以后，儒家的中心价值在中国人的生活方式中已退居边缘，知识分子无论对儒学抱着肯定或否定的态度，已失去作为参与者的机会了，儒学和制度之间的联系中断，成为陷于困境的"游魂"。

就实际状况而言，这一阶段的儒学研究或者儒家思想之开展，比余英时分析的还要复杂。其中值得注意的是分化现象：大陆出现批判儒学的新趋向，50 年代至 60 年代中期，以批判性研究为主，除梁漱溟、熊十力、陈寅恪等少数学人外，像冯友兰、贺麟、金岳霖等新理学与新心学的代表人物，都在思想改造、脱胎换骨之后批判自己的学说，即使写研究孔子、儒学的文章，也离不开批判的框框。当时思想界、学术界的儒学研究，多以"苏联哲学"为范式，进行"唯心"或"唯物"二分式排列，批判与解构儒学成为当时的风潮。70 年代中期出现群众性的批孔批儒运动，真正的学术研究根本无法进行。儒学已经边缘化了。在港台地区和海外华人社群中，儒学却得到不同程度的认同，移居港台、海外的学者，如张君劢、钱穆、陈荣捷、唐君毅、牟宗三、徐复观、方东美等，继续以弘扬儒家人文精神为己任，立足于学术界、教育界，开拓儒学精神的新方向，成就了不少持之有据、言之成理的"一家之言"。

70 年代后期至 21 世纪初为第五阶段　中国大陆的改革开放,思想解放运动,传统文化与现代化的论争,"文化热"的出现,以及日本、韩国、新加坡等国与香港、台湾地区经济腾飞所产生的影响,东亚现代化模式的兴起,全球化进程中形成的文化多元格局,文明对话,全球伦理,生态平衡,以及"文化中国"等等课题的讨论,使人们对孔子、儒学的研究逐渐复苏,重评孔子、儒学的论文、论著陆续出版,有关孔子、儒学、中国文化的学术会议频繁举行,中国孔子基金会、国际儒学联合会、中华孔子学会、中国文化书院、孔子研究院等学术团体和研究机构的建立,历代儒家著作及其注解、白话文翻译、解读本的大量出版,有关儒家的人物评传、思想研究、专题研究以及儒学与道、释、西方哲学及宗教的比较研究,成为学术界关注的课题。还有分门别类的人文社会科学及自然科学,也将儒学纳入其中作专门研究,如儒家哲学思想、儒家伦理思想、儒家美学思想、儒家史学思想、儒家政治思想、儒家教育思想、儒家宗教思想、儒家科学思想、儒家管理思想等等。专门史的研究也涉及儒学,如中国哲学史、中国经济思想史、中国教育思想史、中国伦理思想史等等,一旦抽掉孔子、儒家与儒学,就会显得十分单薄。此外,原来处于边缘化的港台、海外新儒家,乘改革开放的机遇,或者进入大陆进行学术交流,或者将其思想、学说传入大陆。至 90 年代,出现当代新儒家、自由主义与马克思主义重新论辩、对话与互动的格局,有关"儒学第三期"、"儒学第四期"的展望,儒学在国际思想界再度引起重视,说明儒学的确在展示着其"一阳来复"的态势。

纵观百年儒学的历程,不论在哪一个阶段,不论是儒家思想之新开展,或者是有关儒学的学术研究,都积有丰富的思想资源或文献资料,已经到了对百年儒学进行系统研究、全面总结的时候了。站在世纪之交的高度,我们组织编纂《20 世纪儒学研究大系》,就是为了完成这一学术使命。

　　《20世纪儒学研究大系》是孔子研究院成立后确定的一项浩大的学术工程,现已列入2002年国家社会科学基金项目。《大系》的编纂与出版,实为孔子、儒学研究的一大盛事,必将对21世纪的儒学研究产生积极而又深远的影响。

编选原则及体例

　　《20 世纪儒学研究大系》是一部大型的相对成套的专题分卷的儒学研究丛书,力求通过选编 20 世纪学术界研究儒学的代表性论文、论著,全面反映一百年来专家、学者研究儒学的学术成果及水平,为进一步研究儒学提供一部比较系统的学术文献。

　　一、将 20 世纪海内外专家、学者研究儒学的代表性论文、论著按研究专题汇集成册,共分 21 卷。所选以名家、名篇及具有代表性的观点为原则,不在多而在精,力求反映 20 世纪儒学研究的全貌。

　　二、所选以学术性讨论材料、思想流派性材料为主,兼收一些具有代表性并产生过重大影响的批判性文章。

　　三、每一卷包括导言、正文、论著目录索引三个主干部分。

　　四、每卷之始,撰写导言,综论 20 世纪该专题研究的大势及得失,阐发本专题研究的学术价值和意义,为阅读利用本卷提示门径。

　　五、一般作者原则上只入选一篇具有代表性的成果,重要代表人物可选 2—3 篇。

　　六、所收文章均加简要按语,介绍作者学术生平及本文内容。合作创作的论著,只介绍第一作者。

　　七、每卷所收文章,原则上按公开发表或正式出版的时间先后为序。

八、所收文章,尽量使用最初发表的版本,并详细注释文章出处、发表或写作时间。

九、入选文章、论著篇幅过长者,适当予以删节,并予以注明。

十、为统一体例,入选文章一律改用标准简化字,一律使用新式标点。

十一、所选文章的注释一律改为文中注和页末注,以保持丛书的整体风格。材料出处为文中注(楷体),解释性文字为页末注。

十二、每卷后均列论著目录索引,将未能入选但又有学术价值与参考价值的论著列出。论文和著作分门别类,并按公开发表和正式出版的时间先后为序。

目　　录

导　言

李景明　唐明贵

　　公元前770年，周平王东迁洛邑，东周开始，中国古代社会进入了春秋战国时期(公元前770—公元前221年)。春秋战国之世被历史学家们称为"古今一大变革之会"，是中国历史上一个社会剧变的时代。这期间，实现了中国社会制度的转型，最终确立了中国古代社会的经济结构、政治结构，形成了中国古代独特的思维方式。同时，社会变革也把一系列的问题摆在了人们面前，迫使思想家们去思考，去解决，于是乎在思想、文化领域，百家蜂起，诸子猬集，各种理论互相激荡，竞长争高，形成了众多的思想流派；而同一个学派在发展过程中，随着每一个大师的出现，又往往发生分化以至于异化，进而把一种思想推向新的高峰。据班固《汉书·艺文志》著录的书目来看，这时期的诸子之作约近百种。"百家之知"、"百家之说"的提法，在战国时代的《庄子》和《荀子》那里业已出现。至西汉，司马迁又称诸子为"百家之术"。后人用"百家争鸣"来形容春秋战国时期诸说纷繁林立、思想活跃解放的局面，实非过誉之言。

　　所谓"百家之术"，是指学术思想流派众多。"吹万不同"的诸子，由于阶级、阶层、政治倾向、地域文化等方面的差异，其理论重心、思维方式和风格特征等也都有所不同，这便形成了流派，即所谓"家"。这种学理分野在战国时期已初露端倪。墨子著《非儒》，表现了儒、墨对立；孟子辟杨（朱）墨及农家、兵家之学，使各派间的思想分歧更加明朗化；荀子作《非十二子》，把十二子分成六派；《庄子·天下》也在对邹鲁之士墨翟、禽滑釐、宋钘、尹文、田骈、慎到、关尹、老聃、庄周、惠施等各家观点一一评述后，将他们分为六大派别；韩非的《显学》更把儒、墨视为两个显赫的派别。在此基础上，司马谈在《论六家要旨》中，进一步从理论上明确了划分派别的标准，并把"诸子百家"总括为阴阳、儒、墨、法、名、道德六家。此后，班固虽在六家之外，又分出纵横、杂、农、小说四家，总括为十家，但是，真正重要而有影响的派别，却还是司马谈所提出的六家。

对于六家的特点，司马谈和班固曾作了这样扼要的概括：

儒家："列君臣父子之礼，序夫妇长幼之别"（《论六家要旨》），"游文于六经之中，留意于仁义之际，祖述尧舜，宪章文武，宗师仲尼"（《汉书·艺文志》）。

法家："不别亲疏，不殊贵贱，一断于法"、"尊主卑臣，明分职不得相逾越"（《论六家要旨》），"信赏必罚、以辅礼制"、"专任刑法而欲以致治"（《汉书·艺文志》）。

道家："无为，又曰无不为，其实易行，其辞难知。其术以虚无为本，以因循为用"（《论六家要旨》），"及放者为之，则欲绝去礼学，兼弃仁义，曰独任清虚可以为治"（《汉书·艺文志》）。

墨家："茅屋采椽，是以贵俭；养三老五更，是以兼爱；选士大射，是以上贤；宗祀严父，是以右鬼；顺四时而行，是以非命；以孝视天下，是以上同。"（《汉书·艺文志》）

名家："控名责实，参伍不失"（《论六家要旨》）、"名位不同，礼亦异数"（《汉书·艺文志》）。

阴阳家："敬顺昊天，历象日月星辰，敬授民时，此其所长也。

及拘者为之,则牵于禁忌,泥于小数,舍人事而任鬼神。"(《汉书·艺文志》)

六家之说,虽"各引一端,崇其所善,以此驰说,取合诸侯",然而,"其言虽殊譬犹水火相灭,亦相生也"(《汉书·艺文志》)。各家尽管相互对立,但它们作为中华民族的文化积累和智慧结晶却相反相补,相辅相成,对后来中国文化的发展产生了深远的影响。然其中在意识形态领域影响最多,起到主导作用的则是儒、道两家。道家在哲学宇宙论上影响最大,道家的创始人老子在中国思想史上第一个建立起完善的宇宙论哲学体系,而后中国思想界的宇宙论几乎没有一个不受其影响的。儒家则在伦理道德领域及其理论基础人性论学说上,占有明显的优势,由于它满足了中国古代宗法制社会统治的需要,所以其影响之大可以说是无以伦比。虽然法家学派也曾盛极一时,甚至被秦朝用来治理天下,但法家有一个致命的弱点,即只重法制不讲德教,不懂得"逆取而顺守"的道理,致使庞大的秦帝国在短短的十几年中就分崩离析,秦始皇传之万世的梦想仅仅延续了二世就休矣。秦帝国政治实践的失败,宣告了法家政治学说的破产,使得法家学派就此无法再以一个独立学派的面目出现。墨家学说在先秦时期主要在战国中、前期,曾列于显学之位并与儒家相抗衡,但由于其理想过于高远而不切实际,难以在当时社会上实行,因此墨家学说在喧闹过一阵后就自行衰弱了。名家只重思辨,而于事无补,从而遭到了儒、法、道等其它学派的围攻,亦不为统治者所重视,故在历史上一直影响甚微。阴阳诸家并没有建立起完整的思想体系,而它们的思想观念多为儒道等家所吸取,从而失去了它们独立存在的地位。故而自汉代以来,在我国二千多年的历史中,先秦诸家中只有儒、道两家成为了传统文化中的两大主流思想,或可称之为中国传统文化的两大支柱。

儒、道两家思想在中国传统文化中,犹如鸟之两翼、车之两轮,是缺一不可的。它们两者之间互相补充、互相促进。之所以出现如此格局,是因为儒道两家自身的思想特征起到了决定性的作用。

儒家的特点是关心人生、社会问题,注重道德伦理的践履,其哲学视野也因之被围限在道德伦理方面。因此在儒家学说中,人生哲学与伦理思想发达,哲学、伦理、政治三位一体,而伦理起着决定作用,故而儒家哲学可称之为伦理型哲学。这种伦理哲学最关心的是道德自觉、道德践履,而忽略了宇宙观的建设和对自然的认知。在它那里,价值判断不仅统摄了认知,并且支配了审美。作为中国封建宗法制度理论根据的儒家思想,特别是它的政治伦理思想,由于能够适应和满足中国封建宗法、专制体制的要求,而博得了历代封建统治者的青睐,成为封建社会思想文化领域占主导地位的意识形态,成为君临百家之学的思想。

与尚礼乐注重人伦日用的儒家不同,道家则重自然,并致力于宇宙本源问题的探讨。虽然这一学派所建立的宇宙论仍然是从人生哲学出发的,但是,他们却把人类的观察思考范围由人生和社会而扩展到整个宇宙,并且形成了"人法地,地法天,天法道,道法自然"这样一个由宇宙论到人生论,再到政治论的严密哲学系统,主张"道法自然"、"天道无为而自然",不是让"自然"附和人的、或宗法社会化的意志,而是强调"人之道"要服从自然无为的"天之道",社会发展的特殊规律不能背离宇宙发展的一般规律。道家扬弃宗教神学,并且从宏观出发而又经过微观的审视所提出的"法自然"的理论,由于包涵着种种合理的、积极的因素,因而足以同尚礼乐的儒家思想长期对抗,相互补充,以至我们有理由说,在儒学成为封建正统思想的时代,道家的自然主义哲学乃是儒家伦理型哲学所必不可少的对立补充者(赵明:《道家思想与中国文化》第1—3页,吉林大学出版社1986年版)。

在我国历史上,虽然形成了儒道互补的格局,但在不同的历史阶段亦呈现出不同的情况。早期的儒家和道家主要是在互相批评中取彼之长补己之短,双向互补的味道较浓;而后来,由于儒家思想在历史上的特殊地位,儒道互补事实上变成了以道补儒,道家思想主要发挥着对儒家思想的补充、调节、纠正和补救的作用。这大致可以分为两类情况,一是补儒家之缺,一是补儒家之偏。

道家补儒家之缺,即补充儒家学说中原本所不具有的内容。早期儒家作为一种系统的学说,其主要缺遗表现在自然观、宇宙论、认识论、辩证法等哲学思维方面,长于伦理而疏于哲理,难以从思辨的高度和深度上深化自己的学说并给人以理性的满足。而在先秦时期,百家之学同儒学一样,多为政治伦理学说,惟独道家既重政治伦理,又长于哲学思维。道家以其深邃的哲理、缜密的思辨、新奇的道论、卓异的境界说、高超的辩证法倾倒了诸子百家,时人无不以高谈玄妙的道论来装点自己的学说。因而在一定程度上可以这样说,是道家教会了人们如何进行哲学思维,道家学说在当时起到了哲学启蒙的作用。在这一谈玄论道的思潮中,儒家学说也获益匪浅,战国时期的《孟子》、《荀子》、《易传》、《大学》、《中庸》,同原创时期的孔子学说相比,在哲学思维方面的空白得到了较多的填补,从而在一定程度上改变了儒学的面貌,深化了儒学。另一个重要的时期是宋明时期,儒家学说在更大的规模上吸取了道家思想,使自己在哲学思维方面得到了进一步的充实,借助于来自道家的一系列范畴建构起完备、深造而庞大的新儒学体系。这一时期道家思想填补儒学的缺遗,一方面是老庄思想向儒学的直接渗透,另一方面则是通过道教和禅学的途径间接进行的。从儒学的历史发展可以清楚地看到,道家思想对儒学之缺遗的补充具有相当重要的意义。

道家补儒家之偏,即调节、纠正和补救儒学因某些方面的侧重而导致的忽略、不足和偏蔽,使人们的行为和心理不断得到调适而获得良好的分寸感和平衡感。道家思想的这种调适功能,渗透于人们的观念深处,积淀为人们的社会意识和文化心理,通过人们的日常活动表现出来,因而较之于补儒家哲学思维之缺,其影响更为深入和广泛。下面择其荦荦大者作一概略分析:

首先,儒家对人类文明和社会进步持乐观的态度,以"修身齐家治国平天下"为人生理想,主张尽可能多地为国家和社会作贡献,他们为中国人(主要是士人君子)设计的是一条进取型的人生道路。然而儒家对于人类为文明所必须付出的代价和社会进步的曲折性估计不足,对人类在不断进取的过程中可能造成的问题和对人性本身的扭曲与伤害缺乏思想准备或不予重视,因而也就没能提出解决这些问题的方法。在这方面,以老庄为代表的道家人物倒是慧眼独具,他们及早地观察到了这些我们今天称之为异化的现象,予以了高度的重视,并且提出了自然主义的原则,力图用回归自然的方法来避免、克服和矫治之。道家的这一思想是深刻的,道家理论中的许多内容都是针对社会和人性的异化现象提出来的,都可以视为关于文明发展的副作用的文化对策。道家主张人类社会应该不断地进行复归本位的运动,以保持和谐与宁静,而要使社会和谐宁静,关键在于净化人类的心灵,使人性返朴归真。我们认为,道家的这一思想是合理的,也是必要的,不应视为保守或倒退。人性的真朴永远应该是人生进取的出发点,社会发展和人生进取都不应以丧失自然和谐和真朴之性为代价,而应不断地进行这种返本复初、回归自然的调谐运动,经常回头看看,提醒自己不要偏离得太远,如此才能避免和净化由异化造成的污染,使社会和人生都得以健康地发展。在中国历史上,惟独道家思想始终担当着这一重任。

其次,儒家崇尚弘毅,注重有为和力行,这无疑是一种正确的人生态度。然而社会是复杂多变的,人生也必须适应复杂多变的社会现实。儒家在指导人们争先向上的同时,没有为人们留下足够而必要的回旋余地,只提供了争先向上的动力,没能提供与之相配套的缓冲装置。因而从总体上来看,儒家式的人生刚性有余而韧性不足,借用荀子的术语,儒家可以说是"有见于伸,无见于屈","蔽于刚而不知柔"。道家则提供了另外一种人生见解,提倡柔弱、无为、知足、谦下,崇尚"不争之德",他们相信柔弱优于刚强。道家对人生的这种见解,可以说是对人生进行了持久的观察,并对儒家式的人生观进行了深刻的反思之后得出的。因为尚刚强者未必了解柔弱之妙用,而尚柔弱者必是建立在对于刚强的充分认识之上的,有见于刚强之不足,故能反其道而用之。道家式的人生见解可谓匠心独具,为人生提供了另一种有效的指导:一方面,它使士人君子的生命更具有韧性,增强了人们自我调节以适应社会变故的能力,在激烈的社会竞争中,主动地后退一步,庶几可获得天宽地广、如释重负的感觉;另一方面,它不失为一种获胜的手段,人们通常只知从正面争强争胜,道家则提供了从反面入手的竞争方式,往往可获得奇效,"守柔日强"、"不争而善胜"、"后其身而身先"、"无为而无不为"。道家哲学中诸如柔弱、无为、知足、知止、淡泊、居下、处顺、静观、谦让、取后、不争等观念都体现了高度的人生智慧,在社会实践中常用常新,自古及今永远不失其新鲜感。道家的这些观念,恰好可以补儒家之偏蔽,自古以来,对儒家式的人生实践起到了重要的补充、调节作用。在儒道互补的人生模式中,中国知识分子在顺境中多以儒家为指导,建功立业,以天下为己任;在困境和逆境中则多以道家为调适,超然通达,静观待时。儒道两家对待人生,可谓仁者见仁,智得见智。儒道互补构成一种完整的、艺术的人生观,它视人生为一种变速的曲折运动,使得中国的知识分子刚柔相济,能屈能伸,出处有道,进退自如,心态上和行为上都具有良好的分寸感和平衡感。

这里需要补充说明的是,从总体上看,儒家倡导进取型的人生,道家则比较超然通达,故而给人以儒家入世、道家出世的印象,其实并不尽然。事实上,儒家的孔孟和道家的老庄都同时具有积极用世和超然通达两种心态;只不过孔孟更为用世些而老庄更为超然些罢了。以老庄为主要代表的道家人物也具有很强的文化使命感和社会责任心,只是他们较多地以批评者的面目出现而有别于孔孟而已。而孔孟在积极进取追求事功的人生道路上也常怀有超然通达的心态,孔子主张"天下有道则见,无道则隐",欣赏曾点式的超脱旷达,对"隐居以求其志,行义以达其道"的人心向往之,并认为"贤者避世,其次避地,其次避色,其次避言",甚至萌发"道不行,乘桴浮于海"的念头。《荀子·宥坐》也记孔子之言曰:"居不隐者思不远,身不佚者志不广。"孟子亦曰:"古之人得志,泽加于民,不得志,修身见于世。穷则独善其身,达则兼善天下。"孔孟这种矛盾心态或灵活态度是他们在天下无道,人生常穷而不得志的社会现实中不得不采取的一种自我调节和心理准备,在这一点上,他们与老庄是一样的。在后来经过历史选择而逐渐形成和定格的文化格局中,儒家式的历史使命感和社会责任心得到了强化和突出,而孔孟原有的那种超然与灵活的心态逐渐被淡化乃至被遗忘。相反,道家式的人世情怀被淡忘,其超然通达的方面却被突出,以致道家在世人的心目中只是以旁观者的面目出现,道家思想遂主要被用来应付逆境,在人生进取中起调节缓冲的作用。总之,本来面目的孔、孟、老、庄与历史锁定的孔、孟、老、庄，都是应该区别看待的。

　　第三，儒家注重社会伦理，表现出强烈的群体意识，强调个人应当全身心地投入于社会事业，而对人的个体性或个体生命的处境却缺乏应有的关注。换言之，儒家式的人生价值必须置于社会群体中才可以实现，人生只有投身社会事业才有意义；而且此种关系是单向的，即只讲个人对于社会应如何如何，而不考虑和计较社会应对个人如何如何。儒家看待各种人际关系，皆贯穿着以对方、他人为重的原则，"似不为其自己而存在"，皆为了他人而存在，推而广之，即为了社会而存在（社会实即他人之广称）。儒家式的人生，其精神生活虽然丰富，但却没有留下多少真正属于自己的空间，其精神世界淹没在群体性之中了。对于中华民族，儒家所注重和培养的这种群体意识无疑是极为重要的。然而我们同时也不能不承认，儒家重群体轻个体，在人的个性、独立意志、个体意识方面留下了许多空白。而在这方面，道家思想正好可以填补儒家遗漏的精神空间。道家较为注重人的个体性，倡导"自然"、"自在"、"自性"、"自尔"、"自爱"、"自适"、"自得"、"自乐"、"自美"、"自事其心"，他们善于站在大道的立场上，以超越的态度观察人生与社会，主张人不应被世俗的价值和规则所拘束，应该保持自己独立自主的意志和自由思想的能力，所以他们往往能够我行我素，并提出不落俗套的见解。老子在传统和世俗面前保持了独立的意志和清醒的头脑，他的社会批判精神便表现了对个体独立性的张扬。庄子对个体生命的处境予以了更多、更深切的关注，他称被世俗价值所拘役的人为"蒙蔽之民"、"倒置之民"。在诸子百家皆关注于重建政治秩序的喧嚣声中，庄子追求个体精神的自由自在、自适自得的卓异主张给人一种清新的感受。汉代以降，儒家的群体意识在官方的倡导和扶持下,逐渐成为历代社会占主导地位的价值观念,投身社会事业、名垂青史成为知识分子理想的人生模式和主要的精神依托。而道家思想对个性的张扬和对自由精神的推崇却形成了另外一种传统,这种传统的存在使得人们始终能够听到另一种声音,它为中国知识分子开辟和保留了另一片真正属于自己的精神天地,使得他们在投身于社会公众事业的同时,又能做到不随波逐流,不为名教所羁缚,保持着鲜活的个性。儒家的群体意识和道家的个体意识正好形成了一种互补的机制,尽管后者在历史上远不如前者那样风光(白奚:《孔老异路与儒道互补》,《南京大学学报》2000 年第 5 期)。

综上所述,可见,儒道两家可谓各有千秋,两家思想的这种内在的互动互补的机制,使得中国传统思想文化呈现出丰富、生动并趋于完美的面貌。我们很难设想,在漫长的封建社会,如果没有道家自然哲学补充儒家伦理型哲学之不足,没有道家那种反传统的思想及其怀疑、批判的精神有力地冲击、否定着传统意识与僵死的官方哲学,没有突出自然即美和艺术的独立的道家文艺思想经常地给予宗经尚道的儒家文艺观以净化和荡涤,中国古代的哲学与文学的发展又将会是一种什么样的面貌!鉴于儒道两家这种特殊的关系,所以学界对儒道两家分析比较的研究可以说是史不绝书。但由于方法的粗陋和时代的局限,大都未得其真诠。20 世纪以来,随着西方哲学思潮的涌入和马克思主义史学方法的运用,整个中国哲学史研究工作有了深入发展,对儒道两家的分析比较研究,也有了相当大的起色,取得了不少可喜的成就。首先,运用马克思主义的观点和阶级分析的方法,对儒道两家的整个哲学体系进行了对比研究,开辟了一个前所未有的崭新局面。在研究的广度和深度上,也大大超过了前人。所涉及的方面,不仅有孔老、孔庄、孟庄、孟荀等儒道两家代表人物的各个方面的比较研究,而且有儒道两个学派的本体论、认识论、人生哲学、社会政治思想、教育观、审美思想等方面的研究,并在此基础上,对不少专题进行了深入持久的论争,使人们对儒道两家的认识达到了一个新的阶段。但瑕不掩瑜,一百年来,儒道比较研究和其他领域的研究一样,也受到这样那样或大或小的影响,致使研究过程中出现许多不应该出现的问题。为了使人们更清楚地了解学界对儒道两家分析比较研究的全貌,并有利于今后工作的开展,下面将一百年来儒道比较研究的发展线索、主要观点及存在的问题作一简要述评,以供参考。

一、研究概况

一百年来的儒道比较研究大致可分为三个时期。第一时期从世纪初到40年代末(1900—1949);第二个时期从50年代初到70年代末(1950—1978);第三个时期从80年代初到世纪末(1980—2000)。三个时期的政治气候、意识形态、学术取向各不相同,故儒道比较研究也呈现出不同的阶段性特征。

自1900年至1949年是20世纪儒道比较研究的开创和发展阶段。这一时期共发表研究文章51篇,专著1部。内容涉及政治、经济、治国之道、人性论、历史观、礼乐观、逻辑思想等。其中蔡尚思的专著《中国三大思想之比较》(上海启智书局1930年版)是这一时期的代表作。该书对老子、孔子、墨子三大思想家从天与人、人与物、人与己、身上身外物、积极与消极、乐观与悲观、个人与社会、精神与物质、托始的先王、道理的名称、理想的人生、三家与三方十二个方面进行了比较,每一个比较先列有比较表,后说明比较论述。该书是20世纪第一部对儒道两家进行系统研究的专著,具有重要的文献与学理价值。

这一时期还发生了两次小范围内的学术论战。第一次发生在1934年。这次论战肇始于孙道升1934年1月8日发表在北平《晨报·学园》第623期上的一篇名为《道家出于儒家颜回说》的文章,该文认为道家脱胎于孔子弟子颜回,言下之意即为道家出于儒家。一石激起千层浪。刘厚滋首先发难,于《晨报·学园》第635期(1934年2月3日)发表《"道家出于儒家颜回说"商榷》一文,对孙道升的观点提出质疑。接着张璇于《晨报·学园》第645期(1934年3月1日)发表《驳"道家出于儒家颜回说"》一文,对孙道升的观点进行了驳难。孙道升也不甘示弱,于《晨报·学园》第666、667、668期(1934年4月19日、20日、24日)发表《再论"道家出于儒家颜回说"》一文,再一次凿实自己的观点。张璇随即于1934年10月2日、9日、16日的《晨报》上连载《道家应否出于颜回》一文,进行反击。这次论战虽然规模不大,参加人数有限,但它却是20世纪儒道两家学说比较研究史上的第一次论战,对于澄清儒道两家的起源问题无疑具有重要的学术价值。在此后的几十年里,这个问题不时被人们提起并引发论争,至今仍未取得一致意见。

第二次论战发生在1946年。这次论战的主战场是《求真杂志》,论战双方一方为李季,另一方为欧伯、嵇文甫、蔡尚思,论战主题是"关于老子和孔子思想问题的论争"。经过论战,基本上弄清楚了老子孔子思想的阶级性问题。

总的来说,这一时期的主要特点表现为:由于受时局的影响和缺乏科学的理论指导,参加研究的学者不够多,研究的程度不够深。

自1950年至1980年,是第二时期。它有两个明显的特点,一是研究的重心移到了港台。这一时期共发表论文 36 篇,专著 2 部,全为港台作品。反观大陆,由于政治的需要,评法批儒成为人们关注的热点,儒道思想的比较研究无人过问,基本上处于停滞状态。这种政治戕害学术和学术趋附政治的深刻教训应当永远记取。二是研究的重心多集中在基本范畴理念的比较。如罗联络《儒道二家学说之境界》(《建设》〔台〕第 10 卷 9 期,1962 年)、詹栋樑的《老子之道与孔子之道之异同比较》(《建设》〔台〕第 16 卷 1 期,1967 年)、蒲薛风《老子与孔子之"道":类别根源性质及作用》(《清华学报》〔台〕第 11 卷第 1—2 期,1957 年)、董季棠《儒家的道和道家的道的比较》(《孔孟月刊》〔台〕第 16 卷 2 期,1977 年 10 月)等。其中,詹栋樑在其文章中,对老子之道与孔子之道的异同进行了详细的分析比较,堪称该时期研究的代表作。文章指出,老子之道与孔子之道的相同点主要有:(1)皆重视道德。(2)皆重视道之价值,将道应用于人生哲学和政治哲学上,使人生更完美,政治更清明,以充分发挥道的价值。(3)皆以道为万物之准则。二者的相异点主要有:(1)出世与入世。老子的思想是出世的,而孔子的思想是入世的。老子所主张之道是理念上之道,是形而上的。而孔子所主张之道是重人道及天道,在于救民救世,以礼乐救国。(2)超体验、超实在与体验、实在。老子所主张之道是"超体验的"与"超实在的",孔子所主张之道是"体验的"与"实在的"。(3)言天道者不一与如一。老子言天之道主张不一。而孔子认为天之运行,始终如一。(4)自然与天命。老子在道上设有自然,为道所法,因此自然为最高法则;而孔子在天道上设有天命,以主观之指导原理之天命为其归极。(5)无与有。老子以"无"为道之功用,孔子以"有"为道之功用。(6)贵柔、主静、不争与贵刚、主动、可争。老子之人生观贵柔、主静、不争,孔子之人生观贵刚、主动、可争。

从 1981 年到 2000 年,是第三时期。这一时期的儒道比较研究不断走向深入并达到全面繁荣。这一时期又可分为两个阶段。

第一阶段是从 1981 年到 1990 年。这十年可谓之全面恢复和初步发展时期。打倒"四人帮"后,随着政治气候的逐步改变,大陆学术界迎来了自己的春天,儒道比较研究和其他领域的研究一样,出现了一派欣欣向荣的局面。特别值得一提的是本阶段儒道思想比较研究的三大特色。

其一,在思想大解放的潮流中,大陆学术界开始重新思考儒道比较问题。这一阶段共发表论文 39 篇,专著 4 部。其中大陆论文 34 篇,专著 2 部。在大陆的两部专著中,张文勋的专著《儒道佛美学思想探索》(中国社会科学出版社 1988 年版)主要探讨了儒、道、佛三家对中国古典美学某些基本理论的影响及作用。在论析中,张文勋以丰富的资料为依据,从不同侧面研究了儒、道、佛三家的审美观念、审美体验、审美趣味的异同,阐明了这三家学说相互对立、相互交融的发展情况及由此形成的中国古典美学思想的民族特色。评述比较深入中肯,提出了不少有见地的看法。

其二,这几年正是文化讨论方兴未艾之际,人们开始放弃唯物唯心对立的研究方法,转而从文化角度审视儒道思想,特别是儒道两家的相同点,由突出儒道的对立,转为强调两家的互补互济。这方面的主要论文有李宗桂《儒道对立互补之比较》(《学术月刊》1988 年第 9 期)、陈明《儒道互补人格结构的可能、必然与完成:对古代知识分子的文化心理学考察》(《北京社会科学》1989 年第 2 期)、方光华《略论儒道的对立与互补》(《孔子研究》1990 年第 3 期)等。

其三,这一期间,大陆重开儒道关系问题的论争。随着对儒道问题研究的深入展开,如何认识和解释传统文化成为争论的焦点。

人们注意到,"中国传统文化"一词的外延远比儒学宽广。从地域上说,中国文化传统是齐鲁、荆楚、吴越、秦晋、燕赵等文化的复合体,儒学只限于其中的鲁文化的范围;从学派上说,中国文化传统是百家的总和,而先秦儒家不过是百家之一。再考虑到西汉时期有道家与儒家的对立,魏晋玄学之继承道家胜过继承儒家,南北朝隋唐时期佛道两教又与儒家分庭抗礼,那么儒学是不是中国文化的传统或主流,以及何为传统,便成为学者们关心的问题。一些学者认为儒家在传统文化中占有核心的位置,另一些学者则强调传统文化中道家与道教的重要性。由此引发出了两场大的论争。第一场论争是关于《周易》与儒道关系的争论。学界一般承认《周易》在传统文化中的重要地位,因而在传统文化中儒道孰优孰劣的争论当中,如何解释《周易》便成为关键的问题。1989 年,《哲学研究》等刊物就这一问题连续发表文章,展开了引人注目的讨论。例如,陈鼓应的文章提出新说,他认为孔、老思想都源出《易经》,但老子所受《易经》的影响大于孔子。《易经》是占筮之书,《易传》是哲学作品,老子在两者之间起着承上启下的作用。《易传》思想与老子一致,是道家系统的作品(《〈易传·系辞〉所受老子思想的有限——兼论〈易传〉乃道家系统之作》,《哲学研究》1989 年第 1 期)。这对于他的道家优于儒家的观点,显然有着加强的作用。有些学者声称孔子未曾学《易》,亦未编辑《易传》,倾向于支持陈说。有些学者则试图证明《周易》、《易传》与儒家学派有密切的联系,倾向于反对陈说。如吕绍纲认为,陈氏未作深入的论证,只是在哲学观点、概念和命题上将《易传》思想与老子思想作了一般性的比较,他的结论是不能令人信服的。《易传》是儒家作品,其思想体系与老子不同,例如老子兼讲常道与非常道,《易传》则只讲非常道;老子论德是鼓励人们"为学日损",《易传》论德是鼓励人们"为学日益";老子不崇拜上帝鬼神,《易传》则提倡对上帝鬼神的祭祀。老子思想渊源可以上溯到殷易《坤卦》,绝不可能是《易经》与《易传》的发展中介(《〈易大传〉与〈老子〉是两个根本不同的思想体系——兼与陈鼓应先生商榷》,《哲学研究》1989年第8期)。上述传统文化中儒道优劣问题的提出和论争,刺激了学术界对道家各种问题的研究,形成了继"儒学热"、"文化热"之后的学术新潮。

与此相关联,另一场关于"道家在中国传统文化中的地位问题"的论战也全面展开。陈鼓应认为,那种认为"孔子是中国哲学的创始人,儒家是中国哲学史的主干"的流行见解,乃是沿袭近两千年封建史学的习惯,似是而实非。中国哲学史实际上是一系列以道家为主干,道、儒、墨、法诸家互补发展的历史。他的主要理由有这样几点:(1)老子是中国最早的哲学家,老学先于孔学。(2)中国哲学中的重要概念、范畴多出于道家,道家对中国哲学的每个重要阶段都有深刻的影响,例如战国稷下学派是以道家为主导,庄子学派属于道家,《易传》的理论构架、思维方式及主要命题都属于道家或受道家影响,《吕氏春秋》系以"无为"为纲纪,《淮南子》兼采各家之长而以道家为主,王充自称是以学说而立论,魏晋玄学有新道家之称,佛教传入有赖于道家的接引之功,宋明理学则是儒、释、道三教合一的产物。(3)自西方哲学观之,以政治伦理学为主体的儒家不能正当地担起哲学之名,而道家思想则处于与西方哲学同等且对立的层面上,被西方思想家视为真正的哲学,认作中国哲学的主干(《论道家在中国哲学史上的主干地位——兼论道儒墨法多元互补》,《哲学研究》1990年第1期)。李存山提出了相反的意见,他提出另一种评判标准:探讨儒家还是道家在中国传统哲学中占有主干地位,不是探讨哪一家首先建立了完整的哲学框架,而是探讨哪一家主要影响或决定了这一框架的发展和特殊性质。从比较哲学的观点来看,不应从西方哲学的"主流一直是形上学与知识论"为标准来称衡儒道两家在中国传统哲学中的地位,而应重点探讨中国传统哲学的形上学与知识论何以不如西方哲学发达,也即中国哲学之区别于西方哲学的特殊性质是怎样被决定的。具体地说,《老子》书的有些内容是针对孔学而发,肯定晚于孔学。《易传》所谓的"天尊地卑"等是典型的儒家等级思想,其所谓"一阴一阳之谓道"把老子之道对阴阳的超越性取消了。《庄子》所谓"在太极之先"是《易传》"易有太极"说的反命题,当在《易传》之后。董仲舒思想与魏晋玄学都以儒家为主,王充也承认鸿儒为最高人品,认为孔子在诸子中最为卓越。理学中关学与《易传》一脉相承,洛学则为仁学,朱熹、陆象山等也都属于儒学的范围(《道家"主干地位"说献疑》,《哲学研究》1990 年第 4 期)。对这驳难陈鼓应又撰文答复,认为先秦思想发展是先有行之已久的礼制,又有孔子之隆礼乐与墨子之非礼乐。世界哲学思想的产生,往往是先有宇宙论,后有人学,在西方是由米利都学派的自然哲学转向苏格拉底的伦理学,在中国则是由《易经》八卦说、老子道论转向孔子的仁学(《对两篇文章的答复》,《哲学研究》1990 年第 5 期)。另外,方克立、张智彦等认为儒道两家共同构成中国哲学史的主干。张智彦撰文说,中国传统哲学分为南北两个系统,北方系统以儒家为代表,南方系统以道家思想为代表(《楚文化与老庄哲学》,《社会科学辑刊》1990 年第 2 期)。李锦全则指出道家思想发展路向有一种二律背反的现象,即一方面它为现实政治的反对派提供理论依据,处于异端地位;另一方面道家又是中国传统文化的理论框架和思维方式的建构者,处于正统地位(《道家思想在传统文化中的历史地位》,《哲学研究》1990 年第 4

期）。

对上述两个问题的争论，促使人们对道家渊源、道家所属文化区域、道家与道教的关系等问题进行深入的思考和研究，也预示着儒道比较研究将进入一个新的阶段。

第二阶段是从1991年到2000年。在这一阶段，儒道比较研究掀起了一个前所未有的高潮。这表现在三个方面：

其一，发表了118篇论文，几乎与前90年发表的论文总数相等。这一阶段发表的论文不仅数量多，而且质量高。一些目前学术界的名流们纷纷撰写论文发表自己的见解。如方立天在《长白论丛》1995年第2期上发表了《儒道的人格价值观及其会通》、在《中国哲学史》1996年第1—2期上发表了《儒道佛人生价值观及其现代意义》，蒙培元在《世界宗教研究》1996年第2期上发表了《道佛儒的境界说及其异同》等。一些国外的专家学者的相关论文也被翻译发表，如美国巴姆的《老子与孔子》（《中国文化论坛》1995年第2期）、波兰马杰斯的《自然伦理与人文伦理：老子与孔子思想的比较》（《江苏社会科学》1998年第11期）。

其二，出版了5部专著，几乎占整个20世纪相关论著的一半。这些论著分别是：邵汉明《论儒道人生哲学》（吉林教育出版社1992年版）、吴重庆《儒道互补——中国人的心灵建构》（广东人民出版社1993年版）、李坚《源远流长的儒道思想》（辽宁古籍出版社1995年版）、张继缅《中华儒道精髓》（中国物资出版社1995年版）、〔德〕马克斯·韦伯《儒教与道教》（江苏人民出版社1997年版）。其中吴重庆《儒道互补——中国人的心灵建构》是近年来专门研讨儒道关系的力作。该书没有沿袭过去学者多由"入世"与"出世"、"兼济天下"与"独善其身"等角度立论，即不局限于社会与伦理的取向，而是另辟蹊径，从思维结构、认知方式和精神演进轨迹的视角,探讨儒道两家在形而上之境方面的互相阐释,从而别开生面地论述了"儒道互补"的意义。作者提出:儒道互补既不是以儒补道,也不是以道补儒,而是儒道两家思想在共同的理论基础上,和作为儒道互补中介的天人系统之中的有机结合。在儒道互补的哲学之中,以"自为"、"当为"观念统一了"人为"与"自然";以"尽性循理"观念统一了"进"与"退"、"内圣"与"外王";以"天成秩序观"统一了"方内"与"方外";以"明镜说"与"通道说"统一了"形上"与"形下"。书中认真剖析了儒道思想冲突面的构成和共通面的存在,揭示了儒道互补的基础和中介。本书还总结出:中国哲学的发展过程,亦是自觉地建构儒道互补哲学理论体系的过程;儒道互补理论的建构即是中国传统哲学的完型,对中国哲学的运思方式,中国人的宗教情怀和行为倾向均产生直接的影响。

其三,研究范围扩大,提出了一些新观点。这几年,人们对儒道两家的人生哲学、养生心理学、婚姻家庭观、音乐美学思想进行了探讨,在儒道贯通、帛书《系辞》的学派性等问题上提出了新的观点。如老子和孔子的关系问题是个老问题,但90年代发表的几篇论文却谈出了新意。余学琴在考证了孔子师事老聃说的合理性之后,着重论述了孔子对老子思想的吸收、认同及改造。从哲学思想看,孔子吸收了老子道论的哲学精神,为自己的学说寻找到一个哲学支点,形成了由主宰之天到自然之天的过渡形态的哲学思想;从政治观点看,孔子也流露出对老子无为而治思想的赞美,非常向往尧舜无为而治的理想境界;从人生态度看,老子对孔子也产生过一定影响,如处阴守柔与孔子的进退观,"知足寡欲"与孔子的"安贫乐道","返朴归真"与孔子的"乘桴浮于海"(《儒家之始祖道家之津梁——论孔子思想中的道家成分》,《安徽师大学报》1994年第3期)。郭沂认为,从时代背景看,认识人心、探索生命的意义、消除异化现象以维护主体性,是春秋时期学术思想所面临的主要课题,而老子和孔子哲学的目标都是解决这个课题,只是解决的方式不同而已。这正是日后儒道两派相互交汇的基础。所谓主体性的丧失或异化现象,质言之,即文化与人心相违离,人成为其创造物文化的奴隶。对此,老子通过将文化泯灭于人心的方式,而孔子却通过将文化根植于人心的方式,以克服异化,维护主体性(《老庄孔孟哲学的底蕴及其贯通》,《原道》第1辑,1994年版)。

再如,自唐代韩愈至近代章太炎、郭沫若,皆以为庄子传孔子之学,郭沂把孔、庄之间是否存在师承关系的问题抛在一边,而专就二家哲学贯通之处进行探讨,认为孔、庄皆以生命价值立论,其哲学体系都是围绕着什么是生命的价值和如何实现生命的价值而建立起来的。首先,关于什么是生命的价值,孔子在肯定人的自然生命的前提下,更重视生命的精神价值,并认为只有后者才是生命的本质;庄子也认为生命的本质在于其精神价值,和孔子不同的是,他完全否定了自然生命的价值。他们都认为,生命价值的实现会使人获得绝对的自由和快乐。其次,关于如何实现生命的价值,他们都着重在心上下功夫,认为生命的价值是通过心的功能得以实现的。在孔子看来,生命价值的实现主要是行仁达礼。仁就是对生命的珍惜、热爱与尊重,其方法是内省,它是通过生命之心来把握的。礼是通过学习得到的,而学习则是认知之心的功能。在庄子看来,生命价值的实现,就是达至精神的绝对自由愉悦和万物混而为一之境。其中,精神的绝对自由愉悦是最高的人生境界,由生命之心来把握;混而为一是最高的认识对象,由认知之心来把握。达至最高认识对象是达至最高人生境界的途径。另外,关于生命价值的形上学根据,孔子继承了天这个传统概念,将其宗教性的人格神意义转换为哲学的形上实体意义。庄子形上学的最高范畴有二,即道和天,二者不可互相代替。庄子之天的具体内容与老子之天有内在联系,但把天作为最高形上实体这种形式,则来自孔子之天(《生命的价值及其实现——孔、庄哲学贯通处》,《孔子研究》1994 年第 4 期)。余学琴则从另一方面阐述了孔子与庄子之间的关系。他认为,在《庄子》中经常出现的孔子,时而是道家思想的对立面,时而又是道家思想的理解者和代言人,但更多的则是对孔子思想的借题发挥。庄子往往抛开孔子思想中与之对立的部分,以为己用,大加引申和发挥,借孔子之口说出道家的思想。孔子晚年的确有向往道家思想的倾向,表现出对老子思想的理解。《庄子》抓住这一点,突出了孔子作为道家理解者的角色。这就是说,孔子这位儒家始祖无意中成了老、庄思想中介;儒家一诞生就做到了出儒入道、儒道互补,成为被士大夫们普遍接受的人生哲学(同前)。

又如,长沙马王堆汉墓出土的帛书《系辞》于 1993 年在《马王堆汉墓文物》上初次公布后,便引起了学者们的密切注意和热烈讨论,从而把 80 年代末有关《周易》与儒道关系的讨论推向了一个新的阶段。先是王葆玹撰写《从马王堆帛书本看〈系辞〉与老子学派的关系》(《道家文化研究》第 1 辑)一文,认为帛书缺少了"颜氏之子"等段落,具有更浓厚的道家色彩,从思想上来看,当为老子学派的作品。而且马王堆汉墓的主人利氏原籍陈地,可能正是老子后裔。后来,他又撰写《帛书〈系辞〉与战国秦汉道家易学》一文,通过比较《系辞》与《易之义》的不同倾向,进一步论证《系辞》为道家学派作品。并指出,从战国到秦汉,存在着一个道家易学传统。陈鼓应、李定生等也肯定《系辞》的道家性质。陈鼓应《〈系辞传〉的道论及太极、大恒说》(《道家文化研究》第 3 辑)等文章认为,帛书《系辞》与道论及大恒说源于老子。他比较了《系辞》与道家重要作品、同样出土于马王堆汉墓的《黄帝四经》,肯定二者从词句到思想上的联系。他还进一步撰文,认为帛书《系辞》是现存最早的道家传本或抄本。与此相反,有些学者支持传统的看法,认为通行本及帛书《系辞》都属儒家学派。廖名春认为,帛书《系辞》的祖本基本同于今本《系辞》,无论从帛书《易传》诸篇的内容看,还是从帛书《系辞》的思想构架看,从周秦汉初易学的源流看,帛书《系辞》都不可能是道家的传本,而只能是以孔子思想为核心的儒家易说(《论帛书〈系辞〉的学派性质》,《哲学研究》1993 年第 7 期)。

所有这些表明儒道比较研究已经达到了一个新的水平。

以上我们分三个时期,对 20 世纪儒道思想比较研究的情况作了一个简要的综述。可以看出,整个研究波澜起伏,发展很不平衡。其中,既包含着令人欣喜的成就,也不无使人哀痛的沉闷与停滞。发人深思的是,高潮缘于学术上的争鸣与思想上的解放,而沉闷与停滞则缘于学术上的教条与思想上的钳制。反思历史,我们不难得出如下结论:学术研究有其自身的发展规律,有其相对的独立性,不应沦为政治的婢女。吾辈殷切期望历史的悲剧不再重演。

二、观点述要

前面对儒道比较研究的发展过程和主要成果作了介绍。为全面反映儒道比较研究的成就,现就有关儒道比较研究中的主要学术观点撮要列述于下:

(一)儒道两家主要代表人物思想比较研究

儒道两家主要代表人物除了孔、老两大开山鼻祖外,在儒家则有孟、荀,在道家则有庄子,后三者都在各家学说原有的基础上,将其推向了一个新的发展阶段,在儒道两家学说的发展史上均占有重要的地位。因此,儒道两家主要代表人物思想的比较研究也就主要围绕着这五个人物的思想展开。兹分述如下:

1. 老子与孔子。老子与孔子是中国文化的两大巨人,他们的思想对中华民族的文化传统和历史发展产生了无与伦比的影响,成为了中华文化发展的基础。然而孔、老二人在文化观念上存在着重大的差异,具有不同的思想倾向,代表着日后中国文化发展的两种不同路向。在后来的历史上,经过他们的后继者们的传承与发挥,这两种文化路向,各自形成了不同的文化传统。这两种相异并且同样重要的文化传统的长期存在及其相互作用,奠定了儒道互补这一中国传统思想文化的基本格局。正因为如此,我们可以这样说,孔、老二人的思想差异,就是儒道互补这一中国思想文化发展的主线的源头活水。所以,20世纪的研究者们比较关注对比老子与孔子二者之间的异同。由于涉及问题较多,下面仅选择相对集中的问题摘要介绍有代表性的论著。

孔子与老子"道"论比较。在孔子与老子的言论中,有大量论述"道"的部分,因此学界发表了许多比论二者论"道"的文章。陈鼓应认为孔子和老子一样地重视道,但他们各自的"道"虽然符号相同,意义内容却有根本的差异。老子的以形上学的意义为主,而孔子的"道"属伦理、政治范围(陈鼓应:《老子与孔子思想比较研究》,《哲学研究》1989年第8期)。吕绍纲认为,孔子的道是一个概念,不具有本体论的意义。老子的道,字是一个,实际上却是两个概念。一个道与孔子的相同,是存在万事万物中的具体的道。一个是独立于天地万物之外且为天地根的抽象的道。此道具有宇宙本体论的意义(吕绍纲:《说老孔异同》,巩德顺主编《老子思想的现代价值》,陕西旅游出版社1994年版)。

老子与孔子人生哲学比论。认识人心，探索生命的意义，消除异化现象，是老子和孔子所面临的共同课题，因此二人的人生哲学思想丰富多采。林润瀚指出，老子以"道"、孔子以"仁"作为人生原则，两者互为对立。由此衍生出两种不同的处世理论——老子的避世无为与孔子的入世进取。老子、孔子都以他们的人生原则作指导，从不同的处世理论出发，各自提出了实现其人生原则的人生理想模式。老子以归"道"作为人生的最终目的，设想了以回归自然为主旨的人生理想模式。孔子则面对现实，采取积极入世、有所进取的态度来谈论人生理想，力图塑造完美的人格（《老子与孔子人生哲学比较论》，《贵州民族学院学报》1986 年第 4 期）。阮青则从人生价值观角度对此问题进行了充分论述，指出：(1)孔子和老子都肯定，人要生活得有意义，就必须确立人生的价值目标。但是，孔子和老子对人生价值目标的理解是完全不同的。孔子更多是把人作为道德存在物、精神存在物，因此他所设定的人生最高价值目标是纯精神性的"仁"。而老子则更多地是把人看作是自然存在物，或者说是依靠本能生存的存在物，因此，他所设定的人生最高价值目标是回归人的自然本性。(2)尽管孔子与老子都强调提高价值主体的基本素质，但是修养方向是相反的。如果说孔子试图通过"求仁"的过程，使现实生活中的、尚没有具备"仁"的属性的现实人来理解、体会、达到理想状态的人，那么，老子则是试图通过去掉人的"知"，进而去掉人的"欲"的途径，使现实生活中的人退而成为无知无虑无思无欲按本能生活的生物人。从这种意义上说，孔子的人生价值主体修养学说是积极的、进取的，充满着对人生的追求，而老子的学说则是消极的、保守的，充满着对人生的失望。(3)孔子和老子都把主观动机和客观效果的统一作为评价个体价值的标准。其差别在于个体价值实现方式的不同。孔子要求积极进取、奋力拼搏以实现个体的价值,老子则主张消极无为,在自然而然中实现个体的价值(《孔子老子人生价值观比较研究》,《山东社会科学》1997 年第 3 期)。

比论老子与孔子之哲学观。王克奇认为,孔子和老子的宇宙统一论的哲学,虽然都讲"天人合一",侧重点却不约而同地放在"人"上,表现出"重人生"的现实主义特征。由于历史的局限,他们都不可避免地面对一个古老而常新的有关"天"的哲学问题。孔子从主体的人出发,用"知天命"这一命题,概括了他对天的基本认识和态度,强调了人和"天"的对立统一;人对"天"既认知敬畏,又相对独立,重要的是人的能动性。这种天命观为孟子和荀子各取一端,前者走上了"尽心,知性,知天"的神秘主义道路,后者则开创了"天人相分"的唯物主义哲学体系。而老子则从超越宇宙的本体的道出发,把自然法则引入人生哲学,强调自然无为,建立了他貌似无为,但实际上积极问世的政治哲学。以"自然"相标榜的老子的宇宙论,其落脚点则是人生哲学,老子所言"天道",归根结底是为实行其政治主张所创设的理论依据。孔子和老子这种以人生为中心的"天人合一"的宇宙统一论体系,既重视人对"天"的认识和协调,又突出了人的中心地位。同时,作为一种囊括天、地、人,无所不包的博大的宇宙观,它重视人的决定性作用,强调系统内部以人为中心的自我调节,从而完全排除了来自外部的干预,有效地阻塞了宗教进入这个系统的通道,表现出浓厚的理性色彩。但也应该看到,这种以"内倾"为特征的宇宙观,其极端发展导致了所谓"心性之学"的出现,人生的道德修养成为研究主题,对外部世界的探讨遭到忽视,从而对中国古代自然科学的发展带来了消极影响(《孔老异同新论》,《人文杂志》1998 年第 4 期)。

美国人巴姆也著文对老子与孔子哲学思想的异同进行了论

述,他认为,孔子哲学与老子哲学有许多明显相似处。两者都接受和表现了一个共同的自然主义和人文主义的传统,使用一种相同的语言和许多相同的基本概念,诸如"道"、"阴"、"阳"等等,用来解释普遍的自然和人类的本性。两者都认可同一普遍的宇宙论,以及它的循环变化的理论、它的合乎自然的规律,即万物依据它自己内在的本性产生、变化、成熟、衰落,直至消失。两人都承认普遍的自然及人类的本性是善的,只要万物都遵循它们的自然过程,将得到善,然而双方都承认并劝告如何去对付邪恶,以及由邪恶而引起的对善的背离。双方都承认在内部与外部之间存在着基本的区别,而把内在的事物看得更为根本。双方都把自发的行为理想化,以作为智合的本质。双方都反对使用压力,尤其是政府的压力去影响他人,都提倡求助于每个人自己的关心,或内在的本性作为统治的最好方法。双方都赞同控制其他人的最好的办法是通过榜样的作用去影响人,以及"理想的状况是有一个圣人在他的头脑里"。两者都是学者(孔子是一个古代智慧的集大成者,老子是一个皇家档案的管理人)和导师(根据他们的声望来判断),而不是统治者、武士、农民或商人。双方都探索并教导其他人去追求那些有生命力的、最终的、真正的事物,避免那些仅仅是形式上的、人造的和外表的事物。他认为老子与孔子哲学思想方面的区别主要表现在程度上,由于他们兴趣的不同和努力的集中点相异,而自然出现程度的区别。虽然两者都是自然主义和人本主义的,但老子更倾向于自然,当他主张享受田园生活的乐趣,企图从复杂的法规、税款和外在的强迫中解脱出来的时候,给人以某种真正有人情味和自然的感觉;而孔子则倾向于接受社会,把社会作为公正的、作为自然的、作为田园的来看待,并且,真正通人情的人与其他人以相对脱离的方式进行交往。虽然双方都承认"道"的程度是有规律的连续运动,比如白天和晚上、季节、生和死等作为一个内在过程的交替运动,与人的意志无关,但老子认为,每一个特殊的存在物的自然过程是完全内在的,或完全自给自足的;反之,孔子则认为,两种事物之间的相互作用也是自然过程的一部分,并承认、接受和研究它。双方都不求助于上帝或任何在过程之外的其他原则。但老子认为社会是偏离"道"的主要根源。反之,孔子则认为社会是"道"的有机组成部分,致力于去通晓社会领域的"道",为的是避免邪恶对"道"的背离。关于如何解决社会问题,虽然双方都主张通过榜样的力量来实行治理,但老子认为,"道"自身的榜样已足够引导人们,不需要外界的打扰。而孔子则强调,体现了"义"、"仁"、"礼"、"智"的圣人是完美的典型(蔡方鹿译《老子与孔子》,《中华文化论坛》1995 年第 2 期)。

　　2. 孔子与庄子。有关孔子与庄子比较研究的论文有:张节末《孔子与庄子审美追求比较》(《文史哲》1987 年第 5 期),易先林《孔子与庄子的自然美观》(《中国文学研究》1989 年第 1 期),郭沂《生命的价值及其实现——孔、庄哲学贯通处》(《孔子研究》1994 年第 4 期),张美亚《孔子庄子生死观之比较》(浙江师大学报 1997 年增刊),徐风、李军《动摇与依违——孔子及庄子之文化理想主义述评》(《临沂师院学报》2000 年第 2 期)和徐克谦《庄子与老年孔子》(《许昌师专学报》2000 年第 6 期)。除了前面给大家提到的郭沂的文章外,张节末的《孔子与庄子审美追求比较》也具有一定的代表性。张文认为孔子的审美追求由伦理追求转化而来,重实践,重下学的"艺",重功利,重美善之别。他所面对的审美关系以人与人之间的社会伦理关系为特色。他所谓的"和",是体验个人与社会融合的极致,在感情上强调以礼节情。而庄子以自然作为审美追求对象,重体验,重神化的"技",重自由,重美丑之辨。他与自然之间形成的审美关系以物我关系为特色。他所谓的"和",是体验个人与自然融合的极致,在感情上强调以理化情。

　　3.孟子与庄子。有关孟子与庄子比较研究的论文主要有:陈柱《孟庄异同论》(《国学论衡》1934 年第 4 期)、钱穆《比论孟庄两家论人生修养》(《人生》〔港〕1957 年第 14 卷 1 期)、朱大刚《试论孟子和庄子文学思想的贡献》(《华东师范大学学报》1984 年第 5期)、姚俭建《孟子庄子理想人格之比较》(《学术月刊》1988 年第 10 期)、刘如瑛《孟庄异同论略》(《南京社会科学》1990 年第 6期)、王克奇《庄孟人生观辨析》(《山东师大学报》1992 年第 6期)、常为群《孟子庄子比较研究三题》(《南京师大学报》1995 年第 1 期)、陈绍燕《庄孟命论比较》(《文史哲》1999 年第 2 期)。其代表作是钱穆的《比论孟庄两家论人生修养》和王克奇的《庄孟人生观辨析》。在文中,钱先生指出:(1)孟子之论修养,以养心为主,而养气副之。庄子之论修养,则求以养心达至于养气。孟子之言气,曰:"其为气也,至大至刚,以直养而无害,则塞乎天地之间。"而庄子之言气,则曰"虚而待物"。盖孟子之所谓气者生乎心,而庄子之所谓气者,必虚吾心而始见。(2)故循孟子之修养论,而循至于极,可以使人达到于一无上之道德境。循庄子之修养论,而循至于极,可以使人达至于一无上之艺术境界。王文认为,庄孟人生观在以下几个方面存在着异同:(1)孟子和庄子虽然都对当时的社会现实持批判态度,但在社会行为准则上却大相径庭,孟子主张积极入世改造之,庄子则力图消极遁世而逃避之。(2)孟子和庄子的人生观,都表现出重精神而轻物质的倾向,把理想人格的塑造视为人生的真谛,把"天人合一"看作最高的精神境界。但他们在精神追求上却存在分歧,孟子以"道义"为标的,庄子则以"自然"为归宿。(3)在人生修养方式上,孟子和庄子都是以"我"为本位的,强调自我意识,排拒外在的框范和制约,力求通过内省的途径寻找回原初的自我。但二人的具体的修养途径不同,孟子的修养方式重在"求",目的在于"得己"。庄子的修养方法突出了一个"忘"字,力求达到"丧我"和"无己"的目的。

4.庄子与荀子。对庄子与荀子思想进行比较研究的论文有宗实《庄荀论天道》(《中央日报》1949年9月6、10、13日)、张亨《荀学与老庄》(《思与言》1967年第4期)、刘辉平《〈庄〉〈荀〉学术史论之比较》(《江苏社会科学》1993年第11期)、孙以楷《荀子与先秦道家》(《学术月刊》1996年第8期)和陈红兵《庄子与荀子思维理论比较》(《管子学刊》1999年第4辑)。其代表作为陈红兵《庄子与荀子思维理论比较》。陈文认为,庄子与荀子作为道家与儒家杰出的哲学家,在思维理论方面提出了各自的主张。其不同点主要表现在:(1)庄子与荀子对各家思维片面性都有揭示。庄子对思维片面性的批评局限于主观思维领域,主要是不满于是非争辩,认为它使人的心灵停留在表面,戕害人的天性,是对人生归宿的迷茫。荀子则从主客观两方面揭示各家思维的片面性,注重"道"中包含的客观内容。(2)庄子与荀子都提出了解决思维片面性的方法。庄子针对各家执着于成见,彼此对立,主张从彼此对立中超越出来,注重各家认识中合理的方面,主张各家认识相互参照,以获得更全面的认识。荀子主张把关于万物的不同认识放在一起进行整体思维,通过不同方面的认识进一步把握事物内在的"伦"、"大理"。(3)在思维理论与人生追求的关系上,在庄子那里,思维的超越,对思维整体性的追求,是服务于其人生旨趣的,他通过思维的超越,扬弃各家执于彼此是非对人生归宿的迷茫;通过思维的超越,寻求天地万物的源头,以保持人完整的自然本性;通过对存在本体的整体直观,认可不同事物、不同认识价值,使万物保持自身的自然天性,发挥各自的作用。而荀子则是由人的认识能力无限,人的生命有限引申出"止诸圣王"的人生追求。一方面通过"虚壹而静",达到"大清明"的思维境界,以获得关于宇宙人生的整体认识;另一方面以儒家的圣王之制作为现实人生的追求,强调合乎"王制"的现实人生。相比较而言,对"王制"的强调,积极有为的现实人生追求构成了荀子哲学的风格,这也是荀子之成其为儒家代表人物的体现。

(二)儒道两家学派比较研究

由于儒家和道家在早期所显示和代表的文化路向后来各自形成了相对独立的文化传统,这两种各具特色的文化传统又形成了相辅相成和相反相成的内在互补机制,在长期并存共同构成了中国传统思想文化的主体,所以,中国传统思想文化呈现出丰富、生动并趋于完善的面貌,塑造了中华文化特有的气质。离开了儒道互补,就难以把握和理解中国传统思想文化的深层结构和特质。故此,对儒道两家对立互补问题的研究,成为学界关注的焦点。由于涉及问题较多,下面仅选择相对集中的问题摘要介绍有代表性的论著。

1.儒道审美思想的比较。高长江认为,儒家从古朴的道德伦理意识出发,主张以规矩成方圆;道家则从古朴的人道主义出发,强调任从自然得天真;两种不同的文化心态,两种不同的心理流动,便形成了两种不同的人格境界。儒家所造就的是浩然正气的崇高人格,道家所涵养的是逍遥天地的自由人格。因此,这两种人格理想便形成了中国古代艺术或审美观的两种不同的境界。如果从绘画美学的角度看,那么,我们可以这样描述之,儒家是美术上的素描画,质朴刚毅而秩序井然;道家是美术上的水彩画,色彩多姿而热烈奔放。从象征的角度说,儒家艺术审美的象征似北方的阡陌田野,有一种深厚雄浑的美;道家艺术审美的象征似南方的山溪野花,有一种浪漫奔放的美。中国古典美学所谓的阳刚之美或曰壮美,阴柔之美或曰优美,并非凭空产生的,它们都是中华民族深层文化心理的积淀,即儒、道的培育与塑造(《儒道禅审美观素描》,《云南师范大学哲学社会科学学报》1995 年第 27 卷第 3 期)。周春宇从美学的核心问题——审美主体出发,分析了儒道的审美本体——"道",认为在儒道两家有着根本对立的解说,即儒家是伦理之道,而道家则是自然之道。从这一点出发,周文认为儒家的审美过程和方式是一种把审美视为情感中介的感情活动;道家的审美过程和方式是一种超感性的纯主观的心灵活动即内省体验,由此决定了儒家审美的社会功利性和道家审美的超功利,即道家把审美看作人生的最高境界(《儒道审美思想的比较》,《学习与探索》1991 年第 3 期)。

　　2. 儒道生死观异同论。张树卿认为,在"生"的问题上,儒道两家都比较重视。但重视的程度和理论上的解释却不尽相同。儒家比道家更重视"生"。在具体解释上,儒家强调有为人生,实践人生;道家强调超越人生,修炼人生,潇洒人生。在死亡问题上,儒道两家均把死亡看作是自然规律使然,但二者在感情方面的反映却不同。儒家的外露"哀死"倾向比较明显。虽然围绕死的问题谈论并不多,但对待死者处理的问题考虑的确不少,并通过"礼"的形式,予以昭示世人。道家的"乐死"、"恶化"倾向比较突出,对死的问题谈论也相对多一些。但往往是说得多,做得少(《略论儒释道的生死观》,《东北师大学报》1998 年第 3 期)。胡木贵在《儒道生死观异同论》(《孔子研究》1990 年第 4 期)一文中指出,"此岸的永恒"是儒道生死观的合命题。印度文化和西方文化都用彼岸世界的永恒性弥补此岸现实人生的有限性,导致宗教;而中国的儒道则不然,儒家和道家对于死都坦然处之,但推论则不相同。儒家把理性个体自我融入群体"自我",用德行、功业克服感性存在的有限性;道家则是用否定的方法,探寻自我的解放,一旦重返生命的本真状态与道同一生命,自我就有了永恒归宿,获得了最高价值。儒道获得永恒的途径也与印度和西方不同,只须在现实人生中获得,但两家又有"伪世"与"游世"的差异。儒家提出"伪",主张以理性(仁义)改造和统驭感性之在(利欲),"成己"(个体人格)而"成物"(人伦之和)。与儒家相异趣,道家则强调"游"的操作是超越生死,获得最高自由的途径。游,即逍遥之游。它是对生命有限规定性(声色、名利、仁义)的否定和逸出的操作。儒道生死观使中国人没有沉湎宗教的迷狂,甚至中国佛教也受到影响而具有此岸性。这有着值得肯定的一面,但同时也导致了疏异科学,鄙夷感性而高扬理性,轻视物的价值和逻辑实证。

3. 在儒道两家人生哲学问题上,邵汉明《儒道人生哲学的总体比较》(《社会科学战线》1989 年第 4 期)以孔子、孟子、荀子和老子、庄子为代表,从天人关系论、人生价值论、人生境界论、理想人格论和人生修养论五个方面,对儒道人生哲学的异同进行了探讨,是研究儒道两家人生哲学的代表作。

该文认为儒道两家的天人关系论既有相同的方面,又有相异的方面。其一,儒道两家都抛弃了先前天命观的天即神(上帝)的观念,不把天看成是有人格、意志和目的、感情的最高主宰,从而天人关系主要不是表现为神与人的关系。其二,儒道两家的天人关系论基本上都可归结为天人合一的模式,只是合的方式和旨趣有所不同而已。孔孟揭橥天与人之间具有某种亲和性、相通性,强调天人相知、契合、贯通,强调天心即人心、天人不二。而实现天人合一的途径,在孔孟看来可通过"上学而下达"、"反身而诚"、"尽心"、"知性"、"知天"的方式获得。但荀子也没有完全否认天人之间存在一定的联系。而老庄则以绝对的普遍的道来统一天和人，并强调通过道的复归、物的复归、人性的复归来实现天人合一。其三，儒家重人道但不废天道，道家重天道但仍落脚于人道。而所谓天道与人道的关系无疑包含自然与人为、必然规律与意志自由的关系。如何看待这种关系？道家着眼于突出自然，强调遵循和服从必然规律，反对背离和改变必然规律，所谓"法道"、"法自然"是也；儒家着眼于突出人为，强调发挥人的主观能动性和提高人的道德自由，所谓"人定胜天"是也。

在人生价值这个人生哲学的核心问题上，一方面从人与自然的关系来看，儒家主要通过揭示人与物的区别来推崇人，道家主要通过揭示人与物（自然）的统一与联系来认同、肯定人的存在价值。另一方面从个人与社会亦即个体价值与社会价值的关系来看，儒家突出和强调人的社会价值或群体价值，道家突出和强调人的个体价值或自我价值。

与其在人生价值问题上强调人的伦常价值、社会价值相适应，在人生境界问题上，儒家孜孜追求人与人的普遍和谐的道德境界。这种理想人生境界，具有三个基本的特征：人伦性、规范性和自由性。与其在人生价值问题上突出人的个体价值或自我价值相适应，在人生境界问题上，道家憧憬和向往物与我、人与自然完满和谐的自然境界。这种理想人生境界，具有不同于儒家的道德境界的三个基本特征：非人伦性、非规范性和超自由性。

理想人格论构成儒道人生哲学的一个重要内容。儒道两家都认为理想人格是人生理想境界的实际承担者，肯定每一个体都有完善自我人格的潜在基因和现实能力。儒道两家关于理想人格的论述，虽如上述有相通的方面，但更主要的则表现为相互的对立和拒斥。儒家推崇的理想人格是现实的入世的道德人格,道家推崇的理想人格则是超越的即世而又出世的自由人格。儒道设立的理想人格在外显方式上还存在"刚"和"柔"的区别。儒家赞美"刚健",主张"自强不息"。道家赞美"柔弱",主张"以柔克刚"。

　　与在其他问题上一样,在人生修养问题上,儒道两家也是共识与异识并存。儒道两家都认定人的理想境界和理想人格的实现最终取决于人的修养;都把人的修养看成是一个由浅入深、由易入难、由低级到高级的不断递进的永恒过程;都意识到人的修养主要在其自我修养;都提出了关于人生修养的许多具体原则和方法。这是就其共识而言。若是就其异识而论,则第一,在人生修养的原则上,儒家恪守的是理性主义的伦理原则,道家奉行的是非理性、非感性的超越原则。第二,就人生修养的过程来说,在儒家为由外而内、由内而外、内外交养的双向过程,在道家则为由外而内的单向过程。道家倡导由外而内的修养,但其涵义与儒家并不相同。儒家要以社会性的仁义礼智等来约束、限制个体的内在情性的自然伸发,道家则要废除这种外在的约束、限制,谋求个体的内在情性的自由发展,谋求恢复人的真纯本性。同时,儒家是主智论者,故强调为学,突出后天教育、礼乐教化的作用;道家是反智论者,故强调为道,摒弃知识教育、道德教育乃至社会习染的影响。这也显示出儒道对外而内的人生修养的不同理解和把握。第三,关于人生修养的具体途径和方法,儒家体现了有为的精神,道家体现了无为的精神。

　　除此之外,有关儒道两家人生哲学思想比较研究的代表作还有:曹锡仁《先秦三家人生哲学模式的比较研究》(《江汉论坛》1983 年第 6 期),牟钟鉴等《儒家与道家比较》(牟钟鉴、胡孚琛、王保玹:《道教通论——兼论道家学说》,齐鲁书社 1991 年版),刘辉扬《先秦儒家和道家的理想人格》(《华东师范大学学报》1991年第5期)，王云玺、王彦秋《儒道理想人格之比较》(《铁道师院学报》1994年第3期)，郑晓江《儒道人生模式之现代透视》(《山东社会科学》1997年第1期)，戴桂斌《儒道理想人格的会通互补及其启示》(《武汉大学学报》1999年第3期)等。王云玺、王彦秋的文章认为，其一，儒道理想人格都追求天人合一的境界。其二，儒家理想人格是圣人人格、道德人格；道家理想人格是至人人格、自然人格。第三，在修养方法上，儒家主张自内向外地学习，又主张由外而内地转化；道家完全是向内静观，是精神的体悟。第四，两家提出了一个共同的问题，即个人与集体，部分与整体的关系问题，其实质是主体性如何发挥的问题。而他们又得出同一结论，道家用整体否定部分，儒家用集体包含个体，他们都强调主体性，儒家强调主体的道德自觉，但主体活动只是对现实的认同而不是改造，主体性只是表现在伦理自觉上，个体从人格神的上帝那里降到人世，却又陷入了宗法道德关系的束缚之中，这是顺从的主体性，而非创造的主体性。道家也强调主体性，它开阔了人们的视野，拓展了人们思维的空间，却走向了精神绝对自由的极端，在与现实的矛盾冲突中，最后陷入了"安时而处顺"的消极人生中。

郑晓江的文章认为，如果说儒家的人生观构造了一个道德化的人生境界，那么，道家的人生观则形成了一个艺术化的人生境界；如果说儒家的人生态度具有务实和世俗化精神，则道家的人生态度闪烁着浓郁的浪漫气息；如果说儒家的人生理想是做在各种关系中循规蹈矩的"圣人"、"贤人"和"君子"，那么道家人生理想的"赤子"、"婴儿"和"真人"则效法自然天道，以无为处世，不伪不假，透显出宁静、淡泊和"逍遥"。所以，儒家道德的人生观告诉世人：精神生活应该与物质生活保持一段间距，以使现实的苦难灾祸不至于既使人的肉体产生莫大的痛苦,又完全压垮人的精神。道家逍遥游的人生观告诉我们:人只有持无为自然之"道"去处世,去待人接物,去安排自己的生活,才能获得"逍遥游"这种真正的人生幸福。为此,人们不仅要去除以物欲满足为人生幸福的世俗追求,也要抛弃以追求道德崇高为幸福的儒家的人生观。

4. 儒道两家思维方法比较。冯达文认为,儒学在认知方式上带有常规性的特点。所谓认知方式上的常规性,就是说它比较关注现存、普遍、一般、既成等带常规性意义的事物和观念,力图从这类事物和概念中直接抽取出建构自己的思想体系所需的基本概念来。从常规性的认知方式出发,在哲学上确认有限万物与无限本体的相衔性,在价值上肯定现生现世有限努力的无限意义从而追求内在超越,是儒家哲学的基本特点。与儒学相反,道家在认知方式上可以说是反常规的。其反常规性突出表现在:它处处在儒学常规观念下认定为完美、正确、应然从而也具有正面意义的事物的内部或背后,揭露出其中隐含着的矛盾面、反面,从而处处暴露这些事物的相对性、有限性,进而处处予以否弃。从反常规的认知方式出发,在哲学上强调有限万物与无限本体的分割性,在价值上否定现生现世有限努力的无限意义从而最终要求助于外在超越,便是道家哲学的基本特点(《广东社会科学》1990 年第 2 期)。牟钟鉴则在《儒家与道家比较》中论及儒家与道家比较时指出,儒道皆精于辩证思维,看到矛盾的对立运动与转化。但儒家的辩证法尚刚、主动、贵有,注意生命的蓬勃前进之轨迹,人则以自强不息为务,易于抓住矛盾的主导方面;道家的辩证法则尚柔、主静、贵无,善于觉察事物发展中的曲折、反复和否定因素,重视生命内在底蕴的积累培育,对于负面的作用、无形的重要、柔静的品性,有深刻的把握。儒家之所短,正是道家之所长。儒家的思维比较贴近现实人生,哲学的思考不离人伦日用;道家的思维弘通开阔,测想于天地之先、六合之外,探究于生死之际、是非之上,思辨性极强。所以儒学的社会道德学发达,道家的自然宇宙学发达,换一种方式说,儒家长于实学,道家长于虚学(牟钟鉴、胡孚琛、王保玹:《道教通论——兼论道家学说》,齐鲁书社1991年版)。

5.儒道两家"道"论比较。王邦雄认为,素朴地说,道是人走的路,是人走出来的路;人文地说,儒道两家为人生开路,开出人人能走,既真实而又庄严的路,所以道是人生的正路,人生的大道;究极地说,道既是正路,又是大道,能实现每一个人生命的真实价值,与存在的庄严意义,所以道就是实现原理,也就有了天道的形上性格。儒道两家的道,开出由有限走上无限的路。让每个人的生命没有负担也没有缺憾,让每个人的生命既真实又庄严,这就是担负一切存在,也实现一切存在的宗教精神。惟儒道两家,在人间现世开出终极理想境,这就是人间现世的圆满,所以儒道两家的道都通过政治去开展,内圣外王之道,遂成为中国知识分子的宗教。这就是道是由人的"心"去开发去实现的道。但儒道两家的进路与理境不同,儒家是在人的主体生命由小而大、由大而化的历程中,以人文化成自然,去成就生命的理想。而道家则从人文回归自然,生命就在自然中,去开显真空妙有的理境(《谈儒道两家的"道"》,《鹅湖》[台]1980年第6卷3期)。而何俊则指出,中国哲学对"道"的阐释,所指向的不是认识论哲学,而是价值论哲学。因此,无论是儒家、道家,他们的哲学都是针对着人的生存展开的。对于作为个体性存在的人的生存问题的认识,儒家与道家各有偏重。儒家哲学重在对人的精神的内在冲突,即所谓人心——道心的紧张进行分疏,力求借此使人的生存归于性情之正。道家哲学则重在破除外在的人为标准的权威性,割断其对人的生存的诱惑而使生存成为自足的过程。这样,儒道两家在思想现象上所表现出来的往往是对存在着的个体的摈弃,而同时由于中国哲学强调"天命之谓性",以自然为人生的借鉴,个体的摈弃在形式上是以人合一于自然得到实现。但是这种摈弃个体的实质,并不是彻底虚化人的存在,而恰是人对自身的生存价值的重新确认,人作为有意识的存在主体的重新确立;同样,作为本体的存在方式而普遍呈现着的"道"正是这一重建了的价值系统的核心观念。正因为此,中国哲学始终高度强调人在追求"天人合一"境界过程中的意识自觉,抑制着依赖于外在权威的宗教精神的生长。认识到中国哲学的上述性质,我们便能真切地理解儒道两家在对"道"的阐释上所呈现出来的神秘主义特征。所谓神秘主义不是诸如预感、直觉、洞察、先知以及超越器官感觉等等模糊的、不可思议的或"异常"的感受,也不是以显著情绪或入迷为主要特征的宗教感受,诸如皈依的兴奋、灵语的激情以及虔诚的热忱,而只是一种统一的感受。这种统一的感受,用中国哲学的话语,即是"天人合一"的境界获得,只是在"天人合一"的话语中,很难见出轴心的所在,因此借用儒家"天地与我同心,万物与我同体"的说法,我们便能了然"我"之存在的核心地位与价值,并进而断言,以儒道两家为核心的中国哲学,其精神上的最终旨趣是导向人本主义的立场,而不是宗教神学的立场。

　　6.其他方面有代表性的论点:

　　儒道义利观的对立互补。张国钧认为,在义利观上,道家不像儒家那样先义后利,把义作为最高的价值标准;也不像墨家那样把义、利通约为利,并用以衡量一切;还有别于法家主张的唯利无义;而是以超然的取消的态度对待义利问题。道家的这种超越义利的特殊的义利观与儒家的明确而系统的义利论相比,在理论形态上是相反的以至截然对立的；在精神实质上，又是互补的，在某种程度上还有一定的相通之处，具有深远的影响（《儒道互补：义利论比较》，《中国社会科学院研究生院学报》1994 年第 2 期）。

儒家伦理与道家伦理的契合与反差。柴文华、阎淑萍在《儒家伦理与道家伦理》（《天府新论》1999 年第 5 期）一文中指出，儒家伦理与道家伦理的契合处主要表现在：二者有一个共同的理论视点——人；二者都提出了一种原始的生态伦理学观念；二者都强调道德修养的内在化进路；在总的理论设计上二者都趋向于对人们感性欲望的控制。儒家伦理与道家伦理也存在着鲜明的反差，主要表现在：（1）人哲学观念的不同。儒家伦理与道家伦理都有着他们各自的人哲学基础，儒家的人哲学主要是一种道德人哲学，道家的人哲学主要是一种自由人哲学。（2）人格模型的区别。儒家伦理文化和道家伦理文化在人格模型的塑造上存在着鲜明的差别，儒家伦理文化所倡导的是一种圣贤型人格，或称君子型人格；而道家伦理文化所倡导的是一种真人型人格，或称隐士型人格。（3）公私观念的差异。公与私的关系就是群体与个人利益的关系。儒家伦理文化在公私关系上主要持的是群体主义观念，道家伦理文化在公私关系上主要持的是个人主义观念。

儒道两家人性论比较。牟钟鉴在《儒家与道家比较》中论及儒家与道家比较时指出，儒家人性论有孟子性善说，荀子性恶论，董仲舒性三品说，扬雄性善恶混说，程朱天命之性气质之性说，陆王良知良能说等，其共同点是强调后天道德教化，认为无礼乐法度之修饰，人性不能臻于完美，如荀子所说，人性“必将待师法然后正，得礼义然后治”，而正治的标准在于合乎宗法伦理。道家人性论有老庄人性恬淡朴素论，嵇康人性情高自适论，郭象人性自足安命论，《列子》人性任情肆欲论等，其共同点在于强调自然天真，排除人工的雕琢和礼法的强制束缚,越是自发自成,越是纯真完美,如《庄子》所说"彼至正者,不失其性命之情"。儒家的人性论看到了人的社会属性,看到了精神文明教育的重要性;道家的人性论看到了人的生理与心理属性,觉察到虚伪而繁烦的宗法伦理对人性的桎梏和对个性的摧残,皆有所得,亦皆有所偏(牟钟鉴、胡孚琛、王保玹:《道教通论——兼论道家学说》,齐鲁书社1991年版)。

儒道情论比较。朱喆从四个方面对儒道两家的情理论进行了分析与比较:首先,先秦儒家提出了善情、恶情、美情,道家提出了真情说。其次,儒家在对待情感的态度上表现出由节情、禁情到灭情的变化;道家则由"无情"发展到"安情"、"任情"。再次,儒家对性与情范畴作了较为明确的区分,而道家则大多强调性情如一,不可分离。最后,从道情关系的角度讲,儒家和道家都主张道出于情而又高于情,表现出其道德形上学既内在又超越的特点,道家之道是统摄天、地、人之大道、至道,道家之情也是大至情。

在作了上面的综述和观点撮要之后,我们深深感到,儒道思想的比较研究,还有很多问题没有解决。路漫漫其修远兮,吾辈不得不上下而求索。要在这条路上走得顺利一些,更远一些,不仅需要求真务实的精神,而且需要科学的方法,下面提出两点不成熟的意见,敬请指教。

首先,应重视对出土文献的利用与研究。通过对历史上遗留下来的儒道两家文字文献的分析研究,人们在儒道比较问题上已经取得了些许成绩。我们认为,要想进一步深化儒道思想比较研究,就必须加大对新近出土的儒道文献的利用与研究。1973年马王堆汉墓儒道文献的发现,1993年湖北荆门郭店楚简的出土,为我们研究早期儒道关系提供了大量的珍贵史料。利用这些新出土的地下文献,可以帮助我们纠正前人对儒道关系的误解,可以帮助我们重新审视历史上遗留下来的许多事关儒道两家关系的疑难问题，可以帮助我们拓宽和深化对儒道两家比较问题的研究。现在已经有人着手开始这项工作，如李存山《从郭店楚简看早期儒道关系》、张立文《论简本〈老子〉与儒家思想的互补互济》（均见《道家文化研究》第17辑，北京三联书店1999年版），只可惜此专门性的探讨太少，这不能不说是个很大的缺憾。

其次，在分析比较研究中，要重视科学比较法的运用。"一般来说，科学的比较法是研究作者及其思想的必不可少的手段。它包括两方面的比较，一是不同的过程领域或不同的阶段之间进行类比，以此看出它们的本质上的同异；一是把事物、过程本身内部矛盾的双方进行对比。这两种比较虽不尽相同，但却有着密切的联系。只有对过程本身的矛盾进行分析，才能在不同过程之间进行类比；而不同过程之间的类比，又可以帮助我们更好地认识过程本身的矛盾。"（尚永亮：《建国以来庄子思想研究述评》，《宝鸡师范学院教学与科研》1984年第3期）要正确理解儒道两家的思想，既要注意其体系内部各方面的矛盾和差异，也不能忽视儒道两家在不同时期的同异和变化。只有这样，我们才能站在历史发展的高度，采用较为科学的方法，来比论儒道两家思想，才能对它们在历史上的作用作出较为全面、较为准确的评价。

三、开展儒道比较问题研究的学术价值与现实意义

在中国传统文化中，儒道可谓两个内涵最丰富、特色最鲜明、影响最深广的派别。开展儒道两家思想的比较研究，进而探究儒道互补问题，显然有着十分重要的理论意义和现实意义。

首先，这是开辟中国哲学研究新领域的需要。建国前后的很

长一段时间里,中国哲学的研究基本上局限于"两条线四大块"的单一模式。这种僵化教条的学术研究模式无疑把丰富多彩的中国哲学思想过于简单化了,背离了中国哲学和中国传统文化发展的客观实际,从而不可能揭示出中国哲学和中国传统文化发展的内在规律和民族特征。近年来,人们逐渐突破了这种单一模式的束缚,开始走上科学化的轨道,并在某些研究领域取得较大进展。儒道两家思想的分析比较研究就是其中的典型代表。如当代新道家的代表人物陈鼓应通过对儒道两家思想的比较研究发现,中国哲学史实际上是一系列以道家为主干,道、儒、墨、法诸家多元互补的历史,对"孔子是中国哲学的创始人,儒学是中国哲学史的主干"的流行见解提出了质疑,从而引发了关于《周易》与儒道关系、道家渊源关系、孔老孰先孰后等问题的争论,迫使学界对中国哲学史上的重大问题进行重新思考,促进了中国哲学的研究。但就整个中国哲学研究来说,仍然令人很不满意,这主要表现在,到目前为止,对中国哲学实质是一种"多元互补的哲学"认识不足,没有对新出土的事关改写中国古代哲学史尤其是先秦哲学史的儒道文献资料展开全面的讨论和系统的研究。因此,我们倡议学术界迅速开展对新出土的文献中儒道两家思想的分析、比较和研究。我们认为,这是一项开拓性的工作,它将反过来促进中国哲学和中国文化研究的深入。

其次,这是重新构建科学而规范的现代哲学体系的需要。任何民族的文化总处在不断的发展演变中,发展或迟或速,演变或骤或渐,或者经过曲折的历程,或者爆发突然的巨变。在发展演变的过程中,后一阶段与前一阶段之间,既有更新变替的关系,也有连续、继承的关系。科学而规范的现代哲学体系的构建也不能例外。以儒道为主线的中国传统哲学是中国传统文化的一个重要组成部分,在它的极为丰富的内容中,既有消极的成分和因素,也有非常深刻的思想和合理的命题。看不到它的消极方面而只看到它的积极方面,因而采取复古主义的态度,和只见其消极方面而不见其积极方面,因而采取虚无主义的态度,都无助于现代哲学体系的建立。我们应当按照综合创新的原则,运用科学的理论和方法,对以儒道为主线的中国古代哲学作出深入的分析和系统的把握,从而吸取其精华,剔除其糟粕,并将其合理的思想、观念和命题纳入到现代哲学中来。以往的研究大都立足于破坏、否定和批判,而非立足于建设、肯定和继承。旧文化的破坏固然重要,但毕竟不能代替新文化的建设。因此,我们必须把破坏和建设、否定和肯定、批判和继承有机统一起来,并着眼于建设,努力发掘儒道和其他各家各派哲学的合理成分,以为适合中国国情和具有中国气派的新的哲学的创立提供历史的依据和理论的依据。

再次,这是反思历史、超越传统、改造现实、开辟未来的需要。过去、现在和未来是一条绵延不断的时间长河,认识昨天,无疑有助于把握今天,走向美好的明天。人们常说,现代化关键是人的现代化,而人的现代化也就是传统的人向现代的人的转化。要实现这种转化,除了继续进行经济的、政治的和文化的变革,以更新人们的观念,开拓人们的视野,提高人们的素质外,还有赖于对以儒道为主干的诸家人生哲学的思想资料进行细致的整理和客观的评判,并从古代哲人自身的人格塑造、境界完善、人性修养、价值追求中吸取经验和教训,以利于现实的人们的身心发展。当代中国有三股活跃的文化思潮,一是传统文化,一是马克思主义文化,三是马克思主义之外的西方各种文化学说。而在传统文化中,又以儒道人生哲学对人们的影响为最大。不管人们自觉或不自觉、承认或不承认,每个现实的中国人的心灵深处都或多或少有儒道人生哲学的影响存在,或是儒家的影响为主,或是道家的影响为主,或二者兼而有之。这种影响又必然区分为积极和消极两个方面。正视这种影响的客观存在并加以积极的引导,则将于民族精神的再造、于人的现代化乃至人的全面而彻底的解放大有裨益(邵汉明:《儒道人生哲学的总体比较》,《社会科学战线》1989 年第 4 期)。

说　　儒（节选）

胡　　适

　　我们现在可以谈谈"儒"与"道"的历史关系了。同时也可以谈谈孔子与老子的历史关系了。

　　"道家"一个名词不见于先秦古书中，在《史记》的《陈平世家》、《封禅书》、《太史公自序》里，我们第一次见着"道家"一个名词。司马谈父子所谓"道家"，乃是一个"因阴阳之大顺，采儒墨之善，撮名法之要"的混合学派。因为是个混合折衷的学派，他的起源当然最晚，约在战国的最后期与秦汉之间。这是毫无可疑的历史事实（我别有论"道家"的专文）。

　　最可注意的是秦以前论学术派别的，没有一个人提到那个与儒墨对立的"道家"。孟子在战国后期论当时的学派，只说"逃墨必归于杨，逃杨必归于儒"。韩非死在秦始皇时，他也只说"世之显学，儒墨也"。

　　那么，儒墨两家之外，那极端倾向个人主义的杨朱可以算是自成一派，其余的许多思想家，——老子、庄周、慎到、田骈、驺衍等，——都如何分类呢？

　　依我的看法，这些思想家都应该归在儒墨两大系之下。

　　宋轻、尹文、惠施、公孙龙一些人都应该归于"墨者"一个大系之下。宋轻（宋钘）、尹文主张"见侮不辱，救民之斗；禁攻寝兵，救世之战"，他们正是墨教的信徒，这是显而易见的。惠施主张"泛爱万物"，又主张齐梁两国相推为王，以维持中原的和平；公孙龙到处劝各国"偃兵"，这也是墨教的遗风。至于他们的名学和墨家的名学也有明显的渊源关系，那更是容易看出的。

其余的许多思想家，无论是齐鲁儒生，或是燕齐方士，在先秦时代总称为"儒"，都属于"儒者"的一大系。所以齐宣王招致稷下先生无数，而《盐铁论》泛称为"诸儒"；所以秦始皇坑杀术士，而世人说他"坑儒"。《庄子·说剑》篇（伪书）也有庄子儒服而见赵王的传说。

老子也是儒。儒的本义为柔，而《老子》书中的教义正是一种"宽柔以教，不报无道"的柔道。"弱之胜强，柔之胜刚，天下莫不知，莫能行。""上善若水，水利万物而不争。""夫唯不争，故天下莫与之争。""报怨以德。""强梁者不得其死。""曲则全，枉则直，洼则盈。"……这都是最极端的"犯而不校"的人生观。如果"儒，柔也"的古训是有历史意义的，那么，老子的教义正代表儒的古义。

我们试回想到前八世纪的正考父的鼎铭，回想到《周易》里《谦》、《损》、《坎》、《巽》等等教人柔逊的卦爻词，回想到曾子说的"昔者吾友尝从事"的"犯而不校"，回想到《论语》里讨论的"以德报怨"的问题，——我们不能不承认这种柔逊谦卑的人生观正是古来的正宗儒行。孔子早年也从这个正宗儒学里淘炼出来，所以曾子说：

> 以能问于不能，以多问于寡；有若无，实若虚；犯而不校：昔者吾友尝从事于斯矣。

后来孔子渐渐超过了这个正统遗风，建立了那刚毅弘大的新儒行，就自成一种新气象。《论语》说：

> 或曰："以德报怨，何如？"

子曰："何以报德？——以直报怨；以德报德。"
这里"或人"提出的论点，也许就是老子的"报怨以德"，也许只是那个柔道遗风里的一句古训。这种柔道，比"不报无道"更进一层，自有大过人处，自有最能感人的魔力，因为这种人生观的基础是一种大过人的宗教信心，——深信一个"无为而无不为"，"不争而善胜"的天道。但孔子已跳过了这种"过情"的境界，知道这种违反人情的极端教义是不足为训的，所以他极力回到那平实中庸的新教义："以直报怨，以德报德。"

这种讨论可以证明孔子之时确有那种过情的柔道人生观。信《老子》之书者，可以认为当时已有《老子》之书或老子教的证据。即有尚怀疑《老子》之书者，他们若平心想想，也决不能否认当时实有"犯而不校"的柔道，又实有"以德报怨"的更透进一层的柔道。如果连这种重要证据都要抹煞，硬说今本《老子》里的柔道哲学乃是战国末年世故已深时宋钘、尹文的思想的余波，那种人的固执是可以惊异的，他们的理解是不足取法的。

还有那个孔子问礼于老聃的传说，向来怀疑的人都学韩愈的看法，说这是老子一派的人要自尊其学，所以捏造"孔子，吾师之弟子也"的传说。（姚际恒《礼记通论》论《曾子问》一篇，说："此为老庄之徒所作无疑。"）现在依我们的新看法，这个古传说正可以证明老子是个"老儒"，是一个殷商老派的儒。

关于孔子见老子的传说，约有几组材料的来源：

（1）《礼记》的《曾子问》篇，孔子述老聃丧礼四事。

（2）《史记·孔子世家》记南宫敬叔与孔子适周问礼，"盖见老子云"一段。

（3）《史记·老庄申韩列传》，"孔子适周，将问礼于老子，老子曰……"一段。

（4）《庄子》中所记各段。

我们若依这个次序比较这四组的材料,可以看见一个最可玩味的现象,就是老子的人格的骤变,从一个最拘谨的丧礼大师,变到一个最恣肆无礼的出世仙人。最可注意的是《史记》两记此事,在《孔子世家》里老子还是一个很谦恭的柔道学者,而在《老子列传》里他就变做一个盛气拒人的狂士了。这个现象,其实不难说明。老子的人格变化只代表各时期的人对于老子的看法不同。作《曾子问》的人绝对不曾梦见几百年后的人会把老聃变成一个谩骂无礼的狂士,所以他只简单的记了老聃对于丧礼的几条意见。这个看法当然是最早的;因为,如果《曾子问》真是后世"老庄之徒所作",请问,这班"老庄之徒"为什么要把老子写成这样一个拘谨的丧礼专门大师呢?若如姚际恒所说,《曾子问》全书是"老庄之徒所作无疑",那么,这班"老庄之徒"捏造了这五十条丧礼节目的讨论,插入了四条老聃的意见,结果反把老聃变成了一个儒家丧礼的大师,这岂不是"赔了夫人又折兵"的大笨事吗?——这类的说法既说不通了,我们只能承认那作《曾子问》的人生在一个较早的时期,只知道老子是一位丧礼大师,所以他老老实实的传述了孔子称引老聃的丧礼意见。这是老孔没有分家的时代的老子。

司马迁的《孔子世家》是《史记》里最谨慎的一篇,所以这一篇记孔子和老子的关系也还和那最早的传说相去不远:

〔孔子〕适周问礼,盖见老子云。辞去,而老子送之曰:"吾闻富贵者送人以财,仁人者送人以言。吾不能富贵,窃仁人之号,送子以言曰:'聪明深察而近于死者,好议人者也。博辩广大危其身者,发人之恶者也。为人子者,毋以有己。为人臣者,毋以有己。'"

这时代的人已不信老子是个古礼专家了,所以司马迁说"适周问礼，盖见老子云"，这已是很怀疑的口气了。但他在这一篇只采用了这一段临别赠言，这一段话还把老子看作一个柔道老儒，还不是更晚的传说中的老子。

到了《老庄列传》里，就大不同了！

> 孔子适周，将问礼于老子。老子曰："子所言者，其人与骨皆已朽矣。独其言在耳。……"

这就是说，孔子"将"要问礼，就碰了一个大钉子，开不得口。这就近于后世传说中的老子了。

至于《庄子》《列子》书中所记孔子见老子的话，离最古的传说更远，其捏造的时代更晚，更不用说了。如果老子真是那样一个倨傲谩骂的人，而孔子却要借车借马远道去"问礼"，他去碰钉子挨骂，岂非活该！

总之，我们分析孔子问礼于老子的传说，剥除了后起的粉饰，可以看出几个要点：

(1)古传说认老子为一个知礼的大师。这是问礼故事的中心，不可忽视。

(2)古传说记载老子是一位丧礼的专家。《曾子问》记孔子述他的礼论四条，其第二条最可注意：

> 孔子曰：昔者吾从老聃助葬于巷党，及堩，日有食之，老聃曰："丘止柩就道右，止哭以听变，既明反而后行。"曰，"礼也"。反葬而丘问之曰："夫柩不可以反者也。日有食之，不知其已之迟数，则岂如行哉？"老聃曰："诸侯朝天子，见日而行，逮日而舍奠。大夫使，见日而行，逮日而舍。夫柩不蚤出，不莫宿。见星而行者，唯罪人与奔父母之丧者乎？日有食之，安知其不见星也？且君子行礼，不以人之亲痁患。"吾闻诸老聃云。

这种议论,有何必要而须造出一个老师的权威来作证?岂非因为老聃本是一位丧礼的权威,所以有引他的必要吗?

(3)古传说里,老子是周室的一个"史":《老子列传》说他是"周守藏室之史",《张汤列传》说他是"柱下史"。史是宗教的官,也需要知礼的人。

(4)古传说又说他在周,成周本是殷商旧地,遗民所居。(古传说又说他师事商容,——一作常枞,汪中说为一人——可见古说总把他和殷商文化连在一块,不但那柔道的人生观一项而已)

这样看来,我们更可以明白老子是那正宗老儒的一个重要代表了。

聪明的汪中(《述学》补遗,《老子考异》)也承认《曾子问》里的老聃是"孔子之所从学者,可信也。"但他终不能解决下面的疑惑:

夫助葬而遇日食,然且以见星为嫌,止柩以听变,其谨于礼也如是。至其书则曰:"礼者,忠信之薄而乱之首也。"下殇之葬,称引周召史佚,其尊信前哲也如是(此一条也见《曾子问》)。而其书则曰:"圣人不死,大盗不止。"彼此乖违甚矣。故郑注谓"古寿考者之称",黄东发《日钞》亦疑之,而皆无以辅其说(汪中列举三疑,其他二事不关重要,今不论)。

博学的汪中误记了《庄子》伪书里的一句"圣人不死,大盗不止",硬说是《老子》里的赃物,我们不能不替老子喊一声冤枉。《老子》书里处处抬高"圣人"作个理想境界,全书具在,可以覆勘。所以汪中举出的两项"乖违",其一项已不能成立了。其他一项,"礼者,忠信之薄,而乱之首",正是深知礼制的人的自然的反动,本来也没有可疑之处。博学的汪中不记得《论语》里的同样主张吗?孔子也说过:

人而不仁,如礼何? 人而不仁,如乐何?

又说过:

礼云,礼云,玉帛云乎哉? 乐云,乐云,钟鼓云乎哉?

《论语》又有两条讨论"礼之本"的话:

林放问礼之本。子曰:"大哉问。礼,与其奢也,宁俭。丧,与其易也,宁戚。"(说详上文第三章)

子夏问曰:"'巧笑倩兮,美目盼兮,素以为绚兮',何谓也?"子曰:"绘事后素。"曰:"礼后乎?"子曰:"启予者商也,始可与言诗已矣。"

《檀弓》述子路引孔子的话,也说:

丧礼,与其哀不足而礼有余也,不若礼不足而哀有余也。

祭礼,与其敬不足而礼有余也,不若礼不足而敬有余也。

这样的话,都明明的说还有比"礼"更为根本的所在,明明的说礼是次要的("礼后"),正可以解释老子"礼者忠信之薄而乱之首"的一句话。老子、孔子都是深知礼意的大师,所以他们能看透过去,知道"礼之本"不在那礼文上。孔子看见季氏舞八佾,又旅于泰山,也跳起来,叹口气说:"呜呼! 曾谓泰山不如林放乎!"后世的权臣,搭起禅让台来,欺人寡妇孤儿,抢人的天下,行礼已毕,点头赞叹道:"舜禹之事,吾知之矣!"其实那深知礼意的老聃、孔丘,早已看透了。《檀弓》里还记一位鲁人周丰对鲁哀公说的话:

殷人作誓而民始畔,周人作会而民始疑。苟无礼义忠信诚悫之心以莅之,虽固结之,民其不解乎?

这又是老子的话的注脚了。

总之,依我们的新看法,老子出生在那个前六世纪,毫不觉得奇怪。他不过是代表那六百年来以柔道取容于世的一个正统老儒;他的职业正是殷儒相礼助葬的职业,他的教义也正是《论语》

里说的"犯而不校""以德报怨"的柔道人生观。古传说里记载着孔子曾问礼于老子，这个传说在我们看来，丝毫没有可怪可疑之点。儒家的书记载孔子"从老聃助葬于巷党"，这正是最重要的历史证据，和我们上文说的儒的历史丝毫没有矛盾冲突。孔子和老子本是一家，本无可疑。后来孔老的分家，也丝毫不足奇怪。老子代表儒的正统，而孔子早已超过了那正统的儒。老子仍旧代表那随顺取容的亡国遗民的心理，孔子早已怀抱着"天下宗予"的东周建国的大雄心了。老子的人生哲学乃是千百年的世故的结晶，其中含有绝大的宗教信心——"常有司杀者杀"，"天网恢恢，疏而不漏"——所以不是平常一般有血肉骨干的人所能完全接受的。孔子也从这种教义里出来。他的性情人格不容许他走这条极端的路，所以他渐渐回到他所谓"中庸"的路上去，要从刚毅进取的方面造成一种能负荷全人类担子的人格。这个根本上有了不同，其他教义自然都跟着大歧异了。

那个消极的柔儒要"损之又损，以至于无"；而这个积极的新儒要"学如不及，犹恐失之"，"学而不厌，诲人不倦"。那个消极的儒对那新兴的文化存着绝大的怀疑，要人寡欲绝学，回到那"无知无欲"的初民状态；而这个积极的儒却讴歌那"郁郁乎文哉"的周文化，大胆的宣言："吾从周！"那个消极的儒要人和光同尘，泯灭是非与善恶的执著；而这个刚毅的新儒却要人"无求生以害仁，有杀身以成仁"，要养成一种"笃信好学，守死善道"，"造次必于是，颠沛必于是"的人格。

在这个新儒的运动卓然成立之后，那个旧派的儒就如同满天的星斗在太阳的光焰里，存在是存在的，只是不大瞧得见了。可是，我们已说过，那柔道的儒，尤其是老子所代表的柔道，自有他的大过人处，自有他的绝坚强的宗教信心，自有他的深于世故的人生哲学和政治态度。这些成分,初期的孔门运动并不曾完全抹煞:如孔子也能欣赏那"宽柔以教,不报无道"的柔道,也能尽量吸收那倾向自然主义的天道观念,也能容纳那无为的政治理想。所以孔老尽管分家,而在外人看来,——例如从墨家看来——他们都还是一个运动,一个宗派。试看墨家攻击儒家的四大罪状:

> 儒之道足以丧天下者四政焉:儒以天为不明,以鬼为不神,天鬼不说,此足以丧天下。又厚葬久丧,⋯⋯此足以丧天下。又弦歌鼓舞,习为声乐,此足以丧天下。又以命为有;贫富,寿夭,治乱,安危有极矣,不可损益也。为上者行之,必不听治矣;为下者行之,必不从事矣。此足以丧天下。(《墨子·公孟》篇)

我们试想想,这里的第一项和第四项是不是把孔老都包括在里面?所谓"以天为不明,以鬼为不神",现存的孔门史料都没有这种极端言论,而《老子》书中却有"天地不仁","其鬼不神"的话。儒家(包括孔老)承认天地万物都有一定的轨迹,如老子说的自然无为,如孔子说的"天何言哉? 四时行焉,百物生焉",这自然是社会上的常识积累进步的结果。相信一个"无为而无不为"的天道,即是相信一个"莫之为而为"的天命:这是进一步的宗教信心。所以老子、孔子都是一个知识进步的时代的宗教家。但这个进步的天道观念是比较的太抽象了,不是一般民众都能了解的,也不免时时和民间祈神事鬼的旧宗教习惯相冲突。既然相信一个"独立而不改,周行而不殆"的天道,当然不能相信祭祀鬼神可以改变事物的趋势了。孔子说:

> 获罪于天,无所祷也。

又说:

> 敬鬼神而远之。

老子说:

> 以道莅天下,其鬼不神。

《论语》又记一事最有意味:

> 子疾病,子路请祷。子曰:"有诸?"子路对曰:"有之。诔曰:'祷尔于上下神祇。'"子曰:"丘之祷久矣。"

子路尚且不能了解这个不祷的态度,何况那寻常民众呢? 在这些方面,对于一般民间宗教孔老是站在一条战线上的。

我们在这里,还可以进一步指出老子、孔子代表的儒,以及后来分家以后的儒家与道家,所以都不能深入民间,都只能成为长袍阶级的哲学,而不能成为影响多数民众的宗教,其原因也正在这里。

汪中会怀疑老子若真是《曾子问》里那个丧礼大师,何以能有"礼者忠信之薄而乱之首"的议论。他不曾细细想想,儒家讲丧礼和祭礼的许多圣贤,可曾有一个人是深信鬼神而讲求祭葬礼文的? 我们研究各种礼经礼记,以及《论语》《檀弓》等书,不能不感觉到一种最奇怪的现状:这些圣人贤人斤斤的讨论礼文的得失,无论是拜上或拜下,无论是麻冕或纯冕,无论是经裳而吊或袭裳而吊,甚至于无论是三年之丧或一年之丧,他们都只注意到礼文应该如何如何,或礼意应该如何如何,却全不谈到那死了的人或受吊祭的鬼神! 他们看见别人行错了礼,只指着那人嘲笑道:

> 夫夫也! 为习于礼者!

他们要说某项节文应该如何做,也只说:

> 礼也。

就是那位最伟大的领袖孔子也只能有一种自己催眠自己的祭祀哲学:

> 祭如在;祭神如神在。

这个"如"的宗教心理学,在孔门的书里发挥的很详尽。《中庸》
说:

> 斋明盛服以承祭祀,洋洋乎如在其上,如在其左右。

《祭义》说的更详细:

> 斋之日,思其居处,思其笑语,思其志意,思其所乐,思其
> 所嗜。斋三日,乃见其所为斋者。祭之日,入室,僾然必有见
> 乎其位;周还出户,肃然必有闻乎其容声;出户而听,忾然必有
> 闻乎其叹息之声。

这是用一种精神作用极力催眠自己,要自己感觉得那受祭的人
"如在"那儿。这种心理状态不是人人都训练得到的,更不是那些
替人家治丧相礼的职业的儒所能做到的。所以我们读《檀弓》所
记,以及整部《仪礼》《礼记》所记,都感觉一种不真实的空气,《檀
弓》里的圣门弟子也都好像《士丧礼》里的夏祝商祝,都只在那里
唱戏做戏,台步一步都不错,板眼一丝都不乱,——虽然可以博得
"吊者大悦",然而这里面往往没有一点真的宗教感情。就是那位
气度最可爱的孔子,也不过能比一般职业的相礼祝人忠厚一等而
已:

> 子食于有丧者之侧,未尝饱也。
>
> 丧事不敢不勉,不为酒困。
>
> 子于是日哭,则不歌。

这种意境,都只是体恤生人的情绪,而不是平常人心目中的宗教态
度。

　　所以我们读孔门的礼书,总觉得这一班知礼的圣贤很像基督
教《福音书》里耶稣所攻击的犹太"文士"(Scribes)和"法利赛人"
(Pharisees)("文士"与"法利赛人"都是历史上的派别名称,本来
没有贬意。因为耶稣攻击过这些人,欧洲文字里就留下了不能磨

灭的成见,这两个名词就永远带着一种贬意。我用这些名词,只用他们原来的历史意义,不含贬义)。犹太的"文士"和"法利赛人"都是精通古礼的,都是"习于礼"的大师,都是犹太人的"儒"。耶稣所以不满意于他们,只是因为他们熟于典礼条文,而没有真挚的宗教情感。中国古代的儒,在知识方面已超过了那民众的宗教,而在职业方面又不能不为民众做治丧助葬的事,所以他们对于丧葬之礼实在不能有多大的宗教情绪。老子已明白承认"礼者忠信之薄而乱之首"了,然而他还是一个丧礼大师,还不能不做相丧助葬的职业。孔子也能看透"丧,与其易也,宁戚"了,然而他也还是一个丧礼大师,也还是"丧事不敢不勉"。他的弟子如"堂堂乎"的子张也已宣言"祭思敬,丧思哀,其可已矣"了,然而他也不能不替贵族人家做相丧助葬的事。苦哉!苦哉!这种知识与职业的冲突,这种理智生活与传统习俗的矛盾,就使这一班圣贤显露出一种很像不忠实的俳优意味。

　　我说这番议论,不是责备老孔诸人,只是要指出一件最重要的历史事实。"五百年必有圣者兴",民间期望久了,谁料那应运而生的圣者却不是民众的真正领袖:他的使命是民众的"弥赛亚",而他的理智的发达却接近那些"文士"与"法利赛人"。他对他的弟子说:

　　　　未能事人,焉能事鬼?
　　　　未知生,焉知死?

他的民族遗传下来的职业使他不能不替人家治丧相礼,正如老子不能不替人家治丧相礼一样。但他的理智生活使他不能不维持一种严格的存疑态度:

　　　　知之为知之,不知为不知,是知也。

这种基本的理智的态度就决定了这一个儒家运动的历史的使命

了。这个五百年应运而兴的中国"弥赛亚"的使命是要做中国的"文士"阶级的领导者，而不能直接做那多数民众的宗教领袖。他的宗教只是"文士"的宗教，正如他的老师老聃的宗教也只是"文士"的宗教一样。他不是一般民众所能了解的宗教家。他说：

> 君子不忧不惧。内省不疚，夫何忧何惧！

他虽然在那"吾从周"的口号之下，不知不觉的把他的祖先的三年丧服和许多宗教仪节带过来，变成那殷周共同文化的一部分了，然而那不过是殷周民族文化结婚的一份陪嫁妆奁而已。他的重大贡献并不在此，他的心也不在此，他的历史使命也不在此。他们替这些礼文的辩护只是社会的与实用的，而不是宗教的："慎终追远，民德归厚矣。"所以他和他的门徒虽然做了那些丧祭典礼的传人，他们始终不能做民间的宗教领袖。

民众还得等候几十年，方才有个伟大的宗教领袖出现。那就是墨子。

墨子最不满意的就是那些儒者终生治丧相礼，而没有一点真挚的尊天信鬼的宗教态度。上文所引墨者攻击儒者的四大罪状，最可以表现儒墨的根本不同。《墨子·公孟》篇说：

> 公孟子曰："无鬼神。"又曰："君子必学祭祀。"

这个人正是儒家的绝好代表：他一面维持他的严格的理智态度，一面还不能抛弃那传统的祭祀职业。这是墨子的宗教热诚所最不能容忍的。所以他驳他说：

> 执无鬼而学祭礼，是犹无客而学客礼也，是犹无鱼而为鱼罟也。

懂得这种思想和"祭如在"的态度的根本不同，就可以明白墨家所以兴起和所以和儒家不相容的历史的背景了。

民国二十三年三月十五日开始写此文。五月十九日夜写成初稿。

（选自刘梦溪主编《中国现代学术经典·
胡适卷》，河南教育出版社 1996 年版）

胡适，字适之，原籍安徽绩溪，生于上海。曾任北京大学文学院院长、"中央研究院"院长等职。主要著作有《中国哲学史大纲》（上卷）、《说儒》等。

本文指出老子是以柔道取容于世的一个正统老儒，因此，孔子和老子本是一家。不过，老子代表儒的正统，而孔子则超过了那正统的儒。老子仍旧代表那随顺取容的亡国遗民的心理，孔子则怀抱着"天下宗予"的东周建国的大雄心。老子的人生哲学乃是千百年的世故的结晶，其中含有绝大的宗教信心，所以不是平常一般有血肉骨干的人所能完全接受的。孔子也是从这种教义里出来，但他的性情人格不容许他走这条极端的路，所以他渐渐回到他所谓"中庸"的路上去，要从刚毅进取的方面造成一种能负荷全人类担子的人格。这些根本上有了不同，其他教义自然都跟着大歧异了。

儒道两家之论身心情欲

李 源 澄

春秋以前,礼教未坏,士大夫熏陶于礼教之中,循礼则为君子,悖礼斯为小人,礼教之外,无所谓修养之道。迨春秋之末,社会日变,民志不定,礼失其效,而道德日以凌夷,于是修养之道,始为时之哲人所论究,至于汉初,历时数百年,吾国人之道德修养率奠定于此,举凡宋明儒者所致意者,率已发其端,是亦不可无述也。

孔 子

孔子曰:"吾从周。"此孔子对周文化之态度,是以孔子之教,亦以礼为先。《论语·颜渊问仁》,子曰:"克己复礼为仁。"颜渊曰:"请问其目?"子曰:"非礼勿视,非礼勿听,非礼勿言,非礼勿动。"克己复礼四字,注家各不同。吾谓复礼为复周礼,证之孔子之政治思想,若合符契,春秋时代新旧社会之冲突,乃起于人心之思奋。于是旧礼失其效用,欲复周礼,必须节制自己以就礼之范围,故曰克己复礼。孔子虽以礼为教,然特重礼之本质,乃以救周礼之失。《论语》子曰:"人而不仁如礼何? 人而不仁如乐何?"以仁为礼乐之本故也。《论语》所记孔子细行,皆有礼度,为当知礼君子。然孔子不仅为谨守礼法之人,乃澈于礼乐之意。《论语》记孔子之生活云，"子之燕居，申申如也，夭夭如也"，"子温而厉，威而不猛，恭而安"，"望之俨然，即之也温，听其言也厉"，皆于严肃中寓冲和之意。后人于孔子气象虽景仰向往，而仅能以浑然天然理中和之气纯亦不已以形容之。盖孔子生长于周人礼教之中，而又有仁者浑然与万物同体之气象，故其人格之完全，只可意想而难于质言也。

古者士为入仕者之称，一命之士，禄足代耕。孔子之时，无田无禄之士兴起，欲利恶贫，人之同心。孔子乃倡安贫乐道之教，以安于义命去其欲物之情。《论语》子曰："不义而富且贵，于我如浮云。"又曰："富与贵是人之所欲也，不以其道得之不处也，贫与贱，是人之所恶也，不以其道得之不去也。"又倡为节约，曰："士志于道而耻恶衣恶食者，未足与议也。"其称颜渊曰："一箪食，一瓢饮，在陋巷，人不堪其忧，回也不改其乐。"其称子路曰："衣敝缊袍，与衣狐貉者立而不耻。"于贫苦生活之中，潜藏乐道自尊之精神，又非徒尚俭约者可拟矣。夫君子尊德乐道，固非有求于外，然非中人可几，故孔子又以名为教。《论语》子曰："君子疾殁世而名不称焉。"又曰："君子去仁，乌乎成名？"岂非以名间于道德与实利之间，得名亦足以慰藉其困约之意也耶？顾亭林谓苟不求利，亦何慕名，乃有激而发，名为持世之良法，卢毓之言，为可深味也。

礼以节人，乐以和情，孔子不惟隆礼，亦雅重诗乐。《论语》子曰："兴于诗，立于礼，成于乐。"故孔子之情感如音乐之有节而和谐，孔子称颜子"不迁怒"，伯夷叔齐"不念旧恶"，于互乡之童子则云："与其进也，不与其退也，唯何甚？"知孔子教人，诚重于感情之节制也。然自魏晋之间，何晏言圣人无情，王弼非之，以为圣人之情应物而无累于物，何晏之言固纯为道家之论，即王弼之说，亦染于道家思想。吾谓圣人乃以理制情，非随感应物，其后程明道，作

《论定性书》，言天地之常，以其心普万物而无心，圣人之常，以其事顺万事而无情，亦非孔子之旨，颜渊死，子哭之恸，何谓无情乎？儒道两家精神迥异，何可混也。

《论语》孔子称颜子其心三月不违仁，又称其不贰过。《易传》载孔子称颜氏之子有不善未尝不知，知之未尝复行。《论语》子曰："仁远乎哉？我欲仁，斯仁至矣。"于传述旧文之外，孔子之学为仁学为心学，复何疑乎？孔子求仁之方，在乎己欲立而立人，己欲达而达人，能近取譬，则其致力之道，即是推广吾心之欲恶而加诸人，已启孟子达情之学说也。

老　子

老子，隐君子也，以肥遁为至道，其人生态度，自与孔子不同。以孔老二人相较，孔子重情，老子重理，孔子以人为本，老子以自然为宗。以人而言，情之正即为理。以自然而言，天地之生成变化，惟有条理，而无感情，然而含育群品，所谓大仁不仁、至德不德者也。不然，以老子之无情，而言我有三宝，一曰慈，又言以慈卫之。何耶？但老子之慈，与孔子之仁亦复不同。仁者一体之感通，而慈者异体之相恤，其情固有异矣。

孔子于一切存在之事物皆承认之，老子则一切绝去之，于周之文化如此，于私人修养亦如此。老子曰："不见可欲使心不乱，圣人之治，虚其心，实其腹，弱其志，强其骨，常使民无知无欲。"又曰："五色令人目盲，五音令人耳聋，五味令人口爽，驰骋田猎令人心发狂。"又曰："绝圣弃知，民利百倍。"又曰："自胜者强。"又曰："心使气曰强。"又曰："我好静而民自正，我无欲而民自朴。"老子盖有见于外物之足以引人为恶，故以不见可欲救之，又推源物之所以能诱人者,由于人之有欲,人而无欲,则物何损于人? 故言无欲之教。五色五音五味皆所以养体,人见之而生欲者,以其有身。若其无身,欲何由起? 人既有身,不能使无身,心者身之主也,可以制身,故曰,自胜者强,心使气曰强。心之官为知,惟其知之,所以欲之,人之有欲,以其有知;若其无知,虽遇可欲之物,漠然无知也。故言绝圣去知。无知则心失其用也,所谓心如死灰者矣,其道在乎虚静而已。虚静为道家至上之修养方法。见素抱朴,少思寡欲,为老子理想之全人。

庄　子

庄子知老子之绝欲太过,非人生之情,故未尝言绝欲,以为能不溺于物斯可矣,故曰其嗜欲深者其天机浅。庄子之道在于养生,养生之要,在使物不为生累,外物不可必,求其在我者而已。庄子以为情之伤生,与欲相同,故以无情为极则。《养生主》曰:"安时而处顺,哀乐不能入也。"哀乐不能入,谓无哀乐之感也。人欲无哀乐之感,必先无情。《大宗师》曰:"有人之形,无人之情。"无人之情,然后合于天。其所谓天者,反乎人情而已。《在宥篇》曰:"昔尧之治天下,使天下欣欣焉,人乐其性,是不恬也。桀之治天下也,使天下瘁瘁焉,人苦其性,是不愉也。夫不恬不愉,非德也。非德也而可长久者,天下无之。大喜邪? 毗于阳。大怒邪? 毗于阴。阴阳并毗,四时不至,寒暑之和不成,其反伤人之形乎?"故从庄子之道,推其至极必至于无所可用而后可,与老子虽多异,而归于虚静则同。虚静者心不起作用之谓,不起作用与心死同。庄子谓哀莫大于心死,其道则心死之道也。

孟　子

　　孟子一生愿学孔子,其学术宗旨实承孔子之仁学。孟子道性善,其意即谓人之性质为善,而指其实,则曰恻隐之心、羞恶之心、辞让之心、是非之心。又曰尽其心者,知其性也。心与身为对,人性与犬性牛性为对。性者性质之意,从其德言,则曰性质。从其能言,则曰才质。孟子言人之不善为不能尽其才,即不能尽其功用之意。宋明儒者言性,与孟子异其旨矣。

　　孟子既承孔子之仁学,故以发挥心之功用为极致,与老庄之死灰其心者不同。其于情亦然。不仅不绝情,而主于达情。以不忍人之心,行不忍人之政,是为王政。好色好货,与民同之,即是王道。欲无善恶,善恶之辨,在于能与人同欲否耳。孟子所谓善者,荀子视之皆可以为恶,盖一则顺之以为己,一则推之以及人。从荀子之说,人人能推己及人,心使之也。荀子言情恶而心善,情固性也,心可谓之非性也哉?孟子既主达情,故曰人皆有所不忍,达之于其所忍,仁也。人皆有所不为,达之于其所为,义也。又曰:"苟能充之,足以保四海,苟不能充之,不足以事父母。"然则孟子之达情,非直达而为横达明也。

　　孟子虽主同欲,而于私人修养,则主寡欲,曰:"养心莫善于寡欲,其为人也寡欲,虽有不存焉者,寡也;其为人也多欲,虽有存焉者,寡也。"盖寡欲正所以同欲,多欲者必不能与人同欲,两者实相反相成也(孟子痛斥功利,亦是此意)。然节制情欲,乃私人修养之当然,而非所以治人论人者。宋儒所言多为私人修养,用以论政则悖(章先生已发此意)。戴东原氏不加简别而一律纠之,过矣。

　　孔子言,少之时,血气未定,戒之在色;及其壮也,血气方刚,戒之在斗；及其老也，血气既衰，戒之在得。形体之足以累心，孔子已明之。老子之以心使气亦是此意。然儒家学说，就人之现成者而立论，孟子言性善，当合身与心而言，心固善也，身亦不可谓不善也。宋人义理气质之分非孟子本意。孟子曰："形、色，天性也，惟圣人然后可以践形。"岂以气质为不善哉？但心与身为君臣关系、主从关系，理性与感情亦然，君发令于上，而臣效其功，自然之理也。故心托身以效其用，理性托情欲以效其用，古人以血气心知代表身心，代表理性感情，盖血气可以助长感情，而理性与形体则无关系。心者形之君也，固可以主宰形体，而心不在焉，心不使焉，皆足以丧其用。孟子言求放心，所以复身心之秩序也。情欲之感，其始虽必经心知了别，而心知亦恒随意欲而动，孟子所谓耳目之官不思而蔽于物，物交物则引之而已。惟心能自反，自反之顷，则心不复为旧习所包围，而能超越在上，以明辨是非，决嫌疑。孟子所谓心之官则思，思则得之，不思则不得也，此天下之所以予我者，先立乎其大者，则其小者不能夺也，此谓大人而已矣。纵耳目之欲，孟子谓之养其小体，以吾心之义理为权衡，则孟子谓之养其大体。耳目之欲，必待心知与之权衡，而后身心交泰，故主以小体从大体，然非绝欲之谓也。

　　然人之行事，不专赖理性，亦有赖于意欲。孟子所谓良知良能，乃包知与欲而言，以能由欲而生也。王阳明之言知行合一，以如好好色，如恶恶臭为例，明其为好色恶臭为知，好之恶之为情，以其相续而起，故不须更起心去好与恶，故言知行合一。孟子所谓良知良能，实兼此二者，人之知而不行，情不欲耳，苟知之真，欲之甚，何不可知行合一之有。阳明本良知之教，而倡言知行合一，夫何疑乎？知行合一，即知情合一，即心与气合一。孟子言不动心在于养气，即此意也。原公孙丑之问动心者，盖问是时有喜怒忧戚惊恐之状否也。凡此皆情也。理性为心之实,感情为气之充。心为血气之主,故曰"夫志,气之帅"。感情冲动而使心志不明,故曰"气壹则动志"。孟子加齐之卿相得行道焉而不动心者,安于义命故耳,故举北宫黝孟施舍之养勇各有所守以为譬焉。不动心所以赖乎养气之功者,使心气合一而感情与理性交融也。凡人知之而不能行者,欲与知不相属也,心知其不可而竟行之者,心不能止欲也。故欲情欲依随心志,则须养气。盖孟子承孔子之仁学,而大发心之功用,与道家以虚静治心而丧失心之功用,以违反人情为自然者,正相反也。

荀　子

春秋以来言私人修养,本由于礼坏乐崩,人失其守,由政治问题,转为修养问题。荀子复欲还之政治而以政治解决之(荀子之言内心修养者,与此不相关,于论《大学》中言之)。《荀子·修身篇》曰:"凡治气养心之术,莫径由礼。"又曰:"凡用血气、志意、知虑,由礼则治通,不由礼则勃乱提僈;食饮、衣服、居处、动静,由礼则和节,不由礼则触陷生疾;容貌、态度、进退、趋行,由礼则雅,不由礼则夷固僻违,庸众而野。"此举春秋以来所论究之心身、情欲、理气诸问题而用礼以解决之。原此诸问题之发生,由礼失其用,由礼以节之,则诸问题自然解决,何必效诸子之纷纷,故曰治气养心,莫径由礼。荀子又推原礼之功用,正以对治人之情欲。《礼论篇》曰:"人生而有欲,欲而不得,则不能无求;求而无度量分界,则不能不争。争则乱,乱则穷。先王恶其乱也,故制礼义以分之,以养人之欲,给人之求,使欲必不穷乎物,物必不屈于欲,两者相持而长。"《正名篇》曰:"凡语治而待去欲者,无以道欲而困于有欲者也……有欲无欲,异类也,生死也,非治乱也。欲之多寡,异类也,情之数也,非治乱也……故欲过之而动不及,心止之也。心之所可中理,则欲虽多奚伤于治!……心之所可失理,则欲虽寡奚止于乱!故治乱在于心之所可,亡于情之所欲。"此为荀子评各家以欲为忧之言。使从政治以解决情欲问题,则荀子之说,诚简要也。

《正名篇》曰:"性之好、恶、喜、怒、哀、乐谓之情。"《儒效篇》曰:"人无师法则隆情矣,有师法则隆性矣。"在荀子之意,情发于性,纵情则为恶,隆情者纵情也,隆性者化性也。其论性恶曰:"今人之性,生而有好利焉,顺是,故争夺生而辞让亡焉。……生而有耳目之欲,有好声色焉,顺是,故淫乱生而礼义文理亡焉。"凡此皆情也,纵情而不知自反则为恶,故荀子言性恶。夫孟子之言性善,以其能与人同欲,推己及人也。荀子之言性恶,由不能推己及人也,情何恶哉?在孟子学说中,情欲原无所谓善恶。荀子亦不能遂谓情欲为恶,必曰顺是然后为恶,是荀子以情可以为恶,又情出于性,因谓性恶也。其性恶论对孟子性善论而立名则可,谓性恶则不可。《正名篇》曰:"散名之在人者,生之所以然者谓之性。性之和所生,精合感应,不事而自然者谓之性。性之好、恶、喜、怒、哀、乐谓之情。情然而心为之择谓之虑,心虑而能为之动谓之伪。虑积焉,能习焉而后成谓之伪。"《性恶篇》曰:"不可学、不可事而在人者谓之性。可学而能、可事而成之在人者谓之伪,是性、伪之分也。"则二子学说之冲突,乃在荀子论情而不论心也。荀子性恶之名既不能立,其持论亦不周遍,荀子言性之定义为不可学不可事而在人者,其举例特举耳目而不举心何耶?荀子不承认心则已,荀子既承认心也,心之作用非与生俱来耶?目之审美,耳之听音,亦须学习而后能,又何怪于心知之须学问邪?(孟子言良心良能良知,乃从其本有以示人,贵在扩充其本有,未尝专以此为教,后人固矫逐末忘本之弊,遂以此为教,亦有过正之嫌)若耳目仅有感觉作用,则耳目之欲,声色之好,非感觉作用明也。人较其他动物完成较迟,心知之作用,又较其他部分为迟,人与物接,感觉与心知之作用,自有先后,荀子之言,盖亦未达于理矣。

治心之要,不外二端,以知言心,则重在解蔽,以情言心,则重在去私。荀子论心既主知,故重解蔽(以陋为天下之公患,人之大殃大祸,于培养知识之事皆极重视)。《解蔽篇》曰:"圣人知心术之患,见蔽塞之祸,故无欲无恶,无始无终,无近无远,无博无浅,无古无今,兼陈万物而中县衡焉。是故众异不得相蔽以乱其伦也。何谓衡?曰道。……夫何以知?曰心知道然后可道,可道然后能守道以禁非道。"荀子所谓道有二义,一为体常而尽变之道,一为先王之道。体常而尽变之道,理也;先王之道,礼也。礼合于理而后可行,人为法必依据自然法也。从此理言,荀子所谓百王之不变,孟子所谓心之所同然也,此理自明,不在外亦不在内。从先王之礼言,则为外与内相合,而心知而可之。《解蔽篇》所谓道兼此二义,故言体常而尽变之道,又言周道也。荀子所言心之功用,专在知是知非,故曰是之则受,非之则辞,其异于孟子者,以孟子兼四端而言,荀子所谓心,则专言心知也。然荀子于心知之外又言有能。《正名篇》曰:"智之所以能在人者谓之能。"荀子所谓能,为由知到行中间之一种力量。《正名篇》曰:"情然而心为之择,谓之虑。心虑而能为之动,谓之伪。"使无此能,则知识不仅不能见之行事,是之亦不能受,非之亦不能辞也。

荀子虽知心为形之君,神明之主,出令而无所受令,以其重在辨察事理,故专以思虑为心。其所谓虚一而静,乃谓须虚静专一乃能察理。《解蔽篇》曰:"故人心譬如槃水,正错而勿动,则湛浊在下而清明在上,则足以见须眉而察理矣。微风过之,湛浊动乎下,清明乱于上，则不可以得大形之正也。心亦如是矣。故导之以理，养之以清，物莫之倾，足以定是非决嫌疑矣。小物引之，则其正外易，其心内倾，则不足以决庶理矣。"又曰："凡观物有疑，中心不定，则外物不清，吾虑不清，则未足以定然否也。"此皆以心察物，心向外用。孔子称颜子有不善未尝不知。孟子言心之官则思，皆是心之自觉，心向内用。心之自觉为心之全体，心之观物，为心之部分。荀子所谓心，非其全也。孔孟皆以主宰言心，荀子虽知之（《解蔽篇》言出令而无所受令，自禁自使，自夺自取，自行自止，是之则受，非之则辞），而专以观察思虑为心，欲专心致思，必绝去外扰，遂有取于道家之虚静说，而与孔孟以心之自觉反省言心者异也。理学家由静以体认本心，其方法与荀子为近，儒学与道家之关系至深切矣。

《戴记》中之《大学》《中庸》《乐记》

《大学》 《大学》贯通荀学，《乐记》申明孟学，《中庸》兼取孟荀，故可视为一类。《荀子·不苟篇》云："君子养心莫善于诚，致诚则无他事矣。唯仁之为守，唯义之为行。诚心守仁则形，形则神，神则能化矣；诚心行义则理，理则明，明则能变矣。变化代兴，谓之天德，天不言而人推高焉，地不言而人推厚焉，四时不言百姓期焉。夫此有常，以至其诚者也。君子至德，嘿然而喻，未施而亲，不怒而威。夫此顺命，以慎其独者也。善之为道者，不诚则不独，不独则不形，不形则虽作于心，见于色，出于言，民犹若未从也，虽从必疑。天地为大矣，不诚则不能化万物；圣人为知矣，不诚则不能化万民；父子为亲矣，不诚则疏；君上为尊矣，不诚则卑。夫诚者，君子之所守也，而政事之本也。"此为荀子中言内心修养之最精者,且由内心修养以通于政事,然其态度与前所论迥然不同,无法连接。《大学》作者即为补荀子之阙憾而成此书,由内心修养以达于政治,而以明明德统之,所谓大学之道在明明德是也,在新民者所谓明明德于天下也。在止于至善者,明明德之实事也。又以修身贯通上下,所谓自天子以至于庶人壹是皆以修身为本也。《大学》所谓止至善,即荀子所谓止诸至足,不仅文字相当,其义亦与荀子为学之宗旨相合。其余定静安虑诸名,亦皆本于荀子。所关者小,姑置不论。《大学》之最不可解者莫过于致知格物,前儒解格物者甚多,朱子阳明学派之分,即在解格物之异,乃亦本于荀子。《解蔽篇》云:"故人心譬如槃水,正错而勿动,则湛浊在下,而清明在上,则足见须眉而察理矣。微风过之,湛浊动乎下,清明乱于上,则不足以得大形之正也。心亦如是矣。故导之以理,养之以清,物莫之倾,足以定是非决嫌疑矣。小物引之,则其正外易,其心内倾,则不足以决庶理矣。"此非所谓正心乎?欲心正而不倾,若水之正错而勿动,故谓之正心。详察荀子之意,所以正其心者,非以致其知乎?非以正物之形乎?前言荀子论心专重察识外物,察识外物为心之功用,正心为养心之方法,《解蔽篇》之言正心,其目的即在致知格物。所谓诚意者,即取于《不苟篇》。《不苟篇》言诚心不言诚意,以既有正心,故易为诚意。《大学》释诚意之功在于慎独,慎独为《不苟篇》释诚心之文,可知《大学》之诚意即取《不苟篇》之诚心而易之耳。荀子正心在于察物理,言诚心在于修德性,二者本不同道,如之何其可合也?而作者既在将荀学融成一片,自不能不有所修正。知识与道德本不相害,荀子欲以政治解决修养问题于前人剖击太过,不免有偏,其诚心之学,与以礼制欲不能融而为一。作《大学》者乃在于正心之下补诚意,以使其内心修养与政治学说合而为一。后人不察,遂视正心诚意为一贯,致知格物必与诚意有关,遂无一得其解者焉。《大学》释正心为身有所忿懥则不得其正,有所恐惧则不得其正,有所好乐则不得其正,有所忧患则不得其正,即《解蔽篇》所谓小物引之其正外易,其心内倾也。正心所以须乎诚意慎独之功者,即《解蔽篇》所谓导之以理,养之以清之功也。欲正其心,先诚其意,本可通也。欲诚其意,先致其知,则不可解。盖知识虽有功于修德,然不可言必先致知而后意诚,《大学》于此遂无解释,盖未完之书也。《大学》一书以贯通荀子之政治学与伦理学为志,其书纲领条目分明,为一极有组织之书。惟其如此,致不能完成,反使千载之下聚讼纷纭,此岂作者所及料哉?

《中庸》 《中庸》之时代,大略与《易传》同时。其言天命之谓性,率性之谓道,修道之谓教,及言自诚明谓之性,自明诚谓之教,作者之用心,在予伦理学以形而上学之根据。其书兼取孟荀二家,此盖因儒家伦理学说经孟荀之阐发已无余蕴,故学者乃从伦理学而及于形而上学也(其书杂取孟荀,中庸说源于孔子,中和说为音乐上之名词,本非一义,吾另有专篇论之)。

《乐记》 《乐记》曰,人生而静,天之性也,感于物而动,性之欲也,物至知知,然后好恶形焉,好恶无节于内,而知诱于外,不能反躬,天理灭矣。夫物之感人无穷,而人之好恶无节,则是物至而人化物也。人化物也者,灭天理而穷人欲也。《乐记》为儒家融合道家之书,在此寥寥短篇之中,包含春秋以来伦理学上诸问题。天理二字出于《庄子》,庄子言依乎天理,又言循天之理,欲字虽常见,人欲一词,则初见于《乐记》,天理人欲对举,乃道家思想之特征。孔子虽言仁者静,静字在《论语》中初不重要。在老庄中,意义则深。孟荀言性皆谓人性,未尝属之于天,荀子言人生而有欲,此言人生而静,而以性之欲由于感于物而动,人生而静与感于物而动为对,天之性与性之欲为对,乃申孟子性善之旨。孟子所谓性,无人生而静以上之意,此则有之。宋明儒者所谓性,非孟子之性,乃《乐记》之性也。物至知知,然后好恶形焉,所以申感于物而动性之欲也之义,好恶既欲也,意谓天性本然清静,感于物而动,乃欲而非性也。天之性即是天理,性之欲即是人欲。物至知知之顷,为天人之分界,无所谓善恶。善恶之成,在于有节无节。好恶之节,依乎天理,反躬为以人复天之功夫,即孟子心之官则思,思则得之,反身而诚之意。《乐记》之作者,盖为孟子之后学而有取道家者乎?《淮南·原道训》取之,谅亦道家所许也。

《管子》《吕览》《淮南》

《管子》《内业》《心术》　《管子》中有《内业》及《心术》上下三篇,皆道家言,文多重复,以章实斋言公之意广之,盖一家之学而著录者不同也。《汉志》儒家有《内业》十五篇,岂《内业》为全书之名,《心术》上下皆在其中耶?《内业》言止怒莫若诗,去忧莫若乐,节乐莫若礼。《心术》下亦言节怒莫若乐,节乐莫若礼,岂以其推崇六艺,遂以为儒家耶?《内业》《心术》及《吕览》《淮南》皆由道通儒,以论身心情欲关系,虽有醇驳深浅,态度则相似,为道家之后劲,汉以后儒道两家几于浑化者,以此故也。

《心术》上曰:"心之在体,君之位也,九窍之有职,官之分也,心处其道,九窍循理,嗜欲充盈,目不见色,耳不闻声,故曰上离其道,下失其事,此视身心为一体,心失其位,则百体亦失其序也。心之所以能主宰百骸,在乎能虚。"《心术》上曰,虚其欲,神将入舍,扫除不洁,神乃留处,是也。而人之丧失其神,则以情欲。《心术》下曰,凡民之生也必以平正,所以失之者必以喜怒哀乐是也。血气能定,然后能反平正。《心术》下曰:"是故意气定然后反正是也。血气能定,然后聪明。"《内业》云:"能正能静,然后能定,定在心中,耳目聪明。"又曰:"四体既正,一意抟心,耳目不淫,虽远若近是也。"此皆由道家处静之道以定其心志,节其嗜欲者也。其特点在合儒道。《心术》上云:"虚无无形谓之道,化育万物谓之德,君臣父子人间之事谓之义,登降揖让贵贱有等,亲疏有体谓之礼。"《内业》言:"凡人之生也,必以平正,所以失之,必以喜怒哀乐忧患,是故止怒莫若诗,去忧莫若乐,节乐莫若礼,守礼莫若敬,守敬莫若静,内静外敬,能反其性,性将大定"此皆融会儒道者也。

以静守敬,与宋明理学所差者仅一间。《心术》下又言岂无利事哉? 我无利心。岂无安处哉? 我无安心。心之中又有心(《内业》亦言心之中有心),与孔子言有不善未尝不知相同,其内心之学直入孔门之室矣。然其书杂乱重复,非有统纪,与《吕览》《淮南》不同。

《吕览》《吕览·情欲篇》曰:"天生人而使有贪有欲。欲有情,情有节,圣人修节以止欲,故不过行其情也。故耳之欲五声,目之欲五色,口之欲五味,情也。此三者,贵贱、愚智、贤不肖欲之若一,虽神农、黄帝,其与桀、纣同。圣人之所以异者,得其情也。由贵生动,则得其情也;不由贵生动,则失其情也。"人之所以逐物而不反,为适欲也。老庄绝欲,非人之情,儒家节欲,以义命为教,亦由勉强。盖义命说由大体以支配小体,贵生说则可以使身心皆得,故贵生说不仅可以纳儒家伦理学说于其下,且可使儒学益臻完善。

《淮南》《淮南·原道训》云:"性命之情,处其所安也。夫性命者,与形俱出其宗。形备而性命成,性命成而好憎生矣。"又曰:"形神气志,各居其宜,以随天地之所为。夫形者生之舍也,气者生之充也,神者生之制也。一失位则三者伤矣。是故圣人使人各处其位,守其职,而不得相干也。故夫形者非其所安也,而处之则废,气不当其所充而用之则泄,神非其所宜而行之则昧。此三者,不可不慎守也。夫举天下万物蚑蛲贞虫,蠕动蚑作,皆知其喜憎利害者,何也? 以其性之在焉而不离也。忽去之则骨肉无伦矣。今人之所以眭然而视,营然能听,形体能抗,而百节可屈伸,察能分白黑、视丑美,而知能别同异、明是非者,何也? 气为之充而神为之使也。何以知其然也? 凡人之志,各有所在,而神有所系者,其行也,足迹趍陷,头抵植木而不自知也,招之而不能见也,呼之而不能闻也。耳目非去之也,然而不能应者,何也? 神失其守也。"又曰:"故以神为主者,形从而利;以形为制者,神从而害。"又曰:"夫精神气志者,静而日充者以壮,躁而日耗者以老。是故圣人将养其神,和弱其气,平夷其形,而与道沉浮俯仰。恬然则纵之,迫则用之。其纵之也若委衣,其用之也若发机。如是则万物之化无不遇,而百事之变而无不应。"此从生理以说明伦理,使神气形三者各安其宅,为道家人生学之最可宝贵者。《吕览》、《淮南》皆以道家思想为主而融铸各家,道家重生之旨,经两家之修正发挥,遂成为吾国思想之精微。《易传》言生生之谓易,殆亦有取于是欤?

上之所述,约可分为三期,第一期到荀子为止,第二期为《大学》、《中庸》、《乐记》,第三期为《内业》、《吕览》、《淮南》。第一期为各家对此新问题之办法,内容虽各不同,而各有其独到之处。第二期在解决孟荀二家之问题。《内业》为以道通儒之初期,而《吕览》、《淮南》完成之。此期之成就在从人生以解决人生,孔孟荀与老庄之学说皆能容纳之,从部分言虽少独到,而其系统之结构则擅美矣。

（选自《东方杂志》第 43 卷第 14 期,1946 年 7 月）

20世纪儒学研究大系

李源澄，广东广州市人，曾任国立中山大学教授。

本文在对孔子、老子、庄子、孟子、荀子、《戴记》中之《大学》《中庸》、《乐记》《管子》《吕览》《淮南》之身心情欲说进行了充分的论述后，指出上之所述，约可分为三期，第一期到荀子为止，第二期为《大学》《中庸》《乐记》，第三期为《内业》《吕览》《淮南》。第一期为各家对此新问题之办法、内容虽各不同，而各有其独到之处。第二期在解决孟荀二家之问题。《内业》为以道通儒之初期，而《吕览》《淮南》完成之。此期之成就在从人生以解决人生，孔孟荀与老庄之学说皆能容纳之，从部分言虽少独到，而其系统之结构则擅美矣。

儒道两家对民众之体认与治术

胡　哲　敷

　　先秦诸家，莫不有其治民之道；就中最能影响于实际政治者，莫若儒道两家。儒家有为，道家无为，二者区分，由其对人民体察之异，而为此殊途之治术也。《孟子·告子上》："《诗》曰：'天生蒸民，有物有则，民之秉夷（按：《诗》作"彝"），好是懿德。'孔子曰：'为此诗者，其知道乎？'故有物好有则，民之秉夷也，故好是懿德。"毛传："彝，常。懿，美也。"《左》成十三年传刘康公曰："民受天地之中以生，所谓命也；是以有勤作礼义威仪之则。"此儒者认民之本质也。民之本质在好懿德，而具礼义威仪之则，故勤作有常，而不失其中，不至如犬马之与我不同类。故曰"性相近"也。孟子据此秉彝之性，则谓之善，谓之良心，发之于外则为恻隐辞让羞恶是我。故其言曰："仁义礼智根于心，非由外铄我也。"又曰："父子有亲，君臣有义，夫妇有别，长幼有序，朋友有信。"亲、义、别、序、信，懿德也，居是位则有是德者，是其彝也。秉此彝以异于禽兽，秉此彝而为人类相生相养之道。《国语·周语》曰："先王之于民也，茂正其德而厚其性。"与夫十义五伦之分，修齐治平之方，皆顺此彝，而为之则耳。

　　懿德之彝，就人性言，至于人情，则莫不乐其生生之厚，而恶穷困死亡。孟子曰："若民则无恒产，因无恒心。苟无恒心，放辟邪耻,无不为已。"《荀子·荣辱篇》曰:"人之情食欲有刍豢,衣欲有文绣,行欲有舆马,又欲余财蓄积之富也。然而穷年累世不知不足,是人之情也。"《非相篇》曰:"饥而欲食,寒而欲暖,劳而欲息,好利而恶害,是人之所生而有也,是无待而然者也,是禹桀之所同也。"然则民之秉是情,亦猛其秉好懿之性,无穷通贵贱一也。长众使民者,必深究此情,庶几可以得民之心焉。得民之心者,民亦归之,昔人所谓天下归心者此也。为民之所歌颂圣帝明王深恩厚泽者,亦以此也。《书·皋陶谟》曰:"安民则惠。"《左传》数称"民之主",一则曰"不忘恭敬",宣二年再则曰"谋不失利而卫社稷",宣十五年三则曰"能用善人"。昭五年又曰:"四王之王也,树德而济同欲焉。"成二年皆就其能福民者言。著民心有常,"抚我则后,虐我则仇",《秦誓》引古人言此古人深察民情之语也。夫民之生,戢戢然似不知不觉,无分于祸福仁暴之间;然而抚之诚则不期而归心,虐之毒则不期而离叛。方其归也,不待召而自至,不待赏而自劝;方其散也,川岳不能阻,刀锯莫能禁,亦所谓莫之令而常自然者乎?昔者徐偃王行仁义,不期而至者卅六国,周厉王禁谤,乃流于彘。《传》曰:"君者舟也,庶人者水也,水则载舟,水则覆舟。"《荀子·王制篇》引民众之力,斯言尽之矣。民之好懿德也,犹水之就下,民之归散无常也,犹水之无分于东西,暴力加之,似莫之拒,则犹激水在山,然终必流于下,此抚之虐之之明效大验也。孟子曰:"得天下有道,得其民斯得天下矣,得其民有道,得其心斯得其民矣,得其心有道,所欲与之聚之,所恶勿施尔也。"与之聚之,是乐民之乐,所恶勿施,是忧民之忧。孟氏所谓然而不王未之有也。

　　儒者对民众之体认如是,知大事必以众济也,知众口为祸福之门也,是以居上位则战战兢兢,凛然如朽索之驭六马,古有采诗之官,先民者言,询于刍荛,重知民情以自正也。《书》曰:"众非元后何戴？后非众无以守邦。"又曰："民惟邦本，本固邦宁。"孟子曰："民为贵，社稷次之，君为轻。"此儒家之理想治术，重民为先务也。观《诗》《书》所载，或天民对举，或民神并论。《书》曰："天聪明，自我聪明，天明畏，自我民明畏；民之所欲，天必从之。"季梁曰："夫民神之主也。"左桓六年史嚚曰："国将兴听于民，将亡听于神。"斯尊视民众至比之天神，可谓极崇高之至矣。然当世之民，固浑浑噩噩，不自知兴利除害，致公共之安宁者也！必待为政者庶之富之，教之治之而后得所安焉。《诗》曰："岂弟君子，民之父母"，"岂弟君子，民之攸归"。知儒者之于民，崇之如神明，字之如赤子，民之所好好之，民之所恶恶之，害至而为之备，患生而为之防，首重民食，三亩之宅，百亩之田，勿夺其时，急民之先务也。

孟子曰："民之有道也，饱食暖衣，逸居而无教，则近于禽兽。"荀子曰："不富无以养民情，不教无以理民性。"大略《诗》云："饮之食之，教之诲之。"知富而后教，为儒家治术之大经，非徒牧之畜之而已也。盖儒者知民之情，往往因物之义而移易，故务教之以复其性，性复而后知公私之辨，义利之分焉。孔子曰："克己复礼为仁。"克己者，克私也，复礼者，复其性也。孟子引放勋曰"劳之来之，匡之直之，辅之翼之，使自得之，又从而振德之"。夫所谓自得者何，自得其受天之中，以合于礼义威仪之则可。立太学，设庠序，修六礼，明十教，所以遵之，使修于身，齐其家，推及邦国天下，忠恕之道，推恩之义，在使民众皆能知廉耻，明礼义，则民无不安，国无不治矣。虽然，民至众也，智愚贤不肖又至不齐也，教之又何从乎？自里塾以至于太学，理想之教育制度也；父慈，子孝，兄良，弟弟，夫义，妇听，长惠，幼顺，君仁，臣忠，理想之教育标准也。栖栖遑遑，席不暇暖，所从事者此而已矣。其文《易》《礼》《乐》《诗》《书》《春秋》，其事修齐治平，其道己欲立而立人，己欲达而达人，己所不欲，勿施于人。荀子曰："儒者在上位则美政，在下位则美俗。"美政美俗，教之功也。重于教故有为而尚贤。虽孔子曰"为政以德，譬如北辰，居其所而众星拱之"，孟子曰"行所无事"，貌视之似于无为，然儒者礼乐刑政，劳来匡直，决非不婴民之治也。司马谈识儒者"博而寡要，劳而少功，累世不能通其学，当年不能究其礼"（《史记·自序》）。是否寡要少功，自当别论，博劳则诚儒者所有事。所以不惮博且劳者，化民成俗，非坐而论道可以蒇事，故其为治，不取无为。《论语》载孔子曰："无为而治者，其舜也欤？恭己正南面而已矣！夫何为声？"此孔子对无为而治之疑义。其意若曰：无为而治，其何可哉？无已则舜可乎？舜承尧百端既理之后，朝臣各安其职，舜则恭己正南面而已，何可为者？设使无为而治，亦为儒者之理想治术，则惟天为大，惟尧则之，此最高理想应归之尧，惟其疑无为不可为治之经也，故求一人——舜，取其近似之耳，亦非无为而治赞舜也。

儒者之教，重在自得，然非老子"我无为而民自正，我无欲而民自朴"之义也。孔子曰："不愤不启，不悱不发。"孟子曰："自得之则居之安，居之安则资之深，资之深则取之左右逢其源，故君子欲其自得之也。"此自得如由为学日益于来，非损之又损以至于无也。颜渊称"循循善诱，欲罢不能"。子夏曰："日知其所亡，月毋忘其所能。"荀子指为学之方曰："真积力久，学至乎没而后止。"是以兀兀穷年，不自知老之将至者，志在于学耳。学而优则仕，故政尚贤才。孟子曰："贤者以其昭昭，使人昭昭，贤者在位，能者在职，则事得其理，民安其所。"此所以"举直错诸枉则民服，举枉错诸直则民不服"。所谓贤者，能以德治者也。孔子曰："政者正也，子率以正，孰敢不正？"又曰："苟子之不欲，虽赏之不窃。"此重义化欲民之自得也。盖其治术以礼为中心，礼者所以制欲也。荀子曰:"礼起于何也? 曰:人生而有欲,欲而不得则不能无求,求而无度量分界则不能不争,争则乱,乱则穷,先王恶其乱也,故制礼义以分之,以培人之欲,给人之求,使欲心不穷乎物,物必屈于欲。两者相持而长,是礼之所起也。"论礼,夫人之欲无穷,任其自然发长,必将漫无限制,而出于争夺。礼者为之防,为之分,维持社会秩序之工具也。《小戴记·理运篇》曰:"夫礼以承天之道,以治人之情。"所谓承天之道者,根据自然法则,制定尊卑长幼之序也。所谓治人之情者,本乎人人之心,求得求安之意,而制为民众之公约也。《小戴记·坊记》曰:"小人贫斯约,富斯骄,约斯盗,骄斯乱,体者因人之情而为之节文,以为民坊者也。"《经解》曰:"朝觐之礼,所以明君臣之义也,聘问之礼,所以使诸侯相尊敬也,丧祭之礼,所以明臣子之恩也,乡饮酒之礼,所以明长幼之序也,婚姻之礼,所以明男女之别也。夫礼禁乱之所由生,犹防止水之所自来也。"《说文》曰:"礼,履也。"自天子至于庶人,各有其应履之礼,履其履谓之分,逾其履谓之非分。孔子曰:"生事之以礼,死葬之以礼,祭之以礼。"此所谓各就其分以履其履也。三家以《雍》彻,季氏旅泰山,以八佾舞于庭,皆逾于分,而孔子非之。孟子三鼎祭父,鼎以祭母,臧仓不明士大夫之各有其分而讥之,亦无损于孟氏。胥可知礼为社会公物,为人所重视也如此。《荀子·天论篇》曰:"国之命在礼。"又曰:"水行者表深,表不明则陷,治民者表道,表不明则乱。礼者表也。非礼,昏世也,昏世大乱也。"贾子曰:"礼者禁于将然之前,法者禁于已然之后,是故法之所用易见,而礼之所为难知。"盖礼之用,在人自明其分而为之,非若法之有刀锯斧钺临其后也。充礼之效力,在行之者之信崇,将毋同于宗教之信仰,其远礼而受社会之谪谴者,或将等诸舆论之攻击。故礼之行,宜于士以上之阶级;若夫庶民,则因其不能自明其分而难免窒碍,而不得不辅之以法。故曰:"礼不及庶人,刑不及大夫。"贾子曰:"廉耻节礼,以治君子,故有赐死而无戮辱,是以黥劓之罪,不及大夫。"又曰:"其在大谴大诃之域者,闻谴诃则白冠氂缨,盘水加剑,造清室而请罪耳!上不执缚系引而行也。其有中罪者,闻命而自弛,上不使人颈盭而加也。其有大罪者,闻命则北面再拜,跪而自裁,上不使捽抑而刑之也。"(《汉书》卷四十八)然则士以上则遇之以礼而辅之以刑,士以下则正之以刑而昭示之以礼。孔子曰:"君子怀刑。"言在上者为恤民命,虽用刑罚而不可不慎不省也。又曰:"刑罚不中,则民无所措手足。"孟子对时君辄以省刑罚为说,皆为庶民言也。孔子曰:"道之以德,齐之以礼。"在重教化,省刑罚,欲庶民皆能守其分,从君子之风而遵之由之,底于国治天下平,是儒者之理想治术矣。

荀卿虽亦儒者衣冠,然实儒道两家之杂糅,而为儒法王霸之转枢。儒者受道家影响,自孔子已然。荀子晚出,道家思想已弥漫国中,荀子虽力自标其门户曰:"道者,非天之道,非地之道,人之所以道也,君子之所道也。"(《儒效篇》)然《天论》末段"万物为道一偏"与《解蔽篇》中诸义,皆显然道家面目,盖已于不自觉间,与之和光同尘矣。盍言乎荀子为儒法王霸之转枢耶?荀主礼治,儒者之面目也!实则彼所谓礼,已非齐之以礼之礼,而为有力量有权威之礼治。彼以为人性固恶,凡好利、残饿、淫乱、争夺之事,胥可以礼矫饰而扰化之。彼常以礼法并举,盖礼其表而法其衷矣。李斯韩非承之,使其礼说更明切而有实效,故舍礼而取法。荀主性恶,谓人之生固小人。《性恶篇》云:"今尝试去君上之势,无礼义之化,古法正之治,无刑罚之禁,倚而观天下人民之相与也,若是则夫强者害弱而夺之,众者暴富而哗之,天下之悖乱而相亡也,不待顷矣。"试删去此段中"礼义之化"句,则与李韩之意无少异矣。李韩

深信其师性恶之说,是以刀锯斧钺无所施而不可。盖天下皆小人,
多杀何足恤乎?苟法后王,故韩子书中极尊当世之君,而力诋"美
尧舜汤武禹之道于当今之世者"。虽当世之君为庸主,能守其法
即足尊矣。而对儒者所称道古先圣王之治,皆不置信。又岂偶然
哉?韩非集法家之大成,其思想形成,固熔化前期法家之大部,然
无师说以壮之,彼将来必敢于惨核寡恩至于如此也!儒者之道,王
者之道也;法家之道,霸者之资也。荀卿糅合儒道,一传之后乃为
李斯韩非,充李韩治绩,不能超乎管仲。余故曰:荀卿为儒法王霸
之转枢。

　　道家齐万物,一死生,故其意识中之民众,亦万类中之一类,不
自道其所以生也。《庄子·大宗师》曰:"今大冶铸金,金踊跃曰:
我且为莫邪。大冶必以为不祥之金。今一犯人之形,而曰人耳人
耳,夫造化者必以为不祥之人。人物同为天地间之一物,故物不贱
于人,人不贵于物。"《庄子·马蹄篇》:"至德之世,人与禽兽居,俗
与万物并,恶乎知君子小人哉?"意谓人受生于天,本无知无欲,此
浑然天真,是为民之常性,保此常性则曰常德,保此常德则无不治。
又曰:"彼民有常性,……同乎无知,其德不离;同乎无欲,是谓素
朴,素朴而民性得矣。"《天地篇》曰:"至德之世,不尚贤,不使能,
上如标枝,民如野鹿"。"其行填填,其视颠颠。当是时也,山无蹊
隧,泽无舟梁,万物群生,连属其乡,禽兽成群,草木遂长"(《庄
子·马蹄》)。既以此原人社会之行动为常性,复以保持此常性为
常德,故政尚无为,而绝学无忧。凡儒墨礼乐教化,形劳天下,足以
启发民智者,在彼宗视之,皆谓之戕人之性,贼人之情,愈有为而失
之愈远,民智愈开而智愚贤不肖之分愈严,天下乃愈多事而难治。
故老子曰:"民莫之令而自均。"卅二章又曰:"民之难治,以其智
多。"六十五章又曰:"不尚贤使民不争,不贵难得之货使民不可

盗,不见可欲使心不乱。是以圣人之治也,……常使民无知无欲,使夫智者不敢为则无不治矣。"道家言及政教,往往针对儒家,亦如儒家之针对法家,道不同不相为谋,其谓至乎？老子曰:"为者败之,执者失之。"廿九章曰:"爱民治国,能无知乎？"意谓民不须爱,爱之即所以戕之,国不须治,必欲治之则当如烹小鲜之勿撄勤,如种树之勿戕其性。《庄子·在宥篇》引老聃之言曰:"女慎无撄人之心,……愤骄而不可系者,其唯人心乎？昔者黄帝始以仁义撄人之心,尧舜于是乎股无胈,胫无毛,以养天下之形,……然犹有不胜也,尧于是放驩兜于崇山,投三苗于三峗,流共工于幽都,此不败天下也。夫施及三王,而天下大骇矣,下有桀跖,上有曾史,而儒墨毕起。……于是乎釿锯制焉,绳墨杀焉,椎凿决焉,天下脊脊大乱,罪在撄人心!"此言有为政教之害,至明彻矣。然此种精神影响于实际政治者,不若礼治之甚。数千年来,能张其意而有实效者,惟汉文帝一代而已。应劭《风俗通》曰:"文帝遵汉家基业初定,重承军旅之后,百姓幸免于干戈之难,故文帝宜因修秦余政教,轻刑事,少与之休息,以俭约节欲自持,初开籍田,躬劝农耕桑,务民之本。即位十余年时,五谷丰熟,百姓足,仓廪实,蓄积有余。然文帝本修黄老之言,不甚好儒术,其治尚清净无为,以故礼乐庠序未修,民俗未能大化,苟温饱完给,所谓治安之国也。"(二卷)盖文帝以疏远之子,于诸吕乱后,朝列如陈平、周勃、灌婴、刘章辈,皆先代老臣,又挟诛诸吕之大功,高帝昆弟子侄为诸侯王者,方日张大,而时经春秋战国暴秦楚汉纷争之后,人民望治久矣。当是时,苟非治黄老之术者,其能免于庋笞荼毒百姓者乎？文帝体道家之意,灵怀若谷,卑逊为先,宽大为务,老子所谓慈俭不敢为天下先者,彼皆身体而力行之矣。对民众尤多体恤,疏禁罔,除肉刑。是时民近战国,渐背本趋末,贾谊、晁错俱上书请重农抑商。文帝二年为开籍田。

十二年诏曰:"……吾农民甚苦,而吏莫之省,将何以劝焉? 其赐农民今年租税之半。"翌年遂除民间之租税。直至景帝二年,始令民半出田租,卅而税一。十一年间,人民未纳租税,中国史素所仅见此也。文帝重农而不明言抑商,其亦不愿歧视斯民乎? 虽然,文帝之治,亦非一人之所胜,《史记·外戚世家》"窦太后好黄帝老子言",帝及太子诸窦不得不读黄帝老子,尊其术。大臣之中陈平曹参,皆服膺道家之言。《史记·陈丞相世家·赞》曰:"陈丞相平,少时本好黄帝老子之术。"《曹相国世家》云:"参之相齐,齐七十城,天下初定,悼惠王富于春秋,参尽召长老诸生,问所以安集百姓,如齐辞俗,诸儒以百数,言人人殊,参未知所定。闻胶西有盖公善治黄老言,佐人厚币请之。既见盖公,盖公为言治道贵清净,而民自定,推此类具言之。参于是避正堂,舍盖公焉。其治要用黄老术,故相齐九年,齐国安集,大称贤相。"其赞曰:"参为汉相国,清静极言,合道自然,百姓离秦之酷后,参与休息无为。"然则文帝之治,又岂偶然者哉? 景帝继之,重农节俭爱民之意,不稍减,然稍褊隘,喜刑名,政尚严核,岂黄老之术有此蝉蜕之足? 文帝之时,贾谊《陈政事疏》,极言诸侯王僭大,宜"众建诸侯而少其力",文帝不用。晁错亦上书文帝,言削诸侯事,及法令可更定者,言数十上皆不见听。及景帝即位,错为内史,乃宠幸倾九卿。盖错尝学申商刑名,与景帝气味相投,亦犹文帝原以周勃为右丞相,陈平为左丞相,乃未几而以陈平专为丞相,虽曰周勃鄙朴矜功,自谢病勉,要亦陈平治术与文帝相接近也。故道家对于民众,以无勤为大,不教为教,无为而治,以为人类之所以扰攘不宁者,由于不任天而任人。此理想境界,设能垂拱致之而无时地人之限制,宁非人类之大幸? 无如世道日进,人事日繁,亦自然演进之现象,无可避免者也。且如老子之小国寡民,其理想政绩,在使民为甘其食,美其服,安其居,乐其俗。此甘美安乐范围若何? 老子并未明言。然人欲无穷,饥者甘粗粝,寒者乐缊袍,温饱之后,则所谓甘美者,与递衍而无止境。其不为五色五声五味者几希矣! 及是时难得之货,可欲之事,皆愈出而愈奇,虽小国寡民,其能免于争夺者,吾不信也。及其有争,尚不无为而任其争乎? 纵无为而任其争,尚可名之曰治乎? 是故无为而治,诚美名也,然决非任天而可致。法家咯其美而又明知无为不可致而必至于争也,则欲以法制之。以为天下庶事,一绳以法,"使顽嚣聋瞽,可与察慧聪明同其治"(《尹文子·大道上》),犹是无为而治矣。形貌虽殊,精神犹一。故先秦法家之演进,自有其本身发达之原因,与社会之形成。然道家之影响,亦其重要之因素也。道家言治,以无动为大,欲人民无知无欲,纯居被动之地位。韩非子曰:"今不知治者必曰得民之心,……夫民智之不足用亦明矣;故举士而求贤智,为政而期适民,皆乱之端,未可与为治也。"(《显学》)道家谓绝学无忧,民之难治,以其智多。李斯相秦,焚书坑儒,务愚其民。道家齐万物,民无差等,法家施法,务求平等,力反儒者为尊者讳,为亲者讳,与夫礼不及庶人、刑不及大夫之不平等待遇。商鞅相秦,刑公子虔,黥公孙贾,皆此意也。司马迁谓"申韩原于道德之义"。管慎商鞅亦何尝不染道家之习耶? 司马迁称管仲"善因祸而为福,转败而为功"。又曰:"知予之为取,政之宝也。""因循为用","将取必予",皆道家之秘笈。《管子》书八十六篇,《汉志》列于道家。《隋志》《管子》十九卷,冠法家之首。《慎子》四十二篇,《隋志》著录《慎子》十卷,则《艺文志》《经籍志》共认为法家之书。据《群书治要·慎子》云:"君人者舍法而以身治,则诛赏予夺从君心出矣。然则受赏者虽当,极多无穷;受罚者虽当,望轻无已。君舍法而以心裁轻重,则同功殊赏,同罪殊罚矣。怨之所由生也。"又曰:"法虽不善,独愈于无法,所以一人心也。"

此皆法治精神也。然《庄子·天下篇》记慎到"齐万物以为首曰：天能覆之，而不能载之，地能载之，而不能覆之，大道能包之，而不能辨之，知万物皆有所安，皆有所不可"云云，则又明明具道家之意味。《韩非子·定法篇》载商君之法曰："斩一首者爵一级，欲为官者为五十石之官；斩二首者爵二级，欲为官者为百石之友。"《商君书·生强篇》曰："国用诗书礼乐孝弟善修治者，敌至必削国，不至必贫国，不用八者治，敌不敢至，虽至必却。"鲁连谓其"弃礼义，尚是功"，当即指此。宋濂曰："鞅不贵学问以愚民，不令豪杰务学诗书，其毒流赢秦，遂火焚诗书、百家语，以愚天下黔首，鞅实启之，非特李斯过。"（《诸子辨》）宋氏谓焚书之衬，鞅实启之。实行鞅之焚诗书愚黔首，又道家绝学无忧之义，有以启之也。或曰：管子首倡四维之说，其言"仓廪实而知礼节，衣食足而知荣辱"，俨然儒者气象，虽号法家，亦与儒者相接近也。余曰春秋之世，礼教已衰，各国士大夫，每喜借一二名词，为文饰辞令之具，所言与所行者，判若两事。故老子曰："礼者忠信之薄而乱之首。"孔子亦有"礼云乐云"之叹。盖至是时，礼义廉耻云云，皆躯壳口头禅耳！儒者崇王黜霸，亦鄙其欺蒙愚众，偷取一世而已。法家钜子，类皆局量褊隘，甘为霸者之徒，名曰固其疆宇，实具侵略之心。虽用法平等，然不重视民智与民意，故终不能得民之心，为大一统长治久安之局，且欺诱其民，以为攻战之具。《管子·牧民篇》曰："政之所兴，在顺民心；政之所废，在逆民心。民恶忧劳，我佚乐之，民恶贫贱，我富贵之，民恶危坠，我存安之，民恶灭子，我生育之。能佚乐之，则民为之忧劳，能富贵之，则民为之质贱，能存安之，则民为之危坠，能生育之，则民为之灭绝。"于此见其所以佚乐、富贵、存安、生育者，为在易民之忧劳、贫贱、危坠、灭绝而已！呜呼！此可以观法家用民之道矣！如是以顺民心，何异善养牛羊求其肥腯以供膳食，入宗庙乎？孟子曰："霸者之民欢虞如也。"朱子引程颢曰："欢虞有所造为而然，岂能久也！"昔者晋文公伐原，示民以信，大搜永民以礼，出救襄王，示民以义，与商君之立木弃灰，皆同一家法。以视儒者如保赤子，视民如伤，如何为乎？

　　虽然儒者重礼治礼，严上下之分，是以天子诸侯公卿大夫士庶人之礼仪制度，各有其分，不相逾越，是谓有礼。士以上谓之仕，士以下谓之民，盖农民而工商附焉。斯民也无识无知，未经教化。孔子曰："民可使由之，不可使知之。"又曰："百姓日用而不知，故君子之道鲜矣。"皆谓是也。饮之食之，教之诲之，为其无能，无识，如赤子，故为之长者称为民之父母，称为民牧。民牧者爱民之殷，如牧人之爱其牛羊，必为之豢牧与刍。故儒者之于民众，殆分两部：一为庶人，一为士大夫。庶人受教化则为士，士而优则为仕。孟子曰："无恒产而有恒心者惟士为能，若民则无恒产因无恒心。"又曰："无君子莫治野人，无野人莫养君子。"又曰："治人者食于人，治于人者食人。"皆对言也。虽曰有教无类，谨庠序之教，申之以孝弟之义，然士之子恒为士，农之子恒为农，纵或受教而为士，则又为士之阶级而入于士大夫之林，庶人之阶级犹在也。于是全国之众，终为官民两瓣，而民终居被保、被爱、被牧之地位。祸福由人，无克自主，而官之阶层，尤有严格之分际，越其分者谓之僭，谓之篡。左昭七年传楚无宇曰："天有十日，人有十等，下所以事上，上所以共神也。故王臣公，公臣大夫，大夫臣士，士臣皁，皁臣舆，舆臣隶，隶臣僚，僚臣仆，仆臣台，马有围，牛有牢，以待百事。"贾子曰："古者蛮王制为等列，内有公卿大夫士，外有公侯伯子男，然后有友师小吏，延及庶人，等级分明，而天子加焉。"（《汉书》卷四十八）此为旧时制度之形式如此也。儒者则欲维持此旧制度，而假礼乐以整齐调协之，使各守其分，而百事理，则社会俨然而有序，君子野人各得其所,是儒者之心也。道家反对此旧制度者也,务欲消弭贤愚、贵贱、大小、美恶、荣辱,……诸差别相,而一归之于自然,是以不教民,不尚贤,使无知识阶级与非知识阶级之分,自然无为以治,亦无贵族平民之分。视万物皆平等,更无论人与人之间矣。惜乎虽有平等之意,终无补益于民。此中国民众所以数千年来不占史乘之重要位置者欤?"日出而作,日入而息,凿井而饮,耕田而食",遇圣君贤相则安其居而事其事,遇暴君污吏则流徙宰割,莫敢谁何!虽周厉王为民流之于彘,然史传所载"国人谤王,道路以目",此"国人"为庶民耶?士大夫与贵族率都邑之人而为此耶?观《国语》记彘之乱,召公而其子代宣王及难,知当时民情激昂,不可制止,虽曰人民积愤三年,暴发于一旦,苟无贵族士大夫为之策动,纯粹平民,敢为此而得为此乎?彘乱之后,周召共和,犹是贵族专政,与人民无与,益知所谓"国人",决非孟子之所谓野人也。假借民意,则名之曰"为民流之于彘"而已矣!安得真有民众之力至此乎!后世如刘季、朱元璋,以平民为天子,要亦成王败寇之流,一为天子,则自脱平民之籍。刘季不重视儒生,然叔孙通定朝仪,彼则快然自足曰:"今而后知皇帝之贵也!"(《史记》卷八)元璋之未为天子也,召友吏而谕之曰:"元政渎扰,干戈蜂起,我来为民除乱耳!其各安堵如故。贤士吾礼用之,旧政不便者除之,吏毋贪暴,映吾民!"(《明史》卷一)既为天子,则猜忌残忍,诛戮臣民,辄以万计。晚年更谕群臣曰:"皇亲惟谋逆不赦,余罪宗亲会议,取上裁;法司只许举奏,毋得擅逮,勒诸典章,永为遵守!"(《明史》卷三)二君皆以平民为君,犹尚如是,其他则又奚言?盖数千年来之执政者,皆知无民不可以为君,故不得不以救民恤民为号召。免租税,省徭役,赦罪囚,与夫刀锯斧钺威示天下,或柔抚,或高压,要在其能顺我而已。虽历来学者之所研讨,爱民治民之道,亦多为人君设计,自居庶民之中为民立言者盖鲜。彼执政者之于民众,殆犹今日工厂主人之制造物品,虽亦曾费尽心力,逞奇斗巧,使之精美而坚固,然其初机则在自固其位,非真有所厚于物品也。善哉!刘基之言曰:"民犹沙也,有天下者惟能抟而聚之耳!尧舜之民犹以漆抟沙,无时而解。……三代之民犹以胶抟沙,虽有时而融,不释然离也。……霸世之民犹以水抟沙,其合也若不可间,犹水之冰,一旦消逝,则涣然离矣。其下者以力聚之,犹以手抟之,拳则合,放则散,不求其聚之之道,而以责于民曰"是顽而好叛,何其不思之甚也"(《郁离子》)。夫沙,死物也,抟之以漆以胶以水以力,任人而已,自身无可置喙也。呜呼!中国之民数千年如一日矣!凿井而饮,耕田而食,少数人既视为无性灵之散沙,安得不肆所欲求,任所利用者乎?今者民主之声,洋溢中国,争取民众者所在皆是,不知其仍旧贯以民为沙乎?抑重视民情求达民治民有民享之域乎?虽然,民果为无性灵之沙,则亦无怨他人沙待之矣!诗云"自求多福",可以思矣。

(选自《学识》第 2 卷第 9、10 期,1948 年 4 月)

胡哲敷,北平人,曾任北京大学教授。

本文指出,儒家有为,道家无为,二者区分,由其对人民体察之异,而为此殊途之治术也。儒者之教,重在自得,其治术以礼为中心。道家齐万物,一死生,故其意识中之民众,亦万类中之一类,不自道其所以生也,故政尚无为,而绝学无忧。

比论孟庄两家论人生修养

钱　穆

中国学术,原本先秦,而儒道墨三家为之宗。研究人生修养,尤为中国学术精华,顾墨家于此独缺,以此其流亦不畅。儒道两家,各擅胜场。孟轲庄周,俱臻绝诣。两人学术虽相异,而生世则同,故其议论意境,有相违,亦多相似。相合而观,殆可范围此后二千年论人生修养之大途辙,而莫能自外。爰为之比列而并论之如次。

孟子道性善,而曰:"尽心可以知性,尽性可以知天。"《庄子》内篇不言性,外杂篇偶及之,欲此乃晚起学庄者之所为。惟庄子言天言自然,自然与性,皆上本于天。故庄之与孟,其学皆尊天。惟庄周混同人物,平等一视。其意境较孟子尤恢宏,而稍不切于人事矣。抑苟既尊天,则若无事于修养。而孟庄二子,乃皆特以言修养见长。此其所以为深至也。

倘有人焉,彼能一任其天,更不为外界事物所屈抑,所转移,而其心天行,得以彻底发展其自我内心自由之伸舒,独行吾心,上达天德,此又何需所谓修养者?不知此正最有待于修养工夫,非大智大勇,能战胜一切,超脱一切者不办。正惟此等人乃最需修养,而所谓人生修养之最高境界,亦期能达至于此等境界而已。孟庄正同为此等人物,同抱此等意境,实同为孔墨以下,家言得势,游士奋兴之时代要求下产生,实同为此下二千年中国智识分子从事人生修养者,建树其最高之标的。而此二家论修养之终极意义则大有辨。今先论孟子。

《孟子》书中提及人生修养之至高人格,则曰大丈夫,亦曰大人,以与小人、小丈夫对。孟子曰:

> 居天下之广居,立天下之正位,行天下之达道。得志,与民由之。不得志,独行其道。富贵不能淫,贫贱不能移,威武不能屈,此之谓大丈夫。

故孟子意想中之大丈夫,必确然具有大智大勇,能战胜一切,超脱一切,不为外界事物所屈抑,所转移,而其自我内心,乃获有一种极充分之自由伸舒者。而所以得跻此境界,言其工夫,要之不外两端。一曰"养心",一曰"养气"。心指其内存者言,气指其外发者言。二者交相养,而中国儒家所理想之修养工夫,大体具是矣。孟子曰:

> 我四十不动心。

又曰:

> 我善养吾浩然之气。

《孟子》此章,论养心养气工夫,最精最备。欲明养气,当知养勇。勇即气之征也。而养勇之至,亦即可以不动心。故知善养吾浩然之气之与不动心,特所由言之内外异其端,而同归于一诣,非截然为两事也。

孟子言养勇,举示两方式。一曰北宫黝之养勇,一曰孟施舍之养勇。而曰:"北宫黝似子夏,孟施舍似曾子。"此由养勇工夫而上达会通于养气养心,再以归趋于人生修养之终极,则曰"孔子之大勇"。所谓浩然之气之与不动心,则皆大勇也。

今试比观北宫黝与孟施舍之所为养。孟子曰:

北宫黝之养勇也，不肤挠，不目逃。思以一毫挫于人，若挞之于市朝。不受于褐宽博，亦不受于万乘之君。视刺万乘之君，若刺褐夫。无严诸侯，恶声至，必反之。孟施舍之养勇也，曰：视不胜，犹胜也。量敌而后进，虑胜而后会，是畏三军者也。舍岂能为必胜哉？能无惧而已矣。

今观两人之异点，北宫黝盖以报复为主，乃一种不吃亏主义，不受辱主义，亦即一种争强主义也。而孟施舍则以内心无惧为主，此乃一种不怯弱主义，亦即一种不怕主义也。必求报复不吃亏，不受辱，则其权不尽在我。仅求无惧不怯弱，此只尽其在我而已足。故孟子赞孟施舍为守约也。盖北宫黝之所养，其支撑完成之点，犹微嫌于偏倾向外。孟施舍较侧重于我自心之内部，则其权操在己。故就其养勇工夫之表现在外者言，二人若无大不同，然就其工夫之透进向里言，则北宫黝仅止于气，孟施舍已触及于心，浅深之间，固有辨矣。至于孔子之大勇，则曰：

自反而不缩，虽褐宽博，吾不惴焉。自反而缩，虽千万人，吾往矣。

以此较之孟施舍，更为转入内心深处。孟施舍仅求对外能无惧，不怯弱，而尚未能把握到使吾心所以能对外无惧不怯弱之本原所在。故孟施舍之养勇工夫，其最高境界，亦仍仅止于养气，而固不足与语夫养心也。故孟子又曰：

孟施舍之守气，又不如曾子之守约。

盖守气仍属外边事。曾子知反身循理，工夫乃始转向自心内层。故所养愈转向内，则所守愈约也。

抑且北宫黝与孟施舍二子之养勇，其事乃为勇而养，究其极亦仅止于为一勇士。孔子曾子，则初不为勇而自勇。夫勇亦人生美德，然修德者，固不当仅限于有勇。若求大勇，则需集义。集义者，即自反而缩也。自反而缩，则行无不慊于己心。行无不慊于己心，则其气无馁。其气无馁，斯不期勇而勇自至。孟子所谓浩然之气，"其为气也，至大至刚以直。养而无害，则塞乎天地之间"，养气而至于是，斯为养气之极致。然其工夫则不尽在养气上。盖集义工夫尤贵知言。若处言论庞杂，思想纷歧之世，而我不能剖辨群言之是非，与其得失之所在，则吾心终不免有惶惑失主之患，有舍是从非之暗。苟如是，则"生于其心，害于其政，发于其政，害于其事"。于吾内心本原处，苟已受病，其病必襮露于外而不可掩。如是，又何义之能集。夫义者，即吾心之裁制。苟非辨析是非，明白晓畅，则吾心之裁制必有失。裁制有失，而谓其行事可以合道合义，无是理也。行事不合道，不合义，而谓吾心可以无慊，吾气可以无馁，此则最多仅为一守气不示弱之勇士而止，非所语于大丈夫也。故大勇必济之以大智，养气必本之于养心。故孟子自称："我知言，我善养吾浩然之气。"朱子曰："知言者，即尽心知性，于凡天下之言，莫不有以究极其理，而识其是非得失之所以然。"可见孟子论修养，乃由内以达外，心为主而气为副。故曰："志至焉，气次焉。"志即心之所至也。故《孟子》此章，开宗明义，提契纲领，即曰"我四十不动心"。朱子曰："孔子四十而不惑，亦不动心之谓。"可见孟子之不动心，非可易企。否则告子亦不动心，养勇者亦可不动心。然苟深透一层而直探其本原，则不动心由于不惑，由于知言养气，自非大智不能当。我故曰非大智大勇不办也。

　　孟子之论养心，又曰：

　　　　养心莫善于寡欲。其为人也寡欲，虽有不存焉者寡矣。

盖寡欲则自不易为外物所屈抑，所转移，而自我内心，始可获得其高度自由之伸舒，故曰虽有不存焉者寡矣。盖此心之存，即至大至刚以直之气之所由生也。必如是而后可以成为独行其道之大丈夫。亦必能独行其道者,乃始可以一旦得志而与民由之。否则,在己先已不能独行其道,而妄曰与民由之,此必为一阉然媚世之乡愿。乡愿则妾妇小人之流,一切以随顺世俗为主,又何事于人生之修养乎?

今问如何而能寡欲?孟子则教人以思,人必能思而后始可以知言。固未有其人不能思而谓其能知言者。孟子曰:

> 耳目之官不思,而蔽于物。物交物,则引之而已矣。心之官则思,思则得之,不思则不得也。此天之所以与我者。先立乎其大者,则小者弗能夺也。此为大人而已矣。

可见大人之事贵于能思,孟子教人养心,即教人以思耳。心能思,则卓然见有我,始不为外物所引蔽。不为外物引蔽,乃始见其大。孟子又曰:

> 大人者,不失其赤子之心者也。

赤子之心又何心乎?盖赤子之心,即一种未与外物相交时之心境也。赤子之心虽若不能思,然其良知良能,"不思而得,不虑而知",以其尚未与物相交接,引蔽尚少,此心尚得自由伸舒。大人之用心,亦不过求复此未为外物引蔽而能自由伸舒之心境而已。故孟子又常言朝气与平旦之气,又言夜气。夜气之与平旦之气,亦即一种未与物接时之境界也。换言之,此乃一种超然物外之境界,此乃与赤子之心,异形而同情。故孟子之言养心与养气,其主要亦不过求得此境界,使我心常有以超然卓立,而不为外物引蔽。此即所谓富贵不能淫,贫贱不能移,威武不能屈之大丈夫,而谓此非大智大勇而何哉?

人生修养达此境界,则自见有大乐。孟子曰:

> 君子有三乐,而王天下不与存焉。父母俱在,兄弟无故,一乐也。仰不愧于天下,俯不怍于人,二乐也。得天下英才而

　　教育之，三乐也。

盖王天下，则所求于外者无不遂，然凡所求于外，则皆非人心真乐所存也。人心真乐所存，如孟子所举，首一则系乎天，此非人力所预。次二则存乎己，凡所以求知言集义，皆为此而尽力也。其三则在乎天人之际。所以为教育者，亦惟教之以知言集义，以求其亦能达夫次二之境界而已。而惟此三者，乃为吾人内心深处所可感到之真乐也。故孟子又曰：

　　　　舜视弃天下，若弃敝屣也。窃负而逃，遵海而处，终身欣
　　　　然乐，而忘天下。

又曰：

　　　　说大人则藐之，勿视其巍巍然。在彼者，皆我所不为也。

曰弃天下如弃敝屣，曰欣然乐而忘天下，又曰在彼者，我得志不为，此皆王天下不与存焉之意。然此种境界，已极似道家，极似庄周，此即儒道两家共同精神之所在，亦即孟庄两家论人生修养所同有之倾向也。然此两家，毕竟有大异，不可不辩。则请再论庄周之言修养者以资比较。而此两家之精神血脉乃可相映益显也。

　　庄子论人生修养，开宗明义，已见于其内篇首篇之《逍遥游》，悬举两字曰大曰游，彼盖刻意求大其心胸，以遨游于尘俗之外。是亦有意于求其内心之无限自由伸舒，而不受任何之屈抑与移转也。故其言曰：

　　　　之人也，之德也，孰弊弊焉以天下为事。

又曰：

　　　　之人也，物莫之伤。大浸稽天而不溺，大旱，金石流，土山
　　　　焦，而不热。是其尘垢粃糠，犹将陶铸尧舜者也，孰肯以物为
　　　　事。

盖庄子之人生修养，主于不以物为事，而又必期夫物之莫能伤。何

为而不以物为事。庄子曰：

> 古之人，其知有所至矣。恶乎至？有以为未始有物者，至
> 矣，尽矣，不可以加矣。

夫既其知以为未始有物，则孰肯复弊弊焉以物为事乎？抑若诚为
未始有物，则试问又孰为能伤之者乎？此庄子论人生修养之最高
理想境界也。

然而事固不若是其易企，于是于《逍遥游》之外，又继之以《养
生主》与《人间世》。养生，处世，此为具体实际问题，固非大其心
以遨游尘俗之外之一意所可尽。庄子论养生，则曰"依乎天理"，
"以无厚入有间，恢恢乎其于游刃，必有余地矣"。庄子论处人间
世，则曰："形莫若就，心莫若和"，"求无所可用"。盖庄子之所谓
未始有物者，非诚谓宇宙之无物，特谓物与物之无可分别，乃至我
与物之无可分别，故以谓之未始有物也。故未始有物，亦即未始有
我，于是而有丧我之教。内能丧我，斯吾心大。外能无物，斯能一
一依乎天理，天理即自然之分理。昧者不察，则认此自然之天理为
有物，为物与物有际，于是盈天地间皆物也。物与物相际，于是相
闭塞，相排拒，遂使盈天地间无丝毫之间隙。以吾身处于此物际无
间隙之中，乃无所往而不遭闭拒，若凡物皆足以伤吾，而吾心乃绝
无回翔之余地，乃绝无自由之伸舒。此庄生之所感以为至苦者。
故必至于"目无全牛"，然后天地万物，乃豁然开解。外无物际，斯
内有心游。凡其所见，则莫非天地间一种自然之分理，依乎其理以
游吾心，斯庄子内心修养所企之最高智慧，亦即其最终极之理想所
寄也。

尝试论之，外物之窒碍于我，有最难超脱、最难识破者，两大
关。一曰生死，一曰是非。人莫不好生而恶死，又莫不好是而恶
非，究其实，此二问题者实一问题，盖即我与非我之问题是也。我

与非我之别，自一方面言之曰是非，又自另一方面言之则为死生。死生之与是非，换言之，实即是一物之异同问题也。在庄生之意，苟能于此两关有解脱，是非可以两忘，死生可以一贯，物碍既灭，斯一切物皆莫足为我害，心游既畅，斯无往而不自得。于是生亦可养，世亦可处。内篇《齐物论》《大宗师》，是即针对此是非与死生之两问题而试为之求解脱也。由此论之，则庄生之论人生修养，实有智过于勇之嫌。与孟子之智勇兼尽，显为于风格上大有异趣矣。

抑庄生于此，复若有用力过猛之嫌焉。何以言之？盖庄生之用心，初求能超脱于在外之一切物，而不受其拘碍，乃不期而同时并求超脱于我焉。外求无物，内求无我，即其用力过猛处也。自庄生言之，我与非我，实为同时并生之两面。故求超脱物，超脱非我，无异即求超脱我。故庄生之初意，在乎忘物忘外，而势之所趋，自不得不忘我忘内。彼既不以物为事，乃不期而并不以我为事。斯以谓之用力之过猛也。庄子曰：

> 顺物自然，而无容私。

又曰：

> 乘物以游心，托不得已以养中。

庄子盖主乘顺于外而非能有主于中者。故庄子不喜言性，内篇七篇独无性字。若曰一任其性真乎？则庄生实非能任性，乃一任于自然也。性与自然之辨则正在此。盖言性必有己，言自然则无己。性禀赋在我，而自然则不在我。必明夫此，乃可以了然于庄生之论养心也。

庄生又言曰：

> 形固可使如槁木，心固可使如死灰。

又曰：

> 至人之用心若镜，不将不迎，应而不藏，故能胜物而不伤。

是则庄子之用心,特欲其如镜,欲其不将不迎,欲其有应而不藏。岂止不藏,抑将无感。无感之应,虽应非应。是即所谓不以物为事也。人之用心而淘至于如是,实已类至于一种无心之境界矣。故庄生者,乃实以"刳心"为其养心之工夫者也。

庄子言养心,尤备于其托为女偊之告南伯子葵。其言曰:

> 南伯子葵问乎女偊曰:道可得学邪? 女偊曰:子非其人也。夫卜梁倚有圣人之才而无圣人之道。我有圣人之道而无圣人之才。吾欲以教之,庶几其果为圣人乎? 不然以圣人之道告圣人之才,亦易矣。吾犹守而告之,三日而后能外天下。已外天下矣,吾又守之七日,而后能外物。已外物矣,吾又守之九日,而后能外生。已外生矣,而后能朝彻。朝彻而后能见独。见独而后能无古今。无古今而后入于不死不生。

此言养心工夫,凡历七境界。先曰外天下,次外物,次外生,又次乃朝彻,见独,无古今,而入于不死不生。所谓外天下外物外生者,此皆所谓其知未始有物也。循此而入于不死不生,斯是非两忘,死生一贯,故谓物莫之伤,而彼亦自不肯弊弊焉以物为事情矣。达此境界,在其内心亦复有一种大快乐,而其乐亦与孟子之所谓乐者不同。故庄子曰:

> 自事其心者,哀乐不易施乎前。

是在庄生之意,乃实以无哀乐为至乐也。故曰其异乎孟子之所乐也。

庄生之言修养,与孟子尤有一至大之相异焉。盖庄子言修养,其工夫重于舍心以归乎气,此又与孟子之主由气以反之心者,先后轻重,适相颠倒,此又两家论人生修养之最相违处也。欲明庄子心气修养轻重先后之辨,则莫如观其论所谓心斋者。

> 颜回问孔子曰:敢问心斋。仲尼曰:一若志,无听之以耳,

而听之以心。无听之以心，而听之以气。耳止于听，心止于
符。气也者，虚而待物者也。惟道集虚。虚者，心斋也。颜回
曰：回之未始得使，实自回也。得使之也，未始有回也。可谓
虚乎？夫子曰：尽矣。

故孟子之论修养，以养心为主，而养气副之。庄子之论修养，则求
以养心达至于养气。孟子之言气，曰："其为气也，至大至刚以直。
养而无害，则塞乎天地之间。"而庄子之言气，则曰"虚而待物"。
盖孟子之所谓气者生乎心，而庄子之所谓气者，必虚吾心而始见。
故孟子喜言"源泉混混"，庄子则曰"得乎环中"。然则孟子之理想
人生，为一直线的，由中达外。而庄子之理想人生，乃一圆形，而中
心空虚，无一物焉。故庄子之言心主不藏，不藏则中空无物矣。故
曰：

尽其所受乎天，而无见得，亦虚而已。

盖庄子之所谓所受乎天者，即气也。若中心藏而见得，则固已遁天
而倍情矣。故庄子又曰：

徇耳目内通，而外于心知。

又曰：

使日夜无却，而与物为春，是接而生时于心者也。

夫耳目者，所由以接外物。然外物之来入吾心，而吾心有知焉以识
别之，则曰：此某物之声，此某物之色也。于是万物森列，抑且物各
有际，而垣墙屹立，于是遂见其于我为不和，为不通。故庄子曰：
"心止于符。"盖心之为用，则仅求其符合于一己识别之所知，于是
彼我是非纷起，而失其和通之天。故必外于心知，斯能一气相通，
彼我成和。其日夜接于我前者，乃见其为无间隙，无分际，而内外
彼我，同属一气之化，此化即时也。故曰"接而生时於心"。则将
见一片天机，如春气之生物而不已，故曰"与物为春"也。能若是

以为见,乃可谓之"见独"。养心至此,则诚如朝日之彻,光明四射,无古无今,不死不生,而所见惟此一独体。此独体则时时当前,而吾心则一如明镜也。

故庄子又曰:

> 离形去知,同于大通,此谓坐忘。

大通者,"通天下一气耳"。"人之生,气之聚也"。庄子又言之曰:

> 与造物者为人,而游乎天地之一气。

然则庄生之所欲忘者,乃求自忘其心知,非忘物也。气者,虚而待物,而外于心知,则为未始有物矣。故曰:"吾丧我。"又曰:"嗒焉似丧其耦。"丧我即坐忘也。坐忘即丧其心知之谓也。丧其心知,则物我不相为耦,而后乃始得同于大通,而游乎天地之一气矣。此则庄子理想人生之最高境界也。

故循孟子之修养论,而循至于极,可以使人达至于一无上之道德境界。循庄子之修养论,而循至于极,可以使人达至于一无上之艺术境界。庄生之所谓无用之用,此惟当于艺术境界中求之,乃有以见其真实之意义也。

循此而深论之,孟庄两家之分别,实即后世理气二元之所由导也。宋儒之言曰:"性即理",物各有性,则贵乎因物而格,穷理尽性以至于命,其实即孟子知言集义之教耳。宋儒又主心即理,而其言心则每不免偏主于虚静,其实此即庄子之所言气之虚而待物也。故孟子论心必及性,而庄子论心则不及性而常言神,性乃实理,神则虚灵之因应而已。至明儒王阳明,首倡良知即天理之说,是颇有意于弥缝心即理与性即理之两派,而求绾合以归于一。然阳明之后学,则仍不免偏陷于从虚静中求觅良知本体。其流弊所及,则几同于狂禅。是亦只可谓之是一种艺术境界,而非道德境界也。

庄周之后有老聃。《庄子》书可谓有甚高之艺术境界,而《老

《子》书则终陷于功利境界中,而不能自拔。故庄老之别,犹之孟荀之别。荀子虽大儒,其所窥研,亦始终在功利境界中,不能上跻于道德境界也。故治《老子》书者,可以由此而有种种之权术,然终不能进企于艺术境界。盖老子之病,病在不能忘。故《庄子》内篇七篇,屡提一忘字,而《老子》书五千言,独无此一忘字。盖《老子》书作者,始终不能忘世忘物,此则庄老两家内心意趣相异一至要之点也。

《庄子》外杂篇,其书当尤晚出于《老子》,故颇多兼采老庄。然其为说,亦间有深得于庄生忘世忘物之微旨而能加以推阐申述者。不知其果有出于庄生之亲笔乎?抑尽出于治庄学者之所演绎乎?今已无可确论。惟治庄者,当知内篇与外杂之有别,亦当知内篇与外杂之相通。此下略引外杂篇中语,取其足以与本篇上所论列相发明者,以偶见其一斑,然不求尽备也。抑辨伪之与述义,体各有当。凡下之所引,要之确然为承续庄周,而与老子异趣。罗而列之,亦可藉以见庄老两家之各有其途辙也。

外篇《达生》曰:

> 醉者坠车,虽疾不死。骨节与人同,而犯害与人异。其神全也。乘亦不知也,坠亦不知也。死生惊惧不入其胸中,故其遌物而不慑。彼得全于酒而犹若是,况得全于天乎?圣人藏于天,故莫之能伤也。

又曰:

> 津人操舟若神,或问焉,曰:操舟可学耶?曰:可。善泳者数能。若乃夫没人,则未尝见舟而便操之。善泳而数能,忘水也。没人之视渊若陵,视舟覆犹其车却,覆却万方陈乎前,而不入其舍,恶往而不暇。

又曰:

以瓦注者巧，以钩注者惮，以黄金注者殙。凡外重者内拙。

此《达生》诸条，皆教人以能忘也。故曰死生惊惧不入乎胸中。又曰覆却万方不入其舍，何以能此？曰醉曰忘。既已忘矣，乃不以之为重，故若物莫之伤也。盖庄生之论人生修养，有一忘字诀。忘之为用，其要在使人能减轻外重。使外物加于我之重量，能减至于近无之境，斯其内心自可得自由之伸舒矣。故曰外重则内拙。反言之，即外轻则内巧也。外轻故不肯以物为事，内巧故物莫之能伤也。

外篇《知北游》则曰：

啮缺问道乎被衣。被衣曰：汝瞳焉如新生之犊，而无求其故。被衣大说，行歌而去之，曰：形若槁骸，心若死灰，真其实知，不以故自持。媒媒晦晦，无心而不可与谋，彼何人哉？

此所谓无求其故，即忘字真诀也。庄生之所谓应而不藏，不藏即不以故自持也。以故自持则成乎心，成乎心而心有知，则心止于符，而非能真其实知矣。凡庄生之所谓外天下，外物，外生，其要亦在乎无求其故而已。孟子言心，以赤子喻。庄子亦言"彼且为婴儿，亦与之为婴儿"，则庄周之意，固不以婴儿为贵。此条独言牛犊，牛犊之与赤子婴儿，则有辨矣。虽同为一新生，然一有心，一无心，一有我，一无我。赤子亦可见天性，牛犊则仅以见自然。故一偏于人相，一偏于物相。牛犊无心，不知求故。庄子之养心，正贵能达于无心，而不可与谋。至老子，则是人世间之最善谋者也。

杂篇《庚桑楚》则曰：

备物以将形，藏不虞以生心。敬中以达彼。若是而万恶至者，皆天也，而非人也。不足以滑成，不可内于灵台。灵台者，有持，而不知其所持，而不可持者也。不见其诚己而发，每发而不当。业入而不舍,每更为失。

灵台,即心也。惟其不可持,故必舍。舍即不藏也。有持而不知其所持,此即接而生时于心也。不虞则无思也,无谋也。藏此不虞,乃可生心。《金刚经》,应无所住而生其心。六祖从此悟入而开禅宗法门。不虞生心,即犹无所住而生其心也。禅宗之与庄子,同为有得于艺术境界之绝高处,此则其从入之门也。

外篇《田子方》有曰:

> 百里奚爵禄不入于心,故饭牛而牛肥,使秦穆公忘其贱,与之政也。有虞氏死生不入于心,故足以动人。宋元君将画图,众史皆到,受揖而立,舐笔和墨,在外者半。有一史后至者,儃儃然不趋,受揖不立。因之舍,公使人视之,则解衣般礴裸。君曰:可矣,是真画者也。

宋元君之画史,乃为后世艺术人之最高标格。此种解衣般礴裸之心境,即艺术界之最高心境也。何以得此,曰爵禄不入于心,死生不入于心,外天下,外物,外生,使一切不入于心,乃始可以为此画史也。

此其意,又见于《达生篇》之言梓庆。其言曰:

> 梓庆削木为鐻。鐻成,见者惊犹鬼神。鲁侯见而问焉。曰:子何术以为焉? 对曰:臣工人,何术之有? 虽然,有一焉。臣将为鐻,未尝敢以耗气也。必齐以静心。齐三日,而不敢怀庆赏爵禄。齐五日,不敢怀非誉巧拙。齐七日,辄然忘吾有四肢形体也。当是时也,无公朝。其巧专而外滑消。然后入山林,观天性,形躯至矣,然后成见鐻,然后加手焉,不然则已。则以天合天。器之所以疑神者,其是欤? 则鲁之梓庆,犹夫宋之画史也。

《达生篇》又曰:

> 工倕旋而盖规矩。指与物化，而不以心稽。故其灵台一
> 而不桎。忘足，屦之适也。忘要，带之适也。知忘是非，心之
> 适也。不内变，不外从，事会之适也。始乎适，而未尝不适者，
> 忘适之适也。

盖庄生之人生终极理想，夫亦一适字可以括之。而其所以达此之
工夫，则曰无心，曰忘。然而此等境界，其实则是一种艺术境界也。
岂不证于外杂篇之所云，而益见其然乎？

故《田子方》又曰：

> 遗物离人而立于独。

又曰：

> 女奚患焉，虽忘乎故吾，吾有不忘者存。

此不忘者即独也。外篇《天道》又曰：

> 外天地，遗万物，而神未尝有所困也。

《中庸》之书有之，曰："所存者神，所过者化。"外天地，遗万
物，即不以故自持，故所过者化也。有不忘者存，而立于独，即所存
者神也。《天道》又曰：

> 至人之心，有所定矣。

又曰：

> 一心定而王天下，一心定而万物服。

其实此等境界，施之于艺术则可，施之于人事，则不属道德，即
属功利。未有仅一忘字，仅一定字，而谓可以王天下，服万物者。
此盖治老子之说者，不得庄生立言之要旨而戏言之，妄言之，故如
是云云也。

要而言之，庄周之学，初意在患乎外重，其究乃变而为内虚。
内既虚，则外重无所加。然而此等境界，以施之艺术，则可谓入圣
超凡矣。若以处人事，则亦仅止于周之所谓得无用之用者而止，应

帝王之说，则终为周之空言也。

（选自《人生》第 14 卷第 1 期，1957 年 5 月）

钱穆，字宾四，江苏无锡人。著名史学家、思想家、教育家。主要著作有《刘向歆父子年谱》、《先秦诸子系年》、《朱子新学案》、《中国近三百年学术史》及《中国思想史》、《庄老通辨》等。

本文指出孟子之论修养，以养心为主，而养气副之。庄子之论修养，则求以养心达至于养气。孟子之理想人生，为一直线的，由中达外。而庄子之理性人生，乃一圆形，而中心空虚，无一物焉。

儒道二家学说论治之异同

罗 联 络

治己、治人、治事，同为儒道二家学说之所重。唯儒主"德化"，道主"无为"。主"德化"，故"在明明德，在亲民"（《大学》）。主"无为"，故重返"朴"，重归"真"。

欲"明"其"明德"，欲"亲"其"民"，首在去私。欲去其私，在能"明辨"而"笃行"之。"明辨"在"格物"，在"致知"。"笃行"在"诚意"，在"正心"。"物格"、"知至"，则辨无不明，"意诚"、"心正"，则行无不力。此为"德化"之始基，治己之要道。己治"身修"，而后本治己之道以治人，治事，则人无不化，事无不理，事理则天下治，人化则"天下平"。此乃"明'明德'"之功，"亲民"之效，"德化"之极成。

欲返其"朴"，欲归其"真"，亦在于去私。私去则各得其所，各遂其生，各任其性。各得其所，便是各成其德。各遂其生，便是各终其"天年"。各任其性，便是各得其乐。各成其德，在于去知。各终其"天年"，在于去争。各得其乐，在于去累。能去知，即是"至人"。能去争，便是"神人"，能去累，就是"真人"，去知则"无己"，去争则"无功"，去累则"无名"。"无己"，"无功"，"无名"，则天清地宁，而"万物与我为一"（《齐物论》）矣。此乃返"朴"之功，归"真"之效，"无为"之极致。

20世纪儒学研究大系

　　"德化"之治,是"推恩"之治。孟子曰:"推恩足以保四海,不推恩,无以保妻子,古之人(按即指尧舜禹汤)所以大过人者,无他焉,善推其所为而已矣。"(《梁惠王上》)"推恩"之治,首重"修己",而"修己"在"敬"。"子路问君子? 子曰:修己以敬。曰:如斯而已乎? 曰:修己以安人。曰:如斯而已乎? 曰:修己以安百姓。"(《宪问》)"修己以敬",是孔子对子路作总持之指示。"修己以安人",是孔子就"修己"之及物处说。"修己以安百姓",是孔子就"修己"之极成处言。而"敬"所以"修己",所以"安人",所以"安百姓"。"克己复礼",是"修己以敬"。"天下归仁",是"修己以安百姓"。故孔子之言志也,必曰:"老者安之,朋友信之,少者怀之。"(《公冶长》)此是"推恩"之极功,又是"德化"之极致。到此境界,直是"乾道变化,各正性命"(《易经》)。故程子说:"圣人之言,分明天地气象"(朱注)也。

　　"无为"之治,是不治之治。庄子曰:"南海之帝为儵,北海之帝为忽。中央之帝为混沌。儵与忽相遇于混沌之地,混沌待之甚善,儵与忽谋报混沌之德,曰:'人皆有七窍,以视听食息,此独无有!'尝试凿之,日凿一窍,七日而混沌死。"(《应帝王》)此明言治之,所以失其所,斲其生,而丧其性也。故"凫胫虽短,续之则忧,鹤胫虽长,断之则悲。故性长非所断,性短非所续,无所去忧也"(《骈拇》)。是以不治之治,乃使万物各安其所,各乐其生,各适其性。使无"阴阳之患"(《齐物论》),"人道之失"。"鲁有兀者王骀,从之游者,与仲尼相若,……立不教,坐不议,虚而往,实而归。"(《德充符》)此乃顺人之性,而畅其生,以成其德也。故"不教","不议",咸使"虚而往"者,皆能"实而归"也。王骀可谓"不以心捐道,不以人助天"(《大宗师》)矣。"不以心捐道",则"无物不然,无物不可"。"不以人助天",则"物固有所然,物固有所可"

（《齐物论》）。到此境界，是"无为而无不为"，"独与天地精神往来"（《天下》），亦"分明"是"天地气象"也。

儒家"德化"之治，是本于人之德性。《大学》言"明德"，《中庸》言"诚"，《论语》言"为人由己"，《易》言"立人之道曰仁与义"，《孟子》言"仁义礼智根于心"，皆是"德化"之治之最高根据，亦是人之性情之根原。"明德"与"诚"，皆是人所具有之德性，故《大学》之言"慎独"也，在于"毋自欺"，《中庸》之言"慎独"也，在"戒慎、恐惧"于"隐微之中"。未能"戒慎、恐惧"于"隐微"，而任其人欲之"潜滋暗长"（朱注），便是"自欺"，便是不"诚"。能"戒慎、恐惧"于"隐微之中"，而防人欲之将萌，便是"好仁"、"欲仁"。亦即当仁时，则摄智而归仁。当义时，则以智而照仁。当礼时，则以智而得仁。当智时，则以智而行仁。摄智而归仁，是出于"恻隐之心"。以智而照仁，是发于"羞恶之心"。以智而得仁，是本于"辞让之心"。以智而行仁，是由于"是非之心"。人各有此德，人各有此心。此德之落实处，便是伦常之道。此心之发用处，即是"亲亲，尊贤"之义。"亲亲"仁也，"尊贤"义也。本"亲亲"之仁，"老吾老，以及人之老。幼吾幼，以及人之幼"（《孟子》）。本"尊贤"之义，"故大德，必得其位，必得其禄，必得其名，必得其寿"（《中庸》）。"《诗》曰：不显惟德，百辟其刑之。"（《中庸》）"子曰：为政以德，譬如北辰，居其所，而众星共之。"（《为政》）此是"德之化民，速于置邮而传命"，"以德服人者，中心悦而诚服者也"（《孟子》）。

道家"无为"之治，乃本于"自然"。老子曰："人法地，地法天，天法道，道法自然。"（二十五章）王弼注曰："人不违地，则得全安。……地不违天，则得全载。……天不违道，乃得全覆。……道不违自然，乃得其性。自然者，在方而法方，在圆而法圆。于自然无所违也。"一切无违于"自然",则天地者,乃"自然"之天地也。人物者,亦"自然"之人物耳。无有高下、大小、精粗之别。此是一"大平等"之世界。故庄子以为万物与天地同受阴阳之气,人在天地之中,"犹小木、小石之在大山也"(《秋水》)。本可各安其所,各适其性,而各遂其生者。只因"道隐于小成,言隐于荣华,故有儒墨之是非,以是其所非,而非其所是"(《齐物论》)。是是、非非,莫可究诘,致天下汹汹然而不安。此乃违于"自然",而失其常性之过也。是以老子必欲"绝圣弃智","绝仁弃义","绝巧弃利"(十九章),而复其"素朴"之"大道"也。庄子必主"自得"、"自适"、"自闻"、"自见",而"任其性命之情"也(《骈拇》)。络按:"自得其得",则圣智之名不立,而是非泯。"自适其适"则"仁义"之德不存,而善恶绝。"自闻"、"自见",则"巧利"之功不行,而可否无。泯是非,绝善恶,无可否,而后恢诡谲怪,道通为一(《齐物论》),"无为复朴,体性抱神"(《天地》),"而游于尘垢之外"(《齐物论》),既无"人道之患",亦无"阴阳之失"。民皆"甘其食,美其服,安其居,乐其俗"(八十章),而"相忘于"天地之间也。

　　儒家"德化"之治,是人文之治。道家"无为"之治,是超人文之治。人文之治,所重在"人",以德性为体,以推恩为用。"明'明德'",是明其体。"亲民",是达其用。体用无间,"尽其性",而"尽人、物之性",便可以"赞天地之化育",而"与天地参矣"(《中庸》)。超人文之治,所重在"自然",以"无为"为体,以"无不为"为用。体用无间,"无为而无不为","独与天地精神往来"(《天下》)。然而"健顺"之德不立,性情之道不明,价值之义不显,而无与于"化育"之功也。

（选自《建设》〔台〕第 11 卷第 9 期,1963 年 2 月）

罗联络,台湾台北人,国立台湾大学教授。

本文指出,治己、治人、治事,同为儒道二家学说之所重。唯儒主"德化",道主"无为"。主"德化",故"在明明德,在亲民"。主"无为",故重返"朴",重归"真"。

20世纪儒学研究大系

老子之道与孔子之道之异同比较

詹 栋 樑

老子学说内容,以道为全部思想之中心。道为本体,为宇宙万物之基本原理。此基本原理与西哲斯宾诺沙(Spinoza)之本质(Substanz)很相近。老子之道是自因的、永恒的、无限的、并且是普遍性的存在。孔子学说内容,以仁为全部思想之中心,善为本体,为行为最高之指导原则,即《大学》上所说的在止于至善。此与西哲康德(I. Kant)之"无上命令"之最高的善很相近。孔子之仁是博爱、乐天知命、并且是天下之达德。

老子之道与孔子之道有相同的地方,亦有相异的地方,兹将其异同比较于下:

相 同 点

老子之道与孔子之道其相同点主要有:

一、皆重视道德

老子书,后人题曰《道德经》,则以其尝言道与德之事,因此,道德之名本于老子。太史公司马谈《论六家之要旨》,称老子为道德家。道德之生,本于自然,老子说:"道生之,德蓄之,……是以万物莫不尊道而贵德,道之尊,德之贵,夫莫之命而常自然。"王辅嗣说："凡物之所以生,功之所以成,皆有所由,有所由焉,则莫不由乎道也,……道者,物之所由也,德者,物之所得也,由之乃得,故曰不得不失,尊之则害,不得不贵也。"根据此原则,道为天地万物之本原,所得物之所由也,德者即物之所得于道也,故德出于道。《曲礼》亦言:"道德仁义,非礼不成。"孔颖达《正义》释之曰:"道者通物之名,德者得理之称;道是通物,德是理物,理物由于开通,是德从道生。"亦明德出于道之义。

老子又说:"上德不德,是以有德,下德不失德,是以无德,上德无为而无以为,下德为之而有以为;上仁为之而无以为,上义为之而有以为,上礼为之而莫之应,则攘臂而扔之。故失道而后德,失德而后仁,失仁而后义,失义而后礼。失礼者忠信之薄而乱之首,前识者道之华而愚之始。"由此可见,老子是极重道德的。

相同地,孔子亦极重道德,孔门四科以德行为首,儒家向来是极重视道德的。孔子之道德观念,系以仁为中心。孔子论仁,曰:"克己复礼为仁。"即克制自己的私欲,本诸天生德性所发出来之合理行动,即是仁。又其论行仁,曰:"仁远乎哉,我欲仁,斯仁至矣。"仁乃天生德性,为人与生所俱来,存诸内心,不待外求,设欲行仁,则斯仁即至。一旦立志行仁,则无邪恶之事生,曰:"苟志于仁矣,无恶也。"能立志行仁之人,必然信守天生之德,一心向善,别无旁骛,不为外物所诱惑。其他如"仁者爱人,己所不欲,勿施于人","夫仁者,己欲立而立人,己欲达而达人",此为仁德之人应行之事。又如"仁者不忧","仁者必有勇","志士仁人,无求生以害仁,有杀身以成仁",此为仁之效果。孔子以仁立德,待人、处世、为政皆以德。

二、皆重视道之价值

老子和孔子皆重视道之价值,将道应用在人生哲学和政治哲学上,使人生更完美,政治能清明,以充分发挥道的价值。

(一)在人生哲学方面:老子和孔子皆想从修养上确立完美的人格,其修养的相同方法是:

(1)寡欲:老子认为治身养心,首在寡欲。曰:"见素抱朴,少私寡欲。""不见可欲,使民心不乱,……常使民无知无欲。""无名之朴,夫亦将无欲!"因此,老子在人生修养上要人无欲,如果有欲,将变成:"五色令人目盲,五音令人耳聋,五味令人口爽,驰骋田猎,令人心发狂,难得之货,令人行妨!"故宜摒弃利欲,使返于无名之朴。孔子认为减少私欲,首重修己,曰:"克己复礼。"做到《曲礼》所说的"修身践言,谓之善行,行修言道,礼之质也"。修己为基本人格之建立。又说:"君子喻于义,小人喻于利。"前者为合理之行为标准,乃君子所晓喻,后者则小人之所欲。在人格修养上,宜取义而弃利。

(2)重视仁义礼智:老子说:"上德不德,是以有德,下德不失德,是以无德,上德无为而无以为,下德为之而有以为;上仁为之而无以为,上义为之而有以为,上礼为之而莫之应,则攘臂而扔之。故失道而后德,失德而后仁,失仁而后义,失义而后礼。"又说:"知人者智,自知者明。"吴草庐之《道德真经》释之曰:"按《老子》上篇首章,分说道德,下篇首章,分说道德仁义礼智,吾之所谓道德仁义礼智,以其天地人物之所共由者曰道,以其人物之所得于天地者曰德。德统其名,分言者四:得天地生物之元以为德,而温然慈爱者,曰仁;得天地收为之利以为德,而截然制裁者,曰义;得天地长物之亨以为德,而灿然文明者,曰礼;得天地藏物之贞以为德,而浑然周知者,曰智。老子则以道为无名,德为有名,自德而为仁义礼智,每降愈下。故此章之等,以道为一,在德之上,故曰上德,以德为二,在仁之上,故曰上仁,以仁为三,在德之下,义之上,故曰下德上义,以义为四,在礼之上,故曰上礼。而总名之曰,失道而后德,失德而后仁,失仁而后义。又继之曰失义而后礼,以礼为五也。又先言失礼而后言前识,以智为六也。"由此可见,老子极重视仁义礼智。

同样地,孔子亦极重视仁义礼智。仁为孔子思想之主要观念,《论语》中记孔子言仁者凡四十余处。仁之本性,在于爱人,示人道之大在是。仁为人格之最高境界,亦为最高之善。关于义,孔子说:"君子喻于义,人小喻于利。"(《里仁》)义者事之宜也。遂至孟子将义推于极致,而主张"舍生取义"。孔子以德为教,旨在造成完全人格,礼用于教化在节民心。礼涵二义,一曰制度,一曰仪文,二者皆所以节制人之行事,使合理而不背人之本性,则所谓节民心也。《乐记》说:"礼节民心,乐和民声,政以行之,刑以防之;礼乐刑政,四达而不悖,则王道备矣。"又说:"礼以道其志。"儒家一切皆讲求礼,行事以礼为准,即生事之以礼,死葬之礼,祭之以礼。治学之目的,在于求知,孔子告诉子路说:"由,诲女知之乎!知之为知之,不知为不知,是知也。"(《为政》)此为孔子之知识论。

(二)在政治哲学方面:老子和孔子表现于政治哲学上皆有远大之理想,使国家太平。老子说:"以正治国。"孔子说:"政者正也,子帅以正,孰敢不正?"(《颜渊》)可谓相同之主张。老子说:"民之饥,以其上食税之多,是以饥;民之难治,以其上之有为,是以难治;民之轻死,以其求生之厚,是以轻死。夫唯无以生为者,是以贤于贵生。"孔子说:"道千乘之国,敬事而信,节用而爱人,使民以时。"(《学而》)因此,治国必薄税敛,节用而爱民。

三、皆以道为万物之准则

老子和孔子皆以道为万物所法。《诗经》上所说的"天生烝民,有物有则",即万物本其准则,此准则即孔子与老子所称之道。

老子说"天法道,道法自然"及"天乃道",即天以道为准则。韩非释老子其言道云:"道者,万物之所然也,万理之所稽也。道者,万物之所以成也。……万物各异理,而道尽稽万物之理。"此言道为万物之本。韩非并举许多例子以说明之。道无所不在,放之于天地,行之以日月,稽之以万物,验之以人事,无不见也,无不通也,是谓道体。故道为万物之宗。

老子又认为:"天乃道,道乃久。"所谓久,即有永恒之义,道既然为万物之准则,则必具备恒久性,否则时时在变动,则万物莫宗所是。

孔子同样也以道为万物之准则,彼受《易经》之影响。《易经》首云:"大哉乾元,万物资始,乃统天。"是云天为万物之始,即是天道成物。孔子说:"天何言哉?四时行焉,百物生焉。"(《阳货》)即是明指天运行程序,本着客观之最高存在——天命,而道则是此最高存在所涵具之主观的指导原理。孔子之天命观,认为宇宙万物都有其原理原则,宇宙之运行程序按着一定之法则进行,所谓"天行健,君子以自强不息"之天行健,即指天之运行程序,周而复始,运行不殆,万物在其运行程序中生生不已。

老子和孔子皆以道为万物之准则,而建立其宇宙观。

相　异　点

老子之道与孔子之道有相同点,但亦有相异点,其主要相异点有:

一、出世与入世

老子的思想是出世的,而孔子的思想是入世的。老子所主张之道是理念上之道,是形而上的。例如"道可道,非常道","人法

地,地法天,天法道,道法自然"。老子想摆脱世俗之绊,而升入其
至高之境界,有乌托邦的思想;而孔子所主张之道是重人道及天
道,在于救民救世,以礼乐救国,培育为社稷的君子与圣人,因此其
思想为入世的,因孔子处于春秋时代,他想以其方法在现实的世界
里,救国救民,发挥其儒家之精神。

如以老子和孔子拿来与柏拉图及亚里斯多德比较,老子的思
想近于柏拉图,有"向上追求"之形式,孔子的思想近于亚里斯多
德,有"就地改造"之形式,因此他们两人思想方式不同。

二、超体验、超实在与体验、实在

老子所主张之道是"超体验的"(Übererleben)与"超实在的"
(Überreal),孔子所主张之道是"体验的"(Erleben)与"实在的"
(Real)。老子曰"有物混成,先天地生,寂兮寥兮,独立而不改,周
行而不殆,可以为天下母,吾不知其名,字之曰道","道常无名"及
"道常无为而无不为"这些思想都是"超体验的"与"超实在的"。
而孔子所讲之道是人道与天道,首重实践力行,故孔门四科以德行
为首。他平时立教,也以德行为本,以"体验"其中的道理,因孔子
所主张者,大都具体的,于日常生活中平实易行的,故为"实在
的"。

三、言天道者不一与如一

老子言天之道主张不一,例如:"天之道不争而善胜,不言而
善应。""天之道,其犹张弓乎,高者抑之,下者举之,有余者损之,
不足者补之。天之道,赖有余而补不足。""天之道,利而不害,圣
人之道,为而不争。"这里所指的天道是天行程序,自然情态之意。
天法道,则天以形体而言,亦属自然情态。天道无亲,常与善人,涉
及道德价值,此天似道德哲学中之客观的最高存在。至天将救之,
以慈卫之,天之所恶,孰知其故?此所谓天,又居然人格化之最高

实体矣！而孔子认为天之运行，始终如一，如《易经》上所说的："天行健，君子以自强不息。"天之运行程序，周而复始，为万物之根本。他说："天何言哉？四时行焉，百物生焉。"孔子之天道，指的是为天之原理，及天之运行程序，有着一贯之说法，因此与老子不同。

四、自然与天命

老子在道上设有自然，为道所法，因此自然为最高法则；而孔子在天道上设有天命，以主观之指导原理之天命为其归极。老子说："人法地，地法天，天法道，道法自然。"故自然为最高法则。孔子自述生平学业历程是"十五志于学，卅而立，四十而不惑，五十而知天命"。天命为最高境界，即智仁糅合之理想人格——圣人境界。老子之自然与孔子之天命不同。因自然是自己如此，含有主动之意，而孔子之天命，含有被动之意，人受天之影响。孔子认为命与人道相关，所以在《论语》中很多地方提到天。

五、无与有

老子以"无"（Nichts）为道之功用，孔子以"有"（Sein oder Haben）为道之功用。老子认为天地万物之所从出，见之于行事则无为，见之于知识则无名。无为者，依顺天行，不加人事，故其德无私，其功普遍，是以无为而无不为也。无名者，绝圣弃智，还返于朴，守其常德，而本性自足，使民无知无欲而天下治。由于重视"无"之功用，故主张"不有"，曰："生而不有，为而不恃，长而不宰。"此即老子之道发舒功用最高之表现，即自然无为。孔子所主张之道为人道及天道，要人去实践力行。因此，有物有则，有可遵循者，故重视"有"为道之功用，其最显著的为孔子定礼乐，确立典章制度，为一般人行事之准则，确立伦理道德，以维系宗法社会，以君子、圣人为理想人格，这些为孔子所主张"有"之具体存在。

六、贵柔、主静、不争与贵刚、主动、可争

老子之人生观,有极显著之二要义,一曰贵柔,一曰不争,观物之情,审其利害,知柔弱所以取胜,故采退守方式,不为物先,则柔弱所以为不争之器也。同时,寡欲贵柔,处下居后,不伐不争,则自然主静。老子说:"人之生也柔弱,其死也坚强,万物草木之生也柔脆,其死也枯槁;故坚强者死之徒,柔弱者生之徒。是以兵强则不胜,木强则兵,强大处下,柔弱处上。"柔弱为生之徒,故能制坚强之动而胜之,所谓"天下之至柔,驰骋天下之至坚","天下莫柔弱于水,而攻坚强者莫之能胜"。是以柔弱胜刚强,遂为常律而不易,因此,他又说"胜人者有力,自胜者强","守柔曰强","心使气曰强"。贵柔则处下,处下则不争,不争故不矜不伐,不敢为天下先。所以说:"上善若水,水善利万物而不争,处众人之所恶,故几于道……夫唯不争故无尤。""不自见故明,不自是故彰,不自伐故有功,不自矜故长,夫唯不争,故天下莫能与之争。""是以圣人处上而民不重,处前而民不害,是以天下乐推而不厌,以其不争,故天下莫能与之争。""天之道不争而善胜。"老子认为不争为人生之正道。主静方面,老子说:"致虚极,守静笃,万物并作,吾以观复,夫物芸芸,各复归其根,归其根曰静,是谓复命,复命曰常。"静而不求,物自归也,是以天地万物之趣,必归于静,静为天下主也。

相反地,孔子贵刚、主动、可争,孔子说:"仁者必有勇。"即仁者必刚勇。"战阵无勇非孝也",亦是讲求刚勇。在做人方面也要善养浩然之气(孟子语),至大至刚。在主动方面,孔子认为宇宙完全处于动态的观念。天之运行程序永无休止——"天行健"。他立于河岸之叹——"逝者如斯,不舍昼夜",亦是一种宇宙动态的观念。及"天何言哉?四时行焉,百物生焉",更说明了天之运行程序之动态的观念。人处于宇宙中,宇宙间的万事万物,无时不在动,亦无时不在变,在此变动不居之宇宙中,要讲求适应必须靠中庸之道。孔子是讲求富国强兵的,他说:"善人教民七年,亦可以即戎矣。"(《子路》)他又说:"以不教民战,是谓弃之。"(《子路》)由此可见,孔子有时也讲求战争,但其攻打的对象只是不行仁政之暴君。因此孔子是认为在必要时可争,这点与老子之不争略有不同。

结　语

老子学说与孔子学说,有其相同点,也有其相异点,他们皆春秋时代之人,其思想自会受了时代的影响,相传孔子曾问礼于老子,故其思想有其相同点。任何思想皆有其独立的见解,高超与深邃的理论,故有其相同点。他们的学说自成体系,立论精辟,对于后世有很大的影响。老子思想表现于政治上是小国寡民的思想,孔子则为政以德。老子对于人生修养之最高境界为见素抱朴,少私寡欲,绝圣弃智。孔子对于人生修养之最高境界为完整理想人格之实现——君子、圣人! 老子与孔子对于人生修养持不同的看法,但其最高境界皆趋向完美的人生! 在我国及外国之学术思想上皆有极大的价值。

(选自《建设》〔台〕第 16 卷第 1 期,1967 年)

詹栋樑,台湾台中人,曾任"中央研究院"哲学研究所教授。

本文指出,老子之道与孔子之道相同点主要有:皆重视道德,及道之价值;皆以道为万物之准则。老子之道与孔子之道相异点主要有：老子思想是出世的，孔子思想是入世的；老子主张之道是"超体验的"与"超实在的"，孔子主张之道是"体验的"与"实在的"；老子言天之道主张不一，而孔子认为天之运行，始终如一；老子在道上设有自然，为道所法，因此自然为最高法则，而孔子在道上设有天命，以主观之指导原理之天命为其归极；老子以"无"为道之功用，孔子以"有"为道之功用；老子贵柔、主静、不争，而孔子贵刚、主动、可争。

老子与孔子之"道"：类别根源性质及作用

蒲 薛 凤

一、目的与范围

老子与孔子虽各自道其所道,但彼此均以道为其全部思想之中心,则不容否认,究竟所谓"道"者含义为何? 此即包括下列具体项目:道之类别有几,根源何在,性质何若与作用如何。易词言之,"道"果可区分为几种,本原果何所自,是否存在(即系事实抑系虚构),又如何而运行并发生何种影响? 对此四项牵连复杂问题,传统解释或者付诸阙如,或者含糊片段,或者专事褒贬。今欲求得一套顾及全盘而客观彻底的答案,自属不易,然值得大胆尝试。笔者久加思索,愿将一得之愚,就正于高明。兹有一点似宜劈面声明,即本文研究之材料仅限于传统认为记载两哲思想之经书,而且不遑涉及其中内容之真伪或字句之正误。

二、道之类别

吾人着手研究道之真相,首宜仔细分析道之类别。老子与孔子分别反复所言之道实均包含三种类别。其一,有关范围之大小。

此即分为整体总括之道与个别零星之道。其二，有关层次之高低。此即分为自然之道，天之道与人之道。其三，有关所指之虚实。此即抽象原则之道与具体行为之道。明了此三种类别以后，则对于探阐道之根源、性质及作用，当可迎刃而解。兹请分门别类，一一引证说明。

兹先述第一种类别。就道之范围大小而论，有整体总括之道，有个别零星之道。《道德经》中"道可道，非常道"（章一）及"道常无为而无不为"（章三七），暨《中庸》中"道者不可须臾离也，可离非道也"，或《论语》中"人能弘道，非道弘人"（《卫灵公》），此之所指，显皆整体总括之道，或一般的道。反之，例如《大学》《中庸》及《论语》中所述君子之道，夫妇之道，生财之道，君臣之道，暨治乱兴亡之道，此自为个别零星之道，或部分之道。《道德经》中例如"以道佐人主者不以兵强天下"（章三十），"道之出口，淡乎其无味，视之不足见，听之不足闻，用之不可既"（章三五），"上士闻道勤而行之"（章四一），或"古之善为道者，非以明民，将以愚之"（章六五），举凡不以兵强天下之道，出口之道，所闻之道，或愚民之道，其必为个别零星之道而不可能为整体总括之道，无可置疑。

复次，有关层次之高低，道有三种：即自然之道，天之道及人之道。"天之道"（或"天道"）与"人之道"（或"人道"）两种名词，老子与孔子均曾使用。至于"自然之道"，两哲虽未明白指陈，却曾意会暗示，不啻间接承认。盖有时所称"天之道"或"天地之道"，实指自然之道而言。道之范围既有大小，故每一层级的道各有其整体总括与个别零星之类别。

老子云："道生一，一生二，二生三，三生万物"（章四二）及"道生之……，是以万物莫不尊道"（章五一）：此指之道，当系整体总括的自然之道。在另一方面，"上善若水，水善利万物而不争，处众人之所恶,故几于道"(章八);又"天下莫柔弱于水,而攻坚强者莫之能先"(章七八):此盖以水之柔性认为个别零星的自然之道。它若以静性之"雌",虚性之"谷",整性之"朴",作为规范,亦属部分自然之道之例证。以言孔子,《中庸》(第廿六章,八)所载"天地之道,博也,厚也,高也,明也,悠也,久也";《论语》(《阳货》第十九章)"天何言哉!四时行焉,百物生焉,天何言哉"以及《易经》(《系辞》,上十一,下八)"天地变化,圣人效之",与"道有变动":此皆整体总括的自然之道。至如"天地之道,寒暑不时则疾,风雨不节则饥"(《礼记·乐记》九),"天行健,君子以自强不息"(《易经·乾卦》),"日中则昃,月盈则食,天地盈虚与时消息,而况于人乎"(同上,《丰卦》):上述"疾","饥","天行健","昃","食",分明均是个别零星的自然之道。

所谓"天之道",其特点盖在具有理性含义及道德价值。老子相信"天乃道,道乃久"(章十六),及"天之道不争而善胜,不言而善应,不召而自来,繟然而善谋。天网恢恢,疏而不失"(章七三)。类此描写当是全盘的天之道。"天之道损有余而补不足"(章七七),此则仅指部分的天之道——因为天道决不只"损有余而补不足"而已。此正犹"不窥牖见天道"(章四七),其所见者决不是天道之整体而只是天道之部分。孔子亦云:"思知人不可以不知天"(《中庸》第二十章,七)。知天殆即知天道;所能知者不过部分的天之道。至若"诚者天之道也"(同上,第二十章,十八)与"万物并育而不相害,道并行而不相悖"(同上,第三十章,三),则殆指整体总括的天之道。

层次最低而重要性最大且为两位圣哲所思考之主题者,厥为人之道。人之道有善恶、是非、及应当不应当之分,故又大别为二。为便利计,吾人姑称此两类为正道(即"大道"或"有道")与邪道

（即"不道"、"非道"或"无道"）。《道德经》中"天之道损有余而补不足，人之道则不然，损不足而奉有余"（章七七）及"天之道利而不害，圣人之道为而不争"（章八一），《中庸》（第二十章，三及十八）"人道敏政"，与"诚者天之道也。诚之者人之道也。……择善而固执之……"，此皆证明人之道有别于——不论其为抵触或顺合——天之道。兹有一点愿特别提请注意：即通常提到"道"字，总作正道解。大抵因为苟非正道，即不屑称为道。殊不知"盗亦有道"。实际上确有正道邪道之分，但所指则可因时因地而异。

　　人之道亦自有其范围之大小。《道德经》第三章殆最接近整体总括的人之道，其辞如下。"不尚贤，使民不争。不贵难得之货，使民不为盗，不见可欲，使心不乱。是以圣人之治，虚其心，实其腹，弱其志，强其骨，常使无知无欲，使夫知者不敢为也。为无为，则无不治。"至于例如"知足不辱，知止不殆"（章四四），则显系个别零星的人之道。就孔子言之，下列引句均是指陈个别零星之道。"富与贵是人之所欲也，不以其道得之，不处也。贫与贱是人之所恶也，不以其道得之，不去也。"（《论语·里仁》章五）"朝闻道，夕死可矣。"（同上，章八）"所谓大臣者，以道事君，不可则止。"（同上，《先进》，章廿三）"君子道者三……仁者不忧，智者不惑，勇者不惧。"（同上，《八佾》，章三十）其余如父慈、子孝、兄爱、弟敬等等，无一非个别零星的人之道。子思所谓"大哉圣人之道，洋洋乎发育万物，峻极于天"（《中庸》第廿七章），暨《大学》开端"大学之道，在明明德，在亲民，在止于至善"，此则代表孔子心目中整体总括的人之道。整体总括的道（不论其为自然之道，天之道或人之道）容易想像，却无从全知。人道之可区分为整体个别，其最好暗示在是："君子之道，费而隐；夫妇之愚可以与知焉，及其至也，虽圣人亦有所不知焉；夫妇之不肖可以能行焉，及其至也，虽圣人亦有所不能焉。"(《中庸》第十二章)凡夫妇之愚与不肖,尚且可知而能行者,必然为个别零星而简单浅显的"君子之道"。至于艰难奥秘的"君子之道",虽圣人亦有所不知不能。是则整体总括的人之道,虽可大略想像而甚难全知。

　　关于道之层次高低,仅仅一个"道"字即已含有类别,初不必另加标明。此点殊值注意。兹请略举数例。"道之为物惟恍惟忽。"(《道德经》章廿一)此"道"系整体的自然之道。"反者道之动,弱者道之用。"(同上,章四十)此"道"当指天之道,因系观察自然现象而加以理想化。至于所指"天下有道,⋯⋯天下无道"(同上,章四六)自指一般流行的人之道。试再检讨孔子之训示,亦复如是。"道不可须臾离也,可离非道也。"(见前)此"道"乃一切自然之道。"道不远人。人之为道而远人,不可以为道。"(《中庸》第十三章,一)"道不远人"之"道"乃是天之道;"人之为道"及"不可以为道"则指人之"道"。例如《论语》(《卫灵公》,章卅一及卅九)"君子谋道不谋食⋯⋯君子忧道不忧贫"之"道",及"道不同不相为谋"之"道",其属个别零星的人之道,更不言而喻。

　　第三种类别乃以道之虚实为分野。虚者乃抽象原则,实者乃具体行为。以故,有抽象原则之道,有具体行为之道。抽象与具体,亦即原则与行为,此项区别不特见诸人之道,即在自然之道或天之道中,亦可寻得。以言自然,例如"天行健"此是抽象原则,而"四时之错行","日月之代明",则系具体行动。以言天,仁义为抽象原则,而春生秋杀则是具体表现。以言人,则人道有抽象与具体之分,自更明显。

　　孔子谈道,兼重虚实两面。老子则不啻专重原则。孔子之最大原则莫逾于"中庸"及"仁义"、"忠恕"与"礼"。《礼记》与《论语》所提之具体行为之道,层见迭出,不胜枚举。大之如"制国用,量入以为出"，及"用民之力岁不过三日"（《礼记·王制》二九与三七）；小之如"道路男子由右，妇人由左，车从中央"（同上，五二）及"鱼馁而肉败不食……割不正不食，食不语，寝不言"（《论语·乡党》第八章，二，三及九）：此皆属于具体行为的人之道。老子之"无为"与"去甚去奢去泰"（章廿九）等等尽是抽象原则。五千余言之《道德经》仅有下列数段勉强可作具体行为方面的人之道。有害人身之"五色"，"五音"，"五味"，"驰骋田猎"及"难得之货"务宜屏除（章十二）。"杀人众多以悲哀泣之。战胜则以丧礼处之"，"吉事尚左，凶事尚右"（章三一）。

　　总而言之，人之道之抽象原则大抵均由具体行为措施归纳出来。当然，抽象原则流行以后，也可从中抽绎出若干应有的具体行为。比较言之，为善为恶，为是为非的抽象原则，似属颠扑不破，可能用广而持久；而具体行为之为善为恶，为是为非，则易有纷歧变化。吾人深切认识此第三种"道"之类别，当亦有助于探阐道之根源，性质与作用。

三、道之根源

　　吾人既知"道"之层次类别，当易探讨其间相互关系以及道——特别是人之道——之真实根源。

　　《道德经》中下列一段对于道之层次高低指陈明确。"人法地，地法天，天法道，道法自然。"（章廿五）此处把"道"作一独立单位，放在天之上，自然之下，自属费解，但认为自然高过于天，则无疑问。吾人如不刻舟求剑，以词害义，则此段文字之要旨当为人法天，天法自然，亦即人之道本于天之道，天之道本于自然之道。《老子》尊重"柔弱"而本之于"水"、"雌"、"谷"、"朴"各自然现象,前已引述;兹再补充一段(章七六)。"人之生也柔弱,其死也坚强。万物草木之生也柔脆,其死也枯槁。故坚强者死之徒,柔弱者生之徒。"此可证明"柔弱"人之道实本于自然之道。

《中庸》开端即云:"天命之谓性,率性之谓道,修道之谓教。"此中"性"字通常作"人"性解,然亦未始不可包括"物"性。以"性"一字总括一切人与物(人类与万物)之性,其最好证据乃在《中庸》所载子思之引伸解释:"惟天下至诚为能尽其性。能尽其性则能尽人之性。能尽人之性则能尽物之性。能尽物之性则可以赞天地之化育。可以赞天地之化育则可以与天地参矣。"(第廿二章)由此以观,"性"乃本性,乃指人类与万物之本性,而人类与万物之本性之总和,当即是整个自然。因而尽性即是遵循自然之道。"天下至诚"能使一切遵循自然之道,则实即赞助自然("天地")之化育而与自然融合。依此,则《中庸》开端云云,其要旨在是:造化所定,乃是自然,遵循自然,乃是道理;研践道理,乃是教化。照此解释,孔子一如老子,将自然之道放在天之道之上。反之,吾人如果将性解作自然,而对于"天命之谓性"之"天命",望文生义,拘泥字面,则孔子殆认为天在自然之上,天之道在自然之道之上。惟笔者深信孔子当时所指之"天"(或"天地"),在今日言之,当即指自然。

老子与孔子之所以尊重天道自亦有其原因。此两圣哲对于其身经目击之政治社会——贪淫残暴,战乱吞并——深感不满,因而思考如何彻底改善之途径。他们必曾深信彻底改善不能仅凭人之智慧与意志而必本诸"天","天命",与"天道"(此项传统信念,在《尚书》中记载甚多)。他们对于各项自然现象,例如日月代明,盈昃满亏,风雨雷电,四时接替,乃至高山深谷,花木荣枯,必曾深刻观察与反复思索,而且领悟到种种切切动静变化,相反相成,循环起伏,生生不息的自然现象,其背后自必有其无声无形的自然法则与夫一套长期观点的平衡和谐暨中庸秩序。凡此自然规律亦即自然之道——在两位哲人则称之为天之法则,亦即天之道——应为人群生活与社会法制之本原。因此之故,人之道之真实根源,与其谓为在天,毋宁谓为在自然,在理想化的自然规律。兹略引两哲之垂训以资佐证。

《礼记》(哀公问)有此一段问答。(哀)公曰:"敢问君子何贵乎天道也?"孔子对曰:"贵其不已,如日月东西相从而不已也,是天道也。不闭其久,是天道也。无为而物成,是天道也。已成而明,是天道也。"可见天道概念本于自然现象。前曾引用《易经》一句"天行健,君子以自强不息"。"自强不息"是人之道。此处所指"日月东西相从而不已",分明就是理想化的"天行健"之所本。"天"指"自然",显而易见。又此处所称"无为而物成"可与前曾引述《论语》"天何言哉! 四时行也,百物生也。天何言哉"比照。盖"无为"与"天何言哉"同样是自然现象之理想化。再举一例。每到春天,万物滋生,此是自然现象,包含自然规律或自然之道,加以理想化,则可称为天之道。因为人之道应当本于天之道,故《礼记·月令篇》有此一段:"孟春之月……禁止伐木,毋覆巢,毋杀孩虫……不可以称兵……毋变天之道。"《易经·说卦》有之:"是以立天之道曰阴与阳,立地之道曰柔与刚,立人之道曰仁与义。"此乃以仁义本于柔刚,且本于阴阳。易词言之,此乃以人之道仁义,本于理想化的自然规律阴阳。综上观之,《礼运篇》中"故圣人作则必以天地为本",其中所称天地实即若干(个别零星)自然规律之理想化。以言老子,则人之道之应当本于理想化的自然规律,更属明显。其尤著者当推"反者道之动,弱者道之用"(见前)之训示。因为物极必反,故宜守中。因为"柔胜刚,弱胜强"(《道德经》,章三六),故尚谦退而不争。而"反"与"弱"之为"道"均本于自然规律而加以理想化。此在上节道之类别中已有充分说明,兹不多赘。

概括言之,层次分类之道,其客观意义可作结论如下。(一)自然之道乃是自然规律,是宇宙间一切人物事项所必由之理路。(二)天之道乃是圣哲认为人群生活与社会制度所应由之理路,实则乃是若干理想化的自然规律。(三)人之道大别为二:即正道与邪道。正道云者,乃是圣哲所认为一切人群(包括治者与被治者)所应遵循,而且部分人群有时实际遵循之理路。凡反背圣哲所训示者,即为邪道。不论正道与邪道,均可见诸行为措施及纳入习俗法制。

人之道之应本于天之道,此固老子与孔子所共同强调;但对于天之道之内容究竟,似只体会到一鳞半爪,而且有时殊感渺茫。大概职此之故,子贡曾经吐露如下:"夫子之言性与天道,不可得而闻也。"(《论语·公冶长》,章十二)孔子少谈天道殆亦表示"知之为知之,不知为不知,是知也"(同上,《为政》,章十七)的精神。其实,不特哲学家难知天之道,即今日之科学家亦难知自然之道。例如宇宙之如何开始及宇宙之有无止境,殊非经验有限之人生所能想像。老子亦云:"天之所恶,孰知其故,是以圣人犹难之。"(《道德经》,章七三)足见天道难知而更难言。此殆所以有"知者不言,言者不知"(同上,章五六)之感叹。盖天之道可想像而不可捉摸,可意会而不可形容。

传统解释一向认为人道应本天道,此在儒家尤甚。董仲舒谓"道之大原出于天。天不变,道亦不变"(《前汉书》董传,卷五六,页十六)。程颐云:"理出于自然,故曰天理。""天有是理圣人循而行之,所谓道也。"(《伊川语》四,页三六及七下,页一)朱熹注解

《中庸》首章,谓"道之本原出于天"。王阳明则认为"心即道,道即天。知心则知道知天"(《传习录》,上,页二七)。各儒先后立论纵有不同,而其认人道应本天道则一。今笔者探讨结果,认为孔子正犹老子,实际上系将人之道本诸自然之道,恐有诬妄之嫌。兹为充实笔者论据,愿就孔子与老子两套哲学之基本性质加以研析,备作佐证。一般西方学者向称孔子哲学为人本主义,老子哲学为玄奥主义。此固恰当。然而吾人如再深入推敲,当可发现老子与孔子之哲学,方向虽异,而其基础则同为自然主义。"自然主义"名称虽一,大有出入;有唯心的自然主义,有唯物的自然主义。老子与孔子之两套哲学却同以唯心的自然主义为其基础。兹就两位圣哲之神学、宇宙观及本体论(亦即形上学)三项,加以佐证。

先言神学。《道德经》中提及鬼神,但次数极少。细察全书,绝无半句只字涉及来世,亦未尝明言或暗示个人与社会受着神灵之安排支配。至于孔子,虽云"丘之祷久矣",却亦指陈"获罪于天,无所祷也"。虽又曾谓"祭神如神在",却亦曾云"未能事人,焉能事鬼","未知生,焉知死"(《论语·述而》,三四;《八佾》,十二,十三;《先进》,十一)。关于祭祀祖先,孔子之表示最为彻底。孔子曰:"之死而致死之,不仁而不可为也。之死而致生之,不知而不可为也。"(《礼记·檀弓上》,六九)然则如之何?"事死如事生,事亡如事存"(《中庸》第十九章,五)。此种视死如生,视亡如存之"宛如"存在哲学无疑为自然主义。

老子之具有其宇宙观亦甚清楚:"有物混成,先天地生。寂兮寥兮,独立而不改,周行而不殆,可以为天下母。吾不知其名,字曰道,强为之名曰大,大曰逝,逝曰远,远曰反。"(章二五)以今日天文知识而言,太空亿万星辰,不论其有无"向心"、"离心"两项相反"力量"互相牵制平衡,总是彼此"独立而不改",惟有来往围绕椭圆轨道,乃能继续"周行而不殆"。另又加以"大"、"逝"、"远"、"反"之形容,其为一种不可思议之宇宙推测似难否认。总而言之,此段文章,可谓神游六合以外,思追混沌之初,描写一种时空无限境界,竟然超出人生有限经验。谓为直觉知识,自系附会;谓为卓绝智慧,则不尽牵强。至于儒家,专重人群社会如何而能有和谐安定生活之道理,对于宇宙之如何形成,除掉阴阳五行理论外,似未遑深求。但有一点相当肯定:即未尝将"天地"(当指"自然")之由来归诸上帝之创造。此即自然主义之反证。

关于本体论(或形上学),老子有其独到见解。一则曰:"视之不见名曰夷,听之不闻名曰希,博之不得名曰微。此三者不可致诘,故混而为一。……是谓无状之状,无象之象,是谓忽恍。"(章十四)再则曰:"天下万物生于有,有生于无。"(章四十)古今注疏者之见解自有出入。笔者认为此两段文字乃指陈整个自然之真相,亦即整个自然之本体。昔人肉眼所见之月日星辰以及今人利用天文仪器所能观察推论,与证实的亿万倍多及亿万倍远之天体,均系自然现象。自然现象与自然本体绝异。太空星辰有生有灭,惟有育化此恒河沙数之日月星辰之自然规律总和才是宇宙本体(宇宙之最后真实)。此种本体自系"不见","不闻","不得","忽恍",与"无"。孔子之学说似无包括本体论之可能。然而《中庸》及《易经》载有两段文字,如经仔细推敲,则似暗示"道"是一种本体,不仅有"质",而且有"能"。第一段见于《中庸》(第廿六章,八):"天地之道可一言而尽也。其为物不贰则生物不测。天地之道,博也,厚也,高也,明也,悠也,久也。"第二段见于《易经》(《系辞》上,四):"一阴一阳之谓道。"第一段中"天地"实指自然。"高"、"明"本指天;"博"、"厚"本指地,今则用以形容自然("天地")之道,则"道"有其本体。"悠"、"久"自指时间之无究尽。

"为物不贰"殆即"诚者天之道也"，亦即永恒固定而存在。至于
"生物不测"更含生生不息、长期演化之意。由此以观，第一段所
指，不啻谓天道（自然之道）有其本体。第二段所谓"一阴一阳之
谓道"则仿佛指陈道有其能。盖阴阳暗合正负两种电（普通称作
阴电与阳电），而电乃宇宙中间最广大的原动力，亦即"能"，并合
《中庸》及《易经》两段而简括引申，似是自然之道，既有其"质"，
复有其"能"。若谓孔子曾为当代质能同一的本体论开其先河，诚
属荒唐附会。但谓上述两段文字或可解作暗合或暗示"道"之具
有"质"、"能"之本体，未始不值得考虑。

　　总之，老子与孔子之哲学均基于自然主义。正因两哲咸信自
然具有理性与秩序，故可称为理想的或唯心的自然主义。两哲之
抱持自然主义，亦可佐证本文之立场：即两哲所称之"天之道"实
指"自然之道"。

四、道之性质

　　本节检讨道之性质，即系检讨道之是否存在。笔者此处所指
之存在并非哲学中聚讼纷纭的玄奥存在（即所谓本体，实质或最
后真实）而系科学所指与常识所认的存在。率直言之，举凡确有
其物，果有其事，与真有其理（即理之表现于事物之中者）：均属存
在。如上所述，道既有其类别，吾人自不能囫囵吞枣解答道之是否
存在，而必分层次，按区别，逐一探究道之存在问题。

　　自然之道，前已引证解释，即系自然规律。果尔，则个别零星
的自然之道（即个别零星的自然规律）固属存在，而整体总括的自
然之道（亦即个别自然规律之总和）自必存在。可是，任何号称自
然之道（或规律）苟无现象或事物足以证实者即无其存在。例如

"食色性也",乃是事实,其存在无疑。至于"天圆地方"只是假定并非存在的事实。上所云云,旨在强调抽象原则("无"),必须表现于具体行为("有"),乃真存在。因此,另有相关数点值得略加引申。其一,每一自然规律,在人类尚未发现以前,显已存在(例如有关无线电、飞机,原子弹等自然规律),初不因人之知与不知而受丝毫影响。其二,纯就"自然"之立场,每一个别的自然规律,初无善恶,是非,应不应之别。盖生存有生存之道,死亡亦有死亡之道,治兴有治兴之道,乱亡亦有乱亡之道:均受许多错综复杂相反相成的自然规律所控制。人固有相当选择运用之可能,但究难完全地与绝对地支配。其三,整体总括的自然之道究竟有无理性,有无计划,有无目的,此则属于另一种问题———一种难有实证或否证的哲学问题。《道德经》中"天地不仁,以万物为刍狗"(章五),寓有褒贬之意。但是自然(即所云"天地")而果不仁,竟以万物为刍狗,乃是自然已有其计划与目的。笔者提及此点,旨在说明每一问题之复杂困难。其四,孔子与老子所观察者,大抵只是自然现象而尚非自然规律本身;可是每一自然现象之背后自必有其自然规律。

复次,请探讨天之道之性质。先问整体的抽象原则之天之道是否存在?此一诘问好比质询上帝是否存在。要答复天之道是否存在或上帝是否存在,其关键端在个人之信仰,在所持天之道或上帝之定义,在所举之具体例证。例如乌反哺,羊跪乳,鸡司晨,犬守夜,母狮养护幼狮,蜂蚁分工合作;类此种切皆可作为天道存在或上帝存在之佐证。另一方面,大鱼吃小鱼,虎豹食麋鹿,原野荒林中一切弱肉强食事实亦可佐证天道或上帝之不存在。由上观之,整体总括天之道之是否存在,要视思想家对于自然现象及人类历史认为有无理性、计划与目的而定。此则难有客观而一致的结论。

　　然则个别零星的天之道是否存在？此则不难解答。盖个别零星的天之道，实即理想化的若干个别自然规律。其中自然规律部分，自必存在，而其中理想化部分可能存在或不存在，全视其是否见诸于行为措施。例如"天道无亲，常与善人"（《道德经》章七九），此乃理想化的自然规律。自然规律无一不是铁面无私。"无亲"是事实，故有其存在。至于"常与善人"则是理想化，盖善人不见得常有善报（往往"盗跖寿而颜回夭"）。又例如，"功成名遂身退，天之道"（同上，章九）。彼张良从赤松子游，因得保全首领以没于地；此一史实殆可佐证此一"天之道"有其存在。可是历史上鸟尽弓藏，兔死狗烹，纵欲身退而不可得之悲剧比比皆是。此亦足见"功成名遂身退"的"天之道"未必存在。《礼记》（《孔子闲居》，四）载："天无私覆，地无私载，日月无私照。"天之覆，地之载，日月之照，各有其自然规律。以言"无私"之覆，之载，之照则显属理想化。又"无为而物成，是天道也"（见前）。"物成"固是自然规律，"无为"则属理想化。兹再举朝代兴亡基于"天命"为例。历史上政权更迭，堪称为应天顺人者固亦有之，但"成王败寇"比比皆是。必曰全系天命显属片面理想化。凡属理想化者均已成为伦理原则，此即牵连道之第三种类别及其分别存在问题。

　　所谓道之第三种类别，前曾指陈：即道有虚实，有抽象原则之道，有具体行为之道。"无为而物成"（犹诸"无为而无不为"）及"天道无亲，常与善人"均是抽象原则的天之道。必也有其具体行为事实，足资证明，方见存在。至于所举之具体行为事实能否真正证明其抽象原则，则端赖立场与信仰，前已指出，自不免仁者见仁，智者见智。

　　最后，请就最重要的道之类别，亦即就人之道，试探其是否存在。究竟所谓人道，果何所指？此乃先决问题。人之道实乃社会人群所作之一般行为措施,及其先知先觉所揭橥之道德原则而经纳入风俗习惯及法令制度之中。就人类历史言之,远在道德法制之抽象原则形成以前,早已久有种切具体行为。其后各项具体行为,分别被判为善为恶,为是为非,为应当为不应当,而渐次归纳为道德规律与法令制度。此其结果,则几乎无一行为不可用原则加以准绳,不啻每一原则可对发生之事加以判断。基于上述,似可得到下列结论。其一,人之道不能产生于真空之中,而必存在于现实社会之内。故整体总括的人之道,不可能全部为正为邪,而必瑕瑜互见,混杂并存。其二,人之道大抵系社会之中具有权位势力及左右言论思想之优秀分子所能形成,而由大众所接受,并能化成习俗与法制。但每一社会所流行之道总在变迁演化。其三,所谓天下有道或天下无道,乃指当时当地传统正道之流行程度与范围(尤其指统治阶级与知识人士而言),有其深浅大小之别。

以言人之道之抽象原则与具体行为,则孔子之教训至为精细而深广。就个人言,在出世以前,"道"自胎教开始。幼时训育即在日常洒扫应对之中。稍长则务习六艺(礼乐射御书数)。及其长大,应以君子自许,期能修齐治平。人与人之关系,首重五伦。关于政治经济,内政外交以及治乱兴亡之道亦莫不涉及。以故,孔子及历代儒家所标榜之人之道,其范围至广。

由于上述种种,可见现实社会中之人之道,不论其为正为邪,不论其为抽象原则或具体行为,且不论其为个别零星或整体总括,均有其存在。兹另有一点,值得略提,即所称正道果何由而发生?吾人须知人有本能亦有理性。若干行为乃系弗学而能,不教而知者:此盖基于本能。至于分善恶,辨是非,尚价值,此则基于理性。人之正道,盖即根据理性在长期生活经验中渐次形成而继续演化。兹以食色为例。《礼记》(《礼运》,二三)即云:"饮食男女,人之大欲存焉。"《孟子》载告子语(《告子上》，一)："食色性也。"假若食色本能生活，尽情放肆而漫无制裁，则岂只所谓"紾兄弟之臂而夺之食"及"蹸东家墙而搂其处子"(《孟子·告子下》，第一章，八)！种种流弊祸害，不堪设想。食色尚且如此，它如有关权、位、名、利各项，如无与时俱进的人之道，予以范畴与制裁，则社会之混乱不言而喻。由是以言，理性与本能，既然同为人性之部分，亦即同为自然之部分，则胚胎发育于理性之正道，自必同为自然之部分。

五、道之作用

探求道之具何性质，终必牵涉道之如何发生作用。一言以蔽之，凡属实际存在的道，就是发生作用的道。反之，倘若吾人不能发现其能直接间接引起作用，则所谓道者只是虚构。研究道之作用，可从两方面着手。一方面就道之层次类别，探求其如何而能发生作用。另一方面，就道之内容方向，检讨其果能发生何种作用。

先论自然之道，亦即自然规律。一切自然规律，不论何时何地，永在发生其作用。易词言之，此种运行与作用，乃是机械地、自动地、永恒地在继续着。小而言之，例如细菌可以引起疾病；人身内部本有抵抗力量；对症药剂可以治病，亦可意外发生副作用。大而言之，一国之治乱兴亡(往往超出当事人之料想)亦均基于若干复杂隐藏的自然规律。在物体界中，例如天文、物理、化学等自然科学，现已发现许多自然规律而能以数目字母之计算公式表列出来。但在人事界中，则因任何事实现象，不能加以隔离独立而反复试验，故末由断定其中运行支配之自然规律。再则自然科学只问如何，而社会科学且问为何，更使问题复杂，解答困难。

所谓天之道，实即若干理想化的自然规律；其能发生作用，自与自然规律之完全自动,绝对不同。盖天之道必赖人群之深切信仰与实际遵行。今以孝乃天之道为例。《孝经》(《三才》章)云:"夫孝,天之经也,地之义也,民之行也。天地之经而民则之。"又(《圣治》章)云:"父子之道,天性也。"此皆表示孝乃天之道,而亦本于自然之道。然而只就孝之为天之道,仅系抽象原则,必须另有应有之具体行为,方能证实原则之能发生作用。《孝经》(《开宗明义》章)有云:"身体发肤受之父母,不敢毁伤,孝之始也。立身行道,扬名于后世,以显父母,孝之终也。夫孝,始于事亲,中于事君,终于立身。"此乃以孝为天之道而需要的应有行为。另如《道德经》中所谓"天之道损有余而补不足",亦只是天之道之一项个别的抽象原则。古今来提倡损有余而补不足者,不乏其人。假定其确为天之道,则亦必等到今日各国实施累进率所得税与遗产税等项之后,始有具体行为以证实此项抽象原则。由此可知:天之道必藉具体事项乃能由虚而实。

今可转到人之道果如何而能发生作用问题。如前所述,抽象与具体两类的人之道均有其存在。既有其存在,即已证实其已发生作用。抽象的人之道,即系道德规律。道德规律不能自动发生作用。只有久被社会接受,久经士大夫宣扬,而且已带情感已成风气之各项道德规律,乃能形成一套"思想力量",足以鼓舞影响乃至指导支配人群行为。此固正道之发生其作用。由此观之,"道"与"教"确难分离独立。"教"之施行固必本于其"道";而"道"之能生作用,自必有赖于"教"。同时,在另一方面,凡系包含并表现道德原则之道德行为,只要长期推广,亦可于无形中化成一种强大的推动力量。上所云云,乃是指陈人之道(包括抽象原则与具体行为)如何而能发生作用。上所云云,亦是说明例如孝、贞、忠、仁、义、礼等各项道德所以能历数千年而不衰。反之,各项邪道恶德,例如贿赂、贪污、欺诈、强暴、反叛、侵略等等,其所以亦能到处存在者,正亦基于上述理由。所不同者,邪道恶德向来不经宣扬,不经承认,适得其反,当事人往往自己公开抨击;可是一经反复实践,自有一种散布蔓延之力量。所谓"不言之教",信而有征!因此之故,"人能弘道,非道弘人",实可兼指正邪两道;但就邪道而言,当为"人能损道,非道损人"。

关于抽象人之道之可能作用,另有一点,至属重要。此无它,即空洞理论不尽在支持当时当地流行之社会体系与生活方式,抑且可在批评、攻击、破坏现状,进而创建一套新的系统——不论其在宗教、社会、政治、经济、伦理,甚至艺术方面。每当青黄不接、新旧交替之际,传统的道与教往往发生反作用。当然,反作用亦是作用之一种。

上所指陈乃在阐明道之如何而能发生作用,亦即有关作用之方式(即是否自动,是否直接)。兹舍方式而论内容,试探"道"果能发生何种作用。所谓内容当然即指道之基本原则。请就老子与孔子之道,扼要比较。先言自然之道。老子之所最着重者,厥在无为与相对。关于无为,前已指陈,不必赘及。所谓相对,乃指万事万物均有其相反相成之双元性:例如长短、高低、前后、难易、祸福、善恶,乃至阴阳、有无,甚或慈爱与勇敢,节俭与广施,谦退与领导。《道德经》中指出下列各项(章二、二十、五八、四二及四十):"故有无相生,难易相成,长短相形,高下相倾,……前后相随。""善之与恶相去何若!""祸兮福所倚,福兮祸所伏。""万物负阴而抱阳。"老子又曰:"吾有三宝,持而保之。一曰慈,二曰俭,三曰不敢为天下先。慈故能勇,俭故能广,不敢为天下先,故成器长。"此之所云亦指相反相成。以言孔子,虽认一阴一阳之为道,故亦重视盈虚消长与来复循环;但对于无为与相对却未强调。

　　至于理想化的自然之道亦即天之道,老子重视下列数项:"无为而无不为。""天网恢恢,疏而不失。""反者道之动。弱者道之用。"(均见前引)就孔子言,则天之道之重要内容当为"诚",为"仁",为"行健",为"尽万物之性"。两哲最关切而加宣扬者自为人之道。关于天或自然,两哲之概念似尚接近,但由此而演绎出来的人之道却大有出入。吾人不必详举其背异之点,而只须指陈四项:仁、义、礼、法。对此四者,孔子极加崇尚,老子则施以抨击。孔子暨儒家之立场可以《礼记》(《曲礼上》,五及六)下列一段代表:"夫礼者所以定亲疏,决嫌疑,别同异,明是非也。……道德仁义,非礼不成。教训正俗,非礼不备。分争辨讼,非礼不决。君臣上下,父子兄弟,非礼不定。……是故圣人作,为礼以教人,使人以有礼,知自别于禽兽。"老子之见解则显然相反。《道德经》中有下列数段(章三八,十八,十九,及五七):"故失道而后德,失德而后仁,失仁而后义。夫礼者,忠信之薄而乱之首也。""大道废,有仁义。智慧出,有大伪。六亲不和,有孝慈。国家昏乱有忠臣。""绝仁弃义,民复孝慈。绝圣去智,民利百倍。绝巧弃利,盗贼无有。""天下多忌讳而民弥贫。民多利器,国家滋昏。人多技巧,奇物滋起。法令滋彰,盗贼多有。"老子此种排斥仁、义、礼、法之立论,实在基于其归咎"人身"之见解:"吾所以有患者,为吾有身。及吾无身,吾有何患?"(章十三)(不论"有身"、"无身"究作何解,似与其推崇自然有所抵触)两氏对于抽象的人之道,见解相反,于此可见。

　　在抽象原则方面,老子与孔子既已距离如此之远,则在具体行为方面,其必背道而驰,自可想像。就基本立场言,老子志在出世,故鄙贱俗务,不事纷扰;孔子则甘愿入世,欲努力从政以改善社会而转移世运。就立论对象言,老子乃为个人着想,尤其为优秀分子着想;孔子则着眼整个社会,包括尊卑上下,男女老幼,智愚贤不

肖。就入手方法言，老子采取放任无为；孔子则重舍私为公，人人
各尽其职责。就最终目标言，老子企求回返自然境域，生活简朴而
无纷乱；孔子则期待一个秩序稳定而且和谐平衡的政治社会。老
子之理想社会有如下述："小国寡民。使有什伯之器而不用。使
民重死而不远徙。虽有舟舆无所乘之。虽有甲兵，无所陈之。使
人复结绳而用之。甘其食，美其服，安其居，乐其俗。邻国相望，鸡
犬之声相闻，民至老死不相往来。"(《道德经》，章八十) 孔子之理
想大异于是："大道之行也，天下为公。选贤与能，讲信修睦。故
人不独亲其亲，不独子其子。使老有所终，壮有所用，幼有所长。
矜寡孤独废疾者，皆有所养。男有分，女有归。货，恶其弃于地也，
不必藏于己。力，恶其不出于身也，不必为己。是故谋闭而不兴，
盗窃乱贼而不作，故外户而不闭。是谓大同。"(《礼记·礼运》) 如
谓此中生活体制与精神含有民主社会主义，当非诬罔。

　　两哲对于人之道之内容，既如此相异，则其所能发生之作用，
必不相同。就事实言，两哲思想之不同作用可于吾国人民生活历
史中求之。老子之道既然教人柔弱、谦虚容忍与知足，则自必使人
得意、在位、握权之时，要节制自己行为，同时使人失望失败之余，
有以自解自慰。大体言之，老子之道之作用，乃在个人生活思想方
面，而亦见诸宗教艺术。以言对于政治之影响，殊属不多。在西汉
开国之初六十年中，一则因在位之人主恰好笃信黄老，再则因暴秦
亡灭以后，人民正需休养生息，故黄老放任无为之道曾经发生作
用。孔子之道自属不同：性质积极，旨在有为，其对象为整个社会，
尤其在鼓励知识分子修成君子，俾能参政服务，事君爱民。此种作
用可在下列礼节法制中见之：祀礼、朝仪、官制、考试、纠弹、纳谏、
赦宥、仓储、赈恤、法典等等。凡此皆属仁、义、礼、法之具体化作
用。无论如何，儒道两家之"道"与"教"，确为中华民族文化生活

历史之构成部分。

可是时代变更,世界潮流另有趋向:君主政体已改为代议制度,孤立自足已转成应付侵略之族国主义,农业经济已跃进为民生主义。是则儒家之道势必发生而且确已发生调整,俾能适应新时代之需要。基本的伦理判断与道德规律,仅可依照传统,而其解释精神与具体应用,自必有所适应。盖演化乃自然之道;人之道亦不免有其演化。

六、推论与标准

多年以来,笔者在摸索孔子与老子之"道"之基本含义,亦即探求道是什么,无意中点点滴滴逐渐发现古今中外各种的道,同样有其类别、根源、性质与作用诸问题,而其中所含之原理正复相同。用是不揣冒昧,引申推论,计共四点。其一,"道"即是"主义",亦不啻即是"教"。三者均可分别为正为邪。其二,言道必言根源;言根源则各有其长短,各有其困惑。其三,道之所以重要,全在其能发生具体作用;但具体作用之为正道或邪道,端赖于动机与目的。其四,各色各套的道纷歧变化,欲加比较评估,当先求客观的共同标准。

请先陈述"道"即是"主义",亦不啻即是"教"。道字之本意为路,故转成为理路,为规律。以故,道指抽象原则,亦指具体行为。昔日东方所称之道即系今日西方习称之主义。任何宗教,任何政体,任何经济系统必有其神学政治哲学或经济理论。在逻辑上,道自为道而教自为教。在实际上,则道之昌明必赖于教,而教之发挥必本于道。当然,或人所教者,未必即合于其所标榜之道。但由谁来判定? 兹举两例以证明"道"、"教"与"主义"之贯通。

吾国向称西方牧师来华"传教"或"布道"。西方学者称儒教为"孔子主义",道家哲学为"道家主义"。

或人可谓道之与教,不特分立,而且往往相反。例如日出与日入,并非真理。殊不知数百千年来人类信仰所及,实际上"教"确是"道"。中古世纪,欧洲基督教徒咸信捐金献款乃为向神赎罪之有效途径。古代中国,皇帝曾杀宰相以代应不祥之天变。此皆"教"确为"道"之例证。即就今日自然之"道"——亦即自然规律言之,例如及时打防疫针,种牛痘,每年作体检一次,类此保健措施,亦必有赖于广大、深入、持久的"教"(即书面与口头,广播与电视之宣扬训导),乃能减少疾病死亡。自然之道,尚有赖于教,何况人之道!"人能弘道,非道弘人"(《论语·卫灵公》,章廿九)。信哉斯言。

复次,言道必言根源,言根源则各有其长短,各有其困惑。一切思想家大抵不愿将其所持之主义脱胎于个人之意志与智慧而必归诸于超人的根源:如神命、天道、宇宙本质,或自然。例如摩西之十诫认为上帝所授;即君主之专制权力亦必归于神授。今日天主教会不准其教徒离婚或堕胎,亦云此乃神之意旨。十八世纪之人权运动揭橥自然权利(中文旧译作天赋人权)。十九世纪欧洲盛行之功利主义盖以趋乐避苦由于人性而本诸自然。马克斯之唯物辨证与经济史观,亦以自然为其依据。甚至希忒拉辈以日耳曼民族为世界最优秀而应居领导地位之种族主义,何尝不本诸自然。清末康有为与谭嗣同因受西方科学之影响,倡言仁乃是电,仁乃是以太。是将传统认为本于天之道者改作本于自然之道。至如印度教各派神学认为个人之最高成就莫若以小己归入大我,完成解脱。解脱之最好譬喻,犹如一座冰山融化为水而返回大海怀抱。此言冰山犹如小己,大海无边犹如大我,亦即宇宙本质。佛学则否认宇宙有固定永恒之本质,故以求得涅槃,脱离轮回,为无上成就。笔者不惮辞费,只在强调证明一点:即言道必言根源。

任何一种根源理论具有其长短与困惑。例如以神命为人道之根源;古今诘难甚多。既有各教,究竟孰系真神? 又何以有魔鬼对抗? 且神之所命,若云仅凭神之喜怒好恶,殊不合理;如谓依据固定的道德规律,则道德规律反处于神之上而使神不复万能。虽然如此,神命根源论,比较起来,还是接近颠扑不破。以言根源乃是天命,亦有其困惑。《中庸》(第四章,一及二)载:"子曰道之不行也,我知之矣。知者过之,愚者不及也。道之不明也,我知之矣。贤者过之,不肖者不及也。人莫不饮食也,鲜能知味也。"此段意义,如与前引"道者不可须臾离也;可离非道也"两相比较,殊难贯串。互以自然为道之本原,固可持之有故,言之成理。但是究竟如何而顺合自然,如何而违反自然,一涉道德,一涉价值,往往聚讼纷纭,莫衷一是。盖自然究属科学范围;纯就科学立场只求事实,只求公式,不求价值或道德之判断。以故将人之道之根源归诸自然,亦有其欠缺。

今舍根源而论作用。道之所以重要端在其能发生作用,但具体行为之是否合于正道则亦有赖于无形因素,例如动机、精神、及目的各项。不宁惟是,有时表面上相反的具体行为,恰可表现相同的抽象原则。今以孝道为例。孔子曾云:"今之孝者是谓能养。至于犬马,皆能有养。不敬,何以别乎?"(《论语·为政》,章七)此中意义至为深刻。推而论之,设若一国之中,人人之衣食住问题可称解决,而自由却被剥夺,人性却被抹煞,则此国人民何异于监狱中之囚犯。再推而论之,一国人民如果实际上不啻随时可以畅所欲为,日而强奸盗劫,杀人放火,无日无有,使大都市居民,即在光天化日之下,热闹市区之中,亦无安全之感。是则此国人民并非享受自由而遭受放任之痛苦。此种推论更可包括国际行为。例如订定和约，缔结联盟，其本意固在恢复和平与相约互助，然而有时实际动机与隐藏目的，乃是恰恰相反。此则史例众多，不难复按。可见具体行为不一定代表其所揭橥之抽象原则。不宁惟是，形似相反的具体行为，有时却可表现同一抽象原则。《孝经》(《谏诤》章)有云："曾子曰……。'敢问子从父之令，可谓孝乎？'子曰：'是何言与！……父有争子则不陷于不义。故当不义，则子不可以不争于父。……从父之令，焉得为孝乎？'"此盖明示孝与义不能兼顾，则义在孝先。此固与大义灭亲之道连贯。然而孔子对于"其父攘羊而子证之"不加赞许，却以"父为子隐，子为父隐，直在其中矣"(《论语·子路》，章十八)。由是观之，具体行为之道，不可一概而论。至若时代不同，境况变迁，观点更易，则所谓正道与邪道，随之而异。例如国立教会已由信仰自由所替代，世袭专制政体已由代议政府所推翻，而男女平等正在逐渐消除性别歧视。余如打胎，限制人口，废止死刑等项，仍为目前剧烈争论问题。人之道经常亦在演化。在过渡期间，自不免多所纷扰。此则引起最后一项，即能否寻出客观的共同标准，俾以评估当今流行各色各套的道。

此处所拟提出讨论者，不是评估各"道"，而是用以评估的标准尺度。吾人似宜首先承认：事实上之所谓成败决非判别高低优劣之道德标准。盖单单正义自不能克服强权；反之，仅仅强权亦绝对不能成为公理。今日人类所企求实现者似可归纳为五大项目：即秩序、安全、公正、福利与自由。此盖指社会秩序之维持，国家安全之确保，司法公正之树立，生活福利之增进，以及言行自由之扩充。但此五大目的与事实，有时势难兼顾。实则其中含有先后缓急。如无秩序，何来公正。苟无安全，那能自由。最属重要而最易误解者，厥为秩序与自由之形若矛盾抵触、而实则相反相成。欲有秩序,必守法律;惟有守法,乃有自由。试举两例。如果不受议事规则之束缚,则开会辩难,何来言论自由? 如不遵守交通管制规则,则风驰电掣之汽车何能在宽广大道上来往自由? 当兹核子时代,举世人民所渴望者厥为上述五大项目之平衡和谐的发展。此乃当今全球性之企求。此项全球性之企求,殆可作为衡量目前流行各色各套的道之标准尺度。易言之,即视其是否顺合或违反,及能否促进或阻碍此项全球性之企求,而评估其价值之高低优劣。

类此衡量标准之形成,以及类此共同企求之实现,自将为一种理想而遥远的"现象"。此项现象之渐次进展,自必有赖于其他不可缺少的构成因素:即逐步建立若干"制度",例如全球性人口限制,设置世界立法机构,编纂国际法典;逐渐改造"观念"……推选见解开明真爱和平的"人物",柄政当权;以及努力建设无形与有形的"力量",例如世界舆论及国际警察。对此种种必需的条件,对此世界性的一套新道,孔子与老子之"人之道",当能异途同归,各尽其莫大贡献。吾人尤宜切记:人类生活所择的目标固属重要,而其实现目标所采之途径或手段,亦属重要。盖目标与途径同属于道之范围而有其邪正之别。至于世界正道之形成与实现,必赖多方努力继续不断,乃能渐次接近理想。

(选自《清华学报》〔台〕第 11 卷第 1、2 期,1975 年)

蒲薛凤,台湾彰化人,曾任国立清华大学教授。

本文指出,其一,老子与孔子之道实均包含三种类别:有关范围之大小;有关层次之高低;有关所指之虚实。其二,老子与孔子都强调人之道应本之于天之道,即二人思想体系之哲学基础均基于自然主义。其三,老子之道教人柔弱,谦虚容忍与知足,使人在得意、在位、握权之时,要节制自己行为,同时使人失望失败之余,有以自解自慰。孔子之道自属不同:性质积极,旨在有为,其对象为整个社会,尤其在鼓励知识分子修成君子,俾能参政服务,事君爱民。

20世纪儒学研究大系

儒墨道三家逻辑之比较的研究

严 灵 峰

一

"逻辑"一词,是古希腊文 Logic 之译音。有意译为:"名学"或"论理学"。这个字是导源于"Logo"一字和与之联系的"Logos"一字;前一字的含义是"谈话"、"解释",后一字的含义是"字"、"思维"、"理智"。依上述这些意义来说,我们如果采用"音译",似可叫做"逻辑学";如用意译,则相当于"思考方法"或"推理方法",因为它是指导人类思维作"有规律"之活动。中山先生称之为"理则学"。

中国古代,尤其是在春秋、战国时代,关于"逻辑"的讨论是十分发达的。不管儒、墨、名、法以及道家的思想和意见如何分歧,但他们彼此间对于"逻辑"问题,都是极端注意的! 这时期中国精神文化发展的特色:一面表现于自然哲学;一面表现于"逻辑"理论。在上述各家中关于"逻辑"问题的见解,固然不能把他们截然分开,认为彼此的思想为绝对不能相容;但大体上可以用儒、墨、道三家作为三种不同倾向或流派的代表。当然,这还不是说,在这三家之中,绝无丝毫共通之点!

现在我们开始加以分别研究。

二

　　第一，我们先说到以孔子为代表的儒家。《韩非子·显学篇》说："世之显学，儒、墨也；儒之所至，孔丘也。"孔子对于"逻辑"，也就是对于思考的方法，是"正名主义"。《论语·子路篇》说："子路曰：'卫君待子而为政，子将奚先？'子曰：'必也正名乎！'子路曰：'有是哉！子之迂也，奚其正？'子曰：'野哉！由也，君子于其所不知，盖阙如也。名不正，则言不顺，言不顺，则事不成，事不成，则礼乐不兴，礼乐不兴，则刑罚不中，刑罚不中，则民无所措手足。故君子名之必可言也，言之必可行也。君子于其言，无所苟而已矣！"这里，孔子以"正名"作"为政"之先着，所以在《颜渊篇》说："政者，正也；子率以正，孰敢不正？""为政"尤须正己，以身作则。故在《子路篇》说："其身正，不令而行；其身不正，虽令不从。"又说："苟正其身矣，于从政乎何有？不能正其身，如正人何？"为政之道，首在"正名"，正名而后正己，正己而后始能正人。这样，才能达到"君君，臣臣，父父，子子"（《颜渊篇》）的地步。又如《易经·家人卦》说："家人有严君焉，父母之谓也。父父，子子，兄兄，弟弟，夫夫，妇妇，而家道正。正家而天下定矣。"又《中庸》云："天下之达道五：君、臣也，父、子也，夫、妇也，昆、弟也，朋、友之交也。"这是把人类的社会相互关系，即上、下、左、右的关系确定了。也可以说是"定名分"。孔子所著的《春秋》就专讲这一套的。所以《庄子·天下篇》说："春秋以道'名分'。"名分不定，就说不上"为政"；所以《子路篇》齐景公说："信如君不君，臣不臣，父不父，子不子；虽有粟，吾得而食诸？"所以孟子说："世衰道微，邪说暴行有作，臣弑其君者有之，子弑其父者有之。孔子惧，作《春秋》。"什么是"于其言无所苟"呢？这就是如《荀子·不苟篇》所说："君子……说不贵苟察……唯其'当'之为贵。……山渊平，天地比，齐秦袭，入乎耳，出乎口，钩有须，卵有毛；是说之难持者也，而惠施、邓析能之。然而，君子不贵者，非礼义之中也。"董仲舒《春秋繁露·深察名号篇》说："春秋辨物之理，以正其名，名物如其真，不失秋毫之末，故名陨石则后其'五'，言退鹢则先其'六'。圣人之谨于正名如此。'君子于其言，无所苟而已矣。'五石、六鹢之辞是也。"这是"正物名"，也就是《易经·系辞传》所说"正辞"，"其称名也，杂而不越"，"开而当名，辨物正言"和"辨是与非"了。什么叫做"当"呢？《尹文子·大道篇》说："称器有名，名也者，正形者也；形正由名，则名不可差。故仲尼云：'必也正名乎！名不正则言不顺'也"又说："名以检其差，故亦有名以检形，形以定名，名以定事，事以检名；察其所以然，则形名之与事物，无所隐其理矣。"又说："有名，故名以正形，今万物具存，不以名正之则乱；万名具列，不以形应之则乖；故形名者，不可不正。善名命善，恶名命恶；故善有善名，恶有恶名。圣、贤、仁、智，命善者也。顽、嚚、凶、愚，命恶者也。"所谓"当"，就是"善有善名，恶有恶名"。即《韩非子·扬权篇》所说"名正物定"与"形名参同"了。"不当"，就是《荀子·正名篇》所说"今圣王没，名守慢，奇辞起，名实乱，是非之形不名"。又说："见侮不辱，圣人不爱己，杀盗非杀人也；此惑于用名以乱名者也。……山渊平，情欲寡，刍豢不加甘，大锺不加乐；此惑于用实以乱名者也。……若矢过楹①，有牛马非马；此惑于用

---

① 原作"非而谒楹"。杨倞注云："'非而谒楹有牛'，未详。"按：《墨子·经说上》作"若夫过楹"。王引之云："'夫'当作'矢'。……《乡射礼记》曰：'射自楹间'，故以矢过楹为喻。"《说文》：夫作 $\bar{\uparrow}$；矢作 $\bar{\uparrow}$；而作 $\bar{\overline{\Pi}}$。三字

名以乱实者也。"这就是《韩非子·扬权篇》所说"名倚物徙"。

　　总之，儒家的"正名"，也可说是"定名"（按：《韩非子·扬权篇》："执一以静，使名自命，令事自定。"《尸子》云："执一以静，使名自命，令事自正。"按"正"或作"定"。又老子："不欲以静，天下将自定。"有本"定"作"正"。"定"、"正"似古相通假）。也就是"制名"。"制名"是由上到下"主观"决定的。所以《荀子·正名篇》说："故王者之'制名'，名定而实辨，道行而志通，则慎率民而一焉。"又说："名无固宜，约定俗成，谓之宜；异于约，则谓之不宜。名无固实，约之以命，约定俗成，谓之实名。名有固善，经易而不拂，谓之善名。"（按：王念孙曰："约之以命实"，"实"字涉上下文而衍，当从之，故删）尹文子说："定此名分，则万事不乱也。"尸子说："天下之可治，分成也。是、非之可辨，名定也。"可见儒家的"逻辑"观念，是认为世间一切是、非，善、恶，都是一成不变的，因此，人们可以用自由意志来决定万物、万事的名称，只要"约之以命"就够了。一切是、非，善、恶的名分或标准都是由在上者主观的意旨来决定，或依少数人来约定；老百姓只有遵守上头所定的标准罢了。因此，儒家的"正名"，就是"正是、非"；也可以说是"定是、非"。他们的"逻辑"的公式是：

　　"是——是和非——非"。

三

　　第二，说到墨家，他们是以墨翟为代表。《韩非子·显学篇》

形皆近似。又，过作锅，谒作锅，形甚相近。非作锅，若作锅，均有讹误可能。因为"若矢过"，由于缺坏而讹为"非而谒"了。且《经说》的上文有"当牛非马"，而《荀子》下文作"有牛马非马"，可参证。因据改。

说:"墨之所至,墨翟也。……自墨子之死也,有相里氏之墨,有相夫氏之墨,有邓陵氏之墨。……墨离为三,取舍相反不同;而皆自以为'真墨'。……"《庄子·天下篇》说:"相里勤之弟子,五侯之徒,南方之墨者:苦获、已齿、邓陵子之属,俱诵墨经;而倍谲不同,相谓'别墨'。以坚、白,同、异之辩相訾,以奇偶不仵之辞相应。"墨家自身的内部派别纷歧,斥他人为"异端",所以说"相谓别墨"。称自己为"正统",所以说"自谓真墨";这都是由于互相辩论而起的。这种辩论的原理,就是《大取篇》所说的"语经",或《列子·汤问篇》所说的"辩斗"。《列子》说:"孔子东游,见两小儿辩斗,问其故? 一儿曰:'我以日始出时去人近,而日中时远也。'一儿曰:'我以日初出远,而日中时近也。'一儿曰:'日初出大如车盖,及日中则如盘盂;此不为远者小而近者大乎?'一儿曰:'日初出沧沧,凉凉,及其日中,如探汤;此不为近者热而远者凉乎?'孔子不能决也。两小儿笑曰:'孰为汝多知乎?'"这就是辩论的方式。因此,可说墨家的"逻辑"是着重于互相对立的双方的辩论或舌战,不像儒家由"正名"的方式来"制定"抽象的是、非原则;也可说是对于儒家的"形式逻辑"之直接的反响。

墨家的"语经",也就是关于"辩"的定义。《墨子·经上》说:

经:"彼、此①不可,两不可也。"

说:"彼、此,牛、非牛,两也。无以相非也。"②

---

① 原作"攸"。孙诒让云:"杨云,'攸'《经说》作'彼'。张云,'攸'当为'彼'。案张校是也。下文'辩争彼也','彼'今本亦或作'攸'是其证。"孙说是,当从之。但"辩争彼也"句中之"也"字,疑系"此"字之形讹,盖辩争彼、此。故"彼"下当脱"此"字,因增"此"字,有彼、此,始可云"两不可"也。

② 原作"彼,凡牛枢非牛,两也:无以非也。"梁启超云:"'凡'当作'此'是也。"按:古文屮、八一部形近,"此"字缺失,因讹为"凡"。又:"枢'字

经:"辩争彼、此①,辩胜,当也。"

　　说:"辩:或谓之牛,或②谓之非牛,是争彼、此③,是不俱当。不俱当,必或不当。不当,若犬。"④

经:"谓辩无胜,必不当;说在辩。"

　　说:"谓,所谓,非同也,则异也。同,则或谓之狗,其或谓之犬也。异,则或谓之牛,其⑤或谓之马也。俱无胜,是不辩也。辩也者,或谓之是,或谓之非;当者,胜也。"

　　这几段文字是非常有意思的,完全表现了墨家的逻辑观念。"彼、此不可,两不可也。"孙诒让注云:"言既有'彼'之'不可',即有'此'之'不可';是'彼'、'此'两皆'不可'也。"其实这里是说,彼谓

疑系"相"之形误,且当在下文"以"字之下。句作"无以相非也"。意谓"彼"为"牛","此"为"非牛",两物也,双方皆无可非难也。

　　① 原作"也"。"也"当作"此"。古文"也"作🀣;"此"作🀣,形近而误也。盖"辩"者为争是、非。是、非相对,必包括彼、此两方,故不能用一"彼"字概括言之。《公孙龙子·名实论》云:"其名正,则唯乎其彼、此焉。谓彼而彼,不唯乎彼,则彼谓不行;谓此而此,不唯乎此,则此谓不行。"正名、实,即所以定彼、此。彼、此相对。《庄子·齐物论》云:"物无非彼,物无非是……故曰:彼出于是,是亦因彼。……是亦彼也,彼亦是也。彼亦一是、非,此亦一是、非。果且有彼、是乎哉?果且无彼、是乎哉?彼、是莫得其偶,谓之道枢。"王先谦注云:"'是','此'也。"又云:"有对立皆有'彼'、'此'。"辩乃争彼、此之是、非,所以此句应作"辩争彼、此"。否则,在"彼"字下依义亦当脱一"此"字,句作"辩争'彼'、'此'也"。因据改正。

　　② 原无此"或"字。孙诒让云:"疑当作:'辩者,或谓之牛或谓之非牛'。"从孙校增。

　　③ 原作"也"。疑亦系"此"字之形误。依本页注①改正。

　　④ 原作:"不若当犬。"梁启超云:"应作'不当,若犬'。"梁说是。今据正。

　　⑤ 原作"牛"。孙诒让云:"下'牛'字疑为'亓',与上句文例同。"孙说是,今据改正。

不可,此亦谓不可;彼、此两方都认为不可,那是无须争辩的了。至于说"彼、此、牛、非牛",是什么意思呢? 这是说:彼是牛,此是非牛,是两种东西。彼、此两方都这样认识,都对;那也没有什么可以互相非难了。《经下》云:"狗,犬也,而杀狗非杀犬也,可;说在重。"又《经说下》云:"狗,犬也,谓之杀犬,可;若两睨。"①在《经》中说:"非杀犬也,可。"在《经说》中却说:"杀犬,可。"这正是没有"是"、"非"的"两可"了。如《列子·力命篇》云:"邓析操'两可'之说,设无穷之辞。"《吕氏春秋·离谓篇》云:"以非为是,以是为非;是、非无度,而可与不可日变。"这简直淆乱是非。梁启超说:"狗不过犬之一种,故杀狗可谓非杀犬;狗为犬之一种,故杀狗可谓之杀犬。""两睨"就是"闪烁"或"模棱"的意思。《说文·目部》云:"睨,衺视也。"《庄子·庚桑楚篇》云:"知者之所不知,犹睨也。"郭象注云:"虽智者有所不知,如目斜视一方,故不能遍是。""睨"尚不能"遍是",则"两睨"更是无所适从了。既是可彼,可此,那还有什么可争辩的呢? 如果要争辩,那就必定有个是、非。因此说:"辩争彼、此。"什么是"彼"、"此"呢? 今有物于此,你说这个东西"是牛",是"此";我说这个东西"不是牛",是"彼"。不能两者都对;一定有一方面不对。如果"是犬",那末,你说"是牛",就不对了;我说"不是牛"便对了。这样,我的争辩就胜利了,我说得对,我"当"了。你输了,因为你说得不对,你"不当"了。同时,争辩不胜的人,他一定说得不对。所以《经下》说:"谓辩无胜,必不当。"

---

① 原作"腕",无义。疑系"睨"之形误,依义改之。又疑系"說"字之讹。《说文》:"說,相倪伺也。"《经上》云:"服,执,說。"孙诒让云:"'服',谓言相从而不执;'执',谓言相持而不服;'說'则不服、不执而相伺。"正是此文之确诂;姑备此说。

　　这里《经说下》说："谓，所谓，非同也，则异也。"即《经说上》所说："所以谓，名也；所谓，实也。"有同实而异名，有异实而异名。《经下》云："狗，犬也。"《尔雅》说："'犬'未成豪曰'狗'。"曲礼疏云："通而言之，'狗'、'犬'通名；若分而言之，则大者为犬，小者为'狗'。"也就是《经上》所说："同、异而俱于之一也。"换句话说，二者虽有大、小之异，其同为犬则一也。又《经说上》云："二名一实，重同也。"如《荀子·正名篇》所说："有异状而同所者。"所以说："同，则或谓之狗，其或谓之犬也。"牛和马是不同类，也就是《经上》所说："异：二、不体、不合、不类。"《经说上》云："异：二毕异，二也。不连属，不体也。不同所，不合也。不有同，不类也。"孙诒让注云："谓名、实俱异，是较然为二物也。"这就是说：牛，非马。也就是《荀子·正名篇》所说"异实者，莫不异名也。"所以说："异，则或谓之牛，其或谓之马也。"假使像上述这样彼、此双方都已经把名、实和同、异都弄得清清楚楚了，那谁也没有胜利可言，那是没有什么可以争辩的了。所以说："俱无胜，是不辩也。"

　　其实，归结起来，"辩"，就是彼、此两方互争是、非的。那一方面"对"的，就是"是"，就是"当"，就是"胜"；那一方面"不对"的，就是"非"，就是"不当"，就是"败"。因此，只有彼、此两方，一方面为"是"，一方面为"非"的，才可以叫做"辩"；否则，彼、此双方都是"是"或都是"非"的，便不能算做"辩"了。因此，《小取篇》说："一马，马也。马四足者，一马而四足也；非两马而是四足。马或白者，马而或白也；非一马而或白；此乃一是而一非者也。"必定有"一是而一非"，然后彼、此两方始可从事争辩。所以说："辩也者，或谓之是，或谓之非；当者胜也。"

　　这样看来，墨家所谓"辩"，就是争彼、此，争是、非的逻辑的一种方式罢了。

此外，墨家所说的"当"，和儒家所说的"当"，是有区别的。

《经下》云："狂举不可以知异，说在有不可。"

《经说下》云："牛与马虽异，以牛有齿，马有尾；说牛之非马也，不可。是俱有，不偏有，偏无有。牛之与马不类，用牛有角，马无角；是类不同也。若举牛有角，马无角，以为是类之同也①；是狂举也。犹牛有齿，马有尾。"

《经上》云："举，拟实也。"《说》曰："告之以名，举彼实也。"即《小取》所谓"以名举实"。《经说上》云："所以谓，名也；所谓，实也。""名、实耦，合也。"这样，"名符其实"，即《公孙龙子·通变论》所说的"正举"。《通变论》说："故一于青不可，一于白不可，恶乎其有黄矣哉！黄其正矣，是'正举'也。"这是说：合白而一之于青，其青不纯，不可谓青；合青而一之于白，其白不纯，不可谓白。二色既不能一，乌有第三者所谓"黄"之存在？黄色精纯不杂，名实合当，故谓"正举"。《易·坤卦·文言》云："黄中通理，正位居礼。"故黄为正色。总之，举得"当"，就是"正举"。什么是"狂举"呢？《通变论》云："与马以鸡，宁马。材不材，其无以类，审矣。举是，谓乱名；是'狂举'。"谢希深注云："马以譬正，鸡以喻乱，宁取于马；以马有国用之材，而鸡不材，其为非类，审矣。故人君举是不材，而与有材者并位以乱名实，谓之'狂举'。"《通变论》又云："'非正举'者，名实无当，骊色章焉。""骊色"犹间色，即混青、白之色，"非正色"；所以说"非正举"，也就是"狂举"。名、实既乱，那就无从分别同、异和是、非，所以说"狂举不可以知异"。孙诒让云："举之当者为正，不当者

---

① 原作"以是为类之不同也。"孙诒让云："此当作'以是为类之同也，是狂举也。'今本涉上文而衍一'不'字，则不得为'狂举'矣。"孙说是，从删"不"字。又，"以是为类"，当依上文"是类不同"句例，作"以为是类"，今并改正。

为狂。经说通例，凡是者曰正，曰当；非者曰狂，曰乱，曰悖。"

牛和马虽然有别，但如果以牛有齿、马有尾来说明牛之不是马，那是不可以的；因为牛也有尾，马也有齿；尾和齿是两者所俱有的，并不是两者的区别的特征。同时也不是一方有、另一方没有；或一方没有、另一方却有。若说牛和马是不同一类，那还是因为牛有角，马无角。因为角并不是两者所俱有的。反之，如果举牛有角和马无角，作为说明牛和马是同类，这也和举牛有齿和马有尾来说明牛和马之不同类，是一样的"狂举"，同样是"胡说"！

《经下》云："彼彼、此此，与彼、此同，说在异。"①

《经说下》云："彼：正名者，彼、此。彼、此，可；彼彼止于彼，此此止于此。彼、此不可；彼且此也，此亦且彼也②。彼此亦可，彼此止于彼此。若是而彼此也。则彼亦且此，此亦且彼也。"③

这里必须用《经说下》之另一段文字来解说。《经说下》云：

或④非牛而非牛也，可⑤；或牛而牛也，可。故曰，牛马，马

---

① 原作"循此循此"。梁启超云："两'循'字皆'彼'字之讹，又错倒相间。"梁说是也。《经说下》云："彼彼止于彼，此此止于此"句，正与此相应。《公孙龙子·名实论》云："故彼彼止于彼，此此止于此，可；彼彼而彼且此，此此而此且彼，不可。"《经下》云："是是与是同。"正与此"彼彼此此与彼此同"，文例一律。因据改。

② "彼且此也"句下原无"此亦且彼也"一句。孙诒让云："疑当云：'彼且此也，此亦且彼也。'此谓彼、此之名无定，故不可。"因从孙说增。

③ "此亦且彼也"句原作"此也"。孙诒让云："此似申上'彼此亦可'之义。疑当作：'则彼亦且此，此亦且彼也。'今本脱三字。"按：孙说是也。今据改。

④ "或"下原有"不"字，无义。疑衍，故删。

⑤ "可"字原作"则或非牛"，义不可解，因改。

也，未可①；而曰，牛马，牛也，未可，亦不可。则或可或不可②。
且牛不二，马不二，而牛马不二：则牛不非牛，马不非马，而牛
马非牛非马，无难矣③。

这儿，我们把"彼"字用白话文译作"那"，"此"字译作"这"。
那末，"彼彼、此此"，就是"那样的那个"和"这样的这个"的意思
了。"那"和"这"两者是互相对待的，所以，"那样的那个"和"这
样的这个"也是互相对待的。不管如何，其彼、此互相对待则是一
样的。所以说："彼彼、此此，与彼、此同。"为什么会知道这种同样
互相对待的道理呢？那只有从彼、此两方差别的和不同的地方去
求得说明，所以说："说在异。"

上面所引一段中，"非牛"就是"彼"，"牛"就是"此"。"或非
牛而非牛也，可"就是"彼彼止于彼"。"或牛而牛也，可"就是"此
此止于此"。所以说："彼、此可。"这是说，那个不是牛的东西，说
它不是牛，是对的；这个是牛的东西，说它是牛，也是对的；彼、此都
没有弄错，所以，彼、此都对了。这就是《经上》所说的"'名'、
'实'合"和《经说上》所说"命之马，类也；若'实'者，必以是'名'
也。命之臧，私也；是'名'也，止于是'实'也"。"故曰，牛马，马
也，未可；而曰，牛马，牛也，未可；亦不可。"因为"牛马"，非"牛"，
非"马"，所以不能说"牛马"是"马"，或"牛马"是"牛"。所以说：

---

① 原作"故曰：'牛马，非牛也，未可。牛马，牛也，未可'。"疑句当作
"故曰：牛马，马也，未可。"与下文"牛马，牛也，未可"句正相应。盖即下文所
谓："牛不非牛，马不非马，而牛马，非牛，非马也。"因据改。

② "则或可或不可"句原在"而曰"句上，依义当移此"亦不可"句下，正
结上文可、未可、不可诸断语也。

③ "矣"字原缺。《墨子·小取篇》云："且夭，非夭也，寿夭也；有命，非
命也；非执有命，非命也；无难矣。"依《墨子》文例，当有"矣"字；因据增。

"彼、此不可;彼且此也,此亦且彼也。"这是说,把那个说是这个,把这个当作那个,两者都是不可以的。这是说名不符实。《经下》云:"或过名也,说在实。"《经说下》云:"或知是之非此也,有知是之不在此也。"又说:"悖,不可也。"因此,总结上文说"或可或不可"。又:"且牛不二,马不二,而牛马二;则牛不非牛,马不非马,牛马非牛非马。"这是说:"牛"就是"牛",不是别的东西,只是一个"牛";"马"就是"马",不是别的东西,只是一个"马";而"牛马"是"牛和马"二个联合起来的东西,不单是"牛",也不单是"马":既不是"牛",又不是"马"。分起来时,可以叫做"牛"的,或叫做"马"的;合起来时,就叫做"牛马"。又如《经说下》云:"数牛数马,则牛、马二;数牛马,则牛马一。"这是说,把"牛"和"马"各自分开单独地说起来,是彼、此两个东西。如果把"牛马"彼、此合起来说,只是"牛马"一个东西;也就是说,"牛"和"马"彼、此分开则为"二",彼、此联合则为"一",所以说"彼、此亦可"。"牛马二",也就是"彼此止于彼此"的意思。如果说,这样彼、此两种说法都可以的,那末,彼也就是此;同时,此也就是彼,而彼、此便不可分了。所以说:"若是而彼、此也,则彼且此也,此亦且彼也。"能够这样,便没有什么疑难了,所以说"无难矣"。

我们知道,在《公孙龙子·名实论》中有一段话,很可以作为上述这些议论的解说。《名实论》说:

> 其正者,正其所实也;正其所实者,正其名也。其名正,则唯乎其"彼""此"焉。谓彼而彼,不唯乎彼,则彼谓不行。谓此而此①,不唯乎此,则此谓不行;其以"当""不当"也,——不当而当,乱也。彼彼当乎彼,则唯乎彼,其谓行彼;此此当乎

---

① "此"原作"行",依上文"谓彼而彼"文例,疑当作"此",因据改。

此,则唯乎此,其为行此;其以当而当也,——以当而当,正也。故彼彼止于彼,此此止于此,可;彼彼而彼且此,此此①而此且彼,不可。夫名,实谓也,知此之非此也,知此之不在此也,则不谓也;知彼之非彼也,如彼之不在彼也,则不谓也。至矣哉!古之明王!审其名、实,慎其所谓;至矣哉!古之明王!

要解说《名实论》这篇精彩的文字,对于文中几个重要的字义就必须先予解释的。《说文》:"唯,诺也。"《经下》云:"唯吾谓,非名也,则不可。"孙诒让注云:"言吾谓而彼应之,若非其正名,则吾谓而彼将不唯,故不可也。……《庄子·寓言篇》云:'与己同则应,不与己同则反。'"又,《经下》云:"谓而固是也,说在因。"《经说下》云:"有之实也,而后谓之,无之实也,则无谓也②。……无谓,则执③也。"《经说上》云:"服,执,难成。"④《经上》云:"行,为也。"又云:"名、实合,为。"《经说上》云:"名、实耦,合也;志行,为也。"《经说上》云:"名,物达也。"又云:"所以谓,'名'也,所谓'实'也;名、实耦,合也;志行,为也。"这样看来,名家公孙龙子的"正名"也和墨家的"辩"一样,是来决定"彼"、"此"的是、非,使名、实相符。所以说:"其名正,则唯乎其彼、此焉。"也就是说,彼名应于彼实,此名应于此实。有彼实而后谓彼名,但与名、实不应,

---

① "此"原作"彼"。依上文"彼彼止于彼,此此止于此",疑当作"此"。盖"彼彼"、"此此"与上相应也。因据改。

② "之"原作"文"。梁启超云:"与'此'字通。旧讹作'文'。下同。"依梁说改。

③ "执"原作"报"。孙诒让云:"疑'报'或当作'执'。言我无谓,则彼将坚执其说。《经说上》云:'台执。'又云'执,服难成'。"依孙说改。

④ 原作"执服难成"。张纯一云:"'服',目,旧倒着'执'下,今据《经》校乙。"从张说改。

那就是彼名与彼实不合。有此实而后谓之此名，但与此实不应，那就是此名与此实不合。这要看命名之对与不对；把不对的名而以为与实相合，那就混乱了。相反地，假使命名对了，名与实相合，那就算名定了。如《经下》说："有之实也，而后谓之。"如果彼、此，名、实不相耦合，那就是《经下》所说："或，过名也，说在实。"又《经说下》云："或，知是之非此也，有知是之不在此也。"又如《经下》说："无之实也，则无谓也。……无谓，则执也。"《经说上》云："谓，谓也，不必成。"又云："执，难成。"也就是说：名、实不符，则只有彼此互相争执，公说公有理，婆说婆有理；则是、非也就无从平定了。

因此，墨子对于"辩"的作用又作了极端扼要而明确的叙述。《小取篇》云：

> 夫"辩"者，将以明是、非之分，审治、乱之纪，明同、异之处，察名、实之理，处利、害，决嫌、疑。焉摹略万物之状①，论求群言之比；以名举实；以辞抒意；以说出故；以类取，以类予。有诸己，不非诸人；无诸己，不求诸人。

从上面这段文字看来，墨家对于"辩"的方法是非常客观的。"摹略万物之状"，就是从客观的周围环境中来探求或描述万物的真相或情状。如《易·系辞传》所说："仰则观象于天，俯则观法于地，观鸟兽之文与地之宜，近取诸身，远取诸物；于是始作八卦，以通神明之德，以类万物之情。""论求群言之比"，就是从客观上比较各家不同的主张和见解，以及各种不同的历史时代和环境。这就是《非命上篇》所说的"言必有'三表'，何谓'三表'？……有本

---

① "状"原作"然"。俞樾云："按'然'字无义，疑当作'状'。'状'误为'肰'，因误为'然'。"俞说是也。按：《老子》"吾何以知众甫之'状'哉?"各本多作"然"，可资旁证。盖"状"、"然"形近致误。因据改正。

之者,有原之者,有用之者。于何本之? 上本之于古者圣王之事;于何原之? 下原察百姓耳目之实;于何用之? 废以为刑政,观其中国家百姓人民之利;此所谓言有'三表'也"。又《鲁问篇》云:"诵先王之道而求其说,通圣人之言而察其辞。""以名举实",就是《经说上》所说:"名,物达也;有实,必待之名也①。……若实也者,必以是名也。……是名也,止于是实也。"又云:"名、实耦,合也。""以辞抒意",就是《大取篇》所说:"夫辞以故生,以理长,以类行者也。"又如《经上》云:"说,所以明也。"又《经说上》云:"言,口之利也;执所言而意得见,心之辩也。""以说出故",就是要说出理由或根据来。《大取篇》云:"夫辞,以故生。……立辞而不明其所生,妄也。"因此,说不出理由或没有根据的话,是靠不住的。"故"是什么?《经上》说:"故,所得而后成也。"《经说上》云:"若见之成也。"又《经说上》云:"故也者,必待所为之成也。"这个"故",如《荀子》说:"持之有故。"也就是三表中所说的"有本之者,有原之者,有用之者"。《小取篇》云:"故言,多方,殊类,异故,则不可偏观也。"所以《非命中篇》就说:"将欲'辩'是、非,利、害之'故'。"这就是要找出原因、理由或根据来。至于"以类取,以类予",也就是依据上述的各种方法作个客观上的比较之后,来决定取、舍罢了。《经说上》说:"有以同,类同也。"又说:"不有同,不类也。"又《经上》云:"法同,则观其同。"《经说上》云:"法:法取同,观巧传。"又《经上》云:"法异,则观其宜。"《经说上》云:"法:取此择彼,问故观宜。"什么是"法"?《经上》云:"法,所若而然也。"《经说上》云:"意、规、员三也,俱可以为法。"也就是《非命上篇》所说

---

① "之名"原作"文多"。孙诒让云:"或谓此'文多'与前'文名'并当作'之名',亦通。"因据改。

的："言必立仪，言而毋仪，譬犹运钧之上而言朝夕者也；是、非，利、害之辨不可得而明知也。"根据客观的标准作个比较，是者、利者取之；非者、害者予之。这样的"取此，择彼"，就可以确定彼、此的是、非了。这就是《小取篇》说："效也者，为之法也；所效者，所以为之法也；故中效，则'是'也；不中效，则'非'也。"最后所谓"有诸己，不非诸人…无诸己，不求诸人"，这是指各个人的自己主张，不能作为是、非的标准的。换言之，我有我自己的主张，但也不反对别人有主张；我自己没有主张，但也不责备他人要拿出主张，更不去迁就别的主张。因为必须找出"公是"和"公非"，才是真正的是、非标准。所以《尚同中篇》云："天下之人异义，是以一人一义，十人十义，百人百义；其人数兹众，其所谓义者亦兹众。是以，人是其义，而非人之义；故交相非也。……是以天下乱焉。明乎民之无正长，以一同天下之义，而天下乱也。是故选择天下贤良圣智辩慧之人，立以为天子，使从事乎一同天下之义。天子既立矣，以为唯其耳目之情①，不能独一同天下之义，是故选择天下赞阅贤良圣智辩慧之人，置以为三公，与从事乎一同天下义。天子、三公既已立矣，……上之所是，必亦是之；上之所非，必亦非之。""人是其义，而非人之义，故交相非也；……是以天下乱焉"，这是说，人人各有主张，各有是、非，毫无标准，且交相非，所以天下大乱。要确定一个共同的是、非标准，作为大家共同遵守的公理或法规，那么只有由大家用民主和平等的方式共同推举"天下贤良圣智辩慧"的人来统一大家的意见和主张，这就是由客观地决定出来的公理，也就是真正的是、非的标准了。因此，上面所说的"明"、"审"、

---

① "情"原作"请"。毕沅云："'请'当为'情'，下同。"作"情"于义较长。因据改。

"察"、"处"、"决"等字的意义,也都是包含了辩别、判断、分析、比较之各种客观的思考过程,并不是由少数个人主观的意旨来决定的。所以墨家和名家的"辩",也就是由客观的争论中来分别和判明名、实和同、异,然后才能明白或断定彼、此之是、非。

这样看来,墨家和名家及辩者是从彼、此客观地互相判定名、实或事物的是、非;在命名方面是"明是、非",在辩论方面是"争是、非",他们的逻辑公式应是:

"是——非和是——非"。

四

第三,说到道家,这派是以老子为代表,而庄子的思想更为重要,且理论尤为详尽。老子对于名、实和是、非是怎样的看法呢?老子说:

> 道可道,非常道;名可名,非常名。

因为老子的宇宙观是从动和变的立场上去理解一切,因此,他承认万事万物无时无刻没有不在变动之中;因为随时随地有变动,所以在具体的和实际的情况下来考察事物,是"不可道"和"不可名"的。如果"可道"、"可名"了,那就不是真实的道或真实的名;换言之,就不是"常道"或"常名"。因此,他下面继续说:"绳绳不可名。"又说:"吾不知其名,强①字之曰道,强为之名曰大。"因为

---

① 《韩非子·解老篇》云:"强字之曰道。"李约本"字"上正有"强"字。依上"强为之名曰大"句例,当有"强"字为长。盖"名可名,非常名"。《庄子·则阳篇》云:"道之为名,所假而行。"又,《知北游篇》云:"道不当名。"皆可证。

"不可名"，所以不得不"强为之名"了。又《列子·杨朱篇》云："老子曰：'名者，实之宾。'"足见老子是主张："名"是不能代表"实"的真相的。

至于老子对于"言"和"辩"又怎样看法呢？他说：

> 知者不言，言者不知。

又说：

> 天之道，不争而善胜，不言而善应。

又说：

> 善者不辩，辩者不善；知者不博，博者不知。

他又说：

> 天下皆知美之为美，斯恶已；皆知善之为善，斯不善已。

在老子看来，"名"是不可以实际命定的，且不能代表实际的，所以说："名与身孰亲？"这就是《列子》中杨朱所说："实无名，名无实；名者，伪而已矣！"因此，老子对于名、实和是、非都是看做相对的或互相关联的。他认为"辩"并不是靠得住的，所以说"大辩若讷"。他认为是、非和善、恶是相对的，所以说"正言若反"。他认为"名"并不是"实"之绝对真相的反映，所以说"道隐无名"，"道常无名"，"始制有名"。

庄子的思想，主要的和基本的立场是和老子一致的。他对于名、实的观点，和老子也差不多。《庄子·则阳篇》说：

> 万物殊理，道不私，故"无名"。

又说：

> 有名有实，是物之居；无名无实，在物之虚。可言可意，言而愈疏，……道不可有，有不可无；道之为名，所假而行。

这也是说，道在动和变之中，说它有，又不像有；说它无，又不像无。就是老子所说"其上不皦，其下不昧，绳绳不可名"的情状。

既不可名，只好"强为之名"，所以说："道之为名，所假而行。"
"假"也就是"假定"或"假借"的意思，就是说，姑称之为"道"罢
了。名既不可名，那末，名就是非真实的。名既为实之宾，所以庄
子也主张"无名"。《逍遥游篇》说："至人无己，神人无功，至人无
名。"由道之无名而演绎到人亦须无名。因为老子说："人法地，地
法天，天法道。"这样，便反对功、名。《人间世篇》云："德荡乎名，
知出乎争；名也者，相札也；知也者，争之器也；二者凶器，非所以尽
行也。"因此，在《逍遥游篇》许由同尧的对话，说："子治天下，天下
既已治也，而我犹代子，吾将为'名'乎？'名者，实之宾也'，吾将
为'宾'乎？"所以《外物篇》说："相引以名，相结以隐，与其誉尧而
非桀，不如两忘而闭其所誉。"这就是《至乐篇》所说"至誉无誉"，
《秋水篇》所说"无以得殉名，谨守勿失，是谓反其'真'"。

老、庄既然都主张"无名"，那末，他们对于是、非就有另一看
法。庄子是公开反对儒、墨的争辩的。所以在《齐物论》中说得非
常详尽：

> 夫言非吹也，言者有言，其所言者，特未定也。果有言邪？
> 其未尝有言邪？其以为异于鷇音，亦有辩乎？其无辩乎？道
> 恶乎隐而有真、伪，言恶乎隐而有是、非？道恶乎往而不存？
> 言恶乎存而不可？道隐于小成，言隐于荣华。故有儒、墨之
> 是、非，以是其所非，而非其所是。欲是其所非，而非其所是，
> 则莫若以"明"。物无非彼，物无非是，自彼则不见，自知则知
> 之。故曰：彼出于是，是亦因彼。彼是"方生"之说也。虽然，
> 方生方死，方死方生；方可方不可，方不可方可；因是因非，因
> 非因是。是以圣人不由，而照之于天，亦因是也。是亦彼也，
> 彼亦是也；彼亦一是非，此亦一是非；果且有彼、是乎哉？果且
> 无彼、是乎哉？彼、是莫得其偶，谓之道枢。枢始得其环中，以

应无穷。是亦一无穷,非亦一无穷也,故曰:"莫若以明"。

既使我与若辩矣,若胜我,我不若胜,若果是也? 而果非也邪? 其或是也? 其或非也邪? 其俱是也? 其俱非也邪? 我与若不能相知也,则人固受其黮闇,吾谁使正之? 使同乎若者正之,既与若同矣,恶能正之? 使同乎我者正之,既同乎我矣,恶能正之? 使异乎我与若者正之,既异乎我与若矣,恶能正之? 使同乎我与若者正之,既同乎我与若矣,恶能正之? 然则,我与若与人俱不能相知,而待彼也邪? 化声之相待。若其不相待,和之以天倪,因之以曼衍,所以穷年也。何谓和之以天倪? 曰:是不是,然不然。是若果是也,则是之异乎不是也,亦无辩;然若果然也,则然之异乎不然也,亦无辩①。忘年忘义,振于无竟,故寓诸无竟②。

今且有言于此,不知其与是类乎? 其与是不类乎? 类与不类,相与为类,则与彼无异矣。虽然,请尝言之③。

以指喻指之非指,不若以非指喻指之非指也。以马喻马之非马,不若以非马喻马之非马也。天地一'指'也,万物一'马'也。可乎可,不可乎不可。道行之而成,物谓之而然。恶乎然? 然于然。恶乎不然,不然于不然。物固有所然,物固有所可,无物不然,无物不可。故为是举莛与楹,厉与西施、恢

---

① 按:吕惠卿本移"何谓和之以天倪"至"则然之异乎不然也亦无辩"一段文字,在"所以穷年也"句下,当从之。今据移。又《庄子》异文,错简之校订,以后《齐物论篇》之校订为正。

② 从"既使我与若辩矣"至"故寓诸无竟"止,原在"是旦暮遇也"句下,因与上文义不相应,疑系"莫若以明"句下之错简,故移此下。

③ "今且有言于此"至"请尝言之"一段,原在"有始也者"句上,似与下文不甚相应,疑系"故寓诸无竟"句下之错简,因移此下。

恑憰怪,道通为一:其分也,成也;其成也,毁也。——凡物无成与毁,复通为一。唯达者知通为一,为是不用,而寓诸庸;庸也者,用也;用也者,通也;通也者,得也;适得而几矣;因是已。已而不知其然,谓之道。劳神明为一而不知其同也,谓之朝三。何谓朝三?曰:"狙公赋芧曰:'朝三而莫四。'众狙皆怒。曰:'然则朝四而莫三。'众狙皆悦。名、实未亏,而喜、怒为用;亦因是也。是以,圣人和之以是、非,而休乎天钧;是之谓两行①。

有始也者,有未始有始也者,有未始有夫未始有始也者;有有也者,有无也者,有未始有无也者,有未始有夫未始有无也者。俄而有、无矣,而未知有、无之果孰有孰无也②?

古之人其知有所至矣。恶乎至?有以为未始有物者,至矣,尽矣,不可以加矣。其次,以为有物矣,而未始有封也。其次,以为有封焉,而未始有是、非也。是、非之彰也,道之所以亏也;道之所以亏,爱之所以成。果且有成与亏乎哉?果且无成与亏乎哉?有成与亏,故昭氏之鼓琴也;无成与亏,故昭氏之不鼓琴也。昭文之鼓琴也,师旷之枝策也,惠子之据梧也;三子之知,几乎皆其盛者也;故载之末年。唯其好之也,以异

---

① "以指喻指之非指"至"是谓两行"一段文字,疑系"请尝言之"句下之错简,因移此下。又,"为是不用"句中之"用"字,疑系"辩"字之讹。盖下文云:"而寓诸庸,庸也者,用也。"上云"不用",下直接云"用也",意义相反。"不辩"就是"是不是,然不然"。也就是"彼、是莫得其偶,谓之道枢;枢始得其环中以应无穷"。也就是这里的"用也者,通也,通也者,得也,适得而几矣,因是已。"

② "有始也者"至"有、无之果孰有孰无也"一段文字,疑系"是谓两行"句下之错简,因移此下。

于彼，其好之也，欲以明之。彼非所明而明之，故以"坚""白"
之昧终。而其子又以文之纶终，终身无成。若是而可谓成乎？
虽我亦成也；若是而不可谓成乎？物与我无成也。是故，滑疑
之耀，圣人之所图也。为是不用，而寓诸庸，此之谓"明"①。

　　今我则已有谓矣，而未知吾所谓之其果有谓乎？其果无
谓乎？天下莫大于秋毫之末，而大山为小，莫寿乎殇子，而彭
祖为夭。天地与我并生，而万物与我为一。既已为一矣，且得
有言乎？既已谓之一矣，且得无言乎？一与言为二，二与一为
三；自此以往，巧历不能得，而况其凡乎？故自无适有，以至于
三，而况自有适有乎？无适焉，因是已。夫道，未始有封，言未
始有常，为是而有畛也。请言其畛：有左，有右，有伦，有义，有
分，有辩，有竞，有争。——此之谓"八德"。六合之外，圣人
存而不论，六合之内，圣人论而不议；春秋经世先王之志，圣人
议而不辩。故分也者，有不分也；辩也者，有不辩也。曰，何
也？圣人怀之，众人辩之，以相示也。夫大道不称，大辩不言，
大仁不仁，大廉不嗛，大勇不忮。道昭而不道，言辩而不及，仁
常而不周，廉清而不信，勇忮而不成；五者园而几向方矣。故
知止其所不知，至矣！孰知不言之辩，不道之道？若有能知，
此之谓"天府"②。

　　又《寓言篇》云：

---

　　①　"古之人其知有所至矣"至"此之谓明"一段文字，疑系"有、无之果
孰有孰无也"句下错简；因移此下。

　　②　"今我则已有谓矣"至"此之谓天府"一段文字，疑系"此之谓明"句
下之错简，因移此下。又"仁常而不周"句，"周"原作"成"。奚侗云："'成'
江南古藏本作'周'，是也。'郭注，物无常爱，而常爱必不周。'是郭本亦作
'周'，不作'成'。'成'字涉下'勇忮而不成'句而误。"奚说是也，因据改。

与己同则应,不与己同则反;同于己为"是"之,异于己为"非"之。

又云:

卮言日出,注焉而不满,酌焉而不竭,而不知其所由来,此之谓葆光①。和以天倪,因以曼衍,所以穷年。不言则齐,齐与言不齐,言与齐不齐,故曰,无言。言无言,终身言,未尝不言;终身不言,未尝不言。有自也而可,有自也而不可;有自也而然,有自也而不然。恶乎然?然于然。恶乎不然?不然于不然。恶乎可?可于可。恶乎不可?不可于不可。无物不然,无物不可。非卮言日出,和之以天倪,孰得其久?万物皆种也,以不同形相禅,始卒若环,莫得其伦;是谓"天均"。"天均"者,"天倪"也。

因为"天均",就是《天地篇》所云:"天地虽大,其化均也;万物虽多,其治一也。"又云:"通于一,万事毕。"又云:"万物一府,死生同状。"《秋水篇》云:"万物一齐,孰短孰长?道无终始,物有死生,不恃其成;一虚一满,不位乎其形。年不可举,时不可止;消息盈虚,终则有始;是所以语大义之方,论万物之理也。物之生也,若骤,若驰,无动而不变,无时而不移;何为乎?何不为乎?夫固将自化。"

庄子的"天均"就是"天地与我并生,万物与我为一"。既然宇

---

① "卮言日出",郭象注云:"夫卮满则倾,空则仰,非持故也。况之于言,因物随变,唯彼之从,故曰'日出'。日出谓日新也,日新则尽其自然之分,自然之分尽,则和也。"按:《齐物论》中"注焉而不满,酌焉而不竭,而不知其所由来,此之谓葆光"诸句,正是"卮言日出"之确诂,疑即系此下之脱简,故移此下;并在"和之以天倪"句上。又疑《寓言篇》此段文字,乃《齐物论》之脱简。

宙间万事、万物皆由一个同一的东西——"种"而来;由"种"的"自化",那还有什么差别和是、非呢? 有了是、非,那就不是真正的"道"。所以,《秋水篇》又说:"无一而行,与道参差。"因为,从"道"的立场观察宇宙,是统一的,没有是、非的;不从"道"的立场观察宇宙,那一切同、异,贵、贱,大、小,是、非便会产生出来。所以说:"以道观之,物无贵、贱;以物观之,自贵而相贱。以俗观之,贵、贱不在己。以差观之,因其所大而大之,则万物莫不大;因其所小而小之,则万物莫不小。知天地之为稊米也,知毫末之为丘山也,则差数睹矣。以功观之,因其所有而有之,则万物莫不有;因其所无而无之,则万物莫不无。知东、西之相反,而不可相无,则功分定矣。以趣观之,因其所然而然之,则万物莫不然;因其所非而非之,则万物莫不非。知尧、桀之自然而相非,则趣操睹矣。"这就是说,假使有主观,有成见,那末,一切是、非和利、害马上会发生的。因为,庄子认为宇宙是在不断地运动和变化。"物之生也,若骤,若驰;无动而不变,无时而不移。"所以他的逻辑观念就是:"方生方死,方死方生;方可方不可,方不可方可;因是因非,因非因是。"换言之,他的逻辑是相对的、齐一的和辩证的。所以他在《齐物论》中说:"非彼无我,非我无所取。"但是,庄子是否完全否定一切是、非,连他自己的思想和主张都否定了。不是的! 他在《至乐篇》说:

　　天下是、非,果未可定也? 虽然,"无为"可以定是、非。

　　他的无为就是道,就是一切;也就是真理。《则阳篇》云:"无名,故无为";"无为,而无不为"。这是"没有是、非"的"是、非"。这是"方的圆形",也是老、庄哲学中之"辩证的逻辑"。因此,他反对儒、墨两家之主观的和无意义的"辩"。所以他在上面说:"故有儒、墨之是非,以是其所非而非其所是。"又在《骈拇篇》说:"骈于

'辩'者,垒瓦结绳窜句,游心于坚、白、同、异之间,而敝跬誉无用之言,非乎?而杨、墨是已。"又《胠箧篇》云:"知诈渐毒,颉滑、坚白、解垢、同异之变多;则俗惑于辩矣。"又《庚桑楚篇》云:"辩士无谈说之序,则不乐;……囿于物也。"又《知北游篇》云:"且夫博之不必知,辩之不必慧;圣人断之矣。"因此,在《缮性篇》中云:"古之存身者,不以'辩'饰知;不以'知'穷天下。"这是道家逻辑之最后结论。总之,道家之逻辑思想是"齐物论"或"相对论",他的根本原则是:"齐是、非",或"一是,非"。他的"逻辑"的公式应该是:

"是——非和非——是"。

<h2 style="text-align:center">五</h2>

由于上面综合研究的结果,我们可以得出一个结论:

(一)儒家的逻辑是绝对主观的,是"正是非"和"定是非"的。

(二)墨家的逻辑是相对客观的,是"明是非"和"争是非"的。

(三)道家的逻辑是辩证的统一主观和客观的,是"齐是非"和"一是非"的。

因此,中国古代逻辑思想的发展正依着黑格尔所称的"三联式"(Triad)的过程或道路。儒家的逻辑是"正"(Thesis),而墨家的逻辑就是"反"(Antithesis),为儒家逻辑之"否定"(Negation);至于道家的逻辑就是"合"(Synthesis),为儒、墨两家逻辑"否定之否定"(Negation of negation),乃是儒、墨两家逻辑思想之统一与集大成。司马谈《论六家要指》云:"道家使人精神专一,动合无形,赡足万物。其为术也,因阴、阳之大顺,采儒、墨之善,撮名、法之要;与时迁移,应物变化,立俗施事,无所不宜,指约而易操,事少而功多。""采儒、墨之善",正足以描述道家对于儒、墨两家逻辑思想之统一的综合！

不过，作者必须申明的，上述我们把儒、墨、道的逻辑思想之截然的分作三种各自不同的"体系"；可是，这只是为着研究的方便，从大体上概括言之。如果说，这三种哲学流派的思想，毫无共通之点，那便是很大的误会！《易·系辞传》说："天下同归而殊途，一致而百虑。"尤其是中国古代先秦的各家思想，彼此间多少都有互相关联和雷同的地方；同时，这里所称的"道家"，乃包括老子和庄子两家而言，并非谓孔子先于老子；这是应该特别注意的！

此外，古代典籍和思想的流布，完全靠着幼稚的和原始的简、篇的流传和学者对于门徒的传授。尤其是因交通的不便，疆界的限制，更难对于各家思想有真确的传达；由抄写的讹误，册籍的缺佚，道路传闻的失实；断章取义，各学派彼此间的误会和曲解，更不可胜计。所谓"相非"，"相訾"，"相应"，都未必每个流派对于对方的思想有个深切的理解和认识；结果只成为彼此互相攻讦、排斥，反唇相讥，造成了"文人相轻"的风气。然而，这在学术思想可以自由争辩和讨论的方面看来，却是一种优良的传统，是一个重大进步！

现在我们试举各派他们彼此间争辩的文字，便会知道他们彼此"相非"的真相了。

我们先说儒家，儒家的代表中最会骂人的，应该首推孟子。且看他骂杨、墨罢。《孟子·尽心篇》云：

> 圣王不作，诸侯放恣，处士横议；杨朱、墨翟之言盈天下。天下之言，不归杨，则归墨。杨氏为我，是无君也；墨氏兼爱，是无父也。无父，无君，是禽兽也！

在学术讨论中，以"禽兽"骂人，可说"叹为观止"。且不问他批判杨、墨学说的内容对与不对，是否无的放矢，只看他谩骂的粗俗不堪，单凭这一点，就应该把他"亚圣"的招牌取下，赶出孔庙，不准他配享，再吃冷猪肉了。

我们且看杨朱的学说。《列子·杨朱篇》云：

> 忠不足以安君，适足以危身；……安上不由于忠，而忠名灭焉。……君、臣皆安，物、我兼利，古之道也。

他分明主张要"安君"，"安上"，"君臣皆安"，必须"忠"足以"安君"，怎么会说他是"无君"的呢？

其次，他又说：

> 故智之所贵，存我为贵；力之所贱，侵物为贱。然身非我有也，既生，不得不全之；物非我有也，既有，不得而去之。身固生之主，物亦养之主。虽全生身，不可有其身；虽不去物，不可有其物。有其物，有其身，是横私天下之身，是横私天下之物。其唯圣人乎！公天下之身，公天下之物，其唯至人矣！此之谓至至者也。

杨子分明主张"物我兼利"，反对"横私天下之身，横私天下之物"，并且称赞圣人能"公天下之身、公天下之物"，为什么说他是"为我"的呢？那末，说他"为我"或"自私"，就是因为他不肯"拔一毫而利天下"了。其实他是说：

> 古之人损一毫利天下，不与也；悉天下奉一身，不取也。人人不损一毫，人人不利天下，天下治矣。

因为杨子认为，我和物都是属于公的，那么，存我，全我，存物，公物，当然都不是为着自私自利的目的。惟其如此，他才大胆主张："人人不损一毫，人人不利天下。"只要人人不受损失，自然而然就会达到大家存我的目的；又何必去侵物而利天下呢？只有人人不损，才算得真正的存我，存物，利我，利物。否则，有损，有利，那便是"横私"的结果，就不能算做公和利了。实际上"人人不损一毫,人人不利天下",也就是"物、我兼利"。杨朱这种"兼利主义"正与墨翟的"兼爱主义"互为表里,殊途同归。盖墨子是说:"兼相爱,交相利也。"换言之,目的就在乎使人人不吃亏。人人不吃亏,就是达到"真正的平等",自然"天下治矣"。

至于墨子的"兼爱"主义,当然没有重大可反对的地方,可是为什么斥他是"无父"的呢?《墨子·兼爱篇》说:

> 圣人以治天下为事者也,不可不察乱之所自起。当察乱之所自起;起不相爱。臣、子之不孝君父,所以乱也。子自爱不爱父,故亏父而自利;……臣自爱不爱君,故亏君而自利;此所谓乱也。虽父之不慈子,……君之不慈臣;此亦天下之所谓乱也。父自爱也不爱子,故亏子而自利;……君自爱也不爱臣,故亏臣而自利;是何也?皆起不相爱。

这里很显然地,墨子主张父子相爱,并且说,因为子"不爱父"为"乱之所自起",而劝人子要"爱父"。不过他以为"子爱父",父也要"爱子",使"兼相爱"罢了。如何能攻击他为"无父"呢?这岂不是无的放矢呢?何况在《论语》中孔子也说过"仁者爱人,智者利人"。孟轲自称私淑于孔门,难道忘记了这些教训吗?且他在《告子篇》还说:"墨子兼爱,摩顶放踵,利天下为之。"

其次,在儒家后起的代表荀子,也是批评墨家和辩者的主角。他在《非十二子篇》说:

> 不知壹天下建国家之权称,上功用,大俭约,而僈差等,曾不足以容辩异,县君臣;然而其持之有故,其言之成理,足以欺惑愚众:是墨翟、宋钘也。……不法先王,不是礼义,而好持怪说,玩琦辞,甚察而不惠,辩而无用,多事而寡功,不可以为纲纪;然而其持之有故,其言之成理,足以欺愚惑众,是惠施、邓析也。

20世纪儒学研究大系

又在《不苟篇》说：

> 山渊平，天地比，齐秦袭，臧三耳，山出口，姁有须，卵有毛，是说之难持者，而惠施、邓析能之①。

这些，在荀子看来，都是"持怪说，玩琦辞"。其实都是由于儒家在自己的逻辑上预先已有了先入的主观的偏见。譬如，儒家的"正名"，首先就把"天"看得至高无上的东西。所在以《说文》里"天"字，"从一、大"。《易·系辞传》开宗明义就说："天尊地卑，乾坤定矣；卑高已陈，贵贱位矣。"由这个"先天的逻辑"，就推论到"女正位乎内，男正位乎外，男女正，天地之大义也"（《易·家人卦·象辞》）。又《坤卦·文言》云："坤道其顺乎，承天而时行。"又云："地道也，妻道也，臣道也。"老早就确定夫唱妇随，出嫁从夫和"为人臣，止于敬"（《大学》）。如《诗经》所谓："夙夜匪懈，以事一人。"这种不平等的逻辑一旦变成金科玉律，那么天下最高的、最大的、最好的东西，都拿"天"字来作王牌。这真正是"天字第一号"。《论语·泰伯篇》孔子说："大哉尧之为君也，巍巍乎，唯'天'为'大'，唯尧则之。荡荡乎，民无名能焉。"因此，世界上最好的道理叫做"天道"。最伟大而神圣不可侵犯的皇帝叫做"天子"，乃至女人死了丈夫也称作"丧其所'天'"。把尊、卑、贵、贱和上、下老早定了永久的不变的标准，以这个主观的标准来衡量一切，那只有别人不对了。殊不知被孔子捧上天的尧曾想以天下让给他的

---

① 原文作"入乎耳，出乎口，钩有须"。杨倞注云："未详所明之意。或曰，即'山出口'也。"俞樾云："'钩'，疑'姁'之假字。《说文·女部》：'姁，妪也。'妪无须而谓之有须，故曰'说之难持者也'。"按：《孔丛子·嘉言篇》云："公孙龙又与子高泛论于平原君所，辩理至于'臧三耳'。公孙龙言臧之三耳甚辩析，子高弗应。"疑系"臧三耳，山出口"两语之缺误，校者不察，以《劝学篇》"入乎耳，出乎口"两语臆改之也。因据改正。"钩"字从俞说改"姁"。

老师许由,藉可沽得"禅让"之名,结果他的老师看穿了他的好名,不上他的当,却辞而不受的。《庄子·逍遥游篇》云:"尧让天下于许由。……许由曰:'子治天下,天下既已治也,而我犹代子,吾将为名乎? 名者实之宾也,吾将为宾乎? 鹪鹩巢于深林,不过一枝,偃鼠饮河,不过满腹,归休乎? 君,予无所用天下为。'"所以,墨子对于君臣间的相互关系看得比较客观,在《法仪篇》说:"天下之为君者众,而仁者寡;若皆法其君,此法不仁也;法不仁,不可以为法。"这是说:忠君不应是盲目的。乃至孟子都说:"闻诛一夫纣矣,未闻弑君也者!"(《梁惠王篇》)

这样,假使不以儒家的逻辑为绝对标准,那上面所举的"山渊平,天地比,齐秦袭,臧三耳,山出口,狗有须,卵有毛"等等怪说琦辞都是可以解说得通的。

但是,墨家对于儒家又怎样地批判呢?《墨子·非儒下篇》说:

> 儒者曰:"亲亲有术,尊贤有等。"言亲疏尊卑之异也。其礼曰:"丧,父、母三年;妻、后子三年,伯父、叔父、兄、弟、庶子其;戚、族人五月。"若以亲疏为岁月之数,则亲者多而疏者少矣。是妻后子与父、母同也。若以尊卑为岁月之数,则是尊其妻子与父母同,而视伯父、宗兄而卑子也! 逆孰大焉。……有强执有命以说议曰:"寿、夭、贫、富、安、危、治、乱,固有天命;不可损益。穷、达、赏、罚、幸、否有极;人之知力,不能为焉。群吏信之,则怠于分职;庶人信之,则怠于从事。吏不治则乱,农事缓则贫;而儒者以为道教,是贼天下之人者也。且夫繁饰礼乐以淫人,久丧伪哀以谩亲,立命缓贫而高浩居,倍本弃事而安怠傲,贪于饮食,惰于作务,陷于饥寒,危于冻馁,无以违之。"

可见墨子对于儒家的批判,只限于政、教、礼、乐方面的理论;但对于逻辑方面并没有十分注意。这或许有两种原因:第一,因为《非儒篇》现在仅存"下篇","上"、"中"两篇早已缺佚;也许在那两篇中曾经提到逻辑问题。第二,在《墨经》"上"、"下"篇中,墨子自己却采用了许多与儒家相类似的形式逻辑的方法;如:"仁、体爱也;义、利也;礼、敬也;行、为也;忠、以为利而强君也①;孝、利亲也;信、言合于意也。"因此,墨子自己的逻辑思想尚未发展到与儒家的逻辑结构之间引起重大的分歧或差异;然而,在《墨经》中还有许多思想和例证,实已包含有辩证的逻辑的观点了。

至于庄子就不同了,他对于儒家的开山祖孔丘是如何不尊重地加以痛骂一番。他在《盗跖篇》中,假借盗跖的名义说道:

> 盗跖闻之大怒,目如明星,发上指冠曰:"此夫鲁国之巧伪人孔丘,非邪?为我告之:尔作言造语,妄称文、武,冠枝木之冠,带死牛之胁,多辞缪说,不耕而食,不织而衣,摇唇鼓舌,擅生是非,以迷天下之主;使天下学士,不反其本,妄作孝弟,而徼倖于封侯富贵者也。"

这里,把我们的至圣先师说得一文不值,形容得简直像"政治骗子"!

总括言之,儒、墨、道三家之间的逻辑思想和结构,虽各有自身的特点,然而,在大体上言之,实际上是"小异而大同"。因为这三个哲学体系中都存在有辩证法的思想,他们对于中国历史上学术

---

① "君"原作"低"。孙诒让云:"'低'疑当为'君'。'君'与'氏'篆书相似,因而致误。'氏',复误为'低'耳。忠为利君与下文孝为利亲文义正相对。《荀子·臣道篇》云:'逆命而利君谓之忠。'又云:'有能比智力率群臣百吏而相与强君、挢君,君虽不安,不能不听。遂以解国之大患,除国之大害;成于尊君安国谓之辅。"孙说是,因据改正。

思想以及思维方法的发展，都曾发生决定的作用，这是无可否认的。他们在中国的思想史和哲学史上都应占有光辉的一页。不过受了现代欧化思潮的影响，便把他们的功绩淹没了。今后应如何发扬古代中国哲学方法的优点，这却有赖于学人自己的努力了！

（选自《老庄研究》，台湾中华书局 1979 年版）

严灵峰，福建福州人。台湾大学、辅仁大学哲学系教授。主要著作有《老子章句新编》、《老列庄三子知见书目》、《无求备斋老子集成初编》等。

本文从逻辑思想的角度，对比论述了儒、墨、道三家思想的异同，得出如下结论：儒家的逻辑是绝对主观的，是"正是非"和"定是非"的；墨家的逻辑是相对客观的，是"明是非"和"争是非"的；道家的逻辑是辩证的统一主观和客观的，是"齐是非"和"一是非"的。因此，中国古代逻辑思想的发展正依着黑格尔所称的"三联式"的过程或道路。儒家的逻辑是"正"，而墨家的逻辑就是"反"，为儒家逻辑之"否定"；至于道家的逻辑就是"合"，为儒、墨两家逻辑"否定之否定"，乃是儒、墨两家逻辑思想之统一与集大成。

谈儒道两家的"道"

——从儒道两家的"心",谈生命价值的开发

王　邦　雄

人会向自己发问:人为什么活着? 我要往何处去? 这个问题的提出,本身就显现了生命庄严的意义。人之成为万物之灵,就从这里开始。我们要问生命的价值何在? 人生的方向又如何贞定? 实则,意义得自己去寻求,自己去赋予。你参与人间,承担使命,生命的存在就会涌现庄严而真实的意义。生命的意义,是我们赋予它,而不是它给我们。所以人生在世,不能等待意义自己到来。今天我试图从儒道两家的思想,来谈谈生命价值如何开发的问题。

一、形而上与形而下

首先,我们从《易传》"形而上者谓之道,形而下者谓之器"的这句话,开始反省生命进路的问题。孔颖达解为:自形外而上者谓之道,自形内而下者谓之器;宋代大儒张横渠亦以形而上是无形体,形而下是有形体解这句话。朱夫子便不大赞同,他虽认为理气是二元,却仍主理与气不可离,故反对以有形区分道与器;而戴东原则解"形而上"是形以前,"形而下"是形以后,是以成形与否来区分。因此,《易传》此言在历代思想家的注疏中,皆各就己学加

以二分。大略说来,形而上是在有形世界之上,叫道;形而下是有形世界,叫器,是两层划分的。一是感官所对的万有世界,这就是形器,另外有一个超乎官觉的无形存在,是让这一切有形世界所以存在的原理,我想即是指"天道"。一、两千年来中国学者一直采信这个观点。当代日本学者即以"形而上者谓之道"来翻译西方的 meta-physics,就是所谓的形上学。在西方 Physics 是物理学,meta 是"后"的意思,也就是在物理学后面的。"后"本是时间的先后,亚里士多德遗著编排出版时,他的学生将探讨宇宙形成之原理的那一部分,放在物理学后面。这种探讨宇宙之根本原理的学问,就是所谓的实现原理或第一哲学。因为排在物理学之后,就以"后物理学"得名。"后"本是时间先后的意义,就那么巧,它所探讨的正是问物理现象与自然宇宙的上面或背后,它的原理是什么?形就是自然宇宙,也就是 physics,形之上的原理,是 meta-physics。因此日本学者以"形而上"来翻译 meta-physics,可说是天衣无缝,神来之笔了。问题是以西方形而上学的标准,来看中国哲学,便不很恰当。我想,中国哲学和西方哲学,在特质上应该不一样。我说"应该"是有根据的。因为《易传》是儒家后起的经典,所以"形而上者谓之道,形而下者谓之器"这句话的解释,不能违背《论语》的义理系统。我以为,儒家最主要的义理,都集中在《论语》、《孟子》,《学》《庸》《易传》是后起的。所以道和器的解释,不能远离《论语》本来的意义。由是引起我进一步的反省。另外,我也是师大国文系出身的,有我们训诂文法方面的训练,所以不能轻易跟着前贤说是形而上形而下,或者说形以前形以后。我们必得先问,什么是"而","而"在这句话里面是什么样的用法?假如按照历代注解来说的话,形而上是当形之上来讲,有形世界之上的那个原理就叫"道",有了天道的终极存在才有万有世界,也才有山河大地、鸟兽虫鱼。问题出在第二句话,什么叫"形之下"? 形就是有形世界,那里还有形之下? 在有形世界之外,怎么可能另有在有形世界之下的存在? 难道"天上""人间"之外,还有个"地下"? 此不可解。另外一个可能的解释,把"而"当作"以及其"来解,形以及其上者就称之为道,形以及其下者就称之为器,这样原来的问题还是存在,"形以及其下"仍然不可解,另外更增加一个难题,"形"到底应安放何处? 若说"形以及其上"、"形以及其下",则"形"已足跨两界,既是道又是器了。所以我认为"道""器"不该作如是解。道应该是"人能弘道"的"道",是人走的路,人所开出的路,通过人的心所开出的人文世界就叫道,本来就没有西方哲学在自然现象之上,作为万有世界之实现原理的意义。因此,依我的反省,"而"应该可当"往"解,是代表一种动向,生命的动向。我们说生命价值的开发,它的可能就在此,中国哲学的特质也在此。

"形"不是指外在的自然世界,而是指我们的形躯。每一个生命来到人间都有形躯,就是形的存在。我们要问:人要往何处去,生命的归属何在? 人生的方向,先不问东西南北,而当问个上下。人生的方向,是东西是南北,系起于外在偶然的因素,人的生长历程,一生的种种遭遇,在在都受着来自社会各种条件的决定,这方面是没有必然性,也没有什么道理可讲的。但有一点,我们总是追求一条往上的路,这才有意义呵! 所以我们先不要说生命的方向在东西南北的那一方,而应该先问个上下。《易传》说"形而上","形而下",就是说人的生命都有一个"形",这是很公平的,问题在这个"形",我们是应该自觉地往上提升呢? 还是顺任地往下去凝聚? 因此,我认为所谓的形而上或形而下,是代表生命的动向。

第二个问题,我们要问"形"的内涵是什么? 依我的理解,"形"包括三方面:首先是指人的形躯最原始的生理、官能、欲求,生之理官之能欲之求是形躯生命最基本的存在。其次，是指人的性向才情，有的人在某方面反应特别灵活敏锐，有独特的才华，所以有王贞治、林海峰，也有纪政、杨传广。第三，是指人生命热血的表现，慷慨悲歌、从容就义，勇于面对与承担人间使命的生命热血。上述三者是与生俱来的，这就是所谓的"形"。那么我们该将它们往上升越呢？还是仅仅往下凝聚？往上升越的路就是"道"的路，往下凝聚的路是"器"的路，故一成道，一成器。

二、人生上下两路——成道与成器

有关"道"与"器"的解释，我们当然要落到《论语》与老子的义理系统去寻求。依照上述，以我们的生理官能，性向才情，与生命热血，去承担人间的使命叫"道"。因此道是人走的路，是人间的大道，这就是成道的路。另外我们仅仅把我们的生理官能，性向才情，与生命热血去凝聚下来，成就自己，我们可能是一个学者专家，也可能破记录，在人间表现生命的精彩，但它可能只是"器"而已。因为成器仅成就自己，不一定能承担人间，为人类而活，所以生命有两条路——上与下。

当然，器并非不好，如俗语所说"恨铁不成钢，恨儿不成器"，成器很好，成器是成就一个人的专技特长，我们在社会上扮演各种角色，当然希望成器，做个有用的人。但孔子说"君子不器"，老子说"大器晚成"。我们先说"大器晚成"，"大器晚成"现在成为许多青年朋友自我解嘲的哲理教言，往好的方面说是自我期许，且看"他"日之域中，竟是谁家之天下。但老子本义，大器系指道的作用，是说道最后才完成他自己，即天下万物都能成就，我才成就，这叫"大器晚成"，而不是说真正的大器到了晚年才能造就有成。故道是万物都成就了才成就他自己,道就在万物中成就他自己,这是老子所谓的"善贷且成"。老子又说:"道常无名朴。"朴就是好的,是生命的本真,是真也是美,当"朴"散落而去追求某一专门成就,这已是雕琢斵丧,即老子所说的"朴散则为器"了。孔夫子说"君子不器",故樊须请学农,孔夫子慨叹地说:"小人哉,樊须也!"因为孔子正是教学生去承担天下的使命,你是我孔夫子的学生,怎么只想去做个农学专家?所以他干脆说:"吾不如老农。"一个知识分子的路,在道而不在器,不是君子不想成器,而是君子不仅仅是器而已,他的生命热血,他的性向才情,不只是发展成就自己,而且要承担了这个世界,这叫"君子不器"。所以"器"并非不好,但知识分子的胸怀抱负应该是不同的。

我们说"形而上""形而下",人的"形"可以往上提升飞越,也可以往下落实凝聚。后者并非不好,但往上提是大家往上提,而不只是我往上提。问题是生命往上提如何成为可能?人都难免有情绪陷于低潮,而失落自我的时候,我怎能保证自己一定形而上而不形而下。形而下的心,是墨子、荀子、韩非的心,是如何在人间成就一专家学问,去开出礼制法制的客观体制,此涉及知识性技术性的东西,并不决定生命方向应该向上的问题,即今所谓的专门知识。当前所有的大学科系均志在成器,都是属外王的学问。我们希望在人间承担什么,从事某一行业,在某一工作岗位,有某一方面的成就,即所谓"器"的工夫。今天大学教育显然忽略了所谓的"道",大概文史哲科系由于讲文化传统还可以维系"道"的理想于不坠。那么成道的可能根据,到底何在呢?就在中国人的"心"。故"形而上"的背后,实隐藏了一颗中国人的心,它是儒家孔孟、道家老庄的心,而不是墨子、荀子、韩非的心,后者成就的正是所谓的"器",真正能开出"道"的,是儒家的孔孟,道家的老庄。我们就从儒道两家的"心",来谈生命价值的开发。

三、儒家的人文之路——
志于道、据于德、依于仁、游于艺

儒家的生命精神可透过《论语》"志于道、据于德、依于仁、游于艺"这四句话来说明,而道家的哲学旨趣,正是对治这四句话痛加反省与批判。

（一）志于道

孔子尝言"吾十有五而志于学",并说"志于道",何谓道？道是人生的大路。何谓志？志即士之心。在先秦士本贵族之一——武士,有其人文涵养,受教育正是贵族的专利。自孔子始,才有民间教育,贵族没落,士因而流落民间。儒家六艺：礼乐射御书数,礼乐书数是属于人文的涵养,射御则属于武事的训练。战国四公养士,士为贵族的家宰,附属于贵族豪门之家。士到了孔子时代已脱离贵族的约束,而走入人间社会,成为"天下士",非单为某一国君、卿大夫寻求治国平天下的道理了,而是要为整个时代承担生命存在的问题,此即"志"——士之心,也就是知识分子的心。而知识分子的心,就当去承担所谓的"道",即人间的大道,而非小径——小径是奇技异能之士与专家学者所走的路,须靠特殊的性向才情、生命热血,去表现生命的精彩,并非人人可为。人人都可以走的才叫大道,所以孔子说："行不由径。"故志于道是为人类打开出路,找出每个人都能走的平等之路,不必待特殊的财富、身份、地位与权势就能走的路,市井小民、乡野村夫都能走的路,这才是人生的大道,这叫"志于道"。

（二）据于德

再说"据于德":怎样的路才是人人都可走,而非仅少数专家学者,有天才有地位的人才可走的?儒家说道德实践人格修养的"路",做一个好人是人人都能成就的,而做一个好人,做一个有道德人格的人,是生命境域最庄严最有价值的,古往今来多少人——当真是"大江东去,浪淘尽,千古风流人物",能流传下来的有多少人,且真正能古今辉映,让人永难忘怀感动的是什么?是伟大的生命人格。故儒家为人类所开出的道路,是依据德行去开的,"十步之内,必有芳草",每个人都可以做个好人,此即人生真正的大道。与身份、财富、地位无关,与阶级、种族、肤色无关,这叫"据于德"。孔子就以"据于德",来规定"志于道"。

(三)依于仁

1. 呈现义——仁在心的不安处显

我何以能"志于道,据于德"呢?每个人凭什么都能成为君子做好人,成就他的德行人格?其根据何在?孔子告诉我们是"依于仁",每个人都有仁心,我们之所以能通过德行的修养,开出人生的大道,是因为我们每个人都有仁心。问题在如何证明?《论语》:"宰我问三年之丧……"孔门弟子宰我最富怀疑批判精神,问三年之丧的道理何在?他认为"期可已矣"。一年就够了。并提出两大理由:第一个理由是"君子三年不为礼,礼必坏,三年不为乐,乐必崩"。孔夫子志在重建礼乐——周文的礼乐。然周文的礼乐当时已开始崩颓,知识分子自当承担起重建礼乐的责任,宰予就逼问老师,大家都守三年丧去了,那么礼乐谁来承担?第二个理由是"旧谷既没,新谷既升,钻燧改火,期可已矣"。前者是属于社会功利的理由,此则为自然现象的理由,自然界刚好一年一个周期,谷子一年收成一次,四季用的木材也是一年轮换一次,所以服丧一年就够了。这是很标准的论说文形式——结论回应前言,中间是两大理由。孔子回答说："食夫稻衣夫锦,于女安乎?"不对应宰我之社会功利,与自然现象的两大理由去回答,而直指其本心安否? 在父母过世的时候,你还衣乎锦,食乎稻,请问你,你的心会安吗? 道德的问题是内心感受的问题,而非社会功利的礼坏乐崩,与自然现象周期变换的问题,是人自己要承担,诉诸人最直接内在之道德感的问题,"你内心安不安呢"? 三年之丧最大的根据就在心会不安,没有想到宰我的回答竟是"安"。实则,说心安不安,一者不能以生命血气硬顶上去说安,二者也不能事先预期说一定安或不安,而是要诉诸生命现境的真实感受,与当下认取的道德自觉。孔子听宰我说安,也只能不高兴地说:"君子之居丧,食旨不甘,闻乐不乐,居处不安,故不为也,今女安则为之。"故儒家讲道德学问,不能讲强制力,系靠每一个人道德心的豁醒,圣人立教也只能做到此一地步,或人格的感化,或生命的指点,政治法律才有强制力,圣人人文教化仅能指点你的生命,让你在这个随俗浮沉的生涯中,当下有一深刻的反省,问自己对不对、安不安、该不该。"宰我出",宰我听了这段话,不晓得是生气,还是不好意思,就离开了。子曰:"予之不仁也。"这不是说宰予没有仁心,而是说他的回答并非出自仁心,而系意气之言。"子生三年然后免于父母之怀。夫三年之丧,天下之通丧也;予也,有三年之爱于其父母乎?"当生命诞生人间,属于人生最脆弱最不能保护自己的阶段,父母抱养我三年,那么在父母过世,葬身坟场,属于生命最孤独最寂寞的时候,我要不要回报陪伴他们三年岁月? 此即心安不安的问题,亦即所谓"依于仁"。人会感到不安,会有最真切的感受,这就是人之所以为人,成就一切德行的可能,是内在的根源,不是来自外铄的规范,是超越的根据,是不被外在的社会名利与物质条件所干扰打散,而超离在现实功利与物质引诱之上,去自作决定,此即所谓"依于仁"。仁是指人会感到不安,内在会感受良知对自我的呼唤,面对人生现境应该如何如何。仁就在心的不安处显现,人为万物之灵,即在人会自觉到人会不安,而不安是随时呈现的,在这样的情况下,道德才有必然性。在生命的方向,在人生的历程中,我们总是会逼显出价值的反省,与道德的自觉,而随时会感到不安,此时不安即成为一切向上的动力,故要求心之所安,亦即求成就一切道德的根源动力。

2. 自觉义,主宰义与绝对义

孔子说:"我欲仁,斯仁至矣。"前头说仁有呈现义,这儿说仁有自觉义,人都会有一份自觉,当我一反省到价值问题,我的心当下即可做自己的主人。孔子又说:"克己复礼为仁。""复"是当"实践"来说的,另外"复"亦可当"回到"来讲,人自觉了才可以克己复礼,回到礼的轨道。所以仁会呈现,也会自觉,可做自己生命的主宰,决定生命的方向。有了仁,才能克己复礼,所以道德主体就在人的"仁心",是以仁有主宰义。另外,孔子说:"仁者安仁。"仁能够安于它自己,这一点很重要,儒家也讲"知者利仁",知只是可以成就仁,有利于仁的实现,知本身不能定住它自己,知识不一定有方向,知识为中性,可以成就器,但不能贞定生命的方向,所以不能称之为道。就是自然科学也没有外求,能自安自足,安于它自己的觉醒,安于它自己的感发,不用向外寻求它存在的意义。我为什么这样做,仁本身可以成立,所以仁有绝对义。我们可以通过德性的实践,开辟人生的大道,即在于他有仁心——此仁心是随时呈现的,在心感不安时呈现,只要人一念自觉,仁就会显露出来,所以说"我欲仁,斯仁至矣",且一念自觉之后即可"克己复礼为仁",成为自己生命的主宰,仁就是最后的理由,可以自安自足,如此道德能定住它自己,若道德不能定住它自己,则道德变成有条件:功利条件,与自然因素,都变得很重要,是以道德要能成立,有其庄严意义,即道德是它自己存在的理由,所以做好人本身就是目的,而不能是成就其他目的的手段,这就是"仁者安仁"。

(四)游于艺

"游于艺",六经六艺均可解为"艺",就是所谓"外王的学问",因其有道德心的自觉与承担,且此道德心是自安自足的,故其投入人间世界,就不会觉得有压力存在,或是勉强难为之感。道德事业不能是英雄事业,因为英雄事业是不能长久的。人走入人间世界去承担什么,不会有压迫感,也不会自以为是牺牲,此即"游于艺"。道德事业是不能靠烈士撑开的,烈士也不是人人能当的,儒家为人间所开辟的大道,不但是人性的可能,也是日常生活的随时可为,我们可安于道德生命的开展,而它本身既是庄严,又是悦乐。所以说"学而时习之,不亦说乎? 有朋自远方来,不亦说乎?"这叫"游于艺"。人生的大道是靠每一个人在日常生活中自安自足地去显现庄严的意义,不能靠别人帮我们撑着,更不是以使命感自我撑持,这样的话人是会被自己压垮的。

(五)人生的命限——斯人而有斯疾

在生命价值的开发中,儒家也反省到人生有限的问题。孔子曰:"命矣夫! 斯人也而有斯疾也。"死生穷达是为一存在的命限,死生有命,命有偶然的意味,这样的好人,却身罹绝症,我们还有什么话说,只是无语问苍天而已! 儒家提出死生穷达是命限的看法,使人对道德生命的价值尊严不致引生怀疑,或失去信念,"道之将行也欤? 命也;道之将废也欤? 命也"。道之行于世,有很多历史条件与社会因素,故有许多命限的味道,是不能强求的。人生就在这个限制里面,试图去打开可以安身立命的正路大道。我们有生理官能欲求,我们生在特殊的时空中,面对不可知的未来与理性的社会,去寻求一条保障存在尊严,实现生命价值的可能之路,这是人的命限。孟子曰:"夭寿不贰,修身以俟之,所以立命也。"夭寿就是死生,人不应在这上面多所用心,因为这是"命也",不如修养自己来面对人生的命限(此处俟若解为等待,则为劣义),在存在的有限性里,表现出生命的无限性来。社会因缘与历史条件都在限制我,但人要承受这个命,要在限制束缚中,来彰显生命的意义。人终究会死,死本是我的限制,我却可以反过来让死变得很庄严,很有意义,所以不是"命"限制我,而是我立"命"的价值意义。试想这是何等令人感动震撼的事,所以孔子说"朝闻道,夕死可矣",人生命的感动兴发,人生命的奋起飞扬,是属于主体的真理,亦即儒家所开出的道,不仅成就自己,还担负他人的存在苦难。精神的无限,与生命的庄严都在此表现出来。

四、道家的自然之路——天地不仁,圣人不仁

(一)形上两路——人文之道与自然之道

从儒家所开的路,再反省道家所开的路。"志于道,据于德"道与德是孔门《论语》特别提出的,而老子也以"道德经"为名,其重要理念皆通过《论语》而开出来。孔子学问是为周文礼乐深植人性之根,而老子是为儒家仁义礼开拓形上之源。所以我认为,老子是后起的,《道德经》不可能在《论语》的前面。老子的哲学,主要在反省"志于道,据于德,依于仁"这三句话。儒家士以天下为己任,任重而道远,而《老子》上经第一句话:"道可道,非常道。名可名,非常名。"即反省"志于道";儒家一日三省吾身,学讲而德修,而《老子》下经第一句话:"上德不德,是以有德;下德不失德,是以无德。"即判批"据于德"。我以为,人生的方向先不问东西南

北,当分个上下,宋明儒说:"莫勘三教异同,先辨人禽两路。"在生命往上飞越的路,也可分而为二:一为儒家所开出的人文的路,由德性心开人生大道,通过历史长流,即成文化传统与人文业绩;另一为自然的路。人文的路是儒家开的,以人文成自然,在自然原有的素朴世界里,通过诗礼教化,赋予人文的色彩与性格;而道家开了另外一条路,叫"自然"的路。自然的意义有二:一是相对人文而说的,人文在道家的了解是人为造作。人为造作产生了许多问题,会变成矫饰虚伪,礼为之僵化,反成人性的束缚;自然的第二个意义是相对"他然"说的,根据道家的观察,人的生命是受外在条件决定的,"然"是如此,他然就是外在条件使他如此,等于外在决定论,没有自己了。自然即指生命的本真,我存全自己真实的生命,而不被外在所牵引所决定的。道家讲自然,是价值的意义。儒家看到周文礼乐流于形式,所以有"人而不仁,如礼何?人而不仁,如乐何"的实质反省。孔子说:"文质彬彬,然后君子。"文胜质,质胜文都不好。道家的反省即发现周文流于形式而成虚文,故反对人文,是走回返自然的路。不似孔子"以质救文",从仁来开出礼乐,使礼乐有其实质精神,道家则"以质抗文",故开出回归素朴的自然之路。

(二)可道与下德

首先我们看"道可道,非常道","可道"是通过人心去"可"的,是人心对道的解说与诠释。依老子的反省,认为可以言说的道,已经过人的语言概念所规定,其真精神,真生命就在语言概念中被限制住了。故道若可道,已非本来的常道,而是人心所规定的道,亦即儒家之"志于道"。老子以为这道已在人心认"可"的活动中被定住了。其次再看"上德不德是以有德,下德不失德是以无德",上德之人是不对德加以制约的,是以无心自得,反而有德;下德者唯恐失去德,执守于某一德的标准,生命不得自在而转成有限。老子认为儒家的道与德,是人心所开出所规范的道与德,故在人心的执取下,道变成可道,而不是常道,德变成下德,不再是上德。儒家的道德,是通过仁的发心,发而为义,转而为礼,仁是根源,义是判断,礼是通路。此把人的无限可能性限制了。依老子的反省,儒家的道与德是通过"仁"开出来的,此即"依于仁",道德的根源在仁,所以他先要破这个"仁"。

(三)天地不仁,圣人不仁

老子云:"天地不仁,以万物为刍狗;圣人不仁,以百姓为刍狗。"你看,这是不是在破儒家的"仁"? 要破儒家的道与德,当然先得破儒家的仁。但不仁不是否定仁,"不"是超越的意思,不是反对的意思,就老子话说,不仁就是无心。儒家说天地的作用就是仁,所以天地才能生生不息地创生万物,圣人的道德人格教化人间,当然也是仁的发显,才能开出人间的大道。老子却说"天地不仁"、"圣人不仁",根据我的了解,老子是看到儒家"志于道、据于德"的士之有心,有心地要为人间承担开路,他要问的是:是否在我的有心承担开路中,会使他人受到限制,是否我们的道德感、使命感,会让某些人产生压迫感,会让人受不了? 我想道家并不是反对儒家,而是反省到儒家道德感太重,使命感太强时,对他人的生命存在会产生压力,所以他认为天地没有自己,才能实现万物,圣人没有自己,才能实现老百姓。没有自己就是无心,我们有心去担负他人,为他人开路,结果对方就在我们担负、开路的时候受到限制。老子这方面的反省很有意义,他想到假定我不去为他开路,不去担负他的存在,才是真正为他开路,真正担负他的存在。我不为他人承担什么,也不为他人开路,这就是不仁,也就是无心。儒家有心,所以有为;道家无心,所以无为。无为就可以开出无不为,我

无为,不再去决定人家,我无为,放下了对他人的担负。我无为,我
自由了,而别人也不受干扰了。我们为什么老是要背起十字架,这
对我是一种负累,而对他人来说,我把他背在身上,你看看,他感受
如何? 我自身负荷不了,他也承受不了。他会说我好委屈噢,我不
能自己站在大地上,我被你背着,那我算什么,我什么时候才能走
自己的路? 依道家的观照:当我放下的时候,当下我就得到自由得
到解脱,而他人也不再受委屈而显得自在,当然也有他自己了。

(四)无为而无不为的实现原理

道家就从"无为"讲"无",从"无不为"讲"有","无为"是工
夫,"无"是境界,通过"无为"的工夫,开显"无"的境界,再由"无
为"的"无",去朗现"无不为"的"有",就是天地自成天地,万物自
成万物,人自成为人,每一物每一人都能自在自得,这就是"有"。
"天下万物生于有,有生于无",是说天下万物之所以能存在,有它
自己,表现它真实的生命,是由于"无为"的"无",才能实现"无不
为"的"有"。我放下了,你就能自己站在大地上,我让开一步,你
就能走自己的路。所以道家以为真正的实现原理,不是由人的仁
心德性去投入去担负,而是由人的虚静心去放下去让开,当我放下
来的时候,我自己自由了,别人也不受委屈了,他可以实现他自己,
我也可以实现我自己。这样的话,每个人都有真实生命,这才是
"道"。实现原理就是"道",就是由无为的"无",去实现无不为的
"有"。

道家对治儒学所讲的"天地不仁""圣人不仁",不仁就是超离
放下,就是无心,就是让开。我们可以如斯说:老师没有自己,就可
以成就学生(当然还要看是什么时候)。道家是针对儒家有心有
为的道德承担与人文社会所可能产生的流弊,诸如人为造作的灾
难,意识形态的灾难,助长强求的灾难,爱之适足以害之的灾难,有

一痛切的反省。

多少人以圣人自居,却伤害他人而不自知,真正的圣人是没有自己的,所以说:"圣人无常心,以百姓心为心。"这是无心无为最好的解释。圣人没有自己的心,天下老百姓的心,就是他的心,这才是真正伟大的政治家。依我的看法:在政见发表会时,不要老说我认为如何,实则不是你认为如何,而是他们怎么想。有位美国国会议员在记者访问他的时候,他说:"我认为怎么样并不重要,我的选民认为怎么样那才重要!"这才是真正的国会议员。若政见发表会老是谈自己,也可能没有想到,自己所代表的或即将代表的是那些人。"圣人无常心,以百姓心为心",就有这一方面的反省与智慧,所以当代讲民主,道家是最好的民主风度。我让开一步,让他走自己的路,这不是真正的民主吗?我把你放下来,让你对自己作自由的选择,这不是民主吗?我们大可以从这方面来欣赏道家。

我们总是想,我们要成就什么,要承担什么,但很可能,在我们想去成就、承担的时候,刚好限制了自己,也束缚了别人。这一方面的道理最好从母爱来体会,我认为老子对母爱有深刻的体会。在我自己的生命体验中,我反省自己今天能走自己想走的路,没有去考医科、挤工商,能成就我自己的这一条路,是妈妈成就我的。再问妈妈如何成就我?妈妈是以不决定我的方式决定我,妈妈放开我,让我决定自己。妈妈决定我,是以不决定我来决定我,道家的精神就在这个地方。妈妈没有自己,每个儿女才有他自己的路,才有他自己的生命成长。假如天地有自己,哪里还有百姓?假如妈妈有自己,哪里还有子女?更浅近地说,假如妈妈有自己的话,那么最好的菜还没有上桌,早在厨房,就不见了。

这就是实现原理,道家并不是凭空玄想一套实现原理。探究山河大地从什么地方来,就设想一个第一原理,通过理性思辩,给予合理的解释,这是在生命之外的观解。而道家所讲的是来自于人生深刻的体验,真正的实现原理在无心无为,通为"无为"开显"无不为",也就是"无"才能朗现"有"。所以道家不是无中生有,这个"无"是通过修养工夫的无心无为,放下让开,消解他人的委屈束缚,让每一个人自在自得,从这边来讲实现原理。"以百姓为刍狗"、"以万物为刍狗"的"刍狗"不是抛弃的意思,而是放开意思。天地无心,放开万物,万物才能成就它自己,圣人无心,放开百姓,百姓才能走他自己的路。

(五)心知的执取与情识的困结

《道德经》反省人生的困顿与政治的纷扰,主要来自人的有心有知。老子云:"天下皆知美之为美,斯恶已,皆知善之为善,斯不善已!"此中关键就在"知"上,"天下皆知美之为美",当我们的心知执取什么是"美"的时候,相对地,我们就把其他不合乎这个标准的,贬为不美,美的另一边就是丑。本来人间真实的生命,就他自己来说,无有不美。《庄子》内篇的人物多有丑陋残缺的形相,但在庄子的笔下,也显得"才全而德不形"的生命美好。问题在当天下皆知美之为美的时候,已然把标准定住,并对其他不合乎这个标准的,一概判为不美。你看,这对人的生命来说,是多大的一种束缚和伤害。

"皆知善之为善,斯不善已!"这并不是说,当天下人皆知什么是善时,善就会变成不善。这不是从善的本质上说,而是从人的主观标准说。当我们说什么是善的时候,就是用一些条件,用一些内涵来规定它的外延,凡不合于这一界定的就是不善。所以老子认为天下人知什么是善,什么是美的同时,善与美已被定住,而变成有限。因为人的心知一执取,说个善,相对的不善就出现,说个美,相对的丑就出现,一有善,就有不善;一有美,就有不美。人本来是置身在一个素朴自在的世界里面,人就是他自己,每一个人都有自己的路。但是当我们心知开始执取的时候,我们把这个世界划成两半,自己跌入了这个相对的世界不说,也把他人推入这个相对的世界中,我们有没有想到,被我们判为不善不美的人,就他本身的真实来说,是善也是美。所以老子才会说:"不善者吾亦善之。"这不是说老子没有是非,而是要取消心知的妄执自是,无心而皆善。由心知的执取,而有价值的定位,每个人都去追寻这一个美,竞逐这一个善,而不要他自己,委屈他自己。遂再由价值的定位,转生行为的趋避,人之奔竞这个善,人之追逐这个美,而避开那个不善不美。人的路开始被决定,在心知的执取之下,每一个人都追寻同样的目标,而金牌仅有一面,金像奖也仅有一座,很多人产生挫折感。由行为的趋避,而有情识的缠结压抑啦,失落啦,还有焦虑、恐慌,一切人生的悲苦困惑,都从这边开始引生。以是之故,道家要讲无心,无心就是无主观的标准,无心知的执取。我们把一个本来素朴自在的世界划分成两半,自己跌入在这个相对的世界里面,规划成一个小框框的格局,好像是鸽笼一般,又把他人关进里面。结果,才呼喊,我受压抑啦,这个世界好小呵!世界好小是因为你的心知所搭建的世界,被弄成一个又一个的小格局,把自己放到里面去,被束缚住,然后在那里喊:"世界好小。"依道家的想法,我无心无为,把这个格局拆掉,这世界不是又成了海阔天空的世界,空旷无垠,我不就可以逍遥自在了。所以老子以"无心"为善,就叫"德善",德善无心,才能人人自得其善。

在政治方面,他也有相同的反省,老子云:"不尚贤,使民不争;不贵难得之货,使民不为盗;不见可欲,使民心不乱。"老子并不反对贤,也不反对难得之货,贤是一个自然,难得之货也是一个自然,它本来就是黄金,它本来就是钻石,你不能说:"咦!这黄金钻石太人为造作了!"它没有,它本身并没有妄自尊贵,抬高自己的身价。问题就出在君有为的崇尚尊贵上。君王崇尚这个,尊贵那个,崇尚这个贤,尊敬那个难得之货,这一来,大家闻风景从,去追逐这个,寻求那个,所以民就争,就为盗,盗这个难得之货,争那个贤。为了争那个贤,假仁假义出现了,假如君王喜欢仁义,他就伪装仁义,仁义被假造被污染了。所以唐君毅先生说:当代的世界,最好的东西,都被讲成最坏!你说仁义,他也说仁义;你说解放,他也说解放。到底哪一边是真仁义真解放了?所以君王的崇尚,君王的尊贵,这一尊贵崇尚,对天下人民产生误导,君王礼敬这个,赏识那个,卒使每一个人都去竞逐君王所想要的善,于是权谋险诈的斗争出现了。道家反省这个问题,根本就出在君王的尚与贵。尚与贵是有心有为,君王有心有为,天下就争就盗。老子就在这一意义下,说绝圣弃圣智,绝仁弃义,绝弃的予智自雄与假仁假义。归结地说,就是不见可欲。"可欲"是在人民心中抛给他们可能有的预期愿望,我将来可以拥有什么,几年以后我可能成就什么。这一来,民心大乱矣!所以说君王要不见可欲,就可使民心不乱。天下父母心有时跟小朋友讲条件:你考了第一名,就可以拥有一部迷你脚踏车。讲这种话最不良,让他有个预期,他心里想,什么时候才有想望的脚踏车,假如考不到一百分,岂非心愿成空?这会产生很大的压力。我家小朋友,幼稚园大班,一个学生从美国带回来几副扑克牌,花样很美,给我送了过来。我就收藏着,当作摆饰品。他每天看了看,就问:"爸爸,我什么时候可以玩这些扑克牌?"我不在意地说小学四年级。此后,日子就不平静了。他有时问我二年级行不行,一年级行不行,甚至说:我生日那天行不行。这就是"可欲",使他的心大乱。不见可欲,就是不要把一个预期摆在他心里面,民心才不会大乱!这个"可欲",跟孟子讲的"可欲之谓善"不一样,孟子的可欲是良心下个可不可,该不该的判断;而道家的可欲是从心里冒出来的一种想望期求来讲可欲,所以孟子的可欲是善,而老子的可欲,则不免大乱民心了。

(六)圣人不伤人

此外,再举老子一段很有代表性且发人深省的话:"以道莅天下,其鬼不神;非其鬼不神,其神不伤人;非其不伤人,圣人亦不伤人。"假定我们以清静无为来治理天下的时候,天下的牛鬼蛇神就不会发挥他的威力,这叫"以道莅天下,其鬼不神"。圣人清静无为,老百姓就会自在自得,他不会有缺憾感,不会有挫折感,没有缺憾,没有挫折的话,他就不会受制于某些超人的神异鬼怪之说,老百姓的生命常足无缺,天下的牛鬼蛇神就会退位,不会以怪力乱神的姿态出现。

"非其鬼不神,其神不伤人",再深一层讲,并不是说天下的牛鬼蛇神没有威力,而是说就算天下的牛鬼蛇神都有它的威力的话,也不能伤害到人。因为人心无缺无憾,内在自在自得,就是牛鬼蛇神有它的威力,也不能侵扰人。只有在生命最悲苦无依的时候,魔鬼才会进驻我们的心,来伤害我们。

"非其神不伤人,圣人亦不伤人",更根本地说,并不是牛鬼蛇神不能伤害人,追根究底是圣人不伤害人。老子的意思是,我们所以会受到牛鬼蛇神的侵入,是因为圣人先伤害了我们。圣人不以道莅天下,让你觉得人间多所残缺,生命多所遗憾,所以你才会有求于外,那个时候,牛鬼蛇神就会伤害你。当前某些特殊的教派,在这个社会上发生了非理性的影响力,是很值得我们深思的。我个人觉得,人只有自己救自己!假定自己不能好好修养自己,充实自己的话,上帝是救不了我们的,更不要说那些荒谬怪异的说法。

就从上帝的信仰来说好了,诸位想想看,假定在我孤苦无助的时候,才去跟上帝会面说话,那上帝仅成为慈善家而已;在我想要报复的时候,才去祈祷上帝赐给我力量,上帝岂不是成了仇恨家了!只有在自身的道德修养与人格境界上能无限开展,那时上帝才是无限的,天道才是无限的。

(七)人生的定限——爱亲之命与事君之义

我们再由庄子,来看看道家对生命有限性的反省。老子说生说的有限,是来自人的有心有为。人有心有为,这个世界就变成有限的世界。"志于道,据于德"的道德,都是人心规格出来的。我们困在这一个画地自限的世界中找出路,当然人人不自由,物物不自在。庄子说:"子之爱亲,命也,不可解于心;臣之事君,义也,无适而非君,无所逃于天地之间,知其不可奈何,而安之若命。"庄子对生命的体验,亲切有如《论语》,我个人读《论语》和《庄子》都有一份相应的亲切感,我认为庄子在《人间世》《德充符》两篇对人生体会的深刻,可以说比孟荀更亲切细微,孟荀毕竟在理论上多所建立发挥,在生命的体验上不如庄子的深刻且富有启发性。

"子之爱亲,命也。"儒家决不会这样讲,子之爱亲,所以是命,是因为"不可解于心",父子之亲是解开不了的心结,就是登报声明脱离关系也没有用,父子之间的亲情,是本质意义的内在关联,而不是发生意义的。发生意义的是外在关联,你可以说,我要,我不要,夫妻关系就是如此,本质意义就不能,所以父子关系不可解。庄子说爱亲是命,看起来他好像把子的爱亲,当作是一担负,一限定,这个说法似乎不太好,实则,他想说的意思是,这是生命在在的真实,是解不开的,我们试图解开的是对死生与是非的执迷与困惑。子女爱双亲,对儒家来说,是仁心的自然流露,也是一切道德的始基,然对道家说来,就因为是不可解于心,心不得虚静自由,当

然是命,但是庄子并没有逃开的意思,道家讲放开一切,但我们要
问:放开一切,能不能放开自己的父子家人? 道家讲无心自在,好
像把人文道德,全盘否定掉了。这样精神解放了,生命也自由了,
但是我们的父子家人,我们的家国天下呢? 所以,庄子尽管讲精神
的自由,生命的自得,子之爱亲,仍是不可解的命,我就在爱亲里自
在,就在家国天下的担负中自得。不可解于心,不可说解为庄子受
不了,他急于跳开逃难。

　　我们再看"臣之事君,义也"。臣之事君是义,义是人所当为,
是作为一个人的责任,人活在世上,是一个事实,人既来到这个世
界,一定就有生身的父母,这一亲情的锁链是与生俱来的,所以是
不可解的。另外,人来到这个世界,也要有个落足栖身的地方。不
管你落足何处,栖身哪一个国度,总要面对政治,面对法律。人生
的限定,就在人必得投身在某一政治社会的时空背景中,这叫"无
所逃于天地之间"。你能够逃到什么地方去,逃到夏威夷,逃到美
国新大陆,"无适而非君",只是所面对的是卡特而已! 在美国的
土地上,中国人有什么地位呢? 美国再好,心里会贴切自在么? 逃
往国外,是生命的自我放逐,天涯羁旅,却仍然逃不开,所以说无所
逃于天地之间。你不管逃到什么地方去,天涯海角都会面对政治
法律,所以是无所逃的,人已在天地间,作为一个人总要面对这一
事实。

　　庄子不说立命,仅说:"知其不可奈何,而安之若命。"这是无
所逃的,无可奈何的,无所逃也就是不可解,所以义也是命,只好安
之若命。儒家不以爱亲事君为命而直以为是发自仁心的应然表
现,道家却以爱亲事君为无可奈何的存在限制。安之若命,就是接
受这个限制吧! 儒家的安,是求吾心之所安,道家的安,是就无心
超离而说安。生命的无限,就在存在限制中去突破去开展,我还是

要爱亲,爱天下国家,就在爱亲,爱天下国家中讲无限性,讲自在逍遥。所以爱君事亲,对庄子说来,是无担负的担负,无烦恼的烦恼。儒家说就是大道不行,就是斯人而有斯疾,你还是要做好人尽孝道。依我的观点看,儒家是从德性心的自觉挺立,去投入去担负,走的是以道德实践去开发生命价值的无限,道家以为价值的实现之道,不是去投入去担负,而是去超离去放开。超离放开也可以开发价值,让开了,放下了,实现我,也实现他人的真实生命,没有人有负累,也没有人受委屈,这就是道家所讲的"无为而无不为"的实现原理。

五、生命的成长之大与飞越之化

儒家由孔而孟,道家由老而庄。孟子把孔子的天道理想,落在人的主体生命中展现,所以说尽心知性以知天。庄子也把老子超越的天道,内在于人的生命主体去体现,所以说有真人而后有真知。《孟子》书中说大丈夫、说大人、说圣、说神,皆就生命价值的开发说;《庄子》书中说天人至人神人,说圣人、真人,也就生命价值的体现说。是两家思想,就生命价值开展体现而说,到了孟庄已臻高峰。所以最后就引孟子与庄子的体证作为说明。

孟子说:"可欲之谓善,有诸己之谓信,充实之谓美,充实而有光辉之谓大,大而化之之谓圣,圣而不可知之谓神。"我们看看孟子的成德历程,这段话正是生命成长飞越的历程。

"可欲之谓善",人都有生理官能欲求之"欲",这就是我所谓的"形"。就人的形躯说,本无所谓善,无所谓恶。到底是什么让人的自然生命,开始走向生命有上下的里程? 人生在世,顺着形躯自然的路,则不论东西南北,无处不可飘流。假定生命没有方向,可以不问东西南北,则美国可以,巴西也可以,赌场也可以。欲之可以是善,问题就在"可"字,"可"是良知判断的可不可,自然形躯通过良知做主的情况下,才能成就善。人之所以为人,就在人会走向人的道,人的路,不然的话,人仅有欲求的路、自然的路。比"可欲之谓善"与老子所讲的"不见可欲"不一样,老子的"可欲"是心知的执取,孟子的"可欲"是本心的价值判断。

"有诸己之谓信",有诸己,"诸"是"之乎",当作"之于"说,有之于己的"之",是指可欲所成就的善,这个善要能有之于己,也就是通过自己的实践而体现,那才是信,所以信是向自己的生命负责。一般以为人言为信,孔子却加了一个前提:"信近于义,言可复也。"在言合于义的条件下,所谓的诺言才能付之行动。儒家这个观点值得深思,如"己欲立而立人,己欲达而达人",我认为不仅是当作我自己能立,也要立别人讲,还要当作我要自己去立,别人也能自己去立讲,这就是"己立而立人","己达而达人"也是这个意思。我们不代别人立,也没有人能代别人立。儒家只是担负人文教化,引发人们在仁的呈现中自觉自立,去自作主宰自我挺立,去自安自足,这就是"有诸己之谓信"。

"充实之谓美",充实这个善就叫美,儒家以善来规定美,道德生命的充实显发就是美。充实而有光辉就是成就人格的大。我认为从"欲"来说,人本来是很渺小很脆弱的,不过是生理官能欲求的存在。甚至从生理官能的"欲"来说,人还不如动物,六福村野生动物园的那个世界,人要住进去,也是不太容易的。所以从"欲"来说,人尽管是小,通过良知的自作主宰,却可以成其大,"充实而有光辉之谓大",这是生命人格修养的大,这是生命价值开发的大。一个小朋友,从上幼稚园开始,小班中班大班,再进入小学、国中,再登上高中、大学,诸位想想看,这代表一种不断往上爬的成长历程。这个成长，开发了生命存在的价值，也树立了生命存在的尊严，这就是既充实又有光辉的"大"。

"大而化之之谓圣"，道家说儒家的圣人，有心有为，不免伤害人，是不一定能成立的。《论语》讲"望之俨然"，也说"即之也温"，圣人成就了"大"的人格，这要把那个"大"的形象化掉，这就是"大而化之之谓圣"。一般就生命的修养说超凡入圣，实则，就生命的圆满说，应是超圣入凡。是孔子由"五十而知天命"，再回到"六十而耳顺"，这才是真正的圣人，圣人就在我们的生命周遭，不会让人对他有高远难及之感。我们看耶稣、孔夫子、释迦牟尼等圣者，哪一个会给人压迫感，使人有压迫感的就不是圣人。"大而化之"，是成就生命人格的"大"，再通过修养，把这个"大"的形相也化掉，使自己平易近人，这才是圣人。这如同禅宗三关，由见山是山，进为见山不是山，再回归见山只是山。见山是山的第一关是小，见山不是山的第二关是大，见山只是山的第三关则是化。这样的圣人才能接引世人，教化人间。不是光塑造一个超绝的形相，让每一个人向他俯伏礼拜，认为自己是微不足道的，是卑弱堪怜。我这样说不是指责任何教义，而是说儒家有这样的修养，道家也有这样的反省。

"圣而不可知之谓神"，成就圣人的人格，是一无限的飞越历程，你说圣是最高境界，那么圣人已被定住，所以道家认为儒家把圣人定在一个地方，就不再有无限的开展，所以要说绝圣弃智。实则儒家也开出"圣而不可知"的领域，是一无止境的成长飞越。从儒家来说，"可欲"的可，是就德性良知说，"欲"是就自然形躯说，可欲就是良知作为形躯的主宰，去成就"大"、"圣"、"神"的境界。圣、神是指人格的伟大，生命的无限性。从生命的无限性来讲"神"，从人格的极致来讲"圣"。圣要内圣外王，不是我自己伟大，而是担负每一个人的存在,让他也一样伟大。儒家讲内圣外王,由内圣外王成就形而上的"道",不仅是成就自己,成就形而下的"器"而已。对儒家说来,每一个人都内圣了,才算是外王的完成。

再看《庄子·逍遥游》大鹏怒飞的寓言,庄子说"北冥有鱼,其名为鲲"。北冥是北海,北海是生命的孕育之场,这里头有一条鱼,其名就叫鲲,"鲲"是什么?鲲是鱼子,"鲲之大,不知其几千里也"。鱼子是小,庄子却把这个鱼子说成不知其几千里的大。庄子的谬悠之说荒唐之言无端崖之词,果真一开始就粉墨登场了,把最小讲成最大,这不是注解家所说的"便是滑稽的开端"。寓言是说一个故事,故事中的主角是鱼,是鹏,但所指的是人的生命人格。鱼子变成不知其几千里的大,这是由小到大。正如孟子从"可欲之谓善",到"充实而有光辉之谓大",也正是指出生命是由"欲的小"到"有光辉的大"的成长历程。

"化而为鸟,其名为鹏,鹏之背不知其几千里也。"由"鲲"化而为"鸟",这个化是代表生命境界的往上飞越,人老在大地上东西南北地奔走,说是行万里路,读万卷书,问题是永远在原地绕圈圈,尽管不远千里,长途跋涉,却没有想到要走自己的路,往上去的路。人不能光走人间量化的路,破纪录的路,同样的路走了千百圈有什么意义。假定这是一段没有价值意义的路,你就是走了百十万里又怎么样。是以人生的庄严就在分个上下。"化而为鹏",是在生命的成长之外,还讲到生命层次的提升。由"鲲"的大成为鹏的大,此已由大地起飞,从平面的生命,翻转成立体的生命。"怒而飞,其翼若垂天之云",大鹏奋起而飞,两翼伸展拍合之间,有如云垂天旁的威势。"是鸟也"像这样的一只大鹏鸟呵!"海运则将徙于南冥",当海上长风吹起的时候,它就要飞往南冥。海上长风是自然,道家的生命是在自然中展现,人的主体生命要由小而大,由大而化地成长飞越,再与整个自然结合,去成就生命的最高理想。儒家不是,儒家的主体生命也要由小而大,由大而化地壮大飞扬,然不藏身在自然世界中,而要投身在人文世界中,在历史文化的传统中去开展生命存在的价值。

由小而大,由大而化,儒家讲,道家也讲,这不是巧合。因为两家都讲道,都在探讨生命的进路与理境。儒家是在由小而大、由大而化的历程中,以人文化成自然,去成就生命的理想。道家是要从人文回归自然,生命就在自然中,去开显真空妙有的理境。趁着海上长风吹起的时候,大鹏就振翅高飞,飞往南冥。由北海北冥,飞往南海南冥,庄子说南冥者,天池也,天池就是终极理想境。在这儿我要告诉诸位:北海南海,是一段寓言。事实上,北海就是南海,我们不要以为道家理想境,是在这个世界之外的世外桃源,桃花源就在人间世。道家的山水田园,就在我们的心中开,就在"子之爱亲"、"臣之事君"里讲逍遥,讲自在,这是无所逃也不可解。所以禅宗说:"烦恼即菩提",菩提何在?菩提就在烦恼中开,就好像问理想的婚姻何在?理想的婚姻就在柴米油盐中显。不通过柴米油盐,就没有理想的婚姻可说;不通过烦恼,也没有菩提好讲。

六、结论——儒道两家的生命精神

最后且让我们做个总结,中国哲学独特彰显的,是开出生命由有限而通向无限的价值之路。从这一点来看,中国哲学也深具宗教精神。我们从有限开无限,不仅承担自己的存在,也承担一切人的存在,宗教最伟大的精神,就在承担一切存在的苦难。法律只能判决一个人的外在行为,道德则能审判自己的内心。人的堕落罪恶是无所逃的,你可以逃开人间社会的追索,可以逃开政治法律的制裁,但能逃开良心的自我审判么? 这是逃不开的,因为我们随时面对自己的良心。在良心的自我立法、自我审判下,我们会拒绝他人,排斥他人,我们可以说他有罪,判他为恶,甚至连他的父子家人也会放弃他,认为他已不可救药。事实上,人的存在有相当非理性的成分在内,此儒道两家说命限,佛家说苦业,基督神学说原罪,人间理性的生命一定要通过非理性去表现,这就是人生的限定,也是生命多少含有悲剧性的原因。所以我们面对天涯沦落人,要怀抱同情悲悯,当整个社会都弃绝他,甚至他自己都拒绝自己的时候,那人间已无他立足安身之地,人生的道途上,只剩下两条路可走:一条路是自杀,另一条路则仅有宗教的殿堂才会开门接纳他。从这一点来看,宗教不管承受如何的冲击或压力,仍有它永恒存在的价值。所以,我们在开发生命价值的无限之路,也要能有宗教的精神。不仅要"五十而知天命",也要"六十而耳顺",才能发为宇宙情怀,担负他人的存在。不仅担负他人的善,也要担负他人的恶,这才是真正的担负。我认为儒道两家都有这份情怀。

最后,容我作个总结,素朴地说,道是人走的路,是人走出来的路;人文地说,儒道两家为人生开路,开出人人能走,既真实而又庄严的路,所以道是人生的正路,人生的大道;究极地说,道既是正路,又是大道,能实现每一个人生命的真实价值,与存在的庄严意义,所以道就是实现原理,也就有了天道的形上性格。儒道两家的道,开出由有限走上无限的路,让每个人的生命没有负担也没有缺憾,让每一个人的生命既真实又庄严,这就是担负一切存在,也实现一切存在的宗教精神。惟儒道两家,在人间现世开出终极理想境,这就是人间现世的圆满,所以儒道两家的道,都通过政治去开展,内圣外王之道,遂成为中国知识分子的宗教。这就是道,是由人的"心"去开发去实现的道。

（选自《鹅湖》〔台〕第 6 卷第 3 期,1980 年 9 月）

王邦雄,台湾云林人。曾任中国文化学院哲学系教授,《鹅湖》月刊杂志社社长。著有《文化复兴与现代化》、《从中山先生进化的人性观看三民主义的王道思想》等。

本文认为素朴地说,道是人走的路,是人走出来的路;人文地说,儒道两家为人生开路,开出人人能走,既真实而又庄严的路,所以道是人生的正路,人生的大道;究极地说,道既是正路,又是大道,能实现每一个人生命的真实价值与存在的庄严意义,所以道就是实现原理,也就有了天道的形上性格。儒道两家的道,开出由有限走上无限的路,让每个人的生命没有负担也没有缺憾,让每一个人的生命既真实又庄严,这就是担负一切存在,也实现一切存在的宗教精神。惟儒道两家,在人间现世开出终极理想境,这就是人间现世的圆满,所以儒道两家的道,都通过政治去开展,内圣外王之道,遂成为中国知识分子的宗教。这就是道,是由人的"心"去开展去实现的道。

孔子、老子的"无为"思想之异同及其影响

李 生 龙

在先秦,儒、道、刑名法术之学都讲"无为"。"无为"的内涵十分丰富,它可以包含自然观、认识论、政治观、价值观、人生观诸方面的内容。就孔子和老子而言,孔子的"无为"思想不如老子丰富,因而往往被人们所忽视。其实,孔子讲"无为"虽少,但在几个重要方面却与老子有可以同日而语之处。本文试从自然观、政治观、人生观三个方面作一些探索,比较其异同,略寻其影响。

一

老子整个思想体系的核心是"道","道"的根本内容是"无为"。《老子》三十七章:"道常无为。""道"是天地(自然)人(社会)的最高抽象,天道自然无为理所当然地成为"道"的内容的一部分。《老子》七十三章:"天之道,不争而善胜,不言而善应,不召而自来,绰然而善谋。"就是说的天道无为。

孔子对天道自然无为讲得较少,在《论语》中可以找到两处。《论语·阳货》:"天何言哉?四时行焉,百物生焉,天何言哉?"对照老子的天道"不言而善应",可知这里是说天道自然无为。《泰伯》:"巍巍乎,唯天为大,唯尧则之。"王充说:"《论语》曰:'大哉

尧之为君,唯天为大,唯尧则之。'王者则天,不违奉天之义也。推自然之性,与天合同。"(《论衡·初禀篇》)他认为这里说尧效法天的自然之性,也就是说天是自然无为的。朱熹《论语集注》引尹氏言:"天道之大,无为而成,唯尧则之以治天下,故民无得而名焉。"也肯定这里的大是自然无为之天。可见,在天道自然无为这一点上,孔子与老子有相通之处。

虽然,老子的整个哲学体系是客观唯心主义的,孔子的天道观中也保留着天命论的残余,但是这种天道自然无为的思想却是接近唯物主义的自然观。唯物主义者往往从天道自然无为推导出世界的物质性,如王充讲天道自然无为,就推论出天不过是"苍苍之体","云烟之属",万物的生长是"天地合气",自然而然的结果(《论衡·自然篇》)。唯心主义者接受了天道自然无为的思想则可以使他们消除一些神学迷信成分,使他们的思想更加富于理性和思辨的特色,例如何晏、王弼。何晏《无名论》说:"夏侯玄曰:'天地以自然运,圣人以自然用。'自然者,道也。道本无名。故老氏曰:'强为之名。'仲尼称尧'荡荡无能名焉',下云'巍巍成功'。则强为之名,取世所知而称耳。"(《列子·仲尼篇》张湛注引)从他这里我们可以看到孔子和老子天道自然无为的共同影响。王弼讲"天地任自然,无为无造,万物自相治理。"(《老子注》五章)何晏、王弼都由天道自然无为推广到"天地万物皆以无为为本"(《晋书·王衍传》),他们都花了很大精力去探讨"无"的体用问题,极力把先秦以来传统的宇宙发生论引向本体论,深化了人们的认识,为后世学者开辟了新的哲学研究领域。由于有了天道自然无为的思想,他们思想中的神学成分就比较少。何晏说:"天道者,元亨日新之道也。"(《论语集解·公冶长》)王弼说:"神不害自然也。物守自然,则神无所加;神无所加,则不知神之为神也。"(《老子注》六十章）正因为这样，他们的哲学才得以从汉代的谶讳神学的羁绊中挣脱出来，放射出理性和思辨的光芒。

二

孔子和老子在政治观方面有很多共同点，他们都主张均平。孔子讲："有国有家者，不患寡而患不均，不患贫而患不安"（《论语·季氏》）；老子认为"天之道损有余而补不足"，人之道却"损不足以奉有余"，因而他希望有"有道者"来改变这种状况（《老子》七十七章）。孔子主张富民，"足食"（《论语》:《子路》、《颜渊》），老子主张要使民"自富"、"实其腹"（《老子》五十七章、三章）。他们都反对战争和掠夺。基于这些共同点，他们都希望天下有均平、安定、富足、不治自理的一天。《礼记·礼运》记载孔子憧憬的"大道之行，天下为公"，《老子》八十章所描绘的"小国寡民"图景，都从不同角度反映了他们希望无为而治的共同愿望。

孔子和老子都把实现无为的希望寄托在当时的统治者身上，希望通过对现实政治的改良来实现他们的善良愿望。围绕着如何实现"无为"的问题，他们着重讨论了两点：一是统治者的品质行为；一是社会政治措施，两者有区别也有联系。

孔子要求统治者以身作则，"恭己正南面"（《论语·卫灵公》）。季康子问政于孔子，孔子说："政者，正也。子帅以正，孰敢不正？"（《论语·颜渊》)孔子还说："苟正其身矣，于从政乎何有？不能正其身，如正人何？""其身正，不令而行，其身虽正，虽令不从。"（《论语·子路》）为政就要"先之劳之"而且"不倦"（同上）。恭己还含有要求统治者抑制权力欲和物欲的意思。"巍巍乎！舜禹之有天下也，而不与焉！"朱熹注："不与，犹言不相关，言其不以位为乐也。"(《论语集注·颜渊》)"季康子患盗,问于孔子。孔子对曰:'苟子之不欲,虽赏之不窃。'"(《颜渊》)可见孔子对统治者的要求是很高的。但老子对统治者要求更高。他要求他们有一种"生之育之,亭之毒之,养之覆之"却"生而不有,为而不恃,长而不宰,功成而弗居"(《老子》五十一章)的最高精神境界;在言行上,"欲上民也,必以其言下之;欲先民也,必以其身后之"(六十六章);在权力欲和物欲上要"去甚、去奢、去泰"(二十九章),"损至又损,以至于无为"(四十八章)。只有这样,才有可能"处上而民不重,处前而民不害","天下乐推而不厌"(六十六章)。很明显,孔子是要求统治者通过积极的、正面的有为去求取"无为",老子则要求统治者通过表面上消极实际上更主动的手段去实现"无为"。他们对统治者的这些要求,反映了他们的民主意识,但却包含着极大的幻想成分。

孔子主张用德治的手段去实现社会政治的无为而治。《论语·为政》:"为政以德,譬如北辰,居其所而众星拱之。"《论语集注》引程子曰:"为政以德,然后无为。"为政以德,一是要"举贤才"(《论语·子路》),孔子认为只要用善人为邦百年,就可以胜残去杀;二是对人民要实行先富后教,减轻对人民的盘剥掠夺。老子恰巧相反,他不尚贤,既否定现存的法令、道德、文化,也反对人民有智慧技巧,只希望统治者"无事"、"无欲"、"好静"(《老子》五十七章),"其政闷闷"(五十八章)地进入无为而治。孔子和老子的途径都是在现存政治制度下的逐步改良,相反而实相成。但孔子较多地注意了社会发展的需要,注意了手段的现实可行性;老子的途径虽能在一定程度上对统治者的骄奢、残暴、贪婪、专横起某种抑制作用,却因割断了社会历史发展的连续性,显得批判性有余而建设性不足。

从战国时代起,孔子和老子的"无为"政治思想就被地主阶级思想家们加以扬弃改造,使之能为地主阶级政治服务。这里所说的地主阶级思想家,包括儒、道、刑名法术三大主要学术流派。

地主阶级思想家们认为要建立巩固的封建等级制度,有两个互相矛盾的问题需要解决。一是要建立王权,树立君主至高无上的地位,作为阶级和等级制度这座宝塔形建筑的顶峰。慎到说:"天下无一贯,则理无由通。"(《慎子·威德》)二是如何防止君主地位太高,权力太大所必然导致的个人独裁专制,破坏本阶级内部的民主。这两个问题要解决好,关键在于君主的品质行为。本来,孔子和老子对君主的品质行为的要求在原则上是相通的,从维护阶级内部民主的角度看,两者都是可提倡的。但孔子的恭己为天下先倡要在以君主之主观带动阶级之客观,它常与人治思想相联系;而老子的损己无为要在以主观服从客观,它可发展到与法治相联系。这些不同形成了儒家和道家、刑名法术之学的分歧。儒家坚持孔子的主张。荀子说:"有乱君,无乱国;有治人,无治法。"因而他说:"请问为国?曰:'闻修身,未尝闻为国也。君者仪也,民者景也,仪正而景正;君者槃也,民者水也,槃圆而水圆。'"(《荀子·君道》)道家和刑名法术之学在主张法治这一点上有共同之处,这从"道法"这个词就可以看出。马王堆帛书《经法·道法》说:"道生法。法者,引得失以绳,而明曲直者殹(也)。故执道者生法而弗敢犯殹(也),法立而弗敢废(也)。""道"是客观的,"法"从属于"道",也是客观的。君主既是执法者,又是立法者,法对他没有任何限制,全靠的是他执"道",即虚静无为。这就与老子对君主品质行为的要求挂上了钩。君主执道,就一定要有老子所描绘的那种"生之育之,亭之毒之,养之覆之"却"生而不有,为而不恃,长而不宰,功成而不居"的绝对大公无私的精神;一定要"去甚、去奢、去泰","损之又损,以至于无为",使个人主观欲望服从于天下人的事业的需要;一定要遵循阶级大法。所以《管子·任法》说:"圣君任法而不任智,任数而不任说,任公而不任私,任大道而不任小物,然后身佚而天下治。"《吕氏春秋·贵公》说:"天下非一人之天下也,天下人之天下也。"天下人立了君,就要求君主以"至公"之心对待他们。因此,君主对于贵富显严名利,容动色理气意、恶欲喜怒哀乐、智能去就取舍等东西都不能沾边,防止这些东西"累德"、"塞道"(《有度》)。这些都是从既不损害王权,又要维护阶级内部民主的角度来说的,是要求君主完全服从于地主阶级的客观要求。所以持此说者要求君主去聪明,寡私虑,"以不知为道,以奈何为宝"(《吕氏春秋·知度》),这当然谈不上要君主恭己为天下先倡了。相反,当他们认为要维护和巩固君主集权时,也可以从老子那里发展出一套君主驾驭群下的阴谋权术。韩非说:"术者,藏于胸中以偶众端,而潜御群臣者也。"(《韩非子·难三》)他一面要求君主"不以智累心,不以私累己;寄治乱于法术,托是非于赏罚,……不急法之外,不缓法之内,守成理,因自然,祸福生乎道法,而不出乎爱恶"(《大体》),即以君主一己之私服从于地主阶级整体利益之"大体",一面又要求君主表面上装作无为,私下里却潜窥暗测,对群臣行阴谋之术,以驾驭群臣,使他们俯首听令。这就叫作"明君无为于上,而群臣竦惧于下"(《主道》)。这样就维护了君主的绝对权威,也巩固了阶级和等级制度。由此可见,地主阶级思想家们无论是要维护王权还是维护本阶级内部民主,都可以从老子那里找到理论根据。

基于上述原因,汉初司马谈站在道家的立场上对老子的意见进行了肯定,而对儒家的观点进行了批判。他说:"儒者……以为人主,天下之仪表也。主倡而臣和,主先而臣随。如此,则主劳而臣逸。至于大道之要,去健羡,绌聪明,释此而任术。"(《论六家要旨》)这里虽然是从君臣的劳逸关系来说的,其中却隐含着上面已经谈过的极丰富的内容。随着封建阶级和等级制度的不断巩固,君主个人独裁专制的不断加强,学者已不敢明言其中奥秘了。但即使儒术独尊以后,这一见解还为学者们所首肯。宿儒班固就认为道家的"清虚以自守,卑弱以自持"作为"君人南面之术"是可取的。朱熹《论语集注》"为政以德"引范氏云:"为政以德,则不动而化,不言而信,无为而成。所守者至简,而能御烦;所处者至静,而能制动;所务者至寡,而能服众。"把老子的思想移过来当作孔子的思想津津乐道。

孔子的恭己正南面为天下先倡的思想也不是没有影响。封建专制,本身就是人治与法治的结合。即使道家和刑名法术之学,也有人看到了它和自己一致的地方。《淮南子·主术训》就从君主要带头守法的角度发挥了孔子的思想:"是故人主之立法,先以身为检式仪表,故令行于天下。孔子曰:'其身正,不令而行,其身不正,虽令不从。'故禁胜于身,则令行于民矣。"后代儒生常喜欢引孔子说以讽劝君主,例子举不胜举。一些开明君主也懂得以身作则的重要,唐太宗说:"若安天下,必须先正其身,未有身正而影曲,上治而下乱者。"(《贞观政要》)总的说来,孔、老的思想在封建社会里是并行不悖的。

地主阶级要发展,就一定要培育和选拔自己的人才,要社会发展生产,发展符合本阶级需要的道德文化。老子那种"其政闷闷"的思想是行不通的。所以即使道家,在这方面也不得不向儒家靠拢,吸取孔子以来的儒家不断发展和充实着的德政思想。早在战国,儒家以外的一些具有道家倾向的著作如《管子》、《庄子·内篇》(《天道》、《天地》、《天运》诸篇)、马王堆古帛书《经法》、《十六经》、《称》、《道原》、《吕氏春秋》等等,就都注意吸收孔子的德政思想。其中,孔子的任贤授能思想影响最为深远,后来何晏的《论语集释》就以"任官得其人,故无为而治"释"无为而治者,其舜矣夫"一段话。当然,老子的崇尚清净、简朴之政对后世也有很深远的影响,但清净、简朴就其减少对人民的干预、盘剥、抑制统治者的贪欲等内容看,它与德政在原则上是相通的,从德政角度看,也可以说这是德政。例如汉初的无为而治,明显地是受了老子思想的影响,但司马迁却说汉文帝"专务以德化民,是以海内殷富,兴于礼义"(《史记·孝文本纪》)。可以这样说,老子的这部分思想已被涵括到德政思想中影响后世了。

三

孔子和老子在人生观方面也有很多相通的地方。

他们都有积极用世的思想。孔子周游列国,遍说诸侯,席不暇暖,知其不可而为之,古今传为美谈。老子被人看偏了,多以为他是飘然物外,只知全真养性,恬淡无为的。其实老子较之孔子,又何尝落后!他口口声声要求圣人救人救物,以无为取天下,声明"吾言甚易知,甚易行",真是苦口婆心,有恨铁不成钢之意。

然而历史上伟大的思想家们常遭厄运。孔子和老子都有自己的一本辛酸帐。孔子叹道之不行,只得以累累然如丧家之犬自嘲。老子嗟叹自己的主张"天下莫能知,莫能行",只好"圣人被褐而怀玉"(《老子》七十章);他感到乱世的危殆,人言的可畏,惊呼"人之所畏,不可不畏"(二十章)!

正因为如此,老子才提出了他全性保真的人生策略。他采取的是不与浊世同流的办法:"众人熙熙,如享太牢,如登春台,我独泊兮其未兆,沌沌兮如婴儿之未孩,儽儽兮若无所归。众人皆有余,而我独若遗。我愚人之心也哉!俗人昭昭,我独昏昏。俗人察察,我独闷闷。众人皆有以,而我独顽且鄙。我独异于人而贵食母。"(二十章)不与浊世同流,便退而自全,退而自全,却未必能全,于是他说:"吾所以有大患者,为吾有身,及吾无身,吾有何患。"(十三章)既然"无身"反而可避患全身,那么推而广之,便是"无为故无败,无执故无失"(二十九章)了。这便是老子的"无为"人生观。值得注意的是,老子的"无为"绝非放弃一切,而是一种曲蘖求伸的方法,所谓"明道若昧,进道若退"(四十一章)是也。

孔子虽不讲人生应如何"无为",但他既然面临的是与老子相似的境遇,思想感情上不能不发生共鸣,采取的人生策略也自然近乎老子。老子说:"君子得时则驾,不得其时则蓬累而行"(《史记·老子列传》)。孔子也多次提到:"邦有道,不废;邦无道,免于刑戮";"邦有道则智,邦无道则愚"(《论语·公冶长》);"邦有道,危言危行;邦无道,危行言孙"(《宪问》);"邦有道则仕,邦无道则可卷而怀之"(《卫灵公》),总而言之,孔子是主张在世道不利于我时应采取退避自全的办法的,"贤者避世,其次辟地,其次辟色,其次辟言"。有一次,他还真想"乘桴游于海"(《公冶长》),去实践"隐居以求其志"(《季氏》)的主张呢。

老子主张人生"无为",其中包括对个人物欲、外志的损削,他劝孔子"去骄气与多欲,态色与淫志";由此转入向内心精神世界的追求,使自己处于一种"深藏若虚","盛德而容貌若愚"的状态。孔子对此大为激赏,称老子为"龙"(《史记·老子列传》)。《论语·述而》说:"饭疏食,饮水,曲肱而枕之,乐亦在其中矣,不义而富且贵,于我如浮云","奢则不孙,俭则固,与其不孙也,宁固"。《尧曰》:"君子惠而不费,劳而不怨,欲而不贪,泰而不骄,威而不猛。"《孟子·离娄下》:"仲尼不为已甚者。"这些言论都近似于老子,所不同的是态度比较折中,不像老子那样主张大刀阔斧地"无为"。

老子和孔子的这种"无为"人生观对后世知识分子产生过广泛而深刻的影响。由于他们的主张是在特殊的社会条件下造成的,而这种特殊的社会条件在中国古代延续了上千年,所以一代一代的知识分子都从此取法,形成了逆境求生的一套基本策略。有些人可能采取明哲保身、放弃斗争的消极态度;但多数人则可能独善人格,以洁身对抗浊世。特别值得重视的是,孔子、老子那种损削外志、物欲而不断向精神方面探索的方法,常常可以使知识分子在逆境面前表面上消极无为,实际上却在大有作为。孟子说:"人有不为也,然后可以有为。"(《孟子·离娄下》)庄子说:"其嗜欲深者,其天机浅。"(《庄子·大宗师》)这些都是他们的经验之谈,道出了损益的辩证关系。像庄子那种人人以为消极无为的人,却是那样一位思想深刻、想象丰富的哲学家和文学家,谁能说他是真正的消极无为呢?中国长期处于封建专制统治之下,而知识分子面临逆境却作出了重大贡献者代有其人,正是靠的这种向外"无为",向内追求的特殊方式。如汉代的扬雄,他"清静亡(无)为,少嗜欲,不汲汲于富贵,不戚戚于贫贱,不修廉隅以徼名当世。家产不过十金,乏无儋石之储,晏如也",却"默而好深湛之思","非圣哲之书不好也"(《汉书·扬雄传》),潜心创作了《太玄》那样博大精深的哲学著作,为后世留下了宝贵的精神遗产。

(选自《中国哲学史研究》1987 年第 4 期)

李生龙,湖南祁东人。湖南大学文学院中文系副教授。

著有《无为论》、《道家思想及其对文学的影响》等。

　　本文从自然观、政治观、人生观三个方面探讨了孔子与老子"无为"思想的异同,指出在天道自然无为这一点上,孔子与老子有相通之处。在政治观方面,他们都主张均平,都反对掠夺和战争,都把实现无为的希望寄托在当时的统治者身上,希望通过对现实政治的改良来实现他们的善良愿望。但孔子较多地注意了社会发展的需要,注意了手段的现实可行性;老子的途径虽能在一定程度上对统治者的骄奢、残暴、贪婪、专横起某种抑制作用,却因割断了社会历史发展的连续性,显得批判性有余而建设性不足。在人生观方面,都主张积极用世,如遇世道不利于我时,老子主张全性保真,孔子主张退避自全。

儒道对立互补之比较

李 宗 桂

阳刚与阴柔

儒道两家的外在特征,可以概括为儒家具有阳刚特征,道家学说则是阴柔。

儒家代表作《周易大传》中的命题"天行健,君子以自强不息",最典范地显示了儒家的阳刚特征。孔子赞扬"刚毅",他的学生曾参提倡"弘毅",都是一种襟怀坦荡、刚强有为的思想表现。儒家经典之一的《中庸》主张:"博学之,审问之,慎思之,明辨之,笃行之。……人一能之己百之,人十能之己千之",确是自强不息精神的体现。

实际上,儒家的大同思想、内圣外王之学,正己正人、成己成物的主张,以及"穷则独善其身,达则兼善天下"的心态,无不反映出刚健有为、奋进不止的精神。这种阳刚进取的思想,深刻地影响了一代又一代的知识分子。而宋儒欧阳修做学问,抓紧时间,枕上、厕上、马上皆充分利用;明儒文嘉写了著名的"明日歌",成为珍惜时间的千古警言,等等,这些对下层民众的影响也是相当深刻的。

道家则是另一番景象,崇尚清心寡欲,见素抱朴,回到小国寡民的社会,欣赏"同与禽兽居,族与万物并"的"至德之世",主张无知、无为、无欲、不争。道家贵柔、守雌、主静,不像儒家心中充满

"至大"、"至刚"的"浩然之气",而是纯任自然,泯灭主体能力,用"以柔克刚"的办法致胜。

道家思想反映在封建社会的失意知识分子身上,便是陶渊明式的"吾生梦幻间,何世继尘羁"(《饮酒》),"人生似幻化,终当归空无"(《归园田居》),把社会政治生活看作"樊笼",念念不忘复归"自然",追求"方宅十余亩,草屋八九间。榆柳荫后檐,桃李罗堂前。暧暧远人村,依依墟里烟。狗吠深巷中,鸡鸣桑树颠"(同上)那种恬静的田园生活。然而这种以恬淡自娱、自持品节,与儒家"穷则独善其身"的思想却是相通的。

总之,道家思想的总特征是自守、自保,通过抑制自我欲望来与社会谐调,与儒家积极的人生观正相对峙,以阴柔的格调烘托、补充着儒学的阳刚,在对比中使双方的特色益加鲜明。

进取与退守

从根本上讲,儒道的外在特征实际上是以人生观为据的。只是因为立论的关系,我将之分别论述。

儒家人生态度是积极入世进取。孔子念念不忘的是"克己复礼","博施于民而能济众"(《论语·雍也》)。为了成为志士仁人,须"无求生以害仁,有杀身以成仁"(《论语·卫灵公》)。儒家的准则是"非礼勿视,非礼勿听,非礼勿言,非礼勿动"(《论语·颜渊》),以实践伦理道德为指归。孟子坚信人能培养自己的浩然正气,能尽心、知性、知天,并以此影响君主,以仁政学说泽被天下;董仲舒穷神竭思,构造了以天人感应为核心的神学目的论体系,为汉武帝"大一统"服务;"文起八代之衰"的韩愈,力主"文以载道",孜孜于儒家道统的捍卫,反映了强烈的政治参与意识;"天才少年"王勃在《滕王阁序》中表述的"老当益壮,宁知白首之心;穷且益坚,不坠青云之志",更可以说是儒家积极进取精神的一种宣誓。宋代理学家则以"为天地立心,为生民立命,为往圣继绝学,为万世开太平"标榜,将鲜明的主体意识渗透于社会生活之中。这类例子在中华民族史上是举不胜举的。

道家人生态度与儒家迥然相异。他们睥睨万物,"以死生为一条,以可不可为一贯者,解其桎梏"(《庄子·德充符》)。他们齐是非、齐万物,"游乎尘埃之外"(《庄子·齐物论》),要做超脱人世的圣人、神人、真人。他们感受到了现实生活对人的种种压抑,但又不愿改变退守的人生态度。在失意之后,最合适的居处便是"不知有汉,无论魏晋"的世外桃源。

显而易见,道家与儒家人生哲学的对立互补,使中国文化很早就有了一个范围周延,层次完整,性质属于现世的人生哲学体系。在这个执着于现世的人生哲学体系中,不同的人生态度相映相衬:既有积极入世,先天下之忧而忧、后天下之乐而乐的仁人,也有超然尘外、情欲沉寂、自甘落寞的隐士,他们互为补充,进退取守皆可从容对待,保持心理平衡的稳定调节。二者按照自己的方式都把人生价值的实现放在今生而不是来世或天国,所以使生长在中国文化氛围中的人,"得志于时而谋天下,则好管、商;失志于时而谋其身,则好庄、列"(王夫之《诗广传·大雅四十八论》,中华书局1981年版,第135页),成为"穷独达兼"之士。

庙堂与山林

儒道两家由各自的理想人格和人生态度所决定,前者倾心于庙堂,后者钟情于山林。

根据古文献的解释,庙堂指太庙的明堂,古代帝王祭祀、议事的地方。《楚辞·九叹·逢纷》:"始结言于庙堂兮,信中涂(途)而叛之。"王逸注曰:"言人君为政举事,必告于宗庙,议之于明堂也。"后来多用以指代朝廷。

儒家一心参政,心在庙堂之上。孔子一生凄凄遑遑,游说诸侯,热切于参政。孟子则公开自称:"如欲平治天下,当今之世,舍我其谁也?"(《孟子·公孙丑下》)就是以"疾虚妄"为旗帜的汉代思想家王充,也专门写了《须颂》篇,要"彰汉德于百代,使帝名如日月"。他仕途不遇,非常羡慕董仲舒等人有与皇帝对策的机会,"能建美善于圣王之庭"(《论衡·别通》)。总之,终封建社会之世,儒者无不以天子垂询、身居庙堂高位为己任。

与儒家相反,道家对当官十分淡然,以蟒袍加身为自然本性的丧失。他们"非汤武而薄周礼","越名教而任自然"(嵇康《与山巨源绝交书》、《释私论》),不与朝廷合作,甚至认为"君立而虐兴,臣设而贼生。坐制礼法,束缚下民"(阮籍《大人先生传》)。庄子认为,从政当官类似于"络马首,穿牛鼻",违背人天性,不如"游无何有之乡,以处圹埌之野"(《庄子·应帝王》)。于是,山林便是道家的去处。《晋书·嵇康传》载:"故有处朝廷而不出,入山林而不反(返)之论。"

严格地说,山林与庙堂并无不可逾越的界限,多数知识分子从政顺利时,是儒家;失意时是道家。这也就是儒道何以相补、两种不同人生哲学何以长期共存发展的原因。

群体与个体

近年在学术界有用"人学"、"人性的觉醒",概括儒家理论特质和价值。实际上早在 1944 年,郭沫若便将孔子的"仁道"评价为是"人的发现"(郭沫若《十批判书》,科学出版社 1956 年版,第 88 页)。问题在于,儒家心目中的"人",是什么样的人? 这就见仁见智了。

儒家心目中的人,是以体认、实践"仁"德为人生旨趣的主体。仁的实现,在于主体修养的升华,然后推己及人。"夫仁者,己欲立而立人,己欲达而达人"(《论语·雍也》),"己所不欲,勿施于人"(《论语·卫灵公》),这是从一般意义的人我关系的协调实现仁。而"君使臣以礼"与"臣事君以忠"(《论语·八佾》),则是从君臣关系的协调来落实仁。因此有的学者指出,孔子的仁是用以协调人与人之间相互关系的,"从这个角度看,也可以说是一种人际关系学"①。这个论断是精辟的。孔子以后的儒者,无论孟子、荀子、董仲舒,还是程颐、程颢、朱熹,无不以人际关系为重。

儒家这种重人际关系的思想,是以群体与个体的关系为思考背景的。之所以要协调人际关系,就是要使个体融进群体,以保持群体的和谐统一,维护群体的利益。所谓"无求生以害仁,有杀身以成仁"(《论语·卫灵公》),所谓"匹夫不可夺志"(《论语·子罕》),所谓"理一分殊",说到底,是为了维护整体利益而不惜抑制个人欲望、乃至牺牲个人生命的不同表述而已。

道家与之相反。道家看重的是个人生命的存在和人性自然的维护。他们抨击君主,鄙弃物欲,诋毁文明,为的是个体价值的实现、独立人格的保持。他们不仅没有国家观念,也没有宗法家族观念,反而以国家、家族为累,以为是对人性返真归朴的束缚。

---

① 参见李锦全:《儒家论人际关系的矛盾两重性思想》,《中州学刊》1987 年第 5 期。

老子以仁义礼智为社会祸首，以物欲为耻。在"名与身"、"身与货"的抉择上，老子重"身"，弃"名"和"货"(《老子》四十四章)。他说："吾所以有大患者，为吾有身；及吾无身，吾有何患？故贵以身为天下，若可托天下；爱以身为天下，若可寄天下"(《老子》十三章)。即以身为身，就会丧身；不执著己身而无欲无求，可保全己身；只有把自身看得比天下还重、只有珍爱自身超过珍爱天下的人，才可以把天下寄托给他。可见，老子以个体的精神自由为鹄的，不以天下国家(群体)为念。

庄子则对如何保全自身提出措施，主张"处于材与不材之间"(《庄子·山木》)，"逍遥乎无为之业"(《庄子·大宗师》)，亦即"外天下"、"外物"、不"以天下为事"(《庄子·齐物论》)，显然也不以群体为怀。《养生主》中说："为善无近名，为恶无近刑，……可以保身，可以全生"，表现了庄子"保身全生"即保全生命的根本主张。这种主张当然是消极的，不过，"从理论说，意识到人作为个体血肉之躯的存在与作为某一群体(家、国……)的社会存在以及作为某种目的(名、利……)的手段存在之间的矛盾与冲突，却是古代思想史上一个重要的发现。"①严格说来，庄子对精神自由和人格独立的追求，比老子更执著，更强烈。

要而言之，儒道两家在人际关系的思维框架中，前者看重整体，后者钟情个体，旨趣迥异，却又互为引发补充。

恒常与变动

在社会历史和人生历程的发展方面,儒道两家的眼光也大不相同。

儒家看到的是稳定,是"经",是"常",对现实人生的意义持充分肯定的态度。在社会历史的发展方面,他们见到的是"百王之无变,足以为道贯"(《荀子·天论》),是"三统"、"三正"的循环往复,是"天不变,道亦不变"(《汉书·董仲舒传》)。即使有变动,也只是属于不可动摇的"常"的补充而已。"变"也称作"权",与"经"相对,他们是"以经统权",坚持"权必返于经"(董仲舒语)的。孔子因革损益的思想,就是这种思维的结果。在人生意义和价值方面,儒家看到并希望的,是通过主体努力,使个人的价值在整体利益的实现中得以体现,并由此将自己的功业融入历史文化的积累中,从而求得精神上的永恒。因此,他们"正其谊而不谋其利,明其道而不计其功"(同上),"居敬穷理",抑制"人心",弘扬"道心",最终要"为万世开太平"。这主要是因为他们坚信人生有恒定的内在价值,不会因社会变迁、人生际遇的不同而变化消失。

道家看重的是另一面。他们眼中万物变动不居,没有质的稳定性。他们感叹人生的短暂和变化不已:"人生天地之间,若白驹之过隙,忽然而已。……已而化生,又化而死"(《庄子·知北游》),把人世看作无不从变而生,顺化而死;"物之生也,若骤若驰,无动而不变,无时而不移。"(《庄子·秋水》)他们认为唯一恒定的东西便是"无终始"的"道",它"自本自根,未有天地,自古以固存";"先天地生而不为久,长于上古而不为老。"(《庄子·大宗师》)可悲的是,愈是标榜"道"的永恒和绝对,便愈觉人世之短暂相对而"游世",这刚好与儒家人生哲学的思维趋向相映成趣。

肯定与否定

儒道两家在以上方面迥异旨趣,究其实与各自的思维方式分不开。儒家用肯定的方法,确认现实社会和人生价值,追求抱负的实现。道家则用否定的方法,通过对现实社会的种种罪恶的揭露和对人生诸多烦恼的排遣,来保守自身,抒发对理想境界的向往。

儒家以立德、立功、立言为"三不朽"事业,否定和贬斥消极颓废的人生态度,倡导修齐治平、由家到国的积极进取精神,和"富贵不能淫,威武不能屈,贫贱不能移"(《孟子·滕文公》)的"大丈夫"气概。

道家则从与儒家对应的另一极寻求安身立命之道。他们的思维方式可以概括为"以反求正"。他们知雄守雌,主静贵柔,要求预先处于对应的一极以自保。老子所谓"圣人后其身而身先,外其身而身存",是一种标准的以退为进。"大道废,有仁义"(《老子》十八章);"绝圣弃智,民利百倍;绝仁弃义,民复孝慈"(《老子》十九章);"失道而后德,失德而后仁,失仁而后义,失义而后礼"(《老子》三十八章);这些都是老子通过对仁、义、礼的否定,来伸张自己对"道"和理想人生境界的寻觅。"道"的作用是柔弱,它不肯定什么,只是否定一切要肯定的,并由此使一切存在的事物有自身的肯定方面的作用。"道"因其柔弱的功用,不求克服什么,战胜什么,却唯此才能真正主宰一切、支配一切。

综合上述内容,可以看出,儒道两家思想无论在人生哲学、心理状态,还是思维方式方面,都有着明显的不同,正因如此,儒道两家思想可以、而且必然会互为补充。

　　需要指出的是,儒道之所以能互补,不仅在于两家的不同之处,在某种意义上说,联结两家使之相互贯通的,恰是它们的一致之处。比如,两家都不齿物欲,儒家信仰谋道不谋食、重义轻利、安贫乐道,道家则见素抱朴、清心寡欲。又如两家都重视道德修养,儒家要克己复礼,正心诚意,修齐治平,道家则主张"修道"、"积德"、"修之身,其德乃真;修之家,其德有余;修之乡,其德乃长;修之国,其德乃丰;修之天下,其德乃普"(《老子》五十四章)。再如两家都采用简单类推的思维方式,儒家人生哲学和政治理想将家国利益设定为一致,修身方能齐家、治国、平天下,由小到大,由内向外推导,道家的考察方式是"以身观身,以家观家,以乡观乡,以国观国,以天下观天下"(同上),其"修德"的序列是身、家、国、天下,这与儒家也并无二致。正是这些不同中的相同,使儒道在对立差异中相互沟通、相互陪衬补充。

(选自《学术月刊》1988 年第 9 期)

　　李宗桂,四川眉山人。中山大学哲学系教授,中山大学文化研究所所长。著有《中国文化概论》、《文化批判与文化重构——中国文化出路探讨》等。

　　本文从人生哲学、心理状态、思维方式三方面比论了儒道两家思想的差异,阐明了儒道两家所以对立互补的原因,指出儒道之所以能互补,不仅在于两家的不同之处,在某种意义上说,联结两家使之相互贯通的,恰是它们的一致之处。

儒道人生哲学的总体比较

邵 汉 明

一

在中国哲学中,人生哲学占有特别重要的地位;在中国人生哲学中,儒道可谓两个内涵最丰富、特色最鲜明、影响最深广的派别。开展儒道人生哲学的比较研究,显然有着十分重要的理论意义和现实意义。

首先,这是开辟中国哲学和中国文化研究新领域的需要。建国以来的中国哲学研究基本上局限于"两条线四大块"①的单一模式。这种模式的形成,虽然有它的历史必然性和历史合理性,但这种僵化的模式无疑把丰富多彩的中国哲学过于简单化了,背离了中国哲学的客观实际,从而不可能揭示出中国哲学发展的内在规律和民族特征。近十年来的中国哲学研究固然已经突破这种单一模式,开始走上科学化的轨道,并在哲学史方法论和中国哲学固有范畴等重大课题的研究上取得较大进展,但就整个中国哲学研究来说,仍然令人很不满意,这主要表现在,到目前为止,对中国哲学实质是一种"人的哲学"、"生命哲学"认识不足,没有对中国古代

①　"两条线"指唯物主义与唯心主义、辩证法与形而上学的斗争;"四大块"指自然观、认识论、辩证法和历史观。

人生哲学尤其是儒道人生哲学展开全面的讨论和系统的研究。近几年的文化研究着眼于传统文化的价值评价、传统文化与现代化关系的探讨、中西文化的比较，也取得了一些进展。但总的来看没有超出二、三十年代文化研究的水平。一个很重要的原因是它忽视了传统文化的个案研究，忽视了古代人生哲学与其文化各个方面关系的探讨。因此，我们倡议学术界迅速开展中国传统人生哲学特别是儒道人生哲学的讨论和研究。我们认为，这是一项开拓性的工作，它将反过来促进中国哲学和中国文化研究的深入。

其次，这是重新构建科学而规范的现代人生哲学的需要。任何新的理论、学说、思想都不是凭空产生的，都有它的历史继承性。科学而规范的现代人生哲学的构建也不能例外。以儒道为主线的中国传统人生哲学是中国传统文化的一个重要组成部分，在它的极为丰富的内容中，既有消极的成分和因素，也有非常深刻的思想和合理的命题。看不到它的消极方面而只看到它的积极方面，因而采取复古主义的态度，和只见其消极方面而不见其积极方面，因而采取虚无主义的态度，都无助于现代人生哲学的建立。我们应当按照批判继承的原则，运用马克思主义的观点和方法，对以儒道为主线的中国古代人生哲学作出深入的分析和系统的把握，从而吸取其精华，剔除其糟粕，并将其合理的思想、观念和命题纳入到现代人生哲学中来。以往的研究大都立足于破坏、否定和批判，而非立足于建设、肯定和继承。旧文化的破坏固然重要，但毕竟不能代替新文化的建设。因此，我们必须把破坏和建设、否定和肯定、批判和继承有机统一起来，并着眼于建设，努力发掘儒道和其他各家各派人生哲学的合理成分，以为适合中国国情和具有中国气派的新的人生哲学的创立提供历史的依据和理论的依据。

再次，这是反思历史、超越传统、改造现实、开辟未来的需要。

过去、现在和未来是一条绵延不断的时间长河,认识昨天,无疑有
助于把握今天,走向美好的明天。人们常说,现代化关键是人的现
代化,而人的现代化也就是传统的人向现代的人的转化。要实现
这种转化除有赖于继续进行经济的、政治的和文化的变革,以更新
人们的观念,开拓人们的视野,提高人们的素质外,还有赖于对以
儒道为主线的诸家人生哲学的思想资料进行细致的整理和客观的
评判,并从古代哲人自身的人格塑造、境界完善、人性修养、价值追
求中吸取经验和教训,以利于现实的人们的身心发展。当代中国
有三股活跃的文化思潮,一是传统文化,二是马克思主义文化,三
是马克思主义之外的西方各种文化学说。而在传统文化中,又以
儒道人生哲学对人们的影响为最大。不管人们自觉或不自觉、承
认或不承认,每个现实的中国人的心灵深处都或多或少有儒道人
生哲学的影响存在,或是儒家的影响为主,或是道家的影响为主,
或是二者兼而有之。这种影响又必然区分为积极和消极两个方
面。正视这种影响的客观存在并加以积极的引导,则将于民族精
神的再造、于人的现代化乃至人的全面而彻底的解放大有裨益。

　　这里,我们以孔子、孟子、荀子和老子、庄子为代表,从天人关
系论、人生价值论、人生境界论、理想人格论和人生修养论五个方
面,对儒道人生哲学的异同作一总体的比较和粗线条的勾勒,旨在
抛砖引玉,以引起人们对这一问题的高度重视。

二

　　司马迁自谓《史记》的著述宗旨是"究天人之际,通古今之
变。"所谓"天人之际"即天与人的关系。这是儒道两家(也是整个
中国哲学)所共同关心的重要问题,他们对这一问题的认识和解

答构成他们各自的人生哲学的逻辑的前提。

总起来说，儒道两家的天人关系论既有相同的方面，又有相异的方面。其一，儒道两家都抛弃了先前天命观的天即神（上帝）的观念，不把天看成是有人格、意志和目的、感情的最高主宰，从而天人关系主要不是表现为神与人的关系。在这一前提下，孔、孟、荀和老、庄对天的意义的认识又有较大差别。孔孟所谓天含义很不确定，或指抽象的缺乏具体规定的客观必然性，或指命运之天，或赋予天以伦理道德的性质。作为客观必然性或命运之天，它是外在于人的异己力量；作为伦理道德的化身，它又是内在于人的。荀子所谓天，则专指人之外的外部自然界，它不依人的主观意志而存在。老庄所谓天则专指自然，而所谓自然又不只是指客观的外部自然界，而主要是指事物的初始状态、纯朴本性和事物因性而行的运作方式。其二，儒道两家的天人关系论基本上都可归结为天人合一的模式，只是合的方式和旨趣有所不同而已。孔子揭橥天与人之间具有某种亲和性、相通性，强调天人相知、契合、贯通；孟子提出"万物皆备于我"、"上下与天地同流"，强调天心即人心、天人不二。而实现天人合一的途径，在孔子谓"上学而下达"，在孟子谓"反身而诚"，"尽心"、"知性"、"知天"。荀子则主张天人相分，认为天和人各有不同的职分，强调"不与天争职"，表现出对孔孟天人观的反动。但荀子也没有完全否认天人之间存在一定的联系。而老庄则以绝对的普遍的道来统一天和人，并强调通过道的复归、物的复归、人性的复归来实现天人合一。其三，《易传·说卦》云："立天之道曰阴与阳，立地之道曰柔与刚，立人之道曰仁与义。"天之道与地之道合称自然之道，简称天道；人之道即人际之道，简称人道。相对而言，儒家重人道但不废天道，孔子讲"知人"，也讲"知命"；孟子讲"知性"，又讲"知天"；荀子则提出"制天命而用之"，主张认识和利用自然规律以为人类服务。道家重天道但仍落脚于人道，老子言"人法地，地法天，天法道，道法自然"；庄子讲"无以故灭命"，"无以人灭天"，其意图均在克服人为物役的异化现象，促进人的合理的发展。而所谓天道与人道的关系无疑包含自然与人为、必然规律与意志自由的关系。如何看待这种关系？道家着眼于突出自然，强调遵循和服从必然规律，反对背离和改变必然规律，所谓"法道"、"法自然"是也；儒家着眼于突出人为，强调发挥人的主观能动性和提高人的道德自由，所谓"人定胜天"是也。

三

人生价值问题是人生哲学的核心问题。这个问题包含两方面的含义：一方面要问，人在宇宙中占有何种地位？这也就是人与自然的关系问题；另一方面要问，个人在社会中占有何种地位？这也就是个人与社会亦即个体价值与社会价值的关系问题。从前一方面来看，儒道两家的认识表现出明显的一致性，他们都对人的生命存在给予极大的关注和重视，都高度肯定人在自然界中占有崇高的地位，具有卓越的价值。须要注意的是，他们肯定人作为类的存在的意义和价值的方式却有一定的差异。儒家主要通过揭示人与物的区别来推崇人，孔子认定人贵物贱，指出鸟兽不可与人同群；孟子以人有善性——先天的道德意识，亦即所谓"良知"、"良能"来说明"人之异于禽兽"的观念；荀子则以人有辨有分有礼有义等"文"的特征来论证"人最为天下贵"。道家主要通过揭示人与物（自然）的统一与联系来认同、肯定人的存在价值，老子提出人居四大之一（"道大、天大、地大、人亦大"）的观念，庄子提出"齐万物"、"齐物我"的主张,其旨均不在简单地将人降低到物的层次,而在抛弃儒家的人类自我中心念头,将人放在大千宇宙的宽阔视野中来考察,提醒人们既要看到人的价值,又要看到物的价值,从而做到人尽其材,物尽其用。庄子从美的观照的角度对"无用之用"命题的深层意蕴的阐发,很可以说明这一点。

从后一方面亦即从人的个体价值与社会价值的关系来看,儒道两家的认识则表现出明显的差异性,儒家突出和强调人的社会价值或群体价值,道家突出和强调人的个体价值或自我价值。虽然儒家并不否定个人的作用和个体价值,孔子说"为仁由己",又说"立人"、"达人"要以"己欲立"、"己欲达"为前提;孟子说"道惟在自得","家之本在身";荀子论证人的自然欲望和生理本能存在的合理性,凡此都说明儒家是承认自我和自我的价值的,但我们必须看到,儒家主要用力于阐明个人隶属、服从于国家、社会,社会的价值重于自我的价值的道理。孔子以"爱人"、"与人忠"、"克己复礼"来释仁;孟子提出"五伦",并要求把"孝亲"、"敬长"的观念"达之天下";荀子主张"隆礼重法"以限制人的自然欲望的外化和个性的发展,凡此都说明儒家在处理个人与社会的关系时,是以社会的发展和社会价值的实现而不是以个人的发展和个体价值的实现为最终鹄的的。道家虽在主观上没有把个人与社会、个体价值与社会价值绝对对立起来,但他们主要用力于阐明自我和自我价值的至上性,阐明个人可以脱离社会而得到发展、个体价值可以脱离社会的人伦价值而得到体现的道理。老子声称"我欲独异于人,而贵食母",庄子主张"人皆取先,己独取后"、"人皆取实,己独取虚"、"人皆求福,己独曲全",均意在突出"我"、"予"、"吾"的"独"和"异"的特征,意在抛弃任何知识媒介和伦理媒介,实现那超越人伦的自我价值。

四

与其在人生价值问题上强调人的伦常价值、社会价值相适应，在人生境界问题上儒家孜孜追求人与人（个人与家庭、国家、社会）的普遍谐和的道德境界。孔子提出"仁"的概念来指谓这种理想境界，在孔子看来，仁不仅是君子、圣人的最高道德理想，同时也是社会所有成员的最高道德理想。后来儒者又将仁扩展为"大同"的社会政治理想。然不论是仁抑或大同，作为儒家的理想人生境界，它都具有这样三个基本的特征：其一，人伦性。儒家立足于人的家族血缘关系，故很看重人的协作性、交往性。他们认为人伦世界是人的生存发展的根本依托，人不能脱离社会、脱离人伦关系而存在。孔子论仁，没有直接从人伦关系来讲，但它"是从普遍性的人己关系来讲的，以仁为人际关系的最高原则"（张岱年《中国伦理思想的基本倾向》，载《社会科学战线》1989 年第 1 期）。孟子指出天下、国、家、身四者相互依存，不能分离。荀子则认为人的协作性群体性是人类生存发展的必要条件，指出"人不能无群"。其二，规范性。仁的境界、大同的境界是社会的人为的有序状态，这种境界和状态有赖人们遵循和践履社会的伦理道德规范来实现和维持，也有赖于社会的政治法律制度来为之清除干扰、扫除障碍。离开社会的伦理道德规范的弹性约束和政治法律制度的硬性约束，仁的境界或大同的境界的实现毋宁就是天方夜谭。因此，孔孟要求人们严格按照各种道德规范和伦理原则设身处事，孔子尝说"非礼勿视，非礼勿然，非礼勿听，非礼勿动"（这里的"礼"，主要是在道德的意义上使用的）。孟子也说"士穷不失义，达不离道"。荀子则更多地吸收了早期法家的一些思想，着重阐发了礼法的功能和礼法的统一（他的礼具有法的属性），强调政治法律对人的行为的强行限制。其三，自由性。一方面，社会因为人们对礼法的遵循而达到稳定和进入有序状态，另一方面，人们的物质欲求和精神欲求（主要是道德欲求）也因之而得到满足。这就是荀子所说的"两得之"，也即仁的境界或大同的境界的现实化。在这种境界或状态中，人的自由得到高度的体现，孔子谓"从心所欲不踰矩"，正是指人们从对社会的必然的认识中获得自由。

与其在人生价值问题上突出人的个体价值或自我价值相适应，在人生境界问题上道家憧憬和向往物与我、人与自然完满和谐的自然境界。老子提出"婴儿"、"朴"、"无极"来指谓这种理想境界，"婴儿"、"朴"、"无极"都是指自然界尤指人本身那种未经人为的自自然然的最原始的状态。后来庄子又从主客体关系的角度提出"大通"、"大顺"、"物我同一"、"天人一如"的观念。然不论是"婴儿"、"朴"，抑或是"大通"、"大顺"，作为道家的理想人生境界，它都具有不同于儒家的道德境界的三个基本特征。其一，非人伦性。道家立足于人的个体独立的绝对性、至上性，故主张去除一切人伦关系，断绝一切社会经济、政治、文化乃至日常生活往来。他们认为，人虽不必一定要离开社会，但却可以不必通过社会而各个独立地去发展和完善自己。老子提出"小国寡民"的社会设想，推崇"民至老死不相往来"的自然生活；庄子则要去"无何有之乡"、"广漠之野"独自过一种体道悟道的艺术生活，都反映了其人生境界带有非人伦的倾向。其二，非规范性。道家提倡因性而行，顺性而动，不淫其性，自然无为，认为人的自然纯真本性与世俗的规范准则不能相容并存，后者只能是对人的本性的桎梏和残害。因此，他们对儒家提出的仁义礼智繁文缛节给予猛烈的鞭挞，并将其视为"祸乱之首"。老子进而主张"绝圣弃智"、"绝仁弃义"、

"绝巧弃利",庄子进而主张"在宥"天下,反对用世俗礼法来限制人性的发展,都反映了其人生境界带有非规范性的特征。其三,超自由性。在老庄看来,儒家通过伦理的途径所得到的人的道德自由最多只是相对的暂时的有限的自由。老庄所汲汲追求的是绝对的永恒的无限的自由,我们姑名之曰超自由。老子认为,若夫摆脱人伦关系和世俗礼法的束缚,走向自然,与自然打成一片,则可突破相对进入绝对,突破暂时进入永恒,突破有限进入无限。庄子指出,达于"大通"、"大顺",实现"物我同一"、"天人一如",打破时空、主客、物我、天人界限,则可"胜物而不伤"、"物物而不物于物"乃至"神与物游"。

五

理想人格论构成儒道人生哲学的一个重要内容。儒道两家都认为理想人格是人生理想境界的实际承担者,肯定每一个体都有完善自我人格的潜在基因和现实能力。孔子说"我欲仁,斯仁至矣";孟子说"人皆可以为尧舜";荀子说"涂之人可以为禹"。老庄没有这样明确的论述,因为他们认为这本来是不成问题的问题。在他们看来,人的自然本性及其基于自然本性之上的自然能力虽存在这样或那样的差别,但这并不妨碍人格的自我完善,只要人们固有的本性、秉赋、才能得到充分彻底的发挥外化,他就可以称之为理想人格。

儒道两家关于理想人格的论述,虽如上述有相通的方面,但更主要的则表现为相互的对立和拒斥。儒家推崇的理想人格是现实的入世的道德人格,道家推崇的理想人格则是超越的即世而又出世的自由人格。就儒家来看,孔、孟、荀心目中的理想人格在个性、仪容风度、行事态度上虽存在一定的差异（这与他们自身的人格塑造有关），但在根本精神上却是一致的，即都应当具有"内圣外王"的品格。"内圣"言其德性修养，"外王"言其政治实践。正是从"内圣"与"外王"的统一上，他们对尧、舜、禹、文王、周公倍加崇拜，视为理想人格的范型。由于孔孟的时代圣王已经分途，故他们便相对忽略理想人格的"外王"规定，而突出其"内圣"规定，强调德性修养的重要性。然而，他们毕竟对现实深表不满和忧患，要求改进社会、变革现实。因此，他们不主张独善其身（除非万不得已），而主张兼善天下，承担起济世救民的社会责任。孔子讲"己立立人，己达达人"，孟子讲"居天下之广居，立天下之正位，行天下之大道"，以及孔、孟、荀反复强调的"立德"、"立言"、"成功"、"成名"，无不说明其理想人格的力行用世的现实品格、入世品格。就道家来看，老庄心目中的理想人格虽也存在微妙的个性差异，但在根本精神上也是一致的，即都应当具有超越和放达的品格。超越言其身处人世间却非"与人为徒"、"开人之天"，而是超拔开去，"与天为徒"、"开天之天"；放达言其适其意、遂其情、安其性，身心达到最大限度的放松。正是从超越与放达的统一上，他们对儒家推崇的尧、舜、禹等圣王尽其嘲讽、谩骂之能事，而以隐士、道士（"善为道者"）和所谓真人、至人、神人为其理想人格的范型。他们对现实虽也表现出强烈的不满和深沉的忧患，却没有像儒家那样从不满和忧患走向对现实的认同和肯定，走向对现实的积极的改造和变革，而是走向对现实的批判和否定，乃至走向消极地逃避现实，放弃对现实的改造。因此，他们主张不与政府合作，不拘礼法，隐居山野，自得其乐。老子提出"处无为之事，行不言之教"，庄子提出"与物为春"，"独与天地精神相往来"，都体现了其理想人格的近于出世的超越品格。

　　儒道设立的理想人格在外显方式上还存在"刚"和"柔"的区别。儒家赞美"刚健",主张"自强不息"。孔子说"刚毅木讷近仁","三军可以夺帅,匹夫不可夺志";孟子尝言"富贵不能淫,威武不能屈,贫贱不能移";荀子也说"君子隘穷而不失","不倾于权,不顾于利"。儒家赋予君子、圣人以"刚健"的品格,旨在弘扬人的主动意识、进取意识。道家赞美"柔弱",主张"以柔克刚"。老子把"柔弱"上升为人事人为的准则来加以提倡,对"柔弱"的功能、作用和"柔弱胜刚强"的道理作了充分的阐发,指出"天下之至柔,驰骋天下之至坚"。庄子没有这方面的直接论述,但他对老子的柔弱原则应该说还是深表赞同的。道家赋予圣人(老庄心目中的圣人)以"柔顺"的品格,虽含有明哲保身的意味,但还不是要人们坐以待毙,而是要人们以屈求伸,无为而无不为。可见,道家的贵柔与儒家的尚刚不是绝对排斥的,前者是对后者的有效补充。后来《易传》提出乾坤哲学,把阴柔和阳刚很好地统一了起来(《易传·说卦》云:"乾,健也;坤,顺也")。

六

　　与在其他问题上一样,在人生修养问题上,儒道两家也是共识与异识并存。儒道两家都认定人的理想境界和理想人格的实现最终取决于人的修养;都把人的修养看成是一个由浅入深、由易入难、由低级到高级的不断递进的永恒过程;都意识到人的修养主要在其自我修养;都提出了关于人生修养的许多具体原则和方法。这是就其共识而言。

　　若是就其异识而论,则第一,在人生修养的原则上,儒家恪守的是理性主义的伦理原则,道家奉行的是非理性非感性的超越原

则。由于儒家的理想境界是一种道德境界,理想人格是一种道德
人格,因而儒家尤重遵循伦理原则进行道德修养。尽管儒家并没
有简单否定人的物质需要和物质生活,没有否定人们可以从物质
需要和物质生活的满足中获得某种感性的自由和快感,但儒家更
看重人的道德需要和道德生活,认为从道德需要和道德生活的满
足中获得的道德自由和愉悦才是更根本的东西。儒家担心的是
"道之不传"和"德之不修",因此,他们只重视人的道德的提升而
不关心人的形体的修炼。由于道家的理想境界是一种超越的自然
境界,理想人格是一种超越的自由人格,因此,道家提倡依据超越
原则进行精神修养。道家认为,儒家的理性伦理原则和墨法的感
性功利原则一样,都是一种狭隘片面的原则,依循这种狭隘片面的
原则,人们至多只能获得相对的有限的自由和快乐。道家追求的
是绝对的无限的全面的自由与快乐(至乐),而这只有依照超越原
则去实现,除此之外,别无选择。而超越,即意味着超脱。

第二,就人生修养的过程来说,在儒家为由外而内、由内而外、
内外交养的双向过程,在道家则为由外而内的单向过程。儒家孔
子所说的"兴于诗,立于礼,成于乐",十分明确地道出了人生修养
的内而外、外而内的两个方面。后来孟子着重发挥了其由内而外
的方面,荀子着重发挥了其由外而内的方面。然而孟子并没有忽
视外而内的功夫,荀子也没有把内而外的修养完全抛在一边,只是
荀孟二人各有其侧重而已。道家倡导由外而内的修养,但其涵义
与儒家并不相同。儒家要以社会性的仁义礼智等来约束、限制个
体的内在情性的自然伸发,道家则要废除这种外在的约束、限制,
谋求个体的内在情性的自由发展,谋求恢复人的真纯本性。老子
说去仁去义,返朴归真,庄子说忘物忘己,离形去智,概括地说明了
其独特的由外而内的单向独立的修养程序。同时,儒家是主智论

20世纪儒学研究大系

者,故强调为学,突出后天教育、礼乐教化的作用;道家是反智论者,故强调为道,摒弃知识教育、道德教育乃至社会习染的影响。这也显示出儒道对外而内的人生修养的不同理解和把握。

第三,关于人生修养的具体途径和方法,儒家体现了有为的精神,道家体现了无为的精神。孔子强调立志(志于道,志于学),将其视为人生修养的第一步;强调遵循家庭伦理孝悌,并将其扩充为忠恕以处理各种社会关系;主张推己及人,正己正人;主张敏以求之,知其不可而为之。孟子强调扩充善端,求其放心;强调尽心、知性、知天、事天;提倡养心和养气,并把养气与立志联系起来,指出志是气之帅。荀子要求尊师法,导礼义;强调注错习俗,敬其在己;主张积善成德,修身端行;主张以义克利,以理节欲,以达到化性起伪的目的。凡此论述,表现了儒家立足人事人为的人生信仰和态度。道家则立足于无为,老子提出见素抱朴、少私寡欲、为而不争、居上谦下、虚怀若谷等种种修养之方和爱惜精神、爱惜生命、尽其天年的摄生之道;庄子则进一步揭示出"心斋"、"坐忘"的养生要领,并主张"法天贵真"、"以天待人",提出"安之若命"、"安时处顺"、"顺人而不失己"的处世方策。凡此论述,反映了道家因任自然的人生信仰和态度,而与儒家力主人事人为的精神构成对立的两极。

七

通过上述五个方面的粗略比较,似可得出如下结论:儒家人生哲学是入世的现实型进取型人生哲学,道家人生哲学是即世而又出世的超越型艺术型人生哲学;儒家人生哲学的根本观念是知命有为,道家人生哲学的根本观念是自然无为;儒家人生哲学主要是一种协调人与人关系的学问,道家人生哲学主要是一种协调人与自然关系的学问。

儒道人生哲学共同反映了中国古代先哲的人生体验和人生实践。这两种学说在今天仍有它的不朽的时代价值。

(选自《社会科学战线》1989 年第 4 期)

邵汉明,吉林长春人。吉林省社会科学院哲学所研究员,著有《儒道人生哲学》等。

本文以孔子、孟子、荀子和老子、庄子为代表,从天人关系论、人生价值论、人生境界论、理想人格论和人生修养论五个方面,对儒道两家的人生哲学思想的异同作了一个总体的比较,得出如下结论:儒家人生哲学是入世的现实型进取型人生哲学,道家人生哲学是即世而又出世的超越型艺术型人生哲学;儒家人生哲学的根本观念是知命有为,道家人生哲学的根本观念是自然无为;儒家人生哲学主要是一种协调人与人关系的学问,道家人生哲学主要是协调人与自然关系的学问。

老子与孔子思想比较研究

陈 鼓 应

老子是中国第一位哲学家,孔子是中国第一位伦理学家。将他们放在一起加以比较,不仅可以看出彼此观念的异同,也可以认识老学先于孔学的顺序,以纠正一般哲学史上孔先老后的错误倒置。

黑格尔认为孔子的教训是一种道德哲学,他说:"孔子只是一个实际的世间智者,在他那里思辨的哲学是一点也没有的。"他还说:"孔子的哲学就是国家哲学,构成中国人教育、文化和实际活动的基础。但中国人尚另有一特异的宗派,这派叫做道家。"(《黑格尔哲学讲演录》第1卷,商务印书馆1983年版)这里,黑格尔似乎隐约认识到儒家学说较近于官方思想,而道家则属于民间哲学。更重要的是,黑格尔指出孔、老思想的不同,在于前者是属于"道德哲学",而后者则是"思辨哲学"。诚然,从学院式的哲学视角来看,不仅看出彼此思想性质的差异,也有无从比较之感:因为老子建立了相当完备的形而上学体系,而孔子在宇宙论和本体论方面几乎是空白的;老子倡导"静观"、"玄览"的认识方法,而孔子在认识论方面是相当贫乏的;老子有着系统的辩证法思维,而孔子在这方面是缺如的,在这些主要的哲学领域——无论就形上学领域、认识论范围或思想方法上——老子哲学思维的丰富性与孔子哲学思维的欠缺性,确实相当悬殊。然而,如果我们将哲学的范围从宇宙论或世界观的角度转向而专注于"哲学是对于人生的有系统的反思"(冯友兰《中国哲学史》,北京大学出版社1985年版),就不难比较老、孔两家对时代与人生反映的异同,以及对传统制度、文化观念的分歧。

一、老子的自然主义与孔子的
德治主义之历史文化线索

　　冯友兰先生说得好:"中国思想的两个主要趋势道家和儒家的根源,它们是彼此不同的两极,但又是同一轴杆的两极。"冯先生还说:"儒家强调人的社会责任,但是道家强调人的内部的自然自发的东西。人们常说孔子重'名教',老、庄重'自然'。中国哲学的这两种趋势,约略相当于西方思想中的古典主义和浪漫主义这两种传统。"(同上)的确,老、孔为同一文化传统的继承者,所以他们的思想有颇多相似处,例如:(1)守中的观念。(2)以"和"为贵的心态——人和自然的和谐关系(以此而发展了庄子与孟子的"天人合一"的思想);人际间的矛盾也总以消弭冲突的方式为主。(3)重视主体生命的体验与反省,而缺少以客观世界为对象的分析与认识的方法。(4)远鬼神而重人事的思想。(5)崇尚朴质信实的德行。(6)反对刑制。(7)反对重税厚敛。(8)"怀乡意识"——缅怀人类历史原初的美好时光。总之,西周以来所逐渐形成的人文精神、人道观念、民本思想,以及淑世心怀——这一文化传统对老、孔都有着根源性的影响。春秋时期为人类理性大觉醒的时代,人文思潮的涌现成为诸子百家的主流思想。

　　哈佛大学的张光直教授说:"夏、商、周在文化上是一系的,亦即都是中国文化,但彼此间有地域性的差异。"(《中国青铜时代》,三联书店 1983 年版)就地域性的差异而言,自古就有南北学派之说①,或邹鲁、齐楚区域文化之别。近人蔡元培先生在《中国伦理学史》中说:"盖我国南北二方,风气迥异。当春秋时,楚尚为齐晋诸国之公敌,而被摈于蛮夷之列,其冲突之迹,不唯在政治家,即学者维持社会之观念,亦复相背而驰。老子之思想,足以代表北方文化之反动力矣。……老子以降,南方之思想,多好为形而上学之探究,盖其时北方儒者,以经验世界为其世界观之基础。繁其礼法,缛其仪文,而忽于养心之本旨。故南方学者反对之。北方学者之于宇宙,仅究现象变化之规则,而南方学者,则进而阐明宇宙之实在。"蔡先生这里指出,南北学风的不同在春秋时期已形成。当时南方的楚国与北方的齐、晋各国,冲突的迹象从政治到社会观念,都有明显的表现。而老子则为南方学派的代表,代表着对于继承周制的文化之反动力。所谓"老子以降"的南方学者的思想特色,则当指庄子学派而言。

关于区域文化的差异性,早在《汉书·邹阳传》中就有这样的一句概括:"邹鲁守经学,齐楚多辩知",前者当系指儒家的学风,后者指道家的学风。冯友兰先生在《中国哲学史》中叙述老学时,就提到"楚人精神",他说:"楚人虽不沾周之文化之利益,亦不受周之文化之拘束;或其人多有极新之思想。"近年,任继愈先生对于荆楚文化与邹鲁文化的区别有进一步的叙说:"荆楚文化特点

①　《孟子·滕文公上》首次提到"北方之学者",讲来自南方的陈良是"楚产",似有南北学派之划分。当时南方与北方界限的习惯称谓:"大都以滕、薛、齐、邹、鲁与周为北方,以陈、楚、宋、郑为南方,略约以今黄河中、下游为南北方的分界线。"(刘先枚:《论南方之学与北方之学的辩证发展》,收在唐明邦、罗炽等编的《周易纵横录》中,湖北人民出版社 1986 年版)

的莫过于《楚辞》、《老子》及受《老子》影响的庄周。这一地区的文化更偏重于探讨世界万物的构成、起源、人与自然的关系、人在自然界中的地位。这些问题涉及的范围恰恰是中原文化所不甚重视的。人伦日用、政治生活则是老庄哲学所轻视的，即使有时涉及，也往往以轻蔑的态度看待它。邹鲁文化上承西周，以尧、舜、禹为圣人，以《六经》为经典，以宗法制度为维系社会的力量。荆楚文化很少受这种传统思想的羁绊，并以它特有的尖锐性，对中原文化开展勇敢的批判，在打破旧传统、解放思想中起了巨大的作用。"(《中国古代哲学发展的地区性》，刊于《中华学生论文集》，中华书局 1981 年版)由于历史的渊源(周公之子伯禽受封治鲁)，鲁文化受到周文化的影响最深，因而宗法思想的约束力也最强，这就形成了鲁文化及孔子思想的较大保守性。孔子毕生向往"周公之典"，以周制为理想文化模式。而老子固近于楚文化之风①，同时他对中原文化也有深切的了解。他曾担任周守藏室之史，博学深知，自然熟悉各种典章文物。然而他对于周代礼制文化则深为不满，他的思想渊源可以上溯于夏文化。青年学者王博在《哲学研究》1989 年第 1 期上曾有专文详论老子学说与夏文化的内在联系，为研究老学提供了一条新的思想线索。由于学派的分歧，区域文化的不同，以及思想性格的差异，而形成老子偏重人与自然的关系，由此而建立他的本体论和宇宙论；孔子则偏重人与人的关系，由此而建立他的伦理学。

---

①　老子是陈苦县人，楚灭陈于公元前 478 年，苦县并入楚，当在老聃身后。但在老聃生前，陈早在楚文化影响的势力范围之内。《老子》书中也有许多楚语或楚文化的痕迹，参看张正明主编《楚史论丛》(湖北人民出版社 1984 年版)中涂又光：《论帛书〈老子〉的社会学说》一文，及陆永品著《老庄研究》(中州古籍出版社 1984 年版)。

总之,老子是继承着文化传统中自然主义的思想线索而发展,孔子则是继承着西周以来德治主义的文化传统而发展;老子的自然主义和孔子的德治主义,是他们各自思想脉络的一个主要特色。

二、老、孔的思想立场和入世方法的异同

老子与孔子同时代,约长于孔子二十岁左右。孔子周游列国时,每到一处便向当地博学广知者请教,《史记·仲尼弟子列传》记载:"孔子之所严事,于周则老子,于卫,蘧伯玉;于齐,晏平仲;于楚,老莱子;于郑,子产。"《史记·老子传》还生动地描述了孔子问礼于老子的情景。孔子师事老子之事,先秦著作中《庄子》、《吕氏春秋》及儒家典籍《礼记·曾子问》等不同学派都有记载。

孔子生前"述而不作",所以没有留下亲笔著作。《老子》一书为老子(老聃)所自撰,为现存的中国"私人著述"中最早的著作。《史记》明确记载老子生前"著书上下篇,言道德之意,五千余言"。这里提到三个要点:第一,《老子》书中有上下篇;第二,以"道"、"德"为主旨;第三,在字数上约有五千言。这三点都跟流传至今的本子相合,可证司马迁所说是实。先秦诸子之作,大都是一个学派中历经多时多人所编写形成,但《老子》一书基本上是成于老聃一人之手——虽然可能经过后人对于某些辞句的增删、修饰,正如《周易》一书基本形成于西周初年,而历经后人之增删修饰一样。

我们讨论老子思想,以《老子》一书为本;讨论孔子思想,以他弟子及再传弟子笔录的《论语》为据。老、孔都是"士"阶层的代表人物,在对待周代礼制的态度上,老子是激进者,孔子是保守者;老子是体制外的抗议者,孔子是体制内的改良者。

范文澜在提到"孔子学说是士阶层思想的结晶"时说:"士在

未出仕时,生活接近庶民或过着庶民的生活,还能看到民间的疾苦,懂得'节用而爱人,使民以时',……当他求仕干禄向上看时,表现出迎合上层贵族利益的保守思想,当他穷困不得志向下看时,表现出同情庶民的进步思想。士看上时多,看下时少,因此士阶层思想保守性多于进步性,妥协性多于反抗性。"(范文澜《中国通史简编》修订本第一册,人民出版社 1964 年版)作为士阶层代表的老子,也有这样的特点,但他"向下看"时多,由他的著作表达了较强的庶民意识可以为鉴。对于下层阶级的看法,孔子常以"小人"称之;在农事生产上,孔子被道家型的隐士讥为"四体不勤,五谷不分";樊迟请学稼,被孔子讥为"小人"。反之,老子就很替农民着想,比如他说"无德彻司","彻"是抽取十分之一的利税,老子认为对农民来说负担过重,因而视之为"无德"。老子认为"天下有道,却走马以粪",在他看来,把好马撤回给农民播种,是"天下有道"的象征,而"戎马生于郊"是"天下有道"的表现。他之所以反对战争,主要还是维护农民的利益。他沉痛地谴责战争给农民带来的祸患:"师之所处,荆棘生焉。大军之后,必有凶年。"这就是老子"以百姓心为心"的一种心怀。

老、孔都是入世的,只是所采取的方式有所不同而已。老子有句名言:"生而不有,为而不持,功成而弗居。""生"、"为"、"功成",就是一种入世的积极态度。"不有"、"不持"、"弗居"并不是消极,而是要人不将成果擅居己有。老子"为而不争"的名言,就是要人顺任自然,但其成果不必据为己有。而老子的话,从文义脉络(Contexual meaning)看,大多是针对统治阶层人士而发,晓谕统治者们不可以权位的优势去肆意伸张一己的占有意欲。老子晚年之成为"隐君子",也并非出世之念,乃是功成事遂之后,能从利禄名位场中撤身出来!"知其不可而为之"的孔子,也有"道不行,乘桴浮于海"的念头。要知处于乱世,无论老、孔或其他思想家,总是时显时隐,总是保持进退之间的入世心态。

老子和孔子一样,怀有治国安邦的抱负。《老子》五千言所言多为治道。老子劝告统治阶级为顺任民情,万不可强作妄为。这就是他的自然无为的旨意。"治大国,若烹小鲜",成了人类历史上著名的智慧之言。老子的放任政策,与孔子有着根本的区别。孔子积极推行德治,认为在德治之下,人民就可以望风披靡,所谓"君子之德风,小人之德草,草上之风必偃"。在让人民发挥其自由性、自主性这一方面,老、孔的"治"道却有着基本的不同。

老子的政治理想,不仅要安邦,还要"为天下式"。老子之关心天下事,由《老子》一书中"天下"一词六十一见,遍及二十九章之多,可以为证。他屡言"为天下"、"托天下"、"奉天下";"为天下正"、"为天下谷"、"为天下贵"。可见他对"天下大事"的关怀程度。

老子是有"小国寡民"的构想,但在现实上也不可避免地要涉及到大邦与小邦之间的关系问题。《老子》六十一章中明确提到"大邦以下小邦,则取小邦;小邦以下大邦,则取大邦……大邦不过欲兼畜人,小邦不过欲入事人。夫两者多得所欲。大者宜为下。"这是一种"联邦"的主张,提倡"大邦以下自处,则邦有大小,会合于大邦","在现实中保存小邦,以小邦为基础,以大邦为主导。"(涂又光《论帛书〈老子〉的社会学说》,见《楚史论丛》,湖北人民出版社1984年版)

老子"以身为天下"的理想,也有一个具体的步骤。《老子》五十四章提到:"修之于身,其德乃真,修之于家,其德乃馀,修之于乡,其德乃长,修之于邦,其德乃丰,修之于天下,其德乃普。"由修身而修乡,由修乡而修邦,由修邦而修天下,这一进程成为后来儒家"修身齐家治国平天下"的蓝本。

三、老子的自然之天和孔子的意志之天

冯友兰先生认为,在中国文字中,"天"有五义:物质之天、主宰之天或意志之天、运命之天、自然之天以及义理之天或道德之天(参见冯友兰《中国哲学史新编》第三章,人民出版社1964年版)。概括地说,老子的"天"是自然意义的,而孔子的"天"乃具有神性意义。

"天"的概念,据古籍所载,约源于殷周之际①。从古籍的思想线索看,老子的自然之天可以上溯于《易》与《诗》《书》时期。《易经》有言:"飞龙在天"(《乾卦》)、"有陨自天"(《姤卦》);《尚书》"天乃雨,反风"(《金滕》)以及《诗经》"三星在天"(《唐风·绸缪》)、"迨天之本阴雨"(《豳风·鸱鸮》)和"其飞戾天"(《小雅·采芑》)等,都是指自然之天。老子的"天",基本上是属于"自然之天"。老庄的自然之天,也成为后来无神论者最有力的思想依据。

孔子的"天"的概念,上承于西周以来的正统天命观。《诗》、《书》中的"天"为神义性的,如"天命靡常"(《大雅·文王》),"昊天有成命"(《周颂·清庙》)、"天降丧乱"(《大雅·桑柔》)以及"天降时丧"(《尚书·多方》)、"天佑下民"(《泰誓》)等等。孔子之"天",基本上是依照这一思想线索而发展。《论语》中"天"字十六见,或属意志之天(如"获罪于天,无所祷也")或属运命之天

---

① 现代一般研究思想史的学者,都认为天是周人的氏族神,帝为殷人的宗神。李杜教授认为,这种观点是本于西方近代的历史进化观,并不完全合乎史实。据考古有关史料及《尚书》盘庚、高宗肜日、西伯戡黎等篇所载,"天"为殷人所崇拜的神灵。参看李杜著《中西哲学思想中的天道与上帝》,台北联经出版公司1982年版。

20世纪儒学研究大系

（如"死生有命，富贵在天"）要皆属于神义性之天。基本上，孔子对天的观念是继承了《诗》、《书》及春秋时人神义性的正统观点，他与大多数同时代的人一样，都不否认天的神性本质，而只在天人关系上有所改变，使"天"和个人发生直接联系①。

《论语》中的"天"，有一处是很例外的："天何言哉，四时行焉，百物生焉，天何言哉？"（《阳货篇》）这里是说，四时的运行与百物的生长并不是出于天意的支配，它们是自然如此的。从这"天"的"无为而治"的观念②，可以看出孔子所受老子"无言之旨"的影响。

老子的"天"突出其自然性，因而在他的世界中，便消除了传统的神秘性的天命观。《老子》书中天命观念不复存在，只在十六章提出"复命"的概念："归根曰静，静曰复命，复命曰常。"依老子看来，万物的运行常有这样的一个规律：动极而趋静（"浊以静之徐清"），静极而趋动（"安以动之徐生"）。万物并作而回归本根，本根是呈虚静状态的，在虚静中孕育着新生命的因子与机动，这称之为"复命"。老子的"复命"可以解释为回归本然、本根或本质、本性之意，也可解释为重新凝聚一种新动力、新生命。

老子之前，曾有人以天地间秉受中和之气来解释命③。老子

---

① 现代一般研究思想史的学者，都认为天是周人的氏族神，帝为殷人的宗神。李杜教授认为，这种观点是本于西方近代的历史进化观，并不完全合乎史实。据考古有关史料及《尚书》盘庚、高宗肜日、西伯戡黎等篇所载，"天"为殷人所崇拜的神灵。参看李杜著《中西哲学思想中的天道与上帝》，台北联经出版公司1982年版。

② 冯友兰在《中国哲学史》中，认为孔子对传统信仰的态度是守旧的，不认为这里的"天"是自然之天，并说这里是说"天'无为而治'耳"。

③ 《左传·成公十三年》引刘康公之言："民受天地之中以生，所谓命也。"杨伯峻注："古人以为天地有中和之气，人得之而生。'命'谓生命。"

说"命",正承此意。而孔子对"天命"或"命",则仍承旧传统神义性的线索。孔子谈"命"有时与宗教神秘性质的"天"相连,而抬到无比崇高的地位。他强调"君子有三畏:畏天命,畏大人,畏圣人之言"(《论语·季氏》),把"畏天命"提到"三畏"中的首位,把"畏天命"和"畏大人"相联系,这样,政治权力就赋予了神学的基础。在他看来,平民不但不知天命,也不畏天命,还经常轻侮王公大人;所谓"小人不知天命,而不畏也,狎大人"。这样,"知天命"似乎就有着社会地位或阶级性之分了,可见孔子的天命论在信仰上的守旧性以及在政治上的保守性。

四、老子的形上之道和孔子的伦范之道

老子喜言天道,孔子则"罕言天道"。

"天道"一词,较"天"、"地"、"命"等观念为晚出。春秋早期有以天道指天象运行规律之说(如《左传·庄公四年》:"盈而荡,天之道也"),先前有以天道指人生吉凶祸福规律之说(如《国语·周语》引先王之令有之曰:"天道赏善而罚淫"),自春秋末,则前一说成为天道观的主流。与老子同时的范蠡曾说:"天道盈而不溢,盛而不骄,劳而不矜其功。"又说:"天道皇皇,日月以为常,明者以为法,微者则是行。阳至而阴,阴至而阳;日困而还,月盈而匡。"(《国语·越语》)范蠡排除了宗教神秘的观念和占星术的迷信,指出阴阳是互相转化的,并认为事物发展到顶点就要向对立面转化,他由自然变化的规律而推演人世,以此警惕人们切忌骄矜。范蠡这一观点和老子完全一致。老子以人道理想托付于天道,而倡言功成而不有("功遂身退天之道")、利人而无害("天之道利而不害"),崇尚不争的美德("天之道不争而善")。老子居于义愤,谴

责社会掠夺、诈取之不平,而提出移富济贫的呼声——"天之道损有余而补不足",这是老子强烈的社会正义的呼声。可见老子的天道观与他的社会意识是紧密相联的。

有的学者认为,"老子的天道观有三个重要特点:一为盈虚转化,一为循环往复,一为天地人统一,天地人都要服从盈虚转化、循环往复的规律。"(卢育三著《老子释文》,天津古籍出版社1987年版)老子由这天道观发展而为"道"的哲学。

在中国哲学史上,老子首次把"道"作为哲学范畴而给予系统化的论证,从而建立起以"道"为核心的哲学体系。他以"道"为世界的本原及万物运动变化的规律。老子以"无"、"有"来指称道,用以描绘道由无形质落向有形质的活动过程。就道的无形质、无限性而言,是"无",就道的实存性、含蕴万有而言,是"有";"无"为究极之意,"有"为统摄万有之意。

老子十分强调道的自然性与无为性,他说:"人法地,地法天,天法道,道法自然。"(二十五章)以为天、地、人当效法道的自然性。传统的宗教信仰认为,上帝是世界的创造者与主宰者,"道法自然"的观念,否定了超自然意志的支配,具有无神论的性质。他说:"道常无为而无不为。"(三十七章)也是说道的顺任自然,各物在无受干涉的自然状态下,反倒有更为完善的发展。

老子把道的运动归结为这样的一个规律:"反者道之动。"这一方面是说事物都要向它的对立面发展,另一方面是说事物的发展有一个周而复始、反复更新的过程。

在宇宙生成论上,老子说:"道生一,一生二,二生三,三生万物。万物负阴而抱阳,冲气以为和。"(四十二章)这里,以一、二、三来形容道创生万物时的活动历程,道原为未分阴阳的混沌统一体,其后分化为阴阳两气,阴阳两气相互交冲,而形成新的和谐体。

这就是说所有的东西都由阴阳两个最基本的原质相互激荡而生成。老子宇宙生成论否定了宇宙是从有意志人格的上帝所创生的，在思想史上有重大的突破性意义，但他把道和物的关系则头足倒置了。老子的道器论对于后来的稷下学派、庄子学派和《易传》学派都有较大的影响。稷下学派认为道是原始未分化的"气"，将老子的道向唯物方面发展。庄子在认识论上发挥了道的整体性，并将道高扬而为最高的人生境界。《易传》说"一阴一阳之谓道"，这一思想渊源于老子，而发挥了矛盾对立的概念。

孔子和老子一样地重视道，但他们各自的"道"虽然符号相同，意义内容却有根本的差异。老子的"道"以形上学的意义为主，而孔子的"道"属伦理、政治范围。

《论语》书中"道"字七十七见，多是人伦之道。"天道"一词仅出现一次：子贡说："夫子之言性与天道，不可得而闻也。"（《公冶长》）朱注"至于性与天道，则夫子罕言之"，可见孔子在天道观方面比较薄弱。

孔子说："吾道一以贯之。"抽象地讲，这个"道"是一种理想或主张，但孔子的道基本上是指宗法封建礼制及人伦规范。他经常缅怀过去"邦有道"的时代，而赞叹"先王之道，斯为美"（《学而》），感叹"天下之无道也久矣"（《八佾》），可证孔子的"道"是仍以周礼为其基础。他主张"以道事君"（《先进》），并说"本立而道生"（《学而》）——以孝悌为本，孝悌则不犯上，这个人伦之道乃是从顺从德性中所产生的。"小人学道则易使"（《阳货》），这就使得孔子之道为历代统治者所喜好并广为宣扬。

老、孔莫不"尊道而贵德"，但是他们对于道、德的意涵却截然不同。老子的"德"是得道的意思，《管子·心术》说："德者得也。"《庄子·天地》说："物得以生谓之德。"《老子》五十一章说：

"道生之，德畜之，物形之，势成之。是以万物莫不尊道而贵德。道之尊，德之贵，莫之命而常自然。"道德之所以令人尊贵，就在于它任各物自生自长；当"道"生成万物之后，它便内在于万物而成为万物各自的本性。所谓"德"，便是物得之于"道"的本性。由此可见，老子的道既有超越的意义，又有内在的意义。庄子继承和发挥了老子"道"、"德"之意。《庄子·德充符》所标举的"德"，并不是伦理意义的，乃是指体现宇宙人生的根源性与整体性，这和庄子所推崇的"大宗师"同义——体"道"、充"德"之人，也就是能体现宇宙精神的人。庄子思想中，宇宙为一生生不息的大生命，宇宙整体就是"道"。所谓"德"，也就是宇宙人生所散发万物的生命。

反观孔子的"道"、"德"，并不具有老庄这种浓厚的哲学意味，而纯属人伦范围。孔子说："道之以德，齐之以礼，有耻且格。"（《为政》）这里，"德"与"礼"相互为济，"德"仍是以周礼为基准的，"三年无改之道"，"慎终追远，民德归厚矣"（《学而》），这里的"道"与"德"都包含了宗法孝道在内。孔子说："君子之德风，小人之德草，草上之风必偃。"（《颜渊》）"君子"阶级属于德之风，老百姓属于德之草，这观念和"小人学道则易使"是相同的。总之，孔子的"道"与"德"在观念上相当局限于西周古义——礼制的范围内。

五、老子崇尚人的自然性、自主性与
孔子关注人际的规范性、维系性

老子的本体论和宇宙生成论充分展现了"道"和万物的自性。"道法自然"就是道性自然，"自然"是"自己如此"的意思，由"道"的自性而显示创生万物时的无目的性，无意识性。所谓"莫之令

而常自然"，就是对万物不加干涉而任其自然。这种"长而不宰"的精神和基督教创造主的性格全然不同。耶和华创造万物之后，对他的被造物长而宰之，稍不顺意，动辄施暴于人，甚至以洪水淹没全地面的人。老子的"道常无为"——"道"的作用只是万物自己的作用(胡适《中国古代哲学史》第三篇:《老子》)。这样，由道的自性而赋予万物的自性，这精神深刻地影响着庄子。庄子学派认为，世界万物都是以它自身的原因、条件而形成的，"天之至高，地之至厚，日月之至明"(《庄子·田子方》)，这就说明天之高，地之厚，日月之明都是各物的自性。"天地固有常矣，日月固有明矣，星辰固有列矣，禽兽固有群矣，树木固有立矣"(《庄子·天道》)，"固"就是本来如此的意思，并非外因或他因所为。《齐物论》所表达的万物平等的精神，"吹万不同，而使其自己也，咸其自取"，千万种不同的意见同时鼓舞起来("万窍怒号")，这里，庄子将万物的自性发挥到淋漓尽致的地步。此外，老子"莫之令而常自然"的思想，也影响了孟子。孟子说:"莫之为而为者，天也。"天的"莫之为"，就是本源于老子的"莫之令"的观点。

在"自性"的原则下，老子主张"任万物之自然"(六十四章)，这样，则"万物将自化"、"天下将自定"(三十七章)、"民莫之令而自均"(三十二章)。在《老子》五十七章中有一段总结性的意见:"我无为，而民自化;我好静，而民自正;我无事，而民自富;我无欲，而民自朴。"这就是说，在上位者若不横加干涉，不事搅扰，不贪欲诈取，人民反倒能自我化育，自我形成，自我发展。

老子之崇尚人性的自然性、自主性，乃是鉴于春秋时代权势阶级穷兵黩武，尔虞我诈，巧取豪夺，弄得民不堪命。老子的反战，是春秋时"相研"所生的反响:"民之饥，以其尚什税之多"，这是对各国重税的反响;"不贵难得之货，使民不为盗"，这是对贵族奢侈的反响;"天下多忌讳而民靡贫"、"法令之张,盗贼多有"、"绝巧去利,盗贼无有"——这些话都是从春秋时代的背景来的。

老子的"绝学无忧",不只是针对春秋末繁琐的学问的一种反抗,在老子同时代,已有一股"无学不害"的空气。《左传》有一段颇有参考价值的记载:昭公十八年(公元前524年)秋天,参加曹平公葬礼的人会见周朝大夫原伯鲁,交谈中,发现他"不说(悦)学",回去把这情况告诉闵子马,闵子马十分担心,认为周朝恐怕要发生动乱了,以为这种"不悦学"一定形成了一种风气("夫必多有是说"),影响着在位者,因而闵子马认定"无学不害"的风气是会构成"下陵上替"的危险情况。这样看来,老子主张"绝学无忧",也是这种风气的一个代表。老子所"绝"的"学",便是指政教礼乐之"学",这种"学"乃是官学。老子思想中确有反文化的倾向,所反的正是这种官学,所以,老子才应当说是私学的开创者。当时的"学",重于礼教的内容,从孔孟荀言论中可以为证。孔子说:"不学礼,无以立"(《论语·季氏》),"博学于文,约之以礼"(《雍也》);孟子谓"学""皆所以明人伦"(《孟子·滕文公》);荀子说:"学,至乎礼而止矣。"(《荀子·劝学》)老子所以"绝学",除了因其为礼学、官学的原因之外,也因为它的束缚人性自然的缘故。《庄子·骈拇》等篇正发挥此意。

老子抨击礼是"忠信之薄,而乱之首",并说"大丈夫处其厚,不居其薄,处其实,不居其华"。老子的反礼,是由于这几种原因:一、礼是"旧贵族专政的法权形式,即区分贵贱尊卑上下的法度"(侯外庐《中国思想通史》第1卷第15页),这和主张"贵以贱为本,高以下为基"的老子思想必然相左。二、"礼"成为繁文缛节、拘锁人心的东西。三、礼为争权者所盗用,而沦为箝制人民的统治工具,庄子学派(如《胠箧》)对此施以更猛烈的攻击。四、礼、义的违反自然。尼采说:"各种伦理系统从来都是违反自然而愚昧之至的。"(尼采《愉快的智慧》第 1 卷《生存目的之教师》)老子所谓"道之华而愚之实",正是此谓。

老子的反礼,和孔子的卫护礼,两相比较,可见在现实的立场上,一为激进派,一为保守派。从老、孔对礼学的态度,可以看出日后儒道两家代表着官方哲学与民间哲学的发展的端倪。

"礼"是孔子学说的核心观念,维护礼制是他终生的职志。孟子以前,"儒学实际就是礼学"(范文澜《中国通史》第 1 篇第 4章)。关于"礼"在孔子思想体系中的重要性,当代学者已有不少精到的论说,如侯外庐先生说:"'立于礼',是他的思想中心……孔子的历史观是礼的损益史。"(侯外庐《中国古代思想学说史》第5 章《孔墨显学主潮论》,上海文风书局 1964 年版)又说:"孔子思想是以'礼'为社会的极则,这也就是说'立于礼'是孔子的中心思想……孔子关于春秋时代礼乐的批判,并不是掌握着新内容以否定旧形式,而是相反,因执着旧形式以订正旧内容。所谓'循名以求实',即是此义。"(侯外庐《中国思想通史》第 1 卷第 141—142页)高亨先生说:"孔子非常强调礼治,在政治方面,……他要求统治者齐民以礼,要求人人守礼。先秦人所谓礼有两个含义:一是社会制度,如赋税制度,等级制度等;二是冠、婚、丧、祭、燕、射、朝、聘等等仪式,孔子所谓礼在其他方面,也很重要的是维护分封、世袭(包括宗法)、等级制度。……这三个制度确定了贵族们享有种种特殊权利。孔子基本上都予以肯定。他说:'君君,臣臣,父父,子子。'……他反对'季氏八佾舞于庭','三家者以雍彻','季氏旅于泰山',……他作春秋事以正名,笔伐所谓'乱臣贼子',严格遵守等级的名号,都是维护等级制度和世袭制度的具体表现。"(高亨《孔子思想三论》,《孔子哲学讨论集》,中华书局 1963 年版)

　　从史书记载,孔子反对晋国的铸刑书,认为公布法将会造成"贵贱无序"。这样一来,"何以尊贵? 贵何曰之首?"(《左传·昭公二十九年》)可见孔子维护礼治以"尊贵"的态度。

　　"礼"的作用,在于"序上下"(《左传·僖公十二年》),"礼所以整民"(《左传·庄公二十三年》),"礼以体政,政以正民……是以民服事其上,而下无觊觎。"(《左传·桓公二年》)这都表明了"礼"的统制御民的作用。孔子正继承这一思路,因此他说:"上好礼,则民莫敢不敬"(《论语·子路》),"上好礼,则民易使也"(《论语·宪问》)。《礼记·礼运》:"礼者,君之大柄。"因而孔子要坚持"事君敬礼"。《论语·八佾》一而再地攻击各种僭礼之举,主要是基于一种忠君的观念,这是属于孔子"正名"思想的部分。"正名"就是正名分,就是孔子"复礼"思想的一种表现。

　　孔子极力主张发挥"礼"的约束力,他说:"非礼勿视,非礼勿听,非礼勿言,非礼勿动。"(《论语·颜渊》)一切行为笼罩在"礼"网之中,以达到有效的社会控制。从消极方面来说,"礼"还可以防止人民的背叛(约之以礼,亦可以弗畔矣)。要之,"礼"在于维护宗法制度和君权。从孔子如此重视"复礼"的一面看,确如肖公权教授所说的:"孔子之政治态度为周之顺民,而其政制之主张为守旧。后来儒术之见重于专制帝王,此殆为一重要之原因。"(肖公权《中国政治思想史》第一编第二章)

六、老子的"三宝":"慈"、"俭"和
"不争之德"与孔子尚"仁"的思想

　　由于老子主张"绝仁弃义",因而一般都认为老子是反伦理主义的。老子的话是这么说的:"绝仁弃义,民复孝慈。"(十九章)他

主张恢复人们"孝慈"的天性,可见并不反伦理。梁启超曾说"仁义对举是孟子的专卖品",这说法是错误的。《史记》引周初所制谥法说:"仁义之所为王。"《国语·周语》引周大夫富辰劝周襄王说:"章怨外利、不义;弃亲即狄,不祥;以怨报德,不仁。"可见,早于老、孔一百年前,就已经有了"仁义并举"。《左传》庄公二十二年(公元前 672 年)载:"酒以成礼,不继以淫,义也。以君成礼,弗纳于淫,仁也。"这里,仁义并举和国君之礼相连,可见老子的主张"绝仁弃义"乃是反对西周以来的德治思想。又如《国语·晋语》"仁不厌君",后于老子的孟子说"未有义而后其君者也",可证仁义之属于统治阶级的道德规范而为老子之所以反对的。

老子不只消极地反对正统的、矫饰的伦理观点,他更进而倡导建立在人性基础上的道德行为。他说"礼者,忠信之薄",可见老子虽然反对维护统治秩序的"礼",但他却重视人际关系的忠信美德。"忠"的概念,在历史上有两组不同的义涵:一是利民之谓忠(如《左传》桓公六年:"所谓道,忠于民……上思利民,忠也"),二是利君之谓忠(《左传》宣公十二年:"民皆尽忠,以死君命")。老子继承前者,儒家则继承后者。至于"信实",更是老子所强调的,如"言善信"(八章),"信不足焉,有不信焉"(十七章、二十四章),"信者吾信之,不信者吾亦信之,德信"(四十九章),"夫轻诺必寡信"(六十三章),"信言不美,美言不信"(八十一章)等,足见老子之重"信"。

在各种德行中,老子最为重视的有"三宝":"我有三宝,持而保之。一曰慈,二曰俭,三曰不敢为天下先。"(六十七章)"不敢为天下先"就是老子的不争之德。举凡谦让、处后,以及不自见、不自是、不自伐、不自矜等等,都属于这一道德范畴。"俭"之德,凡是"啬"知足,少私,见素抱朴,都属于同类德性。老子是反战的,谴责"师之所处,荆棘生焉。大军之后,必有凶年"(三十章),他认为"兵者,不祥之器,故有道者不处",如果不得已而用之,要"恬淡为上",这是慈心的表现。老子说:"圣人常善救人,故无弃人;常善救物,故无弃物……善人者,不善人之师;不善人者,善人之资。"(二十七章)这是"慈"的行为表现。

孔子称引老子的伦理思想有两处,一是《论语·宪问》中,孔子讨论老子"报怨以德"的观念,一是《中庸》引孔子说"宽柔以教,不报无道,南方之强也"。从"报怨以德"和"宽柔以教"可以看出老子人道主义的博大胸怀。老子一再提倡为而不争,利而不害。又说"圣人不积,既以为人己愈者,既以与人己愈多",这正是尼采所推崇的"赠与的道德"(Gift-giving virtue),也是弗洛姆(Erich Frmm)所赞赏的"给予的道德"。

孔子所推崇的"仁"与老子所推崇的"慈",都是人类同情心的伟大发扬(可惜,孔子的"仁"又受到了他的"复礼"思想的制约)。

从孔子的"礼"可以看出他在政治立场上的守旧性和伦理观点上的保守性;从"仁"的一面可以看出他的政治立场的开明倾向和伦理观点的开明倾向。

"仁"等道德观念,在春秋时期已很盛行。孔子基本上是继承和总结了前人的观点,例如:"亲亲"意识、"爱人"思想、"杀身成仁"的观念、"克己复礼为仁"等等。

概观孔子"仁"的思想,可以发现其中有几个重要的义涵:(1)血缘纽带;(2)人道精神;(3)人格修养。

孔子谈"仁",似乎有些矛盾之处,有时他认为能否得"仁",只需要由自己的主观意愿就可以决定(如他说:"我欲仁,斯仁至矣"、"为仁由己"),但一般说来,孔子却把"仁"视为一种很高的修养境界(如司马牛问"仁",孔子说:"为之难")。"仁"之作为一种个体人格的高度修养,它蕴含了其他种种的道德情操,如"刚、毅、木、讷近仁"(《子路》),"能行恭、宽、信、敏、惠五者于天下者,为仁矣。"(《阳货》)同时,"仁"体现着爱人的人道精神;马棚起火,孔子首先问的是"伤人乎"而不是"伤马乎"。然而这种互爱互谅的精神,却又受到宗法观念的范限。

冯友兰先生说:"孔子所讲的'爱',是一种封建的意识形态,是和封建等级制度和宗法制度联系在一起的。"又说:"孔子讲'仁'的一个重要意义,是宣扬一种宗法的道德,巩固家长制的统治。"这又形成了孔子谈"仁"的另一个矛盾处:一方面说"仁者爱人",另一方面却视"孝悌"为"仁之本",这样,用血缘关系将"爱人"的范围由"博爱"而缩限于有差等的爱(冯友兰《中国哲学史新编》第 1 册第 107—108 页,第 114 页)。维护宗法制与反宗法制,就形成了孔子的"仁"与老子的"慈"、墨子的"兼爱"之间的根本不同。以墨子的"兼爱"与孔子的"仁"相较,前者是无差等的,后者是有差等的,正如童书业所说的:"儒墨的这种不同,也就是落后与进步的不同,旧与新的不同。"(童书业《先秦士子思想研究》,齐鲁书社 1982 年版,第 16 页)"仁"的观念之受到宗法和封建等级意识的制约,更突出地表现在"仁"和"礼"的矛盾上,侯外庐先生认为:"孔子'仁'的观念也和他的'礼'的观念是相似的,其体系是矛盾的,这即是说,在一般的道德律方面'仁'是国民的属性;而在其体的制度方面'仁'又是'君子'的属性。在前者,孔子以抽象方法,把'仁'还原于心理要素;在后者,孔子以历史条件,又把'仁'扣在传统制度上。"(侯外庐《中国思想通史》第 1 卷第 156 页)

关于孔子"仁"的义涵与特征,学者们曾用真情实感、心理因素、自觉精神、实践理性等来概括①,可谓见仁见智,也可视为对仁学的解释或发挥。对于古籍的解释,总不免带着今人的眼光,例如对于"智者乐水,仁者乐山"之说,在我看来,前者可以解释为体现了一种浪漫精神,后者则体现了理性原则,有如尼采的"阿波罗精神"与"戴奥尼索斯"精神。

孔子的"仁",虽然由于他的局限于礼制与"亲亲"之义内,而不及老子的"慈"与墨子的"兼爱"思想之博大,但总的来说,"仁"的思想在中华民族历史上发生过深刻的影响,而且在人类文化史上也是一份特殊的贡献。

老、孔思想虽不免有所局限,但就其人文主义、人道主义、人格精神而言,对中国的民族性格有着不可磨灭的影响;他们在世界史上也是举世公认的思想巨人。

(选自《哲学研究》1989 年第 8 期)

陈鼓应,福建长汀人。台湾大学、北京大学哲学系教授。著有《老子注释及评价》、《老庄新论》及《易传与道家思想》等。

本文从多个层面分析比较了老子与孔子思想的异同,指出:老子是继承着文化传统中自然主义的思想线索而发展,孔

---

① "真情实感"是冯友兰先生对"仁"的解释(参看冯友兰《中国哲学史新编》);"心理因素"是侯外庐先生的解释(参看侯外庐《中国古代思想学说史》及《中国思想通史》);"自觉精神"之说,参看冯友兰《中国哲学史新编》及肖萐父、李锦全《中国哲学史》;"实践理性"之说,参看李泽厚《中国古代思想史论》。

子则是继承着西周以来德治主义的文化传统而发展；老孔都是入世的，都怀有治国安邦的抱负，只是所采取的方式有所不同而已；老子的"天"是自然意义的，而孔子的"天"乃具有神性意义；老子的"道"以形上学的意义为主，而孔子的"道"属伦理、政治范围；老子崇尚人的自然性、自主性，而孔子则关注人际的规范性、维系性；老子尚"慈"、"俭"、"不争"，孔子尚"仁"。

儒学与道学的思维方式、思维结构 和价值追求比较

冯达文

儒学与道学，这是影响中国传统思想文化殊深的两大思潮。两大思潮有什么区别和联系？在这方面人们已作过许多研究，本文不再赘述。本文只就两大思潮在思维方式、思维结构与价值取向上的差异性与相容性作一些分析，以求教于同仁。

一

在我看来，儒学在认知方式上带有常规性的特点。所谓认知方式上的常规性，就是说它比较关注现存、普遍、一般、既成等带有常规性意义的事物和观念，力图从这类事物和观念中直接抽取出建构自己的思想体系所需要的基本概念来。

儒学在认知方式上的这一特点，突出地表现在它把它的仁学诉诸于"人皆有之"的心理势态上。孟子说："恻隐之心，人皆有之；羞恶之心，人皆有之；恭敬之心，人皆有之；是非之心，人皆有之。恻隐之心，仁也；羞恶之心，义也；恭敬之心，礼也；是非之心，智也。"（《孟子·告子上》）这"人皆有之"，就是说人人都有的。

孟子又说:"孩提之童,无不知爱其亲者。及其长,无不知敬其兄也。亲亲,仁也;敬长,义也。"(《孟子·尽心上》)这"无不知"同样是指的人人具有的普遍性。而"仁"是什么? 在孔孟看来,不是别的,它不过就是对这些"人皆有之"、人"无不知"的普遍心态与日常理念的直接的引申与正面的概括而已。既然儒学的最高概念"仁"是从日常普遍存在的具体心态与理念引申出来的,因此,在儒学的思维结构中,最高概念与具体理念的关系便具有容摄性、相互确认性。孔子说:"刚、毅、木、讷近仁。"(《论语·子路》)孟子说:"亲亲,仁也。"这里的刚、毅、木、讷、亲亲,都是对待具体人或事的具体态度(理念),但这些具体态度(理念)也可以直接被升华为普遍概念而认同于"仁"。这即鲜明地表现了儒学思维结构的这一特点。如果把儒学的最高概念"仁"称为"道",把具体事物和具体理念称为"万物",那么本体层次的"道"与现象层次的"万物"的关系,便具有如下特点:

这个图式所显现的,正是本体——最高概念与现象——具体理念的容摄性、相互确认性。而本体是无限的,现象是有限的。儒学对本体与现象关系的这种理解,实即已蕴含有对无限性与有限性关系的独特理解:它在概念的层面上确认,有限性与无限性是互相衔接、互相包容的。

　　关于这一点,我们回到儒学现实人生价值追求的层面上看,将会更容易理解。

　　我们说过,儒学的特点是把它的基本概念诉诸于恻隐之心、亲亲等"人皆有之"的心理势态上。那么,这种"人皆有之"的心理势

态又是从何而来的呢？它产生于现存社会中人们普遍的存在方式
——家族（或氏族）群体制。家族群体制作为人人依赖的生存方式，显然同样具有"人皆有之"的普遍性。在儒学把自己的仁学诉诸于"人皆有之"的人的家族群体性的存在方式时，它对人的存在与本质、人的生存的价值与意义等，便形成了如下一系列的独特见解。

首先，儒学确认，每个个人的生存与发展，都不可能离开家族群体。孟子说"人莫大焉亡亲戚君臣上下"（《孟子·尽心上》），荀子说"故人生不能无群"（《荀子·王制》），都是对人的家族性的群体存在方式的确认。

其次，既然个人的存在是离不开家族群体的，而家族群体是在以往长期的历史发展过程中形成的，群体在以往长期历史发展过程中形成的一些共同的行为准则、秩序、规范，对于后来出现的每个个体来说，便具有既成性、先设性。宋明理学的"理在气先"论，那"理"即指共同本质、规范，"气"即指个人特殊质体、特殊欲求。"理在气先"即确认本质先在。

其三，既然本质先于个体存在，那么，对于每个个体存在来说，他一生的发展过程便应当是认同先在本质，实现先在本质预定目标指向的过程。在这里，个体必须是"角色"的，而不可以是"原我"（或本相）的；必须是"理性"的，而不可以是"放任"的。孔子说的"思不出其位"（《论语·宪问》），即是一种角色意识，他说的"克己复礼"（《论语·颜渊》），即是一种理性精神。

其四，个人确立"角色"意识，以理性精神认同、实现先在本质给定的目标指向的过程，也就是人的价值实现的过程。譬如，做儿子的，这一角色要求就是要对父辈尽孝；做父亲的，这一角色要求就是要对晚辈尽慈；做朋友邻里的，这一角色要求就是要对有关者尽友尽信等等。在人群关系中，每个个人都是由多种角色构成的，当个人尽到了自己所承担的各个角色的责任，他就会成为"天下归仁"者，他的存在就具有普遍的意义。而人群中长辈与晚辈的关系，同时又蕴含着一种类的连续性。因此，对长辈与晚辈尽到了责任，也就是对类的连续发展尽到了责任。个人为族类的连续、恒久发展作出了贡献，他就将为世世代代的人们所纪念，由此，他的存在同时又具有永恒的意义。

"天下归仁"的普遍性与永志不忘的恒在性，即指空间的普遍性与时间的无限性。谁都不会否认，个人的存在是具体的、有限的。但依儒家的理解，个人的具体有限性与外部世界的普遍无限性决不是截然分隔的。外部世界是此在的，为我的。宇宙世界的普遍性、无限性就蕴含于每个个人现时的生命运动中，实现于个人现时的每一作为中（对长辈的孝，对子女的慈，对同类的仁和对万物的爱），"万物皆备于我矣。反身而诚，乐莫大焉"（《孟子·尽心上》）。只要个人在现生现世竭尽"我"的努力，用尽"我"的本心，把"我"的道义感与仁爱心从父母子女推及于群体他人乃至于宇宙万物，那么，从宇宙万物的发展中便可观照到我存在的意义与价值，宇宙万物便都有"我"，成为"我在"。张载说："故天地之塞，吾其体；天地之帅，吾其性。民，吾同胞；物，吾与也。"（《西铭》）这里所表达的，正是有限个我与无限宇宙溶为一体的境界，也就是人们所说的"天人合一"的境界。

可以说，从常规性的认知方式出发，在哲学上确认有限万物与无限本体的相衔性，在价值上肯定现生现世有限努力的无限意义从而追求内在超越，这是儒家哲学的基本特点。

20世纪儒学研究大系

二

与儒学相反,道学在认知方式上可以说是反常规的。

道学在认知方式上的反常规性突出表现在:它处处在儒学常规观念下认定为完美、正确、应然从而也具有正面意义的事物的内部或背后,揭露出其中隐含着的矛盾面、反面,从而处处暴露这些事物的相对性、有限性,进而处处予以否弃。如老子说的:"大道废,有仁义;六亲不和,有孝慈;国家昏乱,有忠臣。"(《老子·十八章》)这当中的仁义、孝慈、忠臣,就是常规观念认定为正面的、正确的、完美的,并为儒学所反复提倡的东西。但老子却说,提倡仁义显然是因为大道废弛,宣扬孝慈实出于六亲不和,鼓励忠臣诚由于国家昏乱。既然仁义、孝慈、忠臣的内部与背后包藏着它的对立面、反面——大道废弛、六亲不和、国家昏乱,那么仁义、孝慈、忠臣这类东西还有什么完美自足可言呢? 老子又说:"天下皆知美之为美,斯恶已;皆知善之为善,斯不善已。"(《老子·二章》)就是说,你一旦认定某一事物是美的,你在潜意识中必已同时判定别一些事物是丑的;你一旦认定某一行为为善的,你在那一瞬间必已同时把别一些行为指认为恶的。这同样表明,在人们认定为最美、最善的事物或行为的内部或周围,隐含着对立面、反面。而且,在道家思想家看来,在美、善这些正面事物的内部、周围、背后所隐含的对立面、反面,并不是后于正面事物产生的。"斯"即"即",即"此",即"此时此地"、"同时同地"。在老子看来,正面事物与反面事物是此时此地、同时同地产生,完全不可分离的。既然如此,那些在常规观念下执定为正面的事物,就决不是后来才变得不完美,而是从一开始就是不完美的。

正面的事物由于有反面事物的对待存在而不完美,反面的事物又由于为正面事物所排斥,当然也不完美。这里所谓的不完美,就是说它们不具有无所不包的空间普遍性和无时不在的时间恒存性。既然正面、反面事物都不具有空间普遍性与时间恒存性,它们便都不可能进入本体,获得本体的地位与意义。所以道家认为,本体不在物中而在物外,不可能顺向从现实万物中直接抽取而必须逆向地、即从否定现实万物的情况下获取。老子说的"道与物反"(《老子·六十五章》)、"反者道之动"(《老子·四十章》),庄子说的"物物者非物"(《庄子·知北游》),王弼反复强调的"道之与形反"(《老子指略》),都是这个意思。依照道学的这一思路,现实万物——现象界,与道——本体界,在相互关系上便具有如下特点:

这一图式意味着,万物中没有任何东西可以进入本体。无限本体与有限物象是截然分隔、互相否定的。人们越是执滞于万物,就越要远离道;而越要返回道,就越要否弃万物。老子说"朴散则为器"(《老子·二十八章》),"失道而后德,……"(《老子·三十八章》)、"为学日益,为道日损"(《老子·四十八章》)等等,这些命题所表达的,正是道与万物、无限本体与有限物象的相互否定性。

那么,道学本体概念与物象概念相互否定的结构关系,又体现了怎么样的一种社会文化心态呢?

关于这一点,关键要弄清楚有限万物在实际上指的什么。我们知道,老庄道学是春秋战国社会动乱时期的产物,王(弼)郭

（象）玄学则是东汉末年至魏晋社会动乱时期的产物。道学昌盛的两个时期都属社会动乱期。社会动乱意味着原有社会群体结构的解体。原有社会群体解体了,人们一时无所依归。每个个人被从原有群体中分离出来,抛落到变幻莫测、冷酷无情甚至互相搏杀的现实世界中。个我与周围社会,这一代与下一代是互相分隔、互相否定的。个我自身的努力得不到社会的赏识,个我现生现世的努力得不到下一代的认可。个我与周围社会、与下一代的分隔,意味着特殊与普遍、有限与无限的分隔。无限世界成为有限个我不可跨越的异在世界、彼岸世界。道家思想家们把本体——道高高地置于现实之上,远远地置于万物之外,正表现了它的异在性、彼岸性。

无限世界对有限个我的异在性,在一方面,便是使个我对世界不再有认同感,而只有疏离感。世界并不承认我,与我无关,反之,我也与世界无涉。我不需要对周围世界负责,不需要承担义务与扮演角色,我只依我的"真性情"（原我）行事（即所谓"任自然"）,我只属于我。郭象称"不付之于我而属之于彼"（《庄子·胠箧注》）,"不损己以为物"（《庄子·天运注》）,"全我而不效彼"（《庄子·庚桑楚注》）,这里凸现的即是个体自我本性。个体自我由于再也无需在社会上承担义务与扮演角色,同时也就无需预先估计自己行为的确当性,预先考虑自己的做法可能引起的社会后果与应负的责任。嵇康谓:"君子之行贤也,不察于有庆而后行也;任心无穷,不识于善而后正也;显情无措,不论于是而后为也。"（《嵇康集·释私论》）郭象称:"纵心直前而群士自合,非谋谟以致之者也。"（《庄子·大宗师注》）。这些道家思想家们倡导的"任心无穷"、"显情无措"、"纵心直前"的做法,都明显地带有非理性的色彩。这种非理性精神因为是冲着旧的人群结构与角色规范对个体欲求的过分的压抑而来的,因此同样具有扩张个体自我的意义并具有某种正当性。这是一方面。

但是,另一方面,个体自我既然是与周围世界相分隔的,那么,不管个体自我如何扩张自己,他终究不可能与它所在的世界相抗逆。个我以孤身一人的方式面对巨大世界的压迫,不能不感到孤独。看看阮籍时常"率意独驾,不由径路,车迹所穷,辄恸哭而反"(《晋书·阮籍传》)的情景,看看刘伶"常乘鹿车,携一壶酒,使人荷锸而随之,谓曰:'死便埋我'"(《晋书·刘伶传》)的行径,人们不难理会道学——玄学思想家们孤独悲怆的心境。由孤独,就会想到皈依神,想到死。如嵇康就曾经去采药与炼丹,冀求能够成仙。庄子则直认生为"倒悬",死为"至乐"。皈依神(仙),走向死,可以获得超越,回归无限,但却否定了现生现世。这表明,道家的最高价值追求是以否定现生现世,否定现实世俗生活为归旨的。

可以说,从反常规的认知方式出发,在哲学上强调有限万物与无限本体的分隔性,在价值观上否定现生现世有限努力的无限意义从而最终要求助于外在超越,这便是道家哲学的基本特点。

三

依上所述,显见儒学与道学在思维方式、思维结构与人生价值的追求上,都是对立的。但这并不是说两家没有任何相通相容性。

从科学认识的角度看,反常规的思维方式关注自然与社会中那些个别、特殊、偶然的东西。科学认识如果不细心捕捉这些东西,不会有突破性的新发现。但科学如果不排除个别性、特殊性,不揭示出偶然性后面隐藏着的必然性,或不能使个别性、特殊性、偶然性走向一般性、普遍性、必然性,即使之成为常规的事物,便也不成其为科学。这已说明反常规的认知方式与常规的认知方式的相通性。

不过,我们这里讲的儒道的相通性,主要不是在这一意义上的,而主要是指中国历史上的知识分子在文化心态上,同时可以接受这两种对立的思想观念这种状况。为什么会出现这种状况呢?

我们说过,儒学的基本特点,是强调个人现时现生努力对特定社会群体存在与发展的积极意义,即强调"济世"。但社会群体结构是会变化的,个人的济世努力是否能够为变化着的社会群体、为社会发展的客观时势所接纳,却是大有问题的。而儒学对这个问题是不管的。孔子说:"道之将行也与,命也;道之将废也与,命也。"(《论语·宪问》)孟子说:"若夫成功,则天也,君如彼何哉!强为善而已矣!"(《孟子·梁惠王下》)这即表现了儒学的这种态度。显然,儒学并不企求自己的信从者的济世努力与社会发展变化的客观时势——"命"相一致,相反这两者是二元的。两者的二元性导致了如下结果:在两者相耦合的时候(依靠封建社会合久必分、分久必合的循环性),个人的济世努力便有发挥的余地,个人的奉献便能够为特定的群体所确认,个人现时现生有限的存在便有可能获得永久的意义——这正是儒学所追求的;而在两者相悖逆的时候(社会常常以此得到进步),个人的济世努力便不能为社会所接受,个人的奉献也无法为人们所普遍地认可。个人努力不为人们认可,却又无力改变这种状况,个人便只好从济世转而为"遁世"。孔子说:"天下有道则见,无道则隐。"(《论语·泰伯》)孟子说:"得志,泽加于民;不得志,修身见于世。穷则独善其身,达则兼善天下。"(《孟子·尽心上》)这里的"无道则隐"、"独善其身",都表现为一种"遁世"。而这种孤清寂寞的"遁世"又是很容易发展到对原先的认知方式和价值追求产生怀疑甚至予以否定的地步的,因为只有予以否定,才能解释个人甘心奉献的那样一种完好的追求为什么不被社会所接受,才能使遭受创伤的痛苦心灵求得慰藉。于此,个人心态由儒入道。道学,在这里实际上具有在济世努力失败后调整失衡的心理、求得解脱的功能。

但是,如果说儒学在一定历史条件下与时势抗逆、不为社会接纳,因而表现了某种保守性,必须予以否定,那么,道学的援入,虽然对原先的信仰与追求起到了否定的作用,却并未帮助人们捕捉到对未来社会有意义的那些个别、特殊、偶然的东西,并使这些东西得以发展,转变为一般、普遍、必然的东西。如果道学能够那样做,它就能够帮助人们走在社会变革的前列。可惜道学不具有这种功能。它否定与时势相抗逆的原有的群体结构和价值观念,同时也否定了对任何形式的群体关系的积极建构和人的任何有确定意义的价值追求。在这种情况下的道对儒的互补,不难看出,那诚然是消极的。

(选自《广东社会科学》1990 年第 2 期)

冯达文,广东广州人,中山大学哲学系教授。主要著作有《中国哲学的探索与困惑(殷商—魏晋)》、《回归自然——道家的主调与变奏》及《宋明新理学略论》等。

本文作者匠心独运地选取了儒家与道家的思维方式、思维结构和价值取向进行分析研究,论述了二者的差异性与相容性。指出:从常规性的认知方式出发,在哲学上确认有限万物与无限本体的相衔性,在价值上肯定现生现世有限努力的无限意义从而追求内在超越,这是儒家哲学的基本特点。从反常规的认知方式出发,在哲学上强调有限万物与无限本体的分割性,在价值上否定现生现世有限努力的无限意义从而最终要求助于外在超越,这是道家哲学的基本特点。

再论中国传统哲学的真善美问题

汤 一 介

  人类的精神生活的最高追求是什么？我想应该是追求"真"、"善"、"美"，并使三者在一系统中统一起来。当然，什么是"真"，什么是"善"，什么是"美"，不同的思想家的看法肯定是不相同的，而"真"、"善"、"美"如何统一在一个系统中，更可能是仁者见仁，智者见智了。这样的问题没有办法有什么共同的定论，也不需要有什么定论。但是，人们要去追求"真"、"善"、"美"，思想家们要建构"真"、"善"、"美"统一的系统，则是无可怀疑的。中国传统哲学对人生境界的追求也可以说是中国古代哲学家对真、善、美的追求。过去我写过一篇《论中国传统哲学中的真善美问题》（载于《中国社会科学》1984 年第 4 期），主要是讨论儒家对真、善、美问题的看法，而且是一种历史性的论述。现在这篇文章将不仅限于儒家，也不想用历史论述的写法，因为那样不易集中，而且文章将会很长。因此，本文将选有代表性的典型哲学家的思想来进行分析。

  我国先秦哲学家们的思想一直影响着中国哲学的发展，其中孔子、老子、庄子的思想影响可以说是最大。如果我们把这三位大哲学家作为典型，并通过他们来讨论中国传统哲学中不同类型哲学家的人生境界问题，也许会对中国传统哲学关于人生境界的问题有一总体的了解。

40年前,沈有鼎先生在英国牛津大学作研究时,曾给国内朋友写过一封信,他在信中说:

> 康德的价值论和黑格尔的价值论有一个重要不同点,如下所示:
>
> 康德:善←──美←──真
>
> 黑格尔:真←──美←──善
>
> 从这里可以看出康德是中国人,黑格尔是印度人(或希腊人)。(见《哲学评论》第10卷第6期)

沈先生的这个论断非常有见地,并富有启发性。从中国传统哲学的主流儒家思想来看确实如此,但如果从中国传统哲学的不同学派或不同哲学家来看就不全然如此了。照我看,中国传统哲学在真、善、美问题上大体可分为三大系统,这就是孔子、老子和庄子的思想在真、善、美问题上有如下的不同:

孔子:善←──美←──真

老子:真←──善←──美

庄子:美←──善←──真

照这个图式,如果我们作点比附,大体可以说在真、善、美问题的价值论上,孔子接近于康德,老子接近于黑格尔,庄子从一个有限的方面看则接近于谢林或者亚里士多德。当然比附总是有其局限性的,不可能照顾到各个方面,但它或者能给人们提供一个思考的方向。

一、孔子对人生境界的追求

在《论语·为政》篇中记载着孔子的一段话,他说:"吾十有五而志于学,三十而立,四十而不惑,五十而知天命,六十而耳顺,七十而从心所欲不逾矩。"我们知道,孔子和以后的儒家都认为,人们的生死和富贵不是能靠其自身的努力而追求到的,但人们的道德和学问的高低却因其自身努力的不同而有不同。上面引的孔子那段话可以说是孔子对他一生的生活道路的描述,或者说是他一生修养的过程,也就是孔子本人对真、善、美的追求和了解的过程。从"十有五而志于学"到"四十而不惑",可以说是他成圣成贤的准备阶段,从"知天命"到"从心所欲不逾矩"可以说是他成圣人的深化过程。"知天命"可以解释为对"天"(宇宙人生的终极关切问题)有了一种认识和了解,这也许可以算是"求真"的范围,因为这一阶段孔子仍然把"天"看成认识的对象,还没有达到"同于天"的阶段,也就是说还没有达到与"天"合一的境界。郭象在《庄子序》中说:"夫庄子者,可谓知本矣……言虽无会而独应者也。夫应而非会,则虽当无用。"盖能与天地万物之本体相应者可谓"知"本。既为"知"本,则仍与天地万物之本体为二,仍把天地万物之本体视为认识的对象,尚未与天地万物之本体会合为一。此境界虽高,但还不能"从心所欲不逾矩"。

"六十而耳顺",这句话向来有不同解释,杨伯峻先生在《论语译注》中说:"'耳顺'这两个字很难讲,企图把它讲通的人也有很多,但都觉牵强……"杨先生对这句话姑且作这样的解释:"六十岁,一听别人的言语,便可分别真假,判明是非。"我认为,杨先生的注解大概是符合孔子原意的。晋李充曾说"耳顺"是"心与耳相从",这也许是杨先生的解释所本。晋孙绰用玄学思想解释这句话说:"耳顺者,废听之理也,朗然自玄悟,不复役而后得,所谓不识不知顺帝之则。"这应是一种超乎经验的直观而得宇宙大全之理的境界,是一种"内在超越"的境界。照现代解释学的看法,凡是对前人思想的解释,都有解释者的意见在内;不过,解释和被解释之间总有某些联系,否则也就无所谓"解释"了。历来的思想家对孔子思想的解释大都是如此。这里,我再引用朱熹对这句话的解释,他说:"声入心通,无所违逆,知之之至,不思而得。""声入心通"当和"声音"有关("有声之音"和"无声之音"都可以包括在内);"知之之至"应是超于"知天命"的境界,这种境界是"不思而得"的,所以是超于知识的。我想,它可以解释为一种直觉的审美境界,它所得到的是一种超乎经验的直觉意象,也可以说是一种艺术的境界、"美"的境界。这种对"六十而耳顺"的解释或许"牵强",但照杨伯峻的看法,自古以来的"解释"大都牵强,我的这一解释无非是在诸种"牵强"的解释中再增加一种而已。但我自信这种解释不能说全无道理,特别是由哲学的观点看,它或许是有新意的。我们知道,孔子对音乐很有修养,他"在齐闻韶""三月不知肉味";"三月不知肉味"自然是"不思而得"的一种极高的审美境界。孔子还对他所达到的这种境界有所说明,他说:"不图为乐之至于斯也。"即想不到听音乐竟能达到如此境界。这种境界是一种超越的美的享受。

"七十而从心所欲不逾矩",朱熹注说:"矩,法度之器,所以为示者也。随其心所欲而自不过于法度,安而行之,不勉而中。"这是一种与天地万物为一体的境界,它是在"知真"、"得美"而后达到的一种圆满的"至善"的境界。孔子认为"尽美"比不过"尽善尽美",《论语·八佾》篇中记载:"子谓韶,'尽美矣,又尽善也';谓武,'尽美矣,未尽善也'。"这里的"尽善"是说"极好",但说事物"极好"总在一定程度上(至少在儒家那里)是和道德的价值判断联系在一起的。孟子说:"充实之谓美。"此处的"美"实也含有某种道德价值判断的意义。朱熹注说:"力行其善,至于充满而积实,则美在其中,而无待于外。""善"是一种内在的"美",极高的人格美。看来,朱熹认为"善"从某方面说可以包含"美"。"尽善"之所以高于"尽美",实因为"尽善"即是"尽善尽美"。这里我们似乎可以说,孔子的人生境界(或圣人的境界)是由"知真"、"得美"而进于"安而行之,不勉而中"的圆满至善的境界,即由"真"而达于"美"再达于"善"。

"善←——美←——真"正是康德哲学的特点。照康德看,实践理性优于思辨理性。他的《纯粹理性批判》所研究的是以理智行使职能的现象界为对象,它受自然的必然律支配;《实践理性批判》所研究的是以理性行使职能的本体为对象,它不受必然律支配,它是自由的。前者是自然,后者是道德。前者属于理论认知的范围,后者属于道德信仰的范围,两者之间无法直接沟通。因此就有一个问题,即如何在理论认知(认识论)与德道信仰(伦理学)之间架起一座桥梁,使之得以沟通,这就是康德哲学所必须解决的一个问题,于是他又写了《判断力批判》。在该书的开头处他写道:"在自然概念的领域,作为感觉界,和自由概念的领域,作为超感觉界之间,虽然固定存在着一不可逾越的鸿沟,以致从前者到后者(即以理性的理论运用为媒介)不可能有过渡,好像是那样分开的两个世界,前者对后者绝不能施加影响;但后者却应该对前者具有影响,这就是说,自由概念应该把它的规律所赋予的目的在感性世界里实现出来;因此,自然界必须能够这样地被思考着:它的形式的合规律性至少对于那些按照自由规律在自然界中实现目的的可能性是互相协应的——因此,我们就必须有一个作为自然界基础的超感觉界和在实践方面包含于自由概念中的那些东西的统一体的根基。虽然我们对于根基的概念既非理论地、也非实践地得到认识的,它自己没有独特的领域,但它仍使按照这一方面原理的思想形式和按照那一方面原理的思想形式过渡成为可能。"(《判断力批判》,商务印书馆1964年版,第13页)康德认为,正是判断力把理智(纯粹理性)与理性(实践理性)联合起来,而判断力既略带有理智的性质,也略带有理性的性质,又不同于二者。康德把人的心灵分为知、情、意三个部分。有关"知"的部分的认识能力是理智,这是纯粹理性;有关"意"的部分的认识能力是理性,这是超于经验之上的实践理性;有关"情"的部分的认识能力则正是康德所说的"判断力"。由于"情"介于"知"和"意"之间,它像"知"一样地对外物的刺激有所感受,它又像"意"一样地对外物发生一定的作用,所以判断力介于理智与理性之间。一方面,判断力像理智,它所面对的是个别的局部的现象;另一方面,它又像理性一样,要求个别事物符合于一般的整体的目的。这样,面对局部现象的理解力和面对理念整体的理性,就在判断力上碰头了。判断力要求把个别纳入整体中来思考,所以判断力能够作为桥梁来沟通理智和理性(参见李泽厚《批判哲学的批判》,人民出版社1984年版,第368—370页;蒋孔阳《德国古典美学》,商务印书馆1981年版,第67—68页)。从而康德建构了他的"善←——美←——真"哲学的三部曲。

　　当然,孔子的哲学和康德的哲学从价值论上看虽然确有其相似之处,但是他们建构哲学的目标则是不相同的。孔子建构的是人生哲学的形态,而康德则要建构一个完满的哲学理论体系。这也许可以视为中西哲学的一点不同吧。如果我们把孔子这一由"知天命"到"耳顺"再到"从心所欲不逾矩"的过程和我们所概括的中国传统哲学关于真、善、美的基本命题相对照,也许可以说"五十而知天命"是追求"天人合一"的层次,"六十而耳顺"是达到"情景合一"的层次,"七十而从心所欲不逾矩"则是实践"知行合一"的层次。"天人合一"属于"智慧"（知）的方面。"情景合一"属于"欣赏"（情）的方面，"知行合一"则属于"实践"（意）的方面。照儒家看，这三者是不可分的。做人既要了解宇宙大化之流行，又要能欣赏天地造化之功，更应在生活实践中再现宇宙的完美和完善。就以上的分析看，孔子的"知天命"、"耳顺"和"从心所欲不逾矩"都是就人生境界的追求说的，这是孔子对自己追求"真"、"美"、"善"的总结。

二、老子对人生境界的追求

对一般人（包括儒家）所追求的"真"、"善"、"美"，老子似乎都持否定态度。如他说"绝圣弃知"，反对追求一般的知识；"五色令人目盲"，反对一般的对美的追求；"大道废，有仁义"，反对一般的道德观念的"善"。是否老子就不主张追求真、善、美的人生境界呢？我想不是的。他追求的是一种超越世俗的真、善、美，这就是所谓"同于道"的境界。看来，老子把"道"视为真、善、美的统一。

《道德经》第二十五章中说："人法地，地法天，天法道，道法自然。"这可以说是老子对人生境界追求的叙述。他认为，人最高的理想是效法"道"，而"道"是自然而然的。他所说的"道"是什么？在《道德经》中有多种涵义，但最基本的涵义应是指超越性的最高的准则（参见拙著《魏晋南北朝时期的道教》，陕西师范大学出版社 1988 年版，第 56—57 页）。《道德经》第十四章中说："视之不见，名曰夷；听之不闻，名曰希；搏之不得，名曰微。此三者不可致诘，故混而为一。其上不皦，其下不昧，绳绳兮不可名，复归于无物。是谓无状之状，无物之象，谓之惚恍。迎之不见其首，随之不

见其后,执古之道,以御今之有。能知古始,是为道纪。"这段话分析起来有以下三层意思:

(1)"道"是超于感官经验的,"无色"(夷)、"无声"(希)、"无形"(微)都是用以说明"道"的超越性。明释德清《道德经解》:"致诘,犹言思议。""不可致诘",即不可思议。此"不可致诘"的"混而为一"者就是"道"。

(2)"道"虽是超越性的,但它却是最真实的事物存在的根据。"无状之状,无物之象",王弼注说:"欲言无耶,而物由以成;欲言有耶,而不见其形","无形无名者,万物之宗也。""宗"者主义、根据义。"无状之状,无物之象"的"惚恍"可以作为一切"状"、"象"存在之根据。"惚恍",王弼注谓:"不可得而定也。"这就是说,"道"无规定性。凡有规定性者,均在经验之中;而无规定性者,则超越于经验之外。所以《道德经》第二十一章说:"道之为物,惟恍惟惚。惚兮恍兮,其中有象;恍兮惚兮,其中有物。窈兮冥兮,其中有精;其精甚真,其中有信。""道"虽无规定性,但可做成一切有规定性之"物",故为最真实的存在,亦即事物之本体。

(3)"道"作为一切事物存在的根据,是就其为超越性的最高准则说的。"纪者,理也。"(《白虎通·三纲五纪》)"道纪",即"道"作为从古至今天地万物的最高准则。

从以上三点可以说明,老子的哲学是要探求天地万物之本源、存在之根据,从而创造了以"道"为超越性最高准则的哲学体系。老子的这种对宇宙本体的讨论,实属"真理"探求的范围。

老子把"道"作为他的哲学体系的最高范畴,人掌握了"道"也就是掌握了"真理",而人生的目的正在于此。因此,老子把"同于道"作为人生的最高追求,他说:"从事于道者同于道。"王弼注说:"道以无形无为成济万物,故从事道者以无为为君,不言为教,绵绵若存,而物得其真,与道同体,故曰同于道。"同于道"即是"与道同体"。看来,老子认为人和道的关系不是把"道"作为一般认识的对象(因"道"无名无形),而是应"体道",即与"道"合一,所以"同于道"只是一种极高的人生境界,一种超越世俗的"得道"的境界。这正是老子所追求的最高境界。

那么老子对"善"和"美"又如何看呢? 我们知道,老子的"道"的基本特性是"自然无为",所以他也把"自然无为"作为"善"和美的标准。他说:"大道废,有仁义。"因为"仁义"等等都是"人为"的,不仅不合"自然无为"的原则,而且破坏了"道",只有把这些"人为"的东西去掉,人们才可以有真正的"善",所以他说:"绝仁弃义,民复孝慈。"只有抛弃掉"仁义"等一切"人为"的道德观念,人们才可以恢复自然而然的人际关系。《道德经》第八章中说:"上善若水,水利万物而不争,处众人之所恶,故几于道。"有道德的人其性如水,水对万物都有利,可是并不争说于万物有利,它能处于在下的地位(第六十六章说:"江海之所以能为百谷王者,以其善下之,故能为百谷王"),因此近于"道"。这说明有道德的人只是接近于"道"的境界,而不是"同于道"的境界。如果用冯友兰先生《新原人》中的"四种境界"的说法,"上善"的人只是"道德境界",而"同于道"者才是"天地境界"。所以,从价值论上看,"善"较"真"为低一层次的。

《道德经》第十二章中说:"五色令人目盲,五音令人耳聋,五味令人口爽,驰骋畋猎令人心发狂。"王弼注说:"耳目口心皆顺其性也,不以顺性命,反以伤自然,曰盲、聋、爽、狂也。"这就是说,"五色"、"五音"、"五味"等都是"人为"的,是失去"自然"本性的。

老子把朴素看成是"美","见素抱朴"①,一切都应听其自然,按其本然,有做作则失去其本然之"美",无做作才可存其自然之"美"。因此《道德经》第四十一章中说:"大音希声,大象无形,道隐无名,夫唯道,善贷且成。"王弼注说:"听之不闻曰希,不可得闻之音也,有声则有分,有分则不宫而商矣,分则不能统众,故有声者非大音。""有形则有分,有分者不温则炎,不炎则寒,故象而形者非大象。""凡此诸善,皆是道之所成也。在象则为大象,而大象无形;在音则为大音,而大音希声。"合乎"道"的音是"大音",合乎"道"的象是"大象","大音"可以统括一切"音","大象"可以成就一切"形"。就音乐看必有声音,就绘画看必有图形,但老子认为最高超的音乐应是无声的,最绝妙的绘画应是无形的。因为"无声""无形"合乎"自然无为"的原则,所以是真正的"美"。从这里看,老子的"善"和"美"都是由"真"("道")派生的,都是"道"的特性的表现。《道德经》的最后一章即第八十一章中说:

> 信言不美,美言不信;
>
> 善者不辩,辩者不善;
>
> 知者不博,博者不知。

意思是说:信实的言词不华丽,华丽的言词不实在;善良(行为善良)的人不取巧,取巧的人不善良;真正智慧的人不追求广博,追求广博的人并非智者。我认为,这一由"美"(言词"美"的标准在于平实)而"善"(行为"善"的标准在于诚实)而"真"(智慧"知"的标准在于真实)也许是老子对"真"、"善"、"美"的一种次第的安排。"美"是就言词(可作文学的代表)说的,"善"是就行为(可

---

①　《庄子·天道》:"素朴而天下莫能与之争美。"此可以为"见素抱朴"之注脚。

作道德的代表）说的，"知"是就智慧（可作知识的代表）说的。"真知"高于"真善"，又高于"真美"，这样就构成了一个层次的序列。这是老子对人生境界追求的一个模式。

我们说老子哲学关于"真"、"善"、"美"的看法和黑格尔哲学有某些相似之处，这仅仅是就他们对真、善、美在价值取向上的安排有某些相似之处而言。在黑格尔哲学体系中，"道德"、"艺术"、"哲学"都是属于精神哲学的范围。精神哲学是黑格尔哲学体系的第三部分，它是对于绝对精神在其自身发展的第三大阶段——精神阶段的描述。精神阶段是逻辑阶段和自然阶段的统一，它是自在而又自为的。精神从自在到自为也有一个复杂的发展过程，这个过程包括三个阶段：（1）主观精神；（2）客观精神；（3）绝对精神。"道德"属于客观精神。所谓"客观精神"是指精神把自己体现在外在的客观世界中，但这客观世界不是指自然界，而是指具有精神性的世界，即人类社会生活和人类历史的不同领域，它包括：（1）抽象法（财产法）；（2）道德；（3）伦理（家庭、市民社会、国家）三个发展阶段。客观精神在精神发展的阶段上低于绝对精神，因而低于属于绝对精神的"艺术"和"哲学"。照黑格尔看，主观精神和客观精神都各有其片面性：前者如灵魂、感觉、意识、理智、意志等等都是个人的内在的意识状态，没有实现为现实的存在；后者如财产、法律、道德、政治、家庭、社会、国家等等，虽然是客观存在的，但没有意识到自己。但是，精神的本性是无限的、绝对的、自由的，因而它就必须继续向前发展，以克服主观精神和客观精神的片面性和两者的对立，从而上升到精神的最高阶段。绝对精神是精神对它自己的完全和充分的认识，它既是主体又是客体，它除去以自身为对象和自觉地表现其本质以外，再没有别的目的，从而它是真正无限的、绝对的、自由的。而"艺术"、"宗教"、"哲学"是绝对精神发展的三个阶段,这三者在内容上是一致的,它们的不同只是在形式方面。黑格尔说:"在艺术中是直观和形象,在宗教中是感情和表象,在哲学中是纯自由思想。"(黑格尔《法哲学原理》,商务印书馆1961年版,第351页)黑格尔如此排列绝对精神发展的三个阶段,是要表明绝对精神对它自身的认识也要遵循从感性直观经过表象(他又称之为"图像式的思维")上升到抽象思维的过程。所以"哲学"是绝对精神的最高的、最自由的和最智慧的形态。他说:"认识真理最完善的方式,就是思维的纯粹形式(引者按:指纯粹概念、逻辑范畴而言)。人采取纯思维方式时,就最为自由。"(黑格尔《小逻辑》,商务印书馆1980年版,第87页)艺术的感性形式不能完全体现绝对精神(理念)的无限、绝对和自由,因为它毕竟要受到感性形式的限制,"用感性形式表现真理,还是不能真正适合心灵的表现方式"(黑格尔《美学》第1卷,商务印书馆1979年版,第133页)。只有哲学才是认识"真理"的最完善的形式。从黑格尔的精神哲学看,他把"哲学"作为真理最完善的方式,看成是最高的;而把"美"的追求("艺术")作为"理念的感性显现",视为低于"哲学"的发展阶段;"道德"作为行为主体对善与恶的内在信念,则又低于"艺术"的发展阶段了(以上关于黑格尔哲学的论述参见陈修斋、杨祖陶《欧洲哲学史稿》,湖北人民出版社1983年版,第553—558页;蒋孔阳《德国古典美学》,商务印书馆1981年版,第219—220页;薛华《黑格尔与艺术难题》,中国社会科学出版社1986年版,第25—27页)。这就是说,如果从价值论上看,黑格尔对"真"、"善"、"美"的看法应是"真←——美←——善"。这在层次上虽与老子哲学不完全相合,但把"真"看得高于"美"和"善",则是与老子相同的。不过,正如我们在前面讨论孔子思想时所说,中国传统哲学所注重的是追求一种达到"真"、"善"、

"美"的境界,而西方哲学所注重的是建立一种论证"真"、"善"、"美"的价值的思想体系。前者可以说主要是追求一种觉悟,而后者则主要是对"知识"的探讨。

三、庄子对人生境界的追求

和老子一样,庄子也把"道"作为他的哲学的最高范畴,但庄子哲学主要不在于论证"道"的无限性、绝对性和永恒性(虽然他对此也颇花费了不少笔墨),而主要论证的是得道之人(如至人、神人、圣人等)在精神上的无限性、绝对性和永恒性。

《庄子》书的第一篇叫《逍遥游》,这篇的主旨是讨论人如何达到精神上的绝对自由的问题。照庄子看,大鹏击水三千、扶摇九万,列子御风日行八百,看起来是够自由的,但实际上并不是完全自由。大鹏飞行九万里,需要有广大的空间;列子日行八百,也得靠风力。这些都是"有待"的,而只有"无待"才可以说达到真正的自由。所谓"无待"是说不需要任何条件,所以他说:"若夫乘天地之正,而御六气之辩,以游无穷者,彼且恶乎待哉!"这种"逍遥游"是无所待的,从而是绝对自由的。但是如何才能达到这一无待的绝对自由的境界呢?庄子认为,这不是一般人可以达到的,只有"至人"、"神人"、"圣人"等才可以达到,因为"至人无己,神人无功,圣人无名"。"无己"就是"丧我",《齐物论》中说:"今者吾丧我。"在《大宗师》中有一段话讲"坐忘",可以说是对"无己"这种精神绝对自由境界的描述:

颜回曰:"回益矣。"仲尼曰:"何谓也?"曰:"回忘仁义矣。"曰:"可矣,犹未也。"他日,复见,曰:"回益矣。"曰:"何谓也?"曰:"回忘礼乐矣。"曰:"可矣,犹未也。"他日,复见,曰："回益矣。"曰："何谓也？"曰："回坐忘矣。"仲尼蹴然曰：
"何谓坐忘？"颜回曰："堕肢体，黜聪明，离形去知，同于大通，
此谓坐忘。"仲尼曰："同则无好也，化则无常也，而果其贤乎！
丘也请从而后也。"

庄子"坐忘"的境界就是他所说的"无己"或"丧我"的境界。上引
文说明，颜回从否定世俗的道德开始，"忘仁义"、"忘礼乐"，进而
消除身体对精神的种种束缚，消除知识对精神的困扰，达到"形如
槁木，心如死灰"的超脱耳目心意，超功利，超道德，超生死，不受
任何内在外在的是非、好恶、美丑等等的限制，和天地融合为一、
"同于道"的境界。这一境界以"去知"最为重要，"去知"即去掉
分解性和概念性的认知活动，也即庄子"心斋"所谓的"徇耳目内
通，而外于心知"。这种纯粹的直觉活动，我们说它是一种审美的
活动。

《庄子》书中所描述的"至人"、"神人"、"圣人"等就是这样一
些超越世俗，达到"坐忘"或"心斋"的精神上绝对自由的人。如
《田子方》篇中说："夫至人者，上窥青天，下潜黄泉，挥斥八极，神
气不变。"而所谓"神人"，如《天地》篇所说："上神乘光，与形灭
亡，此谓脱旷。放命尽情，天地乐而万事销亡，万物复性，此谓混
溟。"《刻意》篇中说："圣人之生也天行，其死也物化……去知与
故，循天之理……虚无恬淡，乃合天德。""至人"、"神人"、"圣人"
之所以能超越时空的限制，逍遥游放于六合之外，正因为他们能
"离形去知"，一切任其自然而无为，对现实世界无任何要求，从而
能逍遥游于"无何有之乡"。这当然只能是精神上的逍遥游放了。
这种精神上的绝对自由的境界只能是一种艺术上的审美的境界。
《知北游》篇中说：

天地有大美而不言，四时有明法而不议，万物有成理而不

说。圣人者,原天地之美而达万物之理,是故圣人无为。大圣不作,观于天地之谓也。

《田子方》篇中说:

　　夫得是,至美至乐也。得至美而游乎至乐,谓之圣人。

"夫得是"按上文是说"游心于物之初"的境界,此境界为不能言说的自然无为的境界。最高的美为"天地之大美"。"圣人"、"至人"、"神人"等"原于天地之美"(或"备于天地之美")。正是由于自然无为,"离形去知",所以可得"至美而游乎至乐",这一"至美至乐"的境界也就是极高的艺术的审美境界。

　　在庄子哲学中对"真"和"美"的关系也有所讨论,《秋水》篇中说:"牛马四足,是谓天;落马首,穿牛鼻,是谓人。故曰:无以人灭天,无以故灭命,无以得殉民,谨守而勿失,是谓反其真。"所谓"反其真"就是返回到自然而然的本来状态。庄子主张"法天贵真",反对一切违反自然本性的"人为"。"龁草饮水,翘足而陆"是马之真性,而"落马首,穿牛鼻"使牛马失去其自然本性(真性),这样牛马就没有自由,从而也失去其"美",失去其"真"。在庄子哲学中"真"与"美"是一致的,而"真"必须是"顺性命之情"的。《渔父》篇中说:"真者,精神之至也。不精不诚,不能动人。""能动人"在于有真情,使人得到美的享受。"成功之美,无一其迹也",最成功的美不是做作的,而是能自由自在地表现其真性情,所以庄子的"求真"也是为了"求美",无"美"也就无所谓"真"。"求真"是追求一种自由自在的精神境界。

　　庄子很少肯定道德,他有反道德的倾向。他认为一切道德规范都是"人为"的,它们破坏人的真性情,所以他反对"以仁义易其性"。庄子认为,个体人格的自由的实现不仅是"大美",而且是最高的"德",最高的"善"。《刻意》篇中说:"若夫不刻意而高,无仁义而修,无功名而治,无江海而闲,不导引而寿,无不忘也,无不有也,淡然无极而众美从之。此天地之道,圣人之德也。""淡然无极而众美从之",成玄英疏说:"心不滞于一方,迹冥符于五行,是以淡然虚旷而其道无穷,万德之美皆从于己也。"此谓心无所执著,自然无为,坐忘无己,自由自在,以达到至极则众美就会聚于己身。这既是天地自然而然的运行,也是圣人成就其善的路径。据此,庄子的"善"是包含在其最高的美(大美)之中的。

就上所言,在庄子哲学中"真"、"善"、"美"是统一的,它们统一于精神自由的审美境界上。庄子和老子一样都追求"同于道",但老子的"同于道"是了解"道"、体会"道",它仍属于认知的范围,是一种哲理的觉悟;而庄子的"同于道"则是对"道"的欣赏、观照,这就是审美的直觉了。从这里我们可以看出,庄子哲学在"真"、"善"、"美"问题上和老子不同,他是以"美"为最高。

西方哲学有两个哲学家从价值论上看在"真"、"善"、"美"问题上和庄子有某些相似之处,一是亚里士多德,一是谢林,也许谢林与庄子更为相近。

亚里士多德哲学追求真、善、美的统一,他说"美即是善,其所以引起快感正因为它是善",而善的行为与美的艺术表现则需要以对事物的认识为基础。从价值论的角度看,亚里士多德并没有赋予真、善、美同样的意义。在对人类活动进行划分时,他认为在认识、实践和创造这三种活动中,认识是最高的,因为只有借助这种活动,人才能面对最高真理。但就三种活动的产物而言,在亚里士多德看来,"求真"的活动所得是理论性科学(如数学、物理学、形而上学),只是为知识而知识;"求善"与"求美"的活动所得则是实践性科学(包括政治学、伦理学)和创造性科学(包括诗学和修辞学),它们都有更高的外在目的,前者指导行动,后者指导创造。

亚里士多德认为,艺术的本质就是创造。他说:"艺术就是创造能力的一种状况,其中包括真正的推理过程。"这里,创造活动成了最能体现人的本质即理性的活动(亚氏曾将人的本质界定为理性)。据此,我们似乎可以说,在亚里士多德哲学中,表现美的艺术创造从而美本身获得了最高价值,其次是有外在目的的行动(即道德实践,这属于"善"),再次才是为知识而知识的"求真"的活动(参见朱光潜《西方美学史》上卷,人民文学出版社1963年版,第55—56页)。

谢林的哲学提出"绝对同一"的问题。照他看,"绝对同一"既不是主体,又不是客体,而是"主体和客体的绝对无差别的同一"。要达到这种"同一"只能在一种"理智的直观"中实现。所谓"理智的直观"就是产生直观对象的活动,二者是同一的,这实际上是一种直觉活动。通过这种直觉活动,自我就把自己和无意识地产生自然界的宇宙精神合二而一。谢林认为,这种"理智的直观"不是任何人的意识都可以有的,只有哲学上的天才才能具有。谢林甚至认为,即使"理智的直观"活动也还不算完全地达到了主体和客体的绝对同一,因为在那里还有直观者和被直观者的差别(尽管这个被直观者是直观者的自由活动产生的)。因此,谢林又提出只有在"艺术的直观"中才能真正实现主体与客体的绝对无差别的完全同一。这种"绝对无差别的完全同一"很接近于庄子的"心斋"和"坐忘"的境界。谢林认为,"艺术的直观"来自灵感,来自内心精神的一种内在力量的强烈追求。这只能说是一种直觉的神秘的精神境界了。这样,在谢林那里艺术就成了没有差别的至高无上的理想世界。基于这种"艺术的直观"高于"理智的直观"的看法,谢林把"美"视为有最高价值。照他看,"真"是必然性的问题,"善"是自由的问题,而"美"是二者的综合。"美"把"真"的科学知识和"善"的道德行为综合实现于艺术之中。他说:"我相信,最高的理性活动是包括一切理念的审美活动。真和善只有在美中才能接近。哲学家必须像诗人一样,具有审美的能力。"因此,从价值论的方面看,在谢林那里"美"高于"真"和"善"(参见陈修斋、杨祖陶《欧洲哲学史稿》,第481、488页;蒋孔阳《德国古典美学》,第140—142页)。这与庄子对"真"、"善"、"美"问题的看法有相似处。

四、简单结论

孔子、老子和庄子对人生境界有三种不同的追求,他们的哲学表现了三种不同的价值取向。我认为,任何有价值的哲学体系总是在追求着真、善、美的统一;但对于如何统一以及如何达到统一,不同的哲学家有不同的看法。从人类文化的发展看,我们不必求其相同。在我国的先秦时代,哲学之所以丰富多彩,正是因为它有一个多元的价值取向。当时的哲人能从非常广阔的角度和领域来讨论对宇宙人生终极关切的问题,这样就使得我国的哲学在当时世界的范围内,和世界其他地区(希腊、印度)相比实无逊色。

(选自《中国社会科学》1990年第3期)

汤一介,湖北黄梅人。北京大学哲学系教授,曾任中国哲学史学会副会长,中华孔子学会副会长,国际中国哲学会主席。著有《郭象与魏晋玄学》、《论中国传统文化中的儒道佛》等。

本文从中西哲学家对比的角度,对孔子、老子和庄子对真、善、美人生境界的追求作了比较分析,指出他们的不同之处在于孔子的人生境界由"真"而达于"美"再达于"善",老子的人生境界由"美"而达于"善"再达于"真",庄子的人生境界由"真"而达于"善"再达于"美"。从真、善、美问题的价值论上看,与西方哲学家相比,孔子接近于康德,老子接近于黑格尔,庄子则与亚里士多德、谢林有相似处。我国先秦时代的哲学之所以丰富多彩,不逊色于古希腊和印度,正是因为当时的哲学家具有多元的价值取向。

略论儒道的对立和互补

方 光 华

春秋初年,周王朝由上帝神和祖先神出发的天命观念受到普遍怀疑,变乱的现实生活使时人再也感受不到上帝和祖先对他们的厚爱,《诗经》中出现了篇幅很多的对上帝和祖先功德的疑惑,不少人开始用新的眼光来看待自然及社会的灾变。医和就认为"天有六气,……六气曰阴、阳、风、雨、晦、明也;分为四时,序为五节,过则为灾。"(《左传·昭公元年》)自然界的灾异无非是天地之间六种气的秩序混乱而已,而非上帝或祖先的意志所造成。伯阳父也用阴阳二气的相互关系论述地震的缘起,认为"阳伏不能出,阴迫而不能蒸,于是有地震"(《左传·昭公十八年》)。对人类社会的治乱兴衰,祸福成败,当时人们也得出了"吉凶由人"的结论。神学天命观的动摇导致由此出发的政治伦理秩序原则的动摇。礼乐征伐自天子出变为自诸侯出,卿大夫也开始用天子八佾舞礼,甚至去祭祀只有天子或诸侯才能祭祀的名山大川。政治生活和伦理生活将导向何处?

孔子和老子以两种截然不同的方式提出了两种不同的选择。

一、两种不同含义的"德"

"德",是西周宗法伦理最普遍的抽象概念,既指宗法制的各种规定,又指个人对这些规定的实践行为,并可内化为个体意识而为个体所具有的品格。孔子的"德",完整地继承了这些含义。"据于德"即说个体的行为必须依据各种外在规定。"为政以德"即谓统治者应以自身的品格教化百姓。孔子的德作为外在规定,他所认可的内涵实质上与周礼没有差别。他认为当时最迫切的使命就是重振宗法制下的政治和伦理生活秩序,虽然他承认礼有所损益,也主张对礼的形式作一些适宜的修改。

为了更好地振兴旧德,孔子对德作了一些梳理。第一,他罗列德之本末,认为孝是众德之本。治国也应以孝悌为先,由孝悌而推及普遍的政治秩序。第二,他提炼德之原则。他曾对曾子说"吾道一以贯之",曾子认为此"一"即"忠恕"。忠即己欲达而达人,己欲立而立人;恕即己所不欲,勿施于人。不管曾子的概括是否符合孔子的原意,孔子重视把握行德的原则是确定的。孔子还感叹中庸之德,"其至也乎!民鲜[能]久矣"(《论语·雍也》)。他反对在礼制实践中的过与不及,统包忠恕的中庸,极可能是孔子提炼的行德原则。他对子路说"由,知德者鲜也"(《论语·卫灵公》),即感慨当时很少有人能体认到行德的原则。第三,他标明了德的境界。他认为"仁"统包刚、敏、惠、信等各种品格,是德的融合和饱和,是人的伦理意识的自由状态,是德的最高境界,行德的最高目标。

老子则不认为宗法制下的旧德是应该坚持的德,更不认为人可以在旧德中实践伦理意识的自由。他提倡一种背弃仁义内涵的新德。他说：

> 上德不德，是以有德。下德不失德，是以无德。上德无
> 为，而无以为；下德无为，而有以为。上仁为之，而无以为；上
> 义为之，而有以为。上礼为之，而莫之应，则攘臂而扔之。故
> 失道而后德，失德而后仁，失仁而后义，失义而后礼。夫礼者，
> 忠信之薄，而乱之首也。（《老子·三十八章》）

"上德不德，是以有德"，即是说上德之人不以现有的德即固有的
宗法伦理原则为德，因而他们才真正领悟和据有德。相反，那些下
德之人则死守现存的德不放，因而他们实际上没有真正领悟德和
拥有德。"下德不失德，是以无德"，只有那些真正领悟和拥有德
的上德之人才能无为而无不为，相反，那些没有真正领悟和拥有德
的下德之人则总不免有所做不到的地方。从现有的宗法伦理各规
定来看，如果说仁还与真正的德有点联系，做到极至也能收到无为
而无不为（上仁为之，而无以为）的效果的话，那么那些离真正的
德已经很远的义与礼就不可同日而语了。从现实社会生活中看，
固有的宗法伦理造成了普遍虚伪和混乱，因此固守旧德不可能实
践人的意识自由。

老子认为应该从道的角度得出新的人生和政治原则。这种新
的人生和政治原则将排斥任何违背人的自由的任何外在规定，它
仅仅是一些富于灵活性的原则。主要表现为贵柔，知足，不敢为天
下先。老子不把现有的伦理秩序当作价值目标，而是着重在变化
发展的过程中保存人自身。因此，尽管孔子也有提炼和简化德的
原则的倾向，但中庸并不是全身养生，而守弱处卑也并非是为了回
复有礼有义的周公时代。

孔、老的矛盾更体现在他们提出了两种不同德的两种不同的
根据。

二、两种不同含义的"道"("本")

孔子在思想史上的地位并不是由他对德的发挥所决定,而是由他第一次从人的主体情感出发、阐述德的起源所决定。原有的德作为一种普遍的伦理,既是历史的传统,又是现实的必要。当时吴国的季札说,中国明于知礼义而陋于知人心,正反映了春秋以前人们所遵循的伦理秩序实质上还是一种蒙昧地独立发展着的传统。孔子对人的伦理行为作了比较突出的反思,他认为所有的伦理行为都离不开道德主体所固有的道德情感。他说为父母服丧三年,这种伦理行为实质上是对父母养育之恩的报答,它出自人的不忍之心(《论语·阳货》)。因此,孔子认为供养父母,最关键的也是要先存恭敬之心(《论语·为政》)。孔子从而指出德之本即在于人的内心道德情感,特别是孝。孔子十分重视对德之本的探讨,他赞赏弟子林放问礼之本问得得体,"大哉问!"(《论语·八佾》)而其弟子有若说:"君子务本,本立而道生。孝弟也者,其为仁之本欤!"(《论语·学而》)子张概括孔子的思想也说:"文武之道,未坠于地,在人。贤者识其大者,不贤者识其小者。莫不有文武之道焉。夫子焉不学? 而亦何常师之有?"(《论语·子张》)可见孔子不但主张道德情感是德之本,而且这种独创性的思想并没有思想上的传承,而是孔子从人的分析中得出来的。

孔子不以原有的天命观念为然,对天命鬼神他存而不论,也不谈占问吉凶祸福的"天道"(《论语·公冶长》)。这种对天命鬼神观念的摒弃以及他对人的自觉,代表了当时的思想倾向。

但老子却不以人为出发点,而是在前人非天命思想的基础上,提出了其新德的根据——道。老子认为道是天地万物的本原,它有不同于天地万物的特殊存在状态,总是在毫无损灭的同时向自身回归:"有物混成,先天地生,寂兮寥兮,独立不改,周行而不殆,可为天地母。吾不知其名,字之曰道,强为名之曰大。"(《老子·二十五章》)道通过阴阳二气的交汇融和生成天地万物:"道生一,一生二,二生三,三生万物。万物负阴而抱阳,冲气以为和。"(《老子·四十二章》)但道生成万物之后却并不存在于万物之中,存在万物之中的道的属性是道的不完整形态——德:"道生之,德畜之,物形之,势成之,是以万物莫不尊道而贵德。"(《老子·五十一章》)正因为德是道的从属,因此尽管万物之中不存在完整的道,但老子也很重视分析万事万物的各种德性,从水的自然流变以及侯王自称不谷等自然与人事现象中直观地抽象出道来。同时,老子也认为应付世事最佳选择就是从道出发:"道常无为而无不为,侯王若能守之,万物将自宾。"(《老子·三十二章》)

老子之道与孔子之本显然属于两个不同的哲学范畴,一个侧重对事物的共同本原的探求,一个侧重对人的伦理属性探讨;一个是脱颖而出的天道观,一个是标新立异的人本论。

三、孟子与庄子的德和道

孟子和庄子分别继承和发展了孔子和老子的思想,并体现出两种不同的德和道之间的初步融合。

孟子私淑孔子,以当今之世,舍我其谁的气概完善了孔子所创导的学说体系。孔子论证其德,主要侧重于人的伦理情感,即孝心、恭敬之心、报恩之心。孔子从情感出发的论证方式遇到了许多难以克服的矛盾。一方面,人不但有刚、惠、敏、信等好的品格,也有克、伐、怨、欲等不好的情感;另一方面,即使是好的情感,如果表现得不恰当,也不具备伦理特征:"恭而无礼则劳,慎而无礼则葸,勇而无礼则乱,直而无礼则绞。"(《论语·泰伯》)孟子认为人最重要的是具有心智,是人的心智与人的伦理情感共同决定了人类社会的伦理化政治秩序和生活原则。孟子认为心智具有超越耳目之官的功能,"耳目之官不思而蔽于物,物交物则引之而已矣。心之官则思,思则得之,不思则不得也。"(《孟子·告子上》)心智的功能的超越特性决定了它具有不同于耳目感官的价值趋向。"饥者甘食,渴者甘饮,是未得饮食之正也,饥渴害之也,岂惟口腹有饥渴之害人心亦皆有害,人能无以饥渴之害为心害,则不及人之不为忧矣。"(《孟子·尽心上》)如果人能意识到心之欲不同于耳目口腹之欲,他比那些从来不担忧心有所害的人要高明得多。心之所欲即在于理义,"心之所同然者,何也? 谓理也,义也"(《孟子·告子上》)。

孟子在人的规定中融入了人的心智,心智成为人对自己内在的仁、义、礼之端的体认和实践的手段,从而心智也就成为儒家人生政治原则的基础。孟子说:"仁也者,人也。合而言之,道也。"(《孟子·尽心下》)即谓人的合乎伦理的情感和规定了人别于动物的存在的心智两者的混合都是道。

孟子之前,儒家讲道,除了"道路"、"规则"等一般意义以外,主要指德的境界,邦有道,邦无道,道不行将乘桴浮于海,等等,是说现实社会是否实践了伦理化的政治生活秩序,道没有本体论的涵义。孟子以道代本,表明儒家开始吸收道家道的本体论涵义。

孟子还体现出了对传统天道观念的信仰。孔子并没有深入论述个人的主体情感之质从何而来。孟子则认为人的思维能力以及思维器官同人心内涵的仁义礼之端都是天生的。孟子并没有具体论述天是怎样赋予人的这些伦理属性,但孟子这种对天道的重新重视,显然代表了儒家建设独特的天道本体的意图。

特别是孟子发展了孔子的德论。孔子单纯地以家庭宗法伦理原则为中心的德,随着宗法制的进一步被破坏而越来越不合战国变乱时宜。孟子对仁义两大固有的伦理范畴作了调整,在把孔子所强调的仁固定为家庭宗法基础的同时,把义的范畴作为长幼关系、君臣关系等社会伦理原则融入人的内心,以建立这种社会伦理的本体基础。当时告子认为人性无分善恶,"以人性为仁义,犹以杞柳为桮棬"(《孟子·告子上》)。退一步说,即使人性中包含了仁,义也不能成为人的内在概念,"义,外也,非内也"。并举例说,"吾弟则爱之,秦人之弟则不爱也,是以我为悦者也,故谓之内。长楚人之长,亦长吾之长,是以长为悦者也,故谓之外也。"(《孟子·告子上》)我喜欢我自己的弟弟而不喜欢秦国某人的弟弟,这种喜爱之情不因为对象都是弟弟而相同,因此可说家庭宗法一类的情感是主观内在和自生的;相反,对长辈的尊敬却不因为长辈是楚国人或本国人而有区别,可见社会伦理意识是由外在的客体所引起的,不是主观自生的。孟子认为告子并没有真正理解社会伦理意识,"我故曰告子未尝知义,以其外之也"(《孟子·公孙丑上》)。他说,所有的道德行为都源于人这个主体,尊敬长辈与喜爱自己的弟弟这两种情感都是由人的内心发出,"且谓长者义乎?长之者义乎?"而且我们也不是凡年龄较高的事物都不加区别对待,他诘问告子说:"不识长马之长也,无以异于长人之长与?"(《孟子·告子上》)孟子一方面意识到家庭亲子关系的牢不可破,"夫夷子信以为人之亲其兄之子,为若亲其邻之赤子乎",从而攻击墨子爱无差等的学说(《孟子·滕文公上》)。另一方面,他又看到片面的宗法伦理带来的消极后果,他感慨地说:"吾今而后知杀人之亲之重也。杀人之父,人亦杀其父,杀人之兄,人亦杀其兄,然则非自杀之也,一间耳。"(《孟子·尽心下》)从而主张以义调节仁。孟子德论的仁义定格奠定了儒家德论的基础,也比较符合中国古代社会关系的主要内容。礼制即是对仁、义两种不同核心的伦理政治规范的调节和文饰,"礼之实,节文斯二者是也"(《孟子·离娄上》)。

孟子不但为孔子的人本学说提供了坚实的基础——心智,而且构架了仁义基本德论范畴。孟子事实上为儒家学说的兴盛提供了支柱。

而此时的道家学说,在庄子身上暴露出无法调和的内在矛盾。

庄子继承和丰富了老子本体道的无名无形、无所差别的一面:"夫道有情有信,无为无形;可传而不可授,可得而不可见,自本自根,未有天地,自古以固存;神鬼神帝,先天地生;在太极之先而不为高,在六极之下而不为深,先天地生而不为久,长于上古而不为老。"(《庄子·大宗师》)是道产生了万物,而道又不同于万物,"物物者非物"(《庄子·知北游》)。道的世界"未始有封"(《庄子·齐物论》),而有所差别的天地万物的属性都莫不产生于道,依附于道,以道为宗,"道者,德之钦也"(《庄子·庚桑楚》)。圣人应万物,"通乎道,合乎德,退仁义,宾礼乐,至人之心有所定矣"(《庄子·天道》)。合乎道的德之世界并没有仁义礼乐等束缚人性的外在规定,仁义礼乐反而造成了"窃钩者诛,窃国者为诸侯"的荒谬社会现实。庄子认为真正的德即在于顺乎事物的发展过程,顺乎人的本性。他甚至提出了这种德的最高境界——逍遥游。

但是,现实并非是"无何有之乡"。庄子居"方今之世,仅免刑焉"的悲惨境地,他应付世事运用的却是另外一种至德。《人间世》篇他借孔子的口阐明了这种至德:"天下有大戒二,其一命也,其一义也。子之爱亲,命也,不可解于心。臣之事君,义也,无适而非君也,无所逃乎天地之间,是之谓大戒。是以夫事其系者,不择地而安之,孝之至也。夫事其君者,不择事而安之,忠之盛也。自事其心者,哀乐不易施乎前,知其不可奈何而安之若命,德之至也。为人臣子者,固有所不得已。行事之情而忘其身,何暇至于悦生而恶死。"庄子认为此种至德也有其合理的道之依据:"君先而臣从,父先而子从,兄先而弟从,长先而少从,男先而女从,夫先而妇从。夫尊卑先后,天地之行也,故圣人取象焉。天尊地卑,神明之位也;春夏先,秋冬后,四时之序也;万物化作,萌区有状,盛衰之杀,变化之流也。夫天地至神,而有尊卑先后之序,而况人道乎?宗庙尚亲,朝廷尚尊,乡党尚齿,行事尚贤,大道之序也。"(《庄子·天道》)庄子和老子一样讲阴阳,"阴阳于人,不翅于父母"(《庄子·大宗师》)。也讲气,"人之生,气之聚也;聚则为生,散则为死"(《庄子·知北游》)。但庄子注重的是这一阴阳变化过程的伦理属性,他试图考察这个变化过程的稳态秩序,而为其新的至德提供道的依据,这就不但背离了老子新德的社会批判性,也背离了老子道的循环往复的运动属性。

庄子始终没有很好地调和他自身所提出的两种道和两种至德,庄子的人格包容了发展中的老子和孔子两种不同的人格,庄子企图通过齐物和泯灭是非差别缓解内心的痛苦,但他终于认定人只有死后才能至乐:"死,无君于上,无臣于下,亦无四时之事,从然以天地为春秋,虽南面王乐,不能过也。"(《庄子·至乐》)这样,包容了两种道和德的至人,在庄子笔下总是那些肢体不全、怪模怪样的人。

庄子的道德论的内在矛盾蕴含着道家对理想与现实的深刻思考,道家将怎样建构一种基于现实生活的理想?庄子的道在物中、道即是伦理政治的不得不然的思想,无疑为老子抽象的道向道的外在化、具体化提供了契机。庄子之后的新道家正是从庄子的后一种道论出发，具体考察自然和人类社会的客观必然，并以更鲜明、更积极的态度投入现实政治生活之中，从而彻底改变了传统道家"蔽于天而不知人"的窘迫境态。

同时，庄子的道论对儒道二家的融合也产生了深刻的影响，他论证与孔孟同等内容的德所体现出来的思维方式明显地优于孟子简单的天命观，从道的生化过程揭示生化过程的稳态属性，为儒家建构他们的伦理天道本体提示了方法。

四、《易传》以及荀子的道德论

儒家对道家思想的吸收和改造，最初的代表就是《易传》。《易传》包括彖、象、文言、系辞、说卦、序卦、杂卦共十篇，是对《易经》的注解和发挥，出自许多人之手，时代也不一致，《彖》和《大象》要比其他部分早出。

《易经》起源于卜筮。《尚书》虽言周初有卜筮之事，但卜筮的普遍运用在于西周中叶。把卜筮所得的经验加以归纳总结，构成六十四卦的经文极可能是西周晚期的事。春秋时期，占卜多用变卦法，因此，《易经》的秩序并不重要，重要的是它把六爻归于一个卦名之下，反应了总结者的一些思想。《易经》特别强调"孚"（诚），但并没有形成以"孚"为中心的哲学体系。

《易传》作者认为"易"本身就是最高的道。它统包天道、地道、人道。"《易》之为书矣，广大悉备，有天道焉，有地道焉，有人道焉。兼三才而两之，故六；六者非它也，三才之道也。"（《易传·系辞》下）《说卦》的作者进而指出了天地人之道的具体内容："昔者圣人之作《易》也，将以顺性命之理，是以立天之道，曰阴与阳，立地之道,曰柔与刚,立人之道,曰仁与义。"天地万物由阴阳交感而生,由生而聚,由聚而壮,由壮而衰,并由衰而兴,"终则有始,天行也"(《易传·蛊卦·彖辞》)。

《易传》作者认为,欲知天地万物之情,即在于考察事物阴阳交化的过程:"观其所感"(《周易·咸卦·彖辞》),"观其所聚"(《周易·萃卦·彖辞》),并在事物的变化过程中把握事物恒大和主要的方面,"观其所恒"(《周易·恒卦·彖辞》),"正大,而天地之情可见矣"(《周易·大壮卦·彖辞》)。

怎样从《易》中得出具体的人生和政治原则?《易传》本身亦存在相当于由老子而到庄子的发展过程。成书较早的《大象》作者认为,易的六十四卦都表示着自然界两种相同或不相同的事物的相互关系。圣人即通过对这种关系的思索而直观地得出做人和治国的原则。《大象》每卦之下简单地揭示每卦上下两件事物的结构之后,即指出君子、先王或后(君主)应该怎样怎样。如:

> 师,象曰:地中有水,师。君子以容民畜众。
>
> 比,象曰:地上有水,比。先王以建方国亲诸侯。
>
> 泰,象曰:天地交,泰。后以财成天地之道,辅相天地之宜,以左右民。

所有这类取象涉及社会政治生活以及日常饮宴,待人接物,修身齐家等各种规则,这种取象不在乎事物的内在联系,也不注意事物的变化过程,而是直观事物的属性而比附出德的原则。譬如师卦☷,下坎上坤,外卦为坤,内卦为坎,坎为水,坤为地。故象曰:地中有水,传者又把水比做群众,地中有水喻大地之内有群众,是以卦名为师。大地之内有群众,君主宜容纳之,畜养之。观其卦名及卦象,君子应该容民畜众。这样,六十四卦在易之《大象》作者那里成了六十四张自然界可能或不可能的风景画,所有的治国齐家之德即包涵于这六十四张风景画中。六十四卦也就成了六十四条格言。

这种极其直观的比附,在《易传》较后的作品中得到了修改和补充。《小象》、《系辞》、《序卦》、《杂卦》等侧重考察易的运动变化,把易作为一个完整的体现了阴阳之道的整体来考察。"一阴一阳之谓道"(《周易·系辞上》),阴阳的交汇变化有其稳态的属性,这种稳态的属性即是儒家伦理纲常的反映:"天尊地卑,乾坤定矣;卑高以陈,贵贱位矣;动静有常,刚柔断矣。"(同上)他们把易卦的第二爻和第五爻分别定为上下卦的中爻,第二爻为阴爻中位,第五爻为阳爻中位,如果阴阳居中,中道而行,易传的作者都曲意释原有经文为吉。特别是九五中爻之位,传者都毫无例外地以为居此位者必获大吉,而不管是阳居此位或阴居此位。从而第五爻似乎成了超阴阳流变的独立实体。它实质上就是儒家所明确的君臣关系无可移易的反映。易之道是变化无穷的,但其中所蕴含的君臣关系等却是没有变化的;特定的君臣关系等是有变化的,但此种关系的性质却与易之道同样久远和无所穷见。

《易传》的这种动中有静的易道变化观,不但是对道家阴阳变化学说的吸取和高扬,也是其在儒家立场上对阴阳变化之道的自觉与创造性地发挥。从此,儒家的仁义原则以及仁义基础上的政治原则都有了他们自创的"道"的基础,它弥补了孔孟以来儒家论证其德的天道缺陷。

但是,最深刻、最有创造性地吸取道家思想以修正儒家学说,真正融合了儒道思想的,在战国末期的具体历史时期,是荀况。

荀子认为庄子最大的缺陷是"蔽于天而不知人"。他吸取经过庄子发挥了的道即自然的思想,把它应用于对自然和人类社会的分别考察之中。

首先，荀子明确提出了"天人相分"的观点，"明于天人之分，则可谓至人矣"（《荀子·天论》），天无非是列星、日月、四时、阴阳、风雨等自然现象，它运动变化，无始无终。自然界的怪异现象不过是"阴阳之化"，不能决定人事。相反，人还可以掌握和利用阴阳变化的规律，"制天命而用之"。荀子进而指出人类社会存在不同于自然变化的特殊规律，人类有不同于自然万物的特性："水火有气而无生，草木有生而无知，禽兽有知而无义，人有气有生有知且有义，故最为天下贵也。"（《荀子·王制》）

荀子从而以道即自然的思想考察了儒家人本学说，他认为孟子人性善论是不正确的。人性是先天而来的生理本质、以及这种生理本质与外界接触后所自然发生的心理本质："生之所以然者谓之性，性之和所生，精合感应，不事而自然谓之性。"（《荀子·正名》）它是对物质和感官满足的无限度追求，而不是那些后天培养起来的符合礼制的情感。"饥而欲食，寒而欲暖，劳而欲息，好利而恶害，是人之所生而有之，是无待而然者也，是禹桀之所同也。"（《荀子·非相》）礼义制度仅仅是为了调节人们的物欲争夺而外设的，它是一定生产条件下人们按等级名分来分配利益的不得不然。

但荀子并没有抛弃孔孟以来儒家对人的专注所得出的思维成果。在论述礼的制作时，荀子也认为礼作为人情文饰的一面，特别是荀子继承了以人的心智作为人之区别于动物并依据这种特殊规定论证人生和政治原则的思想。他认为动物也有感觉，但思维却是人独有的。人的思维器官"心"，不但有"虚壹而静"的特质，而且主宰和超越其他感觉器官，"心居中虚，以治五官，夫是之谓天君"（《荀子·天论》）。心能够对其他感觉进行综合，"缘耳而知声"，"缘目而知形"（《荀子·正名》）。人类正是运用这种心智，在追求物质利益时瞻前顾后,而发现了人类社会存在一种本质上有利于人的追求之客观必然:"君臣不得不尊,父子不得不亲,兄弟不得不顺,夫妇不得不欢。"(《荀子·大略》)

荀子甚至根据人的认识能力的体现差别,来阐明政治的起源以及政治制度的本质。他认为最先意识到不加限制的物质追求必然造成社会混乱,从而制定礼义的人是圣人,圣人是理所当然的统治者。而百官等级以及君子小人的地位差别也不过是人"化性起伪"的程度差别。荀子意识到有"义荣"有"势荣",有"义辱"有"势辱"(《荀子·正论》),人的理智化程度并不一定必然合乎其现实的等级身份和地位,但荀子认为这些特殊性并不能否定政治的理智依据的普遍性。

不能不说荀子天才地触及到了道家和儒家道与德的融合问题的焦点。老子和庄子批判地提出道与德,它反映了道家以不同于儒家的立场探求历史发展的合理性,在道家学说中理想与现实的统一是支裂的,庄子企图通过对道本身的某些修改,齐生死,等万物,在内心中融解理想与现实的冲突。荀子认为只有理智地通过自然和社会的实践才能实现这种统一。荀子代表了先秦儒家融汇道家学说的最高程度。

五、《吕氏春秋》的道德论

《吕氏春秋》则是以道家思想为核心,兼采儒墨名法各家学说,代表了庄子之后新道家的思想特色。

庄子哲学暗含了由道的本体到道的生化过程的转折。经过《易传》对阴阳变化过程的高扬,老庄的阴阳激荡、化生万物的学说俨然成为道的主要内容。新道家比较重视道的运动变化,认为强为名为之太一的此道,出两仪,"两仪出阴阳,阴阳出变化。一上一下,合而成章,浑浑沌沌,离则复合,合则复离,是谓天常","万物所出,造于太一,化于阴阳"(《吕氏春秋·大乐》)。新道家还吸取了当时流行的阴阳家学说,《吕氏春秋·十二月纪》分别以春夏秋冬为木火金水,并在季夏附以中央土,系统地构成了新道家的五行运动结构。他们认为阴阳变化之道是不以人的意志为转移的,圣人只有与道同化,才能无为而无不为。

新道家提出了不同于传统道家的德论。他们修正了老庄对现实批判和否定的方面,而是具体分析现实社会的客观必然,他们认为儒家所倡导的君臣名分是不能一概否认的:"天道圆,地道方,圣王法之,所以立上下。"(《吕氏春秋·圆道》)君主应该抱一处贵,无为而治,而臣僚则当勇于有为,"因者,君术也。为者,人道也"(《吕氏春秋·任数》)。新道家吸取了人性以好利为本质的观点,强调治国要顺应人的本性和利用人的本性,既要讲究德政,又要尊赏刑罚。新道家还详细论述了用兵之道,也具体讨论了发展农耕的审时、辨土等种种方略。

以《吕氏春秋》为代表的新道家完成了道家哲学由道的本体向道的具体化的过渡。他们所提出的新德现实化了传统道家"德"的内涵。它兼综百家、旨约易操的学术风格,使之在当时的学术和政治中具有十分重要的地位。

六、汉代初期的道与儒

汉承秦敝,君臣俱欲休息无为,黄老之学成为治国的指导方针。黄老之学实际上是新道家之学,《黄帝四经》在哲学观点以及人生与政治原则上,都没有超越《吕氏春秋》。

　　与此同时,儒家学说也在独立发展。尽管战国末期有荀子以及《吕氏春秋》对儒道的思想进行了一系列理论上的调和,但儒家和道家两派的斗争,自汉初至董仲舒的整个历史时期都一直存在。司马迁说:"世之学老子者,则绌儒学,儒学亦黜老子,道不同不相为谋,岂谓是耶!"(《史记·老子列传》)

　　儒道学术风旨的不同,主要表现为如下几个方面。

　　就道而论,新道家特别重视道的不以人的意志的生化过程,而儒家则侧重这种生化过程所体现出来的稳态属性。而荀子所高扬的心智作为儒家德论的依据,直接否定新道家所坚持道有什么本体和依据的涵义。

　　就德而言,道家虽然认为仁义礼制等形式规定不可一概抹杀,但始终认为这些都是失道而后的次要的东西,新道家重视人性中的自然属性,主张自然表露伦理情感,反对繁文缛节。而儒家自荀子对人性善作了彻底否定之后,礼的"化性起伪"的属性得到进一步强调,因而更加重视在礼仪仪式中潜移默化,他们根据古代的风俗习惯裁定了祭天祀地之仪,祭祀鬼神名山大川之礼,以及君臣父子之礼,夫妇之礼。吉、凶、军、宾、嘉五礼悉备①,上及胎教,下及冥灵,极尽铺张。《礼记》说:"饮食男女,人之大欲存焉,死亡贫苦,人之大恶存焉,心之大端也。人藏其心,不可测度,美恶皆在于心,不见其色也。欲一以穷之,舍礼何以哉?"司马谈就曾指出儒道不同在于儒家博而寡要,而道家旨约易操。

　　治国方略上,新道家主"与时迁移,应物变化,立俗行事,无所不宜"。而儒家则认为君主的地位源乎他超过常人的心智,君臣都有责任积极地辨分人群,调节物欲,发展生产,因而"以为人主

─────────────

　　①　军礼今佚。

天下之仪表也,主倡而臣和,主先而臣随"(《论六家要旨》),重视君主臣僚以身作则。

特别是对王朝更替的解释,新道家认为上下之位是不可移易的,而儒家则认为普遍的君臣关系确实不可移易,但具体的君臣关系却是可以移易的,如果君主不能维护伦常秩序和发展社会生产,调节物欲,甚而独断专行,逞一己之私,则为独夫民贼,人人得而诛之。汉景帝时,新道家黄生与儒家博士辕固生就汤武代桀纣所发生的一场争论,就表明了儒道的这种对立(参见《史记·儒林列传》)。

汉武帝时,社会经济得到了恢复和发展,汉武帝希望变"无为"为"有为",新道家因循应物的思想已不符合现实政治生活的需要,董仲舒利用时机,对儒家学说作了一系列改装,取代了新道家学说的政治地位。

七、董仲舒对儒道的总结

董仲舒吸收了新道家关于道的思维成果,他用"元气"取代"太一"而成为万物的共同本原(《春秋繁露·王道》)。特别是他建构了较《吕氏春秋·十二月纪》更明确的宇宙生化结构:由元气而阴阳、由阴阳而五行,宇宙万物都体现了这种共同的生化结构。阴阳变化表示着事物的普遍本质,而五行则代表事物的内在结构和行为方式。

董仲舒在这种宇宙生化结构中注入了儒家学说的伦理情感,"仁,天心"。从而这种生化过程具备了完整的儒家伦理特性。事物的"阴者阳之合"即"妻者夫之合,子者父之合,臣者君之合"的等级秩序的表现,"君臣父子夫妇之义,皆取诸阴阳之道"(《春秋

繁露·基义》),五行的相生相成揭示了此种伦理关系的具体程序
(《春秋繁露·五行对》)。

治国之术也包涵于此种宇宙生化之道中。君主应该效法此种
道的主宰之天的仁爱之心施行仁政,并遵循此道多阳少阴的意愿
以德化民,刑德并用(《春秋繁露》,《王道通三》,《阴阳义》)。董
仲舒还通过详细论述五行运动的季候特征以及运动规律,揭示出
君主应该采取的相应措施。

董仲舒重新重视被荀子排斥了的作为人生和政治原则根据的
天道,但此天道实质上仍然是儒家人本论的内容,它较《易传》的
阴阳变化之道更具体、更直接,融汇了战国以来风行不衰的阴阳五
行学说。虽然董仲舒抛弃了荀子在人的理智基础上以礼的程序化
实现道家理想价值与儒家现实价值统一的深刻思想,但他也在形
式上满足了儒家对其人生政治主张的天道依据的渴望。他为儒家
学说的兴盛提供了一面可与新道家相对抗的"道"的旗帜,从而
"自秦汉以来,六经离析"的儒家学说也"有所统壹"(《汉书·董
仲舒传》)。

与此同时,淮南王刘安主编《淮南子》一书,站在新道家的立
场上系统地整理总结了新道家的学术思想,但此书随新道家政治
地位的下降,影响并不很大。董仲舒成为事实上的对儒道二家学
说的总结者。道家从此之后就再也没有能够成为一个独立的学派
与儒学相抗衡。

八、儒道对立和互补的简短结论

儒家和道家最早是作为两种不同价值选择而提出来的思想体
系。道家侧重于人的自然发展、社会结构的自由价值,而儒家侧重

于现实生活的固有价值。道家之所以变为新道家并最后融入儒学体系，就道家思想体系而言，老子和庄子都没有指出实践其价值理想的具体途径。庄子认识到老子道在德外、道高于德的思想将使道在现实社会中无可适足，试图在理论上寓道于德。但庄子并没有理解在怎样的基础上才能缓和理想和现实的冲突，他寄希望于内心泯灭理想和现实的差别，仅仅是变放浪形骸之外的游世而为放浪形骸之内的混世。新道家吸取庄子寓道于德的思想，并通过积极发挥，扬弃了传统道家社会批判的一面，潜在地走上与儒学同一的路径。

就儒家学说而言，它较道家和新道家有更现实、更积极地实践其价值追求的手段。从孔子重视宗子孝悌情感到孟子家庭宗法伦理和社会伦理两种情感并重再到荀子以外在规章化的礼的重视，儒家愈来愈趋于平实。同时，儒家总是随时吸取前人的思维成果，创造性地融入独特的思想内容，尽管表面上它批驳对立学派的各种观点，而在思维上却有浓厚的兼容并包、和而不同的学术风格。

道家最后内化于儒学，最深层的原因是古代中国礼仪文化的历史传统的影响。这种文化始终以现实的人生和社会作为价值目标，并把现实社会装扮成为一派升平、中和景象。它影响了思想家们的心理结构，作为潜在的价值认同制约着对现实社会采取批判态度的"异端"思想的发展。

（选自《孔子研究》1990 年第 3 期）

方光华，浙江山阴县人。西北大学中国思想文化研究所教授，历史学博士，主要从事儒道思想研究。

本文指出，儒家和道家最早是作为两种不同价值选择而

提出来的思想体系。道家侧重于人的自然发展、社会结构的
自由价值,而儒家侧重于现实生活的固有价值。道家之所以
变为新道家并最后融入儒学体系,就道家思想体系而言,在于
老子和庄子都没有指出实践其价值理想的具体途径;就儒家
学说而言,在于它较道家有更现实、更积极地实践其价值追求
的手段,同时儒家总是随时吸取前人的思维成果,创造性地融
入独特的思想内容,尽管表面上它批驳对立学派的各种观点,
而在思维上却有浓厚的兼容并包、和而不同的学术风格。

儒、道生死观异同论

胡 木 贵

如果说关于死亡的觉解意味着人类自我意识的崛起，对文化价值体系具有发生学意义，那么对于生死观的考察便是把握某种文化原型的重要途径。似乎可以这样判定："此岸的永恒"是儒、道生死观的合命题。正是在这一合命题中，传统中国人既满足了对永恒价值的追求欲望，又仍然执着于尘世的生活中。正是儒、道这两种互为补充的内在超越的价值体系对中国智慧的周延范围，使之既远离宗教的迷狂，却又疏异科学的实在性，涵养成一种伦理——审美型文化。

人伦与自然：儒、道对永恒价值此岸性的两极设定

对于死亡的恐惧感，以及对超乎有限人生的追求欲望，曾使许多价值体系投向宗教，试图以对彼岸生活和价值的信仰和追求来摆脱死亡的困扰和胁迫，用彼岸世界的永恒性弥补此岸现实人生的有限性。因而，在世界文化的三大体系中，印度文化和西方文化均为宗教气习所笼盖。然而，在中国儒、道先哲那里，对于生死则表现出大大方方，处之坦然的大度，而不似西方和印度的先觉者那样，用宗教来抚慰人生短暂的恐惧和哀伤。

关于生命的产生与消亡，儒、道哲人均以为是极其自然的事件。孔子对于死，不仅泰然处之，而且还谆谆然诲导弟子不必对死耿耿于怀。"未知生，焉知死？"（《论语·先进》）这句著名的警语，至少是暗示，人生在世首先应考虑和做该做的事，对于将来必至的死过分虑及是不明智的。死，不过是一生努力之后的静息。正如事物始则有终，生死是自然变化之常理，"原始反终，故知生死之说"（《易传·系辞上》）。先秦儒家这些看法，在宋代儒学大师张载那里得到了最典型的表述："存，吾顺事；没，吾宁也。"（《正蒙·乾称》）

道家对于生死则更为豁达。因为生命无非自然造化之过程而已。老子风趣地说："天地不仁，以万物为刍狗。"（第五章）庄子更是平静地直面生死，"夫大块载我以形，劳我以生，佚我以老，息我以死。故善吾生者，乃所以善吾死也"（《大宗师》）。生劳死息，一任自然，不必畏惧，不必动情。

对于西方人来说，儒、道哲人之于生死问题这种自然主义解释，乃至置生死于度外是匪夷所思的。面对死亡的胁迫，怎能无动于衷，不为灵魂找寻一个永恒居所，不为"自我"提供一个终极信念和支柱？的确，生死问题并非自然主义解释就能完事大吉。对于有"自我"意识的人类来讲，死的意义不仅在于它是一种肉体消亡，而更在于它是一个使心智明亮彻悟的先验前提。面对死亡，人们不能不解决在与非在、有限与无限、暂时与永恒、灵与肉的尖锐冲突。不能不由此对人生加以审视：既然大限不免，生命的价值安在？能超越此在的有限而获得永恒吗？"自我"的永恒归宿又何在耶？人的所谓终极关切也正是对"自我"命运的关切。不阐明肉体消亡之后"自我"的归宿，显然谈不上对生死有真正的反思和觉解。

但是,如果以为儒、道先哲对于生死仅限于形而下的解释,对死亡概念深层意蕴无所领悟,无所警觉,浑浑沌沌没有所谓终极关切,那就失之肤浅了。从孔子的"逝者如斯夫,不舍昼夜"(《论语·子罕》)和庄子的"人生天地之间,若白驹过隙,忽然而已"(《庄子·知北游》)的慨喟中,可以看出,个体存在的有限性和一次性的时间促迫感,是那样令他们萦系于怀。从"君子疾没世而名不称焉"(《论语·卫灵公》)和"人之生也,固若是芒乎"(《庄子·齐物论》)的终极之忧中,我们同样能感受到他们对永恒价值和精神家园的向往是何等迫切! 那么儒道究竟如何安顿生命的终极归宿? 基于不同社会心理背景,两家分别向人伦和自然两极寻求安身立命之所,由此推出两种不同的价值设定。

儒家对生命价值反思的起点和归宿点是人伦。孔子首创"仁道",把人置于历史和族类之中加以设定。近人多有将此称之为"人的发现"或"人的觉醒",是有道理的。因为孔子的"仁"揭示出,人的生命不仅是自然性事件,而且更是社会性事件。任何个体必须生活在群体族类中,且须按照族类之"人道"生活才有意义。这种人道之德正是人高于自然物的唯一标志。所以孟子作了"仁者,人也"(《孟子·尽心》)的解释,并说:"仁,人之安宅也,义,人之正路也。旷安宅而弗居,舍正路而不由,哀哉!"(《孟子·离娄》)仁即人之为人的根据,从而也是"自我"的家园,生命价值的归宿。倘若忽视或离异自身的存在之道(仁义),虽有生命和意志,也只能依肉体机械法则行事,表现为种种技巧和唯利是图。于是其生命意义和万物无别,必然导致自我的否定与抛弃。因为历史几曾昭示:"齐景公有马千驷,死之日,民无德称焉。伯夷叔齐饿于首阳之下,民到于今称之,其斯之谓与?"(《论语·季氏》)按照儒家的意思,这样一些历史事件至少意味着,人的感性存在及其物欲追求,正是"自我"的最大束缚,它不能使生命有意义。而生命是否有价值在于是否有理性之德。尽管个体自然生命有限,但理性生命却可以永存。即人可以用毕生的德行、业绩克服感性之在的有限性,把德、功、言融入历史文化的积累,把理性生命的"自我"融入群体,通过"类"存在的持续性而使个体生命获得不朽的意义。因此儒家眼中的理想人格都是立德、立功、立言,践行人伦之道圆满无憾之人,"圣人,人伦之至也!"(《孟子·尽心》)如果说儒家有一种深厚的忧患意识,无非就是对能否行仁义导致人群之和,能否获得生命不朽意义的忧患。犹如孟子所云:"君子有终身之忧,无一朝之患也。乃若所忧则有之:舜人也,我亦人也,舜为法天下,可传后世,我由未免为乡人也?是则可忧也。忧之如何?如舜而已矣。"(同上)故而孔子为复周礼,孟子为推行仁政,致力人伦之和,毕生栖栖惶惶。其后继者也无不以"为天地立心,为生民立命,为往圣继绝学,为万世开太平"为己任。

在儒家看来,行"仁"导致人伦之和之所以能使生命获得最高价值,就在于它体现了宇宙大化的本质。人伦的"应该"乃根源于宇宙之"必然",人道与天道是一以贯之的。如张载所谓:"天地之塞吾其体,天地之师吾其性,民吾同胞,物吾与也。"(《西铭》)作为宇宙造化之功的最高表现的人,先天就具有德性。若能克制物欲之"人心",发明"道心",使自己一切言行与他人、社会和自然,以及与自我身心内外都和谐,就能领略自然宇宙之妙味,得到天地之仁爱和广大,便可以赞天地之化育,上下与天地同流了。于是,生命就获得至善、至美的意义。面对死亡,一切恐惧烦懑都将冰释,惟有一种快慰充满内心。"苟志于仁矣,无恶也"(《论语·里仁》),"仁者无忧"(《论语·子罕》)。

如果说儒家是用肯定的方法,确认现实社会和人生价值,追求立德、立功、立言来超越生命的有限性,那么道家则是用否定的方法,通过对现实社会中种种险恶和人生诸多烦恼的透析,探寻自我的解放。

为了寻求生命的家园,道家着力批露文明进程与生命自我的矛盾冲突。把摆脱异化,重返生命本真视作人生的终极目标。为此道家对个体存在的有限规定性作了淋漓尽致的分析。对于人的感性存在规定性(肌体、声色),道家和儒家一样,抱着否定态度。认为它是生命自我的最大负累。"五色令人目盲,五音令人耳聋,五味令人口爽,驰骋畋猎令人心发狂,难得之货,使人行妨。"(《老子》十二章)"一受其成形,不化以待尽。与物相刃相靡,其行尽如驰而莫之能止。不亦悲乎!终身役役而不见其成功,苶然疲役而不知其所归,可不哀邪!人谓之不死,奚益!其形化,其心与之然,可不谓大哀乎? 人之生也,固若是芒乎?"(《庄子·齐物论》)由口腹之欲,声色之累构成的个体存在的有限规定性,使得人一投入存在便卷入人欲的漩涡,于是乎形为物役,心为身劳。显然,执著于此,生命自我便湮没丧失,也就莫知其所终了。那么,人的理性存在(德、功、言)是否好些? 能否使生命摆脱上述状况? 与儒家相反,道家同样把它视作自我的樊篱。"有机械者必有机事,有机事者必有机心。机心存于胸中则纯白不备。"(《庄子·天地》)"夫礼者,忠信之薄而乱之首;前识者道之华而愚之始。"(《老子》三十八章)"昔者黄帝始以仁义撄人心,……于是乎喜怒相疑,愚知相欺,善否相非,诞信相讥,而天下衰矣。"(《庄子·在宥》)按照道家的看法,不仅工具文明这物化理性手段加剧了人的口腹之欲、声色之累,而且仁义、礼乐到语言这所有的精神理性,更是自我的重负,是对生命原始和谐的沾污。总之都是"人"(个体心身)为物所役的集中体现。因此,道家认为,通过立德、立功、立言来超越生命的有限,不仅不可能,反倒会加剧自我的丧失。"故尝试论之,自三代以下者,天下莫不物易其性矣。小人则以身殉利,士则以身殉名,大夫则以身殉家,圣人则以身殉天下。故此数子者,事业不同,名声异号,其于伤性,以身为殉,一也。"(《庄子·骈拇》)况且,在无止境的宇宙造化中,人为的一切总是那么不完满,不足称道,表现出根本的瞬间性和有限性。这样,人类存在所包含的文明与自然的矛盾,就被道家推置到相对峙的峰巅!

　然而,道家对人的存在有限规定性的穿透和批判,并非要否定生命,而是为烘托生命真正价值之所在。如果说"仁"标志着儒家族类意识的觉醒,那么"道"的提出就是道家对个体自由和最高价值的领悟。按照道家的意思,"道"是一切存在的根基。与一切个体存在相比,"道"是圆满俱足的,是万全之全。由于其"无为而无不为","物物而不物于物",因而是最自然不过的永恒之在;由于万物源于道而复归于道,因而一切个体的有限规定性在道中均被消融。"物故有所然,物故有所可;无物不然,无物不可。故为是举莛与楹,厉与西施,恢诡憰怪,道通为一。"(《庄子·齐物论》)道虽然超越于物,但绝非与万物判然为二,它就在此岸世界之中。它其实就是万物的本真状态,万物的自生自化就是道的体现。由于道从不肯定什么,只是否定一切世俗人为的造作,使一切存在物自然散发着自身本性,因而,人超越自身有限性的唯一坦途,就是重返生命的本真状态,与道同一。以虚静无我之心,饮之太和,在逍遥自得的心境中,与大自然朴素相处。一旦如此,便能获得一种超越得失的安宁,一种无欲的悦乐,一种歆享自由的福慧,生命自我也就有了永恒归宿,获得了"独与天地精神往来""与物为春"的最高价值。

　上述可见,儒、道两家对人生价值的理解差异甚巨,生命家园被安顿在人伦和自然对立的两极上。但二者却有一个最大的共同之处,这就是:它们按照自己的方式都把人生最高价值的实现放在今生今世,而不是彼岸天国。它们所讲的生命家园就在人们生活的地平线上。这样,它们也就分别为中国智慧的"此岸性"奠定了基调。

"伪世"与"游世":

儒、道对超越操作直接现实性的两极筹划

印度的觉者和西方的贤人把生命家园安置在与尘世相隔膜的彼岸世界,超越之途必然是异常蜿蜒、坎坷和迷离。因而,在他们那里,生命最高价值的获得,通常只能采取信仰、祈祷、忏悔、救赎和出家、苦行等间接迂回的方式,并伴随着灵与肉极度分裂和痛苦。相比之下,中国儒道哲人所提供的倒是一条直接而平和之途。由于生命家园就在日常生活的地平线上,而每个个体都是自足的,均内在具有"天地参"的潜力和成为"圣人"的可能性,因此,生命最高价值,只须在现实人生中通过"成己"到"成物"的功夫便可获得。这种超越的操作无须表演出奇迹,只须做"应该"做的事,或只须顺乎"自然"而平和地生活,通过平凡的积累而表现着不平凡。但是,基于对人生价值的不同设定,儒、道两家对超越之途的规划有着极大差异。概括起来,这种差异就表现在"伪世"与"游世"。

儒家提出"伪",主张以理性(仁义)改造和统驭感性之在(利欲),"成己"(个体人格)而"成物"(人伦之和)。从"成己"而言,尽管儒家内部有"性善"与"性恶"的分歧,但都同样强调"伪"对人的本体建设的重要性。因为只有通过后天主观积极之"伪",才

能保养先天之"善端"（孟子），才能化先天之"性恶"（荀子），成为道德自觉而完满的个体，即自觉自愿地"志于道，据于德，依于仁，游于艺"（《论语·述而》）。即便在危难急邃之时，亦不违仁，"君子无终食之间违仁，造次必于是，颠沛必于是"（《论语·里仁》）。甚至当仁与感性生命发生根本冲突时，不惜"杀身成仁"、"舍生取义"。显然，这种理想人格必须是知、情、意的和谐统一，因而人格本体建设之"伪"必是智、仁、勇的统一。"好仁不好学，其蔽也愚"（《论语·阳货》），"好勇不好学，其蔽也乱"（《论语·雍也》）。同时，"知之者，不如好之者，好之者，不如乐之者。"（《论语·子罕》）由于"知者利仁"，通过知己知人和"下学上达"之知，不仅能启发个体道德的觉醒和获得强烈的历史责任感，而且能"知天命"乃至"从心所欲，不逾矩"，达到"毋意、毋必、毋固、毋我"（《论语·雍也》）之境；由于"仁者必有勇"，通过勇，不仅可以生发能爱能恶的气概，而且能生发那种"当仁不让""舍我其谁"乃至"杀身成仁"之弘毅。于是，在智与勇的参与下，个体人格就达到了仁乐相发之和。正因为如此，个体人格的成就，关键在于智、勇、仁（知、情、意）的观念水平和操作能力。成为仁者，也就意味着把整个身心与仁融为一体，从而好之、知之、乐之、行之。

然而，仅洁身自好，无害于人，尚不足称之为仁者。作为仁者，应以己身人格的仁乐相发之和推及他人而导致人伦之和，这是超越之"伪"的一个过程两个方面。因此，当弟子问行仁之方，孔子答曰："己欲立而立人，己欲达而达人。能近取譬，可谓仁之方也已。"（同上）正是由于这种忠恕之爱是人的相互发现和尊重，因而主体便能在"爱人"中得以提升和肯定；正是由于在"老吾老以及人之老，幼吾幼以及人之幼"的利人爱人中，自私之我渐至减少，而德性之我则日渐至丰满完美，这样个体人格也就通过道德方式完成和实现自身。不过，儒家强调，这种"成物"（人伦之和）之"伪"，不是单纯的给予和施惠，更不是姑息之爱，而是道德之爱，"仕民之性"。"惟仁者，能好人，能恶人。"（《论语·阳货》）"爱之能勿劳乎？忠焉能勿诲乎？"（《论语·里仁》）因此，"成物"之"伪"，重要的是"齐之以礼，道之以德"，导致一种"君仁臣忠，父慈子孝，兄友弟恭"，"邦家无怨"的人伦之和。总之，这种由正心、诚意、修身到齐家、治国、平天下，是"内圣外王"的超越之道不可分割的两个方面。

儒家还特别强调，超越之"伪"是一个贯穿于整个人生的持续不断的过程。一个人不可能通过某件或某些件德行，使自己毕其功于一役地成为"圣人"，一劳永逸地获得生命最高价值。按照他们的看法，宇宙大化生生不已，欲使生命始终"上下与天地同流"，就必须连续地、一贯地保持"仁"的纯粹经验，"伪"的过程不能中断，否则便意味着私欲的复萌，丧失了他的宇宙。因此，在智上他永远探寻着体验着，在实践上他永远行动着，生命不息，"伪"之不止，直到"望其圹，皋如也，嵮如也，鬲如也，此则知所息矣"（《荀子·大略》）。这也就是儒家之所以提出生劳死息的缘故。儒家甚至主张，即使行仁困难重重，可能不会有任何实际效果，但仍要"知其不可而为之"，勉力而行。只要自强不息，知行一致，"发愤忘食，乐以忘忧，不知老之将至"，他的生命也同样能得以升华，超越生死。明乎此，我们也就理解了孔子"未知生，焉知死"警语的全部底蕴。

与儒家相异趣，道家则强调"游"的操作是超越生死，获得最高自由的途径。游，即逍遥之游。它是对生命有限规定性（声色、名利、仁义）的否定和逸出的操作，诸如由绝圣弃知，去伪见性到返朴归真。换言之，游是一种不受世俗人为常规束缚的生活本真状态,是一种摆脱"有待"拘羁,偕道而行的自由境界。游之超越,同样也是"成己"而"成物"的过程。就"成己"而论,按照道家的见解,一个欲"乘道德而游"之人,首先就得逸出生命的人为樊篱,消解形为物役,心为形役等个体感性和理性的有限规定性,无功、无名、无我,成为"无待"之人。因此,老庄把人格本体建设规定为"致虚极"、"心斋"、"坐忘"和"锉锐解纷"、"丧耦"、"无待"等一系列心理操作。所谓"致虚极"、"心斋"、"坐忘",就是通过"涤除玄览"的心理净化和反照自省,摒弃功名利欲之念,忘却福祸、毁誉、得失,乃至生死的哀乐,消解仁义礼智对身心的抑制,与道冥合,从而"朝彻""见独",使生命本性在心理解放的阳光下舒展开来。一旦遗世忘物,不与外界相对待,一切都醺然自足,也就意味着生命自我的真正觉悟和还原。此时不仅有"死生一贯,物我兼忘,惠照豁然,如朝阳初起"(成玄英《庄子注》)的清明洞彻的心境,而且还拥有一个"独与天地精神往来"的独立自足的宇宙人格。不过在道家看来,欲使自己从世俗纷纭中彻底解放出来,最终成就醺然自足的人格本体,仅仅"心斋"、"坐忘"等被动的心理体验是不够的,还须诉诸"锉锐解纷"、"丧耦"、"无待",通过"为道日损","道通为一"的观照,彻底消除文明加诸人身上的深层负累——语言、逻辑、社会理性网络。即破解一切人为的是非之别,差异之分,物我之辨,使自我乃至他人从虚幻伪价值(仁义、贵贱、荣辱、是非、然否等)的纠纷聚讼中彻底觉悟过来,抛弃这一切人为的限定,把握最高最真实的存在——道。由于"以道观之,物无贵贱"(《庄子·秋水》),因此一旦人们不以狭隘的功利眼光和人类自我中心主义的观念来观照世界,而代之以"道"这一悠永寥廓的宇宙意识,也就最终成就了宇宙人格。便拥有以天地为春秋,以死生为昼夜,以祸福荣辱为阴晴明晦的潇洒大度和身心和谐。

　　道家同样强调,"成己"须在"成物"中完成。换言之,返回生命本根,偕道而行,不仅要体验道,以道观物我,同时更重要的是按照道去生活,与大化融为一体。显然,在文明已就,人欲横流的现实生活中,偕道而行会遇到重重困难。无论怎样隐己坐忘,以道观物我,消解各种人为限定,但在现实生活中,物我矛盾,文明与自然的冲突依然是无可商榷地横亘在面前。循着老子"守柔"、"无为而无不为"的思路,庄子提出了一条"游于世而不僻,顺人而不失己"(《外物》)之途,并指出了即世浮游,偕道而行的可能性和现实性。或许这是庄子在濠上观鱼时所获得的灵感,因为他的即世浮游恰似鱼之戏水,怡然自得。按照庄子的意思,浮游于世,乃无所其用(无目的)而只是以自身为用。只要顺应世之波流,与之沉浮,便可自任自为,获得一种在相待的基础上溶解相待而与自己化为一体的自由,从而使浮游者既是"唯我"又是"外(忘)我"。因此,浮游不仅无须避世,反倒是一种无所保留、无所隔阂的完全投入。由于浮游于世犹如泳之江河,则他拥有并化入的就是整条江河。水的冲虚状态使浮游者具有存在的一体性、连续性。浮游者以一躯投入,便同这存在的一体性、连续性化为一体。此时,我即存在,存在即我的存在感便由"体证生生"而油然生发。于是便获得了"即自的超越",浮游者保持着在大化中的一个位置,却又与大化溶为一体。所以庄子非常释然地说:"乘道德而浮游则不然。无誉无訾,一龙一蛇,与时俱化,而无肯专为,一上一下,以和为量,浮游乎万物之祖,物物而不物于物,则胡可得而累邪?"(《山木》)无怪乎后来的王羲之也吟道:"纵浪大化中,不喜也不惧。"因为浮游使生死大限被消解和超越!

　　不消说,儒、道两家对超越操作的规划是大相径庭的。它们分别开掘出刚健而"伪"与柔恬而"游"的两种对立的人生路子。但二者大异之中却有大同,即它们都强调超越操作的直接现实性。无论是"为天地立心,为万世开太平"之"伪",还是"采菊东篱下,悠然见南山"之"游",不仅都是在世之"伪",在世之"游",而且都是自主之"伪",自主之"游"。即人能以己身体道,以己身载道,以己身得道,无须借助上帝圣僧等曲折迂回的方式。特别是儒之"伪"和道之"游"均包含了一系列共同的思维模式:天人合一、知行合一、情景合一。它们分别以不同的方式对中国智慧发生了深刻影响。

宗教与科学二重疏离:儒道生死观
对中国智慧的影响

通过以上的对比分析,似乎可以这样断定:此岸的永恒是儒道生死观的合命题。尽管二者对人生价值的理解处于对立两极,但对现实生命的肯定又使两家殊途同归,同构互补地规定了"即世超越"范式,即所谓"广大高明不离乎日用"。在这一范式中,传统中国人体验和欣赏了成圣或得道的妙味,但也正是它对中国智慧的示范作用,使之成为一种既远离宗教又疏异科学的伦理——审美型智慧。

显然,在整个中世纪,中国人之所以不像西方人那样沉湎宗教的迷狂,是与儒、道示范作用分不开的。儒、道"此岸的永恒"的合命题告诉人们:由于天人合一,体用不二,在现实世界、日常人伦中就能把握最高存在和获得超越;由于情景合一,物我一体,在仁乐相发之和与"天地之大美"中就能获得人生至乐和心灵的慰藉,因此也就大可不必抛弃感性时空去追求彼岸的永恒,也就不必向宗教寻求精神的慰安。如果说儒家"伪"的人生态度,一直是过去几千年中国士人强烈社会责任感的源头活水，涵养出"先天下之忧而忧，后天下之乐而乐"、"民吾同胞，物吾与也"、"天下兴亡，匹夫有责"的人文精神，那么道家"游"的自然主义则是儒家人文精神最有力的补充，从消极方面断绝了通向宗教之途。在传统中国人几千年的生命活动中，当人们仕途落魄或政治失意时，往往投入老庄的"自然"怀抱，荷锄东篱，吟咏山水，以慰藉人生的哀乐、孤寂、寥远的情怀，很少有逃避人间之事。总之，无论是得志于庙堂之上，还是失意于林泉之畔，人们始终在儒、道两家设定的生命地平线上讨生活。对于中国人来说，人伦与自然这两个安身立命处显然比宗教虚无飘渺的天国更有魅力。他们为人情世故所眷恋，受自然趣情之陶冶，大大降低并冲淡了对宗教信仰的痴迷。正是儒道"即世超越"的模式，使中国智慧具有非宗教特征。当然，这并不是说中国人没有宗教活动，而是说中国没有类似于基督教那种以内在激情与深刻彼岸意识为特征的高级宗教。换言之，中国的宗教活动浸透着一种"此岸意识"。像祭祀活动，从传统血缘心理背景看，与其说它是迷信的，不如说是抒情的，与其说它是宗教行为，不如说是伦理行为。因为它的功能在"神道设教"，犹如曾子所言："慎终追远，民德归厚矣。"（《论语·学而》）而道教，尽管它追求长生不老，羽化登仙，但无非是想使现世福禄、生命之乐得以无限延续，而决非否弃现世人生。至于中国佛教也完全同原来的印度佛教大相异趣。禅宗强调："佛法在世间，不离世间觉；离世觅菩提，恰如求兔角。"完全否定了佛的彼岸性。中国佛教精髓近乎老庄，也是审美型的。故中国的高僧多半是诗僧。如当李翱问唯俨大师佛法精微时，大师手指上下，答曰："云在青天水在瓶。"云动水静，听其自然耳。这里没有超人间的佛的巨大身影，只有大自然与理性的协调与恬静。

不言而喻,儒、道生死观对中国智慧的这种影响,是值得肯定的。而且在这个意义上,它对世界其他文化也具有引鉴的价值。因为,比较而言,儒道重人群之和、重自然之谐的"天人合一"、"体用不二"的超越模式,显然要比那种以此岸与彼岸的对立、以灵与肉的分裂、紧张和痛苦为代价的超越模式要平和理智得多,有人情味得多。或许它对当今高技术社会所面临的一系列人文难题,诸如无家可归感、孤独感、异化、生态危机等,能有所启迪和贡献。正如冯友兰先生曾说:"如果人类将来日益聪明,想到他们需要内心的和平和幸福,他们就会转过来注意中国的智慧,而且必有所得。如果他们将来并不这样想,中国人四千年的心力也不会白费。这种失败的本身会警告我们的子孙不要在人心的荒原上再寻找什么了。"(《为什么中国没有科学》)

然而,这并不意味着儒道超越模式的完美无缺,中国传统智慧的完美无缺。应清醒地看到,儒、道"此岸的永恒"式的超越,虽然使中国智慧远离宗教,却同时也令它疏异科学。显然,这首先是由这一合命题泛伦理审美性和内倾性所导致。正如我们所看到,儒道两家尽管方式各异,但都把"怎样才能令我之思想行为与我之生命融合为一,怎样才能令我之生命和宇宙融合为一"作为其哲学的终极使命。而在解决这些问题时,同样都鄙夷感性渲泄而高扬理性统驭,均轻视物的价值和逻辑实证,而强调伦理或审美价值和内省体验,把一切都诉诸心理化解决。如果说儒家把人的道德理性由内向外扩展,把人性外化为自然,而后再由外在的自然落实到人的心理之中,使二者在心性基础上得以统一;那么道家则是把外在的自然由外向内扩展,使之内化为人的理性,而后在精神中使二者结合。显然,在这一过程中,自然宇宙不是作为人身外的知识活动对象,而是与我身为一体,是普遍生命的表现,是至善至美的体现,是道德的家园,艺术的王国。因而使人们不是从知识途径去探索宇宙的奥秘,而是通过心性修养去契悟宇宙的"真几"。这种人与自然以情相通,只能形成和谐的境界形态,涵养人生的道德,激发文艺灵感,而不能产生科学知识。尤其是,在这个"天人合一"的心理化过程中,儒道两家均以为,专门知识的增减与自己的真生命没有多大关联,重要的是能否在察省中体道。因为这种体验是难以言喻的人与宇宙本质契通,它直接参与并牵引着人的观念性与实践性之价值追求活动,故而,对于生命的超越,逻辑实证、专门知识是无能为力因而也是多余的。而且,儒道两家均强调,生命的超越,所遇到的阻力和困难不是来自外部神和外部自然界,而恰恰来自生命自身的感性与理性的矛盾和冲突。解决问题的关键不在于认识和征服外部世界,而恰恰在于展开自我心灵的征服与净化,以理性统驭感性,从而使人生与社会,人生与自然得到和谐与统一。既然如此,专门知识、逻辑实证以及法律也就无需多下功夫。正如冯友兰先生曾所指明:"中国哲学家不需要科学的确实性,因为他们希望知道的只是他们自己;同样地,他们不需要科学的力量,因为他们希望征服的只是他们自己。在道家看来,物质财富只能带来人心的混乱。在儒家看来,它虽然不像道家说的那么坏,可是也绝不是人类幸福中最本质的东西。那么科学还有什么用呢?"(同上)

不言而喻,缺乏科学的自由只能是一种虚假的自由,鄙弃感性生命的超越决不能真正使生命得以超越。尽管儒道两家"此岸的永恒"的超越模式,曾为中国人提供了依归感的满足,防止了宗教的迷狂,但它对物质感性的鄙视、对科学的疏异则应扬弃。如果说,西方外在超越模式把人看成上帝的附庸不足取,那么中国内在超越模式,使人成为道德的附庸同样不足取。因此,如果说中国智慧能对人类作贡献,必须经过改造才是可能的。

（选自《孔子研究》1990 年第 4 期）

胡木贵,江西南昌人,江西省委党校教授。

本文指出,"此岸的永恒"是儒、道生死观的合命题。印度文化和西方文化都用彼岸世界的永恒性弥补此岸现实人生的有限性,导致宗教,而中国的儒、道则不然。儒家和道家对于死都坦然处之,但推论则不相同。儒家把理性个体自我群体"自我",用德行、功业克服感性存在的有限性;道家则是用否定的方法,探寻自我的解放,一旦重返生命的本真状态,与道同一,生命自我就有了永恒归宿,获得了最高价值。儒、道获得永恒的途径也与印度和西方不同,只须在现实人生中获得,但两家又有"伪世"与"游世"的差异,儒、道生死观使中国人没有沉湎宗教的迷狂,甚至中国佛教也受到影响而具有此岸性。这有着值得肯定的一面,但同时也导致了疏异科学鄙夷感性而高扬理性轻视物的价值和逻辑实证。

儒家与道家比较

牟钟鉴　胡孚琛

　　如果说在世界范围内多极文化中,西方欧美文化和以中国为中心的东方文化是主要的两极,形成鲜明的对立和有效的互补,那么在中国传统文化的多元成分中,儒家和道家便是主要的两极,亦形成鲜明的对立和有效的互补,换句话说,两者正由于处处相反,因而才能够相辅相成,给予整个中国传统文化以深刻的影响。

　　儒道两家各有自己的经典,互不相借,唯有《周易》成为两家共同崇尚之典籍,这里面有着深刻的道理。《易经》成书于两家形成之前,《易传》形成于两家出现之后,虽是儒生所著,却大量渗透着道家思想,如形而上之道,阴阳化生之理,无往不复之运,顺法天地之行,皆采自老学,此其一。《易传》用阴阳两大概念表示宇宙间两种基本的对立力量,阳表示正面、主导、进取、雄性、显露……,可以综合为阳刚之性;阴表示负面、被动、退守、雌性、深藏……,可以综合为阴柔之性。阳刚之性正是儒家的特性,阴柔之性正是道家的特性;儒家与道家的对立与互融正体现了阴阳的交感相推之道,所以才能够成为中国传统文化中的一对基本矛盾,此其二。我们用阴阳学说分析儒道关系,便会抓住问题的根本,一系列特征的对比就有了贯通一气的基础。

　　(1)孔老比较。孔子孟子是儒家的宗师和代表,老子庄子是道家的宗师和代表。孔孟作为儒家的圣贤,给后世树立了道德(在伦理意义上)大师的形象,具有完善的道德人格,以救世安民为己任,富于理想,谆谆教人,死而后已。老庄作为道家的至人,给后世树立了智慧大师(老子)和艺术大师(庄子)的形象,具有高度的悟性和思维能力,以宁静淡泊为操守,冷淡世情,向往自得,其于外物,顺乎自然而已。孔子说:"知者乐水,仁者乐山;知者动,仁者静。"(《论语·雍也》)老子说:"上善若水。"(八章)孔子以山自比,老子以水自比,生动地表现了仁者与智者之异。山的形象巍峨雄壮,草木禽虫以之生,云雨风雷以之出,仁慈而伟大。水的形象柔顺而处下,善利万物而不争,绵绵不绝而攻坚强者莫之能胜,谦虚而深沉。山岭育养生物,静中有动;水势任其自流,动中有静。孔子乐山,老子乐水,孔子好静(化人以德不以力),老子好动(因势利导不阏滞),不亦宜乎。

(2)人性论比较。儒家人性论有孟子性善说,荀子性恶论,董仲舒性三品说,扬雄性善恶混说,程朱天命之性气质之性说,陆王良知良能说等,其共同点是强调后天道德教化,认为无礼乐法度之修饰,人性不能臻于完美,如荀子所说,人性"必将待师法然后正,得礼义然后治"(《荀子·性恶》),而正治的标准在于合乎宗法伦理。道家人性论有老庄人性恬淡朴素论,嵇康人性清高自适论,郭象人性自足安命论,《列子》人性任情肆欲论等,其共同点在于强调自然天真,排除人工的雕琢和礼法的强制束缚,越是自发自成,越是纯真完美,如《庄子》所说:"彼至正者,不失其性命之情。"(《骈拇》)儒家的人性论看到了人的社会属性,看到了精神文明教育的重要性;道家的人性论看到了人的生理与心理属性,觉察到虚伪而繁烦的宗法伦理对人性的桎梏和对个性的摧残,皆有所得,亦皆有所偏。

（3）人生论比较。儒家的人生观，以成就道德人格和救世事业为价值取向，内以修身，充实仁德，外以济民，治国平天下，这便是内圣外王之道。其人生态度是积极进取的，对社会现实有强烈的关切和历史使命感，以天下为己任，对同类和他人有不可自已的同情，己所不欲，勿施于人，己欲立而立人，达则兼善天下，穷则独善其身，亦不与浊俗同流合污，在生命与理想发生不可兼得的矛盾时，宁可杀身成仁，舍生取义，以成就自己的道德人生。遂家的人生观，以超越世俗人际关系网的羁绊，获得个人内心平静自在为价值取向，既反对心为形役，逐外物而不反，又不关心社会事业的奋斗成功，只要各自顺任自然之性而不相扰，必然自为而相因，成就一和谐宁静的社会，相濡以沫不如相忘于江湖。其人生态度消极自保，以免祸全生为最低目标，以各安其性之情为最高目标。或隐于山林，或隐于朝市，有明显的出世倾向。儒家的出类拔萃者为志士仁人，道家的典型人物为清修隐者。

（4）思维方法比较。儒道皆精于辩证思维，看到矛盾的对立运动与转化。但儒家的辩证法尚刚主动贵有，注意生命的蓬勃前进之轨迹，人则以自强不息为务，易于抓住矛盾的主导方面；道家的辩证法则尚柔主静贵无，善于觉察事物发展中的曲折、反复和否定因素，重视生命内在底蕴的积累培育，对于负面的作用，无形的重要，柔静的品性，有深刻的把握。儒家之所短，正是道家之所长。儒家的思维比较贴近现实人生，哲学的思考不离人伦日用；道家的思维弘通开阔，测想于天地之先、六合之外，探究于生死之际、是非之上，思辨性极强。所以儒学的社会道德学发达，道家的自然宇宙学发达，换一种方式说，儒家长于实学，道家长于虚学。

（5）治国论比较。儒家强调有为，道家主张无为。儒家的治国有为是指：导之以德，齐之以礼，和之以乐，辅之以法，任之以贤，使之以惠,如韩愈在《原道》中所说:"其文:《诗》、《书》、《易》、《春秋》,其法:礼、乐、刑政,其民:士、农、工、贾,其位:君臣、父子、师友、宾主、昆弟、夫妇",这就是用宗法主义治国。它必然繁为礼、重为教。道家不然,其治国的基本指导思想是无为而治。无为不是毫无所为,"无为而无不为",无为最后要达到皆有所为的目的,无为的要求只是:一不违背事物自然本性而强行妄为,二不违背公众意愿利益而膨胀私欲,三不违背和谐宁静生活而滋彰礼法。执政者所要做的事是"辅万物之自然",让众人各得其所,自化自富。所以道家治国,政尚简易,君道俭约,臣道守职,少扰少令,让百姓休养生息,让社会保持安宁。按照儒家的主张,就要表彰明君贤相忠臣孝子,以为天下式;按照道家的主张,只须守静以待,因顺自然,息事宁人。孟子提出"仁者无敌"的命题,《吕览·贵因》提出"因则无敌"的命题,可以精辟概括儒道治国原则的不同。

(6)理论倾向比较。儒家学说的重心在社会人生,阐述如何做人和如何处理人际关系,后者也是做人的题中应有之义,因此人生哲学与伦理思想发达,哲学、伦理、政治是三位一体的状态,而伦理决定着儒学的特色,故儒家哲学可称之为伦理型哲学。孔孟的仁学,荀子的礼学,两汉的经学,程朱的理学,陆王的心学,以及明中叶以后兴起的经世致用的实学,无一不是围绕着内圣与外王、性情与礼教这两对基本矛盾而形成与演变的。所谓"内圣外王之道"就是解决个体的修身如何与群体的社会事业相联系的问题;而性情与礼教的矛盾就是解决主体的人性如何与客体的道德规范相协调的问题。儒家不同学派处理这两对矛盾的方式与侧重点各有差别,但都把主体的道德修养作为处理其他一切问题的出发点和关键。道家学说也关注社会人生,但它的眼界早已大大突破了社会人生的范围,面向大自然,面向整个宇宙,宇宙论、知识论比较发达,讲究天道,热爱自然,尊重物理,包容了较多的自然科学知识。就是对于人的探究,也能够着眼于人的生理结构与特征,提出有价值的卫生健身之道。儒家重养性,道家重养生。道家对于古代生理学的发展有独特的贡献。道家学说要处理的基本矛盾,是人与天的矛盾,这里的人指社会与个体,这里的天指人的生存环境与自然状态,道家倾向于法天以成人道,反对用巧以违天道,其出发点在自然天道,故道家哲学可以称之为自然型哲学。儒道两家皆以天人合一为最高精神境界,但儒家是以人道推论天道,将天道融入人道,道家是以天道推论人道,将人道融入天道,形似而实异。

(7)气质与风度比较。儒道两家的气象不同,这是属于整体的综合性的无形的精神风貌上的差异。大儒的气象似乎可以用"刚健中正"四字表示,再具体点说,就是道德高尚、仁慈亲和、彬彬有礼、忠贞弘毅、情理俱得、从容中道、和而不同、以权行经等等,如贺麟先生所说:"凡事皆能精研深究,以求合理、合时、合情,便可谓为'曲践乎仁义'、'从容乎中道',足以代表儒家的态度了。"(《文化与人生》13页)古者有"儒风"、"儒士"、"儒雅"、"儒吏"、"儒臣"、"儒将"、"儒医"等称谓,皆寓道德学问有根柢、风度温文尔雅之意。道家高士的气象似可用"涵虚脱俗"四字表示,再具体一点说,就是内敛不露、少私寡欲、清静自守、质朴无华、虚怀若谷、超然自得、从容深沉、高举远慕、留恋山水等,如贺麟先生所说:"我们发现老庄思想富于诗意,富于山林隐逸和潇洒超脱的风味,我们也发现注重归真返朴,羡慕赤子婴儿式的天真或天机,保持人的真性情,厌恶人世的繁文缛节、权诈智巧,是老庄的特色。"(同上书,169页)用语不多,生动勾画出道家人物的风貌。古者有道人、道真、道眼、道貌、道学、道体等称谓,皆寓不同凡俗、领悟至道、风度超逸之意。儒家是忠良的气质与风度,道家是隐士的气质与风度。

儒道两家是中国传统文化中对立的两极,因而可以互通有无、双向吸收,两家又是在中国这块共同的文化土壤上发育生长,有着相依沟通的基础。儒道之间的统一性表现在以下几方面。第一,思想观点上的共同性。儒道皆认为天人是一体的,人类来源于自然,又以自然为生存的依托,两者息息相关连,人应当爱护自然环境和资源,不可破坏天人的合谐,还要"赞天地之化育"(儒),"辅万物之自然"(道)。在人际关系上,儒道皆反对纷争对抗,主张和睦共处,"和为贵"(儒),"安其居"(道),"善战者服上刑"(儒),"夫兵者不祥之器"(道)。在人生态度上,儒道皆注重精神生活的充实和提高,反对沉缅于物欲私利之中,"君子忧道不忧贫"(儒),"圣人被褐而怀玉"(道)。在治国问题上,儒道都反对君主专制独裁,反对暴政,重视民心的向背,"民为贵"、"保民而王"(儒),"以百姓心为心"(道)。在真善美的追求上,儒道都希望达到三者的高度统一,并特别强调要将求真知的过程变成人生乐趣,能体验到一种精神上的享受,"知之者不如好之者,好之者不如乐之者"(儒),庖丁解牛"莫不中音,合于桑林之午,乃中经首之会"(道)。在辩证思维方面,儒道都看到矛盾双方的对立与转化,主张随时调整矛盾关系,以保持统一体的适中和谐,避免向极端偏落,"时中"、"过犹不及"(儒),"守中"、"去甚去奢去泰"(道)。在对待宗教的态度上,儒道都不热心于鬼神祭祀,而与之保持距离,"敬鬼神而远之"(儒),"以道莅天下,其鬼不神"(道)。在对待阴阳五行学说的态度上,儒道皆借取之而为宇宙论的基石,"一阴一阳之为道"(儒),"阴阳合而万物生"(道)等等。上述共同点说明儒道两家并非处处对立,它们有着共同的性格,体现了中华民族文化传统的共性。

　　第二,学说内容上的互渗性。儒道两家皆以"我"为主,同时吸收改造对方若干成分,纳入自己体系之中。早期儒学中就已经渗入道家成分,如孔子称赞舜"无为而治"(《论语·卫灵公》),对于自己的前途,作了伸卷随时的打算,"用之则行,舍之则藏"(《论语·述而》),"隐居以求其志"(《论语·季氏》)。汉代儒学开始大量吸收道家学说,如扬雄的太玄之学借重于老学,王充的古文经学融冶了黄老之学。魏晋南北朝时期,中原和南方的儒家经学有以老庄注解五经的风尚,何晏的《论语集注》和皇侃的《论语义疏》便是代表。唐初《五经正义》中,魏晋玄学家何晏的《论语》注本,王弼、韩康伯的《周易》注本,都被钦定为标准本。宋明时期的程朱理学推崇形而上之道,陆王心学推崇自然本心,皆以本体与功夫的合一为旨趣,其受启于道家哲学亦不为少。再看道家,先秦老庄之学排击儒学,然而老学之"爱民治国",庄学之"安然顺命",未始不接受儒学的影响。秦汉以后,道家主流派转而肯定宗法主义的基本原则,在不改变自身基调的前提下,对于儒学公开予以接纳,如《淮南子》就是以老庄之学为哲学基础,博采儒、法、阴阳各家思想而成书的,书中大量引证儒典,《主术训》、《氾论训》、《泰族训》数篇,宣扬以仁为经,以义为纪,以礼乐化民成俗。魏晋玄学更兼综道儒,以孔子为圣人,王弼郭象皆以扶树名教为己任。在宗法等级社会的中国,道家不与纲常名教作必要的妥协和贯通,简直就无法生存和发展,因而它与宗法主义学说——儒学携手并进即不足为怪。可以说,道家补充了儒学短于形而上本体之学的缺陷,儒学补足了道家漠视现实社会人生问题的偏失。我们说"儒家精神"、"道家精神"是就各自的主要、独特成分而言,是一种理论的抽象概括,若说到具体的儒家学派,都多少有着道家精神,具体的道家学派则多少具有儒家精神,都不那么纯粹。玄学使道家更接近于儒家,道学使儒家更接近于道家。越到后期,儒道的互渗性越强。,儒道合流,彼此推扬,推动着传统学术和文化的发展。

第三,文化全局上的共建性。中国古代思想文化有三大精神支柱,即儒、释、道(道家和道教)。三者之中,儒学是主干,释、道是辅翼。释道情形又有不同;道家是儒家的主要对立面,同时又是儒家的主要补益者,与儒家相表里,相始终;佛教和道教是儒家在一定阶段和某些领域中的辅翼者与竞争对手,佛教在中国文化中的重要性和普渗性比不上道家。中国传统文化暂时离开佛教道教,可以不失其本色,离开儒家或道家就不成其为中国传统文化。儒学在人生哲学、社会政治学、社会经济学、伦理道德规范、教育学、典制礼仪、历史学、文献学等重要社会文化领域有第一位贡献,为古代社会所不可缺少。道家在宇宙论、理性方法、美学、自然哲学、批判精神、军事辩证法等重要社会文化领域有第一位贡献。缺少了道家,中国传统文化就要失衡、倾斜,变成狭隘的层次极不完备的文化。中国封建社会能够长期稳定发展,从思想文化上说,固然有赖于儒家对纲常名教的扶树,同时也得益于道家对社会矛盾的调节,使得社会机体有较大的弹性和韧性,再加上佛教和道教,形成文化的多元结构和丰富多彩,人们可以在困迫时有多种选择的人生之路,以宽容的氛围缓解专制主义淫威对矛盾的激化,从而减少社会的大震动大毁坏。

第四,修习信仰上的兼容性。儒道两家各有自己相对独立的学统和严守门户的本派学者,但两家并不禁止本派学者崇信对方学说,所以历史上儒道兼修的学者是很多的。儒家主张"和而不同"(孔子),"殊途同归"(《周易大传》),道家主张"容乃公"(老子)、"百家众技皆有所长"(庄子),在信仰上都颇为宽厚。由此之故,汉以后儒道合流未受大阻,汉末魏晋以后儒释道合流更成风气。前已提到,扬雄、王充兼修儒道,王弼、郭象共崇儒经老庄。南北朝时期三教兼修之风更盛,南齐张融兼信三教,死时"左手执《孝经》、《老子》,右手执小品《法华经》"(《南齐书·张融传》);梁武帝深通儒道佛,主张三教会同;北魏孝文帝于"《五经》之义,览之便讲","善谈庄老,尤精释义"(《魏书·高祖纪》);大儒沈重入北周后,讲三教义,各教人士都前来听讲(《周书·儒林》)。唐代的文化政策是三教并奖,士大夫纷起响应,或兼修儒佛,或俱信佛老,僧人亦同此风。华严五祖宗密说:"孔、老、释迦,皆是至圣;随时应物,设教殊途,内外相资,共利群庶。"(《原人论》)有些儒者和佛僧排击道教,但情通道家。宋元明时期,倡导三教会同最得力者为佛教道教。宋孤山智圆说:"释、道、儒宗,其旨本融,守株则塞,忘筌乃通。"(《闲居编》)明释德清说:"为学有三要,所谓不知《春秋》,不能涉世;不精《老庄》,不能忘世;不参禅,不能出世。"(《憨山大师梦游全集》)金元之际在北方形成的全真道,高唱三教归一。《性命圭旨》把三教归纳为心性之学,儒曰存心养性,道曰修心炼性,佛曰明心见性,其义理是相通的。在儒、释、道三家四学之中,儒家、佛教、道教的门户意识较为强烈,讲师承,论世系,相比而言,道家的心胸更为博大宏远一些,包容精神更强烈一些,在文化上一贯主张兼容并包、博采众长,《吕氏春秋·不二》、《庄子·天下》、司马谈《论六家要旨》、《淮南子》可作为代表。

还有一种情况,就是许多士大夫随着境遇的变化其信仰重心在儒道两家中摆动:得意时信儒家,失意时信道家,在朝时信儒家,在野时信道家。达则兼善天下,救世治国需要儒家学问;穷则独善其身,远祸求慰需要道家学问。顺境里从儒学吸取勇进的力量,逆境里从道家寻找安抚心灵的妙药,精神皆有所归拢和寄托,因而增强了知识分子对挫折、迫害的承受能力。道家的清静,再加上佛教的破执,使人在人事的纠纷和现实的利害面前看得开放得下,减少了许多烦恼和痛苦,遇到惨烈事变,精神不容易崩溃。这大概是中国许多知识分子在追随孔孟的同时不愿放弃老庄和释迦的原因。

（节选自牟钟鉴等主编《道教通论——

兼论道家学说》,齐鲁书社 1991 年版）

牟钟鉴,山东烟台人,中央民族大学哲学系教授。著有《吕氏春秋与淮南子思想研究》、《中国宗教与文化》及《道教通论》(主编)等。

本文指出在差异性方面,孔子乐山好静,老子乐水好动。儒家看到了人的社会属性,看到了精神文明教育的重要性;道家看到了人的生理与心理属性,觉察到虚伪而繁琐的宗法伦理对人性的桎梏和对个性的摧残。儒家以成就道德人格和救世事业为价值取向,道家以超越世俗人际关系网的羁绊,获得个人内心平静自在为价值取向。儒家的辩证法尚刚主动贵有,道家的辩证法则尚柔主静贵无。儒家强调有为,道家强调无为。儒家哲学可称之为伦理性哲学,道家哲学可称之为自然性哲学。大儒气象可用"刚健中正"四字表示,道家高士的气象可用"涵虚脱俗"四字表示。在统一性方面,儒道两家在思想观点上有共同性,在学说内容上有互渗性,在文化全局上有共建性,在修习信仰上有兼容性。

说老孔异同

吕 绍 纲

　　我在拙文《〈老子〉与〈易大传〉是两个根本不同的思想体系》（《哲学研究》1989 年第 8 期）中曾经从道与太极、辩证法、神道设教、思想渊源四个方面粗略地讨论过《老子》与《易大传》的差异问题。我认为《老子》与思想属于孔子的《易大传》是两个根本不同的思想体系。自那时（1989）以后，见过不少讨论《老子》思想的论著，看法多有不同，其中以持扬老抑孔观点的文章最为有影响。他们认为中国传统思想文化的哲学框架是《老子》以及庄子建构的，孔子只有政治伦理道德说教，没有形上的、思辩的哲学。后来儒家的哲学是从老庄那里承受过来的。最后的结论是：道家思想在中国传统思想文化中居主干地位。我对于这一观点反复思考多时，细细体味《老子》八十一章和《论语》、《易大传》的蕴含，仍然认为老子是老子，孔子是孔子，各有千秋，老子有哲学体系，孔子也有个哲学体系。他们对于后世都产生过深远影响，都是中国传统思想文化的重要组成部分，不宜说哪一个是主干。孔子不等于儒家，老子不等于道家。其实孟子对孔子，庄子对老子，都已有所改变，更不待说以后，所以我这里只讲老孔，不讲儒家道家。儒家道家的问题变化多端，一篇短文绝对承担不下。况且，自它们的现代价值的角度看，还是孔子和老子他们本人的思想最有意义，最值得现代精神文明建设吸取。如果抽象地说儒家,则儒家芜杂不精,说不清楚。如果抽象地说道家,道家亦然。孔老的思想最古老,于现实最有用,最少甚至没有封建主义色彩,儒家道家则是另一回事。

老孔思想是两个体系,有不同的渊源。老子重母统,贵柔,显然出自殷易《归藏》(又名《坤乾》)。孔子重父统,道中庸,守中道,尚仁义,思想得自《周易》,源于尧舜禹汤文武周公。二人的思想相去甚远,且不少问题恰相针对。然而相异相隔之处,恰恰可以看见他们的相通。因此我这里对老孔之异与同不分开谈,只言异,于异中见同。

先说"道"。

老孔并言"道",然而其"道"不同。孔子的"道"直爽简捷。《论语》中言"道"颇多,虽然没有明说"道"是什么,但是从孔子诸多言"道"的言论中可以体悟出一点他的"道"的含义。例如孔子说,"不能弘道,非道弘人"(《卫灵公》)。"君子谋道不谋食","君子忧道不忧贫"(同上)。"直道而事人","枉道而事人"(《微子》)。把"道"同个体的人相对待而言,这"道"显然具有客观性,非个人主观所能改变。人之于"道",只有如何对待的问题,没有如何改变的问题。又如孔子说,"三代之所以直道而行也"(《卫灵公》);"先王之道"(《学而》);"天下之无道也久矣";"古之道也"(《八佾》),知孔子所言之"道"有历史性,古有古之道,今有今之道,不是有一个道而亘古不变。又如孔子说:"天下有道","天下无道"(《季氏》);"邦有道,谷。邦无道,谷,耻也"(《宪问》);"文武之道"(《子张》);"君子之道"(同上);"上失其道"(同上);"吾道一以贯之"(《里仁》)。言"道"在万事万物之中而分别论之,天下有天下之道,邦有邦道,君子有君子之道,吾有吾之道,上有上之道。是知孔子所言道不是超然物外的抽象物。以上所引孔子所言之道全关社会人事，天呢？自然呢？《论语》未明说孔子言天道。但是《公冶长》篇记子贡说："夫子之文章，可得而闻也。夫子之言性与天道，不可得而闻也。"有人说子贡此话是讲孔子不言天道，我以为其实不然。子贡的意思显然是说孔子不明言性与天道，所以弟子们听不到，不是说孔子根本不讲天道，不承认天道。关于性，孔子不说过一句"性相近也，习相远也"（《阳货》）的话吗！

这是《论语》记孔子所言"道"，现在看《易大传》。关于《易大传》的作者，我相信马、班的说法，是孔子。虽字字句句不都出自孔子手笔，但是思想肯定属于孔子。《易大传》讲"道"比《论语》更多。除君道、臣道、妻道、君子之道、小人之道等等之外，更明言人之道、地之道、天之道以及天下之道、天地之道。尤其明言天之道，明言天、地、人三才之道，更值得注意。有人说老子讲天之道，孔子讲人之道而不讲天之道，是不符合事实的。老孔天道人道都讲，这一点他们是相同的。

道，究竟是什么呢？《论语》没讲，从《论语》我们仅仅能体会出"道"有历史性、客观性、真理性，存在于各类事物之中。到了《易大传》，道的含义就明白无误了。《说卦传》给道分做三大类，有天之道，有地之道，有人之道，说"立天之道曰阴与阳，立地之道曰柔与刚，立人之道曰仁与义"。阴阳与柔刚其实一事，并无差别。仁义也可归结为阴阳，或者说实质也是阴阳，所不同的只是人道之阴阳用与人事特点有关的仁义来表达罢了。人之所以为人，不同于任何其他动物，就因为人有仁与义两个特点。仁指血缘关系，义指血缘关系之外的社会关系。人生存于这两种社会关系中，所以成为人。人一旦离开这两种关系，便不再是人。这是人之道的最抽象含义。下及君道、臣道、父道、子道、夫道、君子之道、小人之道，含义不再是仁义，而是比仁义更为具体的不同内容了。

那末,如果不讲天道、地道、人道的不同含义,再抽象一步,说出凡道的含义,又是什么呢?《系辞传》说"一阴一阳之谓道"。又说:"形而上者谓之道,形而下者谓之器。"这是孔子给"道"下的最高定义。对这两句话的理解,是有分歧的。宋儒讲理气之辨,说道就是理,理在气先,在气上,理离气而独立存在。朱熹以为《周易》的"太极"就是理(当然也就是道),说"太极生阴阳,理生气也,阴阳既生,则太极在其中,理复在气之内也"(《太极图说解》)。朱熹讲的"道"(理)含义实际上出自道家(这一点后边将谈到),根本不是孔子的"道"。清人戴震作《孟子字义疏证》,对"道"有独到的见解,他说:"道犹行也。气化流行,生生不息,是故谓之道。"说道是行,即走路,是对的,因为古文献中之行字可训为道;道字当然也可释作行。说"气化流行,生生不息",即万物之不止不断,无始无终的发展变化就是道,是对的。但是,如果反过来说道就是"气化流行,生生不息",则有欠妥当。用道定义"气化流行,生生不息",可;用"气化流行,生生不息"定义道,则不可。孔子说"一阴一阳之谓道",是用"一阴一阳"。"气化流行,生生不息",是万物不断流行生息,永恒发展变化的外在形势,而"一阴一阳"则揭示万物发展变化的内在实质和终极原因。"气化流行,生生不息",只能说是道的一种表现,"一阴一阳",才是道本身。

"一阴一阳"是什么意思?第一,阴阳乃一事,时而表现为阴,一会儿表现为阳。比如昼夜,是一天里的两种表现,不是说昼是一事,夜是另一事。昼夜一日也,昼一阳也,夜一阴也,昼夜一阴一阳也。君臣、父子、夫妇、兄弟诸关系各为一事。君、父、夫、兄,一阳也,臣、子、妇、弟,一阴也。一边表现为阴,一边表现为阳,这就是道。假如一个事物一直表现为阴,或一直表现为阳,不是一会阴一会阳地迭相变化,便是失道。自然界如此,便是灾异;天下如此,便是天下无道；一国如此，便是邦无道；君主如此，便是无道之君；人身如此，便是阴阳失衡，必然生病。孔子虽然说有天之道、地之道、人之道、君道、臣道、妻道、君子之道、小人之道、圣人之道、变化之道，等等，但是其道之旨归还是"一阴一阳"。非"一阴一阳"不是道。

戴震说"一阴一阳之谓道"的道系指天道言，不含人事在内。我以为不然。孔子讲"一阴一阳之谓道"，应当说，天地人三方面亦即宇宙人生全包括其中。若说"一阴一阳之谓道"的道仅指天（自然界）道言，那末人之道又是什么？《说卦传》说"立人之道曰仁与义"，上文说过，仁与义实质也是阴阳。孔子是主张天人致而合一的，他绝对不会以为天道是一样，人道是另一样。《文言传》说"夫人者，与天地合其德，与日月合其明，与四时合其序，与鬼神合其吉凶。先天而天弗违，后天而奉天时"。证明在孔子看来，人道与天道并无二致。

孔子讲的道，老子有与之相通之处。《老子》第四十二章说："万物负阴而抱阳，冲气以为和。"第四十章说："反者道之动。"万物负抱阴阳，阴阳既和又反，造成发展变化，正是孔子《易大传》"一阴一阳之谓道"的另一种表述方式。或者以为这证明《易大传》非出自孔子，乃战国时代道家人物或受道家影响的人士所为。我以为这不能证明《易大传》是道家作品。《易大传》言道，至"一阴一阳之谓道"为止，往上不再说。这个道不具有宇宙本体论意义。《易大传》中具有宇宙本体论意义的范畴是太极。太极与道不同。

老子的道包括两个层次，就是说，老子其实有两个道。一个道是具体的，含在万事万物之中，与孔子的道相当。一个道是抽象的，超越万事万物之外而与时空无涉，它具有宇宙本体论的意义。

在这一点上,老子独树一帜,与孔子及其《易大传》根本不同。宋人张载在所作《西铭》中蕴含了"理一分殊"的思想,后由程颐加以揭示,正式提出"理一而分殊"的说法,至朱熹作《西铭解》,对"理一分殊"说加以肯定、发挥,使之成为宋明理学家们哲学体系的理论基础。照朱熹的理解,"理一"是形而上的,"分殊"是形而下的。万物千差万别,绝不一致,这就是分殊。万物虽千差万别,里面藏着的理却只有共同的一个,这就是"理一"。朱熹又从周敦颐的《太极图说》中汲取了无即太极,太极就是理的观点,与"理一分殊"说统一起来。朱熹说:"人人有一太极,物物有一太极。"(《朱子全书》卷四十九)又说:"统体是一太极,然又一物各一太极。"(同书卷九十四)朱熹的理就是太极,太极就是道。他将"理一"与"分殊"的关系比拟为天上的月,"只一而已,及散在江湖,则随处可见,不可谓月已分也"。理(道)在一切事物之中,"不是割成片去,只如月印万川相似"(《朱子语类》卷四十九)这著名的"月印万川"说非常形象地讲出了他的思想,有个超然万物之外且为天地万物之根的理(道、太极),一方面天地万物由它创生,另一方面又寓于天地万物之中,无处不在。

朱熹把道(理)视同太极,以为二者乃一物,这与孔子及其《易大传》是不同的。朱熹虽然承认道(理)只有一个,但是他强调"理一分殊",理既在万物之外,又分散在万物之中,不说道有两个,实际上也等于承认道有两个。这与孔子及其《易大传》更是不同。孔子及其《易大传》只说道在天地人万物之中,不说天地人万物之外别有道。

宋人的"理一分殊"说,追本溯源,出自老子,与《老子》关于"道"的观点如出一辙。清人戴震早已指出了这一点。周敦颐、程颐、朱熹并是著名的大儒,在宇宙本体论这相关重要的问题上竟继承了老子的东西,看似奇怪,其实不怪,后世道家不是也把孔子《易大传》中的太极、八卦等汲取过去了吗！你中有我,我中有你,彼此通融,相互影响,本是中国传统思想文化发展的正常现象。我们今日没必要斤斤责怪古人,但是须弄明白儒家自是儒家,与孔子不同;道家自是道家,与老子不同。进而须认清老子与孔子在哲学上是根本不一样的。

孔子的道是一个概念,不具有宇宙本体论的意义。老子的道,字是一个,实际上却是两个概念。一个道与孔子的相同,是存在万事万物中的具体的道;一个是独立于天地万物外且为天地根的抽象的道。此道具有宇宙本体论的意义。

请看《老子》是怎样表述道的:

> 道可道,非常道。(一章)

三个道字,前后两道字是名词,中间道字是动词,系表述、言状之意。老子意谓道本有二,一是可道之道,不是常道。另一是不可道之道,即不可言状、不可表述的道。第一种道,可言状、可表述的道,《老子》各章时常言及,如"功遂身退,天之道也"(九章),"反者道之动,弱者道之用"(四十章),"上士闻道,勤而行之……明道若昧,进道若退,夷道若纇"(四十一章),"天下有道,却走马以粪。天下无道,戎马生于郊"(四十六章),"不窥牖,见天道"(四十七章),"是以万物不尊道而贵德"(五十一章),"是谓深根固柢,长生久视之道"(五十九章),"古之善为道者,非以明民,将以愚之"(六十五章),"天之道不争而善胜"(七十三章),"天之道损有余以补不足,人之道则不然,损不足以奉有余"(七十七章),"天道无亲,常与善人"(七十九章),"天之道,利而不害;圣人之道,为而不争"(八十一章),等等。这些可道之道,天道、人道、圣人之道、天下有道无道之道、道之动之道、明道、进道、夷道,全是寓于天地万物之中的具体的道,与孔子及其《易大传》所言者同。

老子的另一种道是不可言状、不可表述的常道。常即恒,常道,超时空的永恒不变的道。老子为了表达描绘常道,颇费些心思。老子说:"有物混成,先天地生,寂兮寥兮,独立而不改,周行而不殆,可以为天下母。吾不知其名,强字之曰道。"(二十五章)老子悟到有那么一个东西,它先于天地而生,为天地之母,它是无倚无靠,独立不变的。不知它叫什么名字,勉强称之曰道。老子又说:"道之为物,唯恍唯惚。惚兮恍兮,其中有象;恍兮惚兮,其中有物。窈兮冥兮,其中有精。其精甚真,其中有信。"(二十一章)老子在尽力描绘本不可道的这个东西的特点:这个道是真实的,存在的。虽然恍恍惚惚,窈窈冥冥,却可以让你体悟到它有物有象有精有信。老子又说:"视之不见,名曰夷;听之不闻,名曰希;搏之不得,名曰微。此三者不可致诘,故混而为一。其上不皦,其下不昧。绳绳兮不可名,复归于无物。是谓无状之状,无物之象,是谓惚恍。迎之不见其首,随之不见其后。"(十四章)道是无物、无状、无象、无阴阳、无首尾,人的感觉器官对它不起作用的东西。老子视之为宇宙的本体,天地万物之根。老子的这个有宇宙本体论意义的道,孔子没有。孔子在《易大传》中提出的"易有太极、是生两仪"的太极具有本体论的意义,但是太极与老子道不可等同。老子说:"天下万物生于有,有生于无。"(四十章)又说:"道生一,一生二,二生三,三生万物。"(四十二章)太极与老子讲的有、一相当,是物质性的实体,孔子视之为宇宙本体。而老子又在其上加个虚无飘渺的道(与无相当)作为本体。于是,老孔便在哲学基本问题上分道扬镳了。

当代有的学者强调《易大传》的太极与老子的道是一物,说老子说的"道生一"之道与一也是一物,甚至认为"有生于无"的有与

20世纪儒学研究大系

无属于同一层次。这错误的认识,根源在朱熹。朱熹解释周敦颐《太极图说》之"无极而太极"说,"无极即是无形,太极即是有理"。"周先生之意,恐学者错认太极别为一物,故著无极二字以明之"。"极是道理之极至。总天地万物之理,便是太极,太极只是一个实理,一以贯之"。它"实为万物之根柢","无极而太极,正所谓无此形状而有此道理耳"。"非谓太极之上别有无极也,但言太极非有物也"(《周子全书》卷一引答陆子美书)。朱熹强调无极就是太极,其要害是混同太极与道、道与一、有与无,进而泯灭老孔之界限。今时力主孔子及儒家哲学自老子及道家来的学者,声言《易大传》是道家著作,不论他有多大的"独创性",其文章无疑是接着朱熹做下来的。

以上说"道"。

次谈"天人合一"。

"天人合一"一语是宋人概括出来的。但是"天人合一"的思想一直就有,是中国传统哲学及思想文化的一大特点。与西方哲学中人与天对着干的思想大不相同。老子与孔子都是"天人合一"论者,都主张人类应与天建立和谐统一的关系。在这一问题上,老子与孔子还有一点是一致的,即人们的天都是自然之天,不是主宰之天。老子是没问题的,大家都承认老子是无神论者。孔子的天是什么,人们的看法则有分歧。我认为孔子的天归根结蒂是自然之天,这从《易大传》看得最分明,处处是自然之天,无须论证。

有人说老子重天之道,只讲自然;孔子重人之道,只讲人事。我以为不然。老子固然讲天之道,但也讲人事。甚至他讲天道总是最后归结到人事上。《老子》八十一章大部分是讲人事的。这也无须举证。前人都是这么看的。《汉书·艺文志》说:"道家者流,盖出于史官,历记成败存亡祸福古今之道,然而知秉要执本,清虚以自守,卑弱以自持,此君人南面之术也。"明确说道家是讲人事的。班氏虽指汉初黄老道家言,而道家的基本精神不能说与老子无关。老子说:"人法地,地法天,天法道,道法自然。"这话的逻辑主词显然是人。"道法自然"其实可归诸人法自然。《老子》八十一章全部内容莫不如此。老子哲学由人出发而言及自然,由自然而归诸人。老子哲学重自然而轻人事的说法是不能成立的。孔子也不是只讲人事不讲自然。《论语》固然多讲人事,《易大传》讲人事则不离天道。《四库全书总目提要》经部总叙说:"《易》之为书,推天道以明人事者也。"此云《易》书,包括孔子之《易大传》在内。

　　"天人合一"是说人类与自然界合一。老孔都主张"天人合一",但是怎样合一,二人就大不相同了。孔子认为人之道与天之道具有绝对的一致性,人类做事要符合天道,不是所有的人都能做到这一点。真正做到这一点的人是少数具有大仁大智修养的圣人。《文言传》称这种人为大人。大人做事能"与天地合其德,与日月合其明,与四时合其序","先天而天弗违,后天而奉天时"。这是说大人(圣人)做事必与自然界吻合得天衣无缝。大人做事尤其做大事必依天道而行。孔子对此有较多的表述。观卦《象传》说"观天之神道而四时不忒,圣人以神道设教而天下服矣",颐卦《象传》说"天地养万物,圣人养贤以及万民",咸卦《象传》说"天地感而万物化生,圣人感人心而天下和平",家人《象传》说"女正位乎内,男正位乎外,男女正,天地之大义也",革卦《象传》说"天地革而四时成,汤武革命顺乎天而应乎人",乾卦《象传》说"天行健,君子以自强不息",坤卦《象传》说"地势坤,君子以厚德载物"。以上仅是举例,其实《周易》之《彖传》和《象传》(大象)全部贯穿着人务须循天行事的思想。《论语》记孔子说:"吾十有五而志于学,三十而立,四十而不惑,五十而知天命,六十而耳顺,七十而从心所欲不逾矩。"(《为政》)这里孔子说自己从小到老一辈子修身的过程不过解决一个问题,即使自己的言行与自然规律达到统一的状态,且高度和谐。

孔子"天人合一"的观点,自然指天地,且到天地为止,不再上推,主张人的行为要效天法地,顺天应人。老子的"天人合一"观点则有不同的主张,老子的"自然"概念在天地之上,与道等同。其含义是自动自足,自然而然,无为而无不为。老子所说"人法地,地法天,天法道,道法自然","弱者道之用","道常无为而无不为",就是这个意思。老子讲法自然,这个法字值得体味。法是效法。孔子讲效法,是效法天地,不言效法自然。老子讲效法,是讲效法道,效法自然,不讲效法天地。老子的道和自然具有清静无为柔弱质朴的品格。孔子效法的天地则是生动活泼,自强不息的。所以主张学习,通过感官认识世界,以为达到精义入神、穷神知化的程度为最好。老子与孔子迥然不同,他号召超越天地,直接效法道,效法自然,以达到两种效果,一是人们要像道像自然那般无为和柔弱;二是整个社会都要抱朴返真,绝圣弃智,回到结绳以治,小国寡民的原始状态,以为重新成为大自然的一部分为最好。因此老子否定学习和感知的意义,主张"致虚极,守静笃"(十六章),通过直觉直接体悟道与自然,走着一条"为道日损"的道路,与孔子的"为学日益"(四十八章)不同。

总而言之,老孔都是"天人合一"论者,不同的是,孔子追求的目标是天地,强调人的行为与天地相合。老子超越天地,直接追求道、自然,强调人要像道、自然那样生活,甚至回归自然,成为大自然的一部分。

以上说"天人合一"。

最后说"无为而治"。

提起"无为而治",立即会想到它是老子的专利。其实不然,孔子也讲"无为而治"。如孔子说:"无为而治者,其舜也与!夫何为哉?恭己正南面而已矣。"(《论语·卫灵公》)钱宾四先生分析说:"孔子屡称尧舜之治,又屡称其无为,其后老庄承儒家义而推之益远。其言无为,与儒义自不同,不得谓《论语》言无为乃承老子。"(《论语新解》)钱先生说"无为"思想是老庄承儒家,而不是孔子承老子。我以为不妥。不是孔子承老子,也不是老子承孔子。如果说"无为"思想早已存在,孔子有孔子的理解和应用,老子有老子的理解和应用,如同"道"一样,可能接近事实。钱先生说老子所言无为,与儒家义不同,却是千真万确的事实。我长期以来也是这么想的。

孔子用"恭己正南面而已矣"解释舜之无为而治。恭己,严肃认真地修养自己。正南面,坐正君位,不入邪道。孔子意谓所谓无为而治,就是做君主的要管好自身,当好君主,别的事情不干。后世儒家解释无为而治,大体按照这个路数说,一般都引伸到任贤上去。君主不干,谁来干?当然要有贤者为之。《大戴礼记·主言》说:"昔者舜左禹而右皋陶,不下席而天下治。"董仲舒说舜"改正朔,易服色,以顺天命而已,其余尽循尧道"(《汉书·董仲舒传》)。循尧道,谓承用尧旧任之贤臣不变。刘向说:"王者劳于求人,逸于得贤。舜举众贤在位,垂衣裳恭己无为而天下治。"(《新序·杂事三》)亦谓君主治国治天下唯求贤用贤而已。《诗·卷阿》"伴奂尔游矣,优游尔休矣"郑玄笺说:"孔子曰:'无为而治者,其舜也与。恭己正南面而已。'言任贤故逸也。"何晏《论语》注说:"言任官得其人,故无为而治。"郑、何意谓君主任贤故得无为,无为故逸。此外,《荀子·王霸》、《三国志·吴书·楼玄传》引孔子此语而申之,王通《中说·问易》等释孔子言舜无为而治,意盖同此,清人黄式三《论语后案》说:"治天下者,既治之,必有人以为之。然必人主自为之,则贤者无以施其材,不肖者亦易诿其责。无为者,谓不亲劳于事也。此乾道所以异坤道也。恭己正南面者,朝群贤而涖之,己只仰成也。"黄氏的解释最为明通,最为得其实。唯朱熹《论语集注》的解释有所不同,朱熹在承认前人的解释之外,加上一个新意:"无为而治者,圣人德盛而民化,不待其有所作为也。"朱子的新解带有道学家的色彩,不切实际;孔子看问题总是踏实的,不至于如朱子这般富于想象力。

无为而治是孔子针对舜的情况特别提到的,远远不是孔子政治学说的重要内容。在大多数情况下孔子不强调无为而治。在老子那里则完全是另一种情形,无为和无为而治的言论在全部八十一章中被提到十多次,而且构成全书一以贯之的思想。

《老子》书中有关的重要言论有以下这些:

> 天下,神器,不可为。为者败之,执者失之。(二十九章)
> 取天下常以无事,及其有事,不足以取天下。(四十八章)
> 以无事取天下,吾何以知其然?以此。(五十七章)

河上公注:"取,治也。治天下常当以无事。"以无事治天下,是老子无为而治的重要内容之一。意谓与其做什么必要做的事,不如不做无必要做的事。孔子总是告诫统治者要做什么事,老子相反,总是告诫不要做什么事。孔子讲的无为而治,要点是人君不管事,事由贤者(臣下)去做。事是要做的,只是由谁做不由谁做的问题。老子说以无事取天下,是要君臣都不做。

老子又说:

> 为学日益,为道日损。损之又损,以至于无为,无为而无

不为。（四十八章）

　　道常无为而无不为，侯王若能守之，万物将自化。（三十七章）

　　从老子的这两段话看出他的无为思想与道联系在一起，而道是法自然的，因此具有普遍的理论意义。侯王治天下治国固然用得上，但是其意义超出"治"的范围之外，一切人的思维与行为问题都涵盖在内。而孔子只在"治"上讲无为，不涉及于"道"，不讲"道常无为而无不为"。"无为而无不为"，实质上是告诫人们要因任自然，无所为亦无所不为。为与不为，尽在自然而然之中。《庄子·应帝王》说："至人之用心若镜，不将不迎，应而不藏，故能胜物而不伤。"《天下篇》说："在己无居，形物自著，其动若水，其静若镜，其应若响。"《吕氏春秋·先己》说："无为之道曰胜天。"胜天犹任天，任天犹因任天道之自然。《淮南子·修务训》说无为"非谓其感而不应，攻而不动者。若夫以火熯井，以淮灌山。此用己而背自然，故谓之有为"。又《原道训》说："所谓无为者，不先物为也。所谓无不为者，因物之所为。"王弼《老子注》说"无为"是"顺自然"。以上这些说法可以相互补充，他们对《老子》无为而无不为的理解大体一致而准确：一切因任自然而不违背自然、破坏自然。这与孔子大不同。孔子要大人做事"与天地合其德"，是要你做事，只是不要违背天道地道。老子则是要你因任自然，不有意做什么，也不有意不做什么。《老子》书中讲的"柔弱胜刚强"，"治大国若烹小鲜"，"道法自然"，"不自见"，"不自是"，"不自伐"，"不自矜"，"不争"，"绝圣弃智"，"绝仁弃义"，"绝巧弃利"，"见素抱朴"，"俗人昭昭，我独昏昏"，"不敢为天下先"，"功遂身退"，"使有什佰之器而不用"，等等，都具有自然无为的意义。

　　老子自然无为的思想今日仍有价值。在由于工业生产和科学技术日益发达，自然生态环境遭受破坏的条件下，人类认真思考一下老子的精神，是非常必要的。按老子的标准，人类近几百年来有为太甚，持续下去的话，有可能把自身存在的环境彻底毁掉。我国十多年来实行改革开放政策，推行包产到户、政企分开、给企业以自主权、由计划经济向社会主义市场经济转型等等，都是上头尽可能无为，少为，下头尽可能有为，多为；都是尽可能地多一点放开，少一点束缚，使经济尽可能活脱些，自然些，使地方尽可能主动些，积极些。从这个角度出发，回头去看我们传统的思想文化的现代意义，则老子的思想格外值得留意。

（选自巩德顺主编《老子思想的现代
价值》，陕西旅游出版社 1994 年版）

吕绍纲，天津人，吉林大学古籍研究所教授。著有《周易阐微》、《周易词典》等。

本文指出，老孔并言"道"，然而其道不同。孔子的道是一个概念，不具有宇宙本体论的意义。老子的道，字是一个，实际上却是两个概念。一个道与孔子的相同，是存在万事万物中的具体的道；一个是独立于天地万物外且为天地根的抽象的道。此道具有宇宙本体论的意义。老孔都是"天人合一"论者，不同的是，孔子追求的目标是天地，强调人的行为与天地相合。老子超越天地，直接追求道、自然，强调人要像道、自然那样生活，甚至回归自然，成为大自然的一部分。老孔都主张"无为而治"，然而，孔子所讲，要点是人君不管事，事由贤者（臣下）去做。事是要做的，只是由谁做不由谁做的问题。老子说以无事取天下，是要君臣都不做。

生命的价值及其实现

——孔、庄哲学贯通处

郭 沂

自唐代韩愈至近人章太炎、郭沫若，皆以为庄子传孔子之学。孔、庄之间是否存在师承关系，是另外一回事，但在我们看来，二家哲学确有贯通之处：他们皆以生命价值立论，其哲学体系都是围绕着什么是生命的价值和如何实现生命的价值而建立起来的。

一、什么是生命的价值

春秋时期大国诸侯为了争霸称雄，发动了一系列战争，人的生命安全遭到了严重威胁。因而，肯定生命的价值，也就成了当时哲学家所最关注的问题。

读一部《论语》，我们便深切体会到孔子以一个圣哲的胸怀表现出对生命的无限热爱与珍惜。当他从朝廷回来得知马棚失火时，便急忙问："伤人乎"，而"不问马"（《论语·乡党》下引本书，只注篇名），其对人类生命的关切溢于言表。孔子对战争特别反感。当卫灵公向他请教如何安排军阵时，孔子便一口拒绝："俎豆之事，则尝闻之矣；军旅之事，未之学也"，并在第二天就离开了卫国(《卫灵公》)。《述而》载:"子之所慎:齐、战、疾",这三者无一不与生命息息相关。

孔子在肯定人的自然生命的前提下,更重视生命的精神价值,并认为只有后者才是生命的本质。他在和子贡谈起"足食、足兵、民信之"的不同重要性时认为,不但保护人的自然生命的军备可以去掉,而且用来维持人的自然生命的粮食也可以去掉,但"信"是万万去不得的,因为它是生命的精神价值。自古以来人的自然生命难免一死,但作为生命本质的精神价值却是永恒的。正因为这种精神价值是人之为人的根本,所以孔子说"民无信不立"(《颜渊》)。

一方面,人的精神价值表现为人格,所以孔子非常强调对人格的尊重。当子游问何以为孝,他说:"今之孝者,是谓能养。至于犬马,皆能有养;不敬,何以别乎?"(《为政》)人不仅有生存的权利,而且有被尊敬的权利;如果没有后者,人就不成其为人,人就和动物没有区别,因为就连犬马都有生存的权利。这说明"敬",即对生命的精神价值和人格尊重的重要性。在这里,虽然孔子是针对父母所发的议论,但由他普遍尊重他人人格的态度来看(如孔子对"瞽者"和"师冕"的尊重),也完全适于所有人。正是在这个意义上,孔子才发出了"鸟兽不可与同群,吾非斯人之徒与而谁与"(《微子》)的感叹。这反映了孔子的人权观。

另一方面,健全的人格正是生命的精神价值的实现。什么是健全的人格呢?孔子提出了一整套概念,诸如仁、礼、智、勇、义、孝、悌、忠、恕、恭、宽、信、敏、惠、好人、恶人、立人、达人、不忧、不惧等等,多达数十种之多。事实上,这些品格正代表了生命价值的不同侧面。其中,仁和礼最为重要。孔子曾经指出,仁者具有比较全面的人格:"刚、毅、木、讷近仁"、"能行五者(恭、宽、信、敏、惠)于天下者为仁"、"仁者必有勇"、"唯仁者能好人、能恶人"、"仁者不忧不惧"等等,可见仁之重要。在孔子学说中,这一切内在品格又被称为"德"(详见本文第三部分)。

庄子也认为生命的本质在于其精神价值,也将这种精神价值称为"德"。为了说明"德"这种生命的本质特性,庄子在《德充符》中描写了许多形体残缺而具有真德的人,以至"阗跂支离无脹说卫灵公,灵公说之,而视全人,其脰肩肩;瓮盎大瘿说齐桓公,桓公说之,而视全人,其脰肩肩。"庄子得出结论说:"故德有所长,而形有所忘;人不忘其所忘,而忘其所不忘,此谓诚忘。"真正有德的人,人们会忘记他的形体;只有过分注重形体,以至忘记德,这才是真忘。

和孔子不同的是,庄子完全否定了自然生命的价值。他说:"以无为首,以生为脊,以死为尻,……死生存亡之一体"(《庄子·大宗师》,下引本书只注篇名)、"以生死为一条"(《德充符》),他把生死存亡看作一体、看作一个大生命,它们不过分别是这个大生命的不同阶段。如此看来,人的自然生命就变得毫无价值了。更有甚者,庄子把活着当作身上的赘瘤,把死亡当作脓疮溃破:"以生为附赘悬疣,以死为决疚溃痈;夫若然然者,又恶知死生先后之所在!"

由于孔子在把精神价值当作生命的本质的同时也承认自然生命的价值,所以他并不否定人的情欲:"富而可求,虽执鞭之士,吾亦为之"(《述而》),但主张以"义"为原则:"见利思义"(《宪问》)、"富与贵,是人之所欲也,不以其道得之,不处也"(《里仁》)。由于庄子只承认生命的精神价值而彻底否定自然生命的价值,所以他否定情欲:"吾所谓无情者,言人之不以好恶内伤其身。"(《人间世》)在他看来,人的"好恶"等情欲会导致"内伤其身"。

孔子和庄子都认为,生命的价值一旦实现,就会获得绝对的精神自由和不可名状的快乐。

孔子曾经谈到他人格修养或者说人格逐步实现的过程(人格的实现也就是生命价值的实现),称:"吾十有五而志于学,三十而立,四十而不惑,五十而知天命,六十而耳顺,七十而从心所欲,不逾矩。"(《为政》)看来孔子七十岁以后,达到了超然自拔、出神入化的境界。虽然随心所欲,但仍丝毫不超越规矩。孔子真正进入了自由王国。在这个国度里,没有世俗的烦恼,没有社会的制约,有的只是无限的精神自由。大概只有在这个国度里才能最充分地体验到生命的真正意义罢!

这种绝对精神自由的国度,事实上也是一种极乐世界。在孔子思想中,这种对生命真正意义的体验,又落实在一个"乐"字上。孔子对颜渊之贤大加赞赏,说:"贤哉,回也!一箪食,一瓢饮,在陋巷,人不堪其忧,回也不改其乐。贤哉,回也!"(《雍也》)孔子对自己的评价也大致如此:"饭疏食,饮水,曲肱而枕之,乐亦在其中矣。"(《述而》)他还自称:"其为人也,发愤忘食,乐以忘忧,不知老之将至云尔。"(同上)这就是为后儒所称颂的孔颜乐处。像"一箪食,一瓢饮,在陋巷"与"饭疏食,饮水,曲肱而枕之"等境况,对世俗之人来说是苦不堪言的,但孔子及其高足颜渊所追求的是生命的精神价值,而不是物质条件,所以在这种情况下他们仍感到乐不可支。这不正是生命价值的实现吗?这不正是对生命真正意义的体验吗?

"知之者不如好之者,好之者不如乐之者。"(《雍也》)对于任何事情,懂得它不如爱好它,而爱好它又不如以它为乐。这是就主客体关系而言的。"知之",即将客体作为被认知的对象,作为一种知识,这对主体而言,是一种被动的过程;"好之",虽含有主动的意味,但仍不免将主客体分为两截;只有"乐之",才将主客体完全融为一体。孔子将"乐之"作为最高境界,正意味着他将乐观精神作为生命过程的本质特征,也就是将人生作为艺术去享受。

由于这种乐感精神是由主体自身所体会、把握的,所以一旦真正掌握了这种乐感精神,人生之乐就会不受客观条件的影响,哪怕"一箪食,一瓢饮,在陋巷"或者"饭疏食,饮水,曲肱而枕之",也其乐融融。就是说,这种人生之乐是一种绝对的精神自由,是不受世俗、社会、他人影响的精神自由。因此在孔子看来,人生之乐是个人的事,与他人无关。他感叹道:"古之学者为己,今之学者为人。"(《宪问》)人的修养是为了自己真正得到只能由个人体会的人生之乐,并不是做样子给别人看的。其实,那些做样子给别人看的人,也不会真正得到人生之乐。

庄子是用特殊的概念来表达自由、快乐观念的。他有时称之为"彷徨"和"逍遥"。如:"今子有大树,患其无用,何不树之于无何有之乡,广莫之野,彷徨乎无为其侧,逍遥乎寝卧其下"(《逍遥游》)、"芒然彷徨乎尘垢之外,逍遥乎无为之业"(《大宗师》)。不过,庄子更多地把自由、快乐的观念称为"游"。如:"圣人不从事于务,不就利,不违害,不喜求,不缘道;无谓有谓,有谓无谓,而游乎尘垢之外。"(《齐物论》)《大宗师》称"彷徨乎尘垢之外"而《齐物论》称"游乎尘垢之外",足见"游"与"彷徨"、"逍遥"一样,皆为自由、快乐。所谓"圣人不从事于务"等语,皆为对人处于自由、快乐状态的描写。

《应帝王》又云:"乘夫莽眇之鸟,以出六极之外,而游无何有之乡,以处圹埌之野。……游心于淡,合气于漠,顺物自然而无容私焉。"乘上轻虚之鸟,飞出感官世界之外,游于任何东西都不存在的地方,处在毫无滞碍的天地,这的确是一种绝对自由、绝对快乐!在庄子看来,人之所以能够达到这种境界,是因为这种人能够游心于恬淡之域,合气于寂寞之乡,一切都顺其自然而无一点私心。"游心于淡"的"心",一字道破这种自由、快乐是一种精神上的自由、精神上的快乐。《养生主》载庖丁解牛后"提刀而立,为之四顾,为之踌躇满志"云云,就是对这种自由和快乐的具体描写。

绝对的精神自由和快乐是庄子追求的最终目标,因而也是他对生命价值实现的理解。

二、如何实现生命的价值

如何实现生命的价值? 在这个问题上,孔、庄的看法是一致的,即他们都着重在心上下功夫,他们都认为生命的价值是通过心的功能得以实现的。

心有两个基本层面。第一个层面可称为生命之心,它是对生命的体验和感悟的那一部分(大致相当于英语中的 heart),具有情欲、意志等特征。自这个角度看,无人心,生命存在的意义不得而知。但另一方面,所谓生命,即对人心的体现;无生命,人心无所附着。梁漱溟所谓"心与生命同义"(《人心与人生》第 18 页)就是从这个意义上说的。因而,生命之心的功能就是对它自身的体验和感悟。这正是中国哲学主客合一特点的根源。就是说,生命之心一身兼二任,既是主体,又是客体。但归根结蒂,它是主体性的实际承载者。心的第二个层面可称为认知之心(大致相当于英语中的 brain),它是心对外物认知的那一部分,具有理智的特征。当然,其功能是对世界的认识。认识之心与客观世界之间也是相互依赖的。

我们知道，仁和礼是孔子思想体系中两个最重要的概念，是两种最重要的人格，或者说是生命的两种最重要的价值。事实上，行仁和达礼的途径分别是生命之心和认知之心。

什么是仁呢？质言之，孔子的仁就是人心（这里当然指的是生命之心）对生命的珍惜、热爱与尊重。它含有三个基本层次。第一个层次为对自我生命的珍惜与尊重。孔子说："志士仁人，无求生以害仁，有杀身以成仁。"（《卫灵公》）贪生怕死看起来是保护生命，实际上是舍本逐末，是对生命的践踏与侮辱，因为生命的本质不在于躯体，而在于生命的精神价值。因此，在必要的时候献上自己的躯体，才是对生命的真正珍惜与尊重，才是对仁的成全。孔子以仁许微子、箕子、比干、伯夷、叔齐等，就是以此而言的。仁的第二个层次是对父母兄弟的热爱。《阳货》篇孔子与宰我关于"三年之丧"的辩论就此而发。父母去逝后，感到"食旨不甘，闻乐不乐，居处不安"，正是出于对父母的挚爱和对他们逝去的惋惜，这正是人们痛苦之情的自然流露。这种心态，孔子称之为仁。宰我自称在三年丧期内他食稻衣锦会依然安心，所以他被孔子骂为"不仁"也就在所难免了。父母去世后尚应如此，在他们活着时就更应处处尊敬、热爱了。有若所谓"孝弟也者，其为仁之本与"（《学而》），甚得其师真意！沿着这个思路推下去，孔子的仁最终表现为对所有人的热爱。这是仁的第三个层次，也是孔子仁学的逻辑归宿。《雍也》篇载："子贡曰：'如有博施于民而能济众，何如？可谓仁乎？'子曰：'何事于仁，必也圣乎！'"这种博爱算得上圣了，当然早已达到仁了。

前几年，李泽厚先生提出了一种全新的观点，认为仁包含四个层面，即血缘基础、心理原则、人道主义和个体人格。我们认为，在这四个层面中，只有心理原则才是仁的真实内涵，而其他三条，并非仁的内在层次,而是仁所表现出来的特征。如:对自我生命的珍惜与热爱,便可表现为个体人格;对父母兄弟的热爱,便可表现为血缘基础;对芸芸众生的博爱,便表现为人道主义。

看来,仁的确是一种优秀的品格,它充分体现了生命的本质意义。我们说仁就是对生命的珍惜、热爱与尊重,是就一般情况而言的。那么,具体言之如何才能达到仁呢? 也就是说达仁的具体途径是什么呢? 这仍然是人心的问题。"仁远乎哉? 我欲仁,斯仁至矣。"(《述而》)在孔子看来,首先应该有主动性。这个"欲"字说明,求仁是一种内心的要求,是主动的,而不是被动追求的过程。只要有这种内心要求,仁,这种挚爱与尊重生命的心境随时随地都可产生。因此仁并不遥远,你想得到它,你便可得到它。

其次,孔子特别强调行仁的方法。人们一般把忠恕作为孔子之仁的实质,其实孔子说得很明白,它们是行仁的方法:"夫仁者,己欲立而立人,己欲达而达人,能近取譬,可谓仁之方也已。"(《雍也》)仁的三个层次,笼统地讲其实是两个方面的事情:一方为己,一方为人。所以为仁又可概括为立己、达己和立人、达人两种情况。我们认为,这里的"能近取譬"与"己欲立而立人,己欲达而达人"其实说的是一回事。因为实践仁,即立己、达己和立人、达人都是随时随地可以进行的,所以叫"能近取譬"。孟子所说的"老吾老以及人之老,幼吾幼以及人之幼"不就是"能近取譬"吗? 因此,孔子说的"己欲立而立人,己欲达而达人",即"忠",是指行仁的方法。而"己所不欲,勿施于人",即"恕",不过是"仁之方"的另一种表达方式而已,在本质上与"忠"并无二致。

不管是"忠"还是"恕",事实上都是一种反省内心的过程。以探究生命和人心为己任的孔子对人心的这种反省功能非常注重,除此之外,他还提出了"内自省"、"内自讼"、"内省"、"躬自厚"、

"求诸己"等概念。

礼学是孔子学说的另一个主要组成部分。孔子礼学的一个重要贡献,是对礼的心理基础的论证,如他将孝悌建立在日常亲子之爱上。这种亲子之爱,事实就是仁。这样,就把仁和礼联系起来了。在这个问题上,学界多有讨论,兹不赘述。

尽管孔子可以为礼找一些心理基础,但无论如何,礼毕竟是一种社会规范和道德规范,是外在的强制性规定。因此,与求仁的主动性相反,礼是通过被动约束才能达至的:"君子……约之以礼,亦可以弗畔矣夫!"(《雍也》)看来,就连有修养的君子都是靠礼来约束的(即通过约束才符合礼)。至于得到礼的具体途径,孔子用了一个"学"字:"不学礼,无以立"(《季氏》),礼是通过学习而得到的。子夏深得其师的旨意,更明确指出:"君子学以致其道。"(《子张》)

人们应该向谁学礼呢? 孔子认为,至少有两个对象。第一个对象是文献典章制度:"君子博学于文"(《雍也》)、"弟子……行有余力则以学文。"(《学而》)文献典章制度的一个重要内容是礼。第二个对象是社会。孔子特别强调社会环境的作用:"里仁为美。择不处仁,焉得知"(《里仁》)、"三人行,必有我师焉。择其善者而从之,其不善者而改之"(《述而》)、"主忠信,无友不如己者"(《学而》)。

仁是对生命的珍惜与热爱,具体言之,其主体当然是生命之心;就是说,仁是由生命之心来把握的。与此不同的是,礼是通过学习来得到的,而学习则是认知之心的功能。因此,孔子的认知理论也是为其学礼主张服务的。就闻见之知而言,则"非礼勿视,非礼勿言,非礼勿听,非礼勿动"(《颜渊》),就学思之知而言,则"就有道而正焉,可谓好学也已"(《学而》)、"小子何莫学夫诗? ……

迩之事父,远之事君"(《阳货》)。

礼是用一系列的名分来体现的。在礼的规定下,每个人都有自己独特的位置,都有不同的名分存在于社会。孔子认为,每个人都应安于自己的名分,不得有非分之想:"君君,臣臣,父父,子子。"(《颜渊》)名分是由什么来把握的呢? 当然是由认知之心,因为分别之知是认知之心的功能。

如果说孔子所追求的目标是实现仁礼等品格、而精神自由与愉悦是实现生命的价值所必然达至的境界的话,庄子则直接把精神的绝对自由与愉悦作为追求的最高目标。庄子之"德"有两层含义,一是精神的绝对自由与愉悦,二是混而为一之性(它们都是最高形上实体"天"的体现。见下文)。在庄子看来,生命价值的实现,也就是达至人心与此二者相契合。事实上,这两者也是分别通过生命之心和认知之心的功能来达至的。在庄子哲学中,精神的绝对自由与愉悦是最高的人生境界,由生命之心来把握;而混而为一是最高认识对象,由认知之心来把握。

在《庄子》内篇中,认知之心和生命之心的区别还是相当清楚的。一般说来,认知之心用"知"字来表示。"知"即对最高认识对象的认识。如:"劳神明为一,而不知其同也"(《齐物论》)、"子知物之所同是乎"(同上)、"一知之所知"(《德充符》)等等。这里的"同"、"同是"、"一"等等都是对最高认识对象的描写。内篇中的"心"字,一般指生命之心。它所感知的,是最高的人生境界;具体言之,"心"是对绝对精神自由和愉悦的体悟,如"游心"之"心"即是。但"心"字毕竟是认知之心和生命之心的总名,所以它有时也指认知之心,如"夫随其成心而师之,……未成乎心而有是非"(《齐物论》)之"心"。

在人之德中,最高认识对象和最高人生境界这两个层次的地位不是完全相等、完全并列的。庄子的最终目的是解决精神的绝对自由愉悦问题。因而，达至最高认识对象只是达至最高人生境界的途径。《德充符》说："彼（兀者王骀）为己，以其知得其心，以其心得其常心。""为己"这个概念来自孔子，指不受外界制约的自我心灵的自由与愉悦（这与庄子最高人生境界的逍遥自由是一致的）。如何达到这种境界呢？庄子认为，要通过认知之心（这里的"知"为认知之心）来达到生命之心（这里的"心"为生命之心），然后通过自己的生命之心来达到"常心"（此"常心"乃恒常自由愉悦之心）。之所以如此，是因为在庄子看来，人生之不自由、不愉悦皆由于"有待"，而"有待"便是由生死、是非、彼此等等的差别造成的；如果从认识论上取消这些差别，使是非、彼此、生死等等通而为一，便可"无待"，即进入无限自由愉悦之境。

在《大宗师》中，庄子将对混而为一之理的认识称为"真知"，将真正获得绝对精神自由愉悦的人称为"真人"。那么，到底如何达至"真知"和"真人"呢？换言之，如何达至心与最高认识对象、最高人生境界的合一以实现生命的价值呢？庄子提出了一系列的方法。由于"真知"是成为"真人"的途径，所以他特别注重"真知"的获得。

第一，庄子提出了"以明"的方法。"以明"这个概念出现在《齐物论》中，凡数见，如："欲是其所非而非其所是，则莫若以明"、"彼是莫得其偶，谓之道枢。枢始得其环中，以应无穷。是亦一无穷，非亦一无穷，故曰莫若以明"、"为是不用而寓诸庸，此之谓以明"等。王先谦说："莫若以明者，言莫若以本然之明照之。"（《庄子集释》第14页，中华书局1987年版）我们认为，"以明"之"明"就是老子的"袭明"、"微明"之"明"，指人本来具有的体认道的能力。所谓"以明"就是用人本来含有的能力去体认混而为一之理，因而"以明"就是心与"一"的契合。另外,庄子提出的"道枢"、"天钧"等概念就出现在论述"以明"的这段文字里,它们是"以明"所把握的对象;"照之于天"、"两行"等也出现在这段文字里,它们是"以明"的具体方式。

第二,"坐忘"。"坐忘"是《大宗师》所讨论的问题。如果说"以明"是人心对宇宙本然之理的观照的话,那么"坐忘"便是人心对人自身和社会本然之理的观照,它是经过"忘礼乐"、"忘仁义"等过程达至的一种境界。它包括两个方面,一是"离形",亦即"堕肢体";二是"去知",亦即"黜聪明"。由于庄子称之为"坐忘",所以"离形"和"去知"也都是通过"忘"来实现的,如此方能"同于大通"。所谓"大通",即指"道通为一"的状况;"同于大通",即指心与最高认识对象的契合。这段文字中的"同则无好也,化则无常也"成玄英疏:"既同于大道,则无是非好恶;冥于变化,故不执滞守常也。"所谓"无是非好恶"、"不执滞守常"皆就精神的绝对自由愉悦而言。这就是说,通过"同于大通",便可达至精神自由愉悦;通过"真知",便可达至"真人"。

庄子的"坐忘"说是对老子思想的继承和发展。具体言之,"忘礼乐"来自老子的"夫礼者,忠信之薄而乱之首"(《老子》三十八章,下引本书只注篇名);"忘礼义"来自老子的"绝仁弃义"(十九章);"离形"来自老子的"吾所以有大患,为吾有身;及吾无身,吾有何患"(十三章);"去知"来自老子的"绝圣弃智"(十九章)。但是,对于如何"绝仁弃义"、"绝圣弃智",老子没有明确论及;庄子则指出,这一切是通过心之"忘"来实现的。

第三,"见独"。这也是《大宗师》讨论的问题,言从"外天下"到最终得道的过程。成玄英曰:"外,遗忘也。"看来,这里的"外"字与"坐忘"之"忘"相似。在庄子看来,道是不可学的,但何以得道？他认为，第一步是"外天下"。成玄英云："心既虚寂，万境皆空。"第二步是"外物"，即遗忘世间万物。第三步是"外生"，即遗忘自我生命。第四步是"朝彻"。宣颖云："朝彻，如平旦之清明。"故"朝彻"实类孟子之"平旦之气"，为心灵虚静的状态。第五步是"见独"，王先谦云："见一而已"，极是。"见独"实谓人心发现最高认识对象。第六步是"无古今"，即突破时间限制。第七步是"入于不死不生"，即入于道（"不死不生"者乃天道）。在这七步中，前三步是一个由外向内的修养过程，由"外天下"而"外物"，最后落实于"外生"。"守"为持守，带有强制内心入静的意思。因前三步是内收过程，故庄子皆云"守之"。后四步完全是内心本身的修养过程，是内心由虚静而发现"一"而冲破时间限制最后与"一"（即道）契合的过程。在这段文字中，庄子又云"无不将也，无不迎也"等等，皆就人心之自由状态而言，谓由"真知"而达"真人"。

第四，"心斋"。《人间世》讨论了"心斋"的问题。"心斋"说是庄子从破除主观入手而设立的。"师心"，即师法主观成见；"有心"，即有主观成见。"师心"与"有心"实为一回事。庄子称之"暤天不宜"，向秀注云："暤天，自然也。"就是说"师心"、"有心"不符合自然。因而，"心斋"即破除主观成见，一任心之自然。之所以称为"斋"，是以祭祀之斋相喻。祭祀之斋是通过不饮酒、不茹荤等形式进行的，是他律的、不自觉的行为。而"心斋"完全是心自己的事情，是自觉的、自得的。

庄子借仲尼之口对"心斋"的解释，关键在于"无听之以耳而听之以心，无听之以心而听之以气"这两句话。文中"听"字为听任之听，"之"字为"心斋"前提"若一志"之"志"。这两句话谈的是"心斋"的两个阶段。第一步，不要让神志听任耳目等感官而要听任自心，使神志从感官内收到心（耳目之欲总会使自心向外飞扬）；这是从外向内收的功夫。第二步，不要让神志听任自心，而要听任气，将心泯灭于气，以达至无心。这里的"气"字，实际上就是老子所说的"冲气"，是一种使心保持和谐、自然状态的冲虚之气。"耳止于听"之"听"为视听之听。这句话是说耳朵的功能仅仅是听，此释"无听之以耳"。《说文》："符，信也。""心止于符"是说，心的功能仅仅是验证是否信实（此"心"字为主观之心，即"师心"之"心"），此释"无听之以心"。不管是耳之"听"还是心之"符"，都为实有，都不是"虚"。所以庄子接着说："气也者，虚而待物者也。""待"即"有待"、"无待"之"待"，寄托也。这句话是说，气是冲虚的，并且只有寄托于物方能存在，此释"听之以气"。"集，成也。"（《经籍纂诂》有此义）"唯道集虚"谓虚气乃道使之成。"虚者，心斋也。"所谓"心斋"，就是心完全听任虚气之自然，心气混而为一。由于"唯道集虚"，所以心与气合一，就意味着心与道合一。

颜回对"心斋"的理解是："回之未始得使，实有回也；得使之也，未始有回也。""未始得使"、"得使之"指是否得"心斋"要领。"未始有回"，就是《齐物论》所说的"吾丧我"，指自心虚空的"心斋"状态。"瞻彼阕者，虚室生白"、"吉祥止止"皆云"心斋"之功用。庄子认为，"夫且不止，是之谓坐驰。""坐驰"指心智外驰，与"坐忘"相反。"徇耳目内通"，谓"无听之以耳而听之以心"的内收功夫；"外于心知"，谓"无听之以心而听之以气"的虚化功夫。"以无翼飞"、"以无知知"云云皆谓"心斋"逍遥之状。如是则"真人"成矣。

庄子的"心斋"说是对老子"专气致柔"思想的继承和和展。

在以上四个方法中，"以明"、"坐忘"和"见独"皆为通过心与最高认识对象的契合达至心与最高人生境界的契合，由"真知"而

"真人"。与此不同,"心斋"可谓直指本心,专就生命之心下功夫,直接达至"真人"。

三、生命价值的形上学根据

孔子自称是一个"信而好古"的人,他更多地把注意力放在对传统的继承上。所以他也继承了天这个传统概念,只是转换了其实质内容而已,即将其宗教性的人格神意义转换为哲学的形上实体的意义。孔子所采取的是一种"旧瓶装新酒"的方式,而正是这种方式,给后代学者对孔子之天的理解带来了许多误解和歧义,以至使人们误认为孔子相信宗教性的天命鬼神观念,从而否定孔子建立了形上之学。

《论语》中有两章有关天道的文字,是了解孔子形上学的重要线索:

> 子曰:"予欲无言。"子贡曰:"子如不言,则小子何述焉?"子曰:"天何言哉?四时行焉,百物生焉,天何言哉?"(《阳货》)

> 子贡曰:"夫子之文章,可得而闻也;夫子之言性与天道,不可得而闻也。"(《公冶长》)

孔子的学说包含两大部分,一为以"文章"为代表的仁礼之学("文章"乃礼乐典制),即形下之学;二为"性与天道",即形上之学。子贡或许没有意识到,"天何言哉"等四句不正是孔子对天道的见解吗?夫子之言天道,子贡已闻之矣,只是未得要领而已。我们认为,这里的"天"字,就是形上实体。这几句话是说,"四时"、"百物"都是由天创生的,天是万物的本原。为什么这样理解呢?第一,"天何言哉"等语是由"予欲无言"引起的。孔子所不想言说的,当然是他所发现的真理(子贡则希望他说出来,然后由弟子加以阐述)。在这里,孔子是以自己发现真理而不言说来比喻天创生万物而不言说的。第二,如果"四时"、"百物"不是由天创生的,或者它们是自行、自生的,那么孔子只需说"四时、百物何言哉?四时行焉,百物生焉"即可,那就没有必要将"四时"、"百物"与天联系起来了。

既然"四时"、"百物"由天创生,那么人与天的关系如何呢?孔子说:"天生德于予,桓魋其如予何?"(《述而》)这句话对理解孔子的形上学也很关键。我们知道,在孔子看来,人的生命本质在于精神价值,在于品德。那么,"天生德于予"足以说明天与人的关系了。就是说,人的品德是由作为形上实体的天赋予的。

在孔子学说中,德是一个涵盖面很广的属概念,一切得自天的内在品格皆可称为德。仁是人的最重要的品格,因此德首先指的是仁。"慎终、追远,民德归厚矣"(《学而》)虽然是曾子的话,但曾子为孔门高足,与孔子的思相倾向一致,此语也反映了孔子思想,是没有疑问的。古注云:"老死曰终","追远"为"祭祀尽其敬"。"慎终"、"追远"是指对父母或祖先生命的热爱和怀恋,这正是仁的品格。在曾子看来,在上者如果以身作则,实践这种仁德,那么百姓之德就会提高了。孔子称泰伯为"至德",也出于同样的原因——泰伯正是为了顺从其父的意愿才三让天下的。孔子又称:"三分天下有其二,以服事殷。周之德,其可谓至德矣!"(《泰伯》)一方面,周以大事小,是一种高尚的品格,亦即对自我生命的尊重与珍惜;另一方面,这种行为也是对殷人生命的尊重。这些都是仁的体现。仁这种美德是一种内在的心理过程,故"巧言乱德"(《卫灵公》),不发自内心的花言巧语会败坏仁德;违背内心是非标准的好好先生也会败坏仁德:"乡愿,德之贼也。"(《阳货》)

礼是以仁为基础的,所以礼也是一种重要的德。其实,上文所云"慎终"、"追远"、泰伯之德等,不但是仁的体现,而且也是礼的体现。

和其他哲学家不同的是,庄子形上学的最高范畴有两个,一个是道,另一个是天(学术界一般认为道和天是一回事,二者可互相代替,其实不然。对此笔者另有专文讨论)。当然,庄子的道来自老子;那么,其天的概念来源如何呢?学者们一般也认为来自老子。问题恐怕没有那么简单。在《老子》中,最高形上实体只有一个,那就是道;而天只是物质之天,而非形上之天。老子说:"道大,天大,地大,人亦大。……人法地,地法天,天法道,道法自然。"(二十五章)由于天是万物之最大者,所以最能体现道之自然。以此出发,庄子把天直接理解为自然,使自然成为庄子之天的根本义。就是说,庄子之天的具体内容与老子之天有内在联系。至于把天作为最高形上实体这种形式,其实来自孔子之天。

在庄子思想中,天作为最高形上实体,当然具有创生的功能,如他说:"与天为徒者,知天子之与己皆天所子"(《人间世》)、"道与之貌,天与之形"(《德充符》)等,这些当然来自孔子。天的本性为自然,而其自然本性又体现在两个方面:混而为一之性和绝对自由愉悦之性,分别为最高认识对象和最高人生境界。这正是生命价值的形上学根据。

庄子主要是从自然之理的角度来探讨作为最高认识对象的天的。他说:"物无非彼,物无非是。自彼则不见,自是则见之。故曰彼出于是,是亦因彼。彼是方生之说也。虽然,方生方死,方死方生;方可方不可,方不可方可。因是因非,因非因是。是以圣人不由,而照之于天,亦因是也。"(《齐物论》)任何事物都把自己之外的所有事物当作"彼",在其他事物眼里,这个事物也是"彼",这样就没有不是"彼"的事物；同理，也没有不是"是"的事物。因为有"彼"、"是"之分，所以从"彼"的角度则不能认识"是"，反之亦然；"彼"之为"彼"因为有"是"，"是"之为"是"因为有"彼"，故"彼"与"是"、"生"与"死"、"可"与"不可"、"是"与"非"都是同时并生、相辅相成的。任何事物，从一个角度可称为"生"、"可"、"是"，从另一个角度又可称为"死"、"不可"、"非"。庄子认为，圣人是不顺由这些分别之知的，而是以"天"来观照一切。我们认为，这个"天"字，既然是无彼无此、无生无死、无可无不可、无是无非的，亦即没有任何差别的、混而为一的自然之理。

其实，这种自然之理，是同时观照两个相反相成的方面，亦即通过同时观照整体而得出的。如果把是、生等一方当作正极，把非、死等一方当作负极的话，那么正、负双方之和总是一个常数；换言之，整体是不增不减的。这个道理，庄子称为"天钧"。他在讲了"朝三暮四"的故事以后说："名实未亏而喜怒为用，亦因是也。是以圣人和之以是非而休乎天钧，是之谓两行。"（《齐物论》）"朝三而暮四"则猴怒，"朝四而暮三"则猴喜。数皆七，名未亏，实未损，而众猴喜怒不同，此猴之愚也。生则喜，死则悲；是则悦，非则怒，而不知"以死生为一条，以可不可为一贯"，岂非人之愚也！所以圣人和合是非而将差别、对待制止于"天钧"。"钧"，一作"均"，平均也。成玄英疏："天均者，自然均平之理也。"所谓"天钧"，即以自然之理将是非、生死等相互对待之双方均平，以达致无是非生死、无任何差别对待。何以达致"天钧"？庄子提出了"两行"的方法。"两行"即将是非、生死等相反相成的两方面同时观照，两条腿走路；也就是"照之于天"。

作为最高人生境界的天，即绝对的自由愉悦。庄子借孔子之口说："造适不及笑，献笑不及排，安排而去化，乃入于寥天一。"

(《大宗师》)"适",即适意,也就是无拘无束的自由愉悦。成玄英疏:"排,推移也。"对于这段文字,历代注释不一,分歧较大。参考诸说,我们作如下理解:忽然达至适意之境,只有心灵晓喻之,但还来不及微笑;一旦笑出来,行动却来不及随之而变化;顺应自然推移而没有意识到这是随变任化。这完全是一颗明净的心对精神自由的体验和感受,那份喜悦是不可言喻的。庄子认为,如此便进入了"寥天一"的境界。何谓"寥天一"?我们认为,"寥"出自《老子·二十五章》:"有物混成,先天地生,寂兮寥兮。"这个"寥",是庄子对天的描写,指天的混而为一的状态。因而作为一个名词,"寥天一"仍然指天。

这种绝对的精神自由愉悦,也是一种"无待"的状态。《人间世》:"绝迹易,无行地难;为人使易以伪,为天使难以伪。闻以有翼者飞矣,未闻以无翼者飞也;闻以有知知者矣,未闻以无知知者也。""伪",历来皆作造伪、矫伪解。我们认为,应释"人为"。段氏《说文解字注》引徐锴曰:"伪者,人为也,非天真也。"所谓"绝迹"、"以有翼飞"、"以有知知"等皆为有待,皆出自人为而非自然,庄子称之为"为人使";所谓"无行地"、"以无翼飞"、"以无知知"等皆为无待,皆出自自然而难以人为,故庄子称之为"为天使"。这种"为天使"实为一种大自由、大快乐。

总而言之,孔子和庄子的哲学都以生命的价值立论,他们都认为生命价值的实现会使人获得绝对的自由和快乐,都将生命之心和认知之心作为实现生命价值的途径,都把天作为生命价值的形上学根据。需要强调的是,如果因此把庄子纳入儒家的谱系就大错特错了。而就其哲学的实际内涵来说,孔注重伦理,庄追求自然,两者大相径庭。就是说,庄子仍归宗老子,故司马迁说:"其要本归于老子之言。"

（选自《孔子研究》1994 年第 4 期）

　　郭沂，山东临沂人，中国社会科学院哲学研究所研究员。著有《郭店楚简与先秦学术思想》等。

　　本文专就孔、庄哲学贯通处进行探讨，认为孔、庄皆以生命价值立论，其哲学体系都是围绕什么是生命的价值和如何实现生命的价值而建立起来的，他们都认为生命价值的实现会使人获得绝对的自由和快乐，都将生命之心和认知之心作为实现生命价值的途径，都把天作为生命价值的形上学根据。但是，如果因此把庄子纳入儒家的谱系就大错特错了。因为就其哲学的实际内容来说，孔注重伦理，庄追求自然，两者大相径庭。

精神超越与价值理想

高 晨 阳

人作为有自我意识的理性存在,不仅要在人伦道德关系及实践活动中反思自我实现的方式,而且还要把自我本身当作一个精神性的存在而加以反思,以寻求精神出路或灵魂的安顿之所。这个问题即通常所说的精神境界问题。人对精神境界的追求,从思维形式上看,表现为主体在精神上的自我超越过程;从思维内容上说,则表现为一种价值理想。主要解决的问题是:实现精神境界的途径或方式、理想境界或理想人格的结构及其与现实的关系等等。从某种意义上说,在中国传统哲学中,这些问题较之上一章讨论的问题更为重要,在传统哲学和传统文化的更深的层面上显示着我国传统思维方式的特质。

一、内倾型的精神超越

人的存在是感性与理性、灵与肉的统一。人作为感性的、肉体的存在,其存在与价值是有限的,也只能生活在现实之中。人作为精神性的存在,注定要摆脱现实(包括自然方面和社会方面)对自我的束缚与限制,超越肉体自我的有限性而在精神的层面追求永恒的价值。这个问题,说得通俗一点,就是"天国"在哪里以及如何进入"天国乐土"的问题。人类的本性是共通的,而且所面临的现实世界和现实问题又相差无几,因此,"天国"问题在古今中外一切人的灵魂深处始终是徘徊不已。所不同的仅仅是,在一切自觉和意识到这个问题的人们那里是,如何理解它、解释它乃至如何解决它。

方东美先生指出:"我以'超越形上学'一辞来形容典型的中国本体论,其立论特色有二:一方面深植根基于现实世界;另一方面又腾冲超拔,趋于崇高理想的胜境而点化现实。它摒斥了单纯二分法;更否认'二元论'为真理。"(方东美:《生生之德》第283页,台湾黎明文化事业公司1987年版)这是说,在西方哲学中,超越与内在、天国与人间、现象与本体往往是截然二分的。相比较而言,中国哲学则更强调理想与现实、道德与宗教的相即不离。这不是放弃对超越和理想的追求,而是认为理想的实现并不是离绝现实。一方面是在人伦日用中去体悟人生的形上意义和理想价值,另一方面还必须把理想落实在现实世界,将天国建立在人间。方东美说,中国哲学"总是把形而上,形而下贯穿起来,衔接起来,将超越的形上学再点化为内在形上学。儒家中人不管道德成就多高,还必须'践形',把价值理想在现实世界、现实人生中完全实现"(方东美:《原始儒家道家哲学》第16页,台湾黎明文化事业公司1987年版)。方东美主张用"内在超越"的概念说明中国哲学的基本精神。

余英时先生亦主张用"内在超越"的概念说明中国文化的价值精神。在他看来,西方文化和中国文化分别以"神"和"天"("尽心知天")为超越性的价值源头,但前者走的是"神启救赎"的"外在超越"(神示)之路,后者则走了一条"明心见性"的"内在超越"(内圣)之路。这两个价值系统的结构也由此迥然相异。西方的"外倾型"价值系统以"性恶论"为人性根据,通过悬设一个完满的"天国"来反照人间和制约人生行为,以灵魂超升的赎罪为途径,来达到"救赎"的精神超越。中国的"内倾型"价值系统则以"性善论"为人性依据,通过"明心知性"和"为仁由己"的内省修身而实现"至善"的精神超越(参见高力克《人生意义与文化冲突》一文,载《学术月刊》1991 年第 12 期)。这就是说,西方人把"天国"理解为超现实的彼岸世界,这一彼岸世界外在于自我,因此,当他们寻求灵魂、精神安息之所以及自我价值所在时,即追求精神超越时,其方式必定是外倾型的。中国传统哲学把"天国"理解为人的本性,是内在于主体自我的本质,因此,决不会到外部世界和彼岸世界寻找安身立命之地以及自我价值的实现方式,而是反求诸己,以内倾型的精神超越方式为特点。

问题的关键在于,如何解释中西哲学同主张"精神超越",但在理论形式却又有如此重大的差异。这不能不追索到哲学思维方式的深层。

中西哲学的一个重要的不同,就是双方对"形而上"的理解有重要的不同。在西方哲学中,"形而上"只具有观念或原理的意义,它与"形而下"相对,构成了本质与现象的对立。这种观念决定了,西方人把外在于人的世界仅仅当作认知对象,通过对现象的分析进而把握本质。因此,西方哲学很重视认识论,把把握关于对象世界的知识当作主体自我的惟一要务。认识论与价值论有不同的功能,它只能说明"事实",给人提供知识,但不能提供"意义",不能解决人的灵魂的安顿或精神、情感需求问题。于是,西方人便把这一任务交给了宗教。而按照西方基督教的原罪说,人生来就有罪恶,因此,人必须通过自我赎罪的方式,才能拯救灵魂,实现精神的超升,进入天堂乐土。这说明,西方人追求外在的精神超越,乃根源于西方哲学本身不具有价值论的功能,不能满足人的情感需要。中国传统哲学亦有自己的"形而上学",但其所理解的"形而上",不仅仅是某种观念或原理,而且是一种本体存在;不仅仅是一种外在的对象世界的本体,而且是内在于人性的本体;不仅是一种理性存在,而且也是一种不离感性或现象的存在。这种理论思维的特点,不仅决定了中国传统哲学思维是一种内向性的自反思维,而且决定了它是一种以精神境界为目标的价值思维,必然是立足于现实追求精神超越,以及主张内在的自我超越,而不是脱离现实到彼岸天国去追求外在超越。

所谓精神超越或精神境界,说到底,不过是主体对宇宙人生真谛的体悟以及觉解后所获得一种精神状态。但这一过程不是逻辑的、知识的,而主要是情感上的体验和经验上的印证;这一过程的结果也不是侧重于获得关于对象的具体知识,而是觉解宇宙人生真谛后的一种心理性的精神感受。中国传统哲学视天道与人道、形而上与形而下是一个东西,离了人道便无天道,离了形而下便无形而上。按照这种观念,主体对天道的体验过程,同时也就是体验人道的过程;主体对宇宙本质的认识过程,同时也就是证悟人的自我本质的过程。这一过程,是主体不断地超越自我而接近、趋向乃至与宇宙本体合一的过程。从结果上说,主体对宇宙人生真谛有了完全的觉解,在思想上就会发生飞跃,产生一种超越有限而达到无限的解放感,获得一种至高无上的幸福和快乐。这是一种精神境界。在此境界中,天道与人道、感性与理性、超越与此岸、思想与现实获得了统一,主体的自我价值得以实现。因此,中国传统哲学根本无需求助于上帝对灵魂的拯救,也无需到彼岸的茫茫天国去寻找幸福乐土。"上帝"就是主体自我,天国就在主体自我的心中。中国先哲所常说的"人皆可以为尧舜"、"满街都是圣人"和

"佛在心中",就涵盖这层意思。

儒家属于这一思维类型,道家、释家也属于这一思维类型。

早期儒家的天人合一论,以精神境界作为主体的价值目标,具有内在超越的思维特点。后来,宋明道学的心性之学,进一步把心性提升为与宇宙本体合一的形而上的本体存在,同样也具有内在超越的思维特点。孟子提倡"尽心、知性、知天",似乎是由内向外,由心而性而天,似乎把天道作为认识的目标。但事实上,孟子所讲的不是认识论的问题,而是价值论的问题,在内容上是精神境界的问题。性是天赋予人心者,它与天是一个东西,本质上是纯善的,因此,对天道的觉解也就是对人的本性的觉解,属于超越感性自我而达到理性自我或道德自我的精神升华过程。这一超越,根本无需向外下功夫,只要"反身",即向内用力,就可以达到"诚"。所谓"诚",即是指觉解宇宙真理后而获得的一种物我合一的精神境界。宋明理学家很重视"穷理尽性"。"穷理"是对天道的体认,"尽性"是对人性的体认。但按照理学家性理合一的思维模式,天理即是人性,它就存在于人的心中,因此,"穷理"与"尽性"乃是一回事。它不是对外在知识的追求,而是对自我本性的体悟;不是追求外在超越,而是追求内在超越。能"穷理尽性",就可以进入理学家所向往的"圣域"。所谓"圣域",即是指理想的精神境界。早期儒家与后期儒家(理学家)尽管在理论思维层次上有高低之别,但无不以精神境界为价值目标。他们都持这样的看法:人不仅仅是血肉之躯或感性存在物,而且更是形而上的本体存在和理性存在。因此,以精神境界为价值目标的自我实现过程,是出于感性而又超越感性,是出于经验而又超越经验,它以人性论或内在本体论为依据,是向内在本体或内在本体世界的靠拢和超越。

道家老子提出"复归于无极"(《老子》二十八章)的哲学命

题。"复归于无极"也就是"复归于朴"和"复归于婴儿"（同上书）。"无极"指道，是宇宙的本体。"朴"是道体未加雕琢的自然状态或本然状态，同时也是指人的自然的素朴之性。"婴儿"是对"无极"本然状态的形象性比喻。其实，"无极"、"朴"、"婴儿"是一个东西，所以老子说："道常无名，朴。"（《老子》三十二章）道作为宇宙的本体，处于未经分化的本然状态，故不可以名谓称之，这就是"朴"，也就是"婴儿"式的本然状态。按照老子的这种观念，"无极"之道不仅是宇宙的本体，同时也是人的本性或人的形而上的存在。因此，万物"复归于无极"的过程，即是主体向宇宙本体的靠拢过程，同时也是主体"复归于朴"、"复归于婴儿"的过程，即主体复归于自我本性的过程。这一过程的结果，是主体与客体的合一，自我进入一种本体境界，获得了一种理想的精神状态。但这种精神境界不是别的，它只是一个"无为而无不为"，要求人复归于自己的本性，按照自己的本性而生活，自然无为而已。这也是一种精神超越，但不是对外在本体的超越，而是自我超越，对自己的本性的复归，属于内在超越。

　　庄子把"道"解释为"无为无形"（《庄子·大宗师》）的存在。"无为无形"指事物未经开化的混沌未分的状态，是事物的"真性"，即事物的本性、本质。庄子与老子一样，以自然为尚，因此，他也主张把事物的自然之性同时视为人的"真性"。他说："古之真人，以天得人，不以人入于天。"（《庄子·徐无鬼》）这是说，应该从"天"，即自然方面看待人性，而不能相反。在这一观念支配下，庄子反对"以心捐道，以人助天"（《庄子·大宗师》），把天与人对立起来，而主张超越物我、天人的对立。其间界限的消失，便是"真人"、"至人"、"神人"独有的精神境界。这种境界乃是心理上或主观精神上的混沌、无差别状态。这是自我与自我价值的真正实现,但不是向外追求,而必须复归到人的"真性"轨道上来。

佛教哲学很重视"心",认为宇宙万物都是"心"的外现,所谓"山河大地皆由心造","一切唯心所现"。佛教哲学又很重视"实相"、"真如",把"实相"、"真如"看作宇宙形而上的本体。按照佛学的看法,"实相"、"真如"并不是外于"心"的存在,"心"即是"实相"、"真如",心体就是形而上的宇宙之心。佛学都主张解除"法缚"、"我缚",使自我获得超越和解脱。但这种超越和解脱,仍然是内在的超越和解脱,而不是来生来世,也不是超越现实的彼岸世界,因为心体即是佛性,即是宇宙本体,它就在众生心里,不在众生之外。中国化的佛教哲学——禅宗的这一思维倾向就特别典型。禅宗很重视"本心",认为本心既是自我之心、众生之心,同时也是宇宙本体。他们直接把佛性本体称之为"自性"、"自心"。正因为如此,禅宗主张:"菩提只向心觅,何劳向外求玄!"(《坛经·疑问品》)把自识本心和自识自性看成是证成佛境的根本方法。这种观念,内在超越的倾向特别鲜明。

可见,儒、道、释三家无不主张通过内在精神超越的方式克服主体自身的局限,在天人合一的理想境界中寻找人生的意义和人生的归宿。这是中国传统哲学有异于西方哲学而特有的一种价值观念模式。

中国传统哲学重视理想精神境界,而理想精神境界问题也就是理想人格问题。一个人有了理想精神境界,就意味着他成就了理想的人格。从这一意义上说,中国传统哲学的内在超越的价值思维方式,是通过建构理想人格而展现自己的思维内容的。这一理想人格,在儒家那里称之为"圣人",在道家那里称之为"神人"、"真人"、"至人",在佛学那里称之为"佛"。中国传统哲学的核心在人生,而人生的中心问题是理想人格的建构。理想人格不是神,不是上帝，不在彼岸的天国里，而就在现实中，就在人的精神世界中。因此，它是理想与现实、感性与理性的完美结合与统一。理想人格的建构过程，就是主体在精神上超越自我的过程。这一过程，同样体现了内在超越的价值取向。

儒、道是中国传统哲学和传统文化中势力和影响最大的两家，后来又加上佛学。佛学虽属外来文化，但被中国传统哲学和传统文化所同化，即主要被儒家和道家所同化。就此而言，在中国传统哲学中最有代表的学派可以认为只有儒道两家。先秦儒家重视人生而略于天道，其理论旨趣在于成圣成贤，这自不待言。即使是老庄道家，虽然多有关于天道方面的议论，但其理论的最终归宿仍在确立一种完善的理想人格，以寄托自己的精神追求。儒道醉心于这一问题，共同体现了中国传统哲学的价值精神。因此，理想人格的建构实乃中国传统哲学中一个极为重要的问题。基于此，我们以儒道两家为代表，专就理想人格建构问题进行剖析，以期进一步说明中国传统哲学价值模式的特点。

二、理想人格的建构途径：为学与为道

中国传统哲学把学问分为两类："为道"与"为学"。前者可以认为是关于"理性"的学问，旨在成就理想境界或理想人格，确立人的价值和人生的意义，寻求精神的安息之地。后者是关于"理智"方面的学问，以具体事物为反思对象，解决的是具体知识方面的问题。儒家与道家对"为道"和"为学"及其关系的理解并不完全一样，但无不以"为道"作为成就圣人的学问，并视之为最高的学问，表现为重视人的价值和人生意义的思维倾向。

冯友兰先生认为，老子之学分为"为道"和"为学"两个方面。

"为道"是解决精神境界问题，"为学"是解决具体知识问题。"为道"的方法是"日损"，以减少知识欲望。"为学"的方法是"日益"，以增加具体知识(参见冯友兰《中国哲学史新编》第2册，第52—58页)。用老子自己的说法，这叫做："为学日益，为道日损。损之又损，以至于无为，无为而无不为。"(《老子》四十八章)"无为"是一种理想的精神境界，是老子所向往和追求的目标。与"无为"相对立的是"伪"，即人为。天道无为而人道常常是有为，因此，老子所说的"损"，实际是减少人为的东西。通览《老子》一书，老子心目中的"损"，大体包括两个方面：一是损欲。老子常以"婴儿之未孩"比喻人的自然无为的精神状态或生活态度。一个未开化、未有知识的婴孩是当饥则食，当渴则饮，只求饱腹，不及其余。这就是人的真性所在，也是人应有的精神状态或应有的生活态度。可是，人们却往往过分追求物欲，所谓汲汲于声色、珍玩、名利、财货等，这就违背了人所应有的纯朴自然的状态，这也就是"伪"。"伪"作为人为或人为之物，亦含有虚伪的意思。"伪"与"真"相对立，它是毫无价值、毫无意义的，应该属于"日损"之列。老子认为，天道自然，无妄意，无造作，是宇宙最为理想的状态。因此，人应该体道，效法自然。这种体道的过程，同时也就是日损的功夫："涤除玄览，能无疵乎。"(《老子》十章)"见素抱朴，少私寡欲"(同上书，十九章)，把心中的感性欲望彻底消除掉，以至于"无为"，复归于"朴"或"真"，即能获得与道体为一的精神境界。二是损知。老子认为，"道可道，非常道；名可名，非常名。"(同上书，一章)道是宇宙的本体，它无形无象，是不可言说的。因此，他主张"致虚极，守静笃，万物并作，吾以观复"(同上书，十六章)，认为只有减少知识，使内心世界保持绝对的虚静状态，才可能体会道体的意义而达理想的精神境界。老子所说的损知体道，也是要求人们认识到天道是自然无为的,应该按照道的样子去生活。损欲和损知,表面上似乎是二损,实际上也可以说是一损。人对知的追求即是欲的一种,同时,人有了知识,也有了欲望,违背了天道自然无为的原则,因此,损欲即是损知,或蕴含有损知的意义。

庄子对道的追求,其理论的具体内容或许与老子有异,但从根本上说,也是采取了"为道日损"的途径或方法,有"心斋"与"坐忘"之说。"心斋"是去掉一切知识欲望而纯任自然的求道方法。庄子说过这样的话:"无为名尸,无为谋府,无为事任,无为知主……亦虚而已。"(《庄子·应帝王》)去名去谋,去事去知,即是去掉一切人为的东西,最终达到"虚"的状态。从损的过程或方法说,"虚"即"心斋":"虚者,心斋也。"(同上书,《人间世》)能"心斋",就能无执无著,忘掉一切人为之物,因而"心斋"同时就是"坐忘"的过程。关于"坐忘"的内容,照庄子在《大宗师》中所说,就是"忘仁义",再忘"礼乐",终而"堕肢体,黜聪明,离形去知,同于大通"。"坐忘"不仅要破除知识欲望等关于外物的观念,而且要破除"自我"的观念,在主观精神上达到彻底的混沌。这是一种精神境界。这种"离形去知"的精神境界,可谓是"损之又损",损到无可再损的地步。庄子的说法与老子的说法不尽相同,但无疑也是属于"为道日损"的路径。

玄学继承先秦老庄的思想,亦把"损"当作"为道"的基本方法。如王弼提倡"因自然"、"顺自然"。"自然"是天道或宇宙的本质,同时也是人的纯真本性。王弼认为,"自然已足,益之则忧。"(《老子注》二十章)天地万物,性各自然,圆满自足。人亦是一个自足的存在,其性是完美无阙的,因此,根本无需"益之"。所谓"益",即指"为学"的方法,"求益其能"或"日进其智"。"为学"而"求益",无异于续凫之足,截鹤之胫,恰恰是人的真性的丧失。

依据这一观念，王弼强调"无欲已足"（同上书），主张"故将得道，莫若守朴"（同上书，二十二章）。按照王弼的解释，"朴之为物，以无为心也"（同上书），"无欲"、"守朴"、"以无为心"都是所谓"体无"境界，也是达到和实现"体无"境界的根本途径与方法。要"得道"，达到和实现"体无"的境界，不能采用"益"的方法，只能以"损"为根本原则。

在中国传统哲学中，除了道家之外，先秦儒家也有"为道"之说，《中庸》明确地提出"为道"的问题："人之为道而远人，不可以为道。"孔子、孟子所说的"志于道"及荀子所说的"从道"，都意在理想人格的建构，均涵盖"为道"之意。

从一定意义上说，儒家的"为道"途径或方法也是"损"。孔子仁学的一个基本命题是"克己复礼为仁"。所谓"克己"，也就是克除人的感性欲望，与老庄所说的"损"在意义上有相通之处。克除人的感性欲望，使人的言行处处符合礼的规范，就可以达到"仁"的精神境界，成为"仁人"式的理想人格。孟子主张"性善"，认为仁义礼智诸德"根于心"，所以他很强调扩充本性，以使善性发扬光大。从另一方面看，孟子也承认"声"、"色"、"臭"、"味"是人的感性欲望所在，但又认为这些欲望与人的理性不符，所谓"君子不谓性"，因此，孟子有"养心莫善于寡欲"的主张。"寡欲"作为"养心"的过程，也就是"损"的原则。荀子主张"性恶"，视"目好色，耳好声，口好味，心好利，骨体肤理好佚愉"（《荀子·性恶》）诸方面的感性欲望为人之本性，但又认为人性与礼义等道德原则相背，因此，他强调人必须经由"化性起伪"的功夫方能成为尧舜，达到理想之境。荀子的人性论与孟子不同，但他所说的"化性"则与孟子的"寡欲"一样，近于道家"损"的主张。《易·系辞》公开标出"损"的口号："损，德之修也。"把消除忿欲当作道德修养的重要原则。

宋明理学中的程朱学派和陆王学派都提倡"损",他们把"损"称之为"减"。"减"的过程,就是"复其初",恢复天命之性的过程。理学家都认为,人性来源于天理,本来圆满至善,但为形气所蔽或物欲所累,于是有恶念与恶行。因此,他们主张通过"减"的功夫,克除此形气之蔽或物欲之累,以恢复人性本善的状态。程颢认为:"学者今日无所添,只有可减,减尽便没事。"(《程氏外书》卷十一)朱熹认为:"人性本明,如宝珠沉溷水中,明不可见;去了溷水,则宝珠依旧自明。"(《朱子语类》卷十二)陆九渊反对"添"或"益",认为学问之道,只是"减"的功夫:"今之论学者,只务添人底,自家只是减它底。"(《象山全集》卷三十四)王守仁既提倡"减",又提倡"复",认为二者是一个问题的两个方面:"吾辈用功,只求日减,不求日增。减得一分人欲,便是复得一分天理。"人欲减尽,天理全复,良知纯然无杂,便是圣境或圣人。

以上情况表明,道家"为道日损"的方法,在原则上也可以为儒家所接受。两家都把减少欲望、消除物累作为"为道"而证成圣人之境的根本方法。

但是,儒道毕竟是两家,其思想不能尽同。由于双方对"为道"与"为学"的关系的理解有所不同,从而两家的方法又有重大的区别。

在道家那里,"为道"与"为学"是对立的。虽然老子也有"为学日益"之语,可是他又以"为道"排斥"为学"。老子以道为宇宙的本体,崇尚自然,因此,人以道为法,就应该顺应自然,按照自己的天然本性而生活。可是,为学而获得知识的结果却恰恰是违背自然之道和人的自然本性的,所谓"慧智出,有大伪"(《老子》十八章)。人为的知识是关于外物的知识,既包括关于自然方面的知识,也包括关于道德方面的知识,诸如仁义礼乐之类。老子认为,人一旦有了知识,必然有所追求,种种争执、矛盾由此而生。因此,他既主张"绝巧弃利",弃绝自然方面的知识,又主张"绝仁弃义",弃绝道德方面的知识。老子把这一原则概括为"绝学"或"绝圣弃知"。庄子也持类似的看法,认为"有机事者必有机心"(《庄子·天地》)。所谓"有机事",即是关于外物的知识。有知识必有虚伪、丑恶之事的发生。庄子似乎更为强调人的自身本性的自然纯真,认为人汲汲于"利"、"名"、"功"、"德"等,皆为"以身殉道"、"残生害性"(《庄子·骈拇》),意即追求知识荣禄都是对人的纯真本性的玷污、损伤,因此,庄子常有"返朴归真"之说。"返朴归真"是目标和归宿。就如何实现这一目标,庄子与老子一样,主张采取"绝圣弃知"的方法。显然,老庄道家视"为道"与"为学"是性质截然不同的两回事,并以"为道"否定"为学"为特征。这一思维特征表明,道家只主张以"日损"作为主体与道体合一的手段,反对以"日益"即知识作为实现理想之境和建构理想人格的手段。

　　一般说来,儒家主张"为道"与"为学"的统一。在儒家那里,"为道"是目标或目的,着眼于理想境界和理想人格,"为学"则是手段,着眼于实现这一目标的途径。因此,"为学"作为"为道"的手段,并不与它相对立。这就是说,儒家在强调以"日损"作为"为道"的手段的同时,并不否认以学益知的方法。前面谈到,孔子主张"克己复礼为仁"。"克己复礼"是"为道日损"的功夫,旨在达到仁的境界和成为圣人,可是,它同时也可以说是"为学日益"的功夫。"克己"是以礼克除自己的私欲,而要做到非礼勿视、勿听、勿言、勿动,就必须学礼、识礼,了解和掌握礼的原则与知识。这个过程,实际就是"为学日益"的功夫。孔子说:"不学礼,无以立。"(《论语·季氏》)又认为"好仁不好学"(同上书,《阳货》)是错误的。"学礼"、"好学"都是"为学"。通过"为学"的功夫,能有所立,"立于礼"(同上书,《泰伯》),对礼有所了解,渐次可以识仁体道,获得理想之境,成就理想人格。荀子特别强调"学",专作《劝学》一文以讨论之,并明确地把"为学"看作是"为道"的重要途径。他指出:"其数则始乎诵经,终乎读礼;其义则始乎为士,终乎为圣人。""将原先王,本仁义,则礼正其经纬蹊径也。"这个说法是把知识积累视为成就圣人的功夫,显然认为"为学"与"为道"是统一的。先秦儒家的重要学者,大都持类似的看法。在这个问题上,孟子的见解似乎有点特殊。他把"学问之道"视作"无他",只是"求其放心而已"(《孟子·告子上)》,把重点放在扩充人先天的良知良能,专注于追求内心的功夫,似乎不讲"为学"。但孟子所说的"求其放心"过程,实际上也含有关于道德知识的学习与积累的功夫,所以他也有"幼而学之,壮而行之"(同上书,《梁惠王下》)及"智之实,知斯二者(指仁、义)"(同上书,《离娄上》)的说法。我们至少可以确定,在孟子那里,"为学"与"为道"并不是对立的。

　　理学家程朱一派既讲"格物致知",又讲"穷理尽性"。"格物致知"是求索具体知识,主要指道德方面的知识,这是"为学"的过程。通过这一过程,就可以进而"穷理尽性",悟解宇宙人生之道,进入圣人之境,成为圣人,这是"为道"的过程。陆王一派注重"为道",强调在"诚"上下功夫,对程朱一派的"格物致知"说多有非议,但实际上也不反对读书讲学,不完全排斥"为学"。所以他们主张:"自古圣人亦因往哲之言、师友之言乃能有进。"(《学记》,《象山全集》卷二十一)他们所反对的是专在"名物书册"上做功夫,而忘记了"先立其大"的根本功夫,甚至忘记"成贤成圣"这一根本目的。与道家不同,儒家不仅主张"为道日损",也主张"为学日益"。

儒道双方所说的"为道"都属于理想境界和理想人格的建构途径问题,但两家所理解的圣境和圣人在内容上并不相同,因而对"为道"与"为学"的关系才有不同的理解。如果说,道家以体合自然,返朴归真作为圣境和圣人的根本标识,那么,儒家则以合于人伦、归于仁义作为圣境和圣人的根本标识,就是说,儒家的圣境和圣人乃以道德理性为根基。因此,儒家的"为道",便不能完全离开"为学",弃绝人伦道德方面的具体知识。这就说明,道家"为道日损"的主张,尽管也可以为儒家所接受,但其与道家主张欲、知双遣不同,儒家所损的对象仅仅是"欲",而且是与道德原则不合的"私欲",而不是"知"。以理(礼)制欲和以学证道,把损与益视作"为道"和达到圣境与成就圣人的两种不可或缺的手段,这是儒家价值理想建构的特点。

不过,儒道对于"为学"或"知"的态度不同,并不是根本的。重要的是,双方都把"为道"当作最高的学问,都以主体自我与道体的合一为根本目标,重在内倾型的精神超越。对于这一价值理想来说,道家对"为学日益"取否定的态度,儒家则取肯定的态度。儒家肯定"为学"或"知",也不是把获取道德方面的知识或道德价值作为终极目标。在道德知识或道德价值上面,还有更高的东西,这就是"道",就是理想的心灵境界和圣人人格。道家否定"知",否定的仅仅是关于具体事物的知,而不是最高层次的知。老子所说的"知常曰明",此知即是最高层次的知。庄子所说的"知之盛"(《庄子·大宗师》),也可以说是最高层次的知。但此知不同于具体知识,它是通过排遣具体知识而得到的。具体知识要求对事物作出区别,而最高知识则是忘记这些区别和抹掉这些区别,在主观精神上造成一种混沌境界。这种精神境界所具有的知不是具体的知,所以后来玄学家郭象把它概括为"不知之知"。"不知之知"不同于"无知"。"无知"是一个人不觉解的表现,是真正的无知。而"不知之知"是对具体知识的超越,是主体对宇宙人生的大彻大悟,是主体的一种最高形式的自觉。一个人有了这种彻悟和自觉,便意味着他进入了最高精神之境。这种精神境界是对儒家所关注的道德知识与道德价值的超越,与儒家的不同仅仅在于:儒家所理解的"超越"是通过肯定形式实现的,道家所理解的"超越"则是通过否定形式实现的,但毕竟同属于"超越"。因此,儒道双方都表现了超越道德价值而追求更高价值——天人合一理想境界的思维倾向。这才是中国传统哲学的更为基本的功能,也是中国传统价值思维模式更为根本的特征。

还有一个问题需要辨明。我们在前面说过,中国传统哲学与西方哲学不同,认为道德与知识无关(见《中国传统思维方式研究》第八章第二部分)。可是,这里在谈到儒家的思维特点时,又认为道德与知识有关系,这似乎是矛盾的。其实,这是从不同的侧面而言。说知识与道德有关,是说一些儒者把知识视为提高道德境界或精神境界的手段。说知识与道德无关,是说儒家并不把知识看作理想境界本身。理想的精神境界不是个知识问题,它是主体自我一种精神上的"受用",旨在给人提供一个安身立命之地。一个人可能有道德方面或其他方面的知识,甚至很完备,但如果他仅仅停留于此而不能把这种知识上升为精神境界,那么,知识亦仅仅是知识而已,对于他的精神世界来说,这种知识乃是一种外在的东西。精神境界是对真理的体验和经验,只有主体自我才能受用、享用,不能通过"知"的方式提供给别人。因此,精神境界的本质是"体",而不是"知"。中国古代哲学家都是这样理解问题。

例如,理学家,特别是心学一派就很强调知识与境界的区别。程颢《识仁篇》说:"学者须先识仁,仁者浑然与物同体。"所谓

"先"，即后来陆王所说的"先立其大者"，但这仅仅是"识"或"知"，还必须进一步体验，化为自己的精神境界。程颢下文又称："孟子言万物皆备于我，须反身而诚，乃为大乐。若反身未诚，则犹是二物有对，以己合彼，终未有之，又安得乐？"所谓"反身而诚"，就是一种精神境界，是通过"先立其大"的方式获得的。如果没有这样的精神境界，虽然知道"与物同体"的道理，但仍然是"二物有对"，未能做到物我合一。按照程颢的说法，仅有这种知识还远远不够，还必须具有这一方面的精神境界。一个人有了这种精神境界，才可以真正享受到其中的快乐。程颢的这一概念，后来成为陆王心学的一项思维原则。陆九渊之所以认为程朱一派是专在"册子"上下功夫，就是因为他重在精神境界层面上看问题。按照他的看法，一个人能在自心上着眼，发明本心，即是圣人之境，即使不识一字，也可以做一个堂堂正正的人，是无需在"格物致知"方面下功夫的。与心学不同，程朱一派强调把知识看作是实现理想境界的手段，因而不排斥知识的作用。但两家的不同，仅仅是方法上的不同。他们的共同特点，都不把知识与境界看作是一回事。陆九渊曾应朱熹之邀，在白鹿洞书院作过一次关于"义利之辨"的演讲，很受朱熹的赞扬。按照陆九渊的说法，"君子"与"小人"的区别，不在于行为，而在于"志"。人们的行为可能相同，但对于不同的人来说其意义并不相同，即各人的"志"并不相同。这种不同的意义正是各个人的不同境界的体现。一个人的行为出于"公"的境界，则为"君子"；一个人的行为出于"私"心，则为"小人"。换成知识与境界的关系说，一个人志在"为道"或"求道"，未必不可以"求知"，因为他把"求知"仅仅作为实现精神境界的手段。一个人的"志"不在这里，那么，他仅仅是"求知"而已，与精神境界无关。朱熹听了陆九渊的讲话，很受感动。这说明二人的思想宗旨在本质上是没有区别的。

不仅儒家有这样的认识,甚至道家一系也是这样理解问题的。如玄学中有"达"与"作达"之分。"达"是觉解宇宙真理后而获得的一种精神境界。一个人有了"达"的精神境界,自然可以"越名教而任自然",有旷达的言论行为。一个人无此"达心",虽然有此方面的知识,他也要"越名教而任自然",这就是"作达",矫揉造作,他的言论行为是"徒具其表",而不是真正的旷达。

儒家(也包括玄学家在内)的观念表明,中国传统哲学把"为道"当作根本的学问和价值目标,"为学"仅仅是"为道"的手段。"为道"的过程,既可以采取"为学"的方法,也可以采取其他的方法。但无论采取何种方法,都不能忘记或背离圣境或圣人这一根本性的价值目标。从这一角度看,中国传统哲学确有重道而轻学的学术倾向和思维倾向。

三、理想人格的境界:天人合一

"天人合一"是中国古代哲学家所共同追求的理想境界。理想境界是理想人格所特有的和应有的精神境界。理想境界的实现与理想人格的完成,意味着主体对自我的超越,由有限向无限的飞跃,自我价值的最高实现和完成。因此,理想境界观与理想人格观集中地体现了中国传统哲学和传统文化所特有的价值追求、价值理想及价值尺度。

在中国哲学史上,无论是道家还是儒家,都以理想境界与理想人格作为自己哲学理论的根本宗旨与目标。老子以"王"、"地"、"天"、"道"为"域中四大",其间有递进的"相法"关系,最终归结为"道法自然"。所谓"道法自然"归根到底是"人法自然",以顺任自然、无为而无不为作旨归。这是人作为主体而与道体统一后所具有的一种精神状态或生活态度，也就是"天人合一"之境。有此境界的人，老子目之为"圣人"。庄子更为明确地提出"天地与我并生，而万物与我为一"（《庄子·齐物论》）的著名命题，以"天人合一"为理想人格所具有的精神境界。魏晋玄学家王弼主张"圣人体无"。"无"即是"道"、即是"自然"，都是对宇宙本体的表述。"圣人体无"，意味着主体之心与宇宙本体的合一，构成圣人应有的理想之境。郭象则主张"与化为体"、"冥合自然"，亦以"物我合一"或"天人合一"为圣人之境。儒家认为天道与人道一体，因此，亦以德合天地为圣人的根本品格与理想境界。孔子在叙述自己求道过程时所说的"知天命"、"耳顺"、"从心所欲不逾矩"（《论语·为政》）；孟子所说的"君子所过者化，所存者神，上下与天地同流"及"仰不愧于天，俯不怍于人"（《孟子·尽心》），无疑都含有以"天人合一"为圣境的意义。儒家经典《易·文言传》称："夫大人者，与天地合其德，与日月合其明，与四时合其序，与鬼神合其凶。""大人"不只是一种现实人格，而且更是一种理想人格。大人德合天地，与天道为一，不仅是从认识论上讲的，更是从境界论或价值论上讲的。"大人"之所以能有德合天地的行为，正是因为他有德合天地即"天人合一"的境界。即使是荀子，虽然在天道观方面强调"天人之分"，但对于精神境界的理解仍然具有"天人合一"的基本特征。荀子认为，天道的本质在于"诚"，天地以"诚"化育万物；又认为圣人以"诚"参赞天地之化，主张"养心其善于诚"，"诚心守仁则形，形则神，神则能化"（《荀子·不苟》）。这种说法，与孟子或《中庸》所说的"诚者，天之道；思诚者，人道"的意义略同，都以"诚"作为圣人"天人合一"的精神境界。宋明时期的哲学家大都讲"一天人"、"合内外"、"与物为体"。尽管不同学者的具体说法不尽相同,但究其实质,都是讲的精神境界问题,亦都以追求此境作为自己理论的最终归宿,他们从不同侧面共同奏出了中国传统哲学的这一主旋律。

问题在于如何理解传统哲学圣人之境的建构以及这种建构所体现的思维特征。

无可怀疑,儒道双方所理解和追求的精神境界是有差别的。

从致思倾向看,儒道双方虽然都以"天人合一"为至境,但对天人关系的理解和规定并不完全相同。道家的圣人之境是以人合于天。老庄虽然以天道作为人道的依据,试图为人的精神生命寻找一席安息之地,但由于他们崇尚自然,强调弃绝知识欲望,因此他们以人道合于天道为目标,即以复归自然,返朴归真为归宿。老子赞扬"朴"、"婴儿",无疑是以不识不知、自然纯朴的精神状态为至境。庄子在理论上更为明确地点出了道家哲学的这一根本精神。他反对"与人为徒",一再强调"与天为徒",宁愿作出"畸于人而侔于天"的选择(见《庄子·大宗师》),表现为"以人合天"的致思倾向。这一致思倾向作为价值取向,不仅以天道作为精神境界的理论依据,而且又以复归天道或主体消融于自然为归宿,带有浓郁的自然主义特质。与道家不同,儒家的圣人之境可以概括为"以天合人"。儒家以天道为人道的依据,认为人道源于天道,但他们又以天道论证人道,以人道为归宿,本质上说的是对人道觉解后而具有的一种精神境界。孔子说:"思知人不可以不知天。"(《中庸》)这是以知人为知天的出发点,又把知天作为知人的前提。孔子又说:"道不远人,人之为道而远人,不可以为道。"(《同上书》)为道也就是知天,追求立命安身的功夫,但是,为道不可以远人,这无疑又以人道为归宿。显然,儒家所理解的圣人境界不同于道家,而具有人文主义的倾向。如果说,儒家的理想境界是把人交给社会,道家的理想境界则是把人还给自然。

　　从内容上看,老庄道家所说的"天人合一"之境,实际上包含着对儒家所倡导的道德原则的超越或否定。老子说:"大道废,有仁义。"(《老子》十八章)又说:"失道而后德,失德而后仁,失仁而后义,失义而后礼。"(同上书,三十八章)庄子也尖锐地提出,儒家标榜仁义,可是,"损仁义者寡,利仁义者众"(《庄子·徐无鬼》)。"天下莫不奔命于仁义,是非以仁义易真性与?"(《庄子·骈拇》)老庄认为,儒家推崇仁义,可是仁义一旦被标立出来,就成为压制人性而满足人的私欲的工具,堕落为毫无价值的虚伪之物。正由于此,道家每有"忘仁义"、"忘礼乐"而要求回归自然之说。道家的本义,当然不是说可以不要仁义,但在理论形式上,却不能不说这是对儒家仁义之道的否定。与此相反,儒家的精神境界,在内容上是对仁义诸德的完全觉解。孔子说:"志于道,据于德,依于仁,游于艺。"(《论语·述而》)所谓"志于道",即含有对精神境界追求的意义,可是,这种精神不是如同道家那样倾向于对自然的复归,而是"依于仁",又是"立于礼"的,以对仁的完全觉解和对礼的顺从为内容。孟子把仁义礼智诸德视为是天之所予,是人的本质所在,因此,他理解的"与天地同流"的精神境界不过是对仁义礼智诸德或自我道德本性的觉解。荀子说:"致诚则无他矣,唯仁之为守,唯义之为行。"(《荀子·不苟》)唐人杨倞训"致"为"极"。照此解释,"致诚"是精神境界的极致,也就是"天人合一",而这种境界的内容"无他",不过是守仁行义而已。显然,儒道双方的精神境界在内容上有所不同。儒家强调在人的伦理关系中和道德生活中追求超越自我,实现和完成理想人格的建构,而道家则强调在超越仁义礼智诸德中实现自我,去追求理想之境。

　　不过,道家的"以人合天"并不是真正的以人合天。道家所理解的"天",不是与人相对立的外在自然,而是人自身的自然真性。因此,"以人合天"作为精神境界,不是表现为主体与作为客体的外在自然统一,而是主体与自我的统一,亦即主体向人的自然真性的复归,本质上也属于"以天合人"的思维路径。这一点,我们在前面已有详论,所以这里不复赘言。这里所要着重指明的是,儒道精神境界的上述差别,还不是至理的差别,或者说,还不是"至境"层面上的差别。儒道双方的精神境界在最高层面上,至少在理论形式上表现为对接和契合。

首先,儒道所理想的精神境界都是真、善、美三者统一的精神境界。庄子说:"且有真人而后有真知。"(《庄子·大宗师》)"真知"是对宇宙人生真谛的完全觉解,用庄子自己的话说:"知天之所为,知人之所为……知之盛也。"(同上书)人顺应天道而生活,以自然无为作为人生准则,这就是"真人"式的"真知",也是"知之盛"。这是"知天"的境界。一个人有了"真知",就能体验到一种无比的快乐和幸福,所谓"夫得是,至美至乐也,得至美而游乎至乐,谓之至人"(《庄子·田子方》)。"至美"、"至乐"源于对道体的领悟,这是"乐天"的境界,所以庄子又有"与天和者,天乐"(《庄子·天道》)之说。"知天"、"乐天"同时又是"至善"的境界。老子盛赞"上德不德"(《老子》三十八章)的人格,庄子崇尚"全德"(《庄子·德充符》)的人格。"上德"、"全德"皆是至善的人格,都有冥合自然、"与天为一"的精神境界。这种精神之境,可以说是"合天"或"同天"的境界。总之,道家所理解的"天人合一"之境是"知天"、"乐天"、"同天"的统一,即真、善、美的统一。

与道家相同,儒家也把真、善、美的精神境界当作终极目标而汲汲追求不已。孔子所说的"五十而知天命,六十而耳顺,七十而从心所欲不逾矩",照汤一介先生的解释,分别属于真、善、美的境界。"五十而知天命"是"天人合一"境界，"六十而耳顺"是"情景合一"的境界，"七十而从心所欲不逾矩"是"知行合一"的境界。"天人合一"是属于人生智慧的层次，"情景合一"是属于人生欣赏的层次，"知行合一"是属于人生实践的层次。这三个层次的关系，是后者依次包括前者。即"六十而耳顺"的境界应包括"知天命"的境界，"七十而从心所欲不逾矩"的境界则应包括前两境界，因此，它是"真"、"善"、"美"的统一境界（参见汤一介《论儒家的境界观》，载《北京社会科学》1987 年第 4 期）。汤一介先生的这一解释是否确切，特别是认为三境界有依次包容的关系是否确切，可以暂且不论，但就孔子的理想来说，他确实是把真、善、美相统一的境界当作人生的最高目标和人的价值的最高实现形式。

其实，不止是孔子，儒家学者都把理想精神境界理解为真、善、美的统一。按照孟子的说法，人道是天道的体现，一个人能了解善性是人心本有而予以充分发展，这就是"知天"。能"知天"，同时也就同于天之"诚"而有"诚"之德，达到了"与天地同流"的"合天"境界，从而在心理上产生一种至上的快乐感，"反身而诚，乐莫大焉"。"知天"为真的境界，"乐天"为美的境界，"合天"可以认为是善的境界。

宋明理学家对"孔颜乐处"乐道不倦。他们所说的孔颜之"乐"，并不是指肉体感官的快乐，因为"回居陋巷"一事本没有什么可乐，而是"乐天"之乐，是指主体觉解宇宙真谛而超越自我后所获得的一种精神上的快乐。照理学家之见，天道与人道本为一体，学者的根本任务，就在于"识得此理"（程颢：《识仁篇》），"合内外，平物我，此见道之大端"（张载：《经学理窟·义理》）。这是属于"知天"的功夫，亦属于"知天"的境界。某个人具备了这种境界，同时就是对自我的超越，亦即泯除了物我之别，所谓"与物无对"（程颢：《识仁篇》），"视天下无一物非我"（张载：《正蒙·大心》），进入"无我而后大，大成性而后圣"（《正蒙·神化》）的圣人之境，即"合天"之境。在此境界中，主体能够领略到"反身而诚"之"大乐"（程颢：《识仁篇》）。"大乐"不是福泽富贵之类的世俗之乐，而是"知天"、"合天"而觉解宇宙人生真谛后的快乐感。此乐即是孔颜的"乐处"。

可见，真、善、美相统一的精神境界乃是儒道双方所共同追索的价值理想或价值目标。

其次，道家所说的"天人合一"境界是一种"无"或"无为"的精神状态。老子认为，一个人经"日损"功夫，其极致是"无为"之境。"无为"也就是"无"，实际上是指主体自我在损除知识欲望之后，在精神上或心理上所得到的一种无执无著、顺应自然、虚灵空明的主观感受或主观状态。庄子反对"有待"，崇尚"无待"，认为"至人无己，神人无功，圣人无名"（《庄子·逍遥游》）。无己、无功、无名即是"无待"，也即是通过"心斋"、"坐忘"功夫而获得的无我执、无物执而呈现出以"虚"、"静"为特质的空灵境界，其意义与老子所说的"无为"大体相同。道家的这一思维倾向比较明确，且学人多有论述，兹不多述。我们所要强调指出的是，以"无为"为最高精神境界的表征，在儒家哲学中也多有体现。孔子说："无为而治者，其舜也与?"（《论语·卫灵公》）这里所说的是一种理想政治，还不就是理想境界，但事实上孔子也以"无为"为至境。上文说，孔子自称"七十而从心所欲不逾矩"，这个"矩"既指人之道，也指天之道。照孔子的说法，由于他对宇宙人生之道有完全的觉解，因而他能依道而动而随心所欲，这一行为是纯出自然而毫无勉强之意。这是一种理想之境。此境界也就是后来《中庸》所说的"不思而得，不勉而中"或"从容中道"之境。孔子反对"毋意，毋必,毋固,毋我"(《论语·子罕》),自称是"无适无莫"(《论语·里仁》),"无可无不可"(《论语·阳货》)等等。这些说法,从不同的侧面道出了孔子所理解的精神境界是无执无著的。孟子十分崇拜孔子,把孔子视为圣人之集大成者,认为孔子是"圣之时","可以速而速,可以久而久,可以处而处,可以仕而仕"(《孟子·万章下》)。孟子所说的孔子作为圣人所具有的精神境界,其实就是他所理解和向往的理想境界,此境界也以无执无著为特质。《中庸》在谈到圣人"至诚"之境时,认为其"博厚配地,高明配天,悠久无疆。如此者,不见而章,不动而变,无为而成"。直接把"无为"看作是理想境界的一个重要表征和内容。这说明,儒家所理解的圣境具有道家所强调的"无为"的特点。

正因为儒道双方的思想有沟通之处,所以理学家往往采纳道家的思想以解释儒家的思想,表现为以道入儒的思维倾向。如程颢的《定性书》,把圣人之境概括为:"动亦定,静亦定;无将迎,无内外。"认为"夫天地之常,以其心普万物而无心;圣人之常,以其情顺万物而无情"。程颢所说的"无将迎",就是直接源于庄子之说,其他诸如"无心"、"无情"亦是道家的主张,特别是玄学的主张。庄子说:"圣人用心若镜,不将不迎,应而不藏,故能胜物而不伤。"(《庄子·应帝王》)程颢与庄子都认为,圣人之心如同一面镜子,物来即应,物去则止,应于物而不累于物。这就是"无心",亦就是"无情"。天地"无心",而圣人德合天地,所以天地之心即圣人之心。圣人以天心为心,因而他能顺应万物而不会掺杂个人的私情("无情")。理学家所讲的这种内外合一、无执无著的"无心"之境,亦就是道家所推崇的"无为"境界。

台湾学者牟宗三先生在论及玄学的思想特点时,认为"无"或"无为"作为一种精神境界,不独是玄家或道家的东西,而且也为儒、释两家所同证：

> 魏晋所弘扬的玄理就是先秦道家的玄理。玄理函著玄智。玄智者道心之发也。……此方面的问题，集中起来，主要是依"为道日损"之路，提炼"无"的智慧。主观的"无"底妙用决定客观的存有论（形上学的）"无"之意义。就此客观的存有论的"无"之意义而言，道家的形上学是"境界形态"的形上学，吾亦名"无执的存有论"。此种玄理玄智为道家所专注，而且以此为胜场。实则此种工夫上的无乃是任何大教、圣者的生命，所不可免者。依此而言，此亦可说是共法。（牟宗三：《才性与玄理》三版自序，台湾学生书局 1963 年版）

牟宗三先生接着指出，佛教以般若智所显发的"无心为道"，亦即道家玄智所显发的"无"境。其下文又专对儒家之说进行了分析：

> 不独就道家与佛教言是如此，即就道家与儒家言亦是如此。儒圣亦不能违背此主观工夫上的无之智慧，尽管他不只此，因为他正面讲仁。然而仁之体现岂能有心为之乎？尽管他不欲多言，然而并非无此意。……是故自陆象山倡言心学起，直至王阳明之言"无善无恶心之体"，与至王龙溪之言"四无"，皆不免接触"无心为道"之理境，即自主观工夫上言无之理境。（牟宗三：《才性与玄理》三版自序，台湾学生书局 1963 年版）

照牟宗三先生所说，儒道两家学说的区别在于，儒家"正面讲仁"，道家不讲仁。就是说，儒家所理想的精神境界建立在道德理性的根基上，以对"仁"的觉解为内容，道家所理想的精神境界缺少道德理性这一根基，表现为对"仁"的超越。但是，"无"或"无心为道"作为理想之境，却是儒道双方所追求的目标，也是佛教哲学所追求的目标。就此而言，可谓牟宗三先生先我而言之了。

四、理想人格的结构：内圣与外王的合一

中国传统哲学所追求的理想人格不仅是"内圣"的，而且也是"外王"的，它是"内圣"和"外王"的合一。这一在结构上"内圣"与"外王"统一的人格，进一步体现了传统价值思维模式的特点。

"天人合一"作为理想之境，属于"内圣"的范围。一个人一旦达到了这一境界，就意味着成为一个圣人。精神境界作为人的主观精神状态，仅仅是一种理想层面或意识形式层面的东西。但人作为一个具体的存在，又必须生活于现实的社会关系中。这种特定的社会关系对于任何一个人来说乃是一种必然性的关系。这就产生了两个必须要回答和解决的问题：一是人格主体在何处超越自我，以实现理想之境，成为圣人。就是说，欲达理想之境，是否必须离开现有的社会关系，否定现实的人生，到超现实的彼世去追求。二是具有理想之境的圣人人格，需要不需要应世以及如何应世。海外学者方东美先生是这样理解问题的：中国传统哲学"以宇宙真相、人生现实的总体为出发点，将人生提升到价值理想的境界，再回来施展到现实生活里，从出发点到归宿是一完整的体系"（方东美：《原始儒家道家哲学》第33页，台北黎明出版社1987年第3版）。方东美先生所说的以"人生现实为出发点"和"施展到现实生活"的问题，即是我们所说的在"何处超越"与"应世"的问题。"何处超越"与"应世"这两个问题是逆向的，但又是统一的，从广义上说，都可以归结为"外王"问题。中国传统哲学所理想的人格建构，不是局限在"内圣"的层面上，也不是局限在"外王"的层面上，而是在现实中追求超越，在超越中又不能离开现实。这一理想人格，既是出世的，又是入世的，既是超现实的，又是现实的，

它是两个方面的统一。

在西方人那里,不止在宗教层面上表现为超现实的价值思维倾向,甚至在某些哲学家的哲学理论那里也是如此,例如,柏拉图就认为,肉体存在是灵魂的监狱。按照这种观点,人要解脱自我,就必须脱离尘世罗网,脱离人的社会生活,甚至摆脱肉体生命的羁索,表现为出世主义的倾向。

与西方人不同,中国传统哲学历来主张在现世和现实人生中追求理想,超越自我,实现自我的价值。这一价值观念,在儒家中有突出的表现。儒家向来关注的是社会现实问题和日常人伦问题,不是地狱天堂之类的虚幻问题;是人的今生今世的问题,不是来生来世之类的渺茫问题。这一思维倾向,在孔子那里就已经显露出来。孔子"不语怪、力、乱、神"(《论语·学而》),主张"未知生,焉知死"(《论语·先进》),反对讨论超现实的问题,强调在现世或现实中实现与完善自我,这当然是一种入世主义的精神。不过,这仅是问题的一个方面。孔子所向往的是圣人式的理想人格,圣人作为一种理想人格所具有的精神境界不止是现实的,也是超现实的;不仅是道德的,而且也是超道德的。这在孔子与子路、曾皙、冉有、公西华的一段对话中有生动的体现。孔子问各人的志向。子路之志是使民"有勇,且知(兵)方",关注的是军事问题;冉求之志"比及三年,可使足民",关注的是经济问题;公西华之志在"宗庙之事",如"会同,端章甫,愿为小相",关注的是道德礼仪之事。曾皙则称:"莫春者,春服既成,冠者五六人,童子六七人,浴乎沂,风乎舞雩,咏而归。"(《论语·先进》)孔子对前面三人之志不以为然,却独独称赞曾皙之志:"吾与点(曾皙)也。"其原因在于,前面三人之志太世俗化了,仅仅停留在现实问题的层面,而曾皙却表达了一种天地万物浑然一体的精神境界,而这一境界正是孔子所特别向往的。孔子所追求的这种境界,不能简单地说是入世的,也不能说是出世的。应当说,它既是入世的又是出世的,它要求在日用之间实现超越,在现实中达到理想。

这一观念在理论上最为典型的概括是《中庸》的一句话:"极高明而道中庸。""极高明"是指理想之境及对此境的追求,属"内圣"的功夫。"道中庸"是处事原则或处世态度,属"外王"的范围。《中庸》作者认为,精神境界作为理想是很"高明"的,但它不是存在于社会现实之外,就存在于人的伦理关系和道德生活中。因而,追求理想之境,不必在现实之外,而在现实之中,于人伦日用之中就可见"高明"。《中庸》的"极高明而道中庸"被后儒,特别被宋明理学家奉为圭臬。儒者有一句名言:"不离日用常行内,直造先天未画前。"(王守仁语,《东廓语录》,《明儒学案》卷十六)"先天"作为理想之境是很"高明"的,是人需要终生追求的目标,但它并不能离开"日用常行"。这就要求,每个人必须立足于现实和此世,在日常人伦之用中去实现人生的最高理想,寻找人生的价值和归宿。

按照中国传统哲学的看法,主体自我的境界追求,不仅需要在现实中实现超越,而且还要在超越中回到现实。"回到现实"即是"应世"问题。"应世"应该包括两个方面的问题:一是作为理想人格的圣人一旦为"王",他需要"治世";二是即使做不到"王",他也需应事应务。因此,"外王"不仅仅是治世原则或政治理想,而且也是一种处世原则或生活原则。《中庸》所说的"极高明而道中庸"也涵盖这层意思。儒家视"极高明"与"道中庸"为一事,因此,他们自然不会把理想人格的建构仅仅理解为由"道中庸"到"极高明"的单向过程,而且也把理想人格的建构理解为"极高明"到"道中庸"的反向过程,就是说"内圣"作为一种主观上的精神境界还需要进一步转回到它原来的起步处,即"外王"的层面上。

正因为如此,所以孔子对出世的倾向公开表示反对,对于非难他的"隐士"说:"鸟兽不可与同群,吾非斯人之徒。"(《论语·微子》)他所理解的人格不仅是自我超越的精神圣人,而且是能博施济众的世俗圣人。孔子与子夏的对话就明确地展现了这一层意思:"子夏曰:'如有博施于民而能济众,何如?'子曰:'何事于仁,必也圣乎! 尧舜犹病诸。'"(《论语·雍也》)孔子认为"圣"高于"仁",因为"仁"仅是一个道德修养的问题,其最高形式是一种精神境界,而"圣"不止是一种"圣"的精神境界,同时还是一种"博施于民而能济众"的功业或行为。照孔子所见,理想人格的结构应该是"内圣"与"外王"的统一。孟子把"不忍人之心"视为推行"不忍人之政"即"仁政"的内在根据,把"不忍人之政"视为"不忍人之心"的外现。他一再强调:"先王有不忍人之心,斯有不忍人之政。"(《孟子·公孙丑上》)"不忍人之心"属于"内圣"的范畴,"不忍人之政"则是"外王"。孟子亦把理想人格的结构看作是既有仁德又能博施济众的统一。他所理想的"先王",不仅应该有"仁"的境界,而且也应该有"仁"的功业。在"先王"身上,表现为"内圣"与"外王"的有机结合。儒家经典《大学》说:"大学之道,在明明德,在亲民,在止于至善。"朱熹认为,"此三者,大学之纲领也"。照朱熹的解释:"明明德者,人之所得乎天,而虚灵不昧,以具众理而应万事者也。"显然,这是一种"天人合一"的理想境界,属"内圣"的一面。朱熹把"亲民"解释为"新者,革其旧之谓也"。所谓"革其旧",即是"推己及人",以德化民,属"外王"的功夫。朱熹亦认为,应该把"内圣"和"外王"统一起来。《大学》还主张把"格物"、"致知"、"诚意"、"正心"、"修身"、"齐家"、"治国"、"平天下"视为一事。在这八条目中,前五条属于"内圣"的功夫,后三条属于"外王"的功夫。《大学》的作者主张由"内圣"而"外王",亦即要求把个人的道德修养拓展到治国平天下的领域。

从本质上看,儒家的理想人格是建立在人伦道德的根基上。"内圣"作为理想人格的精神境界的一面,实际上所关涉的是个体自我的道德修养问题。"外王"是理想人格的外现,它既是道德的,又是政治的。但按照儒家的看法,人的政治关系和政治行为是人的道德关系和道德行为的扩大,因此,"外王"作为现实人格的一面,本质上是一种道德人格。道德人格反映的是人与人之间的群体关系,因此,又可以说是一种群体人格或社会人格,体现了中国传统哲学所固有的群体本位的价值取向。

道家有"隐逸"即避世的观念,这确实如人们通常所认为的那样,表现为出世主义的思维倾向。就此而言,道家与儒家的积极入世主义的精神有所不同。但似乎不能由此就认定,道家哲学就是出世主义的哲学,就像不能把儒家哲学简单地看作就是入世主义一样。应该说,道家哲学是出世的,又是入世的,既是超现实的,又是现实的。就是说,道家也主张两个方面的统一。与儒家思想的区别仅仅在于,道家不是像儒家那样立足于入世看待出世,也不是像儒家那样立足于现实看待人的精神超越,而恰恰相反,是站在出世的角度看待入世问题,以超然的态度看世俗的、现实的问题。如果说,儒家所确立的是一种社会的、道德的、群体的自由人格,那么,道家所确立的则是自然的、超道德的、个体的自由人格。即使这样,道家所理想的自由人格也不是完全脱离现实的人格,也不是存在于彼岸天国里的人格。

道家很注重"得道",即追求个体自我的精神自由,照道家所见,"得道"需要在现实中。庄子把"乘天地之正而御六气之变"的绝对自由视为精神追求的目标,但具有如此绝对自由的人格并不是超脱尘世,不食人间烟火的神仙,而是通过"齐物"方式化解一切"是非"之后的理想人格。说到底,这是一个顺应自然而按照自己的真性而生活的世俗人格,这实际上也是要求在现实中追求精神超越。这种思想倾向在玄学中更加明朗化。玄学家提倡"越名教而任自然",但实际上他们并不要求在现实之外去追求自然。所以,阮籍在《大人先生传》中对"礼法士君子"和"隐者"大加痛斥。在阮籍看来,"礼法士君子"之流"诵周孔之遗训,叹唐虞之道德,唯法是修,唯礼是克",坚守礼法之条文,实际上是把入世与出世对立起来,未免太庸俗可笑。"隐者"之徒"与木石为邻",隐居山林,避世绝俗,反对入世,这就不可避免地陷入"自是而非人"的境地,实际上依然是把出世与入世对立起来,没有进入理想境界。"礼法士君子"和"隐者"是入世和出世两种人格的代表。阮籍反对这两种人格,实际上主张把出世与入世结合起来,在现实中追求超越。其实,这不止是阮籍一人之见,而是玄学家之通见。王弼之"名教出于自然"说,郭象之"名教即自然"说,尽管在细节上有差异,但无不主张两个方面的统一,在"名教"之中实现"自然"之境。

道家亦不反对"得道"之后返回现实,而主张"应世"或"应务"。《庄子·让王》说:"道之真以治身,其绪余以为国家,其土苴以治天下。"庄子一派尽管主张以治身为主,以治国、治天下为余事,但亦足以说明他们对"应世"并不采取排斥态度。老子主张"无为而无不为"。"无为"作为精神境界,着眼于"内圣",而"无不为"则包括治世之道和人生之道,着眼于"外王"。庄子哲学的根本精神是"独与天地精神往来而与世俗处"(《庄子·天下》)。"独与天地精神往来"是"内圣"问题,"与世俗处"说的是应世问题,属"外王"问题。

"外王"作为"内圣"的外化,是主观见之于客观的东西。由于儒道双方"内圣"的意义不同,因此,他们对于"外王"的理解与规定也不尽相同。道家以超越人伦之道,复归自然为旨趣,他们虽然也讲"治世",但事实上,其"治世"的方式与儒家有所不同,也带有自然的特征。老子所理解的圣王之治是:"我无为而民自化,我好静而民自正,我无事而民自富,我无欲而民自朴。"(《老子》五十七章)这种治世之道不同于儒家以仁义礼乐治世的有为之道,它不是要求在人伦道德基础上去实现社会的和谐,而是表现为对人伦道德的超越,把自然无为作为治世之方和理解的社会目标。尽管道家与儒家的思想有如此的差别,但这并不是说道家理想的圣人不需要"治世",而只是说其所主张的治世之方和社会理想模式与儒家有所不同。

道家所设计的理想人格在人生态度上也有这一特征。庄子声称,他心目中的至人是"乘物以游心"(《庄子·人间世》),"游乎尘垢之外",表现为出世的倾向。此至人人格,既能超生死,随物化,"旁礴万物为一,世蕲乎乱,孰弊弊焉以天下为事"(《庄子·逍遥游》),表现为超世的态度;又能齐是非,等贵贱,不肯为"世俗之礼,以观众人之耳目"(《庄子·人间世》),卑视"方内"之礼,崇尚游乎"方外"之世,表现为遁世的生活态度;还能安时顺命,"彼且无町畦,亦与之为町畦;彼且为无崖,亦与之为无崖"(同上),表现为游世的生活态度。这种超世、遁世、游世的态度,都是道家自然无为理想在不同境界下的外现。但庄子似乎并不主张摈居江湖,与世隔绝,实质上主张以超然的态度"应世",去对待世事,这在逻辑上隐含着出世必须入世的意义。庄子的《人间世》一文,专就题目看,讨论的就是应世问题。郭象的"题目解"为:"与人群者,不得离人。然人间之变故,世世异宜,唯无心而不自用者,为能随变所适而不荷其累也。"所谓"无心"即是指与道体为一的"玄冥之境"，但有此境界的人并不是不应世，不是要求"离人"，而是要求以"无心"的态度去应世，应于物而不累于物。郭象的说法，当然对庄子的思想有所调整，但也不能否认由庄子那里而来，至少可以认为，经过玄学的调整后，在道家一系中，"无心而应世"成为主导性的观念。

上述情况表明，从实质内容上说，道家不是反对"治世"或"应世"，而是反对以仁义礼乐作为手段治理天下和把人的行为局限在道德律条之内，而是强调依照人的自然本性而治世和生活。人的自然本性本质上是个体的属性，从这一意义上说，道家的理想人格乃是一种个体的人格。

梁启超说："儒家哲学范围广博，概括起来，其用功所在，可以用《论语》'修己安人'一语括之。其学问最高目的，可以用《庄子》'内圣外王'一语括之。做修己的功夫，做到极处，就是内圣；做安人的功夫，做到极处，就是外王。"（梁启超：《儒家哲学是什么》，《梁启超哲学思想论文选》第 487 页，北京大学出版社 1984 年版）冯友兰先生把中国哲学的基本精神概括为"内圣外王之道"，认为中国哲学所求解决的问题是做圣人，圣人是"既入世又出世"，"他的人格是所谓'内圣外王'的人格。内圣，是就其修养成就说，外王，是就其在社会上的功用说"（冯友兰：《中国哲学简史》第 14 页，北京大学出版社 1985 年版）。在中国传统哲学中，儒家主张"内圣"与"外王"、"入世"与"出世"为一事，道家在原则上亦主张二者为一事，甚或其他重要的哲学派别亦大都持类似的观点。这一"内圣外王之道"，集中地体现了中国传统哲学的基本精神，反映了中国古代哲学家的基本价值取向。

五、儒道互补与儒主道从

儒道两家的理想人格建构理论有同亦有异。

从同的一面看,儒道双方都倾注全部身心致力于理想境界和理想人格的追求,以揭示宇宙人生的真谛,寻找安身立命之地,通过内在超越的方式期求精神自我的实现,形成一套以理想人格建构为根本目标的修养方法或学问之道。儒道的人格理论作为人生哲学的核心,个中凝集着中国古代贤哲的理想、价值倾向和价值追求,它以思维模式的形式支配、制控着中国人的精神生活或文化生活。

但儒道双方的理想人格建构毕竟有异,因而在人生哲学的层面上形成一种儒道对立互补的文化格局。在人生理想的层面上,既有儒家式的道德伦理型或社会型的群体人格,又有道家自然的、以个体精神逍遥自由为特征的个体人格,反映着两种不同倾向的人生追求或价值理想。在人生态度的层面上,既有儒家式的博施济众、以治国平天下为己任的有为主义,又有道家重在养生全性的自然主义,反映着两种迥然有异的生活情趣。儒道两家所设计的这两种不同的理想人格所代表着的这两种不同的理想、价值体系,无疑有对立的倾向,但同时又是互补的。也正由于此,在中国这块特定的文化土壤上,它们在不同的侧面上满足了人的精神、文化生活或社会生活的不同要求。首先,儒家把理想精神境界理解为对仁义等道德规范的自觉,把理想人格规定为完全实现了道德规范的圣人,这无疑可以满足人的道德生活的需要。但仅把理想人格的设计限于道德的领域,不免显得过分偏狭,其流弊必然是对个体精神自由的压抑、人性的扭曲。道家所设计的个体精神自由的人格,以纯任自然为特征,这当然也有偏颇之处,但在某种程度上,却可以打破礼法名教的束缚,恢复人性的纯真,从而弥补了儒家思想的不足。其次,儒家以"内圣"与"外王"为一体,主张精神修养与经世致用的统一,其入世的态度表现了浓郁的救世的现实精神。但事实上具有理想境界的"圣人"未必能做成"王",即使能做成"王"也未必能实现教化天下和平治天下的目标。如果说,"为仁由己"的"内圣"目标作为个人的道德修养可专凭自己的主观努力而获得成功,但"外王"作为客观理想,其实现和途径常常受阻。"外王"所要解决的是现实问题,必须面对现实,也只能面对现实。而在壁垒分明的阶级社会中,事实上是乱世多而治世少,现实不仅往往不符合人的理想,而且也不会按照人的理想而发展,这就在理想与现实之间产生了无法解决的对立和分裂。有感于此,儒者往往处于苦闷、彷徨、失意的精神状态中,孔子"道不行,乘桴浮于海"的感叹正反映了这种心境。道家侧重于从自然的一面重新评价和确定人生的价值与态度,把儒家对现实的强烈关注拉回到对个体精神自由的追求,无疑使儒者面临的尴尬在主观精神领域可以得以释放,为心理失衡的士者寻找到一席精神慰藉之地。可见,儒道两家的理论具有又对立又互补的意义。

但是,儒道在中国传统文化中的地位并不是平列的。从总体上看,可以说是儒主道从。这样一种文化格局,从汉代起就基本确立。究其原因,大体有三。第一,人性既有自然的一面,又有社会的一面。儒道分别从自然与社会两个侧面理解和确立人的价值和人生的意义,正适应了人的心理和精神生活的不同需求。但人的本质作为社会关系的总和,主要体现在人与人的社会交往中,自我及其价值只有在社会生活中才能真正实现。儒家所确立的理想境界和理想人格与人的社会性本质和要求正相默合,因而具有普遍性的意义。道家充满了诗情画意般的理想要求,固然可以为生活在矛盾旋涡中的人们提供一块安闲、静谧的乐土,与人的心理与精神需求有适应之处,从一个侧面展现了自我的价值,但同时也注定了人们只是在"物欲"不能满足、失意苦闷时才能想到它,因而不可能在思想文化领域起普遍作用。第二,正如许多学者所指出的那样,周文化本质上是一种礼乐文化。经过数百年的历史演进,周文化不仅在中原地区深深扎根,且向边缘地区渗透,成为中国本土的共识文化。孔孟诸儒祖述尧舜,宪章文武,志在"东周"或"吾从周",他们的理想正体现了西周以来的文化传统。道家的理想所代表的荆楚文化与中原文化相比是后起的,它的根基远不及邹鲁所代表的周文化深厚。如果说,儒家是接着传统讲,那么,道家则是逆着传统讲。在中国一开始就重视传统的这块土地上,儒道思想文化的这种不同特质,当然也就决定了它们后来的不同命运。第三,一种哲学或理想的命运,不仅取决于它自身的特质,而且更取决于它与社会政治经济制度相适合的程度。中国封建社会的基本特质是以血缘关系为基础的宗法等级制。儒家哲学的理想所体现的重视道德人伦和经世致用的实践理性精神,正好与这一宗法等级制相适应。汉代"独尊儒术",以至后来儒学在思想文化领域一直居于统治地位,其原因也正在于此。道家抨击仁义,弃绝礼乐的态度,不管其实际用心如何,至少在理论形式上与封建的宗法等级制是格格不入的,因此,不可能与儒家的思想真正抗衡。

在长期的历史演化过程中,形成了儒道互补、儒主道从的理想人格建构。这一理想人格建构,以内在超越为基本思维倾向,以"损"或"益"为求道的基本途径,以理想境界为最高目标,以理想与现实关系为核心,在思维的最深层次展现了中国传统哲学的价值理想与追求,积淀为一种思维方式。这是中国传统哲学的核心与灵魂,其他问题或其他观念,究其实质,无不受到这一价值思维方式的制控,也无不围绕着这些基本问题展现自身的内容。就此而言,精神超越与价值理想问题是理解中国传统哲学和传统文化特质的一把钥匙,是中国传统哲学和传统文化的遗传基因真正所在。

（选自《中国传统思维方式研究》第十章,山东大学出版社 1994 年版）

高晨阳,河北临漳人,曾任山东大学哲学系教授。主要著作有《中国传统思维方式研究》、《阮籍评传》等。

本文在全面分析比较儒道两家理想人格建构理论后,指出从同的一面看,儒道双方都倾注全部身心致力于理想境界和理想人格的追求,以揭示宇宙人生的真谛,寻找安身立命之地,通过内在超越的方式期求精神自我的实现,形成一套以理想人格建构为根本目标的修养方法或学问之道。但儒道双方的理想人格建构毕竟有异,因而在人生哲学的层面上形成一种儒道对立互补的文化格局。在人生理想的层面上既有儒家式的道德伦理型或社会型的群体人格,又有道家自然的以个体精神逍遥自由为特征的个体人格,反映着两种不同倾向的人生追求或价值理想。在人生态度的层面上,既有儒家式的博施济众、以治国平天下为己任的有为主义,又有道家重在养生全性的自然主义,反映着两种迥然不同的生活情趣。儒道两家所设计的这两种不同的理想人格所代表着的这两种不同的理想价值体系,无疑有对立的倾向,但同时又是互补的。

儒 道 周 行

庞　朴

黑格尔在演讲印度哲学时曾不无感慨地说道：

> 我们要注意，印度人在他们的观察意识中认识到凡是真实的与自在自为的就包含三个范畴，并且理念的总念是在三个环节中得到完成的。这个对于三位一体的高卓的意识，我们在柏拉图和其他人的思想中也再度看到。但这种三位一体的辩证思想，后来在抽象的思想领域中却失掉了，只有在宗教里面尚保存着，但是被认为属于一个超越的世界。以后抽象的理智跟着抬头了，宣布它（按指三位一体的思想）是无意义的。直到康德才重新打开理解它的道路。一切事物的总念之真实性与全体性，从其本质来看，都为三体合一的范畴所摄入。重新意识到这一真理，乃是我们时代的任务。（《哲学史讲演录》第一卷《东方哲学·乙》）

其实岂止古印度与古希腊人而已矣！古代中国人在意识的三个范畴、总念的三个环节或者叫三位一体的辩证思想方面，也有许多高卓之见。黑格尔之不甚了解中国，早为中国人士所一再指出，也有他的祖国学人因之扼腕，这里他又一次表现出对中国哲学的失敬。造成这种现象的原因不止一端，方块汉字之难以识别、中华思想之博大精微，都曾给异邦人士送去过困难；即使是睿智的哲人,在它面前也往往会无可运其玄思,以致使我们在读他们大著之论及中国时,常不免多少有点失望,也多少有点歉意。解决办法之一,应该是由我们中国人自己,出来对古奥的中国哲学做出世界通行的解释,以便让全世界来共享这份精神财富,同时,也可以使我们自己不致数典忘祖,在学术领域里更加理直气壮一些,在对宇宙的理解上更为深刻一些,从而,在思想和行动方面,更加自由一些。

反　　复

众所周知,黑格尔所津津乐道的三个范畴构成的三个环节,形成的三位一体,就是正反合,或者叫肯定、否定、否定之否定。在惜墨如金的古代中国哲学文献里,曾用一个"反"字,将这一切便统统包括;其最典型的例证,莫过于老子所说的——

反者道之动。(《老子》第四十章)

[道]强为之名曰大,大曰逝,逝曰远,远曰反。(《老子》第二十五章)

"反"字原形像手掌之覆,本来是与"正"相对的意思;也就是黑格尔三环节的中间一环。但是在哲人眼里,这个反并非僵死的,亦非原生的;它既然作为正之反,从正反了出来,也绝不会安于现状,而要继续反下去,再作为反之反,复返于出发点。这就成了老子所谓的道之动,所谓的大、逝、远、反。这就是说,同一个反字,孤立起来看,是与正相对的正反之反;放回运动之流中,便又成了回返之返。因此,在看到正反之反时,应该知道它固然由正变来,却并不就此止步,而会再反成返;看到返回之返时,需要想到它已是一反再反了的,是一轮动态的完成。这就叫"道之动",说白了,也就是宇宙的规律。

　　这种反而返的动或规律,不是随时随地都能轻易出现的,它只发生在事物的数量变化抵达临界之时,所谓的——

　　物极则反。(《鹖冠子·环流》)

　　穷则反,终则始:此物之所有。(《庄子·则阳》)

所谓"极"或"穷",是一种临界状态。此前的刹那,不管变化已有多大,都还在界内,都还是正;此后的刹那,便进入反,新加的一根稻草,从此遂压垮了骆驼。因此,无论要造成反或者想避免反,关键都在于掌握好这个变化的极。当然,理论上说说容易,若想真正寻到这个极和抓准这个极,向前一步去造成反,或守住此极求不反,使自己左右都立于不败之地,却绝非易事。所以老子才说:

　　祸兮福之所倚,福兮祸之所伏。孰知其极?(《第五十八章》)

大祸原非从天降,享福至极祸自生;幸福亦非命中定,灾难极处有福根。问题是孰知其极。人们多半不认识这个极抓不住这个极,所以乐极生悲、塞翁得马的故事,总是不断发生。

　　由正而反,由反而返,转了一个轮回,否定之否定,重新回到了出发点,也叫做"复"。复意味着"复归"。但这个复归之处,貌似开头的出发点,却绝非原来的出发点,它已是饱经了正反两段沧桑而后的一个新的合成点。复归以后,运动也并不就此寂灭,而会重新开始,因此复也意味着"重复"。在反复这一对范畴中,如果说,反字强调了运动过程的动态和曲折,那么,复字则强调着运动过程的完成与重张;复有待于反,反(返)归结于复。正如庄子所说:

　　既雕既琢,复归于朴。(《庄子·山木》)

　　万物芸芸,各复其根。(《庄子·在宥》)

　　[唐虞以下],民始惑乱,无以反其性情而复其初。(《庄子·缮性》)

雕和琢,是对朴的否定,是对正的反。雕琢以成的芸芸万物,是发自根毁了朴的反。一切反置着的物件,总是不稳定的,一切反抗中的行为,都不可能永存;它们必待也必须再反掉自己的反,重新到达一个新的正,才能结束动荡,完成发展。庄子认定世界万物都是反,都是对原始和穆的毁坏,所以提倡归朴复根;民亦如此,必待反掉社会礼法所熏染而成的惑乱(正之反),才能反(返)其性情而复其初。在老子,这叫做——

> 夫物芸芸,各复归其根。归根曰静,静曰复命。复命曰常,知常曰明;不知常妄作,凶。(《老子》第十六章)
>
> 天下有始,以为天下母。既得其母,以知其子;既知其子,复守其母,没身不殆。(《老子》第五十二章)
>
> 知其雄,守其雌,为天下豁。为天下豁,常德不离,复归于婴儿。　　　　　　　　　　　　(《老子》第二十八章)

天下万物发于根,始于母,源于雌;作为派生物,作为由正而来的反,作为不安定的第二阶段,故曰子,曰雄。老子也认为,这样的万物,是不可执著的;它们变动不居,变化不已,终将回到老家去。因此我们不能目迷五色,流连万物而忘返;所需坚守不离的,倒应该是根是母是雌,以求得“上帝与我同在”,也就是说,使自己在精神状态上与“道”同在,或者形象地称之为“复归于婴儿”。浪子回头金不换,所以说只有到那时候,方可以“没身不殆”。

看来,道家人物确已机智地用反复范畴表达了发展的正反合规律。稍嫌不足的是,这个复,在他们的体系里,未能指出其有别于原始出发点的内容,更没有重新开张的意思;相反,他们满足于以简单回归出发点为目的为理想为指归,表现出某种消极退守遗世独立的气息,未免令人惋惜。

幸好,反复范畴并非道家所专有,它本是中华文化的一个根本思想,也同样弥漫于儒家经典之中。

很多人都知道儒家尚礼义,讲忠恕,也知道儒家鉴于尊卑、阴阳之类对立之存在而主张用中(中庸),主张无过无不及。其实忠恕云云,背后原隐藏有"反复"给既得利益者高悬着的威胁;中庸之道,正不妨看作是"反复"所敲响起的警钟。

不少人还知道儒家《易经》中有所谓贞下起元,有所谓否极泰来,有所谓剥极则复。其实这些思想本身,正就是三个环节式的"反复"。

我们只要稍加说明,一切便很清清楚楚:

> 无平不陂,无往不复。(《易·泰·九三》)
>
> "无往不复",天地际也。(《易·泰·九三·象》)
>
> 反复其道,七日来复。(《易·复·爻》)
>
> "反复其道,七日来复",天行也。……复,其见天地之心乎!(《易·复·象》)
>
> 君子终日乾乾,夕惕若。厉,无咎。(《易·乾·九三》)
>
> "终日乾乾",反复道也。(《易·乾·象》)

没有一马平川永不倾斜的道路,也没有一往无前而不复归的道理;从泰卦(䷊)的卦象就能悟出这一真理。它下面三根阳爻代表天,上面三根阴爻有如地,由下往上,一步两步三步,走到天之涯了,再往前迈一步,便不是上天而是入地、不是向前而是向反了。泰卦的九三爻,正是这个临界点,这个天地之际。

因此反复是一种道,这个反复之道,表现(见)了"天地之心"。他们认为,在天行方面,它以七天为一个周期。

人事沧桑也按反复之道运行,因此君子不能安不虑危,得意忘形,而应"终日乾乾",朝夕警惕着;"知至至之","知终终之"(《易·乾·文言》),当行则行,当止则止。那时候,虽难免或有危险袭来(厉),也绝无危害发生了(无咎)。

所谓中庸之道,认真地说,正是由此引申出来的,是反复的规律使得在位者害怕失其位,进取者畏惧转为退,才有了温而厉、威而不猛、不卑不亢、一弛一张之类的行为方法,和执中不执一、因时而权变之类的思维准则。用荀子的话来说,这叫做"持满之道"(《荀子·宥坐》),说穿了无非是守住那个极,不要滑向反面;从颜回的操守来看,这也是安贫之道,说穿了则是按部就班,徐图发展。他们所醉心追求的,是某种"居上位而不骄,在下位而不忧"(《易·乾·文言》)的安定和谐的社会局面。这种愿望,也许不宜一律谥为消极保守,在某些历史条件下,也会有其积极进取的作用。

当然,儒家的反复观也未曾指出运动的前进性或上升性;而且,这一问题在他们的体系中,变得比较隐蔽。因为他们讨论的重点不像道家那样,不是放在由反而复上,而是放在居正勿反上。复不复,怎样复,复后怎样,对于儒家,都属次一级的余事,并非当务之急。这根本地是由于,同道家之扑面而来的无非"反"者不同,儒家所极目望去的世界,都是"正"。所以,道家满心向往的是复,从现实的反返回理想的复;儒家则认为自己的历史使命是保住正,防止现实的正演变为可怕的反。这两种截然不同的态度,都建筑在对反复规律的完全相同的了解上,但又各自偏向一边,倒是十分有趣的。后世之所以会有儒道互补,后人之所以多在得势时禹行舜趋、失意后抱朴归真,事功方面恭奉儒术、艺文领域浪迹道山等等,于此也可寻得某些端倪。

终　始

反复也常表述为"往来"。前引的"无往不复",也就是无反不复的意思;"七日来复",也可以说成是七日而复。因为从运动变化的角度看,往,就是向前、前往,勇往直前了,必然走到反面;此后继之到来的,将是由反面复归于出发点。所以,往便意味着反,来则表现为复。这一规定,同纯时间意义上的往来的含义颇有差别。在通常被看成是一维的时间里,所谓的往,指的是过去、以往,与反不发生关系;而来,指的是今后、未来,同复也扯不到一块。必待把时间理解为无限的,而这个无限又并非是直线式的延伸,即并非黑格尔所讥笑的那种坏的无限;必待把时间理解为与运动不可分,而运动又不是简单平滑的进退;这样,我们才能懂得反复何以得称为往来的奥秘。

这样,我们也才能更深刻地领会中国古代的许多思想和韬略。譬如说,当我们读到鬼谷子的如下论述时,便不致简单视为只是纵横捭阖,而会推敲其中的哲理了:

> 古之大化者,乃与无形俱生。反以观往,复以验来;反以知古,复以知今;反以知彼,复以知己。动静虚实之理,不合来今,反古而求之。事有反而得复者,圣人之意也,不可不察。……己反往,彼复来,言有象比,因而定基。重之袭之,反之复之,万事不失其辞。圣人所诱,愚智事皆不疑。(《鬼谷子·反应》)

反谓"圣人所诱",大概就是阴谋;所谓"圣人之意",不妨名为阳谋;它们都与"大化"相合,或者说,是根据于"大化"而生。而这个大化,在这里表现为往来或反复。因此,鬼谷先生的纵横捭阖,便不是凭空的多端诡计，而含有对大化的理解运用于其中。

再譬如，《易传》里有这样一段：

> 《易》曰："憧憧往来，朋从尔思。"子曰：天下何思何虑？
> 天下同归而殊途，一致而百虑。天下何思何虑！日往则月来，
> 月往则日来；日月相推而明生焉。寒往则暑来，暑往则寒来；
> 寒暑相推而岁成焉。往者屈也，来者信(伸)也；屈信相感而
> 利生焉。尺蠖之屈，以求信也，龙蛇之蛰，以存身也；精义入
> 神，以致用也，利用安身，以崇德也。过此以往，未之或知也。
> 穷神知化，德之盛也。(《系辞下》)

这里所说的都只是往来，是形象化了的诸往来。这些憧憧往来者
没有徒劳跋涉，它们以此发生出重大效果：日月生出明，寒暑成了
岁，尺蠖致其用，龙蛇存其身。天下的千变万化不过如此，除此之
外，还能有别的什么呢("过此以往，未之或知也")？天下的万事
万物生来如此，并非刻意造作故弄玄虚("天下何思何虑")。而这
就是"神"，就是"化"，一旦能够穷此神知此化矣，便是盛德，便是
对大化的最完美的体悟。

而这一些，正是表现为往来的反复。

往来所造成的反复，其发生在社会中或人事上者，当然会有一
个价值问题。那时候，对往来将不容同等看待，而会有个趋吉避凶
的选择。《易经》上有一双很好的例证：

> ䷊泰：小往大来，吉，亨。
>
> 彖曰："泰：小往大来，吉，亨"，则是天地交而万物通也，
> 上下交而其志同也。内阳而外阴，内健而外顺，内君子而外小
> 人，君子道长，小人道消也。
>
> 象曰：天地交，泰。后以财(裁)成天地之道，辅相天地之
> 宜，以左右民。(《泰卦》)

䷋否:否之匪人。不利君子贞。大往小来。

彖曰:"否之匪人,不利君子贞,大往小来",则是天地不交而万物不通也,上下不交而天下无邦也。内阴而外阳,内柔而外刚,内小人而外君子,小人道长,君子道消也。

象曰:天地不交,否。君子以俭德辟难,不可荣以禄。

(《否卦》)

泰否两卦,一吉一凶,其关键只在于往来有小大之殊。泰卦乾下坤上,内阳外阴。由内卦初爻一步步往前,至三爻而阳极,四爻反为阴;外卦继续往前,至六爻而阴极,再进则反则回来,复为内卦初爻之阳。否卦的情景正好相反。儒家观念认为,阳为天为刚为君子,阴为地为柔为小人;故由阳往阴之反为小往,阴而复阳为大来,由阴往阳之反为大往,阳而复阴为小来。小往大来,所失小所得大,故泰;大往小来,所失大所得小,故否。何去何从,在这里是明若观火的。

反而所以能复,往而所以必来,有一个隐含的前提条件,那就是:运动是在圆周上进行的,或作圆周状实现的。如果作直线运动,前往就是前往,一去不可复返;即使折回头来逆反,运动的轨迹也完全颠倒,不可能有重复的现象发生。必须是在圆周线上运动,前进才会显现为往反而来复(所谓"蓍之德圆而神……神以知来"——《易·系辞上》),循环无已。前面引到的日月交替、寒来暑往的"天行也",当是这一思想的神圣依据;而与天行相应的循环往复的农业生产和生活,无疑构成这一思想的坚实基础。

赫拉克利特说过:"在圆周上,起点与终点是重合的。"(第尔斯:《苏格拉底以前哲学家残篇·赫拉克利特》D103)古代中国哲学家虽不习惯作如此几何学的定理,但同一个真理也还是被发现了;上述的反复和往来,便常常也被表述为"始终"或"终始",因为他们心目中的运动,本是圆周式的。例如《吕氏春秋·大乐》说:"天地车轮,终而复始,极则复反。"《左传》上说:"君子之行,思其终也,思其复也。"(《襄公二十五年》)"奉吾币帛,慎吾威仪,守之以信,行之以礼,敬始而慎终,终无不复。"(《昭公五年》)无始不反,慎终必复,这一点,在《易经》中尤为常见,如:

> 《易》与天地准,故能弥纶天地之道。仰以观于天文,俯以察于地理,是故知幽明之故。原始反终,故知死生之说。(《易·系辞上》)

> 《易》之为书也,原始要终,以为质也。(《易·系辞下》)

> 惧以终始,其要无咎,此之谓《易》之道也。(同上)

> 帝出乎震,齐乎巽,相见乎离,致役乎坤,说言乎兑,战乎乾,劳乎坎,成言乎艮。……艮,东北之卦也,万物之所成终成始也,故曰:成言乎艮。(《易·说卦》)

> 大明终始,六位时成。(《易·乾·彖》)

易道与天地之道相等相应,天地之道被它涵盖净尽;而其中最重要的一点,成为《易经》之本质的,便是探始求终("原始要终")。如果以八卦代表圆周上首尾相接的八方,设想天帝由东方的震卦开始出巡,按天体运行的轨道,而南而西而北,最终将在艮卦所代表的东北方内与始发点震卦区相接;那儿既是终点也是始点,一轮运行于此完成。太阳("大明")的运动便是如此;万物的生长变化亦复如此,成其终也成其始,运转不息,生生无已。因此,原始反终,可以知道死生之说;运用到行为上,鉴于始终之循环相应而戒惧谨慎,则可以无害。这就是终始之道。

将终始之道运用于历史者,以邹衍为甚。据《史记》载,邹衍深观阴阳消息,作《终始》之篇,"称引天地剖判以来,五德转移,治各有宜,而符应若兹"(《孟荀列传》)。这个符应若兹的终始五德,

照别的书上引称,约为:

> 邹子终始五德,从所不胜,木德继之,金德次之,火德次之,水德次之。(《文选》,左思《魏都赋》李善注引《七略》)

> 五德从所不胜,虞土,夏木、殷金、周火。(《文选》,沈休文《故安陆昭王碑》李善注引《邹子》)

> 今其书有《五德终始》,五德各以所胜为行。秦谓周为火德,灭火者水,故自谓水德。(《史记·封禅书》,《集解》引如淳曰)

看来五德就是五行之道的显现或被得到,五者按相胜的次序转移,每一德推出一个朝代,各有其所相宜的政治,所相应的符瑞,各领风骚数百年,然后再被胜德取代。如此终而复始,历史于是成焉(汉刘向父子改用五行相生法转移五德,从包牺氏受木德始,传火传土,所谓"以母传子,终而复始"——见《汉书·郊祀志·赞》,为后世沿用。在哲理上,与邹衍无别)。

荀子更进一步,认为终始之道不仅分别存在于天地和人事之中,还表现在天人之际,天与人互为终始:

> 以类行杂,以一行万;始则终,终则始,若环之无端也,舍是而天下以衰矣。

> 天地者,生之始也;礼义者,治之始也;君子者,礼义之始也;为之,贯之,积重之,致好之者,君子之始也。

> 故天地生君子,君子理天地。君子者,天地之参也,万物之总也,民之父母也。无君子,则天地不理,礼义无统,上无君师,下无父子:夫是之谓至乱。

> 君臣父子兄弟夫妇,始则终,终则始,与天地同理,与万世同久:夫是之谓大本。(《荀子·王制》)

天地生君子,天地是始,君子是终;其步骤为:天地生万物,礼义治万物,万物之灵的人以为之、贯之、积重之、致好之而育成君子,君子行礼义。无礼义将上无君师,下无父子,万物失序,所以君子行礼义遂成为君子理天地,这样一来,则君子是始,天地是终。因此,终始之道,亦如其适用于一切方面那样("以类行杂,以一行万"),适用于天人关系方面,始则(即)终,终则(即)始,若环之无端。

儒家这些着重于人事方面的天地万物的终始之道,到了道家手里,更上升一层,成为他们齐万物、一死生的根据之一。譬如按庄子的说法,万物是有其终始的,而道则没有:

> 万物一齐,孰短孰长?道无终始。物有死生,不恃其成;一虚一盈,不位乎其形。年不可举,时不可止;消息盈虚,终则有始。是所以语大义之方,论万物之理也。(《庄子·秋水》)

> 穷则反,终则始,此物之所有。(《庄子·则阳》)

物有死生或终始,尽管它能终而又始("终则有始"),甚至其终即是其始("终则始"),终究因此是不堪执著的("不恃其成")。一旦我人"游心于物之初",或者叫"游乎万物之所终始",便可发现这种终始本是无终无始的,或者说是"无端"的:

> 凡有貌象声色者,皆物也。物与物(按,人物与事物)何以相远?夫奚足以至乎先?是形色而已。则物(事物)之造乎不形而止乎无所化。夫(人物)得是而穷之者,物(事物)焉得而止焉!彼(人物)将处乎不淫之度,而藏乎无端之纪,游乎万物之所终始;壹其性,养其气,合其德,以通乎物之所造。夫若是者,其天守全,其神无隙,物(事物)奚自入焉!(《庄子·达生》)

> 老聃曰:吾游心于物之初。孔子曰:何谓邪?曰:心困焉而不能知,口辟焉而不能言。尝为汝议乎其将:至阴肃肃,至阳赫赫。肃肃出乎天,赫赫发乎地,两者交通成和,而物生焉。

或为之纪而莫见其形。消息满虚，一晦一明，日改月化，日有所为而莫见其功。生有所乎萌，死有所乎归，始终相反乎无端，而莫知乎其所穷。非是也且孰为之宗。(《庄子·田子方》)

物有形，有化，于是有终始。而物之初，应该是不形的，无所化的；或者说，物之所终始应该是无终始的；否则便沦为具体一物，而不足为万物之宗。而那便是无状之状的道。所谓得道，很要紧的一点便是体悟这无终无始之状，使自己藏乎这无端之纪里面。

这里我们涉及到了一个物之初的"初"字，初与终，也是一对范畴，同始与终仿佛相似。如典籍中常见的"靡不有初，鲜克有终"之类。但若仔细推敲起来，将会发现，初与始虽都表示开头，但起点不同，侧重不同。所谓初，介乎有无之间，是从无到有的过渡状态（至于究竟如何过渡，此处可不置问）；其要旨在强调发生或产生。而始则不同，它已然是有，完全脱离开了无；其要旨在强调运动或循环。所以《列子·天瑞篇》谈宇宙的发生时这样说：

有太易，有太初，有太始，有太素。

太易者，未见气也；太初者，气之始也；太始者，形之始也；太素者，质之始也。

太初在未见气和见气之间；太始则是见气之后，有形之初。二者的先后判然有别。我们且不管宇宙是否真的如此发生来的，"初"和"始"字所指的不同，大概正是这样分的。一般地说，初之所指在有无之间，始之所指在动静之间，明乎此，则可以无大过矣。

屈　　曲

既然物极必反，反极必复，既然往来相继，终始为一；那也就是说,任何前进运动,都不会是一往直前的,任何实践行为,都由不得你径情直遂。相反,倒是那些有意识地走些弯路,不急于去直奔目标,所谓迂回前进者,反倒常能捷足先登。这便是老子所谓的"曲则全,枉则直","进道若退","大直若屈"之类妙语的真谛所在。这一点,作为道家"柔弱胜刚强"主旨的中心,素来受学者称道,久已为大家熟知,本文拟不再多赘。下面着重要说的是——

岂止老子而已矣,儒家亦不例外。作为儒士行为规范的《礼记》一书,便也正是以《曲礼》开篇的。经师们说:曲礼者,"以其屈曲行事","委曲说礼之事",故名。至于如何"屈曲",又为何"委曲",注经的人大概碍于儒道门户之别,多半不能说得清楚。其实《曲礼》一开始,便已有所交代:

> 曲礼曰:毋不敬,俨若思,安定辞。安民哉!
>
> 傲不可长,欲不可纵,志不可满,乐不可极。
>
> 贤者狎而敬之,畏而爱之。爱而知其恶,憎而知其善。积而能散,安安而能迁。临财毋苟得,临难毋苟免。很(争也)毋求胜,分毋求多。疑事毋质,直而勿有。

仪态唯敬,思想必俨,言辞安定;如此乃可以安民。这开宗明义的几句话,说出了"曲礼"的方法与目的,也正是所谓"屈曲行事"的最一般的表述,"委曲说礼"的最笼统的说法。

具体点说,在心态上,傲、欲、志、乐等等情绪和愿望,都不可放任至极,以免它走向反面。对贤人,可亲者近而有敬,可畏者远而仍爱。对常人,爱之者知其恶,憎之者知其善。对物,积之亦能散之。对事,安之亦能迁之。临财临难,不苟且于得失;争胜分多,或将适得其反。不知为不知,不应强不知以为知;知之为知之,知道了也勿以为了不起。这就是《曲礼》的开宗明义,这就叫屈曲行事。

　　屈曲行事,究其实原来是对情志的合理节制,对行为的着意文饰;而这正是儒礼的精义所在。孟子曾说过,仁之实是事亲,义之实是从兄,"礼之实,节文斯二者是也"(《孟子·离娄上》)。所谓节文,就是屈曲行事。所以《礼记》以曲礼开篇,儒礼的具体条文,有时也叫做曲礼,有所谓"经礼三百,曲礼三千"(《礼记·礼器》)之说。

　　屈曲的对立面是径直。屈曲而周则成为圆周,径直就是它的直径;从抽象的几何学来说,二者的长短十分悬殊。但从现实的自然尤其是社会运动发展来说,却不能一概而论,这时候,曲往往比直更"直",直反而成了某种要不得的"曲",请以下列一段论礼的对话为例:

　　　　有子与子游立,见孺子慕(嚎啼)者。有子谓子游曰:予壹不知夫丧之踊也,予欲去之久矣。情在于斯,其是也夫?子游曰:礼有微情者,有以故兴物者。有直情而径行者,戎狄之道也。礼道则不然:人喜则斯陶,陶斯咏,咏斯犹,犹斯舞,舞斯愠,愠斯戚,戚斯叹,叹斯辟,辟斯踊矣。品节斯,斯谓之礼。(《礼记·檀弓下》)

按,丧礼有所谓"辟踊"。辟即捶胸,踊即顿足。"辟踊,哀之至也。有算为之节文也。"(《礼记·檀弓下》)捶胸顿足,本是至哀的自然流露。但是儒礼认为,不能听任孝子尽情地辟踊,而应该"有算为之节文",即规定出一个"算"即数目来,于是有"公七踊,大夫五踊,士三踊"(《礼记·杂记》)之制。有子对这种节文不以为然,主张让孝子像孺子放肆嚎啕那样,直情径行,无所限制。子游就此发表了一通大道理,指出,直情径行乃戎狄之道,中华礼道则必须有节文。他所持的理由是:人情的乐与哀,本是相生的;若乐而无节,由陶而咏而犹(摇)而舞,至舞而乐极;极则反为愠,而戚而叹而辟

20世纪儒学研究大系

而踊,乐遂反为哀。因此,直情径行,适得其反;有所节文,方能恰到好处,方能谓之礼。

子游不愧为孔门四科中文学首座,他所谈的,正是我们这里所讨论的运动的反复与终始,以及,由此而起的情志与行为的屈曲问题。这是一个从世界观推演出行为规范,化理论为实践的大问题,可以说是标准的儒家式问题。其在儒家各派中,尤以说礼的一派谈得最为起劲;例如荀子,甚至认“曲”为成圣的必要条件:

> 佚而不惰,劳而不慢,宗原应变,曲得其宜:如是然后圣人也。(《荀子·非十二子》)

> 上则能尊君,下则能爱民;政令教化,刑下如影;应卒遇变,齐给如响;推类接誉(与),以待无方,曲成制象,是圣臣也。(《荀子·臣道》)

> 圣人清其天君,正其天官,备其天养,顺其天政,养其天情,以全其天功;如是则知其所为,知其所不为矣,则天地官而万物役矣。其行曲治,其养曲适,其生不伤,夫是之谓知天。(《荀子·天论》)

> ……故君子上致其隆,下尽其杀,而中处其中,步骤驰骋厉骛不外是矣,是君子之坛宇宫廷也。人有是,士君子也;外是,民也;于是其中焉,方皇(彷徨)周挟(浃),曲得其次序,是圣人也。(《荀子·礼论》)

荀子曾一再声言“涂之人可以为禹”,相信普通人都可以成圣,那当然并不意味着圣人的规格就此降低了,只不过是强调学习和修养的重要。上列引文表明,圣人和凡人的区别,或凡人所需着重修炼的,似乎只在一个“曲”上。一旦掌握住了“曲”道,办事“曲得其次序”,以曲来“宗原应变”,那时候,其行便将“曲治”,其养便将“曲适”,而“曲成”为一名圣人了。真可谓曲之时义大矣哉!

细审这诸曲的具体要求,可以看出,它也正是中庸之道的要求。如"佚而不惰,劳而不慢",是说要劳佚适度,劳逸结合;"知其所为,知其所不为",则能为所当为,而不为所欲为;"上致其隆,下尽其杀,而中处其中",正是在礼道中为其所当为的具体规定。此外还有:

> 故知者之举事也,满则虑谦,平则虑险,安则虑危,曲重其豫,犹恐及其祸,是以百举而不陷也。(《荀子·仲尼》)

> 其言有类,其行有礼,其举事无悔,其持险应变曲当,与时迁徙,与世偃仰,千举万变,其道一也。是大儒之稽也。(《荀子·儒效》)

这里说的虽已不是圣人而是智者和大儒,其实质并没有什么差别,仍然是儒家高悬着的做人的极致。他们居安思危,其豫也曲;他们与世俯仰,其应变曲当。就是说,无论是预防可能发生的或应付已经变成的世事,全凭一"曲",全凭中庸的持满之道或时中之道。

因此,从节文的意义来说,屈曲行事是在实践礼仪,是尽伦;从中庸之道的角度来看,屈曲行事则是实践一种哲学,是一种行为方式。

行事而屈曲的中庸之道,在《礼记》的《中庸》篇里,又叫做"致曲"。《中庸》将致曲与尽性对举,说道:

> 自诚明,谓之性;自明诚,谓之教。诚则明矣,明则诚矣。

> 唯天下至诚为能尽其性。……

> 其次致曲,曲能有诚。

他们将人大分为两类,一类属生而诚者,不学而能,生而知之,是圣人;一类属学而诚者,大概包括学而知之和困而知之者,是贤人和常人。前者也叫至诚,后者可谓有诚。生而诚者发挥其天性,自有明德,故曰"自诚明";学而诚者因受教而有明德,然后能有诚,故曰"自明诚"。生而诚者其性本诚，所以可以尽性，也唯有他们为能尽其性；学而诚者其性不诚，所以不可尽其性，而必有所收敛，于是要致曲。前者如果不是出于体系需要而虚悬之格，也只是七十岁时的孔子方能达到的境界，从心所欲而不逾矩的境界；后者通用于一般人士，包括五六十岁时的孔子在内，知天命之如此如此，照着做去便能通顺而已。

以前的经师们不甚注意"曲"在儒学中的方法论意义，不知道曲径通幽之妙，或者说"曲犹小小之事也"（郑玄）；或者说"曲，一偏也"，致曲就是"自其善端发见之偏，而悉推致之"（朱熹）。真可谓是曲说。按"曲"字并无小事的意思；也许可以解作一偏，但所谓"善端发见之偏"，则确实费解。其实荀子早已将曲的大义说得清清楚楚了，可惜历来都未得到经师们的重视。

荀子还有两条曲则全的具体例子，是"致曲"的最好注释：

> 凡说之难：以至高遇至卑，以至治接至乱。未可直至也，远举则病缪，近世则病佣。善者于是间也，亦必远举而不缪，近世而不佣，与时迁徙，与世偃仰，缓急嬴绌，府然若渠堰隐栝之于己也，曲得所谓焉，然而不折伤。（《荀子·非相》）

> 调而不流，柔而不屈，宽容而不乱，晓然以至道而无不调和也，而能化易，时关纳之，是事暴君之义也。若驭朴马，若养赤子，若食馁人。故因其惧也而改其过，因其忧也而辨其故，因其喜也而入其道，因其怒也而除其怨，曲得所谓焉。（荀子·臣道》）

这两则"曲得所谓"，说的都是一种坚持原则性的灵活性，是"未可直至也"的曲至，或者叫致曲。譬如以渠堰引水，必须随地形左右，譬如以隐栝正木，必须因纹理紧松，方能得其所求，"而不折伤"。譬如驭朴马、养赤子、饲饿汉，必须顺着它们的情绪而予以向导,不可一蹴而就。荀子还曾干脆说过,不知此道,谓之腐儒,谓之鄙夫,必然把事情搞糟;便已和老子的"曲则全"同出一辙了。

周　　行

当然,屈曲只是方法,不是目的;屈曲只是轨迹,不是中心。按儒家的说法,有所谓"尺蠖之屈,以求信也;龙蛇之蛰,以存身也。精义入神,以致用也;利用安身,以崇德也"(《易·系辞下》),说的是以屈和曲,求伸和存;精通事物的这种义理,进入神机妙算的境界,便能妥善地用世安身,发扬高尚的德性。可见,德性才是儒家的运动中心。

运动围绕中心按曲线前进,最后将形成圆圈,而成为周行。中国古代思想家大都这样看,差别只在所认定的中心不尽相同。

道家认为这个中心是自然。道生万物,万物复归于道;宇宙的这个大循环,是自然而然的,不仅不假人力或人的德性,而且不容人来干扰破坏。老子说:

> 有物混成,先天地生,寂兮寥兮。独立而不改,周行而不殆,可以为天下母。(《老子》第二十五章)

> 天下有始,以为天下母。既得其母,以知其子,既知其子,复守其母;没身不殆。(《老子》第五十二章)

道是先于天地并独立于人之外的,它自身在周行不殆;也正由于此,它才"可以为天下母",否则便缺乏生机和残破不全。为了天下母以后,又带动着整个天下一起周行而"没身不殆"。这种周行而不殆的状况,也正就是道家所谓的"玄"。

玄字的含义越到后来越玄;起初只是旋转的意思。此事由杨向奎先生发其覆。他在《释"不玄冥"》一文中披露与郭沫若的讨论云:甲骨文的"𤔡即玄字,乃镟之初文,象形。……镟主旋运,眩晕之病亦以旋运为其特征。眩晕则头昏目黑,故玄转为昏黑之意。转义固定而初义遂失。然玄犹存镟之形,实无疑问。"(《绎史斋学术文集》)按镟一名钻,钻木取火,钻骨问卜,都要借助于镟或𤔡的旋转来进行,所以𤔡也有了动词旋的意思。老子再一转,使之成为哲学名词和抽象名词,转义固定而初义次义均失,玄之又玄起来,然犹存旋转、镟钻之形,实无疑问;其在老子,盖取其旋转不息周行不殆之意,亦可推定。

玄在庄子又曰"天均"、"天倪"、"道枢"、"圆机"。均即钧,制陶的转盘;倪即研即碾,碎谷的农具;枢即门户的转轴。皆取其旋转之象。天和道,则谓其自然如此。庄子喜欢强调道既生出万物之后,万物亦在周行不殆,尤其擅长于论说人们的言论是非也是旋转无定的。例如:

> 万物皆种也,以不同形相禅,始卒若环,莫得其伦。是谓天均。天均者,天倪也。(《庄子·寓言》)

> 种有机。得水则为䘔,得水土之际则为蛙蠙之衣……久竹生青宁,青宁生程,程生马,马生人,人又反入于机。万物皆出于机,皆入于机。(《庄子·至乐》)

这是说的万物以不同形态相传衍,如旋钧如磨盘,周行不已,无有止时。至于人们的言论,就更加如此:

> 物无非彼,物无非是;自彼则不见,自知则知之。故曰:彼出于是,是亦因彼,彼是方生之说也。虽然,方生方死,方死方生;方可方不可,方不可方可;因是因非,因非因是。是以圣人不由,而照之于天,亦因是也。

> 是亦彼也,彼亦是也。彼亦一是非,此亦一是非。果且有彼是乎哉?果且无彼是乎哉?彼是莫得其偶,谓之道枢。枢

始得其环中,以应无穷。是亦一无穷,非亦一无穷也。故曰莫若以明。(《庄子·齐物论》)

道行之而成,物谓之而然。恶乎然?然于然。恶乎不然?不然于不然。物固有所然,物固有所可。无物不然,无物不可。……是以圣人和之以是非,而休乎天钧。是之谓两行。(《庄子·齐物论》)

何谓和之以天倪?曰:是不是,然不然。是若果是也,则是之异乎不是也,亦无辩;然若果然也,则然之异乎不然也,亦无辩。忘年忘义,振于无竟,故寓于无竟。(《庄子·齐物论》)

因物而分彼此,因彼此而生是非,因是非而有然否。究其实,万物之变化若环,认识的角度各异,且彼且此,亦是亦非,可然可否,最终都要归于大道。是以圣人不由,而休乎天钧,处于环中,等万物,齐生死,一是非,任其周行。这就是庄生上述几段宏论的大义。

同为道家大师,老子由周行得出归根返朴的退撄态度;庄子却宁愿游于环中,以与世俗处。也可算得上彼亦一是非,此亦一是非了。可是如果我们再看看儒家,才知道老与庄的不同,原来微不足道。

儒家相信天人合一以重人,认为世界的周行有人的主观能动在起作用,天行和人行交相感也交相胜;天定可以胜人,人定可以胜天。其周行观念最典型地表现在对"元亨利贞"的解释中。

元亨利贞是《易经》乾卦的一句筮辞,本来只是一句微言,并无多少大义。不料历代解经的人非常重视这四个字,几乎将儒家的道德和哲学全部浓缩其中。透过这些解释,可以很方便地捕捉到儒家的周行观念。

《易·乾·文言》说:

元者,善之长也;亨者,嘉之会也;利者,义之和也;贞者,事之干也。君子体仁足以长人,嘉会足以合礼,利物足以和义,贞固足以干事。君子行此四德者,故曰"乾,元亨利贞"。

这是元亨利贞的最经典的解释。意在强调人之对己对人对物对事的态度,属于伦理学的范畴,所以称作四德。同样的话,在《左传·襄公九年》也出现过一次,也还是四德的意思。其在《易经》,显然并没有这么多意义。这还不算,尤有甚者,在一本叫做《子夏传》的解经书中,这四德更被说成是四哲;其说见引于唐人孔颖达《周易正义》:

> 元,始也;亨,通也;利,和也;贞,正也。

孔氏发挥道:因为乾卦"有纯阳之性,自然能以阳气始生万物,而得元始、亨通;能使物性和谐各有其利;又能使物坚固贞正,得终此卦"。一个以元亨利贞为代表的、由始而通而和而终的周行之说,从此遂固定下来。

必须重复指出,元亨利贞四个字,无论就其字义还是就其在乾卦里的含义看,本来都并没有如此这般的道德价值和哲学意义。经师们之所以能够附会出这么一大套道理来,实在是由于他们先已存有一大套儒家的道德信条和哲学观念;而乾卦本身所隐约包含着的发展思想,则成了他们点化这四个凡字为四字箴言的触媒。

乾卦从"潜龙勿用"开始,经"见(现)龙在田"到"终日乾乾(健健)",再经"或跃在渊"到"飞龙在天",最后成了"亢龙有悔";这潜、现、健、跃、飞、亢的六部曲,勾勒出了由始而极的一般发展路径。加上因亢而悔再转回到出发点,即后人所谓的"贞下起元"者,则使周行完全形成。其所借喻的龙,有的说是天象的东方七宿,有的说就是水中的某种动物,不管是什么或不是什么,作卦人借以来表示一种发展观点,乃毫无疑问。

为《易经》作传的人抓住了这个观点,大肆发挥,在乾卦的象、

象和文言中,将儒家的周行观念表现得淋漓尽致。其突出的特点有:

"天行健,君子以自强不息。"由于天道是刚健的,所以君子也应该自强不息,与天地合其德。这是总则。

"不易世,不成名,遁世无闷,不见世而无闷……确乎其不可拔,潜龙也。"在"潜"的阶段,应该确乎不拔,不为世俗移易,不汲汲于成名,人不知而不愠。

"知至至之","知终终之"。在健行的过程中,时刻明确最高目标所在而努力奋进,也要知道当止步处则戛然而止。

"盈不可久也","亢龙有悔,穷之灾也"。物极必反。

"保合大(太)和,乃利贞","知进退存亡而不失其正者,其唯圣人乎!"因为进而不已必极,极不可久必反,所以最佳的状态是保和,是守正。和与正也就是中,但它不是几何学上的中,而是所谓的时中,也就是因势而定的一种恰当选择。据说只有圣人才能掌握好这个火候;当然反过来说也可以,谁能知进退存亡而不失其正,那就是圣人了。

前面提到过庄子的"得其环中",现在看到儒家也因周行之动而主张"保合太和"即持中。且不管这两个中的标准同与不同,我们将由之发现一个共同的秘密,那就是:他们一方面不遗余力地证明世界是周行的,万物无可逃逸其外;另一方面,他们又都追求或相信自己能坐看世界运行,绝不堕落其中,表现出超越周行的气概。

于是乎,哲学家们在我人面前便展现出一幅矛盾的图画,他们自己已沦为矛盾的一方了,却竟然相信是处在道的最高境界。在道家,认为这样便是回复到了自然;在儒家,认为这样便是与天地参。究其实,即使用他们自己的理论来检验,他们也并未能就此同天并老,反而恰恰以此站到了自然或天的对立方面;因为自然或天是周行的(如他们所证明的那样),而他们是超越周行的(如他们所追求的那样);也就是说,自然或天是运动的,他们是静止的或自认为是静止的。他们用自己的行动毁掉了自己的理论,用自己的精神泯灭了自己的理性;自己为自己设下了一个陷阱,挖掘了一座坟墓。

这是一个大悲剧!是许多理论家常演的悲剧。其根本原因大概在人们无法忘掉自己,并且总是想使自己永生;虽圣人也莫能外,佛祖基督也莫能外。而世界却我行我素,周行不已,并且挟圣人佛祖基督以俱转,每一轮回都进入更高一层。

(选自《当代学者自选文集·庞朴卷》,安徽教育出版社 1999 年版)

庞朴,江苏淮阴人,中国社科院研究员。主要著作有《沉思集》、《一分为三——中国传统思想考释》、《儒家辩证法研究》等。

本文从反复、终始、屈曲、周行四个方面对儒道两家进行了比较研究。指出,就反复而言,道家满心向往的是复,从现实的反返回理想的复;儒家则认为自己的历史使命是保住正,防止现实的正演变为可怕的反。就终始而言,儒家认为天地万物终则始,始则终,若环之无端;而道家则认为万物是有其终始的,而道则没有。就屈曲而言,儒道两家都主张屈曲行事,行为合乎中庸之道。就周行而言,运动围绕中心按曲线前进,最后将形成圆圈,而成为周行。儒道两家的差别在于所认定的中心不尽相同,儒家的中心是德行,而道家的中心是自然。

简论中国传统文化的儒道思想互补

许 抗 生

自中国传统文化进入古代第一次繁荣时期即春秋战国时期以来,儒、道两家文化就成为我国两大主流文化。春秋战国时代是百花齐放、百家争鸣的时代,社会上产生众多的学派和学说,有所谓六家之说(儒、墨、名、法、阴阳、道六家),亦有所谓九流之说(六家再加纵横家、杂家、农家),然其中在意识形态领域影响最多,起到主导作用的则是道、儒两家。道家在哲学宇宙论上影响最大,道家的创始人老子在中国思想史上第一个建立较完整的宇宙论哲学体系,自此后的我国宇宙论思想几乎没有一个不受老子思想影响的。儒家则在伦理道德领域及其理论基础人性论学说上,占有极大的优势,影响之大可以说没有哪一个学派能与之匹敌。这是因为儒家的伦理思想集中地反映了我国古代宗法制封建社会的需要。虽说法家学派在当时的政治上影响很大,秦王朝甚至用法家来治理天下,赢得了辉煌的胜利,但法家有一个致命的弱点,即只重法制而不谈德教,不懂得"逆取而顺守"的道理,致使庞大的秦王朝在短短的十几年中就垮了台,宣布了法家政治的破产,之后使得法家学派也就不能以一个独立的学派而存在。墨家在先秦时期主要在战国中、前期,曾列于显学之位与儒家抗衡,而墨家学说理想太高而不切实际,难以在当时社会上实行(如兼爱互利和反对儒家亲亲的思想等),以此墨家学说宣扬过一阵而得不到社会的承认,也就自行衰亡了。名家只重思辨而有脱离现实实际的倾向,从而受到了儒、法、道学家的批评,亦不为在上的统治者所重视。至于阴阳诸家并没有建立起完整的思想体系,而它们的思想观念则为儒、道等家所吸取,从而失去了它们独立存在的地位。以此自汉代以来,在我国二千多年的历史中,先秦诸家中只有儒、道两家成为了传统文化中的两大主流思想,或可称之为中国传统文化的两大支柱。

一

儒、道两家思想在中国传统文化中犹如鸟之两翼、车之两轮,是缺一不可的。它们两者之间起到了互相补充、互相促进的作用。中华民族传统文化的这种互补的格局,完全是由儒、道两家自身的思想特征所决定的。

中国哲学以"究天人之际"为其根本目的。天人之学实际上就是探究自然与人类的关系问题。中国哲学的一大特点是主张"天人合一"之说(当然中国历史上亦有少数思想家主张天人相分观点的),这是中国哲学的一大传统。它的最初源头可以推至原始社会的巫祝文化和上古三代(夏、商、西周)的上帝神学观念,西周的"以德配天"的思想就是当时这一思想的明显表现。"德"属人文,"天"属自然,但这里的天是有意志的天(苍天)。儒、道两家都讲天人合一,但思想内涵各有不同。儒家(以孔孟为代表的正统儒学)讲性命之学,认为人性本善,而性善来源于天命。这就是《中庸》中所说的"天命之谓性"。孟子则把这一思想发挥为"尽心、知性、知天"的思想。这是从人文道德角度立论的,所以儒家特别重视人性问题和道德教化问题的研究,而把天只当作是人性的最终保证,是一种至高无上的绝对意志的天,而不再加以研探。道家则与此相反,他把天看作是无意志的自然之天,人是自然发展过程中的产物,宇宙本身就是一个演化发展的过程,人只是宇宙演化中之一物(万物中之佼佼者),因此人不能脱离自然,只应因顺自然和效法自然而为。由此可见,道家的"天人合一"说,是站在自然的层面上立论的,与儒家重人文相反,道家尤重自然(自然界和自然人),带有自然主义的倾向。正由于儒道两者在天人问题上各有所重;儒家重人为、人事,重人文道德,教人如何做人;道家重自然、重宇宙的演化学说,教人如何效法自然,以此使得儒家对天道、自然的问题缺乏认真的研究,很长时间中没能建立起自己的哲学宇宙论思想体系,只是到了宋明理学时才完成了这一任务;道家则对人文道德、人性等问题有所忽视,有"蔽于天而不知人"的倾向。由此可见,单靠儒家,或单靠道家,都是不能建立起完整的天人合一学说的。以此这就决定了中国传统文化,尤其是它的精华中国哲学必须以儒、道互补为其基本的格局。

二

在我国历史上,这种儒道互补的格局,大致表现出这样两种形态:一是儒道两家思想之间的互相渗透、互相吸取,以丰富完善各自的思想;一是儒道两家各自以救弊的形式出现,互相揭露和批评对方的弊端,克服对方的偏颇,在历史上形成儒道两家互相交替递补的过程,即儒家衰弱补之以道,道家衰弱补之以儒的历史进程。前者可以称作两者思想的融合,后者则是两种思想的逆向的互救。总的说来,它们都是有互补的性质。

在儒道两家思想的互相渗透、互相吸取、互相融合方面,在我国历史上表现得尤为明显。一般来说,道家学派主要吸取儒家的思想是伦理道德学说(如仁义、礼义等等),以增加人文方面的内容;儒家学派主要吸取道家的思想是宇宙生成论和宇宙本体论,乃至清静寡欲的养心学说等等,以增加自然哲学方面的内容,提供自己伦理学说上的自然哲学基础。

儒道两家思想的融合,最早可追溯到儒道两家的创始人老子与孔子两位伟人的思想交往上。据《史记》记载,孔子曾问礼于老子,并跟随老子助葬了巷党,老子则告诫孔子要"去子之骄气与多欲,态色与淫志"。从这段记载看,老子并不否定传统的礼义,尤其是葬礼,孔子亦重葬礼,可见他们的思想是相通的,至于孔子谦虚好学似也与老子的告诫有关。以此《论语》中所讲的"君子无所争"和歌颂尧之"无为而治"等,想必也很可能是受到了老子思想影响的结果。之后儒学大师孟子和荀子两人,亦较多地吸取了道家的思想。如孟子所提出的"善养吾浩然之气"和"养心莫善于寡欲"的思想,很可能就是吸取和改造了道家思想而来。"浩然之气"的思想较早产生于齐国稷下黄老学的著作《管子·内业篇》,其文说:"精存自生,其外安荣。内藏以为泉原,浩然和平,以为气渊。"这里讲的精气("气之精者也")藏于身内,其存在的状态是浩然和平的,显然这里讲的气是一种物质性的气。孟子曾经到过齐国,很可能受到了这一思想的影响,提出了"浩然之气"的思想。孟子解释"浩然之气"说:"难言也,其为气也,至大至刚,以直养而无害,则塞于天地之间,其为气也,配义与道,……是集义所生。"(《孟子·公孙丑上》)至大至刚之浩然之气是集义所生的,是一种正义之气。可见孟子吸收了《内业篇》气之浩然存在的说法,而把它作了新的解释,使本来为物质性的气改造成为了精神性的气

（义气即崇高的精神状态）。至于"养心莫善于寡欲"的思想，显系是受了老子"少私寡欲"思想的影响。由此可见，孟子虽猛烈地攻击杨朱派道家，但是对老子和黄老学派的思想还是有不少吸取的。荀子的儒学思想产生于战国末期，当时各派思想皆在融合。荀子站在儒家立场上，对诸子百家作了总结，他的思想体系中吸取了诸多学派的思想（如法、名、道、阴阳等等），但在哲学自然观与认识论上，更多地吸取了道家的思想，如在他的著名著作《天论》中就很浓地渗透了道家自然主义的学说，否定了孔孟以来承认天有意志的天命观。《天论》说："天行有常，不为尧存，不为桀亡。"又说："不为而成，不求而得，夫是之谓天职（天的职能）。"这里天行有常，天道不为而成的思想，很明显与道家的天道自然无为的思想有着密切关系的。荀子也是一位稷下先生，曾经在稷下学宫"三为祭酒"，以此荀子的思想中亦与稷下黄老学有着瓜葛。如荀子在认识论上所主张的"虚一而静"的思想，则是对《管子·内业》中所讲到的"人能正静"即能"鉴于大清，视于大明"思想的发挥，所以荀子说："虚一而静，谓之大清明。"

汉代的儒学，我们一般都以董仲舒的儒家思想为代表。董氏儒学以孔孟的天命论和阴阳五行思想糅合在一起，建立了一个天人感应神学目的论系统。然其中的阴阳刑德学说，则完全是采自黄老学著作《经法》、《十大经》等四篇著作的。以往学者们在研究董仲舒时，都忽略了他的思想与黄老之学的关系，自1973年12月长沙马王堆汉墓出土了古佚书黄老著作《经法》《十大经》等四篇以后，揭开了董氏儒学与黄老学思想渊源关系的这一"秘密"。阴阳学说和阴阳刑德关系的思想，在整个董氏儒学思想体系中占有着十分重要的地位。董仲舒用阳尊阴卑的思想来论证三纲学说，又用先阳后阴的思想来论证任德不任刑和先德后刑的思想，以此

构建了他的政治伦理学说。而这些思想的来源,则皆出自于黄老学著作《经法》《十大经》等四篇中。古佚书《称》篇中说:

> 凡论必以阴阳明大义。天阳地阴,春阳秋阴,夏阳冬阴,……主阳臣阴,上阳下阴,男阳女阴,父阳子阴,兄阳弟阴,长阳短阴,贵阳贱阴……。诸阳者法天,……诸阴者法地。

在这里用阳阴学说,阳尊阴卑(贵阳贱阴)的思想来解释自然界和人类社会的一切相对立的两面,从天地、四时直至君臣、父子、男女等等。又在《十大经》中用阳阴来解释刑德的关系说:"刑德皇皇,日月相望,以明其当","春夏为德,秋冬为刑,先德后刑以养之","刑晦而德明,刑阴而德阳","夫并时以养民功,先德后刑,顺于天"。前者《称》用阴阳学说论证的是人类社会的君臣、父子、男女贵贱尊卑的等级制度;后者《十大经》讲的是用阴阳学说来论证治理国家的刑德两手先德教后刑杀的政治主张。所有这些思想皆为董仲舒所利用,成为他思想体系中的重要内容。可见董仲舒的思想是深受到了黄老思想的影响的。从某种意义上说,如果没有黄老学所积累的思想资料,也就不可能有庞大的董仲舒哲学体系的产生。

继两汉之后的魏晋南北朝隋唐时期,儒家学说并没有得到更多的发展,基本上处于停滞缓慢发展的阶段。而玄(新道家)、佛、道(道教)思想在这一时期占了上风,当然不论是玄学还是佛、道两教又都是吸取了儒家的仁义道德思想而兴起的。关于这一点我将在下文中谈及。

儒家思想发展的鼎盛时期则是宋明时期。宋明理学(新儒学)是这一时期的主流思潮,尤其是程朱理学赢得了统治地位,成为了封建社会后期的官方哲学。宋明理学是我国古代历史上学术思想发展的最高峰,它之所以能达到如此辉煌的成就,其中一个很重要的原因就是它大量地吸取了道家、道教和佛教的思想。所以我们一般都说宋明理学是三教（儒、佛、道）合一的产物。具体地说，程朱理学主要吸收的是道家道教的宇宙论哲学，而陆王心学则较多地吸取了禅宗的心性学。当前学术界上，关于程朱理学的哲学思想的主要思想来源于道家（道教）的宇宙论学说，已为越来越多的学者所共识。北宋理学的开山周敦颐，他的太极图说的思想，就是直接与道士陈抟的太极图有着密切关系的。《太极图说》："无极而太极，太极动而生阳，动极而静，静而生阴。……分阴分阳，两仪立焉。"在这里周敦颐所讲的太极先于阴阳两仪的思想很明显是来自《周易》系辞传的"易有太极，是生两仪"的思想，但周敦颐又把太极归结为无极，"五行一阴阳也，阴阳一太极也，太极本无极也"（《太极图说》），这就明显是受了老子无中生有的宇宙生成论思想影响的。无极产生太极，太极生阴生阳，乃至产生五行直至天地万物，这不就是老子所说的"道生一，一生二，二生三，三生万物"和"天下万物生于有，有生于无"吗？可见周敦颐的宇宙论是直接来源于老子道家的。之后周敦颐的思想又影响了二程和朱熹。朱熹十分推崇周氏的《太极图说》，并为它作了注解来发挥其思想。朱熹说："若论无极二字，乃是周子灼见道体，迥出常情，不顾旁人是非，不计自己得失，勇往直前，说出人不敢说出的道理。"朱熹尤其称赞周子的"无极"二字，而"无极"这一概念正是发自老子的思想，老子就是用"无极"这一思想来说明宇宙的本原道的。大概正由于这一缘故，怕人们以此攻击理学与道家道教有瓜葛，因此一般人不敢运用"无极"二字，而周子却能"迥出常情，不顾旁人是非，不计自己得失，勇往直前，说出人不敢说出的道理"，因而得到了朱熹的大力赞扬。不过朱熹的思想又与周敦颐不同，他不再讲无极生太极，而认为"无极而太极，只是无形而有理"

（《朱子语类》卷九十四）。无形的理就是太极,亦可称之为"道"。朱熹的这一思想其实仍然是来自老子的,老子所讲的"道"本来就有"理"的意思,并认为这一无形的道是实存的,由此可见,朱熹与周敦颐一样,受老子思想的影响颇不小。

以上我谈的是儒家方面的情况,至于道家方面吸取和融会儒家思想的情形,在历史上也是十分清楚的。

在春秋战国时代,老子与庄子都对儒家的仁义道德思想加以了猛烈的抨击,但老子乃至庄子也都并没有完全否定礼义教化的作用,《老子》中十分重丧礼,讲孝慈仁爱,《庄子》书中有"以仁为恩,以义为理,以礼为行,以乐为和,薰然慈仁,谓之君子"(《天下篇》)等等,这些思想皆为儒家所倡导,而老子、《庄子》也并不完全持否定态度,只是对那些虚伪欺诈的仁义道德说教进行了无情的鞭挞。至于形成于战国中期的黄老之学,在对待儒家礼义仁爱思想的态度上,则完全不同于老庄思想,它停止了对儒家的批评,且直接吸取了儒家的仁爱礼义的思想,使之纳入于自己的学说之中。例如:稷下黄老学认为,礼是因循着人的情感的("礼者,因人之情"),是合乎理的,礼就是有理("礼者,谓有理也"),礼既然合乎理,因此是不可废弃的(《管子·心术》)。又如:黄老学著作帛书《经法》《十大经》等四篇,提出了"刑德相养"的思想,刑是刑法,德指德教,并提出了"先德后刑"的思想,认为德教比刑法更重要,其德教的内容主要就是儒家所倡导的"主惠臣忠"(《经法·六分》),"兹(慈)惠以爱人"(《十大经·顺道》),"兼爱无私"(《经法·君正》)等等。可见黄老学的伦理道德思想主要是来源于儒家的,吸取儒家的仁义思想以弥补道家在这一方面的不足。

汉代盛行的黄老学亦与先秦的黄老学相类同,在宇宙观上发挥老子的道论思想,在政治上主张无为而治,在伦理领域则更多地引进了儒家的学说。如当时黄老学的一部著作《淮南子》中，在政治伦理方面，一面讲道家的"人主之才，处无为之事"的无为政治和法家的"法者人主之准绳"的政治思想，另一方面又把儒家的仁义德教提到了十分重要的地位，如《泰族训》说："治之所以为本者，仁义也。"仁义被说成是治的根本，这要比先秦黄老学派讲的"先德后刑"的思想又进了一步，充分肯定了儒家德教在治理国家中的重要性。东汉的著名哲学家王充亦深受黄老思想的影响，他在宇宙观上主要是发挥了稷下黄老学以来的气一元论思想，提出了元气自然无为的思想，在政治伦理思想上则提倡儒家的礼义思想，认为"国之所以存者，礼义也，民无礼义，倾国危主"（《论衡·非韩》）。从元气自然无为论出发，王充得出了自然命定论的思想，认为人之在世，"祸福有命"定（凡人受命，在父母施气时，已得吉凶矣"）；从重视儒家德教出发，则强调人事的作用，礼义教化的力量，最终又可否定宿命论。由此可见，王充在崇尚黄老的自然与推崇儒家的德教上是陷入了自相矛盾之中的。这就为道家学派的发展提出了新的课题，即如何来解决这一矛盾，使儒道两家思想能有机地结合在一起。魏晋时期的新道家就是试图从宇宙本体论的角度来解决这一矛盾的。

　　魏晋玄学是魏晋时期勃兴的一种新道家，所以说它"新"，是因为它不同于先秦的道家和两汉的黄老之学。其新义至少有两点：一是它的宇宙本体论是新的，以往的道家重在宇宙生成论，主张无生成有的思想，而魏晋玄学重在用本末体用来阐释有无关系，提出了"以无为体"和"崇本（无）举末（有）"的思想，强调"有"之存在需依赖于"无"的观点。二是从本末体用的有无关系出发，提出了名教出于自然，或名教依赖于自然而存在的思想。这两点思想在玄学主流派何晏王弼贵无论玄学中表现得十分明显。以无为体、崇本(无)举末(有)和名教出于自然的思想,构成一个有机的思想系统。这是说,宇宙万有的根本、本体是无形无象的"无",而一切有形有象的存在("万有")皆是依赖着"无"而生存的("恃无以生")。至于名教即儒家的礼教(名分等级之教化)应属于有形有象的"有"的范畴,"有"依赖着"无"而存在,以此名教只有依赖于本体无(无形、无为的"道")才能生存。因此圣人只有实行体现了本体的道("无")的无为素朴的政治,才能使真正的礼义仁爱(笃实无华的礼教)实现起来。这就叫做"崇本举末"。由此可见,名教是出之于宇宙本体的道的,道即是"自然",因此我们把这一思想叫做名教出于自然论。何晏王弼的玄学是一个很严密的思想体系,他们把道家的宇宙论与儒家的伦理道德学说有机地融合在一起,从而克服了汉代王充等人所未能解决的矛盾,把道家哲学推进到了一个新高度。之后,嵇康、阮籍师事老庄思想,提出了"越名教而任自然"的口号,这是"有激而为"的,是针对司马氏鼓吹虚伪的礼教以篡夺曹魏政权而发,其实嵇阮二人对礼义的教化作用并不否认。至于西晋的郭象玄学又提出了名教即自然的思想,主张合儒道为一,重新又走上了融合儒道的道路。总之,魏晋玄学(或称魏晋新道家)乃是儒道互补的产物,具体地说,是道家的宇宙论哲学与儒家的政治伦理思想有机地相结合的产物。

　　魏晋以降,道家思想不再成为一种独立的学派(或思潮)。自南北朝开始,道教勃兴,道教由古代的神仙学发展而来,它把道家的哲学当作自己宗教的理论基础,自此人们把道家与道教看作为一个东西(当然也有些研究老庄的学者,并不属于道教的)。道教在处理儒道两者的关系上,继承了黄老学的传统,一方面它直接继承和发挥了以"道生万物"为根本思想的道家哲学,另一方面又大量地吸取了儒家的伦理思想,以充实自己道教的伦理学说,道教仍然走的是一条儒道互补之路。

早在汉代的早期道教经典(《太平经》)中,即在自己的神仙学中渗透了儒道两家的思想。《太平经》一面吸取了老子的道论思想,把道当作万物之"元首"(《太平经合校本·守一明法》:"夫道何等也?万物之元首……元气行道,以生万物,天地大小,无不由道而生者也");一面又把儒家仁道忠道的伦理思想纳入自己的经中(《太平经》卷一百一十四《某诀》:"天下之事,孝为上第一")。两晋时期的著名神仙学理论家葛洪则把儒道两者的关系说成是本末关系(道为儒之本,儒为道之末),是不可分离的。葛洪所说的"道"包括神仙学及其理论基础即改造了的道家哲学,所说的"儒"主要指的是儒家的政治伦理学说。葛洪把神仙学与儒家的伦理道德思想结合了起来,他说:"欲求仙者,要当以忠孝和顺仁信为本,若德行不修,而但务求方术,皆不得长生也。"(《抱朴子·对俗篇》)修仙要以忠孝仁信为本,德行不修不得长生。这就是把儒家的伦理道德的修养当作为道教成仙的根本要务。可见在葛洪的神仙思想中,儒家的伦理思想占有着十分重要的地位。之后的隋唐宋明时期,道教更把儒家的三纲五常思想当作自己宗教的戒律或修炼的原则,成为道教思想的重要组成部分。如在正一五戒文中,就是用儒家的五常观念来阐释道教的五戒内容的,其戒文是:一、行仁,慈爱不杀,放生度化,内观妙门,目久久视,肝魂相安。二、行义,赏善伐恶,谦让公私,不犯窃盗,耳了玄音,肺魄相给。三、行礼,敬老恭少,阴阳静密,贞正无淫,口盈法露,心神相知。四、行智,化愚学圣,节酒无昏,肾精相合。五、行信,守忠抱一,幽显效微,始终无忘,脾志相成,成则名入正心(见《道藏》太平部,子下第773册)。在这里儒家的仁义礼智信五常道德思想与道教的养生戒律相结合在一起了。又如在宋元时期盛行的全真教龙门派,主张内道外儒的双修功夫,即是把修养儒家的道德功夫称作为"外日用",把道家的内丹修炼功夫称作为"内日用"的,这种内外结合的修养功夫,实就是主张儒道双修。由此可见,我国的道教亦确是儒道互补的产物。

以上我用了较多的文字讨论了儒道互补格局的第一种形态,即互相渗透、互相吸取的形态。下面我再简略地谈一谈第二种形态,即通过批评,克服对方的偏颇,用救弊的方式,在历史上形成儒道两家交替递补的形态。儒家学派有儒家思想的弊端,道家学派有道家思想的不足,一旦儒道两家各自在社会上赢得统治地位或成为统治思潮时,它们的弊端与不足就会充分暴露出来,这时,处于非统治地位的一方就会猛烈地起来批评占统治地位的一方,以克服对方的弊端与不足,而使自己成为社会上的统治思想,从而在历史上形成了儒道两家交替递补的局面。魏晋时期的玄学(新道家)替代两汉儒家经学的地位,宋明理学(新儒家)替代玄学、道教(还有佛教)的地位,这两次时代思潮的大交替就充分说明了这一点。两汉的儒家经学发展到了极盛之后,走上了一条僵化的形式化的道路,其暴露出来的毛病至少有致命的两点:一是儒家自董仲舒等人提出一套天人感应神学目的论之后,这种思想又演化成为粗鄙的谶纬迷信思想。这一粗糙的神学为广大的有头脑的士人(知识分子)所不齿,从而遭到了道家学者或深受道家思想影响的学者的猛烈批评。儒家的这一弊端充分说明了自先秦以来儒家一直缺乏自己的哲学理论基础(尤其是缺乏宇宙论哲学思想体系)。二是儒家崇尚名教(名分等级的礼教),由此过分强调名节,名位,名声而导致了东汉末年的以名相尚,把名教、名节当作沽名钓誉、争名逐利的工具,刮起了形式主义的浮华之风,使名教失去了原有维系社会秩序的作用。这股浮华之风遭到了求实之士的批评,尤其是受到了道家学者主张素朴敦厚无名无誉思想的抨击。汉代儒家所暴露出来的这两大毛病，皆是与儒家学派轻自然重人事人为思想密切相联系的，轻视对自然哲学的探讨从而使自己的思想流为肤浅的神学迷信思想，过分强调人为的名教（礼教）的作用，又使人失去了自然朴素的本性。针对这两点，魏晋玄学（新道家）发挥了先秦道家的天道自然无为的思想和素朴无为而治的思想，以此克服汉代儒学所产生出来的弊端，从而使魏晋玄学替代了两汉儒学而成为魏晋时期思想界的统治思潮。这是一个时代的进步，也是道家战胜儒家的结果。然而道家的兴盛并不能持久，道家又有着自身的致命弱点，而它的重于自然无为，而相对忽视了人为的礼义教化的作用，没有能建立起一套符合我国古代宗法制封建社会所需要的伦理道德学说，虽说魏晋玄学也从不同程度上吸取了儒家在这方面的思想，但毕竟不是魏晋玄学的主要内容，它与儒家这方面的思想相比较则大有逊色。之后的道教乃至外来的佛教亦复如是。以此在以后的历程中，道家要重新让位于儒家这也是必然的。宋明理学（新儒家）以排斥佛老为己任，斥佛老为异端邪说，猛烈抨击佛老的说"无"谈"空"，攻击佛老有损于儒家的三纲五常。确实从佛老的空无观点出发，是可以导致忽视贬低乃至否定儒家的纲常名教的。关于这点晋人裴颜早就针对何晏王弼的贵无论玄学批评时指出："阐贵无之议，而建贱有之论。贱有则必外形，外形则必遗制，遗制则必忽防，忽防则必忘礼，礼制弗存，则无以为政矣。"（《晋书》卷三十五《裴颜传》）总之，崇尚空无则必贱"有"（有形有象的具体存在物），贱有必忽防，疏忽了礼义之大防，则"无以为政矣"。以此儒家必然要起来纷争，维护三纲五常的礼教，以克服玄、道、佛在这方面的思想的缺陷。宋明理学起来批评道家和佛家并在社会上重新夺回了自己的统治地位，这也是历史的必然。当然新儒学不再是旧儒学的翻版,而是在吸收了佛道两教思想基础之上建立起来的,它吸收了道家的宇宙论思想以建立起自己的系统的宇宙论学说,它吸取了佛教的心性思想以充实了自己的心性理论,新儒家乃是三教合流的产物。以此它的思想要大大地高于旧儒学,亦大大地高于佛道两教,从而使得新儒家在宋元明清时期赢得了统治地位,成为了社会上的主流思想,统治了整个我国封建社会的后期。

三

综上所述,我们可见,中国传统文化确是以儒、道两家思想互补为其总格局的。在这互补格局中,儒道两家互相吸取、互相补充,又互相批评、互相攻讦,中国传统文化就是在这儒、道两家(后来又加入了佛教,中国佛教是印度佛学与中国传统文化主要是儒、道文化相融合的产物)文化又统一又纷争中发展的。两者之间,你中有我,我中有你,在历史上,儒家中有道家的思想,道家中亦有儒家的思想。从总的来说,在中国传统文化中,儒家在伦理道德、政治思想、教育思想诸多方面占有主导地位,在社会上得到官方的支持与提倡,成为统治思想。而在哲学宇宙论(宇宙生成论或宇宙本体论)、个人精神修养论等方面,道家哲学则起到了主导作用,尤其对中国哲学和中国文化艺术理论起到了巨大的作用。道家重自然,儒家重人文,儒道两家的融合,从某种意义上说,实就是道家的自然哲学与儒家的人文哲学的结合。中国传统文化是离不开儒道两家的。当前人们都在关心建构现代中国新文化的问题,我想现代中国新文化必须建立在继承和改造中国固有的传统文化基础之上,在这基础上同时吸取、融合外来的先进文化。这犹如在历史上我们成功地融合了中国传统文化和外来的印度佛教文化，而建立了中国自己的文化传统一样。当前中国新文化思想体系的建立，也必须以我国固有的儒、道两家文化思想为基础，同时吸取外来的文化，以实现我国文化的现代化。如果彻底抛弃儒、道文化，也就彻底抛弃了中国文化的根基，没有根基的文化，决不能在中国得以生根发育，它必然是短命的。我相信：建立在我国固有文化基础（当然是改造过的）之上的，同时又融合了外国先进文化的新的现代化的中国文化思想体系必将会在不久的将来在我国大地上建立起来。

（选自《北京大学百年国学文粹·哲学卷》，北京大学出版社 1998 年版）

许抗生，江苏武进人，北京大学哲学系教授。著有《帛书老子注释与研究》、《老子与道家》及《中国的法家》等。

本文指出，在中国历史上，儒道互补的格局，大致表现出两种形态：一是儒道两家思想之间的互相渗透、互相吸取，以丰富完善各自的思想；一是儒道两家各自以救弊的形式出现，互相揭露和批评对方的弊端，克服对方的偏颇，在历史上形成儒道两家互相交替递补的过程，即儒家衰弱补之以道，道家衰弱补之以儒的历史进程。前者可以称作两者思想的融合，后者则是两种思想的逆向的互救。总的来说，它们都是有互补的性质。

四因说演讲录（节选）

牟 宗 三

道家：境界形态的形上学

上一课讲道家的消极形态的"动力因"，提到道家是境界形态的形上学，这个问题需要进一步说明。

老子说："无名天地之始，有名万物之母。"（《道德经》第一章）若依这句话，说宇宙本体是"无"，这是客观形态的讲法。唐（君毅）先生仍是从客观形态了解，那是不对的。《道德经》除此头一章外，再加上"天下万物生于有，有生于无"（《道德经》第四十章）。这个"道"好像有客观性，客观地在天地间有一个东西叫做"无"，有客观性，跟着就有实体性，还有能生性（实现性）。表面看是如此，这样看的时候，把道家的"无"看成是个本体宇宙论的本体、客观的本体，而且是有能生性的一个客观的本体。这样看好像没有人能反对，直接从《道德经》的话很容易想过去。还有"道生一、一生二、二生三、三生万物"（《道德经》第四十二章）。这些话从表面看，你很容易从客观形态意即实有形态去了解道家的道，但这是不对的，讲不通的。我在《才性与玄理》一书有一节讲老子与庄子的区别，其中一段说明《道德经》所显之实有形态之形上学只是一貌似之姿态，并非经由真正之分解而建立得起。故道之客观性、实体性、创生性，亦易于拉下而化除。究其实，《道德经》之形上学,亦只是境界形态之形上学①。

照道家思想,不能说创造性,笼统地说实现性还可以,因为说创造有一定的意义。实现性就是根据亚里士多德的"动力因"使这个 form 实现到 matter 上去。那是比较广泛的一个名词。道是一个实现的原理,它使万物存在。可是使万物存在有好几种形态,道家是一种形态,基督教讲创造,创造地使万物存在,是另一种形态。创造可以划归实现原理,但实现原理不一定是创造,实现原理是一个广泛的名词,莱布尼兹的系统由两个原则支撑起来,一个是充足理由原则,一个是矛盾原则。实现原理、创造原理都是充足理由原则。"无"不能创造,所以我用实现性,它使这个东西实现,使它有存在,就是实现原理。

莱布尼兹讲充足理由原则,充足理由原则就是一个东西何以单单如此而不如彼呢? 总有一个充足的理由,第一,先不要矛盾,不矛盾表示是可能的,可能的不一定现实。要想说明现实,一定要有充足理由。有它就成,就是充足理由;无之不成,是必要理由。充足理由说明这个东西为什么单单如此而不如彼。这个理由是什么呢? 最后就是上帝,上帝创造它就是如此,这是最后的一个理由。譬如,莱布尼兹喜欢用这个例子,天下没有两滴水完全一样。若完全一样,则上帝没有理由为什么单单如此安排它,而不另样安排它。以上帝创造为万物存在之充足理由,这就是西方人的巧妙,这就叫做逻辑的思考。

上帝是当作创造性看的充足理由,但有些充足理由并没有创

① 牟宗三先生《才性与玄理》一书第六章第二节《老庄之异同》提出:道家是境界形态的形上学,见解独到,论说精微。现节录其要,以助开发思考。

造性,道家的"道",通过无与有之双重性来了解者,就没有创造性。儒家也讲创生,儒家讲的创生不是宗教家所说上帝创造是从无而造的那个创造,但儒家也是创造,因为儒家属于意志因果,有创造性,使这个东西存在,是个积极的力量,那是儒家的形态,最好了解的是基督教的形态,上帝创造万物就使万物存在,上帝的创造是从无而造,上帝不是根据任何已有的东西来创造一个东西,这是讲创造的意义。木匠制造桌子,木料是原有的,把 form 加在 matter 上成个体物,那是制造,不是创造,上帝不是利用已有的材料来制造一个东西,上帝创造就是使个体存在。上帝创造是个典型的创造的意义,那是宗教上的创造的讲法,儒家也是个典型的意义,那是哲学的讲法,从道德上讲的,道德意志(moral will)是创造的原则。你要了解人类的能力,人的心灵的能力,意志(will)是创造原则,知性(understanding)是了解原则,知性只能了解这个桌子,不能创造这个桌子。儒家讲"天命不已"是直接根据道德转过来的。把绝对意义的道德意志客观化、实体化、人格化,就是上帝。儒家不做这个工作,不把道德意志人格化,所以没有 God。儒家就把道德意志看作宇宙本体,如果把它人格化,上帝创造,那就是宗教家的讲法。不管是儒家、道家、西方基督教,统统是充足理由原则,充足理由原则也可以叫做实现之原则,或存在之原则。

　　道家这个"道"你也可以名之曰充足理由原则,或者实现原则,但是,这个充足理由原则、实现原则没有创造性,不是儒家"天命不已"那个创生形态,也不是基督教那个创造形态,更不是柏拉图的制造那个形态。制造的那个形态还没有达到最高的层次,制造是利用已有的材料,把形式加在已有的材料上,那就是造物主的作用。在柏拉图的时候,也不叫做 God,叫做"造物主",那是神话式的讲法。你要了解中西哲学中形而上学的五个形态,从柏拉图开始,然后了解基督教、儒家、道家、佛教。最难了解的是佛教,佛教也可以讲实现原理,但讲法不一样。

道家这个"无",从表面上看,从《道德经》看,你把那个"无"看作有客观性、有实体性而且有能生性,假如真有这三性,看作一个客观的绝对本体,一个宇宙本体也不算错。这种了解我名之为"客观形态的了解"。但是,道家不属于实有形态,所以这样了解不对,只是表面有这个样子,表面上有客观性、实体性、能生性这个样子,但实际上最后可以揭穿的,揭穿的时候,客观性没有了,天地间没有一个客观的实体名之曰"无"摆在那里,以便去产生天地万物。

基督教说上帝、儒家说"天命不已",是实有形态,那叫做实有形态的形上学(Being-form metaphysics),或存有形态的形上学。西方的形而上学,从希腊开始,不管是存有论(说本体论也可以)、宇宙论,统统是实有形态。儒家从"天命不已"、道德意志讲的,从心性之学讲的也是实有形态。当然,儒家这个实有形态跟西方纯粹是思辨理性的讲法不同,儒家是实践的讲法,实践的讲法还是实有形态。道家很特别,它不是实有形态,表面看有实有的样子,就是有客观性、实体性、能生性的样子,那是言词上带出来的样子,但这个样子可以揭穿,揭穿了就没有了。因为《道德经》明明说"无名天地之始"(第一章),"天下万物生于有,有生于无"(第四十章),"道生一、一生二、二生三、三生万物"(第四十二章)。一切都从道出来嘛。语言是这么说,而意义并不如此。"言在此而意在彼",这里可用上这句话。语言是如此,而意义并不如此。所以,我说这是个"假相",语言上有"三性"这个样子,而最后可以拆穿。为什么可以拆穿呢?到庄子就把客观性、实体性、能生性拆穿了。到庄子彻底地显出来道家是一个境界形态的形上学。

西方形上学统统是实有形态，不管唯心论、唯物论、近代的、古代的，都是实有形态。境界形态译成英文很困难，因为西方没有这个形态，中国先秦经典也没有"境界"这个词。境界这个名词从佛教来，但我们平常说"境界"跟原初佛教说的"境"、"界"也不一样。现在用一般人了解的普通意义来说，"境界"是从主观方面的心境上讲。境界形态我译作 vision form，就是说你自己的修行达到某一个层次或水平，你就根据你的层次或水平看世界，你达到了这个水平，你就这样看世界；你若在另一水平中看，你的看法就不一样。你看到的世界是根据你自己主体的升降而有升降，这就叫做境界形态，道家就是这个形态。因为我们不能经过客观的思考或者是论辩在外在世界发现出有一个东西叫做"无"，把它拿来作本体。用我们的论辩，通过客观的分解，从客观世界，即外在世界去发现出一个东西，就像发现原子、电子那样，或者像柏拉图发现"Idea"那样，而名之曰"无"，这根本不通，因为老子也不是这样讲"无"，老子不是从这条路走。假如从这条路往里入，就叫实有形态。

运用逻辑的思考（逻辑思考是什么理性呢？用康德的名词就是思辨的理性）。根据我们的思辨理性，从客观外在的世界里面，无论你怎么分析，分析到什么程度，想去发现出一个东西来，就像发现idea或原子、电子等等那么样，而名之曰"无"，这是根本做不到的。道德经"无名天地之始"落实到"常无欲以观其妙"了解，"无"是从我们主观心境上讲，是修养境界上的"无"。西方人，不管是柏拉图讲理型，或德谟克利特讲原子，或莱布尼兹讲心子，或笛卡儿、斯宾诺莎讲本体，这都是我们的思辨理性通过客观的分解从外在世界发现出来的。凡是从这条路往里入以建立形上学，都是"实有形态"的形上学。儒家讲"天命不已"，讲性命天道，这也是"实有"，但这不是用我们的思辨理性从外在世界里面分析综合可以发现出来的,它只是从实践理性进入而被肯定。西方的"实有形态"的形上学大体从思辨理性进入,儒家是从实践理性进入,西方基督教肯定上帝这个最高的实有,但肯定上帝是宗教信仰,不能从思辨理性来证明。儒家从实践理性进入,所以讲心性,讲工夫,这样,也有境界,也有实有。道家纯粹是境界形态,没有实有意义。

对于社会,乃至万事万物你若不去骚扰它、操纵把持它,它自己会生长。这叫"不生之生",你让开一步,"不塞其源,不禁其性"(王弼语),它自会生长,这就等于你生它。因为这让开一步是一个很大的修养工夫。所以从这样的工夫以讲动力因,这纯是消极意义的境界形态下的不生之生。老子说"后其身而身先;外其身而身存"(《道德经》第七章)。大家都想出风头、往前进,那有想往后退呢?道家就让你往后退,你往后退一步,大家都活了。西方人没有这种玄思,但自由民主却暗合于这道理。所以,道家是境界形态。这样,道的表面上的客观性、实体性、能生性这三性的样子便被拆穿了。在庄子最容易看出来,庄子讲逍遥、齐物,就是从我们的心境讲。庄子讲天籁,天籁指不出东西来,天籁是一个意义。你们读庄子《逍遥游》、《齐物论》就可以了解《庄子》的全部大义。老子是原始一点、朴素一点,到庄子把实体性、客观性、能生性的样子都化掉,是彻底的境界形态的形上学(vision-form metaphysics)。

所以,我说《道德经》讲"绝圣弃智"、"绝仁弃义"(第十九章)、"绝学无忧"(第二十章)是作用意义的"绝",是我们修养的境界,这个不能反对,这是共法。这种意义的"绝"跟佛教的般若相通。作用意义的"绝"就表示不是存有意义上的"绝",不能说道家在存有意义上否定圣、智、仁、义、学。不能说存有上没有圣、智、仁、义、学,道家不是这个意思。

存有意义就是究竟天地间有没有仁义这种东西？这是有没有、存在不存在的问题。道家的"绝"当然不是这个意思。道家的"绝"是作用意义上说的，跟《般若经》"以'不学'学"意思相同。你想用学的方式学般若，你永远学不来，因为般若不是一个外面摆着的东西，可以通过学的方式来得到。所以《般若经》说"以'不学'学"，"以'无得'得"，你要用无所得的方式得到般若，般若不是一个东西可以让你抓住。这就是从作用上讲，不是从存有上讲。这并不是说：在存在上，根本没有般若这种东西。道家的玄智也是这样，并非在存有上根本否定仁义圣智乃至于学之存在。

肯定有圣、智、仁、义、学，这是存有层次上的问题，存有层次上有圣、智、仁、义、学。什么叫做仁呢？你可以下定义。圣、智、仁、义、学都可以下定义，存有上有的东西可以下定义，这个属于"what"的问题，属于"是什么"的问题。这个"是什么"的问题，是儒家提出的。儒家肯定圣、智、仁、义、学。每一个概念有一定的意义，这是存有层次的问题。凡是存有上的东西，都可以下定义，都可以明确地把它决定出来，说明白，这个工作儒家做，所以，儒家有存有层次的问题。后来道家在作用层次上所讲的，儒家也不反对。所以，这是两层的问题。

但道家只有作用层上的问题，是"how"的问题，道家是根据儒家讲话。先有儒家，道家是儒家的一个反动者，一个挑战者，它只有how的问题，没有what的问题，它是对着儒家发。首先是墨子跟儒家相冲突，那很简单，很容易了解，后来是道家跟儒家相冲突。道家很玄，你儒家讲圣、智、仁、义，那你如何把你那个圣、智、仁、义用最好的方式体现出来呢？道家的回答是：最好而又最后的方式是"无"的方式，即作用上的"绝"的方式。这个意义的"绝"，儒家也不反对。

儒家经典也有讲"无"的。《书经·洪范篇》说："无有作好，遵王之道；无有作恶，遵王之路。""无有作好"、"无有作恶"那个"无"就是作用上的无，用什么方式把我们所肯定的好恶体现出来呢？好恶是有的，没有好恶就没有是非。但是，《书经》告诉我们：你要以"无有作好"的方式来好，"无有作恶"的方式来恶。那个时候，你可以把好恶很好地表现出来而没有毛病。这也是作用意义上的"无"，不是存有上否认好恶。所以，这个方式儒家也不反对。

凡是存有上肯定的是 what 的问题，道家只有 how 的问题，没有 what 的问题，因为 what 的问题儒家都讲明白了。道家就在 how 的问题上表现它的聪明。道家就问：你怎么样把你的好恶表现出来呢？这就是道家的贡献，这是道家的胜场，它把这点抓住了就可以自豪，可以立足于天地之间，卓然成一家之言。道家简单，没有 what 的问题，因为一切麻烦都在 what 的问题上。道家把 how 的问题抓住了，就可以儒释道鼎足而三。

儒家、佛家都有作用上的智慧，也有存有的问题。道家只有作用上的智慧，所以道家不够，不能够自足独立，一定要依附一个骨干，或者就另一骨干补偏救弊，你出毛病的时候，它出来刺激你一下子，这也是好的，这就是反对派的作用。这种"道"很玄妙。你们仔细把《道德经》从头到尾仔细读，尤其要读《庄子》，《庄子》就充分表现境界形态。朱夫子就是一生看不透这个问题，他不知道道家、佛教有这个作用层上的问题，"无""绝"成个忌讳，朱夫子一看这些字句就说不是圣人之道，把这个东西推给佛老。所以我提出来，这是一个共法，圣人也不反对。程明道这种话头多得很，朱夫子就不喜欢明道，说明道讲得太高。其实是朱子没有了解。

那么，你进一步问，道家是肯定仁义礼智呢？还是否定呢？道家的系统没有表示态度，所以它不够也就在这个地方。你说道家对仁义礼智是原则上肯定呢？还是否定？很难说它一定肯定，也很难说它一定不肯定。但是，道家既然问从什么方式表现最好，就表示原则上并不否定。我们照这个 how 可以把圣、智、仁、义、学保存下来，那么这种保存就叫"作用的保存"，通过这个 how 达到作用的保存。王弼注云："绝圣而后圣功存，绝仁而后仁德厚。"这都是辩证的诡词。这就是作用的保存，并不是把"仁"从存在上否定掉。所以，理解道家的智慧不容易，理学家大多不理解，把它看成异端，辟佛老，实际上他们对佛老了解不够，了解得很浅薄。

当然，存有的问题是不能没有的，要成一个独立的系统一定要有存有这一层，所以道家吃亏。你只能依附于儒家作一个挑战者，作一个反对派，后来佛教传进来，就变成道教，道教很多是佛教转过来的，可见自己没有独立性不成。道教最差，所以我们不讲道教，只讲道家。唐朝注释《庄子》的那个成玄英，他那个道教，用的根本是佛家的观念，照佛家的观念成个道教，就是因为道家独立性不够，没有存有层的问题，是个消极的形态。

道家从生活上体会出来，这样体会出来的"无"作为天地万物之始的根据，当然不是实有形态，这就是所谓境界形态，这样意义的"道"可以作一个"动力因"。"道"的意思很多，从本体论上看，它就是本体论的意义，从宇宙论上看，有宇宙论的意义，从人生上看，有实践的意义。但不管你怎么看，整起来看，道家这个形而上学是个境界形态。"无"作为天地之始，天地是天地万物的总称，总起来说天地。但是，在这种情况下，"目的因"如何表现呢？这些意思了解了就好讲了，正面讲就很容易讲，几句话就讲完了。所以说"无名天地之始，有名万物之母"。你读王弼的注，就根据这句话讲"目的因"。既然"无"是"动力因"，使一切东西有存在，使一切东西完成其为自己，完成其为自己就是它的目的。"无"是使它存在,以什么存在的样相表现出来呢? 光是"无"不够,要通过"有"这个观念。所以,《道德经》说:"有名万物之母。"(第一章)又说:"道生之,德畜之,物形之,势成之。"(第五十一章)通过物之形,势之成,它的"目的因"就完成了,万物都出现了,那个目的就达到了。当然,这个没有道德的意义。

"道生之,德畜之"是"动力因"(efficient cause),说"动力因"可以,译作"有效因"也可以。"道生之,德畜之"是超越意义的"有效因"。"目的因"往前看,万物要成其为万物要落实,所以说"物形之,势成之",这个就是"目的因","目的因"就落在这里,道家的讲法很简单,通过物形,势成,这个东西就完成它自己;完成它自己,这个东西的目的就达到了。"有名万物之母",王弼注云:"及其有形有名之时,则长之育之,亭之毒之,为其母也。"通过长、育、亭、毒,完成它自己,所以说"有名万物之母","母"是形式根据(formal ground),根据这个形式根据,在有形有名的范围之内,万物可以长、育、亭、毒。长之育之,就是生育之的意思;亭,是成的意思;毒,是熟的意思。在有形有名的范围之内,万物可以生长成熟,生长成熟就是完成其自己。在"道生之,德畜之,物形之,势成之"那个地方是通过"物形之,势成之"的方式,完成"目的因"。在"无名天地之始,有名万物之母"这个地方是通过生、育、亭、毒四个字完成"目的因"。这是道家的方式说明"目的因"。

儒家怎么表示"目的因"呢? 用儒家的方式讲就是坤元。《易传》还用什么字表达"目的因"呢? 就是"各正性命"。"元、亨、利、贞",在利贞那个地方,坤元就进来了,坤元进来就是"质料因"(material cause)进来了,非有这个成分不可,否则物的"目的因"不能达到。道家"质料因"在"物形之,势成之"过程中带进来,在长、育、亭、毒过程中带进来。"物形之,势成之"就是坤元,就是保聚原则。中国人以前虽然没有这些讲法,因中国人不喜欢分解的讲法,但我们现在可以这样看。"物形之,势成之"不就是"质料因"(material cause)吗? 这不是很恰当吗? 不在有形的范围内,不在质料的范围内,怎么能长、育、亭、毒呢? 用儒家的话讲,这是属于气化。长、育、亭、毒不能离开气化。

下一课再进一步讲,因为道家缺乏分解,不但没有亚里士多德那种分解,连儒家那种分解,那种本体论也没有。道家纯粹是境界形态,用观照的眼光看世界。对这枝粉笔道家不去解剖它,不论是形而上的解剖,或是物理的解剖道家都不做,它只采观照的态度。

> 义理之形态(不是内容)有异:老子之道有客观性、实体性、及实现性,至少亦有此姿态。而庄子则对此三性一起消化而泯之,纯成为主观之境界。故老子之道为"实有形态",或至少具备"实有形态"之姿态,而庄子则纯为"境界形态"。(见本文注①)

庄子以其芒忽恣纵之辩证的描述,辩证的融化,将老子之分解的系统化而为一诡辞,将其道之客观性、实体性,从天地万物之背后翻上来浮在境界上而化除,从客观面收进来统摄于主观境界上而化除,依是,道、无、一、自然,俱从客观方面天地万物之背后翻上来收进来而自主观境界上讲。逍遥乘化,自由自在,即是道,即是无,即是自然,即是一。以自足无待为逍遥,化有待为无待,破"他然"为自然,此即是道之境界,无之境界,一之境界。"自然"是系属于主观之境界,不是落在客观之事物上。若是落在客观之事物(对象)上,正好皆是有待之他然,而无一是自然。故庄子之"自然"(老子亦在内),是境界,非今之所谓自然或自然主义也。今之自然界内之事物或自然主义所说者,皆是他然者,无一是自然。老庄之自然皆真是"自己而然"者。故以"圆满具足"定之。此是圣人、至人之境界。"俄而有无矣,而未知有无之果孰有孰无也。今我则已有谓矣,而未知吾所谓之其果有谓乎? 其果无谓乎? 天下莫大于秋毫之末,而太山为小,莫寿于殇子,而彭祖为夭。天地与我并生,而万物与我为一"(《齐物论》)。此是道之境界,无之境界,一之境界,亦即自然之境界。而即由此境界上说道,说无,说一,说自然。"吾有待而然者耶? 吾所待又有待而然者耶? 吾蛇蚹蜩翼耶? 恶识所以然,恶识所以不然"。此一芒忽摇曳之笔,正显示一浑化之境,而即由此显无待,显圆满具足。此即是道、无、一、自然也。岂是客观方面有一物事摆在那里曰道、曰无、曰一、曰自然乎? 如是,经由分解而成之貌似积极而建构之形上学纯化而为境界形态之形上学,而道之客观性、实体性、实现性,亦纯化除而不见矣。本来《道德经》之实有形态,本只是一姿态。此姿态,是由"无为而无不为"之普遍化(扩大应用)而成者。根据此原则以观天地万物,则万有之本以生万有者,不能再是一限定之有,而必须是"无"。无者,非"限定之有"之谓也。此只是一消极表示,所谓遮诠。故"无"之为本为体,一方面固只是生活上"无为"之扩大,一方亦只是遮诠,而只为形式之陈述。本未就客观的宇宙施一积极的分解而发现一正面之"实有"以为本体者。故《道德经》之积极而建构之实有形态之形上学只是一貌似之姿态,并非真正之分解,即并未"著"也,故亦非真正积极而建构之形上学。既非经由真正之分解而著得上,故道之客观性、实体性、实现性,亦易于拉下而化除。凡经由积极之分解而著者,为积极而建构之实有形态之形上学。凡不著者,即非积极之分解,故亦非积极而建构之实有形态之形上学。故《道德经》之形上学,究其实,亦只是境界形态之形上学。不过根据"无为而无不为"以观天地万物,拉开以寻其本,遂显有"实有形态"之貌似。此种"拉开以寻其本",而显道有客观性等,即吾所谓"动观则有"也(见下章《魏晋名理正名》)。而庄子则翻上来,收进来,从主观境界上成一大诡辞以显"当体之具足",则即消掉此客观性、实体性、实现性,而为"静观则无"也。然此两者,并不冲突。而庄子则为根据老子而进一步矣。所谓消融老子分解讲法之所展示而成一大诡辞者是也(成一辩证之融化)。此种进一步之境界即为向、郭注《庄》所阐发。《晋书》所谓"发明奇趣,振起玄风"者,并不误也。

道家:"目的因"及从"不生之生"说明存在;通过养与玄览(观照)而得自在

"道生之,德畜之,物形之,势成之。"(《道德经》第五十一章)或曰:"有名万物之母。"(《道德经》第一章)"有名"为什么是万物之母呢?就是在有名范围之内万物通过长、育、亭、毒来完成"目的因",完成"目的因"就是万物得以完成其自己。儒家《易传》的讲法是"大哉乾元,万物资始,乾道变化,各正性命"。就在"各正性命"这个地方完成它的"目的因",或者通过乾卦的四德:"元、亨、利、贞"。元亨代表"动力因",利贞代表"目的因"。从利贞那个地方可以看出万物的"各正性命"。这是儒家的讲法。道家的讲法是"道生之,德畜之,物形之,势成之"。但我们首先了解,道家那个"生"是"不生之生",是消极的形态。"不生之生",现在这个时代最容易了解。这就是说你要让开一步,不要天天抓住它不放,你抓不住的。你一抓就死掉。道家的"道生"就是说你让开一步,你不要把它闭死闷死,它自己就会生长,就等于你生它。这就是有道盛世。

道家通过"物形之,势成之"、"长之育之,亭之毒之"来了解

"目的因",了解这个系统后,你再进一步考虑,对于这样生,这样成的万物,道家的态度跟儒家的态度、佛家的态度不一样,跟西方也不一样。道家是采取观照的态度。《道德经》讲"玄览","涤除玄览,能无疵乎"(第十章)。万物返朴归真,各归根复命,"复命曰常,知常曰明,不知常,妄作,凶"(《道德经》第十六章)。道家对通过如此这般了解的道生、德畜、物形、势成所完成的万物采取观照的态度。道家从心上做工夫,从性上得收获,这个从性上得收获,跟荀子的态度不一样,跟告子的态度也不一样。从性上得收获是什么意思? 就是养性,养性就是养生,性就是生。所以,道家讲养生,这个"生"是要养的。

儒家的态度,我们这个自然生命没有什么好处,要高一层的东西来对治它。荀子、告子的态度也是这样的。荀子讲性恶,告子讲"生之谓性"。性是材料,是本始材料,要以心治之,使其合道。道家讲养生、养性,这所养的性也是"生之谓性"。但这"生之谓性"不是为的我们要对治它,而是要养它。心上做工夫,性上得收获,就是得养的收获。道家对这个"生"是采取养的观点。对于万物的生成,桌子成其为桌子,粉笔成其为粉笔,通过"物形之,势成之"如此这般完成以后,他不去分解它,不再进一步予以解剖。不管你是做科学式的了解,对它作分析,或是理学家朱夫子把它分成理、气,这都是对天地万物作分解的了解。道家不做这个工作,养生就是养性,道家说的养生就是养这个自然生命。这个自然生命原本没有价值的意义,通过"养"以后,它便是最高价值的标准,因为它是合道的天趣盎然自由自在的生命。

儒家提高到价值层次讲道德的生命,要拿道德的生命来对治我们的自然生命,这是儒家的立场。道家不采取这个立场,因为自然生命从道德价值的层面看,它是不好的,但假定你采取返朴归真的态度,采取一个养的态度,它就成一个好的。所以道家讲返朴归真,道家喜欢原始社会,越古越好,回归到自然。中国常讲三皇五帝,三皇五帝最好,其实那时不一定是好的,原始野蛮的社会不一定好。可是若从养的观点看,从观照的观点看,就是越古越好。所以叫做返朴归真。这个时候,"朴"是好的意思,朴是对着高度文明讲。不要说现在高度的科技文明,就是西周的文明已经不得了,周公制礼作乐,那个文明已经很高度了,孔子称赞其"郁郁乎文哉"。但到战国时代,道家已经受不了。所以要返朴归真,朴就对着文明讲。科技文明是很麻烦的。我们现在拼命追求现代文明,追求现代化,可是马上跟着来就有后现代化的问题。

自然生命是不好的,贪、嗔、痴、惑、业都从自然生命发,从这个立场看,自然生命当然不好。但是,照道家看,贪、嗔、痴、惑、业这些毛病从心上发,心是不好的,所以要从心做工夫,从性上得收获。这是道家的重要观念。性就是生,养性就是养生,从养的态度看,就是返朴归真。朴、真是从所养的"生"那个地方讲,这个生命是朴,养朴就能存真。通过做"虚一而静"①的工夫,这个工夫所成的心就是道心。道心玄德,玄德就是从性上得,玄德从修养来,从返朴归真所得到的德就是玄德。

儒家所讲的道德是我们现在一般人所讲道德的意思,就是"moral"一词之意。道家讲道德不是这个意思,老子《道德经》,道德是两个词,先讲以道为标准,这个道得之于自己,得之于心,此名之曰德。德者,得也。我自己得到,得之于我自己的生命,这是道家意义的德,不是普通意义的道德之德。老子《道德经》上篇是

---

①　荀子谓"虚一而静"。道家"致虚极,守静笃"(《道德经》第十六章),就是"虚一而静"的工夫。

"道篇"，下篇是"德篇"，上篇讲道，下篇讲德。道是外延的讲、形式的讲、客观的讲，德是内容的讲、实质的讲、主观的讲。得之于自己的生命就是内容的讲、主观的讲。所以《道德经》说："孔德之容，惟道是从。"（第二十一章）孔德就是大德，大德以道为标准。以道为标准，得之于自己就成其为德，这就是主观的讲，内容的讲。道是客观的，跟大马路一样，天地万物都经过这大马路，都从道来。所以，一讲道，就是客观的讲。光如此讲，我们不能了解，这种了解就是形式的、客观的、外延的了解。进一步了解这个道的意义是什么呢？就要通过自己的主观的心灵来得到它才成，要从心灵上来了解，这就是养生、养性的养。从心上做工夫，通过"虚一而静"使心转成道心，有道之心使我们这个生命能养得住。到返朴归真的时候，你这个生命里面就有所得，你这个时候，就算得到了玄德。

天地万物也是通过"道生、德畜、物形、势成"来完成。对于通过"道生、德畜、物形、势成"而完成的东西，道家不想去骚扰它。儒家通过仁义礼智克服自然生命的私欲，麻烦得很，道家不采取这个态度。道家采取养的态度，养是心上做工夫来养，那么对于万物，对于通过"道生之，德畜之，物形之，势成之"所完成的那万物，道家采取观照的态度，观照就是玄览。玄览就是对通过"目的因"所完成的那些东西，在返朴归真的态度下，各令其归根复命，使每一个东西各归其自己（return to itself）。人的生命所以不自在不自由，就是不能够归其自己，四分五裂，东扯西拉。人在时间中拉扯，有过去，有现在，有未来。还没有到明天就想到明天，因为想明天就追想过去。李白诗句云："人生不满百，常怀千岁忧。"这就是生命的拉扯。瞻前顾后，有将迎，这就是生命不能归其自己。当年程明道做工夫就说："无将迎，无内外，廓然而大公，物来而顺应。"人生最麻烦就是有将迎。就是你这个生命不能当下归其自己，把你的生命拉开了，拉在时间、空间之中。

　　所以，道家讲逍遥自在，逍遥自在就是让生命归其自己，不要瞻前顾后。程明道说："廓然而大公，物来而顺应。"就是顺自然道理，不要有私见、偏见、成见，这就是无将迎。这是理学家做的工夫，道家就是返朴归真，做实际上"虚一而静"的工夫，使生命归其自己，归其自己就是归其朴，返朴归真才能逍遥自在。道家讲自由自在不是现代人讲的自由，现代人讲的自由是人权，道家自由自在是精神的境界，养生的一个结果。

　　道家这样讲的万物，是观照下的万物。《道德经》"归根曰静，是谓复命，复命曰常，不知常，妄作，凶"。归什么根呢？这个根就是所养的那个"生"，不是对治的那个生。归根才能复你的本命，就是通过道生、德畜、物形、势成的那个东西的自己，那个东西的自己就是那个东西的本命，这就是归根复命。所以下面就说"复命曰常"，你这个生命能得其常道。"不知常，妄作，凶"。不知道人生自然之常道，天天瞎造作出花样，一定是凶。

　　道家采取观照的态度，就是不去分解它。儒家看这个世界通过乾元、"元、亨、利、贞"来完成天地万物，"乾道变化，各正性命"这里要通过一个分解。朱夫子分成理、气，通过阴阳五行来解释。这都是一种解释，一种分解。通过我们的道德意识、道德命令、仁义礼智来克己复礼，这不是养生，这是对治，是道德的立场，这当然是积极的。道家是消极的，所以，它对自然采取观照的态度。道家不但没有西方那种哲学的形而上学的分解，连科学的形而下的分解也没有。儒家虽然没有科学，但儒家并不反对科学。儒家讲道德形上学，对这个世界有分解，分别成理、气。道家没有这一套，道家讲观照，讲自然。自然从哪个地方来呢？就是返朴归真。中国的文学艺术都从道家的影响开出，道家以观照的态度看天地万物，不是以分解的态度看，也不是以对治的态度看。

佛家最难了解，你看佛教，假如用亚里士多德的"四因说"，以"动力因"、"目的因"去衡量，用得上还是用不上？佛教对天地万物采取什么态度呢？是观照的态度呢？还是对治的态度？此外，佛教对天地万物有没有一个分解呢？佛教对万物不是采取返朴归真的观照的态度，它对万物有一个分解。那么佛教对万物的分解是怎么讲法呢？先了解这个问题，然后再进一步看可以不可以用"动力因"、"目的因"去解释。佛教很特别，是一个很特别的了不起的智慧，它对万物有一个解剖、分解。

佛教对万法有一个分解，那个分解是什么呢？就是无自性。无自性的结果就是如幻如化，万法如幻如化。这个观点儒家没有，道家没有，西方也没有。照佛教，一切东西要通过无自性的观念把它视作如幻如化，通过"因缘生起"这个分解，"众因缘生法，我说即是空，亦为是假名，亦是中道义"。这是对法的一个解剖、一个分解，这样一个分解的结果是：它对一切东西的看法是无自性，无自性就是空，空就是空自性。道家没有这个态度，道家讲归根复命，每一个东西各归其自己，就是每一个东西归根复命，有自性，有它自己，道家对它的自己采取观照的态度。佛教是先把一切东西解开、松开，一枝粉笔，它不看作 thing，不看作一个个体，它把它看作一大堆因缘生起的东西，把它解开来，解开了把粉笔的自性去掉，所以粉笔就如幻如化，这是佛教特别的态度。道家对万物没有这个看法，道家是通过道生德畜，物形势成就完了，它并没有把那个物形势成的东西分解得如幻如化，就是说这里面没有一个分解。

佛教这样一个系统，照亚里士多德的"四因说"，首先那个"动力因"、"目的因"用得上用不上呢？假如用得上，那么照佛教的说法怎么讲呢？"动力因"在哪里？照亚里士多德的说法，最高的

"动力因"是上帝,儒家是"大哉乾元",道家是"无",佛家是"无明"。照佛教的说法,假定你要对万法要有一个说明,说明它的"动力因","动力因"就是"无明"。这个讲法很不一样。从无明下来,通过因缘生起,这就是空,无明就是空、无自性。说有就有,说没有就没有。但它也令一切法有一个说明。所以说"去病不去法",一切法都保存下来。

你们先了解柏拉图系统,那是正面的分解。了解基督教的系统,上帝的创造,然后了解儒家、道家。道家已经很难了解,到佛教更难了解。佛教对万法有说明,既然有说明,"动力因"就可以用,但它那个"动力因",跟一般讲的完全不一样。

(选自《牟宗三学术论著集·讲座系列》之《四因说演讲录》,上海古籍出版社 1998 年版)

牟宗三,字斋中,山东栖霞人。北京大学哲学系毕业,当代新儒家代表人物。著作有《历史哲学》、《政道与治道》、《中国哲学的特质》、《四因说讲演录》等。

本文借用亚里士多德的"四因说"分析比较儒道两家思想的差异,见解迥异,别具特色。其中指出,儒家从实践理性进入"实有形态",所以讲心性,讲功夫,这样,也有境界,也有实有。道家纯粹是境界状态,没有实有意义。儒家通过仁义礼智克服自然生命的私欲,道家采取养心的态度来克服自然生命的私欲。儒家讲道德形上学,它以分解的、对治的态度看天地万物,道家则以观照的态度看天地万物,不是以分解的态度看,也不是以对治的态度看。

儒道理想人格的会通互补及其启示

戴 桂 斌

注重理想人格的设计和塑造,是中国古代思想中的一个好传统。古代的思想家们,依据他们所处的时代和要解决的现实问题,构想了种种理想人格模式,其中儒、道两家构想的理想人格模式对中国古代社会的发展和理想人格的塑造影响最为深刻和最为广泛。儒、道两家所构想的理想人格,分属于不同类型的人格模式,呈现出两种不同的理论形态,并以不同的方式在中国古代社会发展中起着各自的作用。但是,儒道两种理想人格模式又具备相通和互补的性质。这种相通与互补对于我们今天建构现代理想人格和价值观是有借鉴意义的。

一

儒家和道家是两种不同类型的思想学派,他们从不同的理论形态出发,构想了自己的理想人格。以孔、孟为代表的儒家理想人格表现为道德人格。

孔子所向往、追求的理想人格是圣人和君子,但圣人只是理想彼岸的理想人格,是可望不可及的,只有君子才是现实生活中的理想人格,是人们通过努力可以达到的理想人格。孔子说:"圣人,吾不得见之矣;得见君子者,斯可以。"(《论语·述而》)又说:"君子道者三……仁者不忧,知者不惑,勇者不惧。"(《论语·宪问》)可以说,孔子所构想的现实"生活"中的理想人格是由仁、智、勇三者构成的,是三者的有机结合。将仁、智、勇作为理想人格的主要内容,成为儒家的共识。《中庸》说:"好学近乎知(智),力行近乎仁,知耻近乎勇。"还把知、仁、勇三者称为"天下之达德",即三种最主要的道德规范和品德。

所谓仁,就是有德之人,是孔子理想人格的核心。作为理想人格的君子,无论何时何地,都必须坚持仁德,不能有丝毫背离。仁的内容主要有三个方面:一是"仁者爱人"。"爱人"的具体方法是"忠恕之道",即待人既要真心诚意,又要宽恕容人:"己欲立而立人,己欲达而达人";"己所不欲,勿施于人"(《论语·卫灵公》)。二是"义以为质"。就是要把义放在首位,当利与义发生矛盾时,要以义为重,必要时,要牺牲个人利益乃至生命。三是"礼以行之"。即必须把仁义付诸实施,使行为合乎仁义。以上三个方面,是理想人格中仁德的基本内容,此外,还有"恭、宽、信、敏、志"等具体德目。

所谓智,是人区别于动物的理性智慧,是人们的理性思维和知识、认识。但孔子的理想人格之"智",主要不在于认识自然,获得自然方面的知识,而在于认识人与人之间的伦理道德关系,即所谓"知人"、"知礼"。孔子对于"知"没有展开论述,孟子对"知"作了补充,认为"是非之心"是"智之端","智"是一种道德认识。

所谓"勇",即勇敢,敢做敢为。勇也是君子必备的品德,是为仁德服务的,甚至是仁德的组成部分。所以"仁者必有勇,勇者不必有仁"(《论语·卫灵公》)。

孔子的理想人格是仁、智、勇三者的结合,其中仁是核心,是理想人格的实质。孔子对仁作了充分的解释,对智、勇只是提到,并未充分说明。因为智、勇又是为仁服务的,是为仁的实现服务。所以说,孔子构想的理想人格,实际上是一种道德人格。

而以老庄为代表的道家理想人格则注重人的自然本性,其理想人格表现为自然人格。老子所构想的理想人格,是一种自然无为的人格。老子说:"道大,天大,地大,人亦大。域中有四大,而人居一焉。人法地,地法天,天法道,道法自然。"(《老子》第25章)"自然"即本然、原本状态。"道法自然",就是主张理想人格应效法自然,遵从自然本性,顺乎自然,不人为造作,矫饰虚伪。这也就是自然无为。要做到自然无为,就要无智无欲。在老子看来,有智有欲是一切罪恶灾祸的渊数,只有无智无欲,才能无为而无不为:"道常无为,而无不为。"

庄子继承了老子的自然无为的思想,他所构想的理想人格。在《逍遥游》中概括为:"至人无己,神人无功,圣人无名。"所谓"圣人无名",就是说作为理想人格的"圣人",应该淡泊名利,不为名利所左右。与儒家主张以仁义治天下的思想不同,庄子认为,追求名义、仁义、道德,这不但不能使社会达到太平,反而是社会动荡不安的原因,还会造成人的自然本性的丧失。"德荡乎名,知出乎争,名也者,相轧也;知也者,争之器也,二者凶器,非所以尽行也。"(《庄子·人间世》)"屈折礼乐,呴俞仁义,以慰天下之心者,此失其常然也。"

所谓"神人无功",就是说作为理想人格的"神人"应该是顺应自然。庄子反对儒家的积极有为建功立业的思想,主张顺应自然,无所作为。庄子说:"夫帝王之德,以天地为宗,以道法为主,以无为为常。无为也,则用天下而有余;有为也,则为天下用而不足。"(《庄子·天道》)

20世纪儒学研究大系

所谓"至人无己",就是说作为理想人格的"至人",应该"忘情"、"忘性",在肉体、精神两方面彻底忘掉自己,即忘却生死、宠辱、贵贱、好恶、是非,在生死、宠辱、贵贱、是非面前,不动感情。庄子说:"吾所谓无情者,言人之不以好恶内伤其身,常因自然而不益生也。"

在"无名"、"无功"、"无己"三者之中,"无己"是核心,只有"无己",才能做到"无名"、"无功"。即《庄子·天地》篇中说的"忘己之人,是之谓入于天。"如果人能做到"无名"、"无功"、"无己",就可以达到"逍遥游"的理想境界,而这样的人就是庄子向往、追求的理想人格。

二

儒道两家几乎是同时产生的,并在中国历史上长期共存达两千年之久,共同的社会历史和文化环境却孕育了儒家和道家两种不同类型的理想人格模式:儒家推崇人的道德属性和道德建设,理想人格可以说是道德人格;道家崇尚人的自然本性和人的个性自由,其理想人格可以说是自然人格模式。

首先,儒家推崇人的道德,以道德品质为人格的基本要素,以道德完善为人格的主要目标。孔子所构想的理想人格虽然是由仁、智、勇三者所构成的,但他再三强调的却是仁、道德,至于智、勇虽是理想人格所必备的,但它们却是为仁、道德服务的,智不过是仁德之智,懂得怎样做一个有德之人。勇也是如此。从真、善、美的角度来讲,儒家的理想人格在价值追求上,在于求善,实现善的价值。与儒家相反,道家崇尚自然,以符合自然,实现人格的绝对自由(逍遥)为目标。道家从保护人的自然本性出发,极力反对儒家所倡导的仁义道德,认为仁义道德不但不是社会文明进步的表现,反而是社会堕落的反映。老子说:"大道废,有仁义;智慧出,有大伪;六亲不和,有孝慈;国家昏乱,有忠臣。"(《老子》第18章)因此道家主张理想人格要以符合自然、符合人性为前提,从而达到人格的绝对自由(逍遥)。从真、善、美的角度来讲,道家在理想人格的追求上注重于真,实现真的价值。

其次,儒家理想人格的出发点是群体,从群体、等级观念的角度出发来构想理想人格,用以规范协调人际关系。而道家的理想人格的出发点是个人,从如何保持人的自然本性,获得个体自由的角度出发,主张理想人格应该摆脱一切外物的束缚。即庄子说的"不以物挫志","不以物害己","物物而不物于物"。消除一切外物包括仁义道德对人的统治奴役,乐天安命,顺其自然,从而保护个性,获得个体精神上的绝对自由,即达到逍遥的境界。

最后,儒家理想人格从社会群体出发,具有强烈的社会责任感和使命感。儒家主张建立一个天下有道的社会,为了实现这一理想社会,具有理想人格的圣人君子应以天下为己任,担负起治国平天下的重任。道家理想人格从个人出发,要求具有理想人格的圣人、真人无所作为,顺应自然,保持自己的自然本性,以求在动荡的现实中得以安然。老子主张理想人格"道法自然",遵从自然本性,顺乎自然,不要有什么作为。庄子则把理想人格概括为"无己"、"无功"、"无名",主张用相对主义眼光来看待宇宙人生的一切问题,把生死、祸福、贫富、贵贱等等都看成是瞬息万变的,人对此无能为力,只能听天由命,任其自然,唯如此,才能保全生命,做到逍遥自在。

以上考察显示,儒道两家的理想人格确属于两种不同类型的理想人格,它们之间存在着一定的差异,甚至是对立的。但是,在共同的社会文化背景下孕育出来的儒道两家的理想人格,又有着相通互补之处。

第一,儒道两家的理想人格都是建立在抽象的、各自的人性论基础之上的。他们都主张人性是天生的,是先于个人而存在的。儒家主张人性是相通的,只要努力改造自己,人人都可以成为尧舜,达到理想人格的境界。孟子提出善端的思想,认为仁、义、理、智都是先天存在的,只要后天加以保存,把它们发扬光大就行了。道家以自然为人性,人的各种自然之性是先于人而存在的,人格的理想状态是婴儿状态。儒道两家都没有看到人的社会本性,不了解人的社会实践。

第二,儒道两家的理想人格都主张人格平等,人人都有可能达到理想境界。儒家从人异于宇宙万物的角度来看待人格平等,即人人都有善性或善质,孟子说"人皆可以为尧舜"。道家则从人与万物平等的角度来看待人格平等。在道家看来,以道的眼光来看天下万物,万物都是一样的,因此人与人之间没有高下贵贱、好坏是非的差异,如美女西施与丑女厉、圣君尧与暴君桀都可以"道通为一"。

第三,儒道两家都主张通过内在修养来实现理想人格。儒家主张内外双修,即既要反躬自省,"三省吾身",尽心知性,克己慎独,又要积极入世,"博施于民而能济众",以求成己成物,从而正心、诚意、格物、修身、齐家、治国、平天下。通过修养达到自觉人伦道德关系,维护封建等级秩序。道家主张由内向外,通过"含德"、"全性葆真"、"心斋坐忘"等内在功夫来"与世俗处"。道家主张人格修养要面向自然,打破束缚人性的道德规范,使人返朴归真,获得精神上的自由与超脱。

第四,儒道两家都把"天人合一"作为理想人格的最高境界。

孟子说"万物皆备于我",庄子说"天地与我并生,而万物与我为一",这些都是对"天人合一"这一境界的言说和追求。儒家认为,人性本于天命,原本至善,由于后天环境的影响,使善性隐而不明,人格通过修养,使人从人道中体验天道,使善性复明,达到与天地合德的境界。儒家的"天人合一"偏向于以天合人,即按照人的本性来理解和规定天道,又以人道化的天道论证人类,以人道为依归。道家认为,人性本于自然,如初生之婴儿,无善无恶,人格的修善就是要弃绝人道,遵从天道,达到与天合一的境界。道家的"天人合一"偏向于以人合天,即要求去掉人为、复归于自然,"人与天一",达到人与自然的和谐。

三

在中国传统社会里,儒家文化一直是正统、主流。儒家的理想人格,也始终是传统社会的主流人格取向。儒家理想人格是一种道德型的理想人格,它以群体为出发点,从群体、等级观念的角度来构建人格的价值,用群体规范来协调人际关系。这种以群体为核心的人格价值取向,在中华文明发展史上起了积极的作用,它对于协调人与人之间的关系,增进人们的团结和中华民族的团结和统一是有利的。

为了维护群体的利益,协调人们之间的关系,同时,儒家理想人格非常重视道德的价值作用,对于培养和塑造中华民族高尚的道德品质和民族气节具有积极的作用。再者,儒家理想人格还强调人们的社会责任感和献身精神。在中华民族历史上起了非常积极的作用。在中华民族发展的历史长河中,每当到了民族危亡的紧要关头,都有为了民族的团结和统一,为了国家的兴亡,"先天下之忧而忧,后天下之乐而乐"的仁人志士,不惜抛头颅,洒热血,挺身而出。在中华民族发展史上,虽然内忧外患,历经无数次磨难,但她始终能战胜内忧外患,巍然屹立于世界的东方,其中儒家理想人格所起的精神支柱的作用是不可低估的。

但是,作为一种道德型的理想人格,它也存在不可克服的历史缺陷,由于儒家理想人格只重视群体、人与人之间的关系,对于人的个性、个体的价值、作用、个体自由则完全予以忽视。这样,张扬了群体、社会,却压抑了个性、个性自由,成了限制人发展的桎梏。其次,道德是人格的一个重要方面,但不是人格的全部。理想人格决不只是片面的道德,它应该是真、善、美的统一,德、智、体、美的全面发展,而儒家理想人格的这种只注重人的道德、人们之间的人际关系,不免过于狭隘了、片面了。社会的发展,不能仅仅靠"德",还必须要有"才"("智"),否则,人的发展,社会的进步,只能是句空话。此外,片面的道德取向还导致人格的扭曲。

儒家文化是作为主导文化出现于中国传统社会的,而片面的价值取向必然会使以儒家文化作为理论基础的中国传统社会缺乏张力,因此它要用道家之水来"淬火",使之坚硬。道家理想人格是一种自然型理想人格,它关注个体的存在,崇尚人格的自由,引发人们对个体尊严和个人意志自由的向往和追求,这就有利于缓解儒家理想人格那种沉湎于社会、群体,丧失个性、个体自由的人格紧张状态,减轻片面人格给社会稳定和谐造成的压力,有利于社会的稳定、和谐。当然,道家的自然型的理想人格也是一种片面性的人格,如果以道家的理想人格作为社会的价值主导,这种只关注个体的存在和发展、个体的心灵自由,无视社会、群体的存在和发展的价值取向,是不利于社会的进步和发展的。事实上,道家文化一直未能成为中国历史的主流。

总之，儒家理想人格从群体、社会的角度出发，重视社会、群体的作用以及社会中人的关系、价值和作用，忽视个人的自由、价值和作用。而道家则强调个性自由，忽视集体的功能，两者都有长处和偏颇之处，从而形成了历史上的儒道互补。儒道互补的历史告诉我们，单一结构的人格模式都不利于个性和社会的发展，无论是单一群体价值取向的儒家理想人格，还是单一个体取向的道家理想人格，都是片面的，都必须扬弃，把它们辩证地统合起来，即正确地处理好个体和群体、个人和社会的关系。

现代社会的发展，个体既需要发展自己的个性，又不能沉湎于自我，蔑视他人和社会，个体要为他人、社会而自我约束；同时，社会也要重视个体的自由和发展，充分发挥个体的积极性和创造性。一般说来，传统社会是一种突出强调社会（群体）整体作用的自然经济，其社会关系的总体特征是"人的依赖关系"，即无独立的个体对共同体的绝对依存，个体在社会整体发展的格局中，不过是整体之网的一个无关紧要的纽结，个体的存在及其差异、才能没有得到应有的重视和发挥。因此崇尚整体主义的儒家学说成为中国传统社会意识形态的主流。这种崇尚群体、蔑视个体的整体主义已经不适应于现代社会。现代社会是一种以社会个体的充分发展为特征的市场经济。"它既把社会个体的充分发展作为社会整体发展的动力，又把社会个体的充分发展作为社会发展的终极目标；它相信只有个体的充分发展才会有社会整体的进步，而个性的枯萎则势必使整体丧失生气；市场经济视个体为独立自由活动的主体，摒弃无条件的依附，用具有权利义务内容的规范来调整个体与整体之间的关系；它承认个体之间在能力上的差异，肯定个体凭借自己的能力获取正当的回报，并为个体能力的施展创造着事实上的条件。"（王立仁：《市场经济与个体文明》，载《光明日报》1998年4

月3日)这就是说,现代社会要求人们必须把个体与群体(社会整体)有机地结合起来,既不能蔑视个体的存在和发展,如儒家学说那样,也不能无视群体和社会,如道家学说,特别是西方极端个人主义那样,只有这样,个人和社会才能够互相促进、协调发展。

(选自《武汉大学学报》1999年第3期)

　　戴桂斌,湖北仙桃人,襄樊学院政法系教授,主要从事中国古代伦理学研究。

　　本文指出,以孔孟为代表的儒家理想人格,从社会群体出发,推崇人的道德属性和道德建设,具有强烈的社会责任感和使命感,是一种道德型的理想人格。以老庄为代表的道家理想人格,从生命个体出发,崇尚人的自然本性和个性自由,主张理想人格"道法自然",不要有所作为,是一种自然型的理想人格。儒道两种理想人格虽然存在着很大的差异,但它们又存在着相通互补之处。

儒 道 互 补（节选）

李 泽 厚

一、"逍遥游"：审美的人生态度

在《美的历程》一书中，我提出"儒道互补"这个概念，在某些人反对过一阵之后，看来现在已被普遍接受。其实，这是一个众所周知、前人也多次讲过的历史事实。儒道之所以能互补，我以为根本原因仍在于，它们二者都源起于非酒神型的远古传统，尽管道家反礼乐，却并不是那纵酒狂欢、放任感性的酒神精神。从思想史的角度看，道家的主要代表庄子，毋宁是孔子某些思想、观念和人生态度的推演、发展者。所以，《美的历程》曾认为：

还要从孔子开始。孔子世界观中的怀疑论因素和积极的人生态度（"敬鬼神而远之，可谓知矣"，"知其不可而为之"等等），一方面终于发展为荀子、《易传》的乐观进取的无神论（"制天命而用之"，"天行健，君子以自强不息"），另方面则演化为庄周的泛神论。孔子对氏族成员个体人格的尊重（"三军可夺帅也，匹夫不可夺志也"），一方面发展为孟子的伟大人格理想（"富贵不能淫，贫贱不能移，威武不能屈"），另方面也演化为庄子的遗世绝俗的独立人格理想（"彷徨乎尘域之外，逍遥乎无为之业"）。表面看来，儒、道是离异而对立的，一个入世，一个出世，一个乐观进取，一个消极退避；但实际上它们刚好相互补充而协调。不但"兼济天下"与"独善其身"经常是后世士大夫的互补人生路途，而且悲歌慷慨与愤世嫉俗，"身在江湖"而"心存魏阙"，也成为中国历代知识分子的常规心理以及其艺术意念。但是，儒、道又毕竟是离异的。如果说荀子强调的是"性无伪则不能自美"；那么庄子强调的却是"天地有大美而不言"，前者强调艺术的人工制作和外在功利，后者突出的是自然，即美和艺术的独立。如果前者由于以其狭隘实用的功利框架，经常造成对艺术和审美的束缚、损害和破坏；那么，后者则恰恰给予这种框架和束缚以强有力的冲击、解脱和否定。浪漫不羁的形象想象，热烈奔放的情感抒发，独特个性的追求表达，它们从内容到形式不断给中国艺术发展提供新鲜的动力。庄子尽管避弃现世，却并不否定生命，而毋宁对自然生命抱着珍贵爱惜的态度，这使他的泛神论的哲学思想和对待人生的审美态度充满了感情的光辉，恰恰可以补充、加深儒家而与儒家一致。所以说，老、庄道家是孔学儒家的对立的补充者。

那么，这个"对立的补充"是如何具体进行的呢？我以为，道家和庄子提出了"人的自然化"的命题，它与"礼乐"传统和孔门仁学强调的"自然的人化"，恰好既对立，又补充。

如果说，儒家孔、孟、荀着重在人的心理情性的陶冶塑造，着重在人化内在的自然，使"人情之所必不免"的自然性的生理欲求、感官需要取得社会性的培育和性能，从而它所达到的审美状态和审美成果经常是悦耳悦目、悦心悦意，大体限定或牵制在人际关系和道德领域中，那么，以庄子为代表的道家特征却恰恰在于超越这一点。庄子说：

颜回曰：回益矣。仲尼曰：何谓也？曰：回忘仁义矣。曰：

可矣,犹未也。他日,复见,曰:回益矣。曰:何谓也? 曰:回忘礼乐矣。曰:可矣,犹未也。他日,复见,曰:回益矣。曰:何谓也? 曰:回坐忘矣。仲尼蹴然曰:何谓坐忘? 颜回曰:堕肢体,黜聪明,离形去知,同于大通,此谓坐忘。仲尼曰:同则无好也,化则无常也。而果其贤乎! 丘也请从而后也。(《庄子·大宗师》)

连孔老夫子也愿"从而后"的"坐忘",是庄子抬出来以超越儒家的"礼乐"(作用于肢体、感官)"仁义"(诉之于心知、意识)的更高的人生境界和人格理想。这个人格和境界的特点即在于,它鄙弃和超脱了耳目心意的快乐,"形如槁木,心如死灰",超功利,超社会,超生死,亦即超脱人世一切内在外在的欲望、利害、心思、考虑,不受任何内在外在的好恶、是非、美丑以及形体、声色……的限制、束缚和规范。这样,也就使精神比如身体一样,能翱翔于人际界限之上,而与整个大自然合为一体。所以,如果说儒家讲的是"自然的人化",那么庄子讲的便是"人的自然化":前者讲人的自然性必须符合和渗透社会性才成为人;后者讲人必须舍弃其社会性,使其自然性不受污染,并扩而与宇宙同构才能是真正的人。庄子认为只有这种人才是自由的人、快乐的人,他完全失去了自己的有限存在,成为与自然、宇宙相同一的"至人"、"神人"和"圣人"。所以,儒家讲"天人同构"、"天人合一",常常是用自然来比拟人事、迁就人事、服从人事;庄子的"天人合一",则是要求彻底舍弃人事来与自然合一。儒家从人际关系中来确定个体的价值,庄子则从摆脱人际关系中来寻求个体的价值。这样的个体就能作"逍遥游":

　　若夫乘天地之正,而御六气之辩,以游无穷者,彼且恶乎待哉。(《庄子·逍遥游》)

乘云气,骑日月,而游乎四海之外。死生无变於己,而况利害之端乎?(《庄子·齐物论》)

> 与造物者为人,而游乎天地之一气……忘其肝胆,遗其耳目;反覆始终,不知端倪;茫然彷徨乎尘垢之外,逍遥乎无为之业。(《庄子·大宗师》)

这种"逍遥游"是"无所待",从而绝对自由。它"忘其肝胆,遗其耳目","死生无变於己,而况利害之端",连生死、身心都已全部忘怀,又何况其他种种? 正因为如此,它就能获得像大自然那样巨大的活力:"搏扶摇而上者九万里","背负青天而莫之夭阏者"(《庄子·逍遥游》)。这是一种莫可阻挡的自由和快乐。庄子用自由的飞翔和飞翔的自由来比喻精神的快乐和心灵的解放,是生动而深刻的。之所以生动,因为它以突出的具体形象展示了这种自由;之所以深刻,因为它以对自由飞翔所可能得到的高度的快乐感受,来作为这种精神自由的内容。这是在二千多年以前。就在今天,如果能不假借于飞机飞艇,而能"御风而行"、"游于无穷",那也该是多么愉快的事。只在睡眠中,有时才有这种愉快的飞行之梦,据Freud,那与性欲的变相宣泄有关,它的确展示了生存的极大愉快。

当然,庄子讲的主要并非身体的飞行,而是由精神的超脱所得的快乐。这种"快乐"不是"有朋自远方来不亦乐乎"(孔)的乐,不是"得天下英才而教育之"(孟)的乐。它已不是儒家那种属伦理又超伦理的乐,而是反伦理和超伦理的乐。不仅超伦理,而且是超出所有喜怒哀乐、好恶爱憎之上的"天乐"。所谓"天乐",也就是与"天"(自然)同一,与宇宙合规律性的和谐一致:

> 与天和者,谓之天乐。(《庄子·天道》)

> 知天乐者,其生也天行,其死也物化……无天怨,无人非

……，以虚静推于天地，通于万物，此之谓天乐。（同上）

与这种"天乐"相比，任何耳目心意的乐就不但低劣得无法比拟，而且还正是与这"天乐"相敌对而有害：

> 钟鼓之音，羽旄之容，乐之末也。（同上）

> 失性有五，一曰五色乱目，使目不明；二曰五声乱耳，使耳不聪；三曰五臭薰鼻，困惾中颡；四曰五味浊口，使口厉爽；五曰趣舍滑心，使性飞扬。此五者，皆生之害也。（《庄子·天地》）

> 悲乐者，德之邪；喜怒者，道之过；好恶者，心之失。（《庄子·刻意》）

可见，这种"逍遥游"获得的"天乐"，是以排除所有这些耳目心意的感受、情绪为前提，从而它是以"忘"为特点的：忘怀得失，忘己忘物。庄子一再强调的，正是这个"忘"字："相忘以生"，"不如相忘于江湖"，"吾丧我"，以及蝴蝶庄周的著名故事（"不知周之梦为蝴蝶欤，蝴蝶之梦为周欤"〔《庄子·齐物论》〕）。只有完全忘掉自己的现实存在，忘掉一切耳目心意的感受计虑，才有可能与万物一体而遨游天地，获得"天乐"。所以，这种"天乐"并不是一般的感性快乐或理性愉悦，它实际上首先指的是一种对待人生的审美态度。

它之所以是审美态度，是因为它的特点在于：强调人们必须截断对现实的自觉意识，"忘先后之所接"，而后才能与对象合为一体，获得愉快。庄子的所谓"心斋"可以作这种解释。

> 敢问心斋。仲尼曰，若一志，无听之以耳，而听之以心；无听之以心，而听之以气。听止于耳，心止于符。气也者，虚而待物者也。唯道集虚。虚者，心斋也。……虚室生白，吉祥止止。（《庄子·人间世》）

感官受制于见闻,心思被束于符号;只有摒弃它们,成为无为的虚空,而后才能感应天地、映照万物,达到与宇宙自然合一。这也就是上述的"天乐"。"天乐"在庄子眼里,也就是"至乐",即最大的快乐。但"至乐无乐",最大的快乐恰恰超越了一般的乐或不乐。它无所谓乐不乐,它已经完全失去了主观的目的、意志、感受、要求,而与自然的客观规律性并成一体。要做到这一点,就必须"虚"、"静"、"明",即排除耳目心意,从而培育、发现、铸造实即积淀成一种与道同体("唯道集虚")的纯粹意识和知觉。这有点类似于 Husserl 的"纯粹意识",但它不是认识论的。

庄子关于这种"虚"、"静"、"明"有大量论述。如:

> 静则明,明则虚,虚则无为而无不为也。(《庄子·庚桑楚》)

> 水静犹明,而况精神! 圣人之心静乎! 天地之鉴也,万物之镜也。(《庄子·天道》)

总之,不为一时之耳目心意所左右,截断意念,敞开观照,这样精神便自由了,心灵便充实了,人便可以逍遥游了,"天地与我并生,万物与我为一"(《庄子·齐物论》)的最高境界也就达到了。

可见,比儒家周易所强调的同构吻合、天人感应又进了一步,庄子这里强调的是完全泯灭物、我、主、客,从而它已不止是同构问题(在这里主客体相吻合对应),而是"物化"问题(在这里主客体已不可分)。这种主客同一却只有在上述那种"纯粹意识"的创造直观中才能呈现。它既非心理因果,又非逻辑认识,也非宗教经验,只能属于审美领域。

> 庄子与惠子游于濠梁之上。庄子曰,儵鱼出游从容,是鱼乐也。惠子曰,子非鱼,安知鱼之乐? 庄子曰,子非我,安知我不知鱼之乐? 惠子曰,我非子,固不知子矣。子固非鱼也,子

之不知鱼之乐全矣。庄子曰，请循其本，子曰汝安知鱼乐云者，既已知吾知之而问我，我知之濠上也。（《庄子·秋水》）

在这个著名的论辩中，惠子是逻辑的胜利者，庄子却是美学的胜利者。当庄子遵循着逻辑论辩时（"子非我，安知我不知鱼之乐"），他被惠子打败了。但庄子立即回到根本的原始直观上：你是已经知道我知道鱼的快乐而故意问我的，我的这种知道是直接得之于濠上的直观；它并不是逻辑的，更不是逻辑议论、理知思辨的对象。本来，从逻辑上甚至从科学上，今天恐怕也很难证明何谓"鱼之乐"。"鱼之乐"这三个字究竟是什么意思，恐怕也并不很清楚。鱼的从容出游的运动形态由于与人的情感运动态度有同构照应关系，使人产生了"移情"现象，才觉得"鱼之乐"。其实，这并非"鱼之乐"而是"人之乐"；"人之乐"通过"鱼之乐"而呈现，"人之乐"即存在于"鱼之乐"之中。所以它并不是一个认识论的逻辑问题，而是人的情感对象化和对象的情感化、泛心理化的问题。庄子把这个非逻辑方面突出来了。而且，突出的又并不止是这种心理情感的同构对应，庄子还总是把这种对应泯灭，使鱼与人、物与己、醒与梦、蝴蝶与庄周……，完全失去界限。"……梦为鸟而厉乎天，梦为鱼而没于渊。不识今之言者，其觉者乎？其梦者乎？造适不及笑，献笑不及排，安排而去化，乃入于寥天一。"（《庄子·大宗师》）这种不知梦醒、物我、主客而与"道"同一（"寥天一"，即"道"）的境地，便是最适意不过的了。它是最高的快乐，也即是真正的自由。《庄子》的众多注释者们曾指出：

　　造适不及笑：形容内心达到最适意的境界。（李勉说）

　　林希逸说：意有所适，有时而不及笑者，言适之甚也。亦犹在诗所谓"惊定乃拭泪"。乐轩先生亦云，"及我能哭，惊已定矣"。此言惊也，造适言喜也。惊喜虽异，而不及之意同。

献笑不及排：形容内心适意自得而于自然中露出笑容。
林希逸说："此笑出于自然，何待安排"。……（陈鼓应《庄子
今注今译》，中华书局，北京，1984，第 201 页）

这不是高级的审美快乐又是什么呢？它既非宗教的狂欢，又
非世俗的快乐，正是一种忘物我、同天一、超利害、无思虑的所谓
"至乐"、"天乐"。

上引对"造适不及笑"的注释，似乎主要是从心理角度去描述
的审美事实。其实这里更重要的是，庄子强调这种审美事实的哲
学意义：作为庄子的最高人格理想和生命境地的审美快乐，不止是
一种心理的快乐事实，而更重要的是一种超越的本体态度。这种
态度并不同于动物的浑浑噩噩、无知无识，尽管庄子强调它们在现
象形态上的相同或相似。它既不是动物性的自然感性，又不是先
验的产物或神的恩宠，而是在人的经验中又超经验的积淀本体和
形上境界，是经由"心斋"、"坐忘"才能达到的纯粹意识和创造直
观。它强调的是人与自然（天地万物）的同一，而并非舍弃自然
（天地万物）。它追求在与宇宙、自然、天地万物同一中，即所谓
"与道冥同"中，来求得超越，从而这种超越又仍然不脱离感性，尽
管这已经是一种深刻的具有积淀本体的感性。有这个超越，便使
人在任何境遇都可以快乐，可以物我两忘，主客同体。有如另一位
说庄者所说，"与物玄同，则无不适矣。无不适则忘适矣"（刘凤苞
《南华雪心编》，见上书，第 207 页）。忘适之适，正是在感性中积
淀了理性的本体，前面所讲的种种排除耳目心意，也正是为了此积
淀的出现。

儒家美学强调"和"，主要在人和，与天地的同构也基本落实
为人际的谐和。庄子美学也强调"和"，但这是"天和"。所谓"天
和"也就是上面讲的"与道冥同"。天地万物或大自然本身是不断

成长衰亡的有生命的事物,人所达到的"天和"或"与道冥同"、"与物玄同"也如此,它同样是有生命的:

> 惠子谓庄子曰,人故无情乎? 庄子曰:然。……惠子曰,既谓之人,恶得无情? 庄子曰,是非吾所谓情也。吾所谓无情者,言人不以好恶内伤其身,常因自然而不益生也。(《庄子·德充符》)

> 其心志,其容寂。……凄然似秋,煖然似春;喜怒通四时,与物有宜而莫知其极。(《庄子·大宗师》)

不必人为地去强求益生,而自自然然地会生长得很良好;不必人为地具有喜怒好恶等感情,而自自然然地如四时那样有喜怒煖凄的感情;即使在种种激烈诡异的论证争辩中,庄子始终没有舍弃生命和感性。相反,"与物为春"(《庄子·德充符》)、"万物复情"(《庄子·天地》),重视情感、肯定生命的人性(不是神性)追求,仍然是基调。这与庄子一贯重视的"保身全生"的主张完全一致。所以,庄子哲学是既肯定自然存在(人的感情身心的自然和外在世界的自然),又要求精神超越的审美哲学。庄子追求的是一种超越的感性,他将超越的存在寄存在自然感性中,所以说是本体的、积淀的感性。不假人为,不求规范,庄子就这样提出了在儒家阴阳刚柔、应对进退的同构感应之上的更高一级的"天人合一"即"与道冥同"。这种"天人合一"之所以可能,正在于它以这种积淀了理性超越的感性为前提、为条件。

人们经常重视和强调儒、道的差异和冲突,低估了二者在对立中的互补和交融。其实,庄子激烈地提出这种反束缚、超功利的审美的人生态度,早就潜藏在儒家学说之中。

《庄子》中多次称引颜回,内篇中还有借孔子名义来宣讲自己主张的地方。郭沫若以及其他一些人曾经认为庄子出于颜回,并非毫无道理。孔子本人就有那个"吾与点也"的著名故事：

> 子路、曾皙、冉有、公西华侍坐。子曰："以吾一日长乎尔，毋吾以也，居则曰：'不吾知也'，如或知尔，则何以哉？"子路率尔而对曰："千乘之国，摄乎大国之间，加之以师旅，因之以饥馑，由也为之，比及三年，可使有勇，且知方也。"夫子哂之。"求，尔何如？"对曰："方六七十，如五六十，求也为之，比及三年，可使足民。如其礼乐，以俟君子。""赤，尔何如？"对曰："非曰能之，愿学焉。宗庙之事，如会同，端章甫，愿为小相焉。""点，尔何如？"鼓瑟希，铿尔，舍瑟而作。对曰："异乎三子者之撰。"子曰："何伤乎，亦各言其志也。"曰："暮春者，春服既成，冠者五六人，童子六七人，浴乎沂，风乎舞雩，咏而归。"夫子喟然叹曰："吾与点也。"（《论语·先进》）

此外，孔子还有"用之则行，舍之则藏"（《论语·述而》），"道不行，乘桴浮于海"（《论语·公冶长》），"邦有道，危言危行；邦无道，危行言逊"（《论语·宪问》），"邦有道则智，邦无道则愚；其智可及也，其愚不可及也"（《论语·公冶长》）等等著名观念。《中庸》有"国无道，其默足以容"。《周易》也有"不事王侯，高尚其事"（《易·蛊卦》）。就是最重人为事功的儒门《荀子》中，也有这样的记载：

> 子路入。子曰："由，知者若何？仁者若何？"子路对曰："知者使人知己，仁者使人爱己。"子曰："可谓士矣。"子贡入，子曰："赐，知者若何？仁者若何？"子贡对曰："知者知人，仁者爱人。"子曰："可谓士君子矣。"颜渊入，子曰："回，知者若何？仁者若何？"颜渊对曰："知者自知，仁者自爱。"子曰："可谓明君子矣。"（《荀子·子道》）

与《论语》中"知之者，不如好之者；好之者，不如乐之者"三层次相当,这里是人爱、爱人、爱己三等级。最后一级的"自爱"、"自知"之所以高出前二者,显然不是因为它自私地爱自己,而是由于它着重在不事外求、不假人为、不立事功而自自然然地功效自显。所有这些,不都在精神上有庄子相接通之处吗?

不同在于,对孔子和儒门来说,这种种"咏而归"、"自爱自知",大概应该在"治国平天下"之后。所以,孔子并不否定子路、子贡、宰我、冉有的志趣理想;不仅不否定,还给予一定的积极评价,只是认为这些并不是人生的最高理想。从而,这个"最高"就在原则上并不排斥、拒绝前面那些较低的人生态度或生命层次。这个"最高"的人生理想或人生态度就既可以有历时性的顺序,如后世所谓"功成身退"、"五十致仕"之类,在人际功业、道德完成之后来追求或实现这种超脱;也可以是共时性的同步,即在劳碌奔波、救世济民之际,仍然保持一种超脱精神。并且,正因为有这种超功利超生死的所谓出世精神或态度,就使自己的救世济民活动可以获得更强大的精神支撑:因为有了这种与自然同一与万物共朽的超世的心理支撑,也就不需要任何外在的旨意或命令,也不需要任何内在的狂热和激情,而是自自然然地"知其不可而为之"。他忧国忧民(对人际),而又旷达自若(对自己)。以不执着任何世俗去对待世俗,这也就是冯友兰所谓"以天地胸怀来处理人间事务","以道家精神来从事儒家的业绩"的"天地境界"(冯友兰《新原人》)。冯没指出这"天地境界"实际是一种对人生的审美境界。

但是,这大半是儒家的乌托邦,在实际中能达到这一境界的人极少。客观环境和历史情况常常难以允许这种可能存在。经常看到的,要么就是"杀身成仁,舍身取义",牺牲个体以服务人际;要么就是"舍之则藏","既明且哲,以保其身",从政治斗争中退避下来,不问世事,以山水自娱。在漫长的中国传统社会中,毕竟以后一种为最多。就是像王安石那样的积极有为、从事改革的儒家政治家，也曾多次要求辞职，并终于退隐，作半山老人，来抒写其欣赏自然风光的诗篇。特别在"道不行"、"邦无道"或家国衰亡、故土沦丧之际，常常使许多士大夫知识分子追随漆园高风，在庄、老道家中取得安身，在山水花鸟的大自然中获得抚慰，高举远慕，去实现那种所谓"与道冥同"的"天地境界"。这种人生态度和生命存在，应该说，便也不是一般感性的此际存在或混世的人生态度，而是具有形上超越和理性积淀的存在和态度。从而，"它可以替代宗教来作为心灵创伤、生活苦难的某种安息和抚慰。这也就是中国历代士大夫知识分子在巨大失败或不幸之后，并不真正毁灭自己或走进宗教，而更多是保全生命，坚持节操，隐逸遁世，而以山水自娱，洁身自好的道理。"（参阅《中国古代思想史论》）

尽管如此，从事实看，这些人却又常常并没有也未能彻底忘怀"君国"、"天下"，并不真正背弃孔门儒学。韩愈说："山林者，士之所独善自养而不忧天下者之所能安也，如有忧天下之心，则不能矣。"（《韩昌黎全集》，卷16，"29 日复上宰相书"）朱熹说："隐者多是带性负气之人为之，陶（指陶潜）欲有为而不能者也。"（《朱子语类》卷140）而"对于中国历代隐士作一番系统的研究以后，就可以发现隐士之中始终不变的仅占到很小的比数……他们总不免出山从政。"（蒋星煜《中国隐士与中国文化》，中华书局，上海，1947，第22页）以庄子为代表的道家哲学的主要影响是在士大夫知识阶层，这个阶层毕竟首先是儒家孔学的门徒，他们所遵循的"学而优则仕"（《论语·子张》）、"吾岂匏瓜也哉，焉能系而不食"（《论语·阳货》）的人生道路，和"心忧天下"、"济世安邦"的人生理想，都使得庄子道家的这一套始终只能处在一种补充、从属的地位，只能作为他们的精神慰安和清热解毒，不能成为独立的主体。

即使在庄老风行、玄学高张的魏晋时代，尽管诗文、观念以及行为中充满了归隐、游仙、追求避世、旷达放任等等反礼法、弃儒学的突出现象，但不仅这风尚只持续了相当短暂的时期，而且这些名士们，从何晏、王弼、阮籍、嵇康一直到谢灵运，在现实生活中却正是当时激烈的政治斗争的卷入者和牺牲品。庄、老道家毕竟只是他们所找到的幻想的避难所和精神上的慰安处而已。他们生活、思想以至情感的主体，基本上仍然是儒家的传统。从实际看，情况便是这样。

从理论看，如前所述，庄子虽以笑儒家，嘲礼乐，反仁义，超功利始，却又仍然重感性，求和谐，主养生，肯定生命，所以它与孔门儒学倒恰好是由相反而相成的，即儒、道或孔、庄对感性生命的肯定态度是基本一致或相同相通的。所以，"比较起来，在根本气质上，庄子哲学与儒家的'人与天地参'的精神仍然接近，而离佛家、宗教以及现代存在主义反而更为遥远"。也正因为儒、道有这个共同点，它们才可能对士大夫知识分子共同起着作用而相互渗透、补充。

本来，如果儒、道是截然两物，毫不相干，也就很难谈得上互补。渗透是互补的前提，又是互补的结果。这个结果却又显然是儒家占了上风。无论在现实生活中，还是在思想情感中，儒家孔孟始终是历代众多的知识分子的主体或主干。但由于有了庄、老道家的渗入和补充，这个以儒为主的思想情感便变得更为开阔、高远和深刻了。

特别是，庄子那种种齐物我、一死生、超利害、忘真幻的人生态度和哲学思想，用在现实生活中，显然很难行得通，也很少有人真正采取这种态度；但把它用在美学和文艺上，却非常恰当和有效。事实也正是这样，信奉儒学或经由儒学培育的历代知识分子，尽管很少在人生道路上真正实行庄子那一套,但在文艺创作和审美欣赏中,在私人生活的某些方面中,在对待和观赏大自然山水花鸟中,却吸收、采用和实行了庄子。《庄子》本身对他们就是一部陶情冶性的美学作品。总起来看,庄子是被儒家吸收进来用在审美方面了。庄子帮助了儒家美学建立起对人生、自然和艺术的真正的审美态度。

(节选自《美学三书·华夏美学》,
安徽文艺出版社1999年版)

李泽厚,湖南长沙人。中国现代学者,思想史家、美学家。主要著作有《美学三书》、《中国古代思想史论》、《中国近代思想史论》及《中国现代思想史论》等。

本文从审美的人生态度方面论述了道家和庄子所强调的"人的自然化"的命题,与"礼乐"传统和孔门仁学强调的"自然的人化",恰好既对立,又补充。文章认为庄子虽以笑儒家,嘲礼乐,反仁义,超功利始,却又仍然重感性,求和谐,主养生,肯定生命,所以他与孔门儒学倒恰好是由相反而相成的,即儒、道或孔、庄对感性生命的肯定态度是基本一致或相同相通的。所以,比较起来,在根本气质上庄子哲学与儒家的"人与天地参"的精神仍然接近,而离佛家宗教及现代存在主义反而更为遥远。也正因为儒、道有这个共同点,它们才可能对士大夫知识分子共同起着作用而相互渗透补充。

儒情与道情

朱　喆

明代哲学家吕坤在《呻吟语》中说：“六合是情世界，万物生于情，死于情。”清代学者张潮亦言“情之一字所以维持世界”。情的问题确乎是一个本原、本质性的问题。按当代哲学家张岱年先生的说法，所谓关于情的理论也就是关于“人生之艺术”的理论。“人生是一个艰难的过程，外物的逆阻，世事的曲折，常使人痛苦；如不能善用其情，则痛苦滋甚了。如能统御自己的情，对于逆险，能夷然处之，而痛苦便可以消减。所以人生需要有一种生活之艺术。而所谓生活之艺术，主要是统御情绪的艺术。”（张岱年《中国哲学大纲》，中国社会科学出版社1982年版，第467页）在中国传统文化中，儒家和道家的情论（即生活之艺术）是各具特色而又各有深致的两家，把他们的情理论作一比较研究对于我们认识儒、道两家的人生观、价值观等，无疑是有重要意义的。

善情、美情、恶情与真情

在中国文化、哲学史上，原儒重情乃是不争的事实，有关情的理论，儒家是最富有的一家，如在对待情的性质上，即有善情说、恶情说和美情说。子罕言情，《论语》中少见“情”字，“上好信则民莫

敢不用情"(《子路》),"上失其道,民散久矣,如得其情,则哀矜而
勿喜"(《子张》),两"情"字均为"情实"之义。但这并不影响孔子
是一个至性至情之人,如《先进》篇谓:"颜渊死,子哭之恸","惟仁
者,能好人能恶人"(《里仁》),其言心之"戚戚然",这都足见孔子
之至情。孔子虽不言情之好恶,但强调人应当过一种合理的情感
生活,不忧不惧。在原儒中最早对情作性质上区别的要算最近湖
北荆门郭店出土的儒简《性自命出》篇中的"美情说"①。竹简作
者认为人与生俱来的质朴醇厚之本性即为"美情","未言而信,有
美情者也","未教而民恒,性善者也"。人先天具有的"善性""美
情"在人一进入到世俗社会中因为受到外物的诱动而发生变化,
"凡动性者,物也","及其见于外,物使然也",倘若逐物而不知返,
就会导致性乱情迷。因此,人与生俱来的"美情""善性"也是现实
社会中谦谦君子所努力追求的理想目标,"美其情,□□□,善其
即,好其颂,乐其道,悦其教"。与郭店儒简对性情看法不同的是,
荀子认为人情本性为恶。《荀子·性恶》云:"尧问于舜曰:人情何
如?舜对曰:人情甚不美,又何问焉?妻子具而孝衰于亲,嗜欲得
而信衰于友,爵禄盈而患衰于君。人之情乎?人之情乎?甚不美,
又何问焉!"人情甚不美,人情恶之谓也。荀子以下,论及情恶者
多有人在,如董仲舒《春秋繁露》、荀悦《申鉴·杂言》、李翱《复性
书》、朱熹《诸子语类》等。大体上历代儒家学者既有讲情善、情美
者,亦有讲情不善、情不美者也。与儒家不同的是,道家诸子基本
上无意于对情作善与不善、恶与不恶、美与不美的道德判断,例如
庄学派认为"情莫若率",主张"不拘于俗",要"法天贵真"(《渔

---

① 湖北荆门郭店出土的这批儒简,据有关学者考定该批竹简的年代当
为公元前四世纪末期。该批儒简应当在孟子以前,笔者认同此说。

父》)。庄子多将"性命"与"情"并提,所谓"任性命之情","安性命之情"都是指性命之真,庄学派所谓"贵真"亦指人情之真。"真者,精诚之至也。不精不诚,不能动人。故强哭者虽悲不哀,强怒者虽严不威,强亲者虽笑不和。真悲无声而哀,真怒未发而威,真亲未笑而和。真在内者,神动于外,是所以贵真也。"(《渔父》)在庄子看来,外于真的喜欣悲怨之情都是多余的,人应当"不以好恶内伤其身"(《德充符》),"悲乐者德之邪,喜怒者道之过,好恶者德之失"(《刻意》)。好恶之情不仅伤身,而且害德。在道家、道教发展史上,后老、庄的道家人物大多"率情""贵真",役物而不役于物,都主张纯任真情的自然流露,不媚于势,不拘于俗。他们大多是"真情说"理论的倡导者和实践者。

节情、禁情、灭情与无情、安情、任情

先秦时期,荀子以前的儒家人物虽都重视人的情感问题,都认识到外物对情感的影响,但总体上对情感的认识表现出多元化的倾向,既有人主张合理的情感生活,亦有郭店儒简的"尚情"理论,还有张扬善情、贬抑恶情的学说,并无一个统一的情感理论。但从荀子开始,以荀子、董仲舒、朱熹为代表,儒家情论表现出视情为恶,从而由"节情"、"禁情"到"灭情"的发展理路。战国晚期,前此时期哲学思想的集成者荀子认为人情为恶、人性为恶,人所表现出来的善良情感并不是先天的,而是后天人为作用的结果。如果对人的恶的情欲不加限制,任其泛滥,则社会就走向"偏险不正"、"悖乱不治"的状况。人不能从情顺性,即便是圣人,如果他从情顺性也必致荒荡。所谓的"礼义法度"是"圣人之伪",合于"礼义法度"的人情之善是圣人"化性起伪"的结果。在荀子看来,"礼

仪"是支配整个社会与自然的最高法则,"礼"是"与天地同理,与万世同久"(《王制》)的"大本"。对于人与生俱来的情之恶,必须以"礼义"正之、化之,"矫饰人之情性而正之","扰化人之情性而导之"(《性恶》)。大体上,荀子表现出"以礼节情"的思想倾向,即通过礼来化情性、导情性、正情性。在汉代,儒家代表人物董仲舒认为人性有善有恶,"性比于禾,善比于米。米出禾中,而禾未可全为米也;善出性中,而性未可全为善也"(《春秋繁露·深察名号》)。人性中何以有不善呢?董子以为性中有情,情恶也。"人之诚有贪有仁。仁贪之气两在于身;身之名取诸天,天两有阴阳之施,身亦两有贪仁之性"(《竹林》)。性中有情,性中非情的因素即是仁;而情是贪的、恶的。在董子看来,"大富则骄,大贫则忧。忧则为盗,骄则为暴。此众人之情也"(《度制》),"富者愈贪利而不为义","贫者日犯禁而不可得止",世之乱正在于人之情贪、情恶。董子还以阴阳比附情性,认为性阳情阴。世间属于阳的事物和人,总是居于支配地位。董子基于"天人同构"、"天人感应"的神学目的论立场,认为"天者,百神之大君"(《郊语》),天是主宰自然和人类的神,人类社会的法则是取诸天的,"君臣、父子、夫妇之义,皆取诸阴阳之道"(《基义》)。"天"的法则是"佑阳不佑阴"(《阴阳位》),"阳贵而阴贱,天之制也"(《天辨在人》)。鉴于此,人们必须贵性而贱情,以性禁情,性仁情贪、性贵情贱之故也。

在中国哲学史上,从诸家诸子的情论看,一般认为喜、怒、哀、乐、爱、恶、欲为情,情是指以七情为具体内容的人的情感活动。但理学家朱熹对"情"的理解却大大溢出了传统情论的范围。"情"在朱子哲学中至少有如下三种意识:一是指作为性理直接发见的"四端";二是指七情;三是指包括某些具体思维在内。由于朱熹的"情"论既有四端,亦有七情,因而朱子在讲"性体情用"、性为情之根据时，有肯定情的地位的一面；但在讲"情"为七情时，却又主张"存天理、灭人欲"，即要求"以理灭情"。在朱熹看来，人性有两重性，既有"天命之性"，又有"饮食男女"的"气质之性"、即"人欲"。这两者并不能和平共处："人只有个天理人欲，此胜则彼退，彼胜则此退，无中立不进退之理"（《语类》卷十三）。在朱子看来，要使天理胜，则必须人欲退，要"复尽天理"，就必须"革尽人欲"，故朱子力主"以理灭情"。

与儒家"以礼节情"、"以性禁情"到"以理灭情"不同，道家人物多讲"无情"、"安情"与"任情"。一些学者认为以老、庄为代表的道家都寡恩薄情（李泽厚《中国古代思想史论》，人民出版社1986年版，第177页），他们认为老子重权术、重理智，确乎不动感情。其实这些看法似是而非，老子既讲"天地不仁，以万物为刍狗"，"圣人不仁，以百姓为刍狗"，但他也讲"圣人无常心，以百姓心为心"。同样，庄子一方面讲"无人之情"，但另一方面亦大讲"万物复情"、"任其性命之情"、"安其性命之情"。老子于情无所言说，但这并不能说明老子无情，老子类于孔子，在他重理智的另一面则是他对个体生命价值的深情肯定。先秦畅言"情"者，《庄子》可为代表，如《庄子》内篇力说"无情"，外杂篇则多讲"复情"、"任情"、"安情"。《庄子·德充符》云："惠子谓庄子曰：人故无情乎？庄子曰：然。惠子曰：人而无情，何以谓之人？庄子曰：道与之貌，天与之形，恶得不谓之人？惠子曰：既谓之人，恶得无情？庄子曰：是非吾所谓情也。吾所谓无情者，言人之不以好恶内伤其身，常因自然而不益生也。"庄子这里的"无情"实质是讲"因自然"，"因自然"当然也包括因自然之真情流露，庄子所谓"无情"实为"无物情"。人常因外物而动情，此之谓"物情"，因物之好而好之，因物之恶而恶之。人不能主宰自己的喜怒好恶，人便成为外物的奴隶,这样的"物情"最终会造成内伤其身、外害其德。庄子是极力反对这种"心为物役"(《山木》)的状况。"无情"在《庄子》书中并不是一个漫无边际的普遍性命题,而是针对着"心为物役"、物情害人的情况而提出的对治方案,"无人之情,故是非不得于身"。《庄子》书中除"无情"之说外,多有"万物复情"、"致命尽情"、"达生之情"、"达命之情"、"达于情而遂于命"之众论,由此种种议论可以看出庄子及其后学把"情"放在与"性命"同等的地位。寻绎其理路,《庄子》书中论情可以归结为两个逻辑层次:一是针对失性命之情的现实社会,提出"安性命之情"的对治之策;一是由"安情"到"任情"的精神自由之追求。在庄学派看来,人类社会的历史是江河日下、道德衰微的历史,是"世丧道、道丧世"(《缮性》)的历史。从远古到春秋战国时代,世道人心日渐浇薄,特别是春秋战国之世,人们去性从心,以文灭质,以博溺心。当时的社会里尽是些"丧己于物,失性于俗"的"倒置之民",这些人为了功名利禄,陷入"驰其形性,潜之万物,终身不反"(《徐无鬼》)的可悲境地。特别是三代以下统治者"招仁义以扰天下"(《骈拇》),以赏罚为能事,搜括民财,驱使民力,发动触蛮之争(《则阳》),人民多生活在水深火热之中。有鉴于此,庄子提出"安其性命之情"。如何安情?"无为也而后安其性命之情"(《在宥》),统治者行"无为"之治就能实现安情的目的。这里的"无为"似应有两重涵义:一是勿以己之为(行为)扰乱民之性命之情;一是"无自为"也。《天地》篇对"安"有一个较明确的界定,即"四海之内共利之之谓悦,共给之之谓安"。郭象注曰:"无自私之怀也。"成玄英疏云:"夫德人惠泽宏博,遍覆群品。故货财将四海共同,资给与万民无别,是普天庆悦,率土安宁。"统治者不自私自利、不妄作妄为,则可以让人民安其性命之情也。"安情"是就外在条件立论,"任情"则是就内在自由、自然而言的。如果"上如标枝，民如野鹿，端正而不知以为义，相爱而不知以为仁，实而不知以为忠，当而不知以为信，蠢动而相使，不以为赐"（《天地》），能够"游心于淡，合气于漠，顺物自然而无容私"（《应帝王》），自适其适，这样才是"任其性命之情"也。后世的道家人物论情多未越出庄书的范围。

比较而言，从原儒、特别是从郭店《性自命出》篇看，儒家特别强调情感，似有情感本体的味道，儒家的道德形上学似正是建立在道德情感之上，情、特别是人伦之情成为道德践履的内在动力。只是在儒情的发展过程中，由于其过于强调整体的伦理情感，抑杀了个人的情感，因而儒家从有情始，最终却走向"禁情"、"灭情"之终。道家看似冷漠、淡然，"无人之情"，最终却"复情"、"安情"、"任情"，以大有情而终。

性情两分与性情一如

儒、道两家论情多与性相联系，无论是讲性善情善、性善情恶，还是性恶情恶，人们通常是将"性"与"情"放在一起讨论，有所区别的是，儒家多讲性情两分，而道家则对性情不加严格区分。

"性""情"常被儒家析为二事。《荀子·正名》谓："性者，天之就也；情者，性之质也。"李翱《复性书》云："性与情不相无也，虽然，无性则情无所生矣。是情由性而生，情不自情，因性而情；性不自性，由情以明。性者，天之命也，圣人得之而不惑者也。情者，性之动也，百姓溺之而不能知其本者也。"王安石《性情》篇认为"性者情之本，情者性之用"。宋代大儒朱熹认为"情者，性之所发"，"性是根，情是那芽子"，"性是体，情是用"，"情不是反于性，乃性之发处。性是水，情如水之流"（《朱子语类》）。基本上儒家诸子都对性情有明确的区分;或分性内情外;或分性本情用、性体情用;或分性本情末;或分性根情芽。汉代儒者更是把性情看作是二元对峙的东西,如汉代大儒"董仲舒览孔孟之书,作性情之说。曰:天之大经,一阴一阳;人之大经,一情一性。性生于阳,情生于阴。阴气鄙,阳气仁。曰性善者,是见其阳也;谓恶者,是见其阴也"(《论衡·本性》)。傅斯年先生在《性命古训辩证》中云:"分性情为二元,以善归于性,以恶归之于情,……乃是西汉一贯之大宗,经师累世所奉承,世俗所公认,纬书所发扬,可称为汉代性论之正宗说者也。"(傅斯年《傅孟真先生集》,台湾大学1952年版)

虽然不少儒者将"性""情"联用,或讲"性情",或讲"情性",但实际上仍有分别。讲"性情"者,重在"性"字,通常较多地指向人的本性;讲"情性"者,则多重在"情"字,如《荀子·非十二子》云:"纵情性,安恣睢,禽兽行,不足以合文通治。""情性"一词多指人的生理的欲望。

与儒家不同,道家(如庄子)多用"性命之情"的形式把"性"与"情"联结在一起。"性命之情"一词多见于《庄子》及《吕氏春秋》等。如《天运》云:"三皇五帝之治天下,名曰治之,而乱莫甚焉。三皇之知,上悖日月之明,下睽山川之精,中堕四海之施。……莫得安其性命之情者,而犹自以为圣人,不可耻乎!"《吕氏春秋·有度》云:"唯通乎性命之情,而仁义之术自行矣。"在这里性情没有内外、本末、体用之分别,是指人的纯朴的本性。《庄子·马蹄》云:"故纯朴不残,孰为牺樽!白玉不毁,孰为珪璋!道德不废,安取仁义!性情不离,安用礼乐!"《缮性》篇亦云:"然后民始惑乱,无以反其性情而复其初。"道家认为性情一如,不可离析为二。一旦离析为二,则是人的纯朴本性开始失落的表现,是礼乐仁义之所由兴的根源。性情的分离是道德衰微的开始,也是道德衰微的结果。道家理想的"安性命之情"、"任性命之情"就是使人们归复性情一如的状态。

道始于情与道中有情

道在中国文化中是一个涵蕴颇多、意义丰富的概念。在中国古代较早的几部典籍如《尚书》、《诗经》、《易经》、《国语》和《左传》中，"道"字就大量出现，且有"道路"、"言说"、"通达"、"公正或正义"、"理则和法则"、"方法"和"命令"等多种意思。在中国初民的思维中，"道"虽还不是一个超越一切事物的具有普遍性、绝对性和统一性的观念，但已经开始有了较为形而上的意义。春秋战国时代以来，"道"已逐渐地被古代的思想家视为解释世界的根本范式，虽然天有天道、地有地道、人有人道，但"道"由于为天、地、人所分有，因而具有了普遍性性格。"道"既然成为解释世界的根本范式，人们对情感的理解自然要与"道"联系起来。儒家诸子直接论及"道"与"情"之关系者应以郭店出土的儒简"性自命出"篇为代表。"性自命出，命自天降。道始于情，情生于性。"在这里天、命、性、情、道都相互联系起来，即天→命→性→情→道。"道者，群物之道。凡道，心术为主。道四术，唯人道为可道也。"很显然这里"始于情"的"道"是指"人道"。就"道"与"情"之关系而言，竹简的"道始于情"只是说明了"道""情"关系的一个方面。就"道"的源起论，"人道"源于人的性情，"性情"是对人的生命存在的抽象，道作为指导人的行为的"理则或法则"，只能是建立在"性情"之上，故竹简说"道始于情"、"始于性"。另一方面，"性情"作为人的生命存在的抽象，但还不具有"道"范畴那样的普适性，从形而上的层次讲，"道"比"性情"要更高一个层次。概而言之,道始于情,而道又高于情,正如仁义礼出于人伦之情却又高于人伦之情一样。儒家的"道""情"关系恰恰表明了儒家道德建立在人伦情感之上的既内在又超越的特点。道家诸子中直言道情关系者,当以《庄子》为代表。《大宗师》云:"夫道,有情有信,无为无形。"郭象认为:此处道之有情指"无情之情",道之有信指"无常之信"。成玄英《庄子疏》云:"明鉴洞照,有情也;趣机若响,有信也。恬淡寂寞,无为也。视之不见,无形也。"明清之际,自号"朱衣道人"的傅山先生在其《庄子批点》中独对"情"字极为推崇,他将"道"视为"情",认为"情为天地生人之实",情是天地之大本大源。在道家、道教史上,曾有"道情"之一专有名词。大约产生于宋代,由于史料的缺失,详情已不可考。据明代戏剧理论家的说法,"道情"亦称"黄冠体",列东府体式,属文学艺术这一种,指黄冠道士的歌体。明代戏剧理论家朱权在《太和正音谱》中曾对"道情"有过如下解释:"道家所唱者,飞驭天表,游览太虚,俯视八弦,志在冲漠之上,寄傲宇宙之间,慨古感今,有乐道徜徉之情,故曰道情。道教《洞玄经》云:"种种无名似苦海,苦根不离善根存。但凭人间无通力,跳出轮回无苦门。道有无情度有情,一切方便是修真。"上述可见道家之"道"并不仅仅指人道,还指天道、地道;道之有情亦非仅指人伦之情。道家之道是自然之道,道中之情是"宇宙之情"、"自然之真情"。道家所谓以无情度有情恰恰是看到了人生充满情欲造成的痛苦,人生的路就是一条摆脱物情奴役、磨灭情欲的路。道家之情正如郭象所谓的"无情之情",是洞鉴明照人生、拯救苍生出水火的大情、至情。

(选自《江汉论坛》2000 年第 5 期)

朱喆,湖北蕲春县人,武汉理工大学人文学院副教授。主要著作有《先秦道家哲学研究》等。

本文独具特色地选取儒道两家的情论(即生活之艺术)作为论题,进行分析比较,填补了该方面研究的空缺。该文指出,首先,先秦儒家提出了善情、恶情、美情,道家则提出了真情说。其次,儒家在对待情感的态度上表现出由节情、禁情到灭情的变化;道家则由"无情"发展到"安情"、"任情"。再次,儒家诸子对性与情范畴作了较为明确的区分,而道家则大多强调情性如一,不可分离。最后,从道情关系的角度,揭示了儒家和道家视道出于情而又高于情,表现出其道德形上学既内在又超越的特点,道家之道是统摄天、地、人之大道至道,道家之情也是大情至情。

孔老异路与儒道互补

白 奚

孔子和老子是中国文化的两大巨人,他们的思想对中华民族的文化传统和历史发展产生了无与伦比的影响,成为了中华文化发展的基础。然而,孔、老二人在文化观念上存在着重大的差异,具有不同的思想倾向,代表着日后中国文化发展的两种不同路向。这两种不同的文化路向在后来的发展中,各自形成了不同的文化传统,并奠定了儒道互补这一中国传统思想文化的基本格局。本文拟从这两种不同的文化路向入手,探讨儒道互补在不同的历史时期的不同特点,展现儒道互补的具体内容。

一、孔子与老子——中国文化的两种路向

近些年来,有一种较为流行的观点认为,孔子是夏商周三代文化的总结继承者,老子则是三代文化的批判者(张岱年.文化与哲学[M].北京:教育科学出版社,1988)。就孔、老二人的文化差异来看,这样讲是符合事实的。不过我们认为,在分析这一文化差异时,还应该首先指出的是,孔、老对三代以来的文化传统都是接着讲的,这一古老的文化传统对他们二人的思想都有着根源性的影响。

　　孔、老的文化异路,首先表现为他们对三代以来文化传统的传承与取舍之不同。他们对这一古老文化传统的理解存在着重大的差异,在继承这一文化传统时所关注的方面有所不同,从而形成了各自不同的文化倾向。一般来说,对待古代的文化传统特别是政治和伦理传统,孔子较多地从正面进行了建设性的总结和继承,对于其缺失以及在现实社会生活中的失效,主张在原有体制内以改良和损益的方式加以补救;对于礼坏乐崩的时代危机,孔子主张用强化西周以来的德治主义,并灌注以仁爱精神之方法来加以解救。老子则主要是继承着古代文化传统中的自然主义的思想线索而发展,他较多地注意到古代文化传统的偏失和流弊,主张根据自然主义的原则从根本上加以纠正;对于时代与文化的严重危机,老子主张以抗议、批判、毁弃和重构的方式加以彻底的暴露和解决。由于以上文化倾向上的差异的存在,在肯定老子也是古代文化的传承者的前提下,我们可以接受老子是古代文化传统的批判者的观点,以老庄为代表的道家学派确实具有明显强烈于孔孟儒家的社会批判意识。

　　孔、老对于同一古老文化传统的关注方面与态度的不同,使他们的思想体系形成了不同的侧重和特色。孔子思想的主要特色为仁德主义,偏重于人与人的关系,由此而建立了他的伦理学。老子思想的主要特色则是自然主义,偏重于人与自然的关系,由此而建立了他的本体论和宇宙论。这一区别,诚如冯友兰先生所说:"儒家强调人的社会责任,但是道家强调人的内部的自然自发的东西。……孔子重'名教',老、庄重'自然'。"(冯友兰.中国哲学简史[M].北京:北京大学出版社,1985)因此可以说,孔子是中国历史上第一位也是最重要的伦理学家,老子则是中国第一位哲学家。西方哲学巨匠黑格尔以形而上哲学的眼光观之,对孔、老思想的这一区别看得很清楚。他指出："孔子只是一个实际的世间智者,在他那里思辨的哲学是一点也没有的。"他还说："孔子的哲学就是国家哲学,构成中国人教育、文化和实际活动的基础。但中国人尚另有一特异的宗派,这派叫做道家。"(黑格尔.哲学史讲演录:第1卷[M].北京:商务印书馆,1983)这里,黑格尔已认识到儒家学说受到官方的推重,在中国社会文化的各方面居于主导和基础的地位,而道家则属于民间哲学。更重要的是,黑格尔指出孔、老思想的不同,在于前者是属于"道德哲学",而后者的特异之处则在于"思辨哲学"。从形而上思辨哲学的视角来看,黑格尔所指出的这一点确实是孔、老思想的重大差异。老子建立了相当完备的形而上学体系,开创了中国古代的宇宙论和本体论;老子倡导"静观"、"玄鉴"的认识方法,在认识论方面多有建树;老子的辩证思维相当发达,创立了中国古代第一个较为完备的辩证法体系。而孔子的思想在哲学思维的这些主要领域中,可以说都是相当贫乏的,甚至是空白的,同老子的思想形成了悬殊的对照。需要说明的是,我们在这里丝毫没有贬低孔子思想之价值的意思,而是要通过这种鲜明的对照来展现孔、老思想的特点和差异,以便从根源之处为下一步阐明儒道互补之必要性和可能性进行铺垫。

孔、老二人虽然对哲学思维的兴趣差异悬殊,但在社会政治和人生问题上,二人所倾注的热心却不相上下。不过,他们在社会政治与人生问题上的价值取向上却大相径庭。孔子对人类的进步持积极乐观的态度,主张人生应努力进取,有所作为,为平治天下多做贡献。老子则有鉴于人类文明和社会发展的副作用,主张以返朴归真、自然无为、通达超越的方法矫正之。由于这种文化观念和价值取向的不同,在社会政治与人生的许多具体问题上,孔、老二人的态度都大为异趣、恰相对待。

　　不难看出,孔、老的思想差异,也是中国古代知识分子的两种最基本的价值取向和处世态度,代表着中国古代文化发展的两种不同路向。在后来的历史上,经过他们的后继者们的传承与发挥,这两种文化路向各自形成了不同的文化传统。这两种相异并且同样重要的文化传统的长期存在及其相互作用,奠定了儒道互补这一中国传统思想文化的基本格局。儒道之互补,是以两家学说在文化理念、价值观念、学术宗旨、致思路向、思想内容等方面存在着广泛而又明显的差异为前提的。这些差异使得儒道两家的思想在许多方面形成了恰相对待的局面,它们互有长短得失,且此家之长正为彼家之短,反之亦然,这就使得儒道互补成为必要和可能。而作为中国历史上影响最大的儒、道两大学派的创始人,孔、老二人的思想差异,便是儒道互补这一中国思想文化发展的主线的源头活水。

二、战国与宋明——儒道互补的两次高潮

　　无论从中国传统思想文化的发展大势、主要内容,还是从其深层结构和特质来看,儒道两家学说都具有决定性的意义。先秦时期百家争鸣,学术昌盛,汉代以后,各家学说先后衰弱,真正在历史上流传久远,影响深广,构成中国传统思想文化之核心的学说,实际上只有儒道两家。儒道两家的互补可以说是中国传统思想文化的一个主要特征。自魏晋乃至宋明,中国传统思想文化逐渐形成了儒道佛三家并立互补的格局。国学大师陈寅恪最早对中国文化的这一格局作出精确概括,他在《冯友兰〈中国哲学史〉审查报告三》中说:“故自晋至今,言中国之思想,可以儒释道三教代表之。”不过在这多元互补的文化格局中,实以儒道互补为其最主要的和

基础的方面。正如张岱年所指出的："宋明理学表现了儒、道、释的交光互映，其中儒、道思想的交融更为显著。"（张岱年.道家在中国哲学史上的地位[J].道家文化研究,6）儒道两家思想的互补，从他们的创始人孔子和老子会面的时候起，就已经开始了，儒道两家的最初对话，就已经预示了中国文化未来发展的内容与方向。还在儒道两家的初创时期，道家思想就以其独特的学术宗旨、文化理念和致思路向，显示了向儒家思想的顽强渗透，这在儒家学派的奠基著作《论语》中多有表现（陈鼓应,白奚.孔老相会及其历史意义[J],南京大学学报,1998,4）。此后的两千多年中，儒道互补始终是中国思想文化历史演进的主线。

儒道两家思想的第一次大规模、深层次互相影响和互相补充，发生在战国中、后期百家争鸣的学术环境中。这一时期，道家（主要是稷下黄老道家）在政治和伦理思想上吸收了儒家的仁义学说和礼制文化。稷下道家接受儒家关于仁、义、礼的伦理学说，主要表现在稷下黄老之学的代表作品《黄帝四经》、《慎子》、《管子》（特别是其中的《心术》、《内业》等篇）中。由于儒家思想的这种补充作用，使得道家思想开辟了广大的政治伦理空间，从而同现实的政治需要结合得更为紧密，更易于直接运用于政治实践。儒家的《孟子》、《荀子》、《易传》、《大学》、《中庸》则是在哲学上接受了道家的宇宙论和理论思维①。这一时期道家哲学对儒学的补充作

① 孟、荀所受稷下道家哲学思想的影响，可参看拙著《稷下学研究》第七章第二节和第十一章。关于《易传》的学派归属，传统的观点认为是儒家的经典；近年来陈鼓应先生提出《易传》道家说，在学术界引起很大争论；最近又有牟钟鉴先生提出一种折中的观点，认为《易传》是儒道两家学者共同创作（说见牟钟鉴、林秀茂合著《论儒道互补》一文,刊于《中国哲学史》1998年第4期）。本文仍维持传统的判断。但无论对《易传》的学派归属作以上

用,对儒学本身的发展甚为重要。由于这种补充作用,从孔子到《学》《庸》,在宇宙论、自然观、认识论等哲学思维方面,早期儒家可谓由无到有,并呈逐步丰富的趋势。因而可以说,战国时期儒学由于对道家哲学思维的引进和吸收,从而在一定程度上改变了早期儒学的面貌,并为儒学在宋明时期的巨大发展提供了重要的经验。

　　儒道互补的第二次高潮,发生在宋明时期。宋明新儒学的兴起,是同大规模吸取道、佛两家的思想分不开的,这一点学术界很少有异议。对于宋明理学中儒释道三家思想的关系,人们以往多关注于探讨佛家的禅宗思想同宋明理学的理论联系,相对地忽略了宋明理学中儒道互补的方面。而事实上,在道、佛两家中,儒学对道家思想的进一步引进和吸收,对于重建儒学新体系具有更为重要的作用和意义。可喜的是,时下这一局面正在得到一定程度的改观,侧重于研究道家思想史的学者们正在对宋明理学中的道家思想资源进行清理,以揭示道家思想在宋明理学乃至整个成熟时期的中国传统思想文化体系中的重要地位;而研究儒学思想史的学者们也接受了儒道互补的理念,在对宋明理学思想的研究中

何种判断,其中兼有儒道两家的思想则是无可置疑的事实。旧传子思作《中庸》,曾子作《大学》,当代学界一般认为《学》《庸》皆成书于汉初。近来由于对郭店楚简的研究,使这个成说出现了很大的讨论空间,不少学者倾向于这两篇儒家作品(也扩大到整部《礼记》)的年代应当提前至战国时代。如李学勤先生在《先秦儒家著作的重大发现》一文中认为:"这些儒书的发现,不仅证实了《中庸》出于子思,而且可以推论《大学》确可能与曾子有关。"(《中国哲学》辑刊第二十辑"郭店楚简研究"专辑,辽宁教育出版社,1999年1月出版,第16页)至于《大学》《中庸》接受道家的哲学思想,陈鼓应先生《道家在先秦哲学史上的主干地位》(刊于《道家文化研究》辑刊第十辑)一文有详细讨论。

加强了对融汇于其中的道家思想的探讨,从而把宋明理学的研究引向了深化。这两方面力量的合流可谓一致而百虑、殊途而同归,共同接近了儒道互补这一中华传统思想文化的深层底蕴,形成了目前学术研究中一个值得重视的新动态。可见预见,对儒道互补特别是宋明以后儒道互补的研究,一定会成为今后中国学术思想史研究的一个新的景观,并且将会长期持续和深入下去。至于佛学特别是禅宗,我们认为,佛学传入中国的早期是借助于道家思想而流传的,通过阐发玄学而得以立足并日渐兴盛,因此佛学在中国的兴盛,道家原本就有接引之功。道家思想日益渗透于佛理之中,故道、佛两家在学理上相通之处甚多,后期佛家的禅学中更是多有对道家哲理和人生观的采撷。因而宋明理学之吸收禅学,在某些方面也可以看成是道家思想对儒学的折射,禅学作为一种中介,乃是道家思想补儒学之缺失的一条重要途径。总之,儒道互补是宋明理学得以重建儒学新体系的主要渠道。再往大里看也可以说,在中国封建社会后期所逐步确立的儒释道多元互补的稳定的文化结构中,儒道两家思想的交融互补居于首要的方面。由于宋明时期的儒学居于官方意识形态的地位,同时也是社会文化的主流,因而宋明理学中的儒道互补,主要是以道补儒。这里需要说明一点,如前所论,早期儒学所受道家思想的影响主要来自黄老之学,而后期儒家所受道家思想的影响,则主要来自老庄之学。

由于儒道两家在早期所显示和代表的文化路向后来各自形成了相对独立的文化传统,这两种各具特色的文化传统又形成了相辅相成和相反相成的内在互补机制,在长期并存中共同构成了中国传统思想文化的主体,因而两家思想始终也没有合一。任何一个丰富悠久的民族的文化传统都会在历史传承中形成自己鲜明的特点,儒道互补对于中华文化就是这样,它不仅构成了中华文化的主体内容,也塑造了中华文化特有的气质。从未来的全球多元文化的眼光来看,中国式的儒道对待互补的文化格局必将长期存在下去。英国著名学者李约瑟就曾指出过:"儒家和道家仍然是笼罩中国人思想的两大主流,相信将来还有很长的一段时期会是如此。"(李约瑟.中国古代科学思想史[M].南昌:江西人民出版社,1990)在我们看来,李约瑟的估计仍显得保守,所谓"很长的一段时期",对于中华民族及其文化来说,毋宁说是永久性的。

在儒道互补的文化格局下,自古及今,中国人基本上都是在这两种不同的文化传统中选择着自己的人生道路和生活方式。具体到每一个问题上,中国人都习惯于或是以儒家的方式来处理,或是以道家的方式来处理,可谓逃儒则归道,逃道则归儒,出老庄则入孔孟,出孔孟则入老庄。这种情况,正如林语堂所说:"道家及儒家是中国人灵魂的两面。"(转引自牟钟鉴、林秀茂《论儒道互补》,刊于《中国哲学史》1998年第4期)儒道两家可谓各有千秋,两家思想的这种互动互补的内在机制,使得中国传统思想文化呈现出丰富、生动并趋于完善的面貌。离开了儒道互补,就难以把握和理解中国传统思想文化的深层结构和特质。

三、补缺与补偏——儒道互补的具体内容

纵观中国学术思想发展史,儒道互补虽然是贯穿其始终的一条主线,但在不同的历史阶段亦呈现出不同的情况。早期的儒家和道家主要是在互相批评中取彼之长补己之短,互补的味道较浓;而在中国封建社会的中后期,由于儒家思想上升为官方的意识形态,成为社会文化的主导和主流,道家思想则主要在民间和在野的士人中开辟发展的空间,在这样的文化大背景下,后期的儒道互补

可以说主要是以道补儒,道家思想主要发挥着对儒家思想的补充、调节、纠正和补救的作用。我们在这里所谈的儒道互补,亦主要是以道补儒。不过应当说明的是,以道补儒乃是基于儒显道隐的历史事实而采取的一种思考和分析的角度,而就儒道两家学说本身来看,依然是互补的:若以儒观之,即以儒家为思考的本位,则道家之长正可补儒家之短;若反过来以道观之,则儒家之长亦可补道家之短。

儒家和道家的历史影响同样的深远,可以说,凡是有儒家思想在发生影响的地方,就有道家思想与之相对待,可谓形影不离,因而儒道互补的内容是极为广泛的。下面我们拟从几个主要的方面,对儒道互补的具体内容进行一些简要的梳理。

儒道互补,就以道补儒的历史事实来说,就是道家思想对儒家思想的补充、调节、纠正和补救的作用。这大致可以分为两类情况,一是补儒家之缺,一是补儒家之偏。

道家补儒家之缺,即补充儒家学说中原本所不具有的内容。早期儒家作为一种系统的学说,其主要缺遗表现在自然观、宇宙论、认识论、辩证法等哲学思维方面,长于伦理而疏于哲理,难以从思辨的高度和深度上深化自己的学说并给人以理性的满足。而在先秦时期,百家之学同儒学一样,多为政治伦理学说,惟独道家既重政治伦理,又长于哲学思维。道家以其深邃的哲理、缜密的思辨、新奇的道论、卓异的境界说、高超的辩证法倾倒了诸子百家,时人无不以高谈玄妙的道论来装点自己的学说。因而在一定程度上可以这样说,是道家教会了人们如何进行哲学思维,道家学说在当时起到了哲学启蒙的作用。在这一谈玄论道的思潮中,儒家学说也获益匪浅,战国时期的《孟》、《荀》、《易传》、《学》、《庸》,同原创时期的孔子学说相比,在哲学思维方面的空白得到了较多的填补,从而在一定程度上改变了儒学的面貌，深化了儒学。另一个重要的时期是宋明时期，儒家学说在更大的规模上吸取了道家思想，使自己在哲学思维方面得到了进一步的充实，借助于来自道家的一系列范畴建构起完备、深邃而庞大的新儒学体系。这一时期道家思想填补儒学的缺遗，一方面是老庄思想向儒学的直接渗透，另一方面则是通过道教和禅学的途径间接进行的。从儒学的历史发展可以清楚地看到，道家思想对儒学之缺遗的补充具有相当重要的意义。

道家补儒家之偏，即调节、纠正和补救儒学因某些方面的侧重而导致的忽略、不足和偏蔽，使人们的行为和心理不断得到调适而获得良好的分寸感和平衡感。道家思想的这种调适功能，渗透于人们的观念深处，积淀为人们的社会意识和文化心理，通过人们的日常活动表现出来，因而较之于补儒家哲学思维之缺，其影响更为深入和广泛。下面择其主要的方面作些概略的分析：

首先，儒家对人类文明和社会进步持乐观的态度，以"修身齐家治国平天下"为人生理想，主张尽可能多地为国家和社会做贡献，他们为中国人（主要是士人君子）设计的是一条进取型的人生道路。然而儒家对于人类为文明所必须付出的代价和社会进步的曲折性估计不足，对人类在不断进取的过程中可能造成的问题和对人性本身的扭曲与伤害缺乏思想准备或不予重视，因而也就没能提出解决这些问题的方法。在这方面，以老庄为代表的道家人物倒是锐眼独具，他们及早地观察到了这些我们今天称之为异化的现象，予以了高度的重视，并且提出了自然主义的原则，力图用回归自然的方法来避免、克服和矫治之。道家的这一思想是深刻的，道家理论中的许多内容都是针对社会和人性的异化现象提出来的，都可以视为关于文明发展的副作用的文化对策。道家主张人类社会应该不断地进行复归本位的运动,以保持和谐与宁静,而要使社会和谐宁静,关键在于净化人类的心灵,使人性返朴归真。我们认为,道家的这一思想是合理的,也是必要的,不应视为保守或倒退。人性的真朴永远应该是人生进取的出发点,社会发展和人生进取都不应以丧失自然和谐和真朴之性为代价,而应不断地进行这种返本复初、回归自然的调谐运动,经常回头看看,提醒自己不要偏离得太远,如此才能避免和净化由异化造成的污染,使社会和人生都得以健康地发展。在中国历史上,惟独道家思想始终担当着这一重任。

其次,儒家崇尚弘毅,注重有为和力行,这无疑是一种正确的人生态度。然而社会是复杂多变的,人生也必须适应复杂多变的社会现实,儒家在指导人们争先向上的同时,没有为人们留下足够而必要的回旋余地,只提供了争先向上的动力,没能提供与之相配套的缓冲装置。因而从总体上来看,儒家式的人生刚性有余而韧性不足,借用荀子的术语,儒家可以说是"有见于伸,无见于屈","蔽于刚而不知柔"。道家则提供了另外一种人生见解,提倡柔弱、无为、知足、谦下,崇尚"不争之德",他们相信柔弱优于刚强。道家对人生的这种见解,可以说是对人生进行了持久的观察,并对儒家式的人生观进行了深刻的反思之后得出的。因为尚刚强者未必了解柔弱之妙用,而尚柔弱者必是建立在对于刚强的充分认识之上的,有见于刚强之不足,故能反其道而用之。道家式的人生见解可谓匠心独具,为人生提供了另一种有效的指导:一方面,它使士人君子的生命更具有韧性,增强了人们自我调节以适应社会变故的能力,在激烈的社会竞争中,主动地后退一步,庶几可获得天宽地广、如释重负的感觉;另一方面,它不失为一种获胜的手段,人们通常只知从正面争强争胜,道家则提供了从反面入手的竞争方式,往往可获得奇效,"守柔曰强"、"不争而善胜"、"后其身而身先"、"无为而无不为"。道德哲学中诸如柔弱、无为、知足、知止、淡泊、居下、处顺、静观、谦让、取后、不争等观念都体现了高度的人生智慧,在社会实践中常用常新,自古及今永远不失其新鲜感。道家的这些观念,恰好可以补儒家之偏蔽,自古以来,对儒家式的人生实践起到了重要的补充、调节作用。在儒道互补的人生模式中,中国知识分子在顺境中多以儒家为指导,建功立业,以天下为己任;在困境和逆境中则多以道家为调适,超然通达,静观待时。儒道两家对待人生,可谓仁者见仁,智者见智。儒道互补构成一种完整的、艺术的人生观,它视人生为一种变速的曲折运动,使得中国的知识分子刚柔相济,能屈能伸,出处有道,进退自如,心态上和行为上都具有良好的分寸感和平衡感。

　　这里需要补充说明的是,从总体上看,儒家倡导进取型的人生,道家则比较超然通达,故而给人以儒家入世、道家出世的印象,其实并不尽然。事实上,儒家的孔孟和道家的老庄都同时具有积极用世和超然通达两种心态,只不过孔孟更为用世些而老庄更为超然些罢了。以老庄为主要代表的道家人物也具有很强的文化使命感和社会责任心,只是他们较多地以批评者的面目出现而有别于孔孟而已。而孔孟在积极进取追求事功的人生道路上也常怀有超然通达的心态,孔子主张"天下有道则见,无道则隐"(《论语·泰伯》),欣赏曾点式的超脱旷达,对"隐居以求其志,行义以达其道"(《论语·季氏》)的人心向往之,并认为"贤者避世,其次避地,其次避色,其次避言"(《论语·宪问》),甚至萌发"道不行,乘桴浮于海"(《论语·公冶长》)的念头。《荀子·宥坐》也记孔子之言曰:"居不隐者思不远,身不佚者志不广。"孟子亦曰:"古之人得志,泽加于民,不得志,修身见于世。穷则独善其身,达则兼善天下。"(《孟子·尽心上》)孔孟这种矛盾心态或灵活态度是他们在天下无道,人生常穷而不得志的社会现实中不得不采取的一种自我调节和心理准备,在这一点上,他们与老庄是一样的。在后来经过历史选择而逐渐形成和定格的文化格局中,儒家式的历史使命感和社会责任心得到了强化和突出,而孔孟原有的那种超然与灵活的心态逐渐被淡化乃至被遗忘。相反,道家式的入世情怀却被淡忘,其超然通达的方面却被突出,以致道家在世人的心目中只是以旁观者的面目出现,道家思想遂主要被用来应付逆境和在人生进取中起调节缓冲的作用。总之,本来面目的孔孟老庄与历史锁定的孔孟老庄,都是应该区别看待的。

第三,儒家注重社会伦理,表现出强烈的群体意识,强调个人应当全身心地投入于社会事业,而对人的个体性或个体生命的处境却缺乏应有的关注。换言之,儒家式的人生价值必须置于社会群体中才可以实现,人生只有投身社会事业才有意义;而且此种关系是单向的,即只讲个人对于社会应如何如何,而不考虑和计较社会应对个人如何如何。儒家看待各种人际关系,皆贯穿着以对方、他人为重的原则,"似不为其自己而存在"(梁漱溟. 中国文化要义 [M]. 上海:学林出版社,1987),皆为了他人而存在,推而广之,即为了社会而存在(社会实即他人之广称)。儒家式的人生,其精神生活虽然丰富,但却没有留下多少真正属于自己的空间,其精神世界淹没在群体性之中了。对于中华民族,儒家所注重和培养的这种群体意识无疑是极为重要的。然而我们同时也不能不承认,儒家重群体轻个体,在人的个性、独立意识、个体意识方面留下了许多空白。而在这方面,道家思想正好可以填补儒家遗漏的精神空间。道家较为注重人的个体性,倡导"自然"、"自在"、"自性"、"自尔"、"自爱"、"自适"、"自得"、"自乐"、"自美"、"自事其心",

他们善于站在大道的立场上，以超越的态度观察人生与社会，主张人不应被世俗的价值和规则所拘束，应该保持自己独立自主的意志和自由思想的能力，所以他们往往能够我行我素，并提出不落俗套的见解。老子在传统和世俗面前保持了独立的意志和清醒的头脑，他的社会批判精神便表现了对个体独立性的张扬。庄子对个体生命的处境予以了更多、更深切的关注，他称被世俗价值所拘役的人为"蒙蔽之民"、"倒置之民"。在诸子百家皆关注于重建政治秩序的喧嚣声中，庄子追求个体精神的自由自在、自适自得的卓异主张给人一种清新的感受。汉代以降，儒家的群体意识在官方的倡导和扶持下，逐渐成为历代社会占主导地位的价值观念，投身社会事业、名垂青史成为知识分子理想的人生模式和主要的精神依托。而道家思想对个性的张扬和对自由精神的推崇却形成了另外一种传统，这种传统的存在使得人们始终能够听到另一种声音，它为中国知识分子开辟和保留了另一片真正属于自己的精神天地，使得他们在投身于社会公众事业的同时，又能做到不随波逐流，不为名教所羁缚，保持着鲜活的个性。儒家的群体意识和道家的个体意识正好形成了一种互补的机制，尽管后者在历史上远不如前者那样茂密。

（选自《南京大学学报》2000 年第 5 期）

　　白奚，山西太谷人，首都师范大学东方文化研究所研究员。著有《稷下学研究》等。

　　本文指出孔子和老子的思想差异代表了中国文化发展的不同路向，并最终形成了儒道两种不同的文化传统，奠定了儒道互补的文化格局。儒道互补在历史上经历了战国和宋明两次高潮,在宋明以后的儒释道三家并立互补的文化结构中,儒道互补实居于更基础的地位。早期的儒道互补是真正的双向互补,后来由于儒家在历史上的特殊地位,儒道互补事实上主要是以道补儒,具体的内容则有两端——补儒学之缺和补儒学之偏。儒道互补使中国的文化结构趋于自我完善,也使得中国知识分子的人生趋于完整和艺术化,在心态上和行为上都具有良好的分寸感和平衡感。离开了儒道互补,就无从把握和理解中国文化的深层结构和特质。

反智论与中国政治传统

——论儒、道、法三家政治思想的分野与汇流

〔美〕余英时

一、引　言

　　中国的政治传统中一向弥漫着一层反智的气氛；我们如果用"自古已然，于今为烈"这句成语来形容它，真是再恰当不过了。但是首先我们要说明什么叫做"反智"。

　　"反智论"是译自英文的 anti-fintellectualism，也可以译做"反智识主义"。"反智论"并非一种学说、一套理论，而是一种态度；这种态度在文化的各方面都有痕迹可寻，并不限于政治的领域。中国虽然没有"反智论"这个名词，但"反智"的现象则一直是存在的。因为这个现象可以说普遍地存在于一切文化之中，中国自然不是例外。研究这一现象的学者都感到不易给"反智论"下一个清晰的定义，不过一般地说，"反智论"可以分为两个互相关涉的部分：一是对于"智性"（intellect）本身的憎恨和怀疑，认为"智性"及由"智性"而来的知识学问对人生皆有害而无益。抱着这种态度的人我们可以叫他做"反智性论者"（anti-intellectualist）。但是在西方，"反智性论者"和"反理性论者"（anti-rationalist）一方面颇相牵缠，而另一方面又有分别。神学史和哲学史上颇不乏反理性

(reason)之士,此在西方即所谓徒恃理性不足以认识"上帝"或"真理";而在佛家,即所谓恃分别智不能证真如。所以一般地说,反理性论者只是对"理性"的使用际限有所保留,并非完全抛弃"理性"。"智性"在通常的用法中则涵义较"理性"为广,并可以包括"理性";反理性论者之不必然为反智性论者,其道理是显而易见的。至于这两者之间容易牵混不分,则是因为反智论者往往援引反理性者的思想学说以自重。例如尼采、柏格森、詹姆士(William James)诸人的反理性论,便常成为政治和社会上反智运动的思想武器。

反智论的另一方面则是对代表"智性"的知识分子(intellectuals)表现一种轻鄙以至敌视。凡是采取这种态度的人,我们称他们作"反知识分子"(anti-intellectuals)。必须指出,"反知识分子"和"反智性论者"之间的区别主要只存在于概念上,而在实践中这两者则有时难以分辨。我们之所以提出这一区别,是因为社会上一般"反知识分子"常常以知识分子为攻击的对象,而不必然要直接触及"智性"的本身,虽则对知识分子的攻击多少也蕴着对"智性"的否定。在下面的讨论中,我们将尽量用"反智论者",一词来兼指"反智性论者"和"反知识分子"两者,非十分必要时不再进一步加以区别,以免引起理解上的混乱。

中国政治上的反智传统是一个非常复杂的历史现象,我在本篇中只能从政治思想史的角度提出一些初步的看法,详论且俟将来。首先必须说明,本文虽以讨论反智论为主旨,但我并不认为中国的政治传统是以反智为其最主要的特色。相反地,至少从表面上看,中国的传统政治,在和其他文化相形之下,还可以说是比较尊重智性的。自汉武帝以来,尤其是隋、唐科举制度建立之后,政治上用人遵守一定的知识标准。明、清以八股文取士最受现代人攻击。然而撇开考试的内容不谈,根据学者统计,明初百余年间进士之来自平民家庭(即三代无功名)者高达百分之六十。这样一种长时期吸收知识分子的政治传统在世界文化史上是独一无二的。

但是判断一个政治传统和智性的关系,不能仅从形式方面着眼,也不能单纯地以统计数字为根据。最重要的还得看智性对于政治权力是否发生影响? 以及如果发生影响的话,又是什么样的影响? 贾谊虽曾受到汉文帝的特别赏识,但是如果真如李义山所说的"可怜夜半虚前席,不问苍生问鬼神",则这种赏识并不足以说明汉文帝的政治具有智性的成份。所以我不想根据历史上知识分子有考试入仕这一途径,而对中国政治传统中的智性成份加以渲染。

政治上的反智传统不能孤立地去了解,一般地说,它是由整个文化系统中各方面的反智因素凝聚而成的。本篇之所以选择政治思想为讨论的基点,并不表示我认为思想是中国反智政治的最后来源,而是因为政治思想一方面反映当时的政治现实,而另一方面又影响后来实际政治的发展。中国先秦时代的政治思想虽然多彩多姿,但主要流派只有儒、墨、道、法四家。而四家之中,墨学在秦以后几乎毫无影响,可以不论。因此本文的分析将限于儒、道、法三家对智性及知识分子的政治态度。

二、儒家的主智论

从历史上看,儒家对中国的政治传统影响最深远,这一点自无置疑的余地,但是这一传统中的反智成份却和儒家政治思想的关涉最少。先秦时代孔、孟、荀三家都是本于学术文化的立场来论政的,所以礼乐、教化是儒家政治思想的核心。无论我们今天对儒家的"礼乐"、"教化"的内容抱什么态度,我们不能不承认"礼乐"、"教化"是离不开知识的。所以儒家在政治上不但不反智,而且主张积极地运用智性,尊重知识。

　　儒家在政治上重智性的态度更清楚而具体地表现在知识分子参政和论政的问题上。孔子是主张知识分子从政的,他自己就曾一再表示有用世之志,他当然也赞成他的弟子们有机会去改善当时的政治和社会。但孔子心中的知识分子参政却不是无原则地去做官食禄。他的出处标准是能否行"道",即实现儒家的政治理想,如果只为求个人富贵而仕宦,在孔子看来是十分可耻的事。所以他说:

　　　　天下有道则见,无道则隐。邦有道,贫且贱焉,耻也;邦无
　　道,富且贵焉,耻也。(《论语·泰伯》)

单纯地为了做官而去读书求知更是孔子所最反对的。他曾慨叹地说:

　　　　三年学,不至于谷,不易得也。笃信好学,守死善道。
　　(同上)

这句话最足以澄清现代人对孔子的恶意歪曲。他称赞读了三年书尚不存做官食禄之念的人为难得,正是因为他要纠正当时一般青年人为"仕"而"学"的风气。现在许多人拿《论语》"子张"篇"学而优则仕"这句话来攻击孔子。姑不论这句话如何解释,首先我们要指出这句话是子夏说的,根本不出自孔子之口。总之,孔子一方面主张知识分子应当有原则地参政,另一方面又强调当政者应当随时注意选拔贤才,这对春秋时代的贵族世袭政权是有挑战意味的。在他的政治观中,智性显然占有很大的比重。

　　下逮战国,百家争鸣,是中国历史上知识分子最活跃的时代。

儒家在知识分子参政的问题上也相应而有所发展。这可以用孟、荀两家的言论来略加说明。孟子和陈相讨论许行"贤者与民并耕而食"的主张时曾提出一种分工论，那便是所谓"劳心者治人，劳力者治于人"的"天下之通义"（见《滕文公上》）。从现代民主的立场来看，这当然是不能接受的论点。但是从历史的观点说，孟子的分工论也有其时代的背景，即在战国士气高涨的情形下，为知识分子参政寻找理论的根据。他认为政治是知识分子的专业，他说：

> 士之仕也，犹农夫之耕也。（《孟子·滕文公下》）

他又对齐宣王说：

> 夫人幼而学之，壮而欲行之。王曰：姑舍女所学而从我，则何如。今有璞玉于此，虽万镒，必使玉人雕琢之。至于治国家，则曰：姑舍女所学而从我，则何以异于教玉人雕琢玉哉！（《孟子·梁惠王下》）

孟子在这里更是明白地主张"专家政治"了。治国家的人必须是"幼而学，壮而行"的专门人才，正如雕琢玉石者必须是治玉专家一样。而且治国既需依赖专门的知识，则虽以国君之尊也不应对臣下横加干涉。和孔子相较，孟子所划给知识分子的政治功能显然是大得多了。

荀子生当战国末期，知识分子在各国政治上已颇炙手可热。故荀子所关心的已不复是如何为知识分子争取政治地位，而是怎样为知识分子的政治功能作有力的辩护。这便是他的"儒效"篇的中心意义。在"儒效"篇中，荀子主要在解答秦昭王向他提出来的一个问题，即"儒无益于人之国"。必须指出，荀子此处所说的"儒"是狭义的儒家之儒。当时各家争鸣，在政治上尤其激烈，法家、纵横家之流用"无益于人之国"的理由来攻击儒家，自是情理中所可有之事。这也是"儒效"篇的另一可能的历史背景。荀子则举出许多史例来证明儒者对国家最为有益。他指出儒者之可贵在其所持之"道";这个"道"使得"儒者在本朝则美政,在下位则美俗"。可见荀子仍严守着儒家"礼乐教化"的传统未失。荀子把儒者分为俗儒、雅儒、大儒三类,而尤其值得重视的是他的划分标准乃在学问知识的深浅。他特别强调知识是政治的基础。他说:

> 不闻不若闻之,闻之不若见之,见之不若知之,知之不若行之。……故闻之而不见,虽博必谬;见之而不知,虽识必妄;知之而不行,虽敦必困。

又说:

> 闻见之所未至,则知不能类也。

知识必须到了能推类、分类的阶段才是系统的知识。按:"类"在儒、墨两家的知识论中都是最重要的概念。而荀子的"大儒",其特征之一便是"知通统类"。照荀子的意思,唯有这样"知通统类"的"大儒",才能负最高的政治责任。所以他说:"大儒者,天子三公也。"儒家主智论的政治观至荀子而发展到最高峰。在荀子之世,政治上的当权者已对知识分子抱着很大的疑忌,所以,稍后秦统一了中国就采取了打击知识分子的政策。荀子大概已感觉到风雨欲来的低气压,因此他一再强调国家必须尊重知识分子才能兴盛和安定。他在"君道"和"强国"两篇中曾重复地说道:

> 故君人者,爱民而安,好士而荣,两者无一焉而亡。

荀子在这里已不只是为儒家说话了,他是在主张一种普遍性的士人政治!

儒家政治思想的另一个重要的智性表现则在于对政治批评所持的态度。儒家论政,本于其所尊之"道",而儒家之"道"则是从历史文化的观察中提炼出来的。因此在儒家的系统中,"道"要比"政"高一个层次;而儒家批评现实政治时必然要根据往史,其原因也在这里。孔子承继了古代士、庶人议政的传统，而提出人民可以批评政治。他说：

> 天下有道，则庶人不议。(《论语·季氏》)
>
> (按：《左传》襄公十四年，师旷对晋侯语，谓"自王以下，各有父兄子弟以补察其政"，便提到"士传言"和"庶人谤"。《国语·周语上》载召公与厉王论"防民之口，甚于防川"一段也说到"庶人传语"。这些话应该就是孔子此语的历史渊源)

这句话的反面意思显然是说"天下无道，则庶人议"。但是孔子一生都在嗟叹"天下无道"、"道之不行"，他当然是主张"庶人议"的，他自己也从来没有停止"议"过。事实上，孔子曾留下了一部有系统的议政的著作，就是《春秋》这部书。孟子告诉我们：

> 世衰道微，邪说暴行有作，臣弑其君者有之，子弑其父者有之。孔子惧，作春秋。春秋，天子之事也。是故孔子曰：知我者其惟春秋乎？罪我者其惟春秋乎？(《孟子·滕文公下》)

我们今天当然不能毫无批判地接受汉代公羊家的说法，认为《春秋》一书中充满了种种"微言大义"，但是如果我们说，孔子曾经用史官成法对鲁史旧文加以纂辑，并藉此表现他对时政的批评，似乎是一个相当合理的推测。孟子距孔子不过一百余年，他的记录应该是有根据的。至少我们可以说，孔子以后的儒家都相信《春秋》是一部议政的著作；而且从孟子开始，这一议政的传统一直在扩大发展之中，至西汉公羊学家的禅让论而益见精彩。

孟子自己就继续并大大地发挥了孔子《春秋》的批评精神。他的许多创见，如"民为贵，社稷次之，君为轻"，如"闻诛一夫纣，未闻弑君也"，等等，在中国政治思想史上一直是光芒四射的。秦代统一以后，博士、儒生等人的"以古非今"、"各以其学议政"，也正是儒家批评精神的一种具体表现。事实上,孔子以后的儒家早已不拘守《春秋》的原始精神,他们的批评已不限于"乱臣贼子",即使是大一统的皇帝也在批评的范围之内。董仲舒说:

> 周道衰废,孔子为鲁司寇,诸侯害之,大夫壅之。孔子知言之不用,道之不行也,是非二百四十二年之中,以为天下仪表,贬天子,退诸侯,讨大夫,以达王事而已矣。(《史记·太史公自序》)

董仲舒的"贬天子"说来自公羊家,而公羊家是齐学;汉初齐学中颇有坚持儒家批评精神的人,如辕固生的"汤、武革命"论便是"贬天子"的一种具体表现。董仲舒在这一点上似乎和辕固生有思想的渊源(详后)。其后西汉的儒生更援引五德终始之论,公开指责汉德已衰,要汉帝禅位于贤者。最显著的例子是昭帝时(公元前78年)的眭孟和宣帝时(公元前60年)的盖宽饶都因上书言禅让而诛死。这尤其是"贬天子"精神的最高度的发挥。东汉以后,禅让论已离开儒生之手,变成权臣篡位的理论工具,知识分子也从此不敢再说"贬天子"了。儒家议政的精神虽遭挫折,但是在东汉到明末这一长时期中,中国知识分子所发动的几次大规模的政治抗议和社会抗议的运动,则仍然是受了儒家"庶人议政"的传统的影响。东汉太学生的清议和明末的东林运动便是两个最显著的史例。在这种运动中我们看不见道家和法家的影响(理由详后)。17世纪的黄宗羲说:

> 学校所以养士,然古之圣王,其意不仅此也。必使治天下之具皆出于学校,而后设学校之意始备。……天子之所是未必是,天子之所非未必非。天子遂不敢自为非是,而公其非是于学校。是故养士为学校之一事,而学校不仅为养士而设也。(《明夷待访录·学校篇》)

黄宗羲要人民不以天子的是非为是非，并且要天子不敢自为是非，这是西汉儒家"贬天子"的精神的复活。他又认为学校不应仅为养士之地，更应为批评政治是非的所在，这当然是古代的"庶人议政"精神的进一步发挥。按《左传·襄公三十一年》云：

> 郑人游于乡校，以论执政。然明谓子产曰：毁乡校如何？子产曰：何为？夫人朝夕退而游焉，以议执政之善否。其所善者吾则行之；其所恶者吾则改之，是吾师也。若之何毁之？我闻忠善以损怨，不闻作威以防怨。岂不遽止，然犹防川。……仲尼闻是语也，曰：人谓子产不仁，吾不信。

可见黄宗羲是以古代的"乡校"为他学校理想之所寄，而他的"议政"精神也正是上承子产和孔子而来。所以在他看来，东汉的太学清议、宋代的太学生论政都是值得称许的"三代遗风"。黄宗羲显然不希望知识分子都变成皇帝所驯养的政治工具；东林和复社的精神仍然活在他的心中，他要知识分子负担起批评政治的任务。儒家政治思想中的主智传统在黄宗羲的手上获得了一次最有系统的整理。

三、道家的反智论

道家和法家的政治思想虽然也有不少与儒家相通之处，但在对待智性及知识分子的问题上却恰恰站在儒家的对立面。道家尚自然而轻文化，对于智性以及知识本不看重。但老、庄两家同中亦复有异：庄子对政治不感兴趣，确是主张政府越少干涉人民生活越好的那种"无为主义"。他以"堕肢体，黜聪明，离形去智"为"坐忘"（《大宗师》），这显是反智性的。他又说："庸讵知吾所谓知之非不知邪？庸讵知吾所谓不知之非知邪？"（《齐物论》）这便陷入一种相对主义的不可知论中去了。但是他在"不知"之外又说"知",则仍未全弃"知",不过要超越"知"罢了。所以庄子的基本立场可以说是一种"超越的反智论"（transcendental ant-fintellectualism）。而且庄子也并未把他的"超越的反智论"运用到政治思想方面。因此我们可以说,庄子的思想对此后政治上的反智传统并无直接的影响。而老子则不然。《老子》一书可以说是以政治思想为主体的,和《庄子》之基本上为一部人生哲学的作品截然异致。老子讲"无为而无不为",事实上他的重点却在"无不为",不过托之于"无为"的外貌而已。故道家的反智论影响及于政治必须以老子为始作俑者。老子的反智言论中有很多是直接针对着政治而发的。让我们举几条比较重要的例子:

> 是以圣人之治也,虚其心,实其腹;弱其志,强其骨。恒使民无知无欲也,使夫知不敢,弗为而已,则无不治矣。

> 绝圣弃知,民利百倍。

> 民多智慧,而邪事滋起。

> 为道者非以明民也,将以愚之也。民之难治也,以其知也。故以知知(治)邦,邦之贼也;以不知知(治)邦,邦之德也。

> （按以上引文主要系根据马王堆汉墓出土《老子》写本甲、乙两本释文,见《文物》1974 年第 11 期）

老子在此是公开地主张"愚民",因为他深切地了解,人民一旦有了充分的知识就没有办法控制了。老子的"圣人"要人民"实其腹"、"强其骨",这确是很聪明的,因为肚子填不饱必将铤而走险,而体格不健康则不能去打仗或劳动。但是"圣人"却决不许人民有自由的思想("虚其心")和坚定的意志("弱其志"),因为有了这两样精神的武器,人民便不会轻易地奉行"圣人"所订下的政策或路线了。老子的"圣人"不但不要一般人民有知识，甚至也不愿意臣下有太多的知识。所以老子说：

> 不尚贤，使民不争。

"尚贤"本是墨家的主张，而儒家也主张"举贤"和"选贤任能"。这是相应于战国时代各国政治竞赛的形势而起的。其结果则是造成游士（即有知识和才能的人）势力的高涨。老子既持"以知治邦，邦之贼也"的见解，他当然不愿意看见因政府"尚贤"所造成的人民之间的才智竞争。显然地，这种竞争必然会使得人民越来越"明"，而不是越来越"愚"。老子不鼓励人民和臣下有知识，可是他的"圣人"却是无所不知的；"圣人"已窥破了政治艺术的最高隐秘。因为"圣人"已与天合德了。老子说：

> 圣人恒无心，以百姓之心为心。

儒家有"天视自我民视，天听自我民听"的观念，西方原始基督教也有 Vox populi vox Dei（人民的声音即上帝的声音）的谚语。但一个是指"天"，一个是指"上帝"。老子的"圣人"岂不即相当于儒家的"天"或基督教的"上帝"的化身了吗？否则他怎么能随时随地都确切地知道"百姓之心"呢？难道百姓都把心交给了"圣人"吗？当然，必须指出，老子说的是"百姓"，不是"人民"，而百姓在古代只是指"百官"而言。但是这种分别也许并不像字面上那么重大。近来已有人说，儒家经典上的"人"都是"贵族"、"奴隶主"，更有人辨孟子"民为贵"的"民"是"丘民"，亦即"大人"或"巨室"。只要真的"言之成理，持之有故"，我们也不必否认这种说法的成立的可能性。从严格的思想观点分析，西方学者也曾指出，原始基督教所说的"人民"（Populi）大概是指的古代犹太民族中的"长老"（Elders），并非当时全部以色列的居民。事实上，自古至今，对"人民"这个名词的运用是一切政治魔术家所必变的戏法之一。但是通过思想史的分析,我们便可发现,这个名词的内涵从来就没有全面的包容性。美国宪法起草时所用的"人民"一词原义便极为狭窄,有些英国作者所说的"人民"实际上即是地主阶级。对于希特勒而言,则只有纯雅利安种人才算是真正的"人民"(详细讨论请看 George Boas,"The People"一文,载其所著 *The History of Ideas* 一书中,纽约,1969 年版;及同氏所撰"Vox Populi"一文,载 Philip P. Wiener 主编,*Dictionary of the History of Ideas*,第四册,1973 年版)。无论老子的"百姓"所指为何,总之是当时政治上直接起作用的人群。老子的"圣人"则自信随时能集中这些"百姓"的意见,并制订永远正确的政治路线。"圣人"既无所不知,掌握了事物的最高规律——道,则他之"以百姓之心为心"是无人能加以怀疑的。"始悟颜回叹孔氏",谁敢说自己比圣人知道得更多呢?

但是《老子》这部书虽然对政治运用的观察分析入微,它毕竟只是一套抽象的理论,而不是行动的纲领。所以老子说:

　　　　吾言易知也,易行也;而天下莫之能知也,莫之能行也。

又说:

　　　　夫天下,神器也,非可为者也。为之者败之,执之者失之。

《老子》一书,言简义丰,向来解者不一。我在上面所说的绝不敢谓尽得老子本旨。但自战国末年法家攀附老子以来,老子思想的政治涵义确是愈来愈权谋化了。后世帝王之注《道德经》者如明太祖便不期而然地从权谋方面用心。所以讲思想史与写个别思想家的"学案"不同,必须兼顾到思想的历史发展(见《唐、宋、明三帝老子注中之治术发微》)。

老子在政治上发生实际作用,要等到所谓黄老政治哲学的发展成熟以后,而且更重要的是要等到黄老和法家的一套办法结合起来之后。黄老一派的所谓道家曾经过一个相当长的发展阶段，大约是从战国晚期到西汉初年。黄老思潮在政治上得势则在汉初六七十年之间。传统学者对于黄老的认识大体上仅限于它的"清静无为"的一方面；但是司马迁却在《史记》中把道家的老、庄和法家的申（不害）、韩（非）合成一传。他并明言"申子之学本于黄、老而主刑名"，又说韩非"喜刑名法术之学，而归本于黄老"。此外从战国到秦、汉，兼治黄老与刑名之学的人还很多，不必一一列举。然则黄老与法家之间的关系究竟如何呢？这也是中国政治思想史上一直悬而未决的一个重要问题。主要的原因是文献无征，《汉书·艺文志》上所载属于黄老一派的著作差不多都失传了。最近长沙马王堆汉墓出土了好几篇古佚书，大体上可以断定是属于黄老一系的作品。因此我们对这个问题的解答便有了比较可靠的线索。

我们初步地考察这些新发现的佚文，便可知黄老之能流行于大一统时代的汉初，决不是单纯地因为它提出了"清静无为"的抽象原则，而是黄老与法家汇流之后使得它在"君人南面之术"的方面发展了一套具体的办法，因而才受到了帝王的青睐。本文不能对道、法关系作全面的深入检讨。这里，我们仅从反智论的角度来看看黄老学派的基本态度，《经法》的"大分"篇说：

> 王天下者，轻县国而重士，故国重而身安；贱财而贵有知（智），故功得而财生；贱身而贵有道，故身贵而令行。（《文物》1974 年第 10 期）

这段话中，作者既说"重士"，又讲"贵智"、"贵道"，似乎在政治上很能尊重智性和知识分子的样子。但事实上这段话不能如此孤立地去了解。黄老派要向帝王推销他们的"道"，并推荐他们自己，当然希望人主"重士"而"贵智"。等到这种"士"变成了臣下之后，他们的"智"便将完全为人主效忠，决不会发挥任何批判的力量，以致对政权有危害性。所以同篇又说：

> 为人主，南面而立。臣肃敬，不敢敝（蔽）其主。下比顺，不敢敝（蔽）其上。

《十大经》的"成法"篇说：

> 黄帝问力黑（按：《史记·五帝本纪》黄帝的大臣有力牧，即是此处的"力黑"。"黑"假为"墨"）：唯余一人兼有天下，滑（猾）民将生，年（佞）辩用知（智），不可法组。吾恐或用之以乱天下。请问天下有成法可以正民者。力黑曰：然。……吾闻天下成法，故曰不多，一言而止。循名复一，民无乱纪。黄帝曰：请问天下猷（犹）有一虖（乎）？力黑曰：然。昔者皇天使冯（风）下道一言而止。……黄帝曰：一者，一而已乎？其亦有长乎？力黑曰：一者，道其本也，胡为而无长？□□所失，莫能守一。一之解，察于天地。一之理，施于四海。何以知□之至，远近之稽？夫唯一不失，一以驺化，少以知多。……夫百言有本，千言有要，万（言）有匆（总）。万物之多，皆阅一空。夫非正人也，孰能治此？罢（彼）必正人也，乃能操正以正奇，握一以知多，除民之所害，而寺（持）民之所宜。

上引这一段文字讲的正是思想统制的问题，特别值得注意。唐兰（《〈黄帝四经〉初探》，《文物》1974 年第 10 期）断定《经法》、《十大经》、《称》及《道原》4 篇佚文便是《汉书·艺文志》中的《黄帝四经》，大概可信。但他把这 4 篇佚文的制作时代定在公元前 4 世纪，则似嫌过早。他的根据是文中若干成语在公元前 3 世纪上半已被人引用。但是我们并不能确定这类的成语是在"四经"中第一次出现的。现在看本段有"余一人兼有天下"的话，很像是秦统一以后的语气。何况"四经"中又有"黔首"这个名词呢？尽管《吕氏春秋》中已屡见"黔首"的字样,但《吕氏春秋》已显然经过汉代人的整理。所以我相信这4篇佚文的撰成最早也在秦统一的前夕,即公元前3世纪的中叶,或者竟在秦统一以后。时代背景的确定有助于我们对本文的了解。

这里所提出的问题是统一了天下的君主如何应付不同政治观点的人的批评。因为在大一统的君主的心中,这种批评具有高度的政治危害性,即可以"乱天下"。其所以如此,则是由于"佞辩用智"。"佞"是价值判断,可以不论。"辩"即有说服力,与传说中少正卯"言伪而辩"的"辩"字相当。但归根结底,毛病是出在"用智"。统治者对于无法征服的"智性"或"理性"总是最感到头痛。黄老学派对"智性"及批评政治的知识分子所采取的态度在这里表现得毫不含糊,"庶人议政"或现代所谓"乱说乱动"是决不允许的。

但是即使是拥有绝对权力的统治者也绝不能不需要一套政治思想来作他的精神武器,黄老学派于是便提出了他们所谓的"道"。这个"道"极简单,所以是"一"。当然"一"也有唯一的真理的意思。但这个"一"只是一个最高原则,并非一成不变的。它可以"长",即可以引申而施之于一切的具体情况,具有无穷的妙用。这大概就是所谓"放之则弥六合,卷之则藏于密"吧。"一之理,施于四海。"换言之,它是"放诸四海而皆准"的普遍真理。掌握了这个唯一真理的人便能"操正以正奇,握一以知多"——他不但永远正确,而且几乎懂得一切事物的规律。那么谁才能全知全能而永不犯错误呢?答案是"正人"——"夫非正人也,孰能治此?""彼必正人也"。这个"正人"的"正",除了可作"正确"解以外,也有"政"的涵义。所以《经法》的"君正"篇说:"法度者,正(政)之至也。"(按:可能与秦代译"政"字有关)这样的"正人"自

然非人君莫属,而且在黄老的思想系统中,也唯有人君始能掌握
"道"。"帝王者,执此道也"(《经法论篇》)。人王和教主,内圣和
外王,耶稣和凯撒在这里已合而为一了。

除了《黄帝四经》之外,马王堆还出现了一篇《伊尹·九主》,
也是黄老学派的作品(见凌襄《试论马王堆帛书〈伊尹·九主〉》,
《文物》1974 年第 11 期),全篇的主旨在讨论君臣的关系,也就是
君主怎样控制臣下,使得大权不致旁落。其中和我们的反智论的
题旨最有关系的是下列一段:

> 得道之君,邦出乎一道,制命在主,下不别党,邦无私门,
> 诤李(理)皆塞。

这番话和前引《十大经》的"成法"篇相近,但似乎用意更深一层。
"成法"篇所担心的是"处士横议",而《伊尹·九主》则对臣下的
诤谏或诤议也要严加禁止。黄老学派在这里适与儒家的立场相
反。儒家是主张有诤谏之臣的,《荀子》"臣道"篇云:

> 有能尽言于君,用则可,不用则去,谓之谏;有能尽言于
> 君,用则可,不用则死,谓之争。(参看刘向《说苑·臣术篇》)

而《汉书·刑法志》也说:"圣王置谏争之臣。"儒家的"道"是超越
性的,所谓"不为尧存,不为桀亡"。它决非帝王所得而私的。黄
老的帝王则至少在理论上是"道"的垄断者,他的一言一动都是合
乎"道"的,因而也是永远正确的,"圣王是法,法则明分"。他自己
便是一切言行的最高标准,谁还能对他有所诤谏或批评呢?儒家
分"道统"与"政统"为二,而且肯定道统高于政统,因此根据道统
的最高标准,臣下可以批评代表政统的帝王。这是"二道"而非黄
老的"一道"。黄老则不然,《伊尹·九主》说:

> 二道之邦,长诤之李(理),辨党长争,……主轻臣重,邦
> 多私门,……以命破威(灭)。

这段文字颇多残缺,但意思仍很清楚:如果在帝之道以外还存在着另一个"道"的系统,那么就会造成争议,引起党争。其结果则是"主轻臣重",政权不保。这是黄老一派最担心的事。故《九主》篇又说:

> □主之臣成党于下,与主分权,是故臣获邦之半,主亦获其半,则……危。

这种顾虑现在看来也确有远见,后世东汉的党争、明末东林的党争,都可以为这段话作注脚。但朝臣和太学生批评政治的争议从来就被看作是中国知识分子的一种光辉传统,而在黄老的系统中竟只有负面的意义,黄老思想的反智立场在这种地方表现得再清楚不过了。从理论上说,黄老的反智论的根源乃在于它的"一道"论。在《九主》篇里,"道"和"政"是一而二、二而一的观念。下面是两条最显著的例证:

> 剚(专)授(按:"专授"是指君主把权柄给予臣下),失道之君也。

> 剚(专)授,失正(政)之君也。

可见"道"、"政"两字完全可以互训。黄老的"道统"和"政统"是彻底地合而为一的。阿基米德曾说:"给我一个地球以外的立足点,我可以把地球翻一个身。"但阿基米德找不到地球以外的立足点,所以他终不能转动地球。在"二道"或"多道"的社会,人民(包括知识分子在内)可以批评政府,可以攻击国家领导人,因为他们有政治以外的立足点。然而在黄老的"一道"的社会,只有帝王可以持"一"以"正"臣民,臣民是无法批评帝王和他所制定的路线的。政统和道统既已集中在帝王一人之手,试想臣民更从何处去寻找政治以外的立足点呢?

　　汉初黄老和儒家之间曾有过一场最著名的争论。从这一争论

中,我们可以更深刻地认识到黄老学派的根本立场。《史记·儒林列传》记载:

> 黄生曰:汤武非受命,乃弑也。辕固生曰:不然。夫桀纣虐乱,天下之心皆归汤武,汤武与天下之心而诛桀纣,桀纣之民不为之使而归汤武,汤武不得已而立,非受命为何?黄生曰:冠虽敝,必加于首;履虽新,必关于足。何者?上下之分也。今桀纣虽失道,然君上也,汤武虽圣,臣下也。夫主有失行,臣下不能正言匡过以尊天子,反因过而诛之,代立践南面,非弑而何也?辕固生曰:必若所云,是高帝代秦即天子之位,非邪?于是景帝曰:食肉不食马肝,不为不知味;言学者无言汤武受命,不为愚。遂罢。是后学者莫敢明受命放杀者。

辕固生是有名的儒者,他主张汤武诛桀纣的革命,显然是承继了孟子所谓"闻诛一夫纣,未闻弑君"的传统。黄生即《太史公自序》中所说"习道论于黄子"的黄子,是汉初黄老学派的一个重要人物,他反对汤武革命,其理论根据乃在于绝对化的政治秩序,尤其是绝对化的政治名分。原始儒家的君臣关系是以"义合"的,是《荀子·臣道》篇所谓"从道不从君",是相对的,故有"君不君则臣不臣,父不父则子不子"之说。这种相对的(也可以说是契约性的)关系可以逻辑地转化出"闻诛一夫纣,未闻弑君"的理论。黄老和法家则相反,认为君臣关系是绝对的,永不能改变的。所以帽子虽破了仍要戴在头上,鞋子虽是新的仍然得穿在脚上。这是"天下无不是的君主"的观念。黄生所用"冠履"的论证不但见于《太公六韬》的佚文,而且也还两见于《韩非子·外储说左下》,可见此说为黄老与法家所共持。这里泄露了黄老之所以得势于汉初的一项绝大秘密。两千年来许多学者都不免被黄老的"清静无为"的表象所惑,没有抓住它"得君行道"的关键所在。辕固生最后不得已提出刘邦代秦的论据来反驳，大约才塞住了黄生的嘴。但最值得注意的是景帝的态度。景帝显然偏袒黄生，不喜欢辕固生谈汤武受命，所以说"学者毋言汤武受命，不为愚"。从此以后汉廷的儒生便再也不敢碰这个题目了（《汉书·儒林传》删去末句"是后学者莫敢明受命放杀者"，遂使后人看不到儒家政治理论在汉初受迫害的实况。这是很值得深思的）。

（选自《中国思想传统的现代诠释》，江苏人民出版社 1995 年版）

余英时，天津人，原籍安徽潜山。美籍华人学者，历史学家、思想史家，被部分学者认为是第三代新儒家的代表人物之一。主要著作有《历史与思想》、《士与中国文化》等。

本文指出，儒家在政治上不但不反智，而且主张积极地运用智性，尊重知识。这具体表现在知识分子参政、论政和对政治批评所持的态度上。道家尚自然而轻文化，对于智性以及知识本不看重。但老庄两家同中亦复有异，庄子是一种"超越的反智论"，不及政治思想；老子讲"无为而无不为"，其反智言论有很多是针对着政治而发的，故道家的反智论影响及于政治必须以老子为始作俑者。

老子与孔子

〔美〕A.J.巴姆著　蔡方鹿译

　　通过把老子哲学与孔子的哲学加以比较,可以更充分地掌握《道德经》的重要意义。两家哲学不仅属于中国历史上最早产生的哲学之列,是所有中国后来产生的哲学思想的基础,而且也是人类最早形成的哲学之一,它们表达的一些基本的十分重要的思想,一直是人类普遍共有的。它们之间存在着不一致,确实是客观的事实,但已经被那些希望去区分二者的人过分地强调和夸大了。

　　且不论那些使问题复杂化的人所说的,老子和孔子是同时代的人(如一个故事所说是相识的人),或者哪一个生活的较早,我们仍然可以指出孔子的思想含有不少《道德经》所表达的内容,反之,则不是事实。即使他们系统提出各自学说的年代难以确定,《道德经》的思想看来也更原始、更自然。孔子哲学的结构是比较复杂的,更精致,更发展;而老子的哲学则比较简单,更原始,更基础。它们不是两个非常抵触的学派,也不是两个完全相反的哲学体系。

　　孔子并未抛弃《道德经》所表达的哲学的基础,而是抛弃了道家的不足,在这些基础上,按照自己的原则,非常重要地发展了古代的哲学。在孔子看来,老子的哲学似乎比较原始;就老子而言,孔子的哲学看来人为地做作。但以他们各自的眼光来观察,双方都不能接受对其他一方贬抑性的批评。

为了便于比较，我们必须对孔子哲学加以考察。它可以被简要地概括为四个互补的特性，具备这些特性的人便是完美的人或圣人。孔子哲学的四个特性：义、仁、礼、智。

"义"简单说来就是最好的行为原则和方式，完美的人的一个必不可少的品质就是他懂得"义"。与老子一样，孔子预先设想人的本性是善的；按照人的本性自然地行动，将完全处于善的状况。因此，循性而动是最好的行为原则。孔子认为，无论如何人在本质上生来是社会的人。每一个人出生和成长在一个家庭里，结婚以后，有了自己的家庭，人们生活在一个由各个家庭组成的社会里，各个不同的社会组成了整个世界。如果说人们生来是社会的人，那么，没有社会的本性（"道"）吗？孔子说有，他终身致力于探讨社会的本质，探索人们在社会交往中最好的原则。老子不否定社会（如另一个道家杨朱那样），但他把最简朴的农村社会理想化，因为在那里每个人很少强加人，也很少被其他人所强加。而另一方面，孔子承认社会存在的事实，人们为了生存，在一定程度上不得不互相欺骗，甚至在最简单的家庭生活中也是这样。于是，孔子探索那些社会行为的原则，以作为人们行为举止的最好方式，或曰作为社会的"道"。

这些原则是什么？当人们自然而然地行事时，会发生什么？人们结婚，有了孩子。当他们做这些时，自然地处于一定的社会关系之中：夫妻关系及父母对子女的关系。事实上，人们不能离开他自己与双亲的关系而出生。因此，一个人无意识地必须面对这样的问题：如何去对待他的双亲、妻子和孩子，他期望如何被他们所对待。于是，如果人们愿意去遵行某一种会产生一定结果的行为的话，那么，他想知道对待他的妻子、孩子和父母最好的方式是什么。假如他是粗野或无礼的,他将注意到这种粗野和无礼将被回报,常常遭到更加严重的回报。因此,他发现这种相互关系的原则是社会的"道"的一部分。

最好的行为方式是推己及人,对待其他人如同你自己希望被别人对待的那样,仿佛你处在他们的位置(在这方面,儒家思想包含了一些重要的、精致的,而西方准则通常没有的观念)。要求人们考虑到其他人的愿望,或去了解其他人的本性,以便懂得人们将希望如何被对待。当事物根据它的自然本性而行动时,承认每个事物是善的,人们对待其他人,与他们的本性不发生抵触,像他喜欢被对待的那样(按照他自己的本性),被别人对待和对待别人,仿佛他具有其他人的本性。所以,一个父亲像他希望被他的父亲所对待的那样,去对待他的儿子;像希望被他的儿子所对待的那样,去对待他的父亲。

虽然人们确信这种相互关系的原则的贯彻,有助于密切人们的家庭关系,但这同样适用于其他的社会关系吗? 显然不少人是不相信的,因而孔子耐心地详细阐述这个原则,以贯彻在所有五种基本的人伦关系之中。这五种关系是:父子、夫妇、长幼、兄弟、君臣,此外还有朋友关系。并且,父子关系原则被扩大到尊重祖父母、曾祖父母,和去世的祖先;朋友之间关系的原则,由信任长期的朋友扩大到信任临时的客人和陌生人。无论如何,这些行为方式的原则大量直观地体现在孩子与父母的亲密关系上,"子女的孝顺",被视为所有关系原则的基础。君主统治臣民的思想,作为臣民,如果不是完全地服从的话,至少他希望被统治。在统治思想中,让每个人遵循他自己的道路而行的观念被保留,但强迫其他人去做的观念被更好的行为原则所修改。

称之为"正名"的原则当然被看重。事物、人、官员、职责——

所有有名称的。每一种事物,每一种社会身份,每一种职务,都有它自己的名称。比如父母被称为"父母",妻子被称为"妻子",君主被称为"君主"。无疑,最好的行为方式的作用和职责是去正确地称呼每一个事物的名称。比如一个孩子将称他为"孩子",而不是称他为"大人"。

"正名"原则的另一种意义是让每一个事物都按照它自己的本性行动。名称和行为是相互关联的。如果一个事物有了一个名称,那是人们辨别并确认了它的本质、作用或功能,它将被期待着相应地行动。如果它不是这样的行动,那它将不能拥有这种名称,或这种名称不适合于它。如果一个妻子追踪其他的男人,根据"正名"的原则,将不再被称为"妻子",或像一个"妻子"一样被对待。不按照人的本性去行动、去命名,是不自然的。因此,对一个人来讲,最好的行为方式是与他的实际的本性和正确的名称相一致。当然,人们也必须承认他的本性,真诚地按照他的名称去行动(信);否则,在相互关系的原则的支配下,他可能认为被其他人虚假地应付。

"仁"是善的意愿。所有的人都有一些善的意愿,但只有完美的人,善性是普遍广用的。然而,善意不是一处笼统的、可作两种解释的、中性的善意,不是那种人们祝愿每一个人美满而实际上一点也不为其他人做什么的善意。它是那种明确地指引每一个人同其他人发生联系,要求努力做到把同情心体现在行动上的善意。

人性是善的,每一个人也是善的,当相互关系的原则被实践的时候,社会的本质也是善的。"仁"是把其他人看作他们自己的目的的善性,而且也是像你希望被对待的那样去对待别人的那种推己及人的善性。"仁"是按照事物和人自己的本性和名称去对待事物和人的善性。这是最好的行为方式的原则。

　　因此,简言之,"仁"是遵循"义"的善性。圣人不仅懂得"义",而且还有"仁"的品格。"仁"是全心全意对"义"的遵循。

　　"礼"是形式(Form),但它是许多种类和含义的形式,包括形态(作为区别物质的实体)、一律性(作为规则性和法律)、礼节(作为行为的礼仪)和形式主义(作为外部的表现形式,不再体现一个根本的生命力)等。孔子的兴趣在一律性上(许多成为今天的科学方法),注重社会的行为规范("道")。在当时诸侯国并存的时代,致力于去发现和研究那些有规律的、重复出现的行为规范。他周游列国,作为一个学者记录了大量的社会生活的实际。人们在当时的国家里继续保持他们的身份地位。在任何复杂的社会里,一个社会的分工,要求每一个职务有它自己合适的官员,它的名称适合于那个职务、它自己的秩序、方式或程序的形式。此时,这些固定、一致的程序是成功的,是最好的和正确的方式。它们终于被称为正确的形式。人们必须熟练地履行他的职责,追求(像今天的科学方法一样)严格、准确、正确地重复履行任何固定的职责。他越是细致、准确地注重礼仪程序的每一点,他越被称之为"拘泥细节的"人。

　　"正名"原则是最好的行为方式的组成部分,意指名符其实地履行职责是最正确的。例如,如果一个人是一个儿子,一定有一些最好的表现他儿子身份的行为方式。或者如果一个人是一个教师,一定有一个最有效的教学方式。这个方法原则就是"礼"。

　　不管怎样,"礼"与"义"是有区别的。"义"它也是最好的行为方式的原则。"义"和"礼"的区别至少与圣人的品行有关。相当于内在与外部的区别。也就是说,"义"在一个事物或一个人按照自己的内在本性行动时,或人们在社会的范围内依据社会的"道"行事时,是最好的行为方式的原则。"礼"则是以外部的表现和行为样式来证明内在思想自身的原则。就每个"义"而言，或最好的内在的行为的原则，必定有一个适当的"礼"，或最好的外部表现的形式。"义"和"礼"总是恰当地结合在一起。如果不是这样，如果外部的表现方式不适当，或者不能表示内在的情感和动机，那它是不正确的。由此，"正名"的原则被违反。依照外部的形式而没有适当地表现其含义的形式主义被废止。假如后世的儒家形式主义地误解孔子学说，那责任在他们自己，而不在孔子。儒家理想的人根据"正名"的原则，懂得并实践"礼"。

"智"是智慧。它不是那种需要掌握许多实际知识的智慧，而是那种存在于实际成就和充满自信的愉悦中的智慧。智慧不是一瞬间的事情；说俏皮话的人不是一个有智慧的人。智慧包含着持久的快乐，在他得到快乐以前，他不是智慧的。智慧存在于为他自己和其他人的内在和外部的最好的需要之中。因此，智慧包含了心甘情愿地按照"义"、"仁"、"礼"去行动。此时，这心愿可能被瞬间达到，然后忘记。但是智慧只是当人们完全、持续地达到心愿时才到来。当心愿是这样达到时，它成为无保留的行为的习惯，依据"义"、"仁"、"礼"的原则去行事。人们的举止行为无意识地、出自自然地符合社会的"道"。完全的理性的诚实、完全真诚的善意、完全的道德自觉，对一个理想的人来说是必不可少的。在理想的人身上，社会的"道"得到最完美的体现。

这样一种理想，将永远是一种理想，如果不是永远，也将是很少可能成为现实。孔子曾抱怨未曾能达到这种理想的境界。然而，这毕竟是人们曾经有过的一种始终将是最伟大的、最深刻地激励人心的理想。

也许如此简单地概括孔子的哲学，会有严重的遗漏和曲解。让我们再来把它与老子的哲学加以比较。

　　首先,孔子哲学与老子哲学有许多明显相似处。两者都接受和表现了一个共同的自然主义和人文主义的传统,使用一种相同的语言和许多相同的基本概念,诸如"道"、"阴"、"阳"等等,用来解释普遍的自然和人类的本性。两者都认可同一普遍的宇宙论,以及它的循环变化的理论、它的合乎自然的规律,即万物依据它自己内在的本性产生、变化、成熟、衰落,直至消失。两人都承认普遍的自然及人类的本性是善的,只要万物都遵循它们的自然过程,将得到善。然而双方都承认并劝告如何去对付邪恶,以及由邪恶而引起的对善的背离。双方都承认在内部与外部之间存在着基本的区别,而把内在的事物看得更为根本。双方都把自发的行为理想化,以作为智慧的本质。双方都反对使用压力,尤其是政府的压力去影响他人,都提倡求助于每个人自己的关心,或内在的本性作为统治的最好方法。双方都赞同控制其他人的最好的办法是通过榜样的作用去影响人,以及"理想的状况是有一个圣人在他的头脑里"。两者都是学者(孔子是一个古代智慧的集大成者,老子是一个皇家档案的管理人)和导师(根据他们的声望来判断),而不是统治者、武士、农民或商人。双方都探索并教导其他人去追求那些有生命力的、最终的、真正的事物,避免那些仅仅是形式上的、人造的和外表的事物。

　　其次,双方哲学存在着区别。他们的区别主要表现在那些程度上,由于他们兴趣所在的不同和努力的集中点相异,而自然出现程度的区别。虽然两者都是自然主义和人本主义的,但老子更倾向于自然,当他主张享受田园生活的乐趣,企图从复杂的法规、税款和外在的强迫中解脱出来的时候,给人以某种真正有人情味和自然的感觉;而孔子则倾向于接受社会,把社会作为公正的、作为自然的、作为田园的来看待,并且,真正通人情的人与其他人以相对脱离的方式进行交往。虽然双方都承认"道"的程度是有规律的连续运动，比如白天和晚上、季节、生和死等作为一个内在过程的交替运动，与人的意志无关，但老子认为，每一个特殊的存在物的自然过程是完全内在的，或完全自给自足的；反之，孔子则认为，两种事物之间的相互作用也是自然过程的一部分，并承认、接受和研究它。双方都不求助于上帝或任何在过程之外的其他原则。但老子认为社会是偏离"道"的主要根源。反之，孔子则认为社会是"道"的有机组成部分，致力于去通晓社会领域的"道"，为的是避免邪恶对"道"的背离。

关于如何解决社会问题，老子提出，首先尽量避免同其他人交往，呆在家里，不要外出，甚至不要同邻居来往；其次，不去拥有其他人可能想要得到的东西，使自卑，这样没有人想同你竞争，并自我缴械，这样没有人愿意同你战斗；然后，每当有盈余时，拿出来给其他人，即使得不到任何回报；最后，不管发生什么纠纷，都回避并隐藏起来，直到冲突结束，不要理会其他人。

孔子对社会问题则持理想化的看法，他不主张回避，而是积极地与人交往。在社会交往中贯彻"正名"的原则，为社会和谐提供保证，假如人们愿意并能够公正适当地相互对待，那将不需要去回避。假如人们在交往中能够循名责实，通过正确地认识事物的名称而确信其内在的本质，那这种交往应该得到重视，而不需要害怕。自然，一旦人们背离了这些原则，纠纷将产生。虽然相互关系的原则要求努力得到合意的见识，但在孔子看来，当人们亲密地发生联系时，这种见识就会自然地出现。

老子深信，"道"的思想足以为每个人提供完全的自我发展的道路，不需要为了表现"道"的慈善而刻意追求合意的见识。只要人们彼此互不理会，所有的为相互关系原则所需要的社会准则，都会自动地履行。

但孔子却认为,由于互不交往,人们不可能发生联系;既然他们一起行动,就必须交往,就会懂得相互关系的实践、合意的见识和正确的名称("义"、"仁"、"礼")是必需的,面对现实比回避现实更好。虽然双方都认为自发性的行为对贤人哲士来讲是基本的,但在老子看来,任何体现在自我活动中的原则都是"道"赋予每个人的,它完全能满足人的需要,不必借助外部的原理。如果人们遵循他自己的内在本性,不受任何外界的影响,那么每一个人都充满了智慧。而对孔子来讲,内在的自我通过外在的行为表现出来,内外是彼此相联的,每一个"义"有它的"礼",每一个"礼"有它的"义"。因此,注重于"道"的内在本性的外部表现形式,尤其在社会领域更是如此。不管怎么说,孔子承认在人们得到"智"以前,已经认可过去所做的,外部即是内在,人们自然地、自动地、不提出疑问地行动,从而得到智慧。只有当人们完全像在家里一样自在地交往,如同老子理想的崇尚田园生活的人那样自然地交往,他才达到儒家的智慧。当"义"、"仁"、"礼"、"智"自觉地体现在人们的行为上,到那时,人们才出自自然地从事社会交往。

虽然双方都主张通过榜样的力量来实行治理,但老子认为,"道"自身的榜样已足够引导人们,不需要外界的打扰。而孔子则强调,体现了"义"、"仁"、"礼"、"智"的圣人是完美的典型。孔子的两个观点值得注意:第一,当圣人成为一个统治者时,他为人做许多事情;反之,根据道家的原则,圣人统治者的责任是无为,宁愿取消或根本不做事。第二,根据相互性的原则,武力的使用是准许的,因为当一个人遭到攻击时,他可以去反击,相互性原则允许在以善对善的同时以恶对恶。

因此,人们最终必须承认,在老子哲学与孔子哲学之间存在着一些真正的差异,即使它们产生于一个共同的文化环境中,但一开始两者就程度不同地相互区别。在老子看来,社会趋向于不自然,但孔子则认为社会是自然的。就老子而言,内在是自给自足的,反之,孔子则强调内在与外在是互相关联的,因此需要注意形式。老子认为,相互关系和互惠是不必要的,因为像"道"一样,人们把超出自己需要的东西给其他人,即使他得不到回报。而孔子则确信,相互关系和互惠是尽善尽美的,根据这个原则,把它推广到每个人的思想和行为中,便构成一个理想的社会。就老子而言,生活在现实中,不管是从一天到另一天,还是从一年到另一年,就已经足够了。人们不必像孔子那样,去探索过去人们的实践,古人的尸骨早已腐朽,把古人的一套强加给今天的人们,是一件坏事,甚至比现在的人欺骗和强加于其他人更坏。而另一方面,孔子以科学家的极大兴趣,去探讨人们普遍的行为方式,认为过去与现在是相联的,其他人的领域与自己的领域也是息息相关的。

孔子哲学与老子哲学最终的区别,一些人可能认为是最重要的区别,在于对名称使用的不同看法上。因为就孔子而言,"正名"的原则是如此的重要,他必须关注事物的名称和在两个名称之间加以区别。但老子确信,"道"最终是难以用语言形容,是说不出名称的,认为"正名"的思想是人为的,是外部强加的,因而他反对关注于名称、给事物命名、在两个名称之间制造区别,然后给区别命名。

尽管孔、老哲学存在着以上这些区别,但无论如何人们必须彻底抛弃程林(Chen Lin)的观点。程林认为,道家学派的哲学,至少表现在《道德经》里的哲学,"与中国人的头脑是如此的对立,以致于它固有的起源是值得怀疑的",虽然他不准备证明这个观点有什么根据。其实程林不过是赞成林语堂的"在了解东方的学者之中,有更多人倾心于老子而不是孔子"观点罢了。

（选自《中华文化论坛》1995年第2期）

　　A. J. 巴姆,美国新墨西哥大学哲学系教授,比较哲学家。

　　本文指出,孔子哲学与老子哲学有许多明显相似处:两者都接受和表现了一个共同的自然主义和人文主义的传统,都认可同一普遍的宇宙论,以及它的循环变化的理论和合乎自然的规律。双方都承认在内部与外部之间存在着基本的区别,而把内在的事物看得更为根本。双方都把自发的行为理想化,以作为智慧的本质。双方都反对使用压力,都赞同控制其他人的最好的办法是通过榜样的作用去影响人。双方都探索并教导其他人去追求那些有生命力的、最终的、真正的事物,避免那些仅仅是形式上的、人造的和外表的事物。老子与孔子哲学思想方面的区别主要表现:虽然两者都是自然主义和人本主义的,但老子更倾向于自然,而孔子则倾向于接受社会。虽然双方都承认"道"的程度是有规律的连续运动,但老子认为,每一个特殊的存在物的自然过程是完全内在的;孔子则认为,两种事物之间的相互作用也是自然过程的一部分。虽然双方都主张通过榜样的力量来实行治理,但老子认为,"道"自身的榜样已足够引导人们,不需要外界的打扰;而孔子则强调,体现了"义"、"仁"、"礼"、"智"的圣人是完美的典型。

孔子之仁与老子之自然

——关于儒道关系的一个新考察

〔新〕刘笑敢

关于儒家与道家的关系问题,学者多有不同见解,或强调二者精神之不同,或强调二者之互补,或争辩儒道二者孰为主流。本文通过孔子之仁的观念和老子之自然的观念试图说明儒道两家在精神上有相通之处。在孔子自己的思想中,仁的观念本身就包含了自然而不勉强的原则。道家的自然原则可以为儒家的道德学说提供实践的条件和润滑剂。

本文首先简要介绍老子哲学的中心价值,然后较详细地分析孔子仁学中的合乎自然而然之原则的因素,最后讨论儒道关系研究究的方法和意义。

老子哲学的中心价值

本文对儒道关系的新考察依据笔者对老子哲学的新诠释。《老子》一书虽然只有五千言,历代注释、解释、翻译、发挥老子思想的著作却可能数万倍之多。然而,值得注意的是,虽然大家都承认自然无为是老子思想的核心内容或主要特点,但是很少有人认真而深入地探讨自然与无为这两个概念的意含以及这两个概念之间的关系。笔者的研究就是从分析自然与无为的意含,它们在老子哲学中的地位,以及它们的相互关系入手的。

笔者认为,老子哲学有一个可能的体系结构。这就是以自然为中心价值,以无为为实现这一中心价值的原则性方法,以"道"为自然和无为提供了超越的和贯通的论证,以辩证法为自然和无为提供了以社会生活为基础的经验性的论证。这种对老子哲学体系的"有机重构"突出了"自然"在老子思想中的价值地位,对于重新考察道家与儒家的关系也提供了一个新的视角。需要附带强调的是,老子所说的自然是自然而然之义,不是现代汉语中指代自然界的自然。老子所关心的是人类社会生活中的自然的和谐,而不是自然界的状况问题①。

为什么说自然是老子哲学的中心价值呢? 这当然是根据对《老子》原文的分析而得出的结论。《老子》第二十五章就明确提出了人、天、地、道四者与自然的关系,突出了自然的根本性价值或最高价值的意义。老子说:"道大,天大,地大,王亦大。域中有四大,而王居其一焉。人法地,地法天,天法道,道法自然。"老子强调,人生活在天地之中,而天地又来源于道,道在宇宙万物中是最高最根本的,但道的特点、道所依据或体现的却是自然二字。道是宇宙万物最高的根源和根据,而自然则是最高的根源与根据所体现的最高的价值或原则。这里罗列了五项内容:人——地——天——道——自然,虽然,地、天、道在老子哲学中都是很重要的概

---

① 关于笔者对老子思想的研究方法请参看拙作《老子:年代新考与思想新诠》自序和导言,关于老子之学的中心价值可看第三章。台湾:东大图书公司,1997。

念,但在这里的论证中,地、天、道都是过渡、铺排和渲染的需要,全段强调的重点其实是两端的人和自然之原则的关系,说穿了就是人,特别是君王应该效法自然。所谓法地,法天,法道都不过是加强论证的需要,人类社会应该自然发展,这才是老子要说的关键性的结论,换言之,自然是贯穿于人、地、天、道之中的,因而是极根本极普遍的原则。

　　自然作为中心价值,必然会体现在社会管理者与百姓的关系上。《老子》第十七章说:"太上,下知有之;其次,亲而誉之;其次,畏之;其下,侮之。……悠兮其贵言。功成事遂,百姓皆谓我自然。"老子认为,圣人式的管理者不会强迫百姓做任何事,也不会向百姓炫耀自己的恩德,百姓仅仅知道他的存在,而不必理会他的存在。这是道家理想中的虚位君主,和孔子所赞颂的"无为而治"也有相通之处。次一等的执政者会做一些令百姓感恩戴德的事,这是传统的或一般儒家所向往的圣明君王。再次一等的执政者使百姓畏避不及,这是通常所谓的昏君。更糟的统治者令百姓忍无可忍,百姓对他只有侮辱谩骂,这就是所谓的暴君。聪明的统治者悠闲自得,少言寡道。万事成功遂意,百姓都会歌颂他实现了自然之道①。

　　这里有一个深层的问题。历来的注家大多指出,"自然"并非没有君主的作用,只是君主的作用和一般人所想的作用不同,其特点是潜移默化,让百姓感觉不到君主的作用,是百姓自然而然地接受的影响。这就涉及一个问题:"自然"的价值到底是否承认外力的作用。按照传统的解释似乎只要外力的作用不引起人们的直接

---

　　① 关于"百姓皆谓我自然"一句,本文解释与通行解释不同,请参看上述拙作,70页。

感觉就可以算作自然。这样说来，自然并不一概排斥外力，不排斥可以从容接受的外在影响，而只是排斥外在的强力。在这一点上，老子哲学留下了与儒家思想和其他社会机制，如法律、礼仪等相通与相容的空间。

　　十七章强调君主应该实行自然之治，让百姓充分享受不受干扰的生活。这是从社会关系，主要是君民关系的角度讲自然的。五十一章则为自然的原则提供了形而上的根据。"道生之，德畜之，物形之，而器成之。是以万物莫不尊道而贵德。道之尊，德之贵，夫莫之命而常自然。故道生之畜之，长之育之，亭之毒之，盖之覆之，生而不有，为而不恃，长而不宰，是谓玄德。"①对"道之尊，德之贵，夫莫之命而常自然"一句成玄英注云："世上尊荣必须品秩，所以非久，而道德尊贵无关爵命，故常自然。"老子强调，道的崇高地位应该是自然而然的，不是任何东西可以赐予的，是不应该刻意追求的。那么，道的崇高地位是怎样形成的呢？当然是因为道有生养万物的功能，但仅有这一点是不够的。道之伟大还在于生养之后不以生养者自居，既不居功自傲，更没有主宰或占有的意图，也就是"生而不有，为而下恃，长而不宰"。有这样的态度，无论是否受到尊重都可以处之泰然，既不会沾沾自喜，也不会怨天尤人。这也是老子所提倡的"自然"之精神的一个方面。

　　第六十四章又从圣人与万物的关系的角度讲到自然："是以圣人欲不欲，不贵难得之货，学不学，复众人之所过，以辅万物之自然而不敢为。"道家的圣人的价值观念与儒家圣人或其他人都不相同。道家的圣人所追求的是一般人所不愿意追求的，对一般人所珍重的价值也视若浮云。这种价值观念体现在行动上就是"辅

① "器成之""道生之，畜之"两句据帛书本校改。

万物之自然",也就是因任万物之自然。"万物之自然"是最好的状态,圣人只能帮助和维护这种"自然"状态,不应该试图改进或破坏它。这是从人与万物的关系的角度强调自然的意义。对"学不学,复众人之所过"一句,河上公注曰"圣人学人所不能学。人学智诈,圣人学自然。人学治世,圣人学治身,守真道也"。把自然的原则当做学习的对象,学习的内容,这是圣人的特点。不学习辅助和保护这种状态就会利用自己的特殊地位或权力破坏自然的状态。圣人的这种态度就体现了老子的价值观。

综上所述,自然是人、地、天、道所效法的最高法则,是圣人与百姓之间的关系的最好体现,是圣人与万物之关系的准则,是道和德的尊贵地位的原因,具有最根本、最重要的含义。概括起来,我们就可以说,自然是老子哲学的最高原则或中心价值。

自然就是自然而然的意思。那么,自然而然中又包含哪些具体的意含?或者说自然的价值到底意味着什么,要求些什么?

首先,自然的意思就是自己如此。从词汇的构成来看,自然是"自"(自己)加"然"(如此)。无论我们怎样解释"自然"的语法成分,其自己如此的意含都是最基本的。"莫之命而常自然"就说明自然是不需外在恩赐或控制的。用现代语言来说,自己如此也就是强调事物动因的内在性。凡是由内在原因或动力而发生的事物,就是自然的,反之就是不自然的。用于道德分析,凡是发自内心道德感情的行为就是自然的道德行为,因惧怕某种压力而表现出来的言行就不是自然的道德行为。

由此产生的自然的另一个意含就是外力作用的间接性。因为任何事物都不可能是孤立存在的,必然要和其他事物发生关系,所以在强调自己如此的时候必须考虑到内在动因和外部作用的关系问题。所谓"百姓皆谓我自然"就是说圣人虽有作用和影响,但百姓并没有感觉到其作用和影响。在这种间接或柔顺的外力影响下的事物的发展,仍然可以看作是自然的。对于人际关系来说,无论是别人对自己的影响和施与,还是自己对别人的帮助和劝告,越是尊重对方的内在动因,越是考虑自愿的原则,就越符合自然的价值标准,而勉强自己接受或强制别人接受都是不自然的。

其次,自然意味着发展轨迹是平稳的,或者说是可以预见的。事物本来是怎样的,现在和未来就大体还是怎样的。"辅万物之自然而不敢为"并不是让事物永远保持不变,而是辅助万物的自然的变化,也就是平缓的发展或演化,既不发生突然的变化,也没有突然的中断。从运动轨迹的角度讲,其过程是平稳的,从变化的趋势和未来讲,其过程是可以预见的。这两者的实际内容是一样的,因为平稳的发展过程,其未来状态自然是可以预见的,而潜藏着各种意外变化的过程则是不可预见的。对于人际关系和道德行为来说,有一贯性的表现是比较自然的,突然发生或突然改变的就是不自然的。因此,被迫的突然改变的行为就会给人不自然的感觉。

最后,从自然的上述意含,我们很容易推出自然的状态必然意味着和谐,意味着没有剧烈的冲突,既没有内部的冲突,也没有外部的紧张和斗争。显然,无论内部冲突或外部斗争都是破坏事物自然发展的,是和自然的原则不相容的。因此,凡是有利于维持或实现总体秩序之和谐的行为、学说,就是接近或符合自然原则的,凡是有可能引起冲突与对抗的言行就是违背自然之原则的。

根据老子对自然的推崇和我们对自然的实际内容的分析,老子哲学与孔子的思想并不像一般人所想象的那样尖锐对立。孔子思想中确有一些随顺自然的因素,这是历来研究者都很少讨论的。

孔子仁学中的自然原则

　　老子哲学的中心价值是自然,孔子思想的中心价值则是仁。仁的意含非常广泛,既是最高的、代表孔子道德体系的概念,又是与其他德目并立的一种德行①。仁是一种道德价值,是对人的道德修养的要求;自然则是对一种和谐状态的描述和向往,因此可称之为状态价值。仁主要是规范性的概念,直接告诉人们应该如何行动;自然则是描述性的概念,主要反映一种包括人的行为效果的客观状态。当然,自然作为一种价值,必定有某种规范性的意义,但这种规范性并不是直接告诉人们应该如何做,而是告诉人们的行为应该达到什么效果,其规范性意义是间接的。仁的概念大体属于道德哲学和功夫论,而自然的概念基本上属于社会哲学。但是,仁德与自然都涉及了人的行为方式以及由此而引起的人际关系和社会状态,因此二者又必然有某种程度的交叉互涉。

　　一、仁德内在而自然的流露

　　我们说,孔子之仁学与老子之自然有相通之处,因为仁是一个道德概念和道德境界,而道德概念和道德境界都要求植根于个人内心的要求和感受,即非常强调个人内在的动因,因而与自然的原则必然有一致之处。

　　孔子说:"不仁者不可以久处约,不可以长处乐。仁者安仁,

---

　　①　孔子曰"君子去仁,恶乎成名?君子无终食之间违仁,造次必于是,颠沛必于是"(《论语·里仁》),说明仁是君子之所以为君子的最高最根本的德行。孔子又说"仁者必有勇,勇者不必有仁",也说明"仁"高于"勇"等德目。然而,孔子也多次把仁作为一种具体的德目,把仁与"智"和"勇"并列,如"知者不惑,仁者不忧,勇者不惧"(《论语·子罕》)。

知者利仁。"(《论语》4.2)①朱子注云："不仁之人失其本心，久约必滥，久乐必淫，惟仁者则安其仁而无适不然，智者则利于仁而不易所守。"(《四书章句集注》，北京：中华书局，1983，69页。以下简称《集注》)强调仁要发自"本心"，然后才可以"无适不然"。安仁是最自然的行为表现，没有任何"仁"以外的目的。利仁是因利而行仁，动机虽在仁外，也是发自内在的行为，因而也是比较自然的。在"安仁""利仁"之外，还有"强仁"。《礼记·表记》记载"子曰：仁有三……仁者安仁，知者利仁，畏罪者强仁。""强仁"即出于压力、害怕负罪而不得不按照仁德的要求行动。"强仁"完全是不自然的，其行为动机完全是外在的。

孔子特别推重内心自发的行为，他说："知之者不如好之者，好之者不如乐之者。"(《论语》6.20)知之者"利仁"，以仁为有利而行仁，不是自发的，所以不如"好之者"之"安仁"，而"好"之极致便是"乐仁"，以行仁为乐，则实践仁德的行为更加自发和主动，完全没有其他的目的，没有丝毫的勉强，因此也更为自然。不过，"安仁"与"乐仁"都是以仁本身为目的的，而"安仁"自可达到"乐仁"之境界，所以不必在"安仁"之外另立"乐仁"的标准。这样以道家之自然解释"安仁""利仁""强仁"之不同，与孔子的思想契合无间，顺理成章，说明孔子之仁的思想中的确隐含或包括了"自然"之行为标准在内。

事实上，以道家之概念解释孔子之思想并不是我们的发明。有人问朱子"安仁"与"利仁"之别，朱子便说："安仁者不知有仁，如带之忘腰，履之忘足。"(《朱子语类》，北京：中华书局，1986，2

---

① 本文《论语》引文均自杨伯峻《论语译注》，为简便，随文注杨氏分章之标号，略去页数，下同。北京，中华书局，1980。

册,643 页。以下简称《语类》)朱子之说就利用了《庄子·达生》的思想:"忘足,履之适也;忘腰,带之适也:忘是非,心之适也。"《庄子》原文形容能工巧匠的创造达到出神入化的境界,心灵摆脱了任何束缚或挂念,其精熟的创造活动看起来像自然而然的成果。朱子以"带之忘腰,履之忘足"来形容仁者安仁,说明仁者安仁达到了自然之化,不需要任何意识、目的去支配自己的行为。此外,程树德也说:"无所为而为之谓之安仁,若有所为而为之,是利之也,故止可谓之智,而不可谓之仁。"(程著《论语集释》,北京:中华书局,1990,229 页。以下简称《集释》)这里"无所为而为之"显然受《老子》三十八章"上仁为之而无以为"的影响。"无所为"之为或"无以为"之为就是自然而然之为,安仁就是自然之仁或仁德的自然表现①。

仁者安仁强调的是个人的道德感情和道德动机,这不涉及对人的教育问题。仁德的培养当然离不开外在的教化等因素,但是外在的因素不能是强迫性的,被迫实践仁德,其仁必不可能是孔子所提倡的"安仁"。因此,孔子的"安仁"与老子所提倡的自然的原则有着天然的联系。

二、人际关系之间的自然原则

孔子仁德的基本内容就是"己欲立而立人,己欲达而达人","己所不欲,勿施于人",这是处理人际关系的普遍原则,不仅儒家有此主张,世界上各大宗教都有类似的格言,不过,孔子是最早提出这一原则的哲人。这种忠恕之道包括了对人的爱与尊重,强调每个人自觉自发地实践人际关系之间的仁德,这体现了重视内在

---

① 程树德对朱子《集注》有严厉批评,并非宗宋学者,然而与朱子不谋而合地用道家语言解释"仁者安仁",可见这不是个别人的偶然之见。

动因的原则,也有利于实现人际关系的自然的和谐。然而,如果没有自然的原则作调节,"己欲立而立人,己欲达而达人"也有可能导致"以我之所欲,强施于人"的情况,从而在推行仁德之时违背仁德,造成人际关系的紧张。坏事当然不应该"施于人",那么好事呢? 好事是否应该"施于人"甚至可以强加于人呢? 按照孔子的思想,好事也不应该强加于人。

子贡曾经对孔子说:"我不欲人之加诸我也,吾亦欲无加诸人。"孔子回答说:"赐也,非尔所及也。"(《论语》5.12)"欲无加诸人"之德是很高的,不是一般人可以做到的①。朱子《集注》说:"子贡言我所不欲人加于我之事,我亦不欲以此加之于人。此仁者之事,不待勉强,故夫子以为非子贡所及。"朱子所说"仁者之事,不待勉强"切中正题,点明了其中包含的应该自然而然的意思。自己不愿意被人勉强,也就不应该去勉强别人,这种没有相互勉强的人际关系才是比较自然的关系。

我们说,"欲无加诸人"不仅意味着坏事不应该强加于人,而且要求好事也不要强加于人,这一点从孔子对待学生的态度上可以充分得到证明。宰我对孔子说:"三年之丧,期已久矣。君子三

---

① 此处"加诸人"之"加"字,历来多解释为欺侮、凌辱之类。查《说文》"加,语相增加也,从力从口。""加"字本没有很强的欺侮的意思。段玉裁改"增"为"譄",从而论断加、譄、诬三字义同,证明古注以"加"为凌驾、欺凌、诬妄为正确(见段著《说文解字注》,上海古籍出版社,1981,700 页)。事实上,把"加"解释为"欺侮"反而降低了孔子仁学所包含的道德境界。因为孔门之仁决不仅仅是不凌驾、欺侮别人而已。查"加"之本义,就是把所没有的加之于上,或有强加于人之意。如果拘泥于"加"之从口,或可理解为仅仅是语言上的强加于人。把"加"直接解释为"凌驾""欺侮"不符合"加"之古义,也贬低了孔门的道德境界。

年不为礼,礼必坏;三年不为乐,乐必崩。旧谷既没,新谷既升;钻
燧改火,期可已矣。"宰我认为父母死后守三年之丧耽误常规的礼
仪活动太多了,守丧一年也就够了。孔子问他:父母刚死一年,你
就"食夫稻,衣夫锦,于女安乎?"宰我说:"安。"孔子就说:"女安,
则为之! 夫君子之居丧,食旨不甘,闻乐不乐,居处不安,故不为
也。今女安,则为之!"宰我走后,孔子感叹地说:"予之不仁也!
子生三年,然后免于父母之怀。夫三年之丧,天下之通丧也,予也
有三年之爱于其父母乎!"(《论语》17.21)宰我认为父母之丧,一
年就够了,孔子对此强烈不满。然而他并没有直接批评宰我,只是
说,君子守孝不够三年,于心不安,你若心安,你就守孝一年吧。梁
漱溟认为,这一段说明孔子态度之和婉,绝不直斥其非,"既从情
理上说明,仍听其反省自觉"(梁漱溟《孔子在中国历史上的地
位》,见《孔子研究论文集》,中华孔子研究所编,北京:教育科学出
版社,1987,14页。下同)。当子贡建议每月初一不要再用活羊告
祭祖庙时,孔子只惋叹地说:"赐也,尔爱其羊,我爱其礼。"(《论
语》3.17)梁漱溟强调,孔子仅"指出彼此之观点不同,而不作任何
断案"①。孔子的态度是让学生从自己的态度中去体会,去抉择,
而不愿强迫学生接受自己认为正确的原则。

　　值得注意的是,第一,孔子有鲜明的是非标准,他并不赞成宰
我和子贡的态度;第二,孔子丝毫不想勉强学生按照自己的判断行
动。孔子究竟为什么不对学生态度强硬一些呢? 他为什么不直接
要求学生按照自己的标准和原则行动呢? 难道是他在学生中的权
威性不够吗? 难道他对学生不负责任吗? 难道他对仁德爱得不够

---

　　①　梁漱溟评论的本意在强调孔子思想不是宗教,是理性主义,反对宗
教的迷信与独断(dogmatism),开创了不以宗教为中心的中国文化。

吗？当然都不是。比较合理的回答只能是,孔子认为这样回答学生、诱导学生是比较好的方法,他习惯于让别人自己作选择和决定,而不喜欢强加于人。这种做法,这种态度和道家所提倡的自然的原则,具体内容当然不同,但基本精神是有相通之处的。这基本精神就是重视内在的动因,避免不和谐的冲突。老师教导学生,要启发学生自己思考、选择和接收,否则,苦口婆心,作用甚微,如果强按牛头喝水,更可能激起反感或反抗。所以孔子说"不愤不启,不悱不发。举一隅不以三隅反,则不复也。"(《论语》7.8)显然,孔子把内在的动因看得更重要,希望学生自然地、不勉强地接受仁德。对于一般的学习来说是这样,对于道德的培养尤其是这样。因为道德的本质就是要靠内在的自觉,被迫按照一定的道德标准行动的人只能算遵守社会规范,不能算有道德。

三、求诸于己与自然之得

人生在世,对社会、对他人不可能无所求,但求的方法可以大不相同。孔子的原则是求诸于己,而不强求于人。

子禽问于子贡曰:"夫子至于是邦也,必闻其政,求之与? 抑与之与?"子贡回答说:"夫子温、良、恭、俭、让以得之。夫子之求之也,其诸异乎人之求与?"(《论语》1.10)孔子愿意参与各国的政事,以便宣传自己的主张,实现自己的抱负,然而孔子并不强求这种机会。孔子以自己的道德文章赢得了列国诸侯之信任,因而与者自愿与之,得者自然得之。虽然有"与"有"受"有"求"有"得",得失与求之间是自然而然的,没有勉强,更没有冲突。陆陇其说:"圣人以德求,非如人之有心求也。……若不于此体认,而欲与世相接,便不免于求。求之极,便流到巧言令色一途。看来人心风俗之坏病痛都在一求字,所以不能不求者,只是不信有不待求的道理。"(《松阳讲义》,转引自《集释》,42 页)不待求之得就是自然之得。孔子之作风,实已体现自然之价值。

　　不强求于人是多方面的,不仅是有关参与国政的,而且也涉及最一般的人际关系。孔子反复强调的一点就是从容地接受别人对自己的态度,也就是不强求别人对自己的了解。遇到知音固然值得庆幸,然而人生在世,众人各有所好,一个人不可能有很多知音,因此几乎每个人都会经常面对别人的不理解甚或是误解。孔子在世时,他的学说并没有广泛流传,他的学生可能经常面对不被理解的情况,因此孔子反复强调不强求别人对自己的理解。《论语》开篇就说:"学而时习之,不亦说乎? 有朋自远方来,不亦乐乎? 人不知而不愠,不亦君子乎?"(《论语》1.1)学而能习之,朋友能聚之,这都是正面的一般的情况,是人人都可能有的感受。"人不知而不愠"则是反面的情况,是一般人做不到的,是君子才可能有的修养。朱子强调,"不愠,不是大怒,但心里略有些不平底意思便是愠了。"(《语类》2 册,454 页)这就是说,在别人不了解甚或有误解的时候,不但不应该发怒,而且连不平之心都不该有。孔子所强调的道德境界和精神修养的出发点与老庄思想当然有根本性不同,但这种不因外界得失而动心的心境和道家因任自然的学说毕竟有相通之处,老庄都主张不要因为荣辱得失而干扰心境的宁和,不要因为世俗的追求而破坏内外之和谐。在这一点上,孔子和老子是完全可以相互理解和相互欣赏的。

　　关于"不己知"即不被了解的问题,孔子讲得很多,比如《论语》中还有"不患人之不己知,患不知人也"(1.16),"不患人之不己知,患其不能也"(14.30),"君子病无能焉,不病人之不己知也"(15.19)。"不知而不愠"是说不应该如何。这里几段都是说应该如何。概括起来有两点,一方面应该要求自己了解别人("患不知人也"),另一方面应该努力改善提高自己的能力、水平和境界

（"病无能焉"，"患其不能也"）。别人对自己如何，别人是否理解、欣赏和表扬自己，这是自己不能直接主导的，一意要求别人如何如何，就会流于谄媚迎合，丧失人格，或强横无理，面目可憎。达不到目的又会怨气冲冲，愤愤不平，让别人更加敬而远之。显然，强求别人对自己的了解是不理智的。在孔子看来，一个人能够做的和应该做的是一致的，这就是尽可能去了解别人，尽可能提高自己。不强调别人应该如何，而是重视自己应该如何。所以说，孔子之学是为己之学①，所以孔子可以做到"不怨天，不尤人"（《论语》14.35）。这是儒家的仁人之道、君子之道，和道家重个人修养、轻世俗追求、重视人际关系之和谐的精神也是一致的。

四、退而逍遥与自然之乐

历代统治者和文人所塑造的孔子是严肃而精进不已的。但孔子的生活理想中也未尝没有道家的因素。孔子说过："饭疏食饮水，曲肱而枕之，乐亦在其中矣。不义而富且贵，于我如浮云。"这种超越富贵的精神，安于恬静、自然、俭朴之生活的态度和道家有明显的相通之处。当然，超越的具体动因，内在的具体感受不必尽同道家，但从一般的表现来看，很难说完全不相干。儒道之不同，关键在于儒者强调道德的力量，道家则要超越世俗之道德表现。但作为个人的最高生活境界来说，特别是就超脱个人之恩怨得失、富贵贫贱来说，二者实有可以相互欣赏之处，不必水火相向。

有一次，孔子问子路、曾点、冉有、公西华四人，如果有人了解他们，如果他们有机会实现自己的抱负，他们会做什么。子路说愿意治理一个千乘之国，相信三年时间，可使人民"有勇，且知方

---

① 子曰："古之学者为己，今之学者为人。"（14.24）子曰："躬自厚而薄责于人，则远怨矣。"（15.15）子曰："君子求诸己，小人求诸人。"（15.21）

也"。再有愿意治理一个纵横六七十里或五六十里的小国,相信"比及三年,可使足民"。公西华则愿意主持礼仪。当最后问到曾点时,他的愿望是"莫春者,春服既成;冠者五六人,童子六七人,浴乎沂,风乎舞雩,咏而归"。孔子喟然叹曰:"吾与点也!"(《论语》11.26)曾点的回答与其他三人完全不同,他要和同好一起享受河水之畅流,春风之清爽,乘兴而去,歌咏而归。他要超脱世俗之功业,追求逍遥之乐。这和孔门之教是不同的,与道家风格却有接近之处。

那么,孔子为什么赞成曾点的愿望呢?皇侃疏曰:"当时道消世乱,驰竞者众,故诸弟子皆以仕进为心,唯点独识时变,故与之也。"李充云:"善其能乐道知时,逍遥游咏之至也。"(俱转引自《集释》,811页)这是从审时度势、进退有节的角度来解释的。苏辙认为,孔子赞赏曾点的自知之明,"如曾晳之狂,其必有不可施于世者矣。苟不自知而强从事焉,祸必随之。其欲弟子风乎舞雩,乐以忘老,则其处己也审矣"(同上书,812页)。这些解释多在朱子《集注》之前,大体平实,没有明显的学派之见。朱熹对这一段的注释牵曾点于"天理流行"之论,殊为勉强,招致甚多批评,完全不可取。清儒也多贬低孔子对曾点的赞扬。这都是陷入学派之见的结果。

曾点的回答和孔子的赞叹在孔子的学说体系中是一个偶然的例外,不代表孔子思想学说的主流。然而,这并不能说这不是孔子思想性格的组成部分。孔子并不像别人所批评的那样只是"知其不可而为之"(《论语》14.38),他不想强加于人,也不想强求于人,他当然懂得适可而止,适时而退的道理。他自己虽然没有真正退而逍遥,但他对曾点的赞叹表明他可以欣赏、也可以接受洁身自好式的自我逍遥。

孔老相通之意义

综上所述,如果我们承认自然而然是道家的基本价值和原则,那么我们就不难看到,孔子的思想与道家是有很多相通之处的。

首先,仁德本身要求的就是内在自觉、自发地实践仁的原则,不要外在的压力,也不要自我勉强,这样的表现才是自然的、真诚的仁。其次,仁者不仅不能把己所不欲强施于人,而且不能把己之所欲强施于人。不强加于人,人际关系才能比较自然,比较真诚。第三,仁德是为己之学,一切所求,都应该通过自身的努力去实现,而不是直接地强求硬要,这样的得才是自然之得,不失之得。第四,仁人有道德修养,但不能保证在世俗生活中可以尽情直遂,因此要能够接受洁身自好的自我逍遥。这样不仅可以保持个人的怡悦,而且不至于破坏社会整体的和谐。总之,孔子重视个人的内在的动因,保证个体的自主性,强调人际关系的自然和谐,这和道家重视自然之价值的精神是相通的,是道家可以接受的。

孔子思想中有道家可以接受的成分,反过来说,老子的思想中也有可以和儒家学说相容的因素。老子提倡社会的整体的自然和谐,希望社会的管理者尽可能不直接干涉百姓的生活,甚至不让百姓感到自己的作用,这和仁者以百姓利益为利益并没有不可调和的对立。一个圣人让天下百姓安居乐业而不感觉他的存在和伟大,不让百姓对他感恩戴德,从儒家的角度看,这不也是很高的境界吗?孔子什么时候要求过学生或其他人对他表示感激呢? 老子提倡的自然之价值和无为之治,以百姓自在和谐的生活为目标,和孔子的仁学有异曲同工之效,在这一点上,孔子和老子并没有分歧。

孔子说过"为政以德,譬如北辰居其所而众星拱之"(《论语》

2.1)①。又说:"无为而治者其舜也与?夫何为哉?恭己正南面而已矣。"(《论语》15.5)可见,尽管为政的手段不同,学说的重点不同,但无为之治的理想是儒家也可以接受的。孔子以"无为而治"来歌颂舜,这说明当时无为而治已经有正面价值的意义,并且是大家都已熟知的了。无为而治的思想来自于老子,而孔子以此来歌颂他心目中的圣王,说明他对老子的思想并无反感。

总之,虽然老子哲学与孔子思想的重点完全不同,其基本精神也不一样,但二者并非完全不相容。老子之自然与孔子之仁学中确有一致之处,在一定范围内,老子不必然反对儒家之道德②,而孔子也不必然反对老子之自然。从社会生活实践的角度来看,老子之自然有利于孔子之仁发挥影响,而儒家之仁德也有利于实现老子所向往的自然之秩序。

孔子思想与老子思想有相通之处的原因是明显的。他们生活的时代是大体一致的③,所面对、所思考的问题是基本相同的,他们的目的也有一致之处,那就是如何把社会混乱引向自然而然的社会秩序,把动荡变成和谐。他们的分歧在于路线和方法的不同。借用中医的说法,孔子用的是"补法",希望用仁学重建社会的道德秩序和政治秩序,进而实现社会的安定。老子用的是"泻法",

① 关于这一段是否体现了无为而治的理想,宋代以后有争议,这需要专门的讨论,这里从略。

② 论者多据《老子》十八章和三十八章论证老子反对儒家之仁义,事实上,根据这两章的原文,老子并不是直接批评仁义本身,而是描述由于大道(根本原则)的衰落才突显出仁义、孝慈、忠臣的重要性。

③ 关于老子的年代问题争议很多。笔者根据《老子》中的韵文部分与《诗经》《楚辞》的句式、韵式、修辞等多方面的客观的穷尽性比较,相信老子有可能是孔子同时期的人。见上述拙作第一、第二章。

希望以自然的价值和无为的方法取消和限制上层的倾轧争夺和对下层的干涉与控制。这两种方法看似相反，但实际都是从思想文化入手，而不是诉诸于军事、政治或法律的手段，所以不可能有立竿见影的效果，在乱世尤其如此。但是，他们的学说都是对人类社会、历史、生命的深刻观察、思考和总结，都切中了人类社会发展中的脉搏，揭示了人类社会发展中的问题和需要，因此又都有超越时代与国界的普遍性意义。任何社会都需要一定的伦理道德体系，因此孔子的学说有历久而常新的价值。任何人类群体都喜欢自然而和谐的人际关系，不喜欢强制性压迫和干涉，所以老子的思想影响历久而不衰。

关于孔子和老子关系的研究还涉及研究方法的问题。学术研究离不开比较，离不开对共性和差异的深入分析，在分析比较的过程中，应该坚持实事求是、客观准确的原则，有同现同，有异现异，并且善于异中见同，同中见异。这里我们需要发展分寸感，防止归约法。所谓归约法就是把认为次要的内容归结为主要的内容，把丰富或复杂的研究对象变成单一的同质的假客体。用通俗的说法就是分清七个指头和三个指头，或分清主流和支流。自认为发现了主流或七个指头，就不许再讲支流或三个指头，用这种归约法曾经描绘出两千年的"儒法斗争史"，其荒谬在今天已是昭然若揭。但在一般性的学术研究中还没有引起足够重视。中国古代思想研究中的归约法，夸大了孔子与老子、儒家与道家的不同和对立，加剧和扩大了学派之争，消耗了许多优秀人才的精力和智慧。当然，我们在强调孔老相通的时候，特别强调分寸感，不希望夸大这种相通之处。因为孔老的思想体系之间毕竟异大于同，否则他们不会成为两个不同学派的领袖。此外，我们还要强调，本文所揭示的孔老之通是充分考察了二者之异的。如果对孔老之异没有深入的了解,那么所谓的孔老之通就只能是肤浅的,没有实际意义的。同中见异、异中见同才是深入的学术研究。

关于孔老相通的考察也有积极的现实意义。现在,在市场资本主义的冲击下,不同文明的文化传统都受到严重挑战,其中尤以中国文化在 20 世纪以来所受冲击与批判最为严重。中国传统在很多人看来是保守或陈腐的。然而,建设现代文化,特别是现代伦理道德体系离不开传统文化的资源,这方面,儒学可以提供直接的借鉴和参考。然而,儒学曾被很多优秀的知识分子批评为"吃人的礼教",其原因之一就是统治者在利用儒学的道德原则时阉割了孔子学说中重内在体验,不强加于人,不强求于人的基本精神,使儒学成为单纯控制和扼杀生命与灵性的工具。这和后代学者努力划清孔老界限也不无关系。今天,我们要重建儒学的价值理想而不想重蹈覆辙,那么在提倡儒学的同时倡导老子的自然就是必要和有益的。

（选自《中国哲学史》2000 年第 1 期）

刘笑敢,河南偃师人,曾任北京大学哲学系副教授,现任香港中文大学哲学系教授。著有《庄子哲学及其演变》、《两种自由的追求——庄子与萨特》等。

本文力图通过对孔子之仁的观念和老子之自然的观念的分析比较,说明儒道两家在精神上的相通之处。该文指出,孔子思想中有道家可以接受的成分,反过来说,老子的思想中也有可以和儒家学说相容的因素。老子提倡社会的整体的自然和谐,希望社会的管理者尽可能不直接干涉百姓的生活,甚至不让百姓感到自己的作用,这和儒家仁者以百姓利益为利益并没有不可调和的对立。一个圣人让天下百姓安居乐业而不感觉他的存在和伟大，不让百姓对他感恩戴德，从儒家的角度看，这不也是很高的境界吗？老子提倡的自然之价值和无为之治，以百姓自在和谐的生活为目标，和孔子的仁学有异曲同工之效，在这一点上，孔子和老子并没有分歧。

论著目录索引

顾震福 《论孔教与老氏》 《孔教会杂志》第 1 卷第 1 期,1913 年 3 月

胡　适 《说"儒"》 《历史语言研究所集刊》第 4 卷第 3 期,1934 年

吴　虞 《儒家大同主义本于老子说》 《新青年》(广州)第 3 卷第 5 期,1917 年 6 月

杨廷铃 《老子和孔子著作的影响》 《法政学报》第 4 卷第 10 期,1926 年 6 月

张寿林 《老子道德经出于儒后考》 《晨报副刊》(北平)1927 年 11 月 18—21 日

朱士焕 《儒道之系统的研究》 《民彝杂志》第 10 期,1928 年 3 月

胡远浚 《儒老异同回答》 《中央大学半月刊》第 1 卷第 9 期,1930 年 3 月

蔡尚思 《中国三大思想之比较》 上海启智书局 1930 年 3 月版
《评李季、吕振羽的老庄看法(关于老子孔子思想问题的论争)》 《求真杂志》第 1 卷第 3 期,1946 年 7 月
《李季的逻辑与态度(为老庄问题而答李季先生)》 《求真杂志》第 1 卷第 6 期,1946 年 10 月

曹诗成　《战国时儒道墨三家尧舜的比较》　《史学年报》第 1 卷第 2 期,1930 年 11 月

季　权　《老孔墨三家学说之社会学的试解》　《采社杂志》第 8 期,1931 年 5 月

马元材　《老子孔子之经济思想》　《河南政治》第 2 卷 5 期,1932 年 5 月

孙道升　《道家出于儒家颜回说》　《晨报·学园》(北平)第 623 期,1934 年 1 月 8 日

　　　　《再论"道家出于儒家颜回说"》　《晨报·学园》第 666—668 期,1934 年 4 月 19、20、24 日

刘厚滋　《"道家出于儒家颜回说"商榷》　《晨报·学园》第 635 期,1934 年 2 月 3 日

张　璇　《驳"道家出于儒家颜回说"》　《晨报·学园》第 645 期,1934 年 3 月 1 日

　　　　《道家应否出于颜回》　《晨报》(北平)1934 年 10 月 2、9、16 日

陈　柱　《孟庄异同论》　《国学论衡》第 4 期(上),1934 年 11 月

陈柱尊　《道墨儒法四家异同论》　《学艺》(沪)第 14 卷第 1 期,1935 年 2 月

李麦麦　《先秦诸子之历史理论及其论战》　《新中华》第 3 卷第 18 期,1935 年 9 月

李源澄　《儒墨道法四家学术之比较》　《学术世界》第 1 卷第 5 期,1935 年 10 月

　　　　《儒道两家之论身心情欲》　《东方杂志》第 43 卷第 14 期,1946 年 7 月

李大防　《孔子学说与道墨名法各家之比较》　《民族周刊》第

10、11 期,1936 年 1 月

林健行　《儒道墨法四家思想之比较》　《仁爱月刊》第 1 卷第 10、
11 期,1936 年 3 月

杨大膺　《道儒两家思想概述》　《现代读物》第 8 卷第 18 期,
1936 年 8 月

丕　绳　《"道家出于儒家颜回说"平议》　《晨报·学园》第 1006
期,1936 年 9 月 16 日

牟仁水　《先秦三家思想比较观》　《民治月刊》第 21 期,1938 年
6 月

邓子琴　《中国儒道两家思想之对立及其衍变之趋势》　《志学》
第 2、3 期,1942 年 2、3 月

曾义甫　《儒道》　《志学》第 10 期,1942 年 10 月

汪奠基　《儒道两家之政教思想》　《读书通讯》第 59、60 期,1943
年 2 月

朱建生　《儒道法三家之历史观》　《东方文化》(上海)第 2 卷第
6 期,1943 年 6 月

冯文炳　《谈人欲与天理并说儒家道家治国之道》　《哲学评论》
第 10 卷第 6 期,1946 年

李　季　《关于老子孔子思想问题的论争》　《求真杂志》第 1 卷
第 2 期,1946 年 6 月
　　　　《再论老子孔子——答欧伯先生(关于老子孔子思想问
题的论争)》　《求真杂志》第 1 卷第 3 期,1946 年 7 月
　　　　《答蔡尚思评我的老子看法(关于老子孔子思想问题的
论争)》　《求真杂志》第 1 卷第 4 期,1946 年 8 月

欧　伯　《再答李季先生论老孔思想(关于老子孔子思想问题的
论争)》　《求真杂志》第 1 卷第 5、6 期,1946 年 9、10 月

吴俊序 《儒道墨诸家之礼乐观》 《怒潮》第 13 期,1946 年 12 月

李继业 《儒道两家学术之比较》 《聚学》第 2 期,1947 年 6 月

王萤窗 《同道异趣——老子与孔子政治思想小探》 《国民杂志》第 2 卷第 9—11 期,1947 年

任继愈 《拟古哲人对话之一(老子孔子的道德观)》 《经世日报·读书周刊》第 67 期,1947 年 11 月

石　峻 《略论先秦儒道两家人性学说之不同》 《经世日报·读书周刊》第 79 期,1948 年 2 月 25 日

胡哲敷 《儒道两家对民众之体认与治术》 《学识》第 2 卷第 9、10 期,1948 年 4 月

杜守素 《前期儒墨道三家的逻辑思想》 《读书与出版》第 3 卷第 6 期,1948 年 6 月

宗　实 《庄荀论天道》 《中央日报》,1949 年 9 月 6、10、13 日

陆冠一 《诸子学说之异同及其关系》 《泾涛》第 9 期,1949 年

唐君毅 《孟墨庄荀之言心伸义》 《新亚学报》(港)第 1 卷第 2 期,1956 年 2 月

周绍贤 《儒道两家之相通与分歧》 《建设》(台)第 5 卷第 4 期,1956 年 9 月

　　　 《先秦思想中之天命观》 《新亚学报》第 2 卷第 2 期,1957 年 6 月

钱　穆 《比论孟庄两家论人生修养》 《人生》(港)第 14 卷第 1 期,1957 年 5 月

唐端正 《论孟庄老荀四家思想之无为与有为》 《新亚学院学术年刊》(港)第 1 期,1959 年 10 月

王寒生 《儒墨道三家学术思想综合研究》 《民主宪政》(台)第 17 卷第 7、8、9、10 期,1960 年 2、3 月

朱镜宙 《佛儒道思想异同观》 《菩提树》（台）第92、93、94卷，
1960年7、8、9月

罗联络 《儒道二家学说之境界》 《建设》（台）第10卷第9期，
1962年2月

《儒道二家学说论治之异同》 《建设》（台）第11卷第9
期，1963年2月

黄公伟 《从儒释道三家看人生觉悟与境界的差别》 《革命思
想》（台）第12卷第3期，1962年3月

史作柽 《孔老哲学之根本精神异同辨》 《孔孟月刊》（台）第3
卷第3期，1964年11月

王邦雄 《论儒道墨三家精神之异同》 《新天地》（台）第5卷第
7期，1966年9月

《谈儒道两家的"道"》 《鹅湖》（台）第6卷第3期，
1980年9月

詹栋樑 《老子之道与孔子之道之异同比较》 《建设》（台）第16
卷第1期，1967年

肖天石 《今儒学与老学》 《学园》（台）第2卷第11期，1967年
7月

蔡仁厚 《孔老墨的战争思想》 《出版月刊》（台）第23期，1967
年4月

李方晨 《孔老墨之思想述要》 《革命思想》（台）第23卷第3
期，1967年9月

张 亨 《荀学与老庄》 《思与言》（台）第5卷第4期，1967年
11月

周道济 《道儒法三家之君主无为思想》 《大陆杂志》（台）第37
卷第7期，1968年

劳　干　《论儒道两家对于科学发展的关系》《文艺复兴》（台）
　　　　第 2 卷第 23 期，1971 年

王　煜　《儒道两家之智的直觉》《华侨日报》1971 年 8 月 2 日

陈启天　《儒法道三家思想与中国政治》《孔孟月刊》（台）第 11
　　　　卷第 3 期，1972 年 11 月

冯晟乾　《谈孔子与老子之天人合一思想》《孔孟月刊》（台）第
　　　　11 卷第 10 期，1973 年 6 月

谭煊吾　《孔老学说殊途同归》《台南师专学报》（台）第 6 期，
　　　　1973 年 12 月

潘柏世　《先秦儒道两家形上思想》《现代学苑》（台）第 11 卷第
　　　　3 期，1974 年 3 月

蒲薛凤　《老子与孔子之"道"：类别根源性质及作用》《清华学
　　　　报》（台）第 11 卷第 1、2 期，1975 年

莫基鑫　《略论儒道两家思想》《中华文化复兴月刊》（台）第 9
　　　　卷第 12 期，1976 年

董季棠　《儒家的道和道家的道的比较》《孔孟月刊》（台）第 16
　　　　卷第 2 期，1977 年 10 月

施湘兴　《儒家与道家墨家天道观念之比较》《三民主义学报》
　　　　（台）第 2 期，1978 年 4 月

林贞羊　《儒道墨学说之争辩》《中国国学》（台）第 6 期，1978
　　　　年 4 月

殷豫川　《孔老尊荣及其学说思想异同斠较》《静宜学报》（台）
　　　　第 1 期，1978 年 6 月

胡美琦　《从教育立场看儒墨道法四家思想之异同》《中华日
　　　　报》（台）1978 年 8 月 6 日

陈月霞　《孔老学说中"道"与"德"释义》《孔孟学报》（台）第

17 卷第 2 期,1978 年 10 月

严灵峰　《老孔思想之比较的研究》　《老庄研究》　台湾中华书局 1979 年版

《儒墨道三家逻辑之比较的研究》　《老庄研究》　台湾中华书局 1979 年版

谭宇权　《比较孔老两子》　《中华文化复兴月刊》1983 年第 8 期

曹锡仁　《先秦三家人生哲学模式的比较研究》　《江汉论坛》1983 年 6 期

詹剑锋　《孔老思想关系试探》　《中国哲学》第 11 期,三联书店 1984 年版

朱大刚　《试论孟子和庄子文学思想的贡献》　《华东师范大学学报》1984 年第 5 期

徐西华　《儒道学派同源说》　《齐鲁学刊》1985 年第 1 期

徐克谦　《庄子与儒家》　《齐鲁学刊》1985 年第 3 期

《论〈易传〉和〈老子〉基本思想体系的一致》　《江苏社会科学》1994 年第 2 期

《庄子与老年孔子》　《许昌师专学报》2000 年第 6 期

徐传雄　《儒道天人关系浅论》　《辅仁国文学报》(台)1985 年 6 月第 1 期

金春峰　《中国古代人文思潮中的儒家与道家》　《光明日报》1986 年 8 月 4 日

林润翰　《老子与孔子人生哲学比较论》　《贵州民族学院学报》1986 年第 4 期

王文钦　《儒道二家思想的地域特点和最初交融》　《孔子研究》1986 年第 3 期

张春波　《陈鼓应教授谈儒道比较》　《团结报》1987 年 2 月 7 日

邵汉明　《孔子和老子人生哲学比较研究论纲》《吉林大学研究生论文集刊》1987 年第 2 期

　　　　《儒道人生哲学的总体比较》《社会科学战线》1989 年第 4 期

张文勋　《儒道佛美学思想之比较》《思想战线》1987 年第 3 期

丁绍华　《试论道儒佛的内感体验》《安庆师院学报》1987 年第 4 期

张节末　《孔子与庄子审美追求比较》《文史哲》1987 年第 5 期

李生龙　《孔子、老子"无为"思想之异同及其影响》《中国哲学史研究》1987 年第 4 期

李宗桂　《儒道对立互补之比较》《学术月刊》1988 年第 9 期

姚俭建　《孟子庄子理想人格之比较》《学术月刊》1988 年第 10 期

易先林　《孔子与庄子的自然美观》《中国文学研究》1989 年第 1 期

张岱年　《儒道两家对中国文化的影响》《高校社会科学》1989 年第 2 期

陈　明　《儒道互补人格结构的可能、必然与完成：对古代知识分子的文化心理学考察》《北京社会科学》1989 年第 2 期

高树海　《〈论语〉道家思想发微》《扬州师院学报》1989 年第 2 期

杨启玉　《先秦儒道两家道德修养模式之比较》《许昌师专学报》1989 年第 3 期

吴重庆　《对"贯通"境界的追求》《孔子研究》1989 年第 2 期

　　　　《论儒道互补》《哲学研究》1993 年第 1 期

惠吉兴　《论儒道"天人合一"的生命哲学》《求索》1989 年第 4

期

陈鼓应　《老子与孔子思想比较研究》　《哲学研究》1989年第8
期

《论道家在中国哲学史上的主干地位——兼论道儒墨法
多元互补》　《哲学研究》1990年第1期

王月清　《先秦儒道人生哲学之比较》　《南京大学学报》1989年
专辑

张　文　《〈周易〉与先秦儒道的生殖崇拜》　《宝鸡师院学报》
1990年第1期

冯达文　《儒学与道学的思维方式、思维结构和价值追求比较》
《广东社会科学》1990年第2期

李锦全　《道家思想在传统文化中的历史地位》　《哲学研究》
1990年第4期

李存山　《道家"主干地位"说献疑》　《哲学研究》1990年第4期
《从郭店楚简看早期儒道关系》　《道家文化研究》第17
辑,北京三联书店1999年版

汤一介　《再论中国传统哲学的真善美问题》　《中国社会科学》
1990年第3期

方光华　《略论儒道的对立与互补》　《孔子研究》1990年第3期

胡木贵　《儒道生死观异同论》　《孔子研究》1990年第4期

刘如瑛　《孟庄异同论略》　《南京社会科学》1990年第6期

周春宇　《儒道审美思想的比较》　《学习与探索》1991年第3期

高晨阳　《论先秦儒道理想人格的建构特征》　《山东大学学报》
1991年第2期

刘辉扬　《先秦儒家和道家的理想人格》　《华东师范大学学报》
1991年第5期

徐苏铭　《孔子、老子关于心的思想及其对中国心学发展的影响》
　　　中国孔子基金会编《孔子诞辰 2540 周年与学术讨论会
　　　论文集》，北京三联书店 1992 年版

王　晖、郑　镛　《从〈中庸〉和〈庄子〉的"天人合一"思想看儒道
　　　互补》《漳州师院学报》1992 年第 3 期

舒建华　《儒道墨三家文质论综论》《学术月刊》1992 年第 12
　　　期

王克奇　《庄孟人生观辨析》《山东师大学报》1992 年第 6 期
　　　《孔老异同新论》《人文杂志》1998 年第 4 期
　　　《齐鲁文化和儒道二家》《中国哲学史》1999 年第 3 期

沈顺福　《先秦儒道墨的人生哲学》《管子学刊》1993 年第 1 期

欧景星　《漫议儒道的人论与乐论》《南开学报》1993 年第 2 期

尹振环　《儒家道家两种相反相成的治国思想》《东岳论丛》
　　　1993 年第 2 期

王志跃　《儒道思想文化的合流——从〈易经〉到〈易传〉》《中
　　　国社会科学院研究生院学报》1993 年第 3 期

柯兆利　《老孔会通论》《厦门大学学报》1993 年第 3 期

王一枚　《试析先秦诸子利欲观》《学术交流》1993 年第 4 期

杨国荣　《儒道的人格之境与价值理想》《文汇报》1993 年 9 月
　　　25 日

刘辉平　《〈庄〉〈荀〉学术史论之比较》《江苏社会科学》1993 年
　　　第 11 期

黎孟德　《儒道异趣与中国传统美学》《四川师大学报》1994 年
　　　21 卷第 1 期

于世君　《荀况与庄周思想比较异同研究》《辽宁大学学报》
　　　1994 年第 1 期

袁信爱　《先秦时期的天人关系论》《中国哲学史》1994 年第 1 期

袁宗题　《老孔韩社会管理思想特色论》《聊城师范学院学报》1994 年第 2 期

张国钧　《儒道互补:义利观比较》《中国社会科学院研究生院学报》1994 年第 2 期

刘长林　《儒道"天人合一"与养生》《山东医科大学学报》1994 年第 3 期

王云玺、王彦秋　《儒道理想人格之比较》《铁道师院学报》1994 年 3 期

陈朝晖　《儒道生死观论略》《齐鲁学刊》1994 年第 3 期

余学琴　《儒家之始祖　道家之津梁——论孔子思想中的道家成份》《安徽师大学报》1994 年第 3 期

曾　红　《儒道佛理想人格的融合及其对国人的影响》《江西师范大学学报》1994 年第 4 期

张耀武　《诗言志:儒道两家的理论脉络及其比较分析》《辽宁教育学院学报》1994 年第 4 期

周可真　《试论儒家之"道"及其矛盾观、兼论其与道家之"道"的区别》《南京政治学院学报》1994 年第 5 期

金太军　《试论中国传统文化的儒释道互补格局》《青海社会科学》1994 年第 5 期

陈大超、韩立君　《儒道教育价值观比较研究》《辽宁师范大学学报》1994 年第 5 期

杜道明　《儒道禅美学思想异同论》《中国文化研究》1994 年秋之卷

陈　炎　《论儒墨道法系统》《哲学研究》1994 年第 10 期

20世纪儒学研究大系

吕绍纲　《说老孔异同》　巩德顺主编《老子思想的现代价值》，陕西旅游出版社 1994 年版

张连良　《儒道融合的心路历程》　《长白学刊》1994 年第 6 期

郭　沂　《生命的价值及其实现——孔、庄哲学贯通处》　《孔子研究》1994 年第 4 期

　　　　《老庄孔孟哲学的底蕴及其贯通》　《原道》第 1 辑，1994 年版

赵　峰　《儒道合流：儒家价值观念的胜利》　《孔子研究》1994 年第 4 期

常为群　《孟子庄子比较研究三题》　《南京师大学报》1995 年第 1 期

高建立、贾新征、季　森　《先秦儒道天人观辨析》　《黄淮学刊》1995 年第 1 期

张　翼　《论老子与孔子的相同性》　《兰州商学院学报》1995 年 11 卷第 1 期

刘进军　《简析先秦儒道思想中的自然主义》　《华中师范大学学报》1995 年第 1 期

石天敬　《儒道气功养生学异同之比较》　《云南师范大学学报》（自然版）1995 年第 1 期

林　丹　《先秦儒家与道家"天人合一"思想片论》　《龙岩师专学报》1995 年第 2 期

〔美〕巴姆著　蔡方鹿译　《老子与孔子》　《中华文化论坛》1995 年第 2 期

方立天　《儒道的人格价值观及其会通》　《长白论丛》1995 年第 2 期

　　　　《儒道佛人生价值观及其现代意义》　《中国哲学史》

1996 年第 1—2 期

木　尧、孙正谋　《儒道自由观与审美关系论》《唐都学刊》1995
　　　　年 1 卷第 3 期

高长江　《儒道禅审美观素描》《云南师大社科学报》1995 年第
　　　　3 期

冯天瑜　《"终极关怀"的儒道两走向》《道家文化研究》第 8 辑，
　　　　上海古籍出版社 1995 年版

梁韦弦　《论儒道两学派道德观的分歧》《吉林大学社会科学学
　　　　报》1995 年第 5 期

张树卿　《简论儒释道婚姻家庭观》《东北师大学报》1996 年第
　　　　6 期

　　　　《略论儒释道的生死观》《东北师大学报》1998 年第 3
　　　　期

　　　　《简论儒释道的义利观》《松辽学刊》2000 年第 5 期

陈亚萍、梁　励　《论先秦儒道两家的治民观》《江苏教育学院
　　　　学报》1996 年第 1 期

郭德茂　《儒道释论"中"》《暨南学报》1996 年第 1 期

刘庆华　《儒道死亡超越论探析》《孔子研究》1996 年第 1 期

蒙培元　《儒佛道的境界说及其异同》《世界宗教研究》1996 年
　　　　第 2 期

张建仁　《儒道理想人格之比较》《新疆师范大学学报》1996 年
　　　　第 3 期

谢阳举　《谦和虚:孔孟和老庄论交往态度之比较》《唐都学刊》
　　　　1996 年第 3 期

白　盾　《论儒道的"互补"或"合抱"》《海南师院学报》1996 年
　　　　第 3 期

韩东育 《关于儒道释三家的理论极限》 《东北师大学报》1996
年第 3 期

张本诗 《儒道养生哲学的比较研究》 《山东体育科技》1996 年
第 4 期

何振德 《〈周易〉与先秦儒家道家思想》 《山西师大学报》1996
年第 4 期

孙以楷 《荀子与先秦道家》 《学术月刊》1996 年第 8 期
《老子学说对孔子的影响探析》 《中国哲学史》1997 年
第 3 期

郑晓江 《儒道人生模式之现代透视》 《山东社会科学》1997 年
第 1 期

程　潮 《儒道墨三家"内圣外王"之异同》 《嘉应大学学报》
1997 年第 1 期

白光华 《儒道文化的性质与界定》 《淮北煤炭师院学报》1997
年第 1 期

卢龙祥 《老子之道与孔子之礼的关系》 《阜阳师范学院学报》
1997 年第 1 期

任凤炎 《试论先秦儒道养生心理思想的异同》 《赣南师范学院
学报》1997 年第 1 期

康中乾 《儒道互补新论》 《人文杂志》1997 年第 2 期

方　然 《从儒道美学观之比较看庄子在中国美学史上的地位》
《思想战线》1997 年第 2 期

阮　青 《孔子老子人生价值观比较研究》 《山东社会科学》
1997 年第 3 期

张耀南 《水观:孔孟庄别论》 《长沙电力学院社会科学学报》
1997 年第 3 期

何　俊　《儒道两家对道的阐释及其旨趣》　《哲学研究》1997 年
第 7 期

龚　群　《道家人生哲学的历史作用——兼论儒道的互补性》
《哲学研究》1997 年第 7 期

白　奚　《儒道交融始于先秦》　《探索与争鸣》1997 年第 12 期
《孔老异路与儒道互补》　《南京大学学报》2000 年第 5
期

吴沁芹　《试析先秦儒道理想人格观之差异》　《管子学刊》1998
年第 3 期

孙以楷　《孟子与道家》　《安徽大学学报》1998 年第 3 期

丁为祥　《儒道墨人的关怀比较》　《学术月刊》1998 年第 7 期

陈小兵　《从心理学看先秦儒道的相反相成》　《辽宁师大学报》
1998 年第 4 期

吴小如　《从"儒道互补"说谈起》　《传统文化与现代化》1998 年
第 4 期

王学坚　《儒道情志与理想人格》　《济宁师专学报》1998 年第 5
期

许抗生　《简论中国传统文化的儒道思想互补》　《北京大学百年
国学文粹·哲学卷》，北京大学出版社 1998 年版

〔波兰〕马杰斯　《自然伦理与人文伦理:老子与孔子思想的比较》
《江苏社会科学》1998 年第 11 期

张美亚　《孔子、庄子生死观之比较》　《浙江师大学报》1998 年
增刊

陈　赟　《存在与生成:先秦儒道形上学的结构》　《江淮论坛》
1999 年第 2 期

刘锦东、刘忠孝　《儒家与道家人学思想的研究》　《北方论丛》

1999 年第 2 期

陈绍燕　《孟庄命论比较》　《文史哲》1999 年第 2 期

戴桂斌　《儒道理想人格的会通互补及其启示》　《武汉大学学报》1999 年第 3 期

张运华　《论道家对儒家的影响》　《管子学刊》1999 年第 3 期

李匡夫、任太印　《儒、墨、道、法"治平"思想对照研究》　《山东社会科学》1999 年第 4 期

徐　嘉　《先秦儒道"真"、"善"观念比较》　《江海学刊》1999 年第 4 期

陈红兵　《庄子与荀子思维理论比较》　《管子学刊》1999 年第 4 期

张立文　《论简本〈老子〉与儒家思想的互补互济》　《道家文化研究》第 17 辑,北京三联书店 1999 年版

陈晓萍　《先秦儒道理想人格之比较》　《江西社会科学》1999 年第 8 期

朱　喆　《儒、墨、道有无论比观》　《淄博学院学报》1999 年第 3 期

《儒墨道语言观比较研究》　《武汉大学学报》2000 年第 2 期

《儒情与道情》　《江汉论坛》2000 年第 5 期

徐俊祥　《先秦儒道法三家人性论巡礼兼论当代人生价值理论的重建问题》　《安徽史学》1999 年第 5 期

柴文华、阎淑萍　《儒家伦理与道家伦理》　《天府新论》1999 年第 5 期

高予远　《儒道的超越问题》　《东南学术》1999 年第 6 期

庞　朴　《儒道周行》　《当代学者自选文集·庞朴卷》,安徽教育

出版社 1999 年版

朱继英 《儒家、道家生死观比较》《青海师范大学学报》2000
年第 1 期

〔新〕刘笑敢 《孔子之仁与老子之自然——关于儒道关系的一个
新考察》《中国哲学史》2000 年第 1 期

傅荣昌 《先秦儒道人格理想之比较》《贵州社会科学》2000 年
第 2 期

张 丽 《儒道两家音乐美学思想之比较》《辽宁大学学报》
2000 年第 2 期

覃遵祥 《老聃孔丘思想比较散论》《吉首大学学报》2000 年第
2 期

徐 风、李 军 《动摇与依违——孔子及庄子之文化理想主义
述评》《临沂师院学报》2000 年第 2 期

陆建华、张学松 《先秦道家和儒家的人生论简析》《河南教育
学院学报》2000 年第 3 期

李伯聪 《从"要"这个概念看儒道分野及儒道互渗——兼论易学
研究的方法论问题》《周易研究》2000 年第 4 期

赵玉祥 《孔子与老子的讷言论》《辽宁师范大学学报》2000 年
第 5 期

〔美〕余英时 《反智论与中国政治传统——论儒道法三家政治思
想的分野与汇流》《历史与思想》,(台北)联经出版公
司 1976 年 9 月版;《中国哲学思想论集》,项维新、刘福
增主编,牧童出版社,1978 年 1 月;《中国思想传统的现
代诠释》,江苏人民出版社 1995 年版

赵玲玲 《先秦儒道两家形上思想的研究》 嘉新水泥公司 1977
年版

20世纪儒学研究大系

杜而未 《儒佛道信仰研究》 学生书局 1977 年版

严北溟 《儒道佛思想散论》 湖南人民出版社 1984 年版

傅佩荣 《儒道天论发微》 （台湾）学生书局 1985 年版

张文勋 《儒道佛美学思想探索》 中国社会科学出版社 1988 年版

傅武光 《孔孟老庄思想的平等精神》 （台湾）文津出版社 1990 年版

牟钟鉴、胡孚琛、王保玹 《道教通论——兼论道家学说》 齐鲁书社 1991 年版

邵汉明 《儒道人生哲学》 吉林教育出版社 1992 年版

吴重庆 《儒道互补——中国人的心灵建构》 广东人民出版社 1993 年版

吴 光 《儒道论述》 （台湾）东大图书公司 1994 年版

高晨阳 《中国传统思维方式研究》 山东大学出版社 1994 年版

张继缅 《中华儒道精髓》 中国物资出版社 1995 年版

李 坚 《源远流长的儒道思想》 辽宁古籍出版社 1995 年版

〔德〕马克斯·韦伯 《儒教与道教》 江苏人民出版社 1997 年版

曹大林 《中国传统思想探源——先秦儒墨法道比较研究》 吉林人民出版社 1998 年版

牟宗三 《四因说演讲录》《牟宗三学术论著集·讲座系列》，上海古籍出版社 1998 年版

李泽厚 《华夏美学》《美学三书》，安徽文艺出版社 1999 年版